Otto Berdrow

Rahel Varnhagen

Ein Lebens- und Zeitbild

www.elv-verlag.de

Berdrow, Otto

Rahel Varnhagen
Ein Lebens- und Zeitbild

ISBN: 978-3-86267-290-5

Auflage: 1
Erscheinungsjahr: 2012
Erscheinungsort: Bremen, Deutschland

Europäischer Literaturverlag GmbH, Fahrenheitstr. 1, 28359 Bremen (www.elv-verlag.de).

Bei diesem Titel handelt es sich um den Nachdruck eines historischen, lange vergriffenen Buches aus dem Verlag Greiner & Pfeiffer, Stuttgart (1902). Da elektronische Druckvorlagen für diesen Titel nicht existieren, musste auf alte Vorlagen zurückgegriffen werden. Hieraus zwangsläufig resultierende Qualitätsverluste bitten wir zu entschuldigen.

RAHEL 1796

NACH DEM BASRELIEF VON FRIEDRICH TIECK

Photogravure Bruckmann München

Rahel Varnhagen.

Ein Lebens- und Zeitbild

von

Otto Berdrow.

✦ Mit 12 Bildnissen. ✦

Zweite, veränderte Auflage.

Motto:

Alles geben die Götter, die unendlichen,
Ihren Lieblingen ganz:
Alle Freuden, die unendlichen,
Alle Schmerzen, die unendlichen, ganz.

Goethe.

Stuttgart.

Druck und Verlag von Greiner & Pfeiffer.

1902.

Meiner Frau

in herzlicher Verehrung.

Vorwort zur zweiten Auflage.

Nach Verlauf von zwei Jahren ist eine Neuauflage dieses Buches notwendig geworden: ein Zeichen der erfreulichen Teilnahme an Litteratur- und Kulturgeschichte, die in den gebildeten Leserkreisen heute lebendig ist. Dem Verfasser wurde dadurch die erwünschte Gelegenheit geboten, in mancher Beziehung bessernde Hand an sein Werk zu legen. Eine ganze Reihe handschriftlicher Funde, die ich im letzten Sommer in der Varnhagenschen Handschriften-Sammlung der Königlichen Bibliothek zu Berlin machen durfte, setzte mich in den Stand, über Rahels Jugendentwickelung, über ihre Stellung innerhalb der häuslichen und gesellschaftlichen Sphäre, die ja für sie als Jüdin besonders bedeutungsvoll war, neue interessante Aufschlüsse zu geben. Die Ergebnisse dieser Studien sind besonders den beiden ersten Kapiteln, die einer gründlichen Umarbeitung unterzogen wurden, zu gute gekommen; doch war ich bestrebt, auch in späteren Kapiteln, so im vierten, dann im sechsten bis achten, manche Verbesserung zu treffen, zu ergänzen, zu konzentrieren, überall fleißig die Feile walten zu lassen. Was ich außer dem schon erwähnten Material beiläufig gefunden habe, u. a. einen Brief von Immanuel Hermann Fichte an Frau von Kalb, ein Urteil der Frau von Woltmann über Rahel, Verschiedenes aus Rahels Korrespondenz mit Marwitz, Marheinekes fein charakterisierende Grabrede auf Rahel, ist meist als solches gekennzeichnet worden. Daß ich seit dem ersten Erscheinen des Buches einen im ganzen objektiveren Standpunkt meiner Heldin gegenüber gefunden habe, wird der Darstellung nicht zum Nachteil gereichen.

Das mir vorschwebende Ziel ist durch die Neubearbeitung nicht verrückt worden. Ich hatte nicht die Absicht, eine sogenannte „gelehrte" Biographie zu verfassen. Ich schrieb vielmehr für das große, litterarisch interessierte Publikum, das weder Zeit noch Geduld hat, sich durch die vielbändigen Briefwechsel, Tagebücher, Denkwürdigkeiten, die sich mit Rahel und ihrem Kreise beschäftigen, hindurchzuarbeiten. Ich beabsichtigte, dieser Lesergemeinde Rahels Gestalt, die durch die Ueberfülle von zum Teil bedeutungslosem Material eher erdrückt, als verlebendigt worden war, durch eine sichtende, zusammenfassende, nach Möglichkeit abschließende Darstellung wieder näher zu bringen, ihr Leben und Wesen, ihr Fühlen und Denken in seiner Totalität darzustellen. Eine Aufgabe — das habe ich mir nie verhehlt —, keineswegs leicht zu lösen. Rahels äußeres Leben ist sehr arm an Geschehnissen. Sie hat auch keine Geisteswerke hervorgebracht, an denen man den Fortschritt ihrer inneren Entwickelung messen könnte. Der Stoff widerstand durchaus einer streng chronologischen Betrachtung. Ich mußte ihn unter möglichster Berücksichtigung der Zeitfolge sachlich ordnen. Das war nicht durchweg möglich, ohne den Dingen Gewalt anzuthun. Ich konnte nicht über Rahels Verhältnis zur Romantik, über ihre Stellung zur Frauenfrage, zur Ehe u. s. w. an zehn verschiedenen Orten berichten; das würde die Uebersicht erschwert und zu unerträglichen Wiederholungen geführt haben. Ich habe geglaubt, indem ich ein jedes dieser Themen möglichst im Zusammenhang erörterte, auf chronologische Genauigkeit im einzelnen verzichten zu dürfen. Es war beispielsweise für den Zweck meines Buches wichtiger, die Art ihres Verhältnisses zu Goethe, seine Bedeutung für ihr gesamtes Geistesleben, die Wirkung ihrer „Goetheliebe" auf andere, zu charakterisieren, als etwa durch eine genaue Untersuchung festzustellen, ob bereits 1793 oder zwei Jahre später „Spuren eindringlicherer Erfassung Goethescher Dichtung" in ihren Briefen sich nachweisen lassen. Dergleichen mag Gegenstand wissenschaftlicher Spezialuntersuchung sein; für meine Absichten kam es weniger in Betracht.

Der Reichtum an Zitaten — im wesentlichen Aussprüche Rahels, sowie sie betreffende Aeußerungen anderer — ist als ein Vorzug des Werkes von vielen Seiten ausdrücklich hervorgehoben worden. Einzelne meiner Herren Kritiker indessen haben aus dieser Eigenart des Buches auf einen „Mangel an Durcharbeitung des Stoffes" schließen zu müssen geglaubt. Das ist bezeichnend. Man hat sich gewöhnt, die Biographie als ein Arsenal voll schweren wissenschaftlichen Rüstzeuges zu betrachten. Man erblickt die Aufgabe des Biographen darin, das Leben seines Helden zu „beschreiben", seinen Charakter zu zergliedern, sein Denken und Thun, seine Worte und Werke unter die kritische Lupe zu nehmen. Man scheint nicht zu bemerken, daß der gelehrte Verfasser vor beständigem Räsonnieren und Anatomieren, vor lauter Bestreben, seine Gelehrsamkeit in möglichst günstigem Lichte erstrahlen zu lassen, gar nicht zu einer unbefangenen gegenständlichen Betrachtung der Persönlichkeit seines Helden gelangt. — Ich stehe auf einem grundsätzlich andern Standpunkt. Die meines Erachtens wichtigste Forderung, die an eine Biographie gestellt werden kann, ist die, daß sie die Individualität des Helden möglichst unmittelbar, frisch und ungebrochen zum Ausdruck bringe. Diesem Anspruche genügt am besten die Selbstbiographie, vorausgesetzt, daß sie der Feder eines intelligenten, wahrhaften, an Selbsterkenntnis reichen Menschen entstamme. Darum ist — in diesem wichtigen Stücke — die Selbstbiographie mir das Muster aller biographischen Darstellung, und ich werde bei der Wahl meiner Darstellungsmittel immer im Auge behalten müssen, in welchem Maße sie mich in den Stand setzen, der Wirkung der Autobiographie möglichst nahe zu kommen. Diese Frage war zunächst bestimmend für meine Methode. Ich war bestrebt, meine Heldin von Anfang an in direkte Berührung mit dem Leser zu bringen, d. h. sie vor ihm objektiv sich entwickeln, denken, reden, handeln zu lassen, sie im Verkehr mit der Welt ihre Kräfte entfalten — kurz, sie sich ausleben zu lassen, wie ihr Wesen es erfordert, ohne ihr bei jedem Schritt in den Arm zu fallen und jede ihrer Aeußerungen mit einem geistreichen Kommentar zu versehen. Ich traue meinen Lesern den Witz zu, sich selbstthätig ein Urteil über meine Heldin zu bilden, wie sie ja auch, um einen naheliegenden Vergleich anzuführen, über das Geschöpf eines Dichters, das sich redend und handelnd vor ihnen entfaltet, selbstthätig nachschaffend sich orientieren müssen. Friedrich Hebbel sagt einmal: „Biographien sollen keine Recensionen sein", und mit gutem Bedacht nennt er den Biographen einen Künstler. Was kann das anders bedeuten als: der Biograph soll nicht in erster Linie beschreiben, räsonnieren, kritisieren, sondern er soll gestalten —: wohlverstanden auf Grund urkundlichen, kritisch geprüften Materials; alle romanhaft=phantastische Ausschmückung des Stoffes sei streng verpönt.

Einer meiner Kritiker, Scheffer in der „Hilfe" vom 4. Nov. 1900, hat direkt ausgesprochen, daß in meinem Buche ein neues Prinzip biographischer Darstellung zum Ausdruck gelange. Er sagt: „Der Verfasser denkt: Die Aussprüche, Briefe, Erzählungen, Reflexionen, Tagebücher meines Helden — das ist er selbst. Wenn ich diese also gebe, so gebe ich damit das getreueste Bild, das möglich ist, denn ich gebe ihn selbst. Das ist aber ein neues biographisches Prinzip: der Autor tritt zurück und der Held tritt vor. Der Autor verhilft seinem Helden, könnte man sagen, zur Autobiographie..." Das

ift nun zwar nicht buchſtäblich zu nehmen. Eine unkritiſche Aneinander=
reihung von Ausſprüchen eines Menſchen würde nimmer ſeine Bio=
graphie ergeben. Es kommt auf die Art der Auswahl an, auf den
Wert der einzelnen Worte für die Verdeutlichung der inneren Vor=
gänge, für den Aufbau des Charakters, auf die planmäßige Anord=
nung der Materialien. Es bedarf des weitern der breit angelegten,
ſtimmungsvollen Schilderung des Bodens, auf dem der Held erwächſt,
des Milieus, das ihn umgiebt, der Menſchen ſeines Verkehrs, des
zeitgeſchichtlichen Hintergrundes. Es wird, da man durch Art und
Umfang der zu Gebote ſtehenden Quellen in der Wahl der Dar=
ſtellungsmittel beſchränkt iſt, zuweilen geboten ſein, von der zuſammen=
faſſenden direkten Charakterſchilderung einen, wenn auch knappen Ge=
brauch zu machen. — Die Notwendigkeit einer reichlichen Verwendung von
brieflichen und mündlichen Aeußerungen, die Scheffer ganz richtig aus
dem Weſen dieſer Methode herleitet, iſt in vorliegendem Falle beſon=
ders einleuchtend. Denn im Grunde erſchöpft ſich Rahels Bedeutung
in ihrer geiſtigen Mitteilung, in ihrem lebendigen Wechſelverkehr mit den
hervorragenden Perſonen ihres Kreiſes. Was wir von ihr wiſſen
wollen, iſt hauptſächlich, was ſie gedacht und geſagt, und wie ſie es
gethan hat. Ihre Biographie ſoll uns gleichſam Erſatz bieten für die
Werke, die ſie nicht geſchrieben hat. Der intime Reiz des Perſön=
lichen aber, der von ihr ausſtrahlte, iſt auf keinem andern Wege wieder=
zugeben.

Ich bin weit entfernt, zu behaupten, daß mein Verſuch in jeder
Beziehung gelungen wäre. Deſſen aber bin ich gewiß, daß mit Hilfe
der objektiv geſtaltenden Methode ein lebensvolleres, reicheres und
treueres Charakterbild zu ſchaffen möglich iſt, als unter Anwendung
der kritiſch zergliedernden, deſkriptiven Methode.

Stralsund, im Januar 1902.

Der Verfasser.

Inhalt.

Einleitung.

In der Jägerstraße zu Berlin, an der Ecke des Gendarmen=
marktes, liegt noch heute die Seehandlung, jenes berühmte, von Fried=
rich II. gegründete Handels= und Bankinstitut. Wer im Ausgang
des 18. oder im Anfang des 19. Jahrhunderts von den Fenstern
dieses Gebäudes aus den Verkehr in dem schräg gegenüberliegenden
einfachen Hause, das dem Bankier Levin Markus gehörte, beob=
achtete, mochte sich wohl der Täuschung hingeben, das Heim eines der
höchstgeborenen Glieder der Berliner Gesellschaft vor sich zu haben.
Glänzende Offiziere, Hofmänner und Diplomaten gingen in ihren
schmucken Uniformen aus und ein: die Grafen Dohna und Bernstorff,
der als Original bekannte Flügeladjutant Friedrich Wilhelms III.,
Major von Gualtieri; der schöne Graf Alexander von Tilly,
Abkömmling einer der ältesten Familien der Normandie, der in früher
Jugend Page am Hofe der Königin Marie Antoinette gewesen war.
Den Fürsten von Ligne, eine europäische Berühmtheit, den Ver=
trauten der größten Herrscher Europas, konnte man, so oft er in Berlin
war, dieses Haus aufsuchen sehen. Da sprengte hoch zu Roß der ritter=
liche Louis Ferdinand, der geniale preußische Prinz, in dem der
Feuergeist seines Oheims, des großen Friedrich, lebendig war, in brausen=
der Jugendkraft heran, warf dem Diener die Zügel zu und eilte sporen=
klirrend die Treppe hinauf. Hinter solchen glänzenden Erscheinungen
äußerlich zurücktretend, an Geist und Gaben aber sie zum Teil weit
überragend, zwei Männer, die berufen waren, der preußischen und
deutschen Diplomatie dereinst mächtige Stützen zu sein: Friedrich
Gentz und Wilhelm von Humboldt. Gentz, damals noch schlichter
preußischer Kriegsrat, dessen Schriften jedoch schon Aufsehen gemacht
und den Ruf ihres Verfassers als eines eminent politischen Kopfes be=
gründet hatten; Humboldt, als Politiker noch ohne jede Bedeutung,

dagegen als der verehrte Freund Schillers und Goethes in schön=
geistigen und wissenschaftlichen Kreisen allgemein geachtet.

Auch der Fernerstehende mußte als das Charakteristische der an
dieser Stätte vereinigten Gesellschaft erkennen, daß hier kein Ansehen
der Person, des Standes und Ranges galt, daß jeder willkommen ge=
heißen ward, der den Freibrief des Geistes, des Talents, der Schön=
heit mitbrachte. Da erschienen, noch umflossen vom ersten Zauberlicht
der Romantik, deren begeisterte Verkündiger sie waren, die Brüder
Schlegel; der jüngere, Friedrich, wohl Arm in Arm mit seinem
Intimus Friedrich Schleiermacher, damals Prediger an der
Charité in Berlin und noch völlig romantischen Einflüssen unterworfen.
Noch ein zweites Brüderpaar war oft zu Gaste: der Dichter Lud=
wig Tieck, das hervorragendste Talent unter den Romantikern, dessen
wild=phantastische Jugendarbeiten schon seine künftige Bedeutung ahnen
ließen, und sein Bruder Friedrich, ein tüchtiger Bildhauer. Der
Architekt Hans Genelli mit seinem stolzen Römerkopf, der Dichter
Karl Gustav von Brinckmann, Schwede von Geburt, und noch
so manche anderen Schriftsteller, Künstler und Schauspieler verkehrten
in diesem Kreise, den eine nicht geringe Zahl durch Geist und Schön=
heit ausgezeichneter Frauen vervollständigte. Täglich rollten Equipagen
vor, denen die anmutigsten Gestalten entstiegen: die Hofrätin Hen=
riette Herz, eine der berühmtesten Schönheiten der Residenz; die
wegen ihres Liebreizes auch von Goethe gefeierten Schwestern Sarah
und Marianne Meyer; die geistesstarke, fast männlich entschiedene
Gräfin Karoline von Schlabrendorf, die entzückende Josephine
von Pachta u. a. m.

Das ist das Bild eines geistig=geselligen Zirkels, wie er in dem
Berlin jener Zeit zu den Seltenheiten gehörte. Denn der stockige
Kastengeist, der überhaupt die Berliner Bevölkerung charakterisierte,
machte sich natürlich auch im Gesellschaftsleben stark bemerkbar. Der
Hof, der Adel, die Gelehrten, die Beamtenwelt, der Kaufmannsstand:
jede Klasse feierte ihre Feste streng gesondert von der andern, und nur
selten und ungern wurde eine Ausnahme gemacht. Alle Elemente einer
anziehenden Gesellschaft, urteilte die Staël, nachdem sie 1804 Berlin
besucht hatte, seien zwar vorhanden, aber sie seien noch nicht in Uebereinstimmung miteinander gebracht, noch nicht fest zusammengefügt worden.
Insbesondere tadelte sie, daß die Frauen zum Teil von den Zusam=
menkünften der Männer, z. B. im Soldatenstande, ausgeschlossen
waren. — Was die Unterhaltung in den Gesellschaften betrifft, so

waren die Ansprüche im Durchschnitt höchst bescheiden. Hof und Adel zeigten so wenig geistige Bedürfnisse wie die bürgerlichen Kreise, mit Ausnahme etwa der Gelehrten, die in ihren Ressourcen zum Zwecke wechselseitigen Gedankenaustausches sich zusammenfanden. Soupers, Thees, Bälle, vor allem aber die L'hombre- oder Whistpartie: das war der Kreislauf, der sich beständig wiederholte. In Berichten aus jener Zeit wird das Spiel die „allgemeine und einzige Beschäftigung" genannt, an der schon die Jugend gravitätisch teilnehme; es war eine Spielwut eingerissen, der alle Kreise gleichmäßig huldigten. So wird es verständlich, daß die Staël, die in das feine, vergeistigte Gesellschaftstreiben des Pariser Salons von Jugend auf eingeweiht war, die Gesellschaften in Berlin uninteressant fand und eine „weltmännische Bildung" vermißte.

Ein Zirkel, wie der geschilderte, bildete also eine Ausnahme von der Regel, und er konnte sich nur unter besonders günstigen Umständen entwickelt haben. Und doch war jenes Haus in der Jägerstraße weder ein fürstliches Palais, noch eine Stätte gleißenden Reichtums und weltlicher Üppigkeit, noch auch das Heim eines hervorragenden Künstlers oder Gelehrten, sondern ein solides Kaufmannshaus; und die Person, welche hier empfing, war eine keineswegs durch blendende Schönheit ausgezeichnete Jüdin: Rahel Levin.

Der Rahelsche Salon war, wenn auch der bedeutendste, so doch nicht der einzige seiner Art im damaligen Berlin. Gleichzeitig und zum Teil schon früher gab es einige wenige Häuser, die sich in hervorragender Weise der Pflege schöngeistiger Interessen widmeten. Seltsamerweise aber waren das fast nur jüdische Häuser. Als der junge Dichter Heinr. Christian Boie 1770 besuchsweise in Berlin weilte, wurde er von dem jüngeren Lessing, dem Bruder des Dichters, der beim Münzdirektorium angestellt war, in eins dieser Häuser geführt. Ueber eine Abendgesellschaft berichtete er: „Ich fand ein paar sehr artige Jüdinnen da, die mit Verstand und Geschmack von unserer Litteratur redeten. Wenn ich hier länger wäre, ich würde oft in jüdischen Gesellschaften sein, und ich muß sagen, daß ich den steifen, ungesellschaftlichen Zwang fast noch weniger hier finde, wie in den andern Gesellschaften." Solcher Zeugnisse aus den letzten Jahrzehnten des 18. Jahrhunderts giebt es viele. Die Namen Henriette Herz, Dorothea Veit, Rahel Levin und Frau von Eybenberg hatten weit über Berlin hinaus einen guten Klang, und fremder Besuch von einiger Bedeutung versäumte nicht leicht, die Salons dieser geistreichen Jüdinnen aufzusuchen. Mußte doch selbst Vater Joh. Heinr. Voß, der gewiß jeglichem Emanzipationsstreben der Frauen abhold war, bei seinem Aufenthalt in Berlin (1797) dem glänzenden, ungezwungenen Treiben dieser Zirkel Bewunderung zollen.

Es ist eine merkwürdige Erscheinung, daß sich die Blüte einer feinen, edlen und freien Geselligkeit gerade in den jüdischen Häusern der preußischen Residenz zuerst entfaltete; um so wunderbarer, wenn man die äußere Stellung der Juden im damaligen Berlin in Betracht zieht. Es war noch im wesentlichen dieselbe, die ihnen Friedrich II. durch das General-Privilegium vom Jahre 1750 angewiesen hatte.

Befangen in dem allgemein herrschenden Vorurteil gegen die Juden, hatte Friedrich es nicht über sich vermocht, sie den übrigen Staatsbürgern gleichzustellen. Durch teuer erkaufte Schutzbriefe mußten sie das Recht der Niederlassung erwerben. Selbst die „ordentlichen Schutzjuden", deren Zahl sehr beschränkt war, durften nur ein einziges Kind, nach dem siebenjährigen Kriege deren zwei, ansässig machen, denen jedoch erst nach des Vaters Tode ein selbständiges Geschäft zu treiben gestattet war. Mit einer gewissen Virtuosität wußte der alte Fritz das Judentum finanziell auszubeuten. So erhöhte er nach dem Kriege das von der gesamten Judenschaft des Landes aufzubringende jährliche Schutzgeld von 15000 auf 25000 Thaler und führte eine neue bedeutende Steuer unter dem Namen der Silberlieferung ein. Um die Porzellanmanufaktur seines Landes zu fördern, ließ er den Juden bei allen Konzessionen, die sie erhielten, eine nicht gering bemessene Quantität Porzellan überweisen mit der Verpflichtung, es im Auslande zu verkaufen. Natürlich bereitete der Transport viele Kosten, und die Waren, deren Beschaffenheit in der ersten Zeit manches zu wünschen übrig ließ, konnten nur mit beträchtlichem Verlust abgesetzt werden.

Noch war der Berliner Jude in seinem Erwerb sehr eingeschränkt. Ihm war fast ohne Ausnahme nur der Handel, vornehmlich der Kleinhandel, das Pfandnehmen, das Geldleihen auf Zins, der Wucher erlaubt, „jene traurigen Geschäfte, die das ganze Mittelalter hindurch bis auf die neue Zeit herab den Juden den Fluch der Mitlebenden zugezogen hatten"*). Der Bankerott eines Juden hatte sofort den Verlust des Schutzes, d. h. Ausweisung, zur Folge; denn es verstand

---

*) s. Geschichte der Juden in Berlin. Von Ludwig Geiger. 2 Teile. Verlag von J. Guttentag. Berlin 1871.

sich von selbst, daß ein Jude nur einen betrügerischen Bankerott machen könne.

War die Judenschaft Berlins auch nicht, wie die anderer Städte, in finstre Ghettos eingesperrt, so wurde doch die Freiheit der Bewegung mannigfach beschränkt. Nur durch zwei Thore durfte der Jude die Stadt betreten oder verlassen; dem fremden war das Uebernachten innerhalb der Mauern nicht gestattet. Auf Reisen mußte er an jeder Zollbude, die er passierte, sich selbst wie das Vieh verzollen. Jeder Bürger durfte sich die öffentliche Beschimpfung eines Juden ungestraft erlauben; auch manche Zeitungen leisteten im Verspotten und Verächtlichmachen des Judentums Beträchtliches. —

Die trostlose Wirkung einer solchen jahrhundertelangen Erziehung schildert ein Zeitgenosse, der ihren Druck in tiefster Seele empfunden, folgendermaßen: „Die bürgerliche Unterdrückung, zu welcher uns ein zu sehr eingerissenes Vorurteil verdammt, liegt wie eine tote Last auf den Schwingen des Geistes und macht sie unfähig, den hohen Flug der Freigeborenen jemals zu versuchen . . . Es ist nicht unsere Schuld, allein wir können nicht leugnen, daß der natürliche Trieb zur Freiheit in uns alle Thätigkeit verloren hat. Er hat sich in eine Mönchstugend verändert und äußert sich bloß im Beten und Leiden, nicht im Wirken" . . . Dieses Wort charakterisiert wahr und treffend den inneren Zustand des Judentums. Ohnmächtig, sein Recht zu erkämpfen, mußte es sich darauf beschränken, an seinem alten, überlieferten Glauben mit zäher Treue sich festzuklammern und Trost zu suchen in der Hoffnung auf eine bessere Zukunft. Abgeschlossen von der sie umgebenden Außenwelt, ewig auf sich selbst angewiesen, spürten die Juden nichts von dem frischen Wehen des Weltgeistes, von den Fortschritten der Völker in Leben, Kunst und Wissenschaft, und so mußte ihre Religion, ihre Sitte und Sprache erstarren und verknöchern. Der geknechtete Jude der Friedericianischen Epoche war wie der des Mittelalters orthodox und ungebildet.

Der Sturm einer gewaltigen Geistesrevolution mußte den Baum des Judentums bis in die Wurzel erschüttert und seine trägen Säfte zu frischem Kreislauf angeregt haben, bevor er ein Gebilde hervorbringen konnte wie das Gesellschaftsleben der jüdischen Salons zu Ende des 18. Jahrhunderts. Es ist Moses Mendelssohn, dem in erster Linie das Judentum diesen Aufschwung verdankt.

Nur auf dem Wege, auf dem sich Mendelssohn selbst aus der Enge und dem mystischen Dunkel jüdischer Ueberlieferung durch eigene

Kraft zur Freiheit des Geistes hindurchgearbeitet hatte —: nur durch das Thor der Aufklärung konnte das Judentum in die Hallen deutscher Kultur gelangen. Im Rationalismus wurzelnd, wie kaum ein anderer befähigt, die Philosophie zu popularisieren — ist doch sein „Phädon oder über die Unsterblichkeit der Seele" (1767) ein echtes, noch heute gelesenes Volksbuch —, wie sein Freund Lessing erfüllt vom Geiste wahrer Humanität, mit unerschütterlicher Treue festhaltend am Bekenntnis seiner Väter, das er doch innerlich überwunden hatte, standhaft ausharrend und leidend mit seinen Brüdern, war Moses Mendelssohn der geborene Befreier seiner Glaubensgenossen aus dem Banne geistiger Dumpfheit und Unmündigkeit.

Von höchster Wichtigkeit für die Geistesreform des Judentums ward Mendelssohns Thätigkeit auf dem Gebiete der Sprach= und Erziehungswissenschaft. Der jüdische Knabe hatte bis dahin nichts gelernt, als hebräisch zu lesen und zu schreiben, den Bibeltext in widrigem Jargon wiederzugeben und die Mischnah ein wenig zu erklären. Das war jüdische Durchschnittsbildung. Die Lektüre eines deutschen Buches galt als Felonie, als Nationalfrevel. Da erschien am Anfang der 50er Jahre Mendelssohns erste deutsche Schrift —: die kühne That eines Reformators, der Schlag auf Schlag neue Thaten folgten. Wohl erhoben die Orthodoxen lauten Widerspruch, die rabbinischen Zeloten zückten den Bannstrahl; aber der einsichtigere Teil des jüdischen Volkes, vor allem die Jugend, verstand Mendelssohn, fühlte in seinen Werken den Hauch der Befreiung wehen. Nun übersetzte er den Pentateuch, später folgte eine Uebertragung der Psalmen. So ging trotz allen Widerstandes Mendelssohns Werk seinen stillen Gang weiter. Die 1778 errichtete Freischule war die erste Anstalt, die, ganz in seinem Geiste geleitet, der israelitischen Jugend deutsche Erziehung übermittelte. Der jüdische Jargon, der bisher eine Scheidewand zwischen Juden und Christen aufgerichtet hatte, mußte allmählich der deutschen Sprache weichen. Die Talmudschulen wurden leer; mit deutscher Sprache reifte das Judentum deutscher Bildung und Gesittung entgegen.

Damit aber sind Mendelssohns Verdienste nicht erschöpft. Er erzog sein Volk zum Patriotismus, er veredelte den jüdischen Ritus, er wußte, wenngleich er ungern aus seiner Zurückhaltung herausging, erfolgreich für die bedrückten Stammesgenossen anderer Länder einzutreten. Tiefer aber als Wort und Schrift wirkte vielleicht sein Wandel. „Die verächtliche Meinung, die man von einem Juden hat, wünschte ich durch Tugend und nicht durch Streitschriften widerlegen

zu können," sagte er einmal. Und er hat den Vorsatz herrlich aus=
geführt. Der stille Wandel dieses Weisen warf die landläufigen Vor=
urteile, die man von den Juden hegte, schneller und entscheidender
zu Boden, als alle theoretische Erkenntnis je vermocht hätte. Die
edelsten Tugenden, mit denen Lessing seinen Nathan geschmückt hat:
Weisheit, Milde, Demut, praktische Menschenliebe — finden wir in
seltener Vereinigung in Mendelsohns Charakterbilde. Das verschaffte
ihm Anerkennung, Achtung und Liebe dort, wo Vorurteil, Hohn und
Verachtung bisher jeden Annäherungsversuch unmöglich gemacht hatten.
Bekenner aller Glaubensrichtungen beichteten ihm in Gewissenssachen,
bedrängte Gemüter baten ihn um Rat; Denker disputierten mit ihm
mündlich oder brieflich über seine philosophischen Ansichten; bedeutende
Fremde gingen, wenn sie Berlin besuchten, nicht an seinem Hause
vorüber.

Als Moses Mendelsohn am 4. Januar 1786 starb, da war, dank
seiner und seiner treuen Mitarbeiter, eines Friedländer, Maimon
und Bendavid Wirksamkeit, bereits ein neues jüdisches Geschlecht
erstanden. Der deutsche, vornehmlich der Berliner Jude war zum Ge=
fühl seines Wertes und seiner Würde gelangt, der demütig gekrümmte
Rücken hatte sich aufgerichtet. Er fühlte sich nicht mehr als der Fremde
auf deutschem Boden, eine gemeinsame Sprache verband ihn mit dem
deutschen Bürger: er besaß ein Vaterland. Endlich war ein Verständ=
nis für den Wert der Bildung mächtig erwacht. Zwar die Familien=
väter der älteren Generation mochten im allgemeinen nicht viel von
diesem Emanzipationsstreben wissen. Es gab in dieser Hinsicht mehrere
Abstufungen: manche der Alten wollten eine deutsche Bildung, als der
israelitischen Ueberlieferung widersprechend, überhaupt nicht dulden;
andere legten den geistigen Bestrebungen der Jugend, insofern ihnen
ein praktischer Nutzen einleuchtete, kein Hindernis in den Weg; beispiels=
weise war die französische Sprache von den Töchtern wohlhabender Ju=
den, wie oberflächlich auch immer, schon früh getrieben worden. Die
reicheren Stammesgenossen endlich, die durch ausgebreitete Geschäfts=
beziehungen in mancher Berührung mit Christen standen, übten in
dieser Beziehung die größte Nachsicht; sie ließen, ohne das Bildungs=
streben besonders zu fördern, ihren Kindern freie Hand. Das Inter=
esse konzentrierte sich vor allem auf Philosophie und Dichtkunst; und
zwar wandten sich die Männer, dem Beispiel ihres großen Lehrers
folgend, vornehmlich der ersteren zu, während die Frauen, teils durch
Mendelsohn persönlich, teils durch seine „Briefe, die neueste Litteratur

betreffend", angeregt, der schönen Litteratur ihre gespannteste Auf=
merksamkeit schenkten. In diesem Wettstreit konnte es nicht fehlen,
daß das männliche Geschlecht bald hinter dem weiblichen zurückblieb.
Denn da die meisten damaligen Juden Kaufleute waren und mit Eifer
ihren Geschäften oblagen, fanden sie weder Muße noch Geistesruhe,
sich in die Philosophie zu vertiefen, abgesehen davon, daß es manchem
an der nötigen wissenschaftlichen Vorbildung fehlte; so wurde denn
dieses Studium nach erfreulichem Anlauf meist nur lässig und dilet=
tantisch betrieben oder überhaupt aufgegeben. Die Frauen dagegen,
denen es an Zeit nicht mangelte, gaben sich mit dem Feuer, womit
lebhafte Naturen ihnen bis dahin Unbekanntes ergreifen, ihren littera=
rischen Neigungen hin und machten erstaunliche Fortschritte. Das Schau=
spiel wurde von den Juden mit Leidenschaft besucht; am Sonnabend war
das Parterre großenteils von ihnen besetzt. Es gab Handlungshäuser,
in denen bei Tisch nicht von geschäftlichen Dingen geredet werden durfte.
Abends wurde im Familienkreise vielfach mit Geschmack musiziert, Goethe
gelesen und über das Gelesene diskutiert. Die Stärke und Frische dieses
Bildungsdranges im Zusammenhange mit der fremdartigen orienta=
lischen Pracht der lange jedem fremden Auge verschlossenen Gemächer
gab der jüdischen Geselligkeit einen originellen Stempel und machte
sie Fernerstehenden anziehend; und da im steten Umgange mit der
gebildeten christlichen Gesellschaft und auf Reisen die gutsituierten Ju=
den allmählich die Lebensgewohnheiten der besseren Stände angenom=
men hatten, so wurde es Mode, daß ihre Zirkel von Mitgliedern der
verschiedensten Klassen, die sich von dem geistlosen und langweiligen
Treiben der üblichen Zusammenkünfte abgestoßen fühlten, aufgesucht
wurden. Es kamen die Gelehrten, die Künstler, die Hofleute und
Diplomaten; ja, die Prinzen verschmähten es nicht, sich im tête-à-tête
mit geistreichen Jüdinnen für den Zwang höfischer Feste zu entschädigen.
Es stellten sich endlich jene Ausgestoßenen ein, die kein Berliner
Bürgerhaus damals empfangen durfte: die Leute vom Theater. —
Diesem Eindringen von außen begegnete auf halbem Wege der rege
Eroberungstrieb des jüdischen Nationalcharakters. Es behagte der
neuen Generation nicht mehr in der isolierten verachteten Stellung;
man wollte Fuß fassen in der Gesellschaft, und man faßte Fuß. Im
jüdischen Salon zuerst vollzog sich die Durchdringung und Ver=
schmelzung der gebildeten Stände zu einer verfeinerten, vergeistigten
Geselligkeit.

Erstes Kapitel.

Jugend.

Ueber Rahels Jugend sind wir nur unvollkommen unterrichtet. In ihrem umfangreichen Briefwechsel mit Varnhagen von Ense und den Freunden, soweit er veröffentlicht wurde, finden sich meist nur allgemeine Andeutungen und Reflexionen über diesen Lebensabschnitt. Varnhagen, der mit so treuer Sorgfalt Rahels Leben und Wesen zu ergründen suchte, hat sich leider über ihr Jugendschicksal, in das er gewiß tiefer eingeweiht war, nicht im Zusammenhange ausgesprochen. Einige Nachrichten, die ich in dem Varnhagenschen Handschriften-Nachlaß entdeckte, ergänzen zwar glücklich das bisher bekannte Material, sind aber nicht ausgiebig genug, um eine lückenlose Darstellung des körperlichen und geistigen Werdens der merkwürdigen Frau zu ermöglichen.

In dem Eckhause der Spandauer- und Königstraße, im Mittelpunkte von Berlin (Spandauerstraße Nr. 26) wurde Rahel am 19. Mai 1771*) geboren. Ueber ihre Eltern liegen wenig Nachrichten vor. Ihr Vater, Levin Markus, wird als ein wohlhabender, in Welt und Geschäften erfahrener Kaufmann geschildert. In seiner Jugend war er viel gereist und hatte auch das Ausland besucht; am Hofe des Prinzen Karl von Lothringen soll er durch glückliche Geschäfte den

---

*) Das Geburtsdatum ließ sich bisher nicht mit unumstößlicher Sicherheit nachweisen. Eine amtliche Feststellung ist nicht möglich, da, wie mir der Vorstand der jüdischen Gemeinde zu Berlin mitteilte, ein Geburtsregister seitens der Verwaltung der Gemeinde erst seit 1778 geführt wurde. Oskar F. Walzel führt in seinem Rahel-Artikel in der allgemeinen deutschen Biographie den 26. Mai als den Geburtstag Rahels an. Worauf sich diese Angabe stützt, kann ich nicht sagen. Rahel selbst und Varnhagen nennen stets den 1. Pfingstfeiertag, und dieser fiel im Jahre 1771 auf den 19. Mai. Endlich fand ich in Varnhagens ungedruckten Notizen auf einem Zettel von seiner Hand, betitelt: „Abschrift eines Blattes von Rahels Mutter", dasselbe Datum als ihren Geburtstag bezeichnet.

Grund zu seinem späteren Wohlstande gelegt haben. Sein lebhafter Geist stand unter der Herrschaft einer genialen Laune, die sich gelegentlich bis zur Tollheit steigerte. Das hier veröffentlichte Porträt von Chodowiecki zeigt nur die Züge eines jovialen Lebemannes, klug und voll sinnlicher Munterkeit. Sein Witz spiegelte sich in vielen Anekdoten, von denen Varnhagen die folgende mitgeteilt hat. Zur Nachtzeit wurde Levin einmal durch seinen im Nebenzimmer liegenden Bedienten gestört, der sich, von Durst gepeinigt, auf seinem Lager umherwarf, ohne in seiner Schlaftrunkenheit Anstalt zu machen, sein Bedürfnis zu stillen. Nachdem der Herr lange die Störung ertragen hatte, rief er plötzlich mit lauter Stimme: „Johann!" Augenblicklich stand dieser vor seinem Bette und fragte nach seinem Befehl. „Hole ein Glas Wasser!" — Sogleich sprang er davon und brachte das Verlangte. „Trinke und lege dich wieder zu Bett!" gebot sein Herr, und Johann war auf die leichteste Weise von der Welt zu Trunk und Labung gelangt. —

Um Levins Stellung den Seinen gegenüber zu verstehen, müssen wir einen Blick in das jüdische Familienleben werfen, das, während rings umher manche Schranke des Vorurteils fiel, vom Luftzuge der neuen Zeit noch lange unberührt blieb. Hartnäckig hielten die Familienväter an ihrer patriarchalisch-despotischen Stellung fest. Absolute Oberhoheit des Hausherrn über die Seinen, unbedingte Unterwerfung der Familienglieder unter seinen Willen galt als erstes Gesetz. Beispielsweise verfügte das Oberhaupt unumschränkt über die Hand seiner Töchter; nicht des Herzens Stimme, sondern einzig der Wille des Vaters war für die Gattenwahl entscheidend, und wehe der Tochter, die gewagt hätte, sich gegen die väterliche Entscheidung aufzulehnen! — So bestimmte de Lemos, einer der angesehensten jüdischen Aerzte Berlins, der erst zwölfeinhalbjährigen Tochter Henriette seinen Hausfreund Markus Herz, der dem Alter nach füglich des Mädchens Vater sein konnte, zum Gatten. Und selbst der edle Mendelssohn stand noch so sehr unter dem Banne alter Satzung, daß er seine Tochter Dorothea wider deren Willen und Neigung dem Kaufmanne Veit vermählte. Wie verhängnisvoll sich gerade in diesem Falle der väterliche Eingriff in das heiligste Recht des Kindes erweisen sollte, werden wir später sehen. —

Auch Levin Markus regierte über die Seinen als Autokrat. Wenn er anordnete, daß kein Geburtstag mehr gefeiert werden dürfe, so leistete man unbedingt Folge, und die Kinder vergaßen die Daten ihrer eigenen und der Eltern Geburtstage so gründlich, daß es Mühe machte, sie später mit Sicherheit festzustellen. Ueberkam ihn die Laune, so gefiel er sich in der Rolle des witzigen Despoten, vor dessen Einfällen und Zornesausbrüchen das ganze Haus zitterte. An der Seite dieses tollköpfigen, jähzornigen Mannes lebte seine Frau, Chaiche Levin, ein stilles, gedrücktes Leben. In einem Mahnbriefe an einen ihrer Brüder, der sich, der väterlichen Zuchtrute entwachsen, in der Fremde nicht schicken wollte, schrieb die sechzehnjährige Rahel, gut den Geist des Hauses charakterisierend: „ ... Unser Zustand muß dir nicht lebhaft genug mehr sein; denk dir, wenn Klage an Papa kommt, ob nicht alles Leiden auf Mama zurückkommt ... Bedenk nur uns, was wir leiden müssen: Du kannst es nicht fassen, denn ich kann es nachher immer nicht nach der Reihe denken ... Unsre Mutter ist schwach, sie hat viel gelitten, muß noch viel leiden, stürbe sie uns, so wäre dem Verstand nach gewiß der Tod auch für uns das Beste, ich wenigstens würde ihn wählen ..." Aus den wenigen Briefen, die von Rahels Mutter erhalten sind, und aus sonstigen Zeugnissen über sie gewinnt man den Eindruck, daß sie eine treffliche, wirtschaftliche Hausfrau und ihren Kindern eine treue, gütige Mutter war, an Verstand keineswegs hervorragend, doch auch nicht unaufgeschlossen für geistige Bedürfnisse.

Rahel, das erste Kind dieses ungleichen Elternpaares, war bei der Geburt auffallend schwächlich; es wird erzählt, man habe sie, in Baumwolle gehüllt, die erste Zeit ihres Lebens in einem Schächtelchen aufbewahrt. Der zarte Körper wurde von Kinderkrankheiten mannigfacher Art heimgesucht, wodurch, weil zweckmäßige Behandlung und angemessene Lebensweise fehlten, der Grund zu tiefeingewurzelten Leiden gelegt wurde. Eine ungeheure Reizbarkeit der Nerven, die feinste Empfindlichkeit für die Einflüsse der Witterung blieben ihr das ganze Leben lang treu. „In meiner Lebensgeschichte soll Wetter und meine Gesundheit vorkommen," sagte sie als alte Frau mit gutem Bedacht. Das niederdrückende Bewußtsein physischer Hinfälligkeit hemmte schon früh den Flug des kindlichen Geistes.

Dieser Leiblichkeit entsprechend trat als einer der Grundzüge ihres Wesens eine außerordentliche, ja abnorme Sensibilität hervor. Das unendlich fein organisierte Instrument ihrer Seele wurde durch den leisesten Hauch in Schwingungen versetzt. Ein Wort, ein Klang, eine Naturstimmung, eine innere Erfahrung konnte augenblicklich ihr Inneres in zitternde Erregung versetzen, der sie selbstunvorbereitet und ganz machtlos gegenüberstand, und die in ihrer elementaren Heftigkeit nicht selten ihr körperliches Gleichgewicht gefährlich erschütterte.

Das war jenes enthusiastische Gemüt, das, wie Rahel später einmal sagte, „in einem Augenblick meerhoch zu den Wolken woge und ihr Hören und Sehen überwältige, und" — so fügte sie hinzu — „das sie dennoch ein Urteil behalten lasse." — Denn, wie fein und stark diese Reizempfänglichkeit war, so nachhaltig war sie auch sowohl nach seiten des Gefühls wie des Vorstellens. Mochte durch die gewaltsame Erschütterung des Innern zunächst die Empfindung getrübt, das klare, gegenständliche Vorstellen verdunkelt werden: der geschäftige Geist des Kindes ruhte nicht, bis er den neuen Eindruck in sich verarbeitet hatte, bis das seelische Erlebnis zum unverlierbaren Eigentum geworden war. In dieser Verbindung des raschesten Empfindens mit nachhaltigem, grübelndem Ernst offenbarte sich eine starke Sonderart, von der folgendes von ihr selbst berichtete Geschichtchen Zeugnis ablegt. Rahel zählte etwa zwölf Jahre, als sie ernstlich über Gott, Unsterblichkeit und andere Probleme, wie sie gewöhnlich erst in späterem Alter die Jugend zu beschäftigen pflegen, nachzusinnen begann. Nach Ueberwindung banger Zweifel war sie zu einer ruhigen, heiteren Gewißheit gelangt. Ganz der Freude über diesen Ausgang hingegeben, folgte sie eines Mittags dem Rufe zum Essen. Innerlich vergnügt, doch immer noch mit ihren Gedanken beschäftigt, setzte sie sich zu Tische; eben wollte sie einen Löffel Schotensuppe zum Munde führen, als ihr ein neuer, schwerer Zweifel aufstieß, der alle Resultate ihres Nachdenkens aufhob und der ihr im Augenblick unüberwindlich schien. Sie ließ den Löffel sinken; die starke Erregung machte sie ohnmächtig, und sie wäre vom Stuhle gefallen, hätte nicht der Vater, der neben ihr saß, sie aufgefangen. Als sie wieder zu sich kam, war sie noch ganz erfüllt von dem Schrecken, konnte sich aber den Gedanken, der jenen verursacht, nur allmählich zurückrufen. Sie verriet nichts von dem, was in ihr vorgegangen war; denn sie fürchtete, die leeren Redensarten, mit denen man sie tröstend von allen Seiten bestürmt haben würde, nicht ertragen zu können. Lange nachher noch rief ihr der Anblick von Schotensuppe einen nicht geringen Schauder hervor.

Eine andere Anekdote aus ihrer Jugend läßt erkennen, wie früh schon ein selbständiges Geistesleben in dem Kinde sich zu regen begann. Im Alter von drei Jahren konnte Rahel eine Zeit lang des Nachts nicht schlafen. Stundenlang lag sie wach, mit Vorstellungen ihres kindlichen Gedankenkreises still beschäftigt, aufmerksam in das Dunkel lauschend, das ihr keine Schrecken barg; und es kam ihr sonderbar vor, daß man sie abends zu Bette legte, da sie keinen Zweck dafür erkannte. Einmal trat ihr Vater spät an ihr Bettchen und fand sie ganz munter; auf seine verwunderte Frage, warum sie denn nicht schlafe, antwortete sie, sie schlafe nie. Er vernahm das mit Zweifel und forschte weiter nach, und endlich sagte das Kind: „Eins aber habe ich heraus=gebracht, Papa: wovon immer Tag wird. Das kommt von der Sonne; wenn die zu scheinen anfängt, dann wird Tag." —

Was Wilhelm von Humboldt, der Rahel von Jugend auf genau kannte, im hohen Alter als einen ihrer wichtigsten Wesenszüge bezeichnete: daß sie von jedem Punkt des täglichen Lebens gern zu innerm, tieferem Nachdenken übergegangen sei und vorzugsweise gern aus der Mannigfaltigkeit der Wirklichkeit ihren Stoff zum Nachdenken geschöpft habe —, das deutet sich in dieser Jugendgeschichte bereits an. Diese Entwickelung zu geistiger Selbständigkeit vollzog sich mit einer erstaunlichen Energie. Unterstützt wurde der Prozeß durch einen Wahr=heitsdrang, der ihr tief eingeboren war, und der wie ein scharfer Wächter ihre Gedanken= und Gefühlswelt unablässig kontrollierte. Sie konnte in den Ergebnissen ihres Nachdenkens irren, aber nie konnte sie bewußt sich selbst und andere belügen. Ja, nicht sagen zu dürfen, was in ihr vorging, hätte sie als eine unerhörte Beschränkung ihrer Frei=heit empfunden. Nach demselben Maßstab wertete sie auch ihre Nächsten; ob es in einem Menschen natürlich und wahr zuging, dafür hatte sie früh einen fast untrüglichen Blick. Eine offenbare, bewußte Lüge aus anderer Munde war ihr unfaßbar und erfüllte sie schier mit Entsetzen. In diesem glühenden Wahrheitstrieb, der sich in der Folge immer mächtiger entwickelte und zum beherrschenden Prinzip ihres Lebens wurde, tritt die kräftige moralische Grundlage ihres Wesens an den Tag.

Ein so geartetes Kind bot gewiß planmäßiger Erziehung große Schwierigkeiten. Nur eine weise, sorgsame und liebevolle Hand hätte hier, wenn auch nur mit schonender Vorsicht, einwirken können. Durch einfache, naturgemäße Lebensweise war der schwächliche Körper zu kräftigen. Rauhe Eingriffe waren zu meiden; die geringe Widerstands=kraft des Organismus verbot durchaus, dem Kinde empfindlichen physi=schen oder seelischen Schmerz zu verursachen. Der geistigen Frühreife hätte durch leichte Beschäftigung mit häuslichen Dingen begegnet werden müssen. Dadurch wäre auch die Aufmerksamkeit mehr auf die reale Welt gelenkt worden. Die Gewöhnung an ein den thatsächlichen Ver=hältnissen sich anpassendes Thun war planmäßig zu üben. Endlich mußte versucht werden, Geist und Willen von äußeren und inneren Bedingungen, von Affekten und Stimmungen unabhängiger zu machen und auf diese Weise zur Beherrschung des leicht aufwallenden Gemüts zu führen.

Von der Befolgung solcher Erziehungsprinzipien war man weit entfernt. Die Kinderzucht im Levinschen Hause scheint überhaupt Grundsätzen abgeneigt gewesen zu sein; sie bewegte sich in den absonderlichsten Sprüngen und Widersprüchen. Die Kinder erwuchsen in der schwülen Gewitteratmosphäre, die der Vater um sich verbreitete, noch frei und ungehemmt genug: wenn der Sturm einer tollen Laune vorübergebraust war, mochten sie getrost aufatmen und treiben, was ihnen gut dünkte; der väterliche Tyrann kümmerte sich nicht sonderlich darum, und die schwache Mutter ließ sie gern gewähren. Selbst Rahels drei Brüder — von denen an anderer Stelle zu reden sein wird — lernten, wenngleich sie nicht ohne Bildung blieben, niemals, mit voller Hingebung pflichtgemäß zu arbeiten. Alle wurden nach väterlichem Muster Stimmungsmenschen.

So hatte auch Rahel Raum genug, ihre Anlagen nach der guten und übeln Seite ungehindert zu entfalten. Sie war ohne Frage das begabteste, talentvollste Kind im Geschwisterkreise, und als solches der erklärte Liebling ihres Vaters. Dieser Umstand jedoch gereichte ihr nicht zum Segen; im Gegenteil, er wurde ihr eine Quelle bitterer Leiden. Ja, es erwuchs ihr hieraus die Tragik ihres Jugendlebens. Denn diese Liebe beruhte auf durchaus selbstischen Trieben; sie war im Grunde nichts als die geschmeichelte Eigenliebe eines eiteln Vaters. In dem frühreifen Geiste, dem kecken Witz, der beweglichen Phantasie des Töchterchens glaubte Levin sich selbst wiederzufinden, ohne zu ahnen, daß, was ihn entzückte, nur die auf der Oberfläche ihres reichen Wesens blitzenden und tändelnden Lichter waren. Die Grundwellen dieses Wesens aber blieben ihm verborgen, oder, soweit sie in sinnendem Ernst, in feurigem Wahrheitseifer, in Willensfestigkeit hervortraten, waren sie ihm, der gefügige Menschen um sich liebte, unbequem und zuwider. Er wollte den Geist der Lieblingstochter ganz nach seiner Laune formen, wollte sich in ihr ein Spielzeug seiner Willkür und zugleich ein Familienparadestück schaffen. So ist ein auf diese Zeit bezügliches Wort ihres Freundes Burgsdorff an Rahel zu deuten: „Ihre Erziehung hat Sie zu einer einseitigen Frivolität hinzwingen wollen."

Rahels Natur wehrte sich in trotziger Selbstbehauptung — bewußt und unbewußt — gegen diese Absicht. Und es ist der beste Beweis für die unzerstörbare Geschlossenheit ihres geistigen Organismus, daß

Levin Markus.

Nach Originalphotographie des in der Nationalgalerie zu Berlin befindlichen Ölgemäldes von Chodowiecki

sie in dem steten, aufreibenden Kampfe mit dem brutalen väterlichen Willen nicht unterlag. Aber dieser Kampf ließ tiefe, untilgbare Spuren zurück. Die schmerzliche Gewalt solcher Stürme durchzittert noch in späteren Lebensjahren niedergeschriebene Aeußerungen. So oft sie von ihrer Jugend redet, ist es, als ginge ein Riß durch ihre Seele, als finge eine Wunde an zu bluten, die nie vernarben konnte. So, wenn sie grollend ausruft: „Eine gepeinigtere Jugend bis zu acht= zehn Jahren erlebt man nicht, kränker war man nicht, dem Wahnwitz näher auch nicht" ... Oder wenn sie bitter seufzt: „Plage war die ganze Jugend!" ... oder wehmütig klagt, kein holder Traum wandele aus ferner Jugend zu ihr; oder philosophiert: „Freundlich für den Tag, in seiner Entwickelung nach außen hin, kann das Leben nur werden, wenn die ersten Verhältnisse gesegnet sind. Das geschah mir nicht halb."

Als eine direkte Wirkung dieser peinigenden Eingriffe hat Rahel später oft bezeichnet, daß ihr „Talent zur That zerbrochen wurde". Zu häufig war ihr Wille durchkreuzt und gebeugt worden, zu selten hatte das freudige Bewußtsein des Gelingens ihre Thatkraft befeuert. Zwar die geistige Energie, innerhalb der Grenzen ihres Wesens voll sich auszuleben, blieb ihr und wurde durch jede Hemmung nur ver= stärkt; aber sie büßte die Fähigkeit ein, sich im realen Leben mit frischem Wagemut zu bethätigen. Zaghaft steht sie am Ufer und läßt den Strom des Lebens an sich vorübergleiten; sie wagt nicht hinein= zugreifen und zu schöpfen. Die Gabe, sich selbst kraftvoll ihr Schicksal zu gestalten, mit kecker Hand das Glück beim Schopf zu fassen, war ihr in der Schule väterlicher Zucht für immer verloren gegangen, und stets hat sie diesen Mangel an „Mut zum Glück" als ein großes Mißgeschick beklagt.

Vielleicht noch tiefer einschneidend in ihren Wesenskern war eine andre innere Erfahrung, die ihr aus dem Verhältnis zu ihrer Familie erwuchs. Sie fühlte sich von der abgöttischen Liebe des Vaters um= geben, aus der ihr doch nichts als eine Fülle von Leid zuströmte; sie sah sich durch treue Anhänglichkeit mit der Mutter und den Geschwistern verbunden, ohne diesen Zusammenhang als ein reines Glück zu empfinden. Schwer vermißte sie in Zweifeln und inneren Kämpfen die Richtung gebende, führende Hand; wohin sie in dem Bedürfnis, sich anzu= schmiegen, blicken mochte, sie fand keine Arme, die freundlich sich ihr öffneten, keine Brust, an der sie ruhen durfte. Früh ging ihr die Wahrheit auf, daß nicht Liebe schlechthin, sondern allein verständnis=

volle Liebe beglücken kann. Es zog das Gefühl großer Vereinsamung in ihre junge Seele. Sie sah, daß sie anders war als die Menschen um sie her; sie wußte in ihrem kindlichen Verstande nicht, woran das lag. Aber instinktiv folgte sie den Gesetzen ihrer Natur und lernte, den Maßstab des Denkens und Fühlens in der eigenen Brust zu suchen. Das Achtgeben auf sich selbst, das Horchen auf das stille Triebleben der Seele ward ihr eine der wichtigsten Beschäftigungen, die sie zeit= lebens ausgeübt und ihren Freunden später oft als eine schwere Kunst und als die Vorbedingung aller wahren Menschen= und Weltkunde gepriesen hat. Was die alte, durch viel Nachdenken gereifte Frau (1822) in einem tiefen, schönen Worte aussprach, war dem jungen Mädchen schon offenbar geworden: „Das Herz ist ganz im Dunklen, ganz allein, möchte man sagen, und weiß allein alles besser. Nur wenn man dahin sieht, findet man Erkenntnis; weil die verwirrenden Lichter der ganzen Welt nicht hingelangen, und es wie ein Maß einer andern Welt in uns lebet; als ein Ja oder Nein: sonst nichts.“ —

Eine Gunst des Schicksals war es für Rahel, daß ihr Vater zur Kategorie der vorurteilsfreieren Juden gehörte, die dem Bildungs= streben ihrer Kinder kein Hindernis in den Weg legten. Er hatte auf seinen Reisen Anstand und Lebensart schätzen gelernt und liebte in seiner Familie einen feineren Ton, als er durchschnittlich in jüdischen Häusern damals üblich war. Es wurde mit Geschmack Musik getrieben und Konversation gepflegt. Theater und Lektüre waren, als wichtige Bildungsmittel, jedem Familiengliede zugänglich. Den Töchtern eine systematische Geistesbildung zu übermitteln, war nicht Sitte. „Mir wurde nichts gelehrt,“ erzählt Rahel, „ich bin wie in einem Walde von Menschen erwachsen.“ Ihre „dicke Unwissenheit“ — so bezeichnete sie den Mangel an positiven Kenntnissen — bereitete ihr später oft Unbehagen. Und doch wäre die Ueberlieferung des Wissens auf dem üblichen Wege des Unterrichts ihr kaum ein Mittel der Erkenntnis gewesen. Fertige Gedankengebäude in sich aufzunehmen, widerstand ihrer eigentümlichen Veranlagung. Nur was sie selbst erfahren, was sie fragend, prüfend und wieder nachprüfend, sich selbst erarbeitet hatte, fügte sich ihrem Geiste zwanglos als bleibendes Eigentum ein. Wie klar sie sich über die Ursache dieser Erscheinung war, zeigt folgender Ausspruch der zweiundzwanzigjährigen Jungfrau, der, weil er ein helles Licht auf die Selbständigkeit und Konzentrationskraft ihres Geistes wirft, hier im Zusammenhange stehen mag: „Nun will ich Ihnen genau sagen, was ich von meinem unrichtigen Schreiben weiß, ohne

mich im geringſten entſchuldigen zu wollen. Ich mag mir wirklich noch
ſo viel vornehmen, auf die Orthographie acht zu geben, während ich
leſe, ſo geſchieht's faſt niemals; und bring' ich es einmal gleich
anfangs beim Leſen dahin, ſo leſe ich gar nicht, ſondern ſehe nur
wieder, wie die Worte geſchrieben ſind; das werd' ich gar bald über-
drüſſig und leſe wieder. Das iſt nun entſetzlich traurig für mich, und
jeder Geringſte kann daher mehr lernen als ich; und es wäre entſetzlich, wenn mir nicht der Troſt übrig bliebe, daß ich der ſchlechten Seite
meines Kopfes gar nicht ſchuld geben kann, daß es gerade die gute
iſt, die mir dieſen Streich ſpielt. Es iſt wahr, daß ich immer an
das Weſentliche denke, wovon ich leſe, und daß ich alle Mittel dazu
nur ſo ſchnell als möglich brauche und ſie dann ganz vergeſſe. Ich
ordne mir alles, was ich höre und leſe, zu einem Ganzen; und werd'
ich in dieſem Geſchäft auch oft an Dinge erinnert, die hier nicht eigentlich hingehören, ſo leg' ich auch die geſchwind nach ihrem Ort und
packe weiter ... Daher lerne ich nichts, und daher kann ich auch ſehr
ſchwer jemand etwas lehren. Alle, die mir Unterricht geben [ſie lernte
als Jungfrau z. B. noch Engliſch], fangen mir an etwas herzupredigen,
was immer aus einem Geſichtspunkt genommen iſt, woraus ich dieſe
Sache nicht nehme; nun ſprechen ſie ſtundenlang ohne allen Zuſammen-
hang für mich ... So iſt mir's noch mit allen Meiſtern gegangen"...

Natürlich hatte dieſe Unfähigkeit, im eigentlichen Sinne zu lernen,
manche Nachteile im Gefolge. Z. B. tritt in ihrem Denken und Urteilen
häufig jene ſchroffe Einſeitigkeit und Starrheit hervor, die ein echtes
Kennzeichen des Autodidakten ſind; auch die Schwächen und Unarten
ihres Stils ſind auf dieſen Umſtand zurückzuführen.

Unendlich viel mehr aber, als ein geordneter Jugendunterricht
ihm hätte geben können, lernte und erfuhr das in geiſtiger Verein-
ſamung aufwachſende Kind aus ſeinen Büchern. Denn was es mit
brennendem Eifer las und wieder las, bis es ſein innerſtes Eigentum
geworden, waren in erſter Linie die herrlichen Erzeugniſſe des gerade
damals zu nie erreichter Schönheit und Fülle ſich aufſchwingenden
deutſchen Geiſteslebens. Ueber Art und Umfang dieſer von den Frauen
und Mädchen jüdiſchen Stammes ſelbſtthätig erworbenen Bildung ſind
wir durch eine klaſſiſche Zeugin hinreichend unterrichtet: durch Henriette Herz, neben Rahel die bekannteſte unter den geiſtreichen Jüdinnen
Berlins, die ſich in ihren Erinnerungen*) über ihre Jugendentwickelung

---

*) Henriette Herz. Ihr Leben und ihre Erinnerungen. Herausgegeben
von J. Fürſt. Berlin 1850. Verlag von Wilhelm Hertz (Beſſerſche Buchhdlg.).

ausführlich verbreitet hat. Außer der deutschen schönen Litteratur in ihrem ganzen Umfange suchte man auch die Hauptwerke des französischen und englischen Schrifttums — z. B. Voltaire und Shakespeare — im Original sich anzueignen; ja, einzelne Mitglieder dieses Kreises trieben mit großer Beharrlichkeit Italienisch, um auch die Dichter dieser Nation in der Ursprache lesen zu können. Stütze und Förderung fanden diese Bestrebungen bei den jungen Ehefrauen des Kreises — die jüdischen Mädchen heirateten damals sehr früh —, die sich in ihrer persönlichen Freiheit weniger beschränkt sahen, als die jungen Mädchen. Während ihre Ehemänner, meist ältere, praktisch denkende Kaufleute und Bankiers, in den düsteren Comptoirs ihrer höchst nüchternen Thätigkeit nachgingen, schufen sich die jungen Frauen, in den üppigen häuslichen Gemächern einsam über ihren Dichtern träumend, mit orientalisch-feuriger Phantasie eine Welt voll prangender Schöne und feinen geistigen Genusses. „Da nun manche der jungen Ehepaare", erzählt Henriette Herz, „ihr Haus den beiderseitigen Bekannten öffneten, so wurde dies Gelegenheit, daß der Geist, welcher sich durch die Beschäftigung der Frauen mit der Litteratur, ihre Unterhaltung darüber, und die Ideen, welche sich durch beide in ihnen erzeugten, gebildet hatte, zur Kunde und Teilnahme weiterer Kreise gelangte. Und dieser Geist war in der That ein eigentümlicher. Er war allerdings einerseits aus der Litteratur der neueren Völker hervorgegangen, aber die Saat war auf einen ganz ursprünglichen, jungfräulichen Boden gefallen. Hier fehlte jede Vermittelung durch eine Tradition, durch eine von Geschlecht zu Geschlecht sich fortpflanzende, mit dem Geist und dem Wissen der Zeit schritthaltende Bildung; aber auch jedes aus einem solchen Bildungsgange erwachsene Vorurteil.

„Einer solchen Natur dieses Geistes und dem Bewußtsein desselben in seinen Trägerinnen ist die Ueppigkeit, der Uebermut, ein Sichhinaussetzen über hergebrachte Formen in den Aeußerungen desselben zuzuschreiben; aber er war unleugbar sehr originell, sehr kräftig, sehr pikant, sehr anregend, und oft bei erstaunenswerter Beweglichkeit von großer Tiefe. Die höchste Blüte dieses Geistes offenbarte sich etwas später in Rahel Levin. Sie war etwa sechs Jahre jünger als ich und die meisten meiner Freundinnen, aber die Wärme ihres Geistes und Herzens im Verein mit dem Unglück hatten sie früh gereift. Ich habe sie von ihrer ersten Kindheit an gekannt und weiß, wie früh sie die hohen Erwartungen rege machte, welche sie später erfüllte." —

Neben der einsamen Lektüre gab es einen zweiten Faktor, der einen bedeutsamen Einfluß auf Rahels Jugendentwickelung ausübte:

das war die Berührung mit der Aristokratie. Es wurde schon im einleitenden Kapitel darauf hingewiesen, daß die Jugend der höheren Gesellschaft gern die jüdischen Häuser besuchte, um sich durch den dort üblichen freieren Ton für den in ihren Kreisen herrschenden Zwang zu entschädigen: „Schloß Langeweile" schrieb der junge Alexander von Humboldt über die Briefe, die er aus Tegel an Henriette Herz richtete. — Was aber die feinen Lebemänner und Kavaliere in die jüdischen Häuser führte, war ursprünglich nicht so sehr das Bedürfnis geistreicher Unterhaltung gewesen, als vielmehr die sehr prosaische Absicht, mit den Hausherren Geschäfte zu machen, also wohl hauptsächlich: Geld zu leihen. Levin war einer der ersten Bankiers der preußischen Hauptstadt: so versteht es sich, daß bereits in den Jahren, als Rahel den Kinderschuhen entwuchs, sein Salon eine Reihe der angesehensten Mitglieder der vornehmen Gesellschaft empfing. Es waren meist Angehörige der jüngeren Aristokratie, Offiziere, Diplomaten, Hofleute, echte Vertreter jener von Friedrich Wilhelm II. heraufgeführten Periode üppigen Lebensgenusses, leichtsinnig, verschwenderisch, doch auch schöngeistigen Neigungen zugänglich, besonders Liebhaber jener espritvollen Konversation, wie sie durch geistreiche französische Emigranten, Verbannte der Revolution, am Hofe und in den höheren Schichten eingebürgert war. Das war die Schule, in welcher der Geist der jugendlichen Haustochter sich in der Kunst witziger, schlagfertiger Unterhaltung nach Pariser Mustern übte. Zugleich wurde sie eingeweiht in die Ideen der französischen Aufklärung und der mächtigen Freiheitsbewegung, die 1789 in der französischen Revolution gipfelte: denn gerade diese Ideen standen im Mittelpunkt der Diskussion. Anderseits überraschte das junge Mädchen die verwöhnten und blasierten Gäste durch das blendende Feuerwerk ihres Witzes, durch die Schlagfertigkeit und Eigenart ihres Urteils, und allmählich übte die interessante dunkeläugige Tochter stärkere Anziehungskraft aus als das Kreditkonto des Vaters. —

Der häufige Umgang mit Personen dieser Gesellschaftskreise, der Einblick in ihre Gewohnheiten und Verhältnisse machten einen starken Eindruck auf das empfängliche Kind. Gern träumte sich seine Phantasie in diese Welt des Glanzes, und Bücher, welche höfisches Leben zum Gegenstande hatten, und in denen Prinzen und Grafen die Hauptrolle spielten, gehörten in frühem Alter zu seiner Lieblingslektüre. Doch auch im späteren Leben behielt Rahel eine ausgesprochene Vorliebe für die der echten Aristokratie angeborene Lebensart und Feinheit der Sitten. Zuweilen aber artete diese Neigung in Schwäche aus und

verführte sie, durch den Firnis eines weltmännisch-sicheren oder ritter-
lich-liebenswürdigen Benehmens sich blenden zu lassen und die Schale
für den Kern zu nehmen. Diese Empfänglichkeit für Eleganz und
Grazie, die vielleicht auf Rasse-Instinkt beruhte, hat sie nicht selten
geäfft und bitteren Enttäuschungen ausgesetzt. —

Drei große Geister werfen auf Rahels Kindheit den mächtigen
Glanz ihres Geistes: Friedrich der Große, Mirabeau und
Goethe. Mochte der alte Fritz die Juden seines Landes nicht
immer nach den Grundsätzen der Gerechtigkeit behandelt haben: doch
waren es seine herrlichen Thaten, die in ihnen das Nationalgefühl
weckten. Unzweifelhaft waren die preußischen Juden, die Juden
Berlins — nach Rahels Wort — „les juifs de Frédéric le
Grand“. Für Rahel selbst hat das Wort natürlich besondere Geltung. In ihrer frühesten Jugend — sie zählte fünfzehn Jahre, als
der König starb — sah sie bewundernd zu ihm empor, und zeitlebens
gedachte sie seiner voll tiefer Verehrung. In der traurigen Zeit nach
1806 wußte sie sich keinen besseren Trost, als ihren Blick auf die Gestalt des großen Königs zu heften. „Einst konnte Preußen stolz sein,“
schrieb sie damals, „und Friedrich II. wog uns in die Höhe von
Europa. Wir hatten alle einen Teil von seinen Siegen, von und an
seiner Einsicht, ich auch! Nichts wäre ich bei meiner Geburt ohne ihn;
er gab jeder Pflanze Raum in seinem sonnezugelassenen Lande. Und
eine Ehre war's, sich daher zu nennen; und wirklicher Vorteil an Leib
und Geist . . .“ Und noch als sechzigjährige Matrone sprach sie: „Ich
küsse Friedrich dem Großen noch mit aufschlagendem Herzen den Saum
des Mantels. Schönes, herrliches Gefühl: Verdanken! Respekt!“ —

Mirabeau, der von 1786 bis 87 als Geheimagent der französischen Regierung in Berlin weilte, erregte Rahels Aufmerksamkeit,
wenn er, in der Tracht und dem Auftreten eines französischen Hofmannes, seine Briefe selbst auf die Post trug oder vorüberging, um
die deutsche Komödie zu besuchen. In den Kreisen französischer Politiker war er durch seine Flugschriften ein bekannter Mann; in Deutschland wußte man nicht viel mehr von ihm, als daß er ein Graf war
wie andere Grafen auch. Sein öffentliches Hervortreten zu Gunsten
des geknechteten dritten Standes, seine kühnen Reden, in denen die
Brandfackel der Revolution aufloderte, weckten gewaltigen Widerhall in
der Brust der enthusiastischen Jungfrau. Die Bewunderung für Mirabeaus Ideen hat Rahel durch das ganze Leben begleitet. Lange nach
seinem Tode, 1811, schrieb sie an Alexander von der Marwitz:

„An mir hat er in der Nachwelt den Freund, der ihm vielleicht bei der Mitwelt fehlte. Solange ich lebe, schließe ich Mirabeau ernst in mein Herz.“ —

Das Idol aber, der funkelnde Morgenstern ihrer Jugend war Goethe! Doch er ging nicht mit ihrer Jugend unter, er blieb als klares, strahlendes Tagesgestirn über ihrem Leben stehen. Erzog Friedrich II. Rahel zur preußischen Patriotin, stempelte Mirabeaus Geist sie zur Bürgerin einer neuen Zeit, so ward ihr Goethe die Verkörperung alles Herrlichsten, Schönsten, Süßesten, das Menschenbrust in sich trägt, Herzenskündiger und Trost, der Dichter aller Dichter.

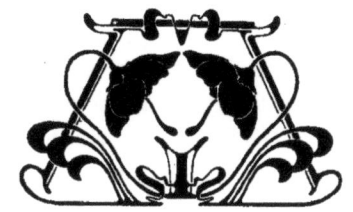

Zweites Kapitel.

Die Jüdin.

Berlin ist der Ort, wo Rahel die ersten vier Jahrzehnte ihres Lebens fast ununterbrochen verlebt hat. Soweit eine Beeinflussung durch die Umgebung bei ihrer selbständigen Geistesverfassung möglich war, ist sie von dieser Stadt ausgegangen. Abgesehen von Rahels ausgesprochener Vorliebe für ihre Vaterstadt, lassen sich auch in ihrem Charakter Züge nachweisen, die sie deutlich als Berlinerin kennzeichnen, beispielsweise ihr Witz, ihr Gefallen an drastischen Ausdrücken, eine bisweilen hervortretende Burschikosität, die eigentlich gar nicht zu dem Ton paßte, auf den ihr Wesen gestimmt war. So rechtfertigt es sich, an dieser Stelle etwas über das Berlin um die Wende des 18. Jahrhunderts zu sagen.

Dem Fremden, der zum Potsdamer, Brandenburger oder Hallischen Thore hereinkam, bot sich ein überraschender und einnehmender Anblick dar. Breite Straßen, deren Länge das Auge kaum abmessen konnte, Häuser, nach den Rissen der größten Baumeister Italiens erbaut,*) Paläste, schattige Lindenalleen, öffentliche Plätze mit Denkmälern versetzten ihn in angenehmes Erstaunen. Besonders die Leipziger Straße, die Friedrichsstraße und die Linden mit dem Opernplatz und den das Königliche Schloß umgebenden Gebäuden gewährten einen imposanten Anblick. In einer von K. P. Moritz herausgegebenen Zeitschrift wurden Berlin und Potsdam, was das Aeußere und besonders die Bauart anbetrifft, sogar über Paris und Versailles gestellt. Frau von Staëls Urteil fiel bedeutend nüchterner aus. Auf sie machte diese „ganz moderne Stadt" keinen „wirklich bedeutenden Eindruck". Man spüre weder das Gepräge der Geschichte des Landes

---

*) So heißt es etwas überschwenglich im „Schattenriß von Berlin", Amsterdam 1788.

noch des Charakters der Einwohner. — Thatsächlich trat das eilfertige Bestreben, binnen kurzem eine große und bedeutende Stadt zu schaffen, in mancherlei Mißverhältnissen kraß zu Tage. Die Breite der Straßen bildete einen fast lächerlichen Gegensatz zu der geringen Höhe und nüchternen Bauart der Häuser. Neben dreistöckigen neuen Gebäuden standen armselige alte Hütten. Alle öffentlichen Plätze, selbst der Schloß= und Dönhofsplatz, wurden durch hölzerne Tröbelbuden verunstaltet. Der Zustand der Straßen war erbärmlich. Das Pflaster stellte ein Hügelgelände im kleinen dar: zwischen den weit auseinander= klaffenden, schlechtbehauenen Steinen unzählige Löcher, die — so schreibt ein Chronist —, „wenn sie zur Regenzeit mit Wasser gefüllt sind, kleinen Landseen gleichen." Bürgersteige an den Häuserzeilen entlang waren teils überhaupt nicht angelegt, teils waren sie so schräg, daß sie nicht begangen werden konnten; außerdem aber wurden sie durch die Auffahrten, die von dem tiefliegenden Pflaster überall zu den Hausthoren emporführten — man nannte sie „Appareils" —, ferner durch vorgebaute Kramläden, Treppen, Gitterwerke unbrauchbar gemacht. Breite, fast immer mit stagnierendem Wasser gefüllte Gossen vermischten ihren üblen Duft mit den Ausbünstungen von Mist= und Schutthaufen, ja von Aas, das man unbekümmert auf die Gasse warf.

Wer zur Nachtzeit die Straßen passierte, mußte genau das Pflaster kennen, weil das trübe Licht der nur spärlich vorhandenen Laternen einen aussichtslosen Kampf mit der Dunkelheit führte. Von Mai bis September wurde die Stadt überhaupt nicht beleuchtet, und dann lief zur Nachtzeit selbst der Ortskundige Gefahr, sich die Beine zu brechen. Ludwig Robert, Rahels Bruder, hat in seinen „Promenaden eines Berliners in seiner Vaterstadt" die ergötzliche Schilderung eines solchen nächtlichen Spazierganges hinterlassen:

> „. . . Vier Monde dauern,
> Die dunkeln Mysterien;
> Und während vier Monden darf
> Kein leuchtendes Lämpchen
> In dem prachtvollen Berlin,
> In der Hauptstadt der Brennen, brennen. —
> Nur nicht ängstlich, mein Freund!
> Nur ruhig! ich führe dich ja,
> Und kenne genau
> Empirisch, a posteriori,
> Die Topographie der Vaterstraßen. —
> Jetzt geht es bergauf,

Jetzo herab,
Gleich kommt ein Brückchen mit schwankendem Brett,
Ein Rinnstein jetzt.
Nun schreite! aber ich bitte,
Nun ja recht weit aus;
Denn hüben und drüben
Pranget in Häuflein
Der Schlamm der gereinigten Rinne.
Hier ist ein Loch im Pflaster,
Wir müssen hinein
Und jenseits hinaus.
Fluche nur nicht; das ist gottlos!
Es könnte der Teufel sein Spiel ...
Da hast du's! Da liegen wir beide am Boden!" —

Zu Anfang des neuen Jahrhunderts trat allmählich eine Besserung der geschilderten Zustände ein. —

Ueber den Charakter der Bevölkerung wird in zeitgenössischen Berichten*) viel Löbliches gesagt. Der Berliner Bürger war im allgemeinen arbeitsam, einfach und mäßig. Das kam auch im Straßenleben zum Ausdruck. Man fand nicht das Gewühl und den Lärm von London oder Paris, wohl aber ein „Hin- und Hergehen, zuweilen ein Gedränge thätiger Menschen, die in Ruhe und Stille ihren Geschäften nachgehen und die Straßen immer lebhaft machen". Handel und Industrie waren im Aufblühen begriffen: „allgemein herrscht hier die Industrie," so wird berichtet, „feiner ausgedacht als in Holland, nur nicht so einträglich." — Als eine Haupttugend der Berliner wird ihre Aufrichtigkeit im Umgange hervorgehoben; sie seien selten der Verstellung fähig und reden, wie sie es meinen; eher würden sie eine Grobheit als eine offenbare Unwahrheit sagen. Geisteskultur und natürliche Urteilskraft fand man in allen Klassen verbreitet; selbst der gemeine Mann sprach gern über alles, vorzüglich über Politik. Man liebte das Vaterland und ehrte den Fürsten, ohne viel Worte darüber zu machen; die Person des Königs mußte sich, wie jede andere, Kritik gefallen lassen. Weit über Friedrichs II. Tod hinaus galt Berlin als die Hauptstadt der Aufklärung und wahren Denkfreiheit, und der Bürger that sich auf diesen Titel nicht wenig zu gute. Im Zusammenhange damit steht der Vorwurf der Irreligiosität, der so häufig gegen die Berliner erhoben wurde. Im allgemeinen wohl mit Unrecht. Allerdings legte .der nüchtern denkende

*) Eine Reihe solcher Schilderungen findet man vereinigt in dem Buche „Berlin im Jahre 1786". Leipzig, Fr. Wilh. Grunow 1886.

Berliner größeren Wert auf gute Handlungen, als auf fleißigen Kirchenbesuch; in besonderen Fällen hat die Stadt in großartigem Maße praktisches Christentum geübt, und dann war es fast immer die Judenschaft, die sich rühmlich hervorthat. — Natürlich war dem Bürger die Vorliebe für das Militär; wußte doch ein jeder, was Preußen den Waffen verdankte. Als eine üble Eigenschaft tadelte man die Schwäche für alles Ausländische, besonders für das Französische, eine Schwäche, die sich gleicherweise auf Lektüre, Theater, Toilettenfragen, Hofmeister und Gouvernanten, Koch und Tanzmeister erstreckte. Unangenehm auffallend war dem Fremden ferner die Sucht, beständig zu witzeln und zu kritisieren — eine Neigung, die im Grunde harmloser war, als es den Anschein hatte.

Ueber die häusliche Geselligkeit der Berliner ist im einleitenden Kapitel einiges gesagt worden. In der guten Jahreszeit waren die Linden und der Tiergarten bis Charlottenburg hinaus die Sammelpunkte geselligen Treibens. Während Unter den Linden an den Häuserzeilen die Equipagen der Vornehmen beständig hin und her flogen, bewegte sich in der Allee selbst an schönen Nachmittagen und Abenden bis in die Nacht hinein zwanglos und gemütlich eine nach Hunderten zählende erholungsbedürftige Menge. In den Zelten des Tiergartens, damals noch hölzerne Buden, genoß der Bürger gern mit Weib und Kind der Kühle und des erfrischenden Trunkes. Um die sechste Stunde des Nachmittags versammelte sich in dem sogenannten „Zirkel" (Kurfürstenplatz) vor den Zelten die vornehme Welt, um zu plaudern, zu hofieren, zu sehen und gesehen zu werden. —

*   *   *

Eben als Rahel in das reifere Jungfrauenalter trat, starb — um 1790 — ihr Vater. Wie von einem Drucke befreit, atmete die Familie auf. Auch Rahels Stellung änderte sich nun; der väterlichen Tyrannis entbunden, wurde sie, wie ihr ältester Bruder es ausdrückt, allmählich „der Mittelpunkt eines ansehnlichen Hauses". Doch blieb sie als Jüdin auch jetzt in den Kreis gebannt, in den sie hineingeboren war: in ihre Familie. In diesem Kreise hat sie, wenige Unterbrechungen abgerechnet, bis zu ihrem 42. Lebensjahre gelebt, mit ihm war sie durch die innigsten Bande der Liebe und Freundschaft unlöslich verknüpft; und wenn sie durch überragende Geisteskraft ihm ein eigentümliches Gepräge verliehen hat, so war sie anderseits in mehrfacher Hinsicht, besonders in sozialer und materieller Beziehung, von ihm beeinflußt. Darum ist es geboten, die einzelnen Mitglieder dieses Kreises genauer kennen zu lernen.

Die Mutter, durchaus unfähig, das beträchtliche Vermögen, das der Gatte ihr und den Kindern hinterlassen hatte, selbständig zu verwalten, ernannte ihren ältesten Sohn Markus, der beim Tode des Vaters etwa 18 Jahre zählte — er war 1772 geboren, also ein Jahr jünger als Rahel —, zum Mitverwalter und überließ ihm nach und nach die gesamte Geschäftsführung. Er, der „Ohme", galt hinfort als das Haupt der Familie, von ihm war Rahel, deren Vermögensanteil, wie die der übrigen Geschwister, im Geschäft stehen blieb, pekuniär abhängig.

Nach jüdischer Tradition wurde Markus früh für den Handelsstand bestimmt. In Breslau, später in Hamburg erlernte er das Bankgeschäft, ohne sonderliche Neigung. In Briefen an die vertraute Schwester beklagte er sich häufig, wie schwer ihm die Arbeit falle. „Unter uns gesagt, quant à moi, ich bin zum Kaufmann verdorben, ich werde immer meine Schuldigkeit thun, aber höchst unglücklich sein." Eine zehrende Unzufriedenheit mit seiner Lage spricht noch aus den Briefen des fast dreißigjährigen Mannes, um dann allmählich einem resignierten Pflichtgefühl Platz zu machen: „Ich thue das, was gethan sein muß... Was ich thue und thun will und werde, geschieht für uns alle." Er wohnte damals, um 1800, schon vermählt, bequem und gut eingerichtet in Berlin, treu seinem Geschäft vorstehend, dem er durch Verbindung mit auswärtigen Handlungen einen Aufschwung zu geben versuchte. Die stillen Freuden der Natur und des Landlebens waren ihm die liebsten. Wenngleich schwerfälligen Geistes, war er doch nicht ohne geistige Bedürfnisse. Die Politik, philosophische und religiöse Fragen beschäftigten ihn in seinen Mußestunden. Im reiferen Mannesalter läuterte sich sein Charakter, der früher unter dem Einfluß einer starken Sinnlichkeit und einer verhängnisvollen Indolenz stand, in erfreulichster Weise. Er gehörte zu den Juden Mendelssohnscher Sekte, welche das Judentum in Berlin zu Ehren brachten. In der Zeit nach 1815, als ein wiederaufflammender Antisemitismus manchen Stammesgenossen veranlaßte, den Mächtigen zu schmeicheln oder durch noch ansprechendere Mittel sich in ein gutes Licht zu setzen, bewahrte Markus eine anständige Zurückhaltung und schrieb: „Solche großen Anstrengungen und Zeitverlust ist der ganze Tanz nicht wert und quadriert weder mit meinem Charakter noch mit meinen politischen und moralischen Mitteln." —

Verband Rahel mit diesem Bruder ein natürlich freundschaft=
liches Verhältnis, so nahm sie ihren drei jüngeren Geschwistern gegen=
über eine autoritative Stellung ein. Als der Vater starb, zählten
Ludwig 12, Röschen 9 und Moritz 5 Jahre. Rahel widmete
sich liebevoll und mit feinem Verständnis ihrer Erziehung, freilich ohne
jede kleinliche Pedanterie, in durchaus freiem und großem Sinne. Ihr
reicher, ewig beweglicher Geist, ihr lauterer Wahrheitseifer, ihr hohes
Streben nach Selbstveredlung boten jüngeren Menschen, die mit ihr
in Berührung traten, beständige Anregung zum Nachdenken und zur
Nachfolge. Ihre bloße Gegenwart zu teilen, mit ihr zu sprechen, sie
lesen oder mit Freunden konversieren zu hören, war geistiger Gewinn.
Galt es, Rat zu erteilen, zu schlichten, zu versöhnen, Wirrnisse zu
lösen, so wandten sich alle mit Einschluß der Mutter an Rahel, und
sie löste ihre Aufgabe mit Takt, Umsicht und Klugheit. In dieser
Beziehung darf das Wort ihres Freundes Veit, sie spiele ihrer Familie
gegenüber die Rolle des „superioren Kopfes auf einem inferioren Körper",
volle Geltung beanspruchen. In Krankheitsfällen war sie eine treue,
verläßliche und unermüdliche Pflegerin. „Geht mir nicht Euer aller
Interesse durch und durch ins Herz?" schrieb sie einmal den Geschwistern.
„Knie' und bet' und schrei' ich nicht zu Gott, wenn Ihr krank seid,
als wenn ich's selbst bin? Pflegt' ich Euch nicht alle seit meinem
neunten Jahr? Robert zu einem Jahr? Teil' ich Euch nicht alles
mit? Ruhe ich eher, eh' Ihr Intellektuelles, Angenehmes, Geselliges,
alles habt, was ich nur erreichen konnte; hab' ich je ich, nicht immer
wir gesagt? Und Gott weiß, wie ewig gedacht! Ich bin kein stockiger
Selbstler: ein freudiger, empfindlicher Lebensverbreiter!" —

Rahel pflegte sich eine Mutter ohne Kinder zu nennen; und wirk=
lich tritt in ihrem Hingezogensein zu den Schwachen, Hilfsbedürftigen
ein mütterliches Empfinden zu Tage. Sie liebte unsäglich die Un=
schuldsphäre der Kindheit; selbst gemütsrein und unbefangen, ver=
stand sie es, sich heiter und launig zu Kindern herabzulassen und jung
mit ihnen zu sein. Wenn ihre jüngeren Geschwister verworrene und
thörichte Worte lallten und darob von der Umgebung verlacht wurden,
pflegten sie zu der Schwester zu flüchten: „Rahle versteht mich." Dieser
Drang, dem Schwächeren die helfende Hand zu reichen, ging so weit,
daß sie, selbst wenn es die Ahndung einer offenbaren Unart galt, die
Partei des jugendlichen Uebelthäters ergriff. Es wirkte wohl in sol=
chen Fällen die Einsicht mit, daß das lebhafte Spiel der kindlichen
Phantasie das Erkennen der objektiven Wahrheit erschwere, und daß

man schon aus diesem Grunde sich hüten solle, einen harmlosen Streich zu einem großen Kriminalfall aufzubauschen. Sie versuchte bei solchen Gelegenheiten, „das unbedachtsame Verhör" — wie sie witzig sagte — „so viel als möglich in ein Exercice des Ausredens zu verwandeln, mit öffentlicher Bewilligung". Anderseits bekundete sich in diesem Bestreben bereits ihr starkes Interesse für das Individuelle. Sie übersah lieber eine Schwäche, einen augenfälligen Fehler des Charakters, als daß sie einen direkten Eingriff in die Freiheit der Entwickelung befürwortet hätte. Denn ihr eigenes Jugendleben hatte sie das schöne Vertrauen gelehrt, daß wie der leibliche, so auch der gesund veranlagte seelische Organismus die Tendenz und auch die Kraft besitze, Krankheitsstoffe selbstthätig auszuscheiden und das normale Gleichgewicht zurückzugewinnen.

Mochte dieser Optimismus, der die seltsamsten Erziehungsgrundsätze zeitigte, sie selbst bisweilen täuschen: ihre Geschwister empfingen daher den Eindruck einer verständnisvollen, tiefen und unerschütterlichen Liebe, auf die sie unbedingt zählen durften. Rahel betrachteten sie als die eigentliche Autorität des Hauses. Der ältere Bruder trat vor ihr zurück; mit dem Verschlossenen konnte es ihnen nie „heimlich" werden. Rose bekannte ihr in späterer Zeit nach langer Trennung, nie könne sie an ihre Kinderjahre zurückdenken, ohne daß Rahel ihr als ein unendlich wohlthätiges Bild vor Augen stehe. Ein so liebevolles Verhältnis schließt keineswegs aus, daß die jüngeren Geschwister mit einer an Scheu grenzenden Verehrung zu Rahel aufblickten. Ein beredtes Zeugnis dafür ist ein Brief des 19jährigen Ludwig, den ich bruchstückweise hier mitteile: „... Wundere Dich nicht, daß ich ausführlicher und in gewissem Sinne klüger zu Dir schreibe, als ich zu Dir sprach. Du warst mir immer zu überlegen, als daß es in Person hätte geschehen können; denn es gehört eine verzweifelte Fassung dazu, wenn man keine Prätensionen auf Ansprüche haben kann, sich Dir zu nähern; wenn man auch gleich Dein Bruder in optima forma ist. Das konnt' ich Dir in Deiner Gegenwart nicht anvertrauen; Du wärst gewiß so fein und edel gewesen, mir Mut einzuflößen, doch aber so gewitzigt, mir recht zu geben, und das sah ich vorher. Aber da ich nun entfernt von Dir bin, von der einzigen Frau, die mich als Mensch liebt, d. h. mit ihrem vorgesetzten Willen mich zu bilden sucht, so habe ich auch jetzt den Mut, Dir alle meine Meinungen und Gedanken zu sagen, wovon Du gewiß liebreich das Falsche verbessern wirst. Deine einsichtvolle Gegenwart schreckt mich jetzt nicht, die mich ... immer zurückhaltend machte" ... (20. Jan. 1797.)

Der Schreiber dieses Briefes, unter dem Namen Ludwig Robert der bekannteste unter Rahels Brüdern, wurde geboren im Dezember 1778 zu Berlin. Er scheint der einzige unter ihnen gewesen zu sein, der einen systematischen sorgfältigen Unterricht erhielt. Er besuchte das französische Gymnasium seiner Vaterstadt. Das förderlichste Moment seiner Bildung aber war sicher der Umgang mit Rahel und ihrem Freundeskreise. Nach einem kurzen, mißlungenen Versuche, das kaufmännische Geschäft zu erlernen, widmete er sich ganz seinen wissenschaftlichen Arbeiten und dichterischen Versuchen, zu denen entschiedene Neigung und Begabung ihn hinzogen. In Halle machte er Universitätsstudien; durch Reisen, die sich bis Paris ausdehnten, erweiterte er seinen geistigen Blick: so erwarb er sich, hauptsächlich in freier idealer Thätigkeit, einen reichen Bildungsschatz. Er war eine liebenswürdige Persönlichkeit von vornehmer Gesinnung, aber von etwas schwächlichem Charakter; es wird oft über seine Nachlässigkeit, seinen Mangel an Thatkraft geklagt; man konnte sich nicht unbedingt auf ihn verlassen. — Rahel hielt große Stücke auf ihn. „Jede Ueberzeugung teilten wir," schrieb sie von ihm. „Jeden Gegenstand der Intelligenz und des Lebens haben wir durchgemacht." Sie war immer darauf bedacht, ihn zu größerer Anspannung seiner Kräfte zu reizen. Das Dichten beispielsweise betrieb er ihr zu spielend, zu sehr als mechanisches Geschäft; sah sie ihn den ganzen Tag sitzen und Verse drechseln, so geriet sie außer sich, und dann tadelte sie ihn mit scharfen Worten: „Solch ein Dichter ohne innere Geschichte und Welt bringt mich zum Wahnsinn, aus Wut und aus Nichtverstehen." — Doch soll über Ludwig als Dichter an anderer Stelle verhandelt werden.

Am meisten seines Vaters Ebenbild war Moritz (geb. 1785), der „polisson" der Familie, zu jedem dummen Streich aufgelegt, schon als kleiner Knabe erstaunlich klug und witzig. Rahel hat von ihm die drolligsten Anekdoten berichtet. Zu früh der väterlichen Zucht entwachsen, von seinen Angehörigen schwer zu bändigen, nahm er trotzig sein Schicksal in eigene Hand. Eigenmächtig lief er in die Handelsschule, suchte sich selbst einen Lehrherrn, ging auf Reisen, u. a. nach Holland, vervollständigte schließlich, wie sein Bruder, in Hamburg seine kaufmännische Bildung. Ein geistreicher Augenblicks- und Genußmensch, der nach eigenem Urteil seinen „ganzen Lebensprozeß nur in der Bewegung machen" konnte, von genialen Launen hin und her geworfen, etwas eigensüchtig und intrigant; daneben Züge von größter Gutmütigkeit und Herzensgüte. Rahel liebte ihn sehr und hatte sich rebliche Mühe gegeben, ihn zu erziehen; ihrem Umgange dankte er die Grundlage seiner Geistesbildung. In einigen Zügen war eine auffallende Aehnlichkeit zwischen den beiden Geschwistern; Moritz sagte einmal: „Die Oekonomie der Natur gab uns beiden denselben Charakter." Trotzdem — oder vielleicht gerade deshalb — waren sie oft miteinander uneins.

Ueber Rose (geb. 1781) läßt sich wenig sagen. Sie war eine geistig nicht hervorragende, sanfte, treue Natur, eine Frau, dazu geschaffen, liebend glücklich zu sein und zu beglücken. Ihrer Schwester war sie in jeder Beziehung unähnlich; Rahel bezeichnete den Unterschied, den sie oft schmerzlich empfand, auf ihre Weise: „Du heißt Rose, hast blaue Augen, und ein ganz anderes Leben, als ich mit meinen Sternen, Namen und Augen" ...

Eine starke Familienähnlichkeit tritt zwischen Rahel und ihren Brüdern unverkennbar zu Tage. Die Lebhaftigkeit des geistigen Auf- und Niederschwebens; das schnelle Hingerissensein bis zu den äußersten Grenzen des Empfindens — Rahel sagte: „Wir müssen, um Halt mit der Seele machen zu können, nach einem Aeußersten fahren, das Aergste uns vorstellen" —, und als Folge dessen der Mangel an Selbstbeherrschung; die Abhängigkeit von äußeren Eindrücken; Laune, Witz, Geist, Tollheit und Gutmütigkeit eng bei einander —: alle diese Züge sind bestimmend für den Levinschen Familiencharakter.

Von Rahels Stellung zu den Ihrigen hat Varnhagen, ihr späterer Gatte und Herausgeber ihrer Briefe, das dunkelste Bild entworfen. Wollte man ihm Glauben schenken, so wäre das geschwisterliche Verhältnis beständig getrübt und einfach unwürdig gewesen. Das war nun keineswegs der Fall. Ganz von dem Bestreben beseelt, Rahel zu glorifizieren, hat Varnhagen stets ihre Umgebung herabgesetzt, um das Piedestal seiner Heldin zu erhöhen. Seine Urteile über Rahels Verwandte sind so einseitig hart, so gehässig, daß man oft die Vermutung nicht unterdrücken kann, sie seien von Boshaftigkeit diktiert; nie macht er auch nur den Versuch, ihren Brüdern gerecht zu werden. Der große Schatz von Familienbriefen, der noch im Varnhagen=Archiv ruht, widerspricht, soweit ich ihn durchgesehen habe, seiner Charakteristik in den wichtigsten Punkten.

Sämtliche Geschwister fühlten sich durch den tiefen Familiensinn, jenes lebendige Gemeinschaftsgefühl verbunden, das ein Erbteil jüdischen Stammes ist. Rahel nannte diese innigste Verkettung durch Bande des Bluts und der Freundschaft „Faserliebe", und sie hat sie mehrfach sehr schön gekennzeichnet, beispielsweise mit folgenden Worten: „. . . Wie anders ist es mit Geschwistern, wo Eltern, Vergangenheit, Blut, Gott und die Welt, Gesetz und Staat sie so vereinigt haben, ganz ohne Wahl, daß ein Trennen ein Zerreißen eben so vieler organisch lebendiger Fäden wird" . . . Dieses Band hielt denn auch für das Leben. Nie erlosch das herzliche Interesse für einander, nie das geistige Einverständnis, ewig rege blieb die treue Teilnahme am persönlichen Ergehen; das verraten noch im späteren Alter geschriebene Briefe. Und welche ergreifende Sprache reden die Epitaphien, welche Rahel den vor ihr heimgehenden Geschwistern setzte! —

In voller, ungetrübter Reinheit freilich hat Rahel auch die geschwisterliche Liebe nicht genießen dürfen. Der krause, in sich so widerspruchsvolle Familiencharakter war die Quelle vieler Mißverständnisse und Zerwürfnisse: rasch urteilende, impulsive Menschen brausen leicht gegeneinander auf. Doch solche Differenzen des täglichen Lebens glichen sich aus. Schwerer wog, daß Rahels Wesen nicht nach vollem Wert gewürdigt, ihre tieferen Bedürfnisse nicht verstanden wurden. Dem älteren Bruder fehlte durchaus die Einsicht in das leidenschaftlich bewegte, reich quellende Seelenleben der Schwester. Ihrem unbegrenzten Freiheitsstreben, ihrer Gemütswärme, der heiligen Begeisterung, die in ihr loderte, setzte er die nüchterne, erkältende Skepsis des welterfahrenen Geschäftsmannes entgegen. Im Kreise der goethekundigen Freunde wurde man durch das Verhältnis beider an Tasso und Antonio erinnert. Als ein Beweis der Richtigkeit dieses Vergleiches erscheint ein Brief von Markus an seine Schwester, in dem er das Recht leidenschaftlich-inniger Hingabe an Liebe und Haß, wie es (im 2. Auftritt des 4. Aktes) Tasso Leonoren gegenüber vertritt, als „unvernünftig" und der christlichen Selbstverleugnung zuwiderlaufend verwarf. Zweifelsohne hatte er recht mit seiner wohlwollenden Belehrung; nur übersah er eine Wahrheit, auf die es Goethen, als er den Tasso schrieb, doch sehr angekommen war: daß der geniale Mensch selbst in den krankhaften Regungen seines hochgesteigerten Empfindens noch tiefer in den Abgrund des Lebens blickt als der korrekte Alltagsmensch, und daß auch die wohlmeinendste, liebevollste und gebildetste Welt der freien Seele ein Kerker sein kann, in dem sie verzweifeln möchte! — Mit jenem Gefühl hoher Ueberlegenheit, das der Mensch des praktischen Lebens dem ideal Strebenden gegenüber zur Schau trägt, sprach Markus seiner Schwester jedes Verständnis für die realen Dinge ab. Er, den seine geistige Schwerfälligkeit ungeschickt im Umgange machte, begriff nie recht Rahels

Neigung, sich in einem großen Kreise zu bewegen; ihm war ihre Ge=
sellschaftssphäre „eine Welt voll dicker, verpesteter Luft, in der sich
schwer atmen läßt". Darin fand er die volle Zustimmung seiner
Mutter, die in ihrem Bedürfnis, „klein und allein zu leben", durch
den reichen Verkehr in ihrem Hause sich geniert fühlte. Wohl hatte
man so viel Achtung vor Rahel, daß man ihr in der Einrichtung ihres
Lebens freie Hand ließ: sie war übrigens auch aufrichtig genug, den
Ihrigen zu sagen, daß sie sich empören würde, sobald man ihre per=
sönliche Freiheit antasten würde. Dafür aber rächte man sich, indem
man ihr in kleinlicher Pedanterie „Verschwendung" vorwarf. — Als
die jüngeren Brüder heranwuchsen, konnte es nicht ausbleiben, daß
ihnen Rahels geistige Ueberlegenheit manchmal auf die Nerven fiel.
Dann machte es ihnen Vergnügen, gelegentlich — und Rahels Un=
bedachtsamkeit im Reden und Handeln, ihr kühnes Sichhinwegsetzen
über leere Formen mag ihnen oft genug Anlaß dazu geboten haben —
eine moralische Miene aufzusetzen und ihr „raison" zu predigen. Wenn
der Levinsche böse Geist sie überkam, waren sie taktlos genug, sie ihre
rechtlose, vom guten Willen der Familie abhängige Stellung fühlen
zu lassen, und sie erlaubten sich gegen die Schwester ein Betragen,
wie sie es „gegen andre in der Welt sich nie unterstehen würden".
Nichts konnte sie tiefer kränken, und sie beklagte sich mit derbsten Aus=
drücken über solche „insolente, horndumme Behandlung". Doch sie
war zu großdenkend, um nachtragen zu können; bald war durch ihre
liebevolle Nachsicht und Güte aller Zwist beigelegt. Was aber ihre
Selbstüberwindung sie kostete, erfuhren nur die Vertrauten: „... Ich
bin krank durch gêne, durch Zwang, solang ich lebe; ich lebe wider
meine Neigung. Mein ewiges Verstellen, meine Vernünftigkeit, mein
Nachgeben verzehren mich; ich halt' es nicht mehr aus, und nichts und
niemand kann mir helfen."

Doch Rahel trug noch eine andere Last auf ihren jugendzarten
Schultern, ungleich schwerer als das Mißverhältnis zu ihren Brüdern,
eine Last, die sie oft schier zu Boden zog: das war das demütigende
Bewußtsein, als Jüdin geboren zu sein. Wie tief sie unter
diesem Bewußtsein litt, zeigt ein merkwürdiges Wort an Veit: „Ich
habe solche Phantasie," schreibt sie (März 1795), „als wenn ein
außerirdisch Wesen, wie ich in diese Welt getrieben wurde, mir beim
Eingang diese Worte mit einem Dolch ins Herz gestoßen hätte: ‚Ja,
habe Empfindung, sieh die Welt, wie sie wenige sehen, sei groß und
edel, ein ewiges Denken kann ich dir auch nicht nehmen, eins hat man

aber vergessen: sei eine Jüdin!" und nun ist mein ganzes Leben eine Verblutung. Mich ruhig halten, kann es fristen; jede Bewegung, sie zu stillen, neuer Tod; und Unbeweglichkeit mir nur im Tode selbst möglich. Diese Raserei ist wahr, ist zu übersetzen. Lächeln Sie oder fühlen Sie Thränen aus Mitleid, ich kann Ihnen jedes Uebel, jedes Unheil, jeden Verdruß da herleiten" ... Noch entrüsteter spricht dasselbe Gefühl aus folgender Briefstelle: "Wie ekelhaft herabziehend, beleidigend, unsinnig, niedrig meine Umgebungen, denen ich nicht entfliehen kann, ein einziges Besudeln, eine Berührung macht mich schmutzig, stört meinen Adel. Dieser Kampf dauert ewig! Alles, was mir Schönes im Leben begegnet, geht mir fremd, als Besuch vorüber, und mit Unwürdigen soll ich unerkannt leben müssen!"

Aus solchen Worten tönt uns der Weheschrei des edleren Teils der jüngeren jüdischen Generation entgegen, welcher die Zugehörigkeit zu dem verachteten Volke als eine persönliche Schmach, als eine Infamie des Schicksals empfand. So oder ähnlich fühlten die besten unter den Juden, weil gerade ihnen der Widerspruch zwischen der feinen geistigen Kultur, die sich das Judentum in seinen hervorragenderen Gliedern erworben hatte, und der traurigen äußeren Stellung am schneidendsten zum Bewußtsein kam. Gerade die feineren, ästhetischen Naturen, namentlich unter den Frauen, wurden abgestoßen durch das Unfeine, Rohe, ja Widerwärtige, das in der Denk- und Lebensart des Judentums im allgemeinen noch herrschte, durch die fremdartigen, geschmacklosen Bräuche und Sitten eines Glaubens, der in ihrem geistigen und sittlichen Bewußtsein überwunden war. So fühlte Rahel. Wie oft springt ihr jenes bittere Wort von der Lippe, das blitzgleich die Leiden ihrer Zeit und ihres Herzens beleuchtet: "Falsch geboren ist nicht hochgeboren!" — Und ihre Brüder dachten wie sie. Von Hamburg schrieb der 18jährige Ludwig an Rahel das bezeichnende Wort: "Eine freie Reichsstadt: der Kaufmann ist der erste, ich ein Kaufmann wie jeder — ein Jude, das kann alle Tage abgeändert werden —: und diese Möglichkeit des Glücks ist schon ein Glück" ... Und ein Jahr darauf vertraute er ihr: daß seine Kinder ihrem Vater dem Juden nicht fluchen sollten, stehe so fest bei ihm, daß das Gegenteil ihm lächerlich erscheine.

Es war eine Schicksalsgunst für diese Menschen, daß sich die Befreiung von innen heraus vollziehen durfte: daß dem mächtigen Drange, die alten Fesseln zu brechen, die glückliche Gewißheit sich verband, in einem neuen Glauben — es konnte nur der protestantische sein —

tiefstes Genügen und Seelenfrieden zu finden. Mendelssohn und Lessing, die jeder gebildete Jude kannte, und die in Rahels Vaterhause verehrt wurden, hatten diese Wandelung vorbereitet. Um die Wende des Jahrhunderts erschien dann der mächtige Geist, der den noch schwankenden Seelen Leuchte und Pfadweiser werden sollte: Fichte.

Als Johann Gottlieb Fichte (1762—1814) Ostern 1800 von Jena nach Berlin übersiedelte, hatte er in verschiedenen Schriften, besonders in seiner „Wissenschaftslehre" (1794) bereits jene Gedanken entwickelt, die seiner Philosophie das Gepräge verleihen. Seine Lehre von der unumschränkten Selbstherrlichkeit des „Ich", von dessen Souveränität gegenüber der realen Welt, die nur als etwas Gedachtes, durch das „Ich" Gesetztes gilt — Schiller, der strenge Kantianer, sagte spöttisch: „Die Welt ist ihm nur der Ball, den das Ich geworfen hat, und den es bei der Reflexion wieder auffängt" —: diese viel angefochtene Lehre mußte Rahel, die sich durch tausend widrige Umstände zur Geistesfreiheit hindurchgerungen hatte, selbst in ihrer Uebertreibung sympathisch ansprechen. Wie mochte der strengen Selbstdenkerin die Kühnheit imponieren, mit der Fichte bei Erörterung der schwierigsten Fragen rücksichtslos der Wahrheit ins Gesicht leuchtete; wie er beispielsweise die Möglichkeit der Offenbarung zugab, aber doch das menschliche Gewissen und den Geist als höchste Instanz über die Gültigkeit derselben anrief. — Wenn er als das Ziel der Sittenlehre die Freiheit von der Welt bei absoluter Lauterkeit der Gesinnung und des Willens festsetzte; wenn er lehrte, nie zu handeln, ohne für das Handeln den sittlichen Grund zu formulieren; wenn er die Lüge das Verabscheuungswürdigste auf der Welt nannte, weil jede Lüge auf Feigheit beruhe, — so waren das Lehren, die Rahel mit jauchzender Freude erfüllen mußten, und von denen sie den leichtesten Uebergang zu christlichen Anschauungen fand. Ja, man kann sagen, daß Fichtes Lehren gleich religiösen Offenbarungen auf sie wirkten. Was er ihr bedeutete, wie sie ihm ihre ganze Seele anvertraute, sagt das schöne, im Anhange mitgeteilte Wort, das sie tief bewegt nach seinem Tode (1814) niederschrieb, in dem sie ihn ihren verehrten Lehrer und Freund nennt. Und noch im letzten Jahre ihres Lebens, als 61jährige Greisin, bekannte sie ihrem Bruder Ludwig: „Täglich gedenke ich dieses Helden von Gemüt und Forschung. Er lebt; in jedem Fall doch schon in uns beiden. Ein wahrer Vermittler, wie mir auch St. Simon. In der Not wende ich mich an sie und komme zu mir. Zu Ergebenheit; und dann ist's, daß ich sage: Gott ist klüger."

Ludwig Robert, der zu Fichtes Füßen gesessen hatte, nannte
ihn einen „gottseligen Lehrer jener unendlichen Wissenschaft, die das
Leben zur Freiheit gestaltet, die Freiheit in das Gesetz einführt, und
Gesetze und Freiheit zu Liebe verklärt." Dieser Geist seiner Lehre wirke
in seinen Schülern lebendig fort, erleuchte sie durch Klarheit und
mache sie durch die Fülle der Erleuchtung fest und stark zu allem
Rechten und Lieben. Er besonders verdanke diesem Geiste „jede Entwicklung meines besseren Seins: das neue innere Auge, wie du es,
Meister, genannt hast, mit dem ich in freudiger Liebe aufschaue zum
Bilde des Herrn."*) — Auch Markus bezeichnet als seine Lehrer
ausdrücklich Christus und Fichte.

Nach derselben Richtung hin, wenn auch nicht in der gleichen
Stärke wurden Rahel und ihr Kreis durch den Theologen Friedrich
Schleiermacher (1768—1834) beeinflußt. Er kam 1796 nach
Berlin und hat mit Ausnahme von fünf Jahren bis zu seinem Tode
dort gelebt. Rahel stand ihm persönlich nahe und hat ihn hoch geschätzt. Sie bewunderte sehr an ihm die seltsame Vereinigung von
mystischem Tiefsinn und dialektischer Schärfe: er habe wirklich „Messer
im Kopfe", pflegte sie zu sagen. Im bewußten Gegensatze zu den allgemein herrschenden Ideen der Aufklärung wollte Schleiermacher die
christliche Religion wieder zu Ehren bringen. Seine „Reden über
Religion an die Gebildeten unter ihren Verächtern"
(1799) waren ein Versuch, die Religion aus ihrem Zwiespalte mit
der Bildung zu retten. Natürlich kam der positive Glaube bei diesem
Experimente schlecht weg. Religion, so lehrte Schleiermacher, sei keine
Kenntnis von Dogmen, keine Wissenschaft, sondern Anschauen und Gefühl. „Anschauen will die Religion das Universum," heißt es in dem
merkwürdigen Buche, „in seinen Darstellungen es andächtig belauschen,
von seinen unmittelbaren Einflüssen sich in kindlicher Passivität ergreifen und erfüllen lassen. Sie ist die unmittelbare Wahrnehmung
von dem allgemeinen Sein alles Zeitlichen im Ewigen und durch das
Ewige. Wer diesen Sinn für das Unendliche, die Gabe, in der Welt
das Göttliche wahrzunehmen, zur Virtuosität ausgebildet hat, ist ein
Priester." — Die Rationalisten wußten mit diesen Sätzen nichts anzufangen, und die Anhänger des strengen Kirchenglaubens witterten hinter
ihnen Ketzerei; und doch mochte jenem Geschlecht, das durch die Schule

---

*) Aus der Zueignung an Fichte vor den „Kämpfen der Zeit".
Im zweiten Teil der Gedichte von Ludwig Robert. Mannheim, Heinrich
Hoff. 1838.

der Aufklärung gegangen war, Schleiermachers Lehre gerade die an=
gemeſſene Seelenſpeiſe ſein, zumal er ſeinen Zweck, die „gebildeten
Verächter" der Religion für ſie zu gewinnen, mit ſeiner Kunſt zu er=
reichen mußte. Redete er doch nicht „im Tone des polternden Vaters,
der ſich über die Sündhaftigkeit ſeiner Kinder entſetzt", ſondern in der
maßvollen Sprache „eines welterfahrenen Hofmannes, der ſein zur
Jungfrau erblühtes Kind in die Geſellſchaft der Vornehmſten einführt".
— So war denn auch die Wirkung dieſer „Reden" wie ſeiner Predigten
glänzend. Chriſten, die nur noch dem Namen nach Chriſten waren,
denkende Juden und Jüdinnen, die ſich vom ſtarren Formenweſen ihres
Kultus abgeſtoßen fühlten und in den Räumen ihrer Synagoge niemals
etwas mächtig zum Herzen Sprechendes vernommen hatten, wurden
durch die weihevolle Beredſamkeit Schleiermachers angezogen. — Auch
in ſpäterer Zeit, als er allmählich zum überlieferten Glauben zurück=
kehrte, blieb doch das geiſtig und äſthetiſch verfeinerte Gefühl der Mittel=
punkt ſeiner Lehre. —

Was Rahel den Uebergang in den chriſtlichen Anſchauungs= und
Gedankenkreis erleichtern mochte, war der Umſtand, daß man ſie in
ihrer Jugend mit religiöſen Unterweiſungen verſchont hatte. Dem
ganzen Gebiet religiöſer Vorſtellungen ſtand ſie völlig unbefangen
gegenüber. Den düſteren Geiſt ſtreng=moſaiſchen Glaubens, die Irr=
gänge talmudiſtiſcher Weisheit hätte ſie, durchaus ein Kind der Friederi=
cianiſchen Aufklärungsepoche, vermutlich nie begriffen. Der ſeichte
Rationalismus, der ihr in Schrift und Wort überall entgegentrat,
konnte ihrem tiefen metaphyſiſchen Bedürfniſſe nicht genügen. Der Ge=
danke, durch die Vernunft zum Glauben zu gelangen, das Daſein
Gottes und die Unſterblichkeit der Seele zu beweiſen, erſchien ihr ab=
ſurd. Ihr war die Religion keine Sache der Ueberlieferung. „Kann
ein Menſch", reflektierte ſie, „dem andern ein Religionsgefühl, Mei=
nung und Anſicht beibringen? Iſt das nicht der letzte intime Akt
zwiſchen der Kreatur und dem, was ich nicht nennen mag?" Die
Offenbarung des Göttlichen ſei dem Geſchenk des Daſeins zu ver=
gleichen; dieſes Glück müſſe jeder „in tiefſtunterworfener Demut ab=
warten, und mit gedoppelter Kraft das Große auch im Dunklen ehren".
— Dieſer ſubjektive, von aller Tradition losgelöſte Standpunkt, dieſe
kindlich=ergebene Paſſivität gegenüber den Offenbarungen des Gött=
lichen mutet ganz wie Schleiermacherſche Lehre an. Ihr offenbarte ſich
Gott „in Erde, Farbe, Geſtalt, Herzensſchlag der Freude oder des
Schmerzes; mir hat er das Bewußtſein über dieſes Wiſſen beſon=

ders erschlossen: ich bete die ganze mir bekannte Natur an". In ihr lebte, wie in Fichte, der freudige Glaube an eine ins Unendliche fortschreitende Vervollkommnung des Menschengeschlechts; in ihr pulste auch echt protestantischer Selbstbestimmungstrotz. —

Mendelssohn hatte den Glaubensgenossen noch geraten, standhaft an der Religion der Väter festzuhalten. Die neue Generation wollte von solchem Idealismus nichts mehr wissen. Daß der Jude, um vorwärts zu kommen, zum christlichen Glauben übertreten müsse, wurde bald allgemeines Axiom. Zunächst streiften einzelne Männer und Frauen, die sich durch Geistesgaben, Reichtum oder Schönheit berechtigt glaubten, hohe Stellungen im öffentlichen Leben und in der Gesellschaft einzunehmen, die Bande des Glaubens ab. Ihr Beispiel fand bald Nachfolge. Gegen Ende des 18. Jahrhunderts machte sich ein massenhafter, geradezu fluchtartiger Uebertritt zum Christentum bemerkbar: es stand fast zu befürchten, daß die ganze Gemeinschaft in wilder Flucht in die ausgestreckten Arme der Kirche eilen würde. — Oft bildeten die niedrigsten Motive: Strebertum, Gewinnsucht, Sinnenlust und schlimmere Leidenschaften die Veranlassung, den Glauben wie ein abgetragenes Kleid wegzuwerfen.

Diese schmähliche Apostasie der „neumodischen" Juden wurde von Rahel und ihren Brüdern durchaus verdammt. Ihnen war die ehrliche Gesinnung, das innere Bedürfnis die erste Bedingung für einen so wichtigen Schritt. Sie selbst konnten ihn mit ruhigem Gewissen thun. Zu Anfang des 19. Jahrhunderts ließen sich die drei Brüder durch die Taufe in die Gemeinschaft der evangelischen Kirche aufnehmen. Sie waren fortan mit vollster Ueberzeugung Christen, ohne die Untugenden des Renegaten. Mit welchem Ernst und Eifer sie in den Geist des Protestantismus einzudringen suchten; wie sie sich in die Bibel und andre christliche Quellenschriften versenkten; wie sie sich bemühten, in ihrem Familienleben die neue Lehre zu bethätigen: des sind ihre Briefe Zeugnis.

Rahel war, was die Frage des Glaubenswechsels betrifft, praktischen Erwägungen keineswegs abgeneigt. Einem Freunde, der vor dieser Frage stand, riet sie: „Sie haben gar keine Ursache, in dem Scheine des Geburtsglaubens bleiben zu wollen. Sie müssen sich auch äußerlich zu der großen Klasse bekennen, mit deren Sitten, Meinung, Bildung, Ueberzeugung Sie eins sind." — Trotzdem, und trotz des brennenden Dranges, ihre Bande zu sprengen, hat gerade sie unter den Ihrigen am längsten gezaudert. Erst in ihrem 43. Lebensjahre, kurz vor ihrer Vermählung (1814) trat sie zum Christentum über. Wir werden dadurch an Henriette Herz erinnert, die, als langjährige vertraute Freundin Schleiermachers in ihrem Herzen längst überzeugte Christin, den Uebertritt bis in ihr 53. Jahr hinausschob. Bei ihr war das bestimmende Motiv die ehrfürchtige Scheu vor einer orthodoxen alten Mutter; bei Rahel vielleicht ein unbewußt in ihr fortwirkender Rest von Treue zum angestammten Glauben. Denn es ist keineswegs wahr, was G. Brandes behauptet: es habe sich „keine Fiber ihres Wesens" geregt für die Religionsgenossenschaft, der sie ihrer Geburt nach angehörte. Mochte sie ihre Abstammung als ein Unglück, als Schande empfinden, nie hat sie dieselbe feige verleugnet; ja sie hat sich zuweilen geradezu gerühmt, eine Berliner Jüdin zu sein. Als nach den Befreiungskriegen eine übertriebene Betonung des Deutschtums antisemitische Strömungen hervorrief, stand sie mit ganzem Herzen auf seiten ihres Volkes und befeuerte auch ihre Freunde, sich der Bedrängten anzunehmen.

Nach der Taufe legten sich die Geschwister an Stelle des väterlichen Namens, der ihnen unchristlich klingen mochte, den Namen Robert bei, der zuerst um 1810 in Briefunterschriften, auch bei Rahel, auftritt. Die Wahl des Namens erscheint verständlich, wenn man sich erinnert, daß Rahels zweiter Bruder unter dem Schriftstellernamen „Robert" bereits bekannt geworden war. Als später, zu Anfang 1812, die Kabinetts-Ordre, betreffend die bürgerlichen Verhältnisse der Juden, bestimmte, daß die umgetauften Juden keine von andern Familien bereits geführten Namen annehmen durften, nannten sich die Geschwister, jedenfalls zur Unterscheidung von Personen gleichen Namens, Robert-Tornow. Diesen Namen hat auch Rahel fortan getragen.

* * *

Ueber Rahels äußeres Leben bis zu ihrem 25. Jahre läßt sich wenig Positives sagen: ihr Dasein spielte sich eben von Jugend auf immer mehr in den Regionen des Geistes und Gemütes, als in der Wirklichkeit ab. Der Lebenszuschnitt im Levinschen Hause war zu dieser Zeit, wenn nicht glänzend, doch durchaus bürgerlich wohlhabend. Im Frühjahre fuhr man in großer Gesellschaft nach Charlottenburg hinaus, um die Natur zu genießen. Kleinere und größere Vergnügungs- oder Erholungsreisen nach Leipzig, Breslau, Pyrmont, Teplitz und Karlsbad unterbrachen den einförmigen Gang des häuslichen Daseins. Rahel, mit ihrem heißen Triebe, Welt und Leben kennen zu lernen, die

daheim immer zu verdummen fürchtete, waren diese Reisen ein un=
umgängliches Bedürfnis. Und doch, wenn sie nun draußen die schöne
Welt genoß, mit welcher Sehnsucht gedachte sie dann der Ihrigen
daheim! So schrieb sie 1794 aus Schlesien ihrem Bruder Markus,
sie leide körperlich „aus wahrem, kochendem inneren Verdruß, euch das
nicht zu zeigen, es allein sehen zu müssen! Das verschmerz' ich nie,
nie, nie. Also giebt's kein Glück; wenn ich mir eins an den Haaren
herzieche, soll ich's noch ohne euch genießen!" —

Etwa in ihrem 23. Lebensjahre hob sich — durch eine „glückliche
Revolution", wie sie sagte — Rahels Gesundheit; ihr bis dahin schwäch=
licher Körper kräftigte sich zusehends, sie fühlte sich oft frisch und munter
„wie ein Forellchen". Sogar tanzen lernte sie nun und wurde nach
dem Urteil ihrer Brüder „eine der wütendsten und unermüdetsten
Walzerinnen", obwohl sie im Grunde gar kein Vergnügen am Tanzen
fand und nicht begreifen konnte, warum es Werthern so köstlichen
Genuß bereitete, mit der Geliebten zu walzen. Trieb sie sich denn
gelegentlich im Gewühl der Redouten umher, so zog es sie mit weit
stärkerer Gewalt zu edleren Vergnügungen und Genüssen, unter denen
das Theater die erste Stelle einnahm. Kein Wunder —: war doch
Berlin um 1800 eine Theaterstadt ersten Ranges. Unter der Direk=
tion Engels und besonders — seit 1796 — unter der A. W. Jfflands,
erlebte die Berliner königliche Bühne eine wahre Blütezeit. Beherrschten
auch Kotzebue und Jffland, der als Dichter seine großen Schwächen
hatte, mit ihren platten, dem Alltagsbedürfnis dienenden Stücken das
Repertoire, so wurden doch Schiller und Goethe mehr und mehr
ständige Gäste. Einer Aufführung ihrer Werke auf der Berliner Bühne
sahen die Weimaraner erwartungsvoll entgegen. Wirkten hier doch
Schauspieler und Schauspielerinnen, wie Jffland selbst, Fleck, Unzel=
mann, die mit tiefem Verständnis und wahrer Begeisterung den
Intentionen des Dichters folgten und deren Zusammenspiel von hoher
künstlerischer Vollendung war. „Unser Publikum", urteilte ein Zeit=
genosse, „läßt Jffland volle Gerechtigkeit widerfahren. So oft er spielt,
wird das Orchester gedrängt voll Zuschauer, und die Musik muß hinter
dem Vorhange sein. Schon um 3½ Uhr (um 5½ geht das Schau=
spiel an) ist das Parterre, das 450—500 Menschen, sitzende und
stehende, fassen mag, gedrängt voll, so daß man wenigstens nicht mehr
zum Sitzen kommen kann. Auch habe ich mich gefreut, daß unsere
Berliner so manchen kleinen schönen Zug richtig fühlen und den Künstler
durch ein leises Lächeln oder durch Bravo von einzelnen Stimmen be=

lohnen." — Neben der deutschen Bühne bot die italienische Oper, die sich unter königlichem Schutz in aller Pracht und Fülle entfaltete, meisterhafte Leistungen. Bisweilen wurde den Ansprüchen der vornehmen Gesellschaft noch durch Veranstaltung französischer Vorstellungen Rechnung getragen. Diese doppelte Nebenbuhlerschaft wirkte höchst anregend und befeuernd auf die Schauspieler wie auf das Theaterpublikum, dessen Gesichtskreis sich niemals ganz verengen konnte.

In der Familie Levin scheint die Vorliebe für das Theater erblich gewesen zu sein, denn wir finden sie stark ausgeprägt bei allen Geschwistern. Markus nannte das Schauspiel die einzige Satisfaktion, die ihm zu teil werden könne; Moritz bezeichnete sich selbst als „einen alten Komödiengänger, der im Foyer groß geworden"; Ludwig geizte nach den Lorbeeren des Dramatikers, und schon aus diesem Grunde war ihm das Theater ein Studium. Angesehene Mitglieder der Bühne verkehrten im Levinschen Hause; der Kapellmeister der italienischen Oper, Righini, die gefeierte Sängerin Marchetti, die Unzelmann werden häufig unter den Gästen genannt. Man gab ihnen Feten, beschenkte sie zu Weihnachten, und Markus unterstützte freiwillig Bühnenkünstler auf ebenso dezente wie großmütige Weise. Jfflands Schuldenwesen arrangierte er so geschickt, daß dieser ihm äußerst erkenntlich dafür war.

Mit dem enthusiastischen Herzen und den frischen, empfänglichen Sinnen der Jugend gab sich Rahel dem Genusse der Kunst hin, die ihr zeitlebens als die höchste unter allen gegolten hat. Oft, zu Zeiten wohl täglich, konnte man ihre feine, graziöse Gestalt, ihr geistig schönes, von wechselndsten Empfindungen belebtes Gesicht in der Loge begüterter Freunde erblicken. Ihr lebendiges Gefühl für das Echte und Gediegene, ihr feines Gehör für wahre Naturlaute, der reizbarste Widerwille gegen leeren Schein, gegen alles Manierierte — die „bloße Bretterunart", wie sie es hieß —, machten sie zu einem gerechten und scharfen Kritiker. Wie sie dem wahrhaft Schönen unbedingt und mit rührender Hingabe huldigte, verwarf sie das Mittelmäßige, zumal wenn es mit erborgtem Schein prunkte, mit dem schärfsten Tadel. So hat sie z. B. die Kotzebuesche Richtung im Kreise ihrer Freunde nachdrücklich bekämpft, lange bevor die litterarische Kritik sich gegen diesen Götzen des Tages wandte. Rahels treffende, von feinem Verständnis zeugende Aussprüche über Theater und Schauspielkunst — deren einige später mitgeteilt werden sollen — lesen sich noch heute interessant, und man begreift, daß die Freunde in streitigen Fällen ihr Urteil anriefen —:

„die Menschen sind zu erpicht auf was ich sage," bemerkt sie einmal.
Unter den darstellenden Künstlern war sie als Theaterkennerin wohl=
bekannt. Es kam nicht selten vor, daß ein Schauspieler oder eine
Schauspielerin beim Einstudieren schwieriger Rollen ihren Rat begehrte.
Und wenn das Publikum dann abends im Theater der glücklichen
Auffassung und gelungenen Darstellung Beifall zollte, ahnten nur wenige,
daß der Künstler in Rahels Stübchen inspiriert worden war. In weit
späterer Zeit hat sie häufig talentvolle junge Bühnenkünstler ihren
einflußreichen Freunden, z. B. Ludwig Tieck, empfohlen.

Nächst dem Theater nahm die Musik ihr Interesse stark in An=
spruch. Opernhaus und Konzertsaal waren ihr liebe Stätten seelischer
Erhebung. 1793 lernte sie die Sängerin Marchetti kennen; schwär=
mend schrieb sie ihrem Freunde Veit: „Ich hab' die Marchetti kennen
gelernt, ich werde zu ihr gehen; sie hat mir vorgesungen, ist die ein=
zige liebenswürdige Frau, ich bin rasend. Ich hab' ihr auch die Cour
gemacht. Jedes mouvement ist ein Reiz, ein Zauber, ein Wahnwitz
zum Lachen und zum Weinen. Der Gesang, dieses Girren, der
Ausdruck — es giebt nur einen Ausdruck. Diese Güte und Lieblich=
keit gegen uns — o wahrer Zauber! anerkannter, wirklicher. Das
heißt Passion, das heißt Geschenke von den Göttern, das heißt Musik,
das heißt Schönheit" ... Und bald darauf erzählt sie mit stillem
Gaudium, wie sie, die Jüdin, mit der Marchetti am hellen lichten
Sabbath in einem königlichen Wagen zur Opernprobe gefahren sei;
„es hat mich niemand gesehen, ich würd' und werd' es jedem ab=
streiten, und der mir aus dem Wagen geholfen hätte!" —

Unter den Männern ihres damaligen Umgangskreises verdient
einer besondere Beachtung. Nicht nur, weil er ihr innerlich näher stand
als vielleicht mancher geistig bedeutendere Besucher ihres Salons, son=
dern vor allem darum, weil wir diesem Verkehr eins der wichtigsten
Dokumente über Rahels Jungfrauenalter verdanken: den „Brief=
wechsel zwischen Rahel und David Veit".*)

Zu Breslau im Jahre 1771 geboren, war David Veit Rahel
fast gleichaltrig. Als Sohn jüdischer Eltern empfing er früh eine vor=
urteilsfreie, allgemeine Bildung. In seiner Vaterstadt und in Berlin
durch guten Schulunterricht vorbereitet, bezog er im Jahre 1793 die
Universität zu Göttingen, besuchte dann Jena, wurde in Halle zum
Doktor der Medizin promoviert und machte darauf mit Abraham

---

*) Leipzig, F. A. Brockhaus. 1861. 2 Bde.

Mendelssohn, dem Sohne des Reformators, eine Studienreise nach Paris, die er, ebenso begabt als fleißig, gründlich ausnützte. Dann ließ er sich in Hamburg als Arzt nieder, und hier wurde ihm bald die Auszeichnung, trotz des Vorurteils gegen seine Religion zum Armen= arzt gewählt zu werden. Es ist das beste Zeugnis für die Tüchtigkeit und Gediegenheit seines Wesens, daß er in dem edlen, geistvollen und einflußreichen Kreise der Reimarus, Sieveking, Schönborn und Perthes Aufnahme fand und höchlich geschätzt wurde. Pflegte Veit in jüngerem Alter litterarische Interessen, so ging er später ganz in seinem ärztlichen Wirken auf. Während der Herrschaft der Fran= zosen hielt er in den harten Bedrängnissen seiner Mitbürger mutig aus. Sein eifriger Besuch der Krankenhäuser während der russischen Be= lagerung Hamburgs brachte ihm frühzeitigen Tod; von einem bösartigen Fieber ergriffen, wurde er als ein Opfer seines Berufes im Februar 1814 dahingerafft.

Rahels regelmäßiger brieflicher Verkehr mit Veit umfaßt etwa vier Jahre, von 1793 bis 1796. Mit Recht nannte Varnhagen diesen Briefwechsel „ein schönes Denkmal edlen Umgangs zwischen zwei jungen Personen, deren Zuneigung und Vertrauen ganz auf unbefangenem geistigen Streben beruht". Noch war Veit weder der ausgezeichnete Arzt, noch der philosophische Denker und geistreiche Schriftsteller, als den eine spätere Zeit ihn kannte. Während seines Aufenthalts in Berlin hatte der junge Mensch, vielleicht durch Verwandte empfohlen, sich Rahel genähert und bald in ihrem Umgange eine innere Erhebung gefunden, die ihm bisher kein Mensch und kein Buch gewährt hatten. Wohl fühlte er in der ersten Zeit mit Schmerz, daß er übersehen wurde; seine Bescheidenheit indessen, sein treues Ausharren, sein strebsamer Sinn gewannen ihm allmählich Rahels Teilnahme. Sie begann, sich mit ihm zu beschäftigen, weihte ihn in Goethe ein, gab ihm Offen= barungen über Menschen, Welt und Leben. Beglückt und verwirrt durch ihre Güte, fragte er sie nach der Ursache ihres Mühens um ihn. „Warum ich mich Ihrer so annehme?" antwortete ihm Rahel. „Ich bin so wahr mit Ihnen, weil Ihnen nichts gut thut als die Wahr= heit; weil Sie eine Art von Geist haben, der, wenn es auch Oerter giebt, wo er nicht hingeblickt hat, doch wenn man ihn hinwendet, gleich recht sieht und seine ganze vorige, wie jetzige und künftige Existenz mit dem Licht erhellt, was er jetzt erblickt" ... Mit welcher Freude be= grüßt sie es, wenn er so einen tiefen Blick in das eigene Innere gethan hat. Bei solchem Anlaß schreibt sie ihm: „Sie haben mit der größten

Aufmerksamkeit die Wahrheit aus sich heraus gesucht, gefunden, und mir sie gesagt, das ist die Satisfaktion, die ich mir fast am meisten wünsche, und am seltensten habe. Ein Teil der Menschen hat zu wenig Verstand, die Wahrheit in sich zu finden, ein anderer nicht den Mut, sie zu gestehen, und die allermeisten weder Mut noch Verstand; und irren und leugnen und tappen, oder ruhen das ganze Leben entlang bis nach der Gruft. Stehen Sie ja nie an, wenn Sie von einer Sache mit mir sprechen, immer ganz wahr zu sein; ich werde Sie sehr selten falsch beurteilen und gewiß immer gut. Das wissen Sie auch: des bin ich ganz gewiß."

Es stand ihr unumstößlich fest: nur der Mensch, der sich selbst treu bleibt, kann zur vollen harmonischen Persönlichkeit ausreifen. Darum ward sie nicht müde, den jungen ringenden Studenten zu er= mahnen, er solle sich entschließen, „etwas zu sein". Aber sie warnte ihn auch wiederum, „sich damit zu übereilen, etwas zu sein"! Zeit will die Pflanze haben zur Entwickelung. „Sie haben genug gewonnen, daß Sie einmal hinter sich gekommen sind; pflügen Sie nur den Boden in sich um und lassen Sie's wieder fest werden ganz von selbst, und langsam; durch allerhand Unwetter, Schönwetter und was es ist."

Der junge Veit fühlte sich reifen und besser werden in diesem veredelnden Umgange. Er wurde nicht müde, sie zu bitten: „Nehmen Sie sich meiner an, machen Sie mit mir, was Sie wollen, brauchen Sie mich, wie Sie wollen — nur meinen Freundestitel lassen Sie mir!" — „Liebe Rahel," heißt es in demselben Briefe, „ich habe heute abend eine große Empfindung gehabt. Ich habe mir gedacht, daß Sie meine Freundin sind, und daß Goethe glaubt, es könne etwas aus mir werden. Wenn ich beten könnte, so würde ich mir in diesem Augen= blick nichts vom Himmel erflehen, als die Dauer der Energie, die mir dieses Gefühl giebt." — Und den ganzen reichen Gewinn, den Rahel ihm gebracht, zusammenfassend, schreibt er ihr am 3. September 1795: „Was ich Ihnen bin und sein soll, hängt allein von dem ab, was Sie aus und mit mir machen wollen; was Sie mir sind, von der unendlichen Gewalt der menschlichen, der höchsten Natur allein, die herrscht, nicht weil sie herrschen will, sondern weil das Höchste ge= bietet, sobald das Untergeordnete denken kann, ihm zu dienen verstehet; und das möchte ich gern von mir glauben; denn dahin gehet mein Bestreben, daß ich es verstehen lernen will, nach meiner Art Ihnen zu dienen. Sie können mich verwerfen; Sie können mich unglücklich machen; aber zerstören können Sie nicht, was von Ihnen auf mich übergegangen ist; insofern stehen Sie selbst unter sich selbst: gegen eine solche Gewalt bin ich gern eine Maschine. ‚Der Mensch ist nicht geboren frei zu sein, sondern einem Fürsten, den er liebt, zu dienen.‘ Meine liebe, fürstliche Seele! ..."

Ein wahrhaft erquickendes Verhältnis zwischen diesen beiden jungen Menschen; erquickend, weil jede sinnliche Beimischung fehlt, weil, ungeachtet aller warmen Teilnahme am Persönlichen, tiefes, selbstloses Interesse am Geistigen die Basis des Freundschaftsbundes bildet. —

* * *

Der Briefwechsel mit Veit gewährt u. a. einen Einblick in den weiten Interessenkreis und das begeisterte Bildungsstreben des jungen Mädchens. Bestimmte Kenntnisse zu erwerben, lag ihr völlig fern; man müßte denn die Lehrstunden, die sie bei ihrem „Englischmeister" nahm, dahin rechnen. Mit einem geistigen Heißhunger ohnegleichen wurde alles erfaßt und verarbeitet, was in den Wissenschaften, der Litteratur und Kunst ihr als bedeutend und schön entgegentrat. Jeder Mensch, der ihr Bücher lieh oder sie auf hervorragende litterarische Erscheinungen hinwies, war ihres Dankes gewiß. Humes Geschichts= werke studierte das junge Mädchen mit derselben Aufmerksamkeit, wie die damals beliebten Reiseschriften von Karl Philipp Moritz; in Gentz’ Revolutionsideen, wie in Fichtes Vorlesungen suchte sie ein= zudringen. Sogar den Kant empfahl ihr Veit: „Ich lege mein Haupt nicht unter die Erde, als bis Sie sich überzeugen, daß es einen Mann giebt, der eben so viel aus sich selbst hat schöpfen müssen wie Goethe... Er wird viel studiert, bewundert; aber ich muß endlich einen kennen, der ihn zu lieben weiß."

Den breitesten Raum innerhalb dieser Studien nahm — darauf wurde schon im ersten Kapitel hingewiesen — die schöne Litteratur ein. Rahels Urteile über Dichter und deren Werke treffen meist glücklich das Wesentliche. Hier sei eine Briefstelle der Vierundzwanzigjährigen über Lessing angeführt, da sie für Rahels Art, sich einen Dichter zu verdeutlichen, bezeichnend ist: „Wie mich Lessing amüsiert, können Sie sich denken! Sich den nochmal so recht zu vergegenwärtigen, und sich alles dabei zu wiederholen, was man jemals von ihm gehört und ge= lesen, ist das schrecklichste Vergnügen. Wie man aber dann zuletzt immer ernst wird, so hat’s mir so recht leid gethan, wie die eigentlichen Menschen mit Elend zu kämpfen haben und das Schönste, was wir von ihnen kennen, eigentlich die Ausrufungen dabei sind...

So mitten heraus stirbt man, andre ersetzen unsre äußerliche Stelle, die wir für Mittel ansahen, die sie aber in förmlichster Form für den Zweck festsetzen; wir sind uns mitten darin weggekommen, haben unser halbes Leben mit Aussuchen zugebracht, das Erwählte unter blutigem Kampf und Widersetzung nicht ausführen können und fahren lassen müssen . . ."

Von den Alten verehrte sie besonders Homer, den sie in der Vossischen Uebersetzung las. „Von Homer — o weh! denn es ist ordentlich ein Schmerz, so schön kommt mir die Odyssee vor! Wie die Griechen von den Menschen sprechen, wie sie immer alles Letzte zusammenfassen und es ganz gemein sagen, damit es ganz groß ist und edel klingt; sie lassen immer alles so wie es ist, und betrachten und erzählen's nur" . . . So äußerte sie sich 1794 gegen Veit; der letzte Satz enthält ein Lob der künstlerischen Objektivität, auf die Rahel mit ihrem gesunden Kunstempfinden stets großes Gewicht legte. „Haben Sie bemerkt," heißt es in demselben Briefe, „daß Homer, so oft er von Wasser redet, immer groß ist, wie Goethe, wenn er von den Sternen redet? Denn seine Sternenreden sind Ihnen gewiß nicht so gegenwärtig als mir: in ‚Iphigenia‘, in den kleinen Gedichten ‚An Lida‘, und noch unendlich oft in seinen besten und geringeren Sachen."

*　　*　　*

Ungeachtet dieser scheinbaren Anarchie gab es ein herrschendes Prinzip in Rahels Geistesleben: das war Goethe. In wehmütiger Erinnerung an das Dachstübchen in dem väterlichen Hause (Jäger=straße Nr. 54), wo sie von 1793 bis 1808 ihre glücklichsten Jahre verlebte, schrieb sie in viel späterer Zeit: „Da ist mein Mauso=leum. Da hab’ ich geliebt, gelebt, gelitten, mich empört. Goethen kennen lernen. Bin mit ihm aufgewachsen, hab’ ihn unendlich ver=göttert! Da wacht’ ich und litt viele, viele Nächte durch, sah Himmel, Gestirne, Welt mit einer Art von Hoffnung; wenigstens mit heftigen Wünschen. War unschuldig" . . . Glücklich veranschaulicht das präg=nante Wort Rahels Geistes= und Gemütsleben während dieses Lebens=abschnittes. Und wie die Worte: „Goethen kennen lernen. Bin mit ihm aufgewachsen, hab’ ihn unendlich vergöttert," im Mittelpunkte des Bekenntnisses stehen, so war in der That Rahels Goetheliebe der Brennpunkt ihres ganzen geistig=gemütlichen Lebens und Strebens. Einsam, unverstanden in der Tiefe ihres Wesens war sie aufgewachsen, fremd hatte sie die Menschen, die nächsten, liebsten selbst, an sich vor=

überwandeln sehen. Brennende Sehnsucht nach Verständnis, tiefes Verlangen, einer verwandten Seele sich mitzuteilen, füllte ihre Brust. Da
ward ihr, als sie eben die Schwelle des Jungfrauenalters überschritt,
das Glück, Goethe kennen zu lernen. Mit unsagbarer Wonne vertiefte
sie sich in seine Werke, hingerissen, überwältigt von dem Zauber ewiger
Jugend und Schönheit! Nun tritt ein Jubellaut auf ihre Lippen, der
immer von neuem ertönt bis in ihr hohes Alter —: Goethe! — Zu
einer Zeit, wo er noch in der Menge der Schriftsteller mitging, den
meisten unbekannt, von wenigen in seinem wahren Wert erfaßt, erklärte
Rahel, von der Macht seines Genius ergriffen, ihn über jeden Vergleich hinaus für den höchsten, ja einzigen Dichter. Was Wunder? —
Offenbarte sich ihr doch in diesen Schriften ein großer, echter Mensch,
mit herrlichen Kräften ausgestattet, wie sie so rein, so stark und
harmonisch nur Begnadigten verliehen werden; ein Künstler, dessen
hellem, kühnem Blick nichts in Natur und Menschenleben verborgen ist,
und der doch am liebsten das eigene Herz abfragt und im stillen Heiligtum der Brust den sichern Maßstab für sein Wollen findet. Ihr ist,
als seien diese Schriften für sie allein geschrieben —:
was sie lange dunkel gefühlt, hier findet sie es mit Worten verkündigt,
die ihr die Seele durchschauern; hier wird ihr Bestätigung und Be-
kräftigung dessen, was sie, oft im Gegensatz zur Welt, gedacht und
ausgesprochen. Diese Gedichte, Romane und Dramen geben ihr die
Bürgschaft, daß sie mit ihrem heiligsten Streben auf dem rechten Wege
war, bieten ihr süßen Trost für so manche Enttäuschung, die das Leben
ihr brachte, für so manchen bittern Schmerz, den sie, der Welt verborgen, in der Einsamkeit ihres Stübchens ausweinen mußte.

So ward Goethe ihr Dichter, er „durchströmte sie wie Herzens-
blut". Wenn sie von ihm spricht, geht es wie Andacht durch ihr
Wesen, und weihevoll klingen ihre Worte. „Ein Fest war ein neuer
Band Goethe bei mir; ein lieblicher, herrlicher, geliebter, geehrter Gast,
der mir neue Lebenspforten zu neuem, unbekanntem,
hellem Leben gewiß erschloß. Durch all mein Leben begleitete
der Dichter mich unfehlbar. Mit seinem Reichtum machte ich Compagnie,
er war ewig mein einziger, gewissester Freund, mein Bürge, daß ich
mich nicht unter Gespenstern ängstige; mein superiorer Meister, mein
rührendster Freund, von dem ich wußte, welche Höllen er kannte! —
kurz, mit ihm bin ich erwachsen, und nach tausend Trennungen fand
ich ihn immer wieder; und ich, da ich kein Dichter bin, werde es nie
aussprechen, was er mir war!" — Eine andere Stelle lautet: „Wenn

ich mir ihn denke, so treten die Thränen mir ins Auge; alle andern Menschen liebe ich nur mit meinen Kräften; er lehrt mich mit den seinen lieben. Und ich weiß auch gar nicht, wie sehr ich noch werde lieben müssen. Wie oft dacht' ich schon, mehr trägt dein Wesen nicht: und das Wesen änderte sich. Mein Dichter!"

Welche „Satisfaktion" für sie, wenn Goethe ihr im Gegensatze zur Welt recht gab! Wenn er auch nur in irgend einer Lebens=gewohnheit mit ihr übereinstimmte. Sie denkt, sie soll „wahnsinnig werden für Glück", als sie in seiner Selbstbiographie liest, „wie Goethe immer in die hohe Kammer geht, die Gewitter abzuwarten. In meiner tiefsten Kindheit", setzt sie hinzu, „that ich das auch schon, und noch berücksichtige ich alle Quartiere danach, ob man zu einem Gewitter viel Himmel sieht." — Welche Freude, wenn sie bemerkte, wie das Publikum ihn verehrte, wie er es in seinen mächtigen Bann zog. Da heißt es in einem Bericht — allerdings aus späterer Zeit — über eine Vor=stellung von Goethes „Tasso": „Ein einzig Publikum, Leute mit Büchern sitzen und hören. Junge Offiziere, gespannt wie bei Schlachten, stehen und horchen. Meine Wonne! Es mußten achthundert Menschen Goethes Götterworte hören und in die Seele einnehmen ... Gott! wie verabgöttere ich den immer von neuem. Wie weint' ich im ‚Tasso' bei jeder Stelle, wie der Souffleur im ‚Meister', aus Schönheit ..."

Ihre Freunde entdeckten eine Aehnlichkeit zwischen ihr und der Philine im „Meister"; darin z. B., daß beide das Urteil der Welt verachteten, weitläufige, zusammenhängende Gespräche haßten, sich von dem ganzen weiblichen Geschlechte gewissermaßen getrennt fühlten. David Veit nannte Rahel „das Mädchen, das Aureliens Geist und Herz mit Philinens munterer Laune verbindet". — „Wenn Sie nicht", schrieb er der Freundin, „in Aurelie oft Ihre eigenen Worte gefunden haben, in ihrem Witz bei der größten Verzweiflung Ihre eigene Tour=nüre, in ihrer Gutmütigkeit bei so großer Menschenkenntnis Ihren eigenen Charakter, so haben Sie bei dem Buch an nichts gedacht, als bloß an das Buch, und das können Sie doch unmöglich. Selbst den Hang zur Schwermut würden Sie mit ihr teilen müssen, hätte nicht Philinens Laune und das holde Temperament uns die Natur gegeben: und dennoch — haben Sie ihn etwa nicht?" ... Rahel bestätigte die Aehnlichkeit des vom Freunde entworfenen Charakterbildes. —

*   *   *

Das größte Ereignis in Rahels Leben während dieses Zeitraums war denn auch eine persönliche Begegnung mit Goethe. Als ihr Freund Veit im Frühling 1793 Weimar besuchte und von Goethe empfangen worden war, mußte er ihr verabredetermaßen einen eingehenden, auch das Intimste berücksichtigenden Bericht liefern, in dem es u. a. hieß: „Es ist ein großes Unglück für Sie, daß Goethe Sie nicht kennt. Wie würde er Sie lieben!" — Sicher würde sie ihn niemals aufgesucht haben; in ihrer Situation, als Judenmädchen, würde sie sich nur lächerlich machen, meinte sie: „Was sollte der Mann denken, als was ich mich ihm präsentieren? Mit andern möcht' ich ihn reden hören, und dazu kann ich doch allein nicht kommen" . . . Ein Zufall wurde ihres Wunsches Erfüller.

Im Sommer 1795 weilte sie mit der Schauspielerin Unzelmann in Teplitz. Eines plötzlich auftretenden Hüftwehs halber fuhr sie auf einige Tage nach Karlsbad und traf hier Goethe. „Goethe, der in elf Jahren nicht in Karlsbad war," schrieb sie an G. von Brinckmann, „mußt' es auch denken und hinreisen in diesen kleinen Berg-Einschluß, wo ich gerade bin, und die Welt ist so breit, so groß. Und das ist nicht Wunder? das ist nicht Glück? . . . Ich denke mir immer, gute Wünsche, von den wahr-innigen, von denen man so denkt, sie müßten die Sterne herabziehen, müßten auch etwas zu stande bringen können. War das nicht eigentlich das größte Recht, daß ich Goethe sah?" . . .

Ueber ihren Umgang mit Goethe hat sie selbst nichts Thatsächliches berichtet. Doch hat sich Goethe über den Eindruck, den Rahel auf ihn machte, zu zweien ihrer jungen Freunde ausgesprochen. Zu David Veit sagte er: „Sie ist ein Mädchen von außerordentlichem Verstand, die immer denkt, und von Empfindungen — wo findet man das? Es ist etwas Seltenes. O, wir waren auch beständig zusammen, wir haben sehr freundschaftlich und vertraulich miteinander gelebt." Horn gegenüber ging er tiefer auf das Eigentümliche ihres Wesens ein: „Ja, es ist ein liebevolles Mädchen; sie ist stark in jeder ihrer Empfindungen, und doch leicht in jeder Aeußerung; jenes giebt ihr eine hohe Bedeutung, dies macht sie angenehm; jenes macht, daß wir an ihr die große Originalität bewundern, und dies, daß diese Originalität liebenswürdig wird, daß sie uns gefällt. Es ist nicht zu leugnen, es giebt viele wenigstens original scheinende Menschen in der Welt; aber was sichert uns dafür, daß es nicht bloßer Schein ist? daß das, was wir für Eingebungen eines höheren Geistes zu halten geneigt sind, nicht bloß Wirkung einer vorübergehenden Laune ist? — Nicht so ist es bei ihr; — sie ist, soweit ich sie kenne, in jedem Augenblicke sich gleich, immer in einer eigenen Art bewegt, und doch ruhig, — kurz, sie ist, was ich eine schöne Seele nennen möchte; man fühlt sich, je näher man sie kennen lernt, desto mehr angezogen und lieblich gehalten." —

Wie mußte diese Anerkennung aus Goethes Munde Rahel beglücken! Ganz aufgelöst von freudiger Beschämung schrieb sie den Freunden: „Sie haben mich glücklich gemacht, meine Herren! Mit Goethe. ‚Ich hofft' es, ich verdient' es nicht.' Beinah möcht' ich sagen, ich faß' es nicht. Wieso kann er wissen, daß ich Empfindung habe?! Niemandem hab' ich mich in meinem Leben weniger in irgend einer Art zeigen können, als ihm . . . Doch geschwiegen davon. Er ist Goethe. Und was ihm scheint und er sagt, ist wahr. Von mir selbst glaub' ich ihm. Ich seh' ihn schon einmal wieder, das andere Kurjahr. Wenn Sie ihn vor Berlin sehen, Horn, so grüßen Sie ihn, von dem Menschen, der ihn immer angebetet, vergöttert hätte, auch wenn ihn niemand rühmte, verstände, bewunderte. Und wenn er sich wunderte, daß ein gemäßigtes Mädchen ihm eine anscheinende Extravaganz sagen ließe, so sollt' er's nicht thun, und lieber bewundern, daß sie ihn so respektierte: daß es einen Respekt gäbe, der sie allein zurückhielte, es ihm nicht zu sagen. Hab' ich recht? ja ja, ich bet' ihn an. Sagen Sie ihm, es wäre nicht Affektation, sondern Pflaumenweichheit. Ueberhaupt könnt' ich nicht dafür, daß die andern alles affektierten, was ich im Ernst meine."

Sie empfand die Gunst, die ihr zu teil geworden, als eine schöne, hohe Genugthuung nach vielen Kränkungen des Schicksals. „Weniger hat mich das Vollgefühl, ihn zu sehen und zu genießen, beglücken können, als der Gedanke: Nun bist du doch auch einmal glücklich, du hast doch auch Glück, so ist das lange Leben doch in einem Punkte für dich . . ."

Drittes Kapitel.

Liebe.

Dem gemeinen Verstande erschien Rahel als ein schlechthin kluges, witziges Mädchen; schätzten doch selbst Tieferblickende, wie W. von Humboldt, sie vornehmlich um ihres Witzes und ihrer geistreichen Laune willen. Nur geborene Psychologen, wie Goethe, gewahrten unter der schillernden Oberfläche ein tiefes, reiches Gemütsleben. Welche vulkanische Glut aber ihr Herz barg, welcher leidenschaftlichen Aufwallung es fähig war, sollte nur wenigen Bevorzugten offenbar werden.

Es wäre sonderbar gewesen, wenn nicht unter den Männern ihres Kreises der eine oder der andre einem so einzigen, in jeder Beziehung liebenswürdigen Wesen eine wärmere Neigung entgegengetragen hätte. Zwar war Rahel keine Schönheit in landläufigem Sinne; aber in ihrer ganzen Gestalt, in Miene und Bewegung drückte sich so wunderbar ihre seelische Eigenart aus, daß sie höchst anziehend erscheinen mußte. Varnhagen giebt mit folgenden Worten ein Bild ihres Aeußern aus dem Jahre 1803, aus einer Zeit also, da sie bereits 32 Jahre zählte: „Eine leichte, graziöse Gestalt, klein aber kräftig von Wuchs, von zarten und vollen Gliedern, Fuß und Hand auffallend klein; das Antlitz, von reichem, schwarzem Haar umflossen, verkündigte geistiges Uebergewicht, die schnellen und doch festen dunkeln Blicke ließen zweifeln, ob sie mehr gäben oder aufnähmen, ein leidender Ausdruck lieh den klaren Gesichtszügen eine sanfte Anmut. Sie bewegte sich in dunkler Kleidung fast schattenartig, aber frei und sicher, und ihre Begrüßung war so bequem als gütig. Was mich aber am überraschendsten traf, war die klangvolle, weiche, aus der innersten Seele herauftönende Stimme und das wunderbarste Sprechen, das mir noch vorgekommen war ..." — In ihrer Jugend muß sie geradezu charakteristisch schön gewesen sein; da muß — das läßt ihr

Bronze-Relief von Friedrich Tieck*) ahnen — in Augenblicken innerer Erregung ihr Antlitz den Ausdruck einer verzückten Mänade getragen haben.

Wie alle sensiblen Menschen war Rahel der Liebe leicht zugänglich. Schon früh mögen flüchtige Neigungen sie berührt haben. Von einer tieferen Leidenschaft wurde sie erst in ihrem 25. Lebensjahre ergriffen.

Der Gegenstand dieser Liebe war der Graf Karl von Finkenstein, der Sohn eines preußischen Ministers. Er war etwa anderthalb Jahre jünger als Rahel (im Dezember 1772 geb.), ein blonder, schöner Mann, der meist in poetischer Zurückgezogenheit auf dem Gute Mablitz bei Berlin im Schoße seiner Familie lebte, mit der er sich durch starke Fäden der Anhänglichkeit und Treue verbunden fühlte. — Rahel sah ihn zum erstenmal in der italienischen Oper bei der Aufführung eines Righinischen Werkes. Sie saß in der Loge der Gesandtschaftssekretäre, er daneben in der Gesandtenloge. Er fiel ihr bald auf wegen seiner Blondheit und der Art, wie er zuhörte: „Ich sah ihm an, daß er ein Mensch sei, der sich einbilde, all dergleichen viel besser gehört zu haben." Von dem Musikdirektor Anselm Weber, der neben ihr saß, hörte sie Finkensteins Namen, und später erfuhr sie, daß er selbst und seine Geschwister den Gesang so ernst pflegten, daß er wirklich meinte, in der ganzen Welt würde nicht besser gesungen als in Mablitz.

Bald wurden sie genauer miteinander bekannt, lernten sich schätzen und lieben. Finkensteins erste Briefe an Rahel aus dem Jahre 1796 sind die eines zärtlichen, glücklichen Liebhabers. Als sie im Sommer dieses Jahres nach überstandener schwerer Krankheit nach Karlsbad ging, schrieb er ihr, wie er bitterlich über die Trennung geweint habe, versicherte ihr, er wolle des Todes sein, wenn es einen Augenblick gebe, in dem er ihrer nicht innigst gedacht habe. Doch schon im Sommer 1797 traten Trübungen und Störungen ein, wie sie in einem Verhältnis zweier so durchaus ungleichen Naturen unausbleiblich waren. Rahel liebte gar nicht den wirklichen Finkenstein, sondern sein mit allen Reizen und Tugenden schöner Männlichkeit geschmücktes Idealbild, wie ihre Phantasie es sich erschaffen. Gewiß besaß der junge Graf Vorzüge, die ihn einem empfindsamen Weibe wert machen konnten: Schön-

---

*) Man findet in diesem Buche eine Wiedergabe des Tieck'schen Werkes nach einem Gipsabguß, im Besitze des Herrn Senators Dr. Karl Eggers in Rostock. Das Original hängt in der Berliner National-Galerie.

heit, Herzensgüte, Liebenswürdigkeit und einen sanften, träumerischen Zug; auch hatte er wohl Rahel auf seine Weise lieb. Aber ihren eigentlichen Wert zu ermessen, die Größe ihrer Liebe zu empfinden, war er ganz unfähig, weil ihm selbst jede geistige Bedeutung abging. Sogar seinen besten Freunden war es schier unbegreiflich, wie Rahel gerade auf ihn geraten konnte. „Er hat keine Arme, die Liebe aufzugreifen, die du, Holde, ihm entgegensendest," äußerte sich ein Vertrauter Rahels; „er besitzt nichts als seine sklavische Dürftigkeit. Sie fliegt auf ihn zu, wie eine girrende Taube, Schutz und Pflege von seinen Händen begehrend; aber er sieht sie nicht, er fühlt ihr Berühren nicht, ach! er ahndet sie nicht einmal!"

Unter mehreren Schwestern erwachsen, die, wie die Mutter, ihn mit ihrer Liebe verhätschelten und verweichlichten, scheint Finkenstein, von Natur ein schwächlicher Charakter, allmählich den letzten Rest männlicher Willenskraft eingebüßt zu haben. Seine Angehörigen hatten von vornherein den Verkehr Karls mit einer nicht Ebenbürtigen, die noch dazu Jüdin war, gemißbilligt; als es nun zur Heirat kommen sollte, stellte sich der Liebe des jungen Mannes der Adelsstolz der Familie in den Weg. Man widersetzte sich nicht direkt: das verbot der feine und auch wohl herzliche Ton, der auf Madlitz herrschte; aber man suchte leise abzulenken. Hauptsächlich scheinen seine Schwestern der Verbindung entgegen gewesen zu sein. Finkensteins weiches Gemüt wurde beunruhigt, sein Sinn unsicher: er legte die Entscheidung in Rahels Hände. Leicht hätte sie ihn bestimmen können; ein kluges Wort, ein Appell an seinen Edelsinn hätte vielleicht genügt, ihn unauflöslich an sie zu ketten. Rahel aber verschmähte das! Sie wollte kein gemachtes Glück; sie dachte zu hoch über Liebe, als daß ihr irgend ein berechnendes Spiel erlaubt erschienen wäre. Sie teilte ihm mit, daß sie sich jeden Einflusses auf seinen Entschluß enthielte, und verbot ihm, sie ferner zu besuchen.

Finkenstein war unglücklich! Er wurde (1798) zum Kongreß zu Rastatt abgeordnet, und er konnte nicht gehen, ohne Rahel vorher gesehen zu haben. Endlich gab sie seinen Bitten nach; denn sie liebte ihn! — Er kam. Das Wiedersehen, die Aussprache schien eine Aussöhnung, eine Befestigung des Bundes zu erwirken. Finkensteins Briefe*) aus Rastatt sind äußerst liebevoll; aber welche

---

*) s. Aus Rahels Herzensleben. Von Ludmilla Assing. Leipzig. F. A. Brockhaus. 1877.

Haltlosigkeit spricht aus ihnen! Charakteristisch für sein Wesen und für seine Lage ist folgender Brief vom 30. Mai 1798: „Kann ich denn Entschlüsse bauen, bin ich nicht mit Händen und Füßen an den Wagen des Schicksals gebunden und muß mich hinschleppen lassen, wohin es will; darf mich nicht losreißen, darf es nicht einmal wollen. Warum sind mir so mit Liebe die Hände gebunden? ... Glaube mir, es fehlt mir nicht an Energie, gewiß nicht, ich achte die menschlichen Verhältnisse, wenn sie nicht durch Liebe geheiligt sind, für so wenig, daß es mir nichts kosten würde, sie zu zerreißen und mit Füßen zu treten, ohne die Menschen, denen ich Liebe schuldig bin, weil sie mich zuerst liebten. Du weißt, wie meine Schwestern an mir hängen, du weißt, wie ich sie geliebt habe, daß sie, besonders Karoline, meine erste Liebe waren, daß es Karoline gewiß nicht überleben würde, wenn ich sie verließe ... Du weißt, daß ich es mir geschworen habe, sie so glücklich zu machen, als ich kann, und selbst mit Aufopferung meines eignen Glücks, und ich halte ihn gewiß, diesen Schwur, denn ich liebe sie unaussprechlich. — Ich weiß, dies muß dich bitter machen. Du wirst sie nie lieben können, wenn du sie als die Zerstörerin deines Glückes ansehen mußt. Aber ich bitte dich mit tausend Thränen, laß dich nicht gegen sie erbittern, hasse sie nicht; glaube nicht, daß ich dich um ihretwillen weniger liebe, daß ich im stande wäre, dich unglücklich zu machen; ach, ich weiß nur zu wohl, daß es Fälle in meinem Leben geben kann, da ich, wenn ich handeln wollte, entweder dich oder sie unglücklich machen müßte" ... In diesem eines Mannes unwürdigen Jammertone geht es weiter.

Was mag Rahel beim Lesen solcher Briefe gefühlt, wie mag sie gekämpft und gelitten haben! — Nach beendigtem Kongreß kehrte Finkenstein nach Berlin zurück; die stürmischen, tiefschmerzlichen Scenen erneuerten sich. Er gestand ihr ganz offen, daß ein Fräulein von Berg ihn liebe, daß seine Familie die Dame begünstige. Rahel drängte ihn nur immer, sich frei zu entscheiden. „Untersuche dich, habe Mut!" schrieb sie ihm. „Stehe nicht mit jedem Fuß auf einem andern Ufer. Schreite über!" — Im Herbst 1799 ging Finkenstein nach Wien. Seltener, gleichgültiger wurden seine Briefe; immer klarer ward es Rahel, daß sie eine Betrogene sei. Doch trotz aller Bitterkeit ließ sie ihm Gerechtigkeit widerfahren; so groß dachte sie! — „Du hast nicht gefehlt," schrieb sie in ihr Tagebuch, „ich war es. Warum erkannt' ich dich nicht? Zuwider, höchst zuwider darf mir die neu entdeckte Elendigkeit sein: kein Vorwurf darf dich treffen. O! widerführe mir gleiche Gerechtigkeit!" — So schleppte sich das Verhältnis bis in das Jahr 1800 hinein; im Februar d. J. schrieb sie ihm nach Wien: „Die Jahre, die du weg bist, will ich dazu anwenden, unbekannt mit dir zu werden. Ueberreden kannst du mich nicht mehr. Sei etwas, und ich werde dich erkennen. Du kannst keine Freude an mir finden. Ich imponiere dir; und darum kann ich auch kein Glück bei dir finden."

Etwa um dieselbe Zeit schrieb die Freundin Henriette Mendelssohn, die damals in Wien lebte, an Rahel: „Wenn ich nur wüßte, daß das Andenken an Karl Sie nicht mehr beunruhigt! Ich könnte es nicht ertragen, daß diese flache Seele mit der Schuld belastet würde, Ihr reiches Gemüt zerstört zu haben. Ich könnte Ihnen viel von ihm erzählen, ich sehe ihn viel, und er ist recht ehrlich und freund= schaftlich gegen mich; aber wenn ich Ihnen die einförmige Bewegung, in der sein Leben verfließt, in der die kleinsten Eitelkeiten, die unmänn= lichsten Schwächen die stärksten Motive seiner Handlungen sind, beschriebe, ich müßte Ihnen zu hart scheinen, und ich würde mir selbst so vor= kommen, denn wenn man von Karl nur nicht fordert, was er nicht zu leisten imstande ist, nicht Leidenschaft und nicht mehr Charakter, als dazu gehört, eine schöne Uniform zu unterstützen, so ist er recht brav und gut. Nur soll er nicht urteilen und nicht lieben wollen! Sein Herz kommt mir gerade vor wie eine Uhr für Kinder. Sie hat das Zifferblatt, aber sie geht nicht" . . .

Finkenstein wurde preußischer Gesandter in Wien und Dresden, ohne sich irgendwie auszuzeichnen; sein schwächlicher Charakter war für ein kräftiges Wirken im Dienste des Staates ganz ungeeignet. Er ging später mit einer italienischen Marquise eine Verbindung ein. In noch jugendlichem Alter ist er 1811 in Wien gestorben.

Daß eine Rahel einen Mann wie Finkenstein mit aller Glut ihres Herzens, bis zur Verzweiflung lieben konnte, ist einer jener unbegreif= lichen Widersprüche, in denen die menschliche Natur sich zuweilen ge= fällt. Die Wirkung dieser traurigen Erfahrung auf Rahels Gemüt war niederschmetternd. Schon 1798 klagte sie, man sei schrecklich mit den Saiten ihrer Seele umgegangen. „Wenn ich meine Wunden zur Schau tragen sollte, es wäre eine Schlachtbank," schrieb sie im fol= genden Jahre an Gustav von Brinckmann. „O glauben Sie nicht, daß das, was ich Ihnen sage, übertrieben ist. Darum bin ich nur so erschrocken, wenn mir etwas widerfährt, weil es auf ewig ist. Ein zartes Gemüt beleidigen, heißt es verderben." Sie hatte geglaubt,

einen Anspruch auf persönliches Glück erheben zu dürfen: nun mußte
sie lernen, daß dem geistig Hochstehenden oft versagt wird, was dem
Alltagsmenschen als reife Frucht in den Schoß fällt. Doch sie kann
diese Erfahrung nicht ruhig hinnehmen: sie empfindet das Unglück als
eine Schicksalskränkung. „Die Bekanntschaft mit dem Unglück infamiert,
ich lasse es mir nicht ausreden! Man ist kein reines Geschöpf der Natur,
kein Geschwister der stillen Gegenstände mehr, wenn man einmal aus
Schmerz, Erniedrigung, zusammengeängstet, in Verzweiflung gern seine
Existenz gegeben hätte, um nicht schmerzfähig zu sein, wenn man alles,
die ganze Natur für grausam gehalten hat" . . . Nun will sie nicht mehr
„mit Gewalt glücklich sein"; sie weiß: „es giebt kein Glück, es giebt
nur Sieg und Pläsir". —

Mit diesem drückenden, dumpfen Schmerz im Herzen — es war
ihr in der Brust „wie ein gedämpftes Trommeln" — konnte sie nicht
länger in Berlin aushalten; in schlaflosen Nächten fühlte sie, daß sie
fort mußte, um ihre Existenz zu retten. Da war es ein Glück für sie,
daß eine edle Freundin, die Gräfin Schlabrendorf, sie im Sommer
1800 mit nach Paris nahm. Karoline von Schlabrendorf
war die Schwester des Grafen Kalckreuth auf Siegersdorf bei Berlin,
wo sie nach ihres Gatten Tode sich meist bei ihrem Bruder aufhielt.
Von unbegrenztem Wahrheitsstreben beseelt, zählte sie zu den merkwürdigsten Frauen ihrer Zeit, erfreute sich der Verehrung tüchtiger
Männer, u. a. Fichtes, mußte indessen der Welt, die Wahrheit nicht
verträgt, hart und abstoßend erscheinen. Mit Rahel fühlte sie sich sofort nach der ersten Bekanntschaft (um 1800) verbunden in jener „un-
sichtbaren Loge", in der sich die freien Geister finden; und bald erschien
ihr der Umgang mit Rahel so unentbehrlich, daß sie dafür, wie sie
schreibt, „mehr als Sie nur ahnden, geduldet und ertragen hätte". —
„Daß ich besser bin als mein Ruf und die Meinung einer Klasse von
Menschen, die sich berechtigt glaubt zu verdammen, was sie nicht fassen
kann," so schrieb 1801 die Gräfin an Rahel, „haben Sie, weiß ich,
bei unserer ersten Begegnung auf meiner Stirne gelesen; aber fühlen
Sie es denn auch, daß ich besser bin als mein äußeres Betragen?
Diese Zusicherung ist das einzige, was ich mit gutem Gewissen fordern
kann. Aber auf bloßen Glauben sollen Sie es, meine liebe Herzens-
Kündigerin, nicht annehmen, doch ich hoffe, daß Ihnen dieser Hauptzug
in meinem Charakter nicht entgangen ist. Wenigstens ist es für mich
ein erfreulicher Gedanke, ein kräftiges Mittel zum Feststehen auf der
unbekannten Höhe, auf jenes leise Wehen einer geheimen Mitteilung,

einer himmlischen Gemeinschaft rechnen zu können, die allein unter
denen statthaben kann, die gleichen Drang empfunden haben und durch
gleiches Unglück geprüft sind. Und hab' ich Sie, meine Freundin,
nicht auf diesem Wege gefunden? Durchs ganze Weltalter war es
bestimmt, daß gerade wir uns die Hand bieten sollten, um uns den
Gang durchs Leben zu erleichtern! Und ich sollte es mir nicht Trost
sein lassen?" . . .

Mit dieser großdenkenden und, trotz ihres oft schroffen und rauhen
Betragens, zartempfindenden Frau also reiste Rahel im Hochsommer
1800 nach Paris. Hier fand sie ihre alten Freunde, Burgsdorff,
Brinckmann, Wilhelm von Humboldt und seine Gattin; hier
hoffte sie in neuen, großen Umgebungen ihr Leid zu vergessen. Sie
hat das Pariser Leben und die Gesellschaft mit unbefangenem Blick
genau studiert. Jean Paul rühmte später, ein Brief, den sie ihm
aus Paris geschrieben, sei mehr als zehn Reisebeschreibungen wert; so
habe noch niemand die Franzosen und die französische Welt auf den
ersten Blick durchschaut und charakterisiert: was das für Augen seien,
die so scharf und klar sogleich die ganze Wahrheit, und nur die Wahr=
heit sähen! — Und Friedrich Schlegel, der ein paar Jahre nach
ihr in Paris war, schrieb ihr von dort: „Ich denke hier oft an Sie.
Besonders ward ich mehrmals erinnert an das, was Sie mir von den
Franzosen sagten. Sie haben sie mir am richtigsten, oder vielmehr
allein richtig beschrieben." — Wie sehr ihr, bei ihrer Vorliebe für das
Französische, die Vorzüge des Pariser Lebens einleuchten mußten, so
fand sie doch den Ruf der Stadt übertrieben. „Lange", schrieb sie
mit Bezug hierauf an David Veit, „existieren die guten Dinge,
ehe sie ihr Renommee haben, und lange existiert ihr Renommee,
wenn sie nicht mehr sind. Das ist alles, was ich Ihnen über Paris
sagen möchte. Lange, dünkt mich, ist es und kann es nicht mehr Paris
sein; nachdem seit Jahrhunderten ganz Deutschland Paris geworden
ist. Denn mir kömmt Paris vor wie ein zusammengedrängtes Deutsch=
land, und wenig verschieden. Das könnt' ich sehr ausspinnen: ein
andermal! Thun Sie's selbst derweile. Eine Nation, die Vaudevilles
haben kann, kann keine Musik haben. Die große Oper ist tragisch,
und das Tragische hat viel von der Oper. Ich bin unparteiisch: das
würden Sie mir bei jedem einzelnen Urteil zugestehen; aber für un=
bedingtes Lob zu deutsch."

Was Rahel in erster Linie in Paris gesucht hatte: Vergessen oder
wenigstens Betäubung ihrer Schmerzen, das fand sie so bald nicht.

Während ihrer Abwesenheit verlobte sich daheim ihre 18jährige Schwester Rose mit einem Justizbeamten Asser aus Amsterdam. Wie treu und innig Rahel an ihrem Glück teil nahm, so riß doch auch dieses Ereignis alte Wunden wieder auf. „Du weißt gar nicht, wie glücklich du bist," schrieb sie im November 1800 ihrer Schwester. „Könnt' ich's dich mit meiner Unglücksseele kosten lassen! — Genieße, freue dich, reiße an dich, was du kannst; empfinde den Besitz." Rose soll ihr alles anvertrauen: „Es ist süß und voll Trost in der öden Welt, zu einem Gemüte reden zu dürfen, welches jeden Schmerz kennt und vernehmlich antwortet — eine Art Bescheid, daß man nicht allein herumirrt und nicht unerhörte Leiden zu bestehen hat. Diesen Trost und keinen andern können sich die Menschen gewähren. Ich möchte ihn dir gerne schaffen, weil ich ihn nicht hatte." — Im Februar 1801 fand in Amsterdam die Hochzeit statt.

Rahels Briefe und Tagebuchnotizen aus der Pariser Zeit sind voll schwerer, bitterer Reflexionen. Gleichnisse aus der Natur müssen ihr helfen, den Zustand ihrer Seele zu verdeutlichen: „Wie kann das Leben gut sein, da man wie in einem unsichern Schiffe vor den schönsten Ufern vorbeifliegt und nur in Eil' und durch Geschicklichkeit sich Blumen erreißt, an dürren Klippen aber wider Willen festgebannt wird, oder zerschmettert." Ein andermal schreibt sie: „Es ist keine von den Traurigkeiten, die wieder vergeht; die wie ein durch Wolken gebrochener Schein eine Gegend angenehm-melancholisch verdunkelt und erhellt. Nein, die Gegend selbst ist zerstört, und meine ewige, himmlische Laune kann nur Sonnenblicke darauf werfen. Sie bleibt die Traurigkeit, die Einsicht, der Ernst; es ist vorbei" ... Langsam kämpft sie sich zur Resignation durch. „Die Nacht, sie muß sich erhellen," schreibt sie ihrer Jugendfreundin Frau von Boye, Gattin eines schwedischen Barons zu Stralsund. „Und wenn sich nichts ändert, so ändert sich unsere Stimmung. Es giebt ein Verzweifeln, in welchem man nichts fordert; und es giebt auch eine Liebesstimmung — möcht' ich's nennen — in der man auch nichts fordert. Ich kenne beides. Rosenblätter streut einmal das Glück nicht vor einem, erlaubt es einem aber, die Augen zu öffnen, so eile man sich und sauge das Liebliche recht ein. Ist es recht lieblich, so will man's nicht besitzen, man will es nur blühen sehen. Em Ende sind alle unsre Thränen und herbsten Leiden doch nur um den Besitz; und man kann nie etwas anderes besitzen, als die Fähigkeit, zu genießen. Table das Leben; aber die Schmerzen haben, haben noch das meiste." — —

Wahrhaften Genuß gewährte ihr in ihrer tiefen Niedergeschlagen=
heit der Verkehr mit einem jungen, 22jährigen Hamburger, Wilhelm
Bokelmann, den David Veit an sie empfohlen hatte. Er war
Kaufmann und ging im Frühjahr 1801 über Paris nach Cadix, um
das Geschäft seines verstorbenen Schwagers zu übernehmen. Zwei
Monate verkehrte er in Paris mit Rahel. Sie empfand den „himmel=
weiten Unterschied" zwischen den beiderseitigen Anlagen und ihrer Aus=
bildung; „und doch kann ich", schrieb sie an Veit, „vortrefflich mit
Bokelmann leben: er hat ein solch liebenswürdiges, braves Gemüte,
so etwas durchaus Unbesudeltes, Edles, Unangetastetes, daß auch kein
Irrtum jugendlicher Unwissenheit oder Beschränktheit bei ihm ist, son=
dern alles Reinheit und Gesundheit. Und meinem Alter ist nichts
besser als seine Jugend ... Ich kann mir nicht vorwerfen, daß ich
nur das Schlechte hasse: ich liebe das Gute, das ich finde, mit der
leidenschaftlichsten, tiefsten Verehrung, mit dem deutlichsten Bewußt=
sein ..." — Es war das Verhältnis inniger Sympathie, herzlicher
Freundschaft, die nicht den Charakter der Leidenschaft annahm, aber doch
zuweilen zu wärmerer Neigung aufloderte. Indessen war Rahels Herz
noch zu sehr verwundet, als daß es dem Glücke sich hätte öffnen mögen.

Nach der Trennung entspann sich ein lebhafter Briefwechsel bis
zum Herbst 1801. Im Frühling des folgenden Jahres hatte Rahel
mit Bokelmann ein Wiedersehen in Berlin. Dann ging er nach Cadix
zurück, wo er dänischer Konsul wurde. Die Verbindung scheint sich
später vollständig gelöst zu haben. —

Im Mai 1801 holte Rahel ihre Mutter von Amsterdam ab,
wo diese seit der Hochzeit bei ihrer Tochter gelebt hatte, und reiste mit
ihr nach Hause. „Ich bin verwundet nach Frankreich gereist," schrieb
sie an David Veit, „und kehre gefaßt zurück. Wer ohne Panzer seinen
Busen in der harten Welt umherträgt, der muß verwundet werden; das
wußt' ich nur nicht. Der Schreck ist das meiste, und wenn man das
Bluten noch für Sterben hält. Wunden werden immer kommen, aber
nicht unerwartet." — Es war, als hätte sie geahnt, was ihr bevorstand!

Schon i. J. 1802 verfiel ihr wehrloses Herz von neuem dem
Zauber der Liebe. „Die Glut der Leidenschaft", berichtet Varnhagen
über diese Episode, „hatte hier überschwenglich die edelste Nahrung
gefunden und aufgezehrt; andres Leid und andrer Untergang erschien
dagegen gering und kaum noch mitleidswert. Die Briefe und Tage=
blätter, welche mir aus einziger Gunst des Vertrauens zum Lesen
gegeben wurden, enthielten eine Lebensfülle, an welche das, was von

Goethe und Rousseau in dieser Art bekannt ist, nur selten hinan=
reicht; so mögen die Briefe an Frau von Houdetot gewesen sein,
deren Rousseau selbst als unvergleichbar mit allem andern erwähnt,
ein solches Feuer der Wirklichkeit mag auch in ihnen gebrannt haben!
Diese Papiere, nachdem sie lange in meiner Verwahrung gewesen, sind
leider im Jahre 1818 verloren und wahrscheinlich vernichtet worden,
bis auf wenige, die kein genügendes Bild geben."

Der Mann, der Rahel solche Leidenschaft einflößte, war ein junger
Spanier, Namens Don Raphael d'Urquijo, der 1802 als Lega=
tionssekretär nach Berlin kam und von seinem Gesandten alsbald bei
ihr eingeführt wurde. Er war von jener fremdländischen Schönheit,
die auf empfängliche Frauen so tiefen Eindruck macht: pikante Züge,
belebt von schwarzen Augen, aus denen die Glut des Südländers
sprühte; ein liebenswürdiges, natürliches Benehmen, wie Rahel es an
den Menschen ihrer Umgebung liebte. Sie scheint sehr schnell dem
Banne seiner Persönlichkeit verfallen zu sein, wie er durch die Anmut
ihres Wesens unwiderstehlich gefesselt wurde. Einen tieferen geistigen
Charakter trug auch diese Liebe nicht; denn trotz des guten Französisch,
das er sprach, war Urquijo ein völlig unkultiviertes Naturkind, das
von dem eigentlichen Werte Rahels auch nicht den Schimmer einer
Ahnung hatte. Sie selbst urteilte, ihn halb entschuldigend, in späterer
Zeit über ihn, er könne noch zehnmal hintereinander auf die Welt
kommen, ohne zu ahnen, daß es ein Geschöpf, wie sie es sei, über=
haupt geben könne. Ihre Liebe, ihre ganze Denkart müsse ihm „odiöse",
weil völlig unverständlich, gewesen sein, und er müsse sie für ein
„monstre" gehalten haben.

Vielleicht war es gerade diese Naivität, die Rahel anfangs an=
ziehend erschien. Die Zeiten der ersten Annäherung waren sehr glück=
lich; zart und innig entwickelte sich die wahrste Liebe. Sie verlobten
sich. Doch nun trat bald ein Umschlag ein. Für den Spanier ist
Eifersucht ein Glaubensartikel der Liebe. Urquijo wollte die Geliebte,
die gerade damals im Mittelpunkte eines großen Kreises stand, ganz
für sich haben; er begriff nicht ihr Bedürfnis, mit vielen Menschen,
und gerade mit gebildeten Männern, geistig=gesellig zu verkehren; jedes
gütige Wort, das sie an einen andern richtete, jeder freundliche Blick,
der einem andern galt, machte ihm Pein. Er war zu sehr ein Sohn
seines Volkes, um das Thörichte und Verkehrte seines Mißtrauens
einzusehen. Er beurteilte sie ganz, als wäre sie eine Spanierin,
marterte sie mit seiner ewigen Eifersucht, kränkte sie bis zum äußersten

durch sein nie schlummerndes Mißtrauen. „Je t'aime, mais je ne t'estime pas! so sagte er mir tausendmal, und so konnte er meine Leidenschaft bis zur Durchsichtigkeit auseinanderzerren," schrieb Rahel später. Wenn er sie behandelt hatte, daß sie schmerzgefoltert nur noch seufzen konnte: „Dieu! Dieu!" —, fügte er grausam hinzu: „Que veux-tu, Fink [Finkenstein] t'a déjà traité comme cela, cela ne doit pas être nouveau pour toi!" Und wenn Rahel auf diese Roheit aus der Tiefe der gequälten Seele jammerte: „Dieu! si cela était dit dans une tragédie, tout un parterre frémirait, en fondrait en larmes," so hatte er nichts zu erwidern als ein kaltes: „Eh bien! c'est vrai; cela-même devrait te détacher de moi; cela devrait te prouver que nous ne pouvons pas vivre ensemble." — Sie fühlte, wie ein solches Betragen sie vor sich selbst erniedrigte, und doch konnte sie nicht von ihm lassen. Die Natur hatte für sie in diesen Mann einen Zauber gelegt, gegen den „das hellste Bewußtsein des Denkens nicht schnell genug arbeiten konnte". — Sie gab so weit seinem Drängen nach, daß sie allen ihren Umgang plötzlich abbrach, aufs Land ging und nur dem Geliebten lebte: doch selbst das genügte ihm nicht! Dazu kam, daß seine Freunde, besonders Graf Casa-Valencia, der von Rahel einen Korb bekommen hatte, Urquijo absichtlich aufregten, indem sie ihm einredeten, so viel Geist und Klugheit, wie Rahel besitze, könne er sich doch unmöglich beimessen, und so müsse er doch der Betrogene sein! Unter wechselnden Stürmen vergingen so anderthalb schreckliche Jahre. Trotz der verhängnisvollen Macht, die Urquijo immer von neuem auf sie ausübte, trotz der Größe ihrer Liebe fand Rahel endlich, da es sich „um den Wert und die Möglichkeit ihres Seins" handelte, die sittliche Kraft, sich von ihm loszureißen. Langer Zeit bedurfte es für sie, um das Gefühl der Schmach und Erniedrigung zu überwinden, das der Umgang mit Urquijo in ihr hinterlassen hatte.

Noch 1811 sprach sie sich Marwitz gegenüber in Ausdrücken tiefster Empörung über dieses Problem der Leidenschaft aus: „Vorgestern und gestern las ich einen enormen Pack meiner Briefe an Urquijo. Allwaltender Gott, da kann man sehen, wie tief der Mensch sinken kann. Wie die ganze Welt einer Seele zur Folterbank dienen kann; wie eine Seele vom Himmel zur Erde auseinandergezerrt sein kann — diese Verzerrung ist Leidenschaft —; wie niedrig man sein kann; daß unser Inneres Schicksale von den Göttern herruft, und daß großes Unglück große Verachtung verdient. Wenn ich Ihnen diese Briefe zeige, so kann ich Ihnen nichts Niedriges mehr von mir zeigen..."

Wie schmerzhaft die Wunde in ihr brannte, geht daraus hervor, daß sie acht Jahre später (Januar 1812) Urquijo zu sich bitten ließ, um ihm die Frage vorzulegen: ob er damals wirklich geglaubt und noch glaube, daß sie ihn betrogen habe. Nicht, daß sie sich aus der Unwürdigkeit des plumpen Verdachtes etwas machte: „ich wollte nur wissen, ob es möglich sei, daß eine Liebe, wie ich sie geübt, ein Betragen, wie das meinige, nicht erkannt werden müßte." Urquijo kam und antwortete auf ihre Frage verlegen und verwirrt: nie in seinem Leben habe er das geglaubt, er könne es beschwören! Auf die Frage: warum er es also behauptet habe? konnte er nichts hervorstottern als: in solchen Verbindungen habe man ja keine Ruhe, immer solchen Argwohn! Er konnte Rahel nicht ansehen, wagte sich nicht zu setzen, sagte die größten Albernheiten. — Uebrigens hatte sie auch mit Finkenstein später ein Wiedersehen: und dieser betrug sich in ihrer Gegenwart genau wie Urquijo, so unbewußt „wie ein Beil, das einem großen Mann den Kopf abhaut". Nun erkannte sie, daß beide nur Schatten gewesen waren, von ihrem Feuer koloriert.

Aber das waren nachträgliche Reflexionen. Damals, als sie den Geliebten verloren hatte, brach sich ihr Schmerz mit elementarer Kraft Bahn. „Verloren!" ruft sie. „Verloren. Dieses ganze Leben ist mir entrissen, wenn ich auch den Himmel in mir trage" ... „Ich fühle eine ganze Thränenflut in der Brust über dem Herzen; und jedes erinnert mich an alles. Nichts erscheint mir mehr einzeln: ich fühle mich ganz gefangen. Mit dem höheren Leben tröst' ich mich nicht! Ein schönes Erdenleben würde das nicht ausschließen. Es erhöht und schärft jeder Augenblick mir das immer inniger tiefe Gefühl des unfaßbaren Verlustes!" Noch Ende 1806 schreibt sie: „O! den einzigen Vorteil gewährt der wahre Schmerz, wenn er zur Besinnung bringt, daß er nie wiederkommen kann, daß er uns wirklich von dem Stück Leben losgeschnitten hat, woran er blutend riß. So ging es mir."

Doch wie ihre Seele weint und jammert: völlig verzweifeln, sinken kann sie nicht. Nun lernt sie einsehen, daß der echte Schmerz auch seinen Segen in sich trägt, daß er im Grunde nur die Kehrseite des höchsten Glückes ist. Immer deutlicher fühlt sie den Gewinn, den die bittere Leidensschule ihr gebracht: „Das gestählte Herz, die sich alles gewärtige Seele, der nichts bleibt als ihr eigenes Gewissen; die, von diesem innersten Punkt des Seins aus, sich auf sich selbst stemmt und so ihre Existenz erwartet."

Viertes Kapitel.

Salon.

(1790—1806.)

Zur nämlichen Zeit, da Rahel im Innern alle Qualen miß-
handelter und verschmähter Liebe duldete, führte sie nach außen hin
ein schönes, reiches, fast glänzendes Leben. Damals — in dem Zeitraum von etwa 1790 bis 1806 — genoß sie als Beherrscherin des
ersten Salons in Berlin und weit über dessen Grenzen hinaus einen
großen und verdienten Ruf.

Der deutsche, speziell der Berliner Salon war eine Errungenschaft
des Zeitalters, das durch Friedrichs des Großen Siege und durch
das Sturmgeläute der französischen Revolution eingeleitet wird; er
entstand also zu einer Zeit, da das französische Salonleben
schon lange in vollem Glanze strahlte. Mögen sicher französische Einflüsse herübergewirkt haben, so trugen doch der deutsche und der französische Salon ein wesentlich verschiedenes Gepräge. Dieser Unterschied
spiegelt sich in den Naturen der beiden hervorragendsten Salondamen
jener Zeit wieder: der Frau von Staël und Rahels. Im vorwiegend politischen Salon ihres Vaters, des Finanzministers Necker
— dem letzten Salon des ancien régime — aufgewachsen, mußte die
Staël mit ihrer scharfen Beobachtungsgabe, ihrem schlagfertigen Geist,
ihrer großartigen Energie ein politischer Charakter werden, beseelt
von dem brennenden Ehrgeiz, im öffentlichen Leben eine Rolle zu
spielen. In Paris handelte, intriguierte und konspirierte sie; in
Coppet, inmitten ihres schöngeistigen Kreises, erholte sie sich, wie
der Staatsmann von seinen Geschäften. Wie sehr sie Wissenschaften
und Künste liebte und sich ihrer poetischen Begabung bewußt war, un-

streitig legte sie mehr Gewicht darauf, daß Napoleon sie als eine po=
litische Größe respektierte.

Diese männlich=entschiedene Frau war eben das Resultat einer
besonderen nationalen Entwickelung, wie es Deutschland mit seinem
stagnierenden politischen Leben nicht hervorbringen konnte. Und als
die Staël 1803 nach Deutschland kam, mußte sie deutsche Männer
und Frauen als eine fremdartige, wenig sympathische Erscheinung an=
muten. Schiller rühmte zwar (Brief an Goethe vom 21. Dez. 1803)
ihren durchdringenden Verstand, der mit seiner Fackel überall hinleuchte
und sich zu einem „genialischen Vermögen" erhebe; aber über die letzten
und höchsten Fragen der Philosophie und Kunst konnte er sich nicht mit
ihr verständigen. Einer so unpolitischen Natur wie Goethe mußte
sie gar abstoßend erscheinen, zumal sie seinem Frauenideal geradezu
widersprach; er wandte auf sie das starke Wort vom „fratzenhaften
französischen Weiberbestreben" an (Jan. 1804).

Die schöngeistigen deutschen Frauen am Musenhofe zu Weimar
wie in den Berliner Zirkeln waren, wenn sie auch zum Teil der Frei=
geisterei der Leidenschaft huldigten und sich in diesem Punkte von den
allgemein geltenden Gesetzen emanzipierten, meist echt weibliche, an=
empfindende Naturen; ihre eigene schöpferische Kraft erscheint als unter=
geordnet, und vom öffentlichen Leben hielten sie sich streng zurück. Regte
sich in einzelnen dieser Frauen das Streben nach reformatorischer Wirk=
samkeit, so war es doch vorwiegend auf soziale Zustände gerichtet; und
war auch in den Salons das politische Gespräch nicht ausgeschlossen,
so wurde es doch durch die wissenschaftlichen, künstlerischen und allgemein
menschlichen Interessen in den Hintergrund gedrängt. Einem rein
politischen Salon vorzustehen oder gar in die öffentliche politische Arena
hinabzusteigen, verbot der deutschen Frau der Nationalcharakter.

Bei aller Bewunderung, die sie für die große Französin em=
pfand, fühlte denn auch Rahel sehr deutlich, was sie von der Staël
schied; sie hat folgendes, im ganzen vielleicht zu herbe Urteil über sie
gefällt: „Verstand hat sie genug, aber keine horchende Seele; nie ist
es still in ihr, nie als ob sie allein nachdächte, immer als ob sie's
schon vielen sagte; ihr thaten die frühen Gesellschaftssäle Schaden."
Sie denke bei allem, was sie schreibe, an den Beifall der Welt, wolle
um keinen Preis getadelt sein. „Daher das unvermutet Harte, wider=
spenstig Herbe, Fremde, aus der Bahn Gleitende in den Werken der
Frau von Staël; daher das ganz Inkohärente in ihren Kritiken und
Behauptungen; das Abwechseln der wahrhaftigsten Ausbrüche von

wirklichen Gedanken und des ganz Eitlen, Nichtigen" ... Rahel findet
„alles à rebours bei ihr, als striche man Halme aufwärts, keine
Süßigkeit ... Schade wegen der vielen Gaben, denen eine fehlt, die
sie harmonisch machte: eine stille, unschuldige Seelensphäre." —

Die persönliche Bekanntschaft der Staël hatte sie in Paris gemacht, wo sie sie zweimal „sehr gut und sehr gesprächig" bei Humboldts gesehen hatte. Ein freundschaftliches Verhältnis zwischen den
beiden Frauen schien ausgeschlossen zu sein. Als Frau von Staël
1804 in Berlin war, hörte sie den Prinzen Louis Ferdinand
in so rühmenden Ausdrücken von Rahel sprechen, daß eine Art eifer-
süchtiger Neugier in ihr erwachte. „Was denken Sie von dieser
Anmaßung?" wandte sie sich an ihren Freund Brinckmann, dessen
Mitteilung wir diese Episode verdanken. „Eine kleine Berlinerin, die
in den Pariser Zirkeln Aufsehen erregen würde! Sie kennen sie ohne
Zweifel; finden Sie denn, daß sie so viel Geist hat?" — „Geist?"
antwortete er, „es lohnte wohl der Mühe, sie so zu preisen, wenn
sie nur Geist hätte. Aber nach meiner Meinung würde ihr Genie
sicher in Athen selbst Aufsehen machen, wenn Griechenland noch existierte.
Wer sagt denn von Frau von Staël, daß sie viel Geist hat?" — „Ach,
Sie vergleichen sie also mit mir?" rief die Staël belustigt. „Das ist
nicht schlecht! Hat sie etwas geschrieben?" — „Nein, ich glaube sogar,
daß sie es nie thun wird; aber es wäre zu wünschen, daß sie ihr
Genie zwanzig Schriftstellern einflößen könnte, denen es daran fehlt."
Die Staël wollte nun dies „Wunder" kennen lernen. „Bald darauf",
erzählt Brinckmann, „trafen sie sich bei mir in einer großen Gesellschaft, wo ich alles eingeladen hatte, was der Verfasserin der Del-
phine mehr oder weniger Teilnahme einflößen konnte: Königliche
Prinzen, Gelehrte jeder Farbe, Frauenzimmer vom Hofe, Fichte, die
Unzelmann, Iffland, mit andern; aber kaum war Rahel der
Frau von Staël vorgestellt worden, als sie sich mit dieser in die Ecke
eines Sofas setzte, wo sie sich über anderthalb Stunden mit ihr ganz
allein unterhielt, ohne sich um die ganze übrige Gesellschaft zu bekümmern. Späterhin kam sie ganz ernsthaft zu mir und sagte: „Ich
thue Ihnen Abbitte. Sie haben nichts übertrieben. Sie ist erstaunlich!
Ich kann nur wiederholen, was ich tausendmal während dieser Reise
gesagt habe, daß Deutschland eine Fundgrube des Genies ist, von der
man weder die Schätze noch die Tiefe kennt. Sie sind sehr glücklich,
hier eine derartige Freundin zu besitzen." Zu Rahel aber sagte sie:
„Wenn ich hier bliebe, so glaube ich, ich würde auf Ihre Ueberlegen-

heit eiferſüchtig werden." — „Sie, gnädige Frau?" entgegnete Rahel mit feiner Schmeichelei, „o nein; ich würde Sie ſo ſehr lieben, und das würde mich ſo glücklich machen, daß Sie nur auf mein Glück eiferſüchtig werden könnten; denn wer könnte jemals Ihnen ein ähnliches einflößen?"

*   *   *

In den „Bemerkungen eines Reiſenden durch die königlich preußiſchen Staaten*) heißt es folgendermaßen: „Seit der merkwürdigen Erſcheinung, welche Herr Goethe durch ſeine ‚Leiden des jungen Werthers‘ am europäiſchen Horizonte hinaufführte, zerfließt man beinahe, beſonders in Berlin, in Empfindſamkeit. Sie iſt faſt der allgemeine Maßſtab, nach welchem man beſtrebt iſt, den Wert populärwiſſenſchaftlicher Werke und, was noch ſchlimmer iſt, die Güte des Herzens abzumeſſen. Daraus entſteht die Rührung, welche man ſehr oft für die Hauptwirkung eines Schauſpiels, einer empfindſamen Reiſe oder eines ſonſtigen für das Herz geſchriebenen Werkes hält: nach Ueberzeugung wird ſelten gefragt ... Ebenſo will man heute lauter empfindſame Predigten hören. Auch in der Kirche halten die Leute Weinen und Schluchzen für ein untrügliches Kennzeichen der inneren Güte einer Predigt, und glauben, derjenige Prediger ſei der beſte Redner, welcher die Kunſt verſteht, das ſinnliche Gefühl zu erſchüttern ..."

Die hier gerügte, übel verſtandene und auf die Spitze getriebene Empfindſamkeit ſpielte auch im geſelligen Leben der ſchöngeiſtigen Kreiſe eine große Rolle und brachte hier die ſeltſamſten Verzerrungen hervor. Das kann man am beſten am Salon der Herz ſtudieren.

Wie ſchon berichtet, war Henriette Herz als halbes Kind einem ſchon bejahrten, ihr ziemlich gleichgültigen Manne vermählt worden. Ohne Murren hatte ſie ſich — hierin ganz ein Kind ihres Stammes — dem väterlichen Willen gefügt und war ihrem Gatten ein gehorſames Weib geworden; ſie nannte ihren Bund mit Markus Herz „keine glückliche Ehe, aber doch ein glückliches Verhältnis". Ihr Mann war lange ihr Lehrer und Erzieher geweſen, bis ihre Bildung abgeſchloſſen war; wenn ſie ſpäter für Wiſſenſchaft ein lebendiges Intereſſe hegte und in der Sprachenkunde ſich ſogar auszeichnete, ſo dankte ſie das in erſter Linie ihrem Gatten. Markus Herz, als Arzt beliebt, ein klarer Denker und tüchtiger Redner, hielt in ſeinem Hauſe öffentliche Vor-

---

*) Altenburg 1779.

lesungen über Philosophie, besonders über das System Kants, dessen
Schüler und Freund er war. Die Vorträge hatten einen solchen Er=
folg, daß Herz — viele Jahre vor Gründung der Berliner Univer=
sität — zum Professor der Philosophie mit lebenslänglichem Gehalt
ernannt wurde. Aus dieser Veranstaltung ist vielleicht der Herzsche
Salon hervorgegangen. Bald wurde er ein Sammelpunkt der geistigen
haute volée Berlins, und Henriette bildete den Mittelpunkt des Kreises.
Alexander und Wilhelm von Humboldt, die Grafen Bern=
storff und Dohna, Karl de La Roche, der Sohn von Sophie
de La Roche, der Staatsrat Kunth, Schleiermacher, Gentz und
viele andre, denen wir auch im Rahelschen Salon begegnen, gehörten
zu den intimeren Mitgliedern dieses Zirkels.

Henriette Herz verdankte ihre Triumphe weniger einer besonders
tiefen oder originellen Natur, als jenen Gaben, die den Menschen
befähigen, eine Rolle in der Gesellschaft zu spielen. Diese geselligen
Talente aber waren in seltener Vollkommenheit bei ihr ausgebildet:
das Vermögen, sich Menschen, Dingen, Geistesrichtungen, ja der ge=
rade herrschenden Mode anzupassen; die Kunst, anderer Vorzüge in
das rechte Licht zu rücken, fremde Kräfte in den Dienst ihres Salons
zu ziehen, um seinen Glanz zu erhöhen; in klugem Schweigen zurück=
zutreten, um im geeigneten Moment mit Aussprüchen zu brillieren,
die oft tiefsinnige philosophische Wahrheit oder heitere poetische Lebens=
weisheit enthielten, und die doch selten ihr geistiges Eigentum, sondern
meist angelernte, zuweilen nicht einmal ganz verstandene Citate waren.
„Das meiste geschah bei ihr," so wird sie von Geiger beurteilt, „um
nach außen zu glänzen, nicht um einem inneren Drange zu genügen."

Unterstützt wurde sie in diesem Bestreben durch die wunderbarsten
körperlichen Reize. Ihre Gestalt war hoch und majestätisch wie die
der Königin Luise; ihr Kopf klein und zierlich, wie man ihn bei
griechischen Statuen findet; das Antlitz von etwas strenger orientalischer
Schönheit: Prophetenernst lag auf Stirn und Brauen, zauberhafte An=
mut umspielte ihre Lippen. So wird sie von Zeitgenossen beschrieben.
In Freundeskreisen hieß sie die „tragische Muse" oder die „schöne
Tscherkessin" oder einfach die „schöne Herz". Wilhelm von Hum=
boldt*) und Mirabeau hatten sie in ihrer Jugend angebetet; als

---

*) Briefe von Chamisso, Gneisenau, Haugwitz, W. von Hum=
boldt, Prinz Louis Ferdinand, Rahel, Rückert, L. Tieck u. a. Nebst
Briefen, Anmerkungen und Notizen von Varnhagen von Ense. Leipzig,
F. A. Brockhaus. 1867. 2 Bde.

der sechzehnjährige Börne*) 1802 in Berlin in ihrer Hausgemein=
schaft lebte, verzehrte er sich in wahnsinniger Leidenschaft für die bald
vierzigjährige Frau; Schleiermacher stand Jahrzehnte mit ihr in
zärtlichstem Freundschaftsverhältnis.

Diese Frau, die trotz der Liebe, die sie entzündete, niemals eine
große, echte Leidenschaft fühlte, die auch nach 1803, wo sie Witwe
wurde, den aufrichtigsten Huldigungen ihre Marmorkälte entgegensetzte,
stiftete in den letzten achtziger Jahren mit Karl de la Roche und
ihrer Schwester Brenna einen geheimen Tugendbund, in den
nach angemessener Prüfungszeit W. von Humboldt, Karoline
von Dacheröden, seine spätere Gattin, Karoline von Beulwitz,
Schillers spätere Schwägerin, und andere Bevorzugte aufgenommen
wurden. Der Zweck dieser Loge war (nach Humboldts Worten) „Be=
glückung durch Liebe". „Weil der Grad des Glücks wahrer Liebe
immer im genauesten Verhältnis mit dem Grade der moralischen Voll=
kommenheit der Liebenden steht, so ist moralische Bildung das, wonach
jeder Verbündete am eifrigsten strebt. Die Verbündeten haben alle
Schranken des bloß konventionellen Wohlanstandes untereinander auf=
gehoben. Sie genießen jede Freude, die nicht mit dem Verlust höherer
Freuden erkauft wird." — Die Bundesglieder nannten sich „du",
schrieben einander lange, vertrauliche Briefe, zuweilen in fremder Sprache
oder mit griechischen oder hebräischen Lettern —: einige diplomatische
Vorsichtsmaßregeln waren schon in Rücksicht auf Henriettens Gatten
geboten —, Briefe, in denen sie einander ihre moralische Entwickelung
auseinandersetzten, von ihren tiefsten Empfindungen Rechenschaft gaben,
ihre „gegenseitige Ergänzung" untersuchten. Natürlich mußte dieses
sentimentale Schwelgen in Gefühlen, die beständige Selbstbetrachtung,
das unaufhörliche Schielen in den Spiegel zur Unwahrheit, zur Pose
führen. Man verlor in diesem tändelnden Spiel alle Frische und
Naivität des Empfindens, alle Strenge und Ursprünglichkeit des Denkens;
ja, in einer Welt, wo die Mitteilung der intimsten und delikatesten
Gefühle etwa dieselbe Gültigkeit hatte, wie der eifrig betriebene Aus=
tausch von Ringen und Schattenrissen, wo sich verheiratete wie ledige
Männer und Frauen durcheinander küßten und an das „liebewallende
Herz" drückten, mußte sich ohne Frage auch das gesunde sittliche Em=
pfinden verwirren.

Merkwürdig nimmt sich W. von Humboldt, der später allem

---

*) Briefe des jungen Börne an Henriette Herz. Leipzig, F. A.
Brockhaus. 1861.

Extremen so abhold war, in diesem Kreise aus! Uebrigens fühlte er
bald das Lächerliche und Ungesunde des Treibens, und nach seiner
Verheiratung (1791) stellte er den brieflichen Verkehr mit den Logen=
freundinnen allmählich ein. Nach Varnhagens Bericht soll er später
seine Jugendgefühle verleugnet und sich häufig sehr scharf und mokant
über die Herz geäußert haben.

Rahel kannte sehr wohl diese im Zeitcharakter wurzelnde
Schwäche. Nannte sie doch diese Epoche „die des sich selbst ins Un=
endliche, bis zum Schwindel bespiegelnden Bewußtseins", in der auch
die fähigste Natur „austrocknen, vergehen" müsse. Wir scheinen zu
schwanken, und eine „ausgesogene Welt" ist es, die „farb= und mark=
los" um uns her wogt. Und sie war einsichtsvoll genug, um zu
wissen, daß kein Mensch seiner Zeit entrinnt. Auch sie stand im Banne
der Empfindsamkeit. Außerdem aber hatten Anlage und Erziehung
sie von Kindheit an auf die Beschäftigung mit ihrem Selbst verwiesen.
Selbsterkenntnis zu gewinnen, war früh unbewußter Trieb in ihr, und
wurde immer mehr bewußtes Streben. Beständig stand ihr Inneres
unter Aufsicht —: jeder Gedanke wurde zergliedert, jedes Gefühl zer=
fasert, jede Stimmung in ihre Elemente aufgelöst. Der prüfende
Forscherblick tauchte in die geheimen Abgründe und Nachtseiten des
Seelenlebens, in die das Bewußtsein nur mit Schaudern hinableuchtet,
weil es den dunkeln Rätseln ohne Maßstab gegenübersteht. Selbst in
Momenten trunkener Freude und verzehrendsten Schmerzes wurde diese
geistige Hellsichtigkeit nie getrübt. Sie konnte nicht anders, sie mußte
immer dem tieferen Wesen, der Idee der Dinge nachgrübeln. Sie
pflegte sich selbst einen „brunetten Hamlet" zu nennen. „Kann
ich den Hamlet nicht los werden!" ruft sie einmal verzweifelnd aus.
„Ich hätte ihn schreiben müssen, wie Goethe den Werther: um mich
mit ihm abzufinden." — Es liegt sicher etwas Schonungsloses, Grau=
sames in diesem Drange, jeder Erscheinung bis auf den Grund zu
bohren, unbekümmert um das Resultat, das herausspringen wird; es
ist das die „äußerste und gewaltsamste Methaphysik menschlicher Selbst=
betrachtung", von der Th. Mundt sagt, sie mache einen „aufruhr=
artigen Natureindruck". Neben Aussprüchen, die das Feinste und
Kühnste enthalten, das je Menschenmund geäußert, stehen solche, die
eine peinvolle Empfindung des Mißbehagens, der Enttäuschung her=
vorrufen und starken Widerspruch herausfordern. Was Rahel in den
Werken der Staël tadelte, findet man gerade in ihren eigenen Briefen
scharf ausgeprägt: das „unvermutet Harte, widerspenstig Herbe", den

Mangel an weiblicher Anmut und Süße, vor allem an Naivität. Ent=
fährt ihr einmal eine naive Aeußerung, so greift sie dieselbe sofort
auf, um sich darüber zu verwundern und sie nachträglich zu analysieren,
und der Eindruck des Unbewußten ist vernichtet. Im mündlichen Ver=
kehr hatte ihre Art, sich rücksichtslos auszugeben, für manche ihrer Be=
kannten etwas zugleich Anziehendes und Zurückstoßendes. Wir besitzen
ein interessantes Zeugnis dafür in einem im Varnhagen=Archiv ent=
deckten Briefe von Immanuel Hermann Fichte, dem Sohne des
Philosophen, an Frau von Kalb (1822), in dem es heißt: „... Auch,
unter uns gesagt, konnt' ich nie ruhig und harmonisch mich entwickeln
in Gesprächen [mit Rahel] wie bei Ihnen; sie selbst, stets gewaltsam
und echauffiert, riß einen zu ähnlichen raschen Sprüngen dahin, und
zu einer gewissen unangenehmen Spannung: doch behaupte ich, giebt's
nichts Anregenderes und Aufrüttelnderes als den Umgang dieser Frau,
deren durchspaltende Witzworte ich oft tagelang im Kopfe hatte. —
Aber eben wegen der peinigenden Gewalt ihres Geistes wird
sie von moderaten Personen männlichen und weiblichen Geschlechts so
ungemein gefürchtet ...“

Was aber Rahels großartige Konfessionen über die Selbstbekennt=
nisse „schöner Seelen“, von denen die Tagebücher und Briefwechsel
jener Zeit wimmeln, hinaus= und in die Sphäre ewiger Gültigkeit
emporhebt, ist die ungeheure Aufrichtigkeit, durch die sie diktiert wur=
den. Ihre Wahrheitsliebe kontrollierte beständig ihre Selbstbeobachtung.
Fern war sie von dem empfindsamen Tändelwerk und eitlen Schön=
thun, von der — oft raffiniert feinen — geistigen Schauspielerei, in
der sich die „Interessanten“ gegenseitig zu überbieten suchten. Das
alles war ihrer ehrlichen Natur tief zuwider. Rücksichtslos hat sie
über sich selbst zuweilen Urteile gefällt, die ihrem Rufe in den Augen
anderer nur schaden konnten.

Uebrigens war sie sich auch dessen bewußt, daß es eine Grenze
geistiger Mitteilbarkeit giebt, daß es oft nicht heilsam ist, den Schleier
zu lüften, der das innerste, heilige Leben der Seele bedeckt. Sie hat
das in einem schönen Worte aus dem Jahre 1806 ausgesprochen:
„Es giebt ein Farbenspiel in unserer Brust, das so zart ist, daß, so=
bald wir es aussprechen wollen, es zur Lüge wird; ich sehe die Worte,
wenn sie sich aus meinem Herzen gearbeitet haben, wie in der Luft
vor mir schweben; und sie bilden eine Lüge; ich suche andere, die Zeit
geht vorüber; und auch sie wären nicht besser geworden! Diese Scheu
hält mich ab, zu sprechen. — Eine Empfindung ist schön, solange sie

nicht zur Geschichte wird: mit dem Leben selbst ist es so!" Diese keusche Empfindung warnte sie, sich am Freundschaftskultus des Herz= schen Kreises zu beteiligen. Mit Henrietten selbst, die natürlich auch viele gute Seiten hatte — es sei nur auf ihr thätiges Wohlwollen für Dürftige hingewiesen —, verkehrte Rahel ganz freundschaftlich, ohne ihr innerlich nahe zu stehen. Wie klar sie den Abstand zwischen ihrem und der Freundin Wesen erkannte, zeigt folgende Aeußerung: „Madame Herz lebt geputzt, ohne zu wissen, daß man sich ausziehen kann und wie einem dann ist."

Soviel Rahel über sich reflektiert hat, sie blieb nie bei einer selbst= verliebten, schmeichelnden Betrachtung ihres Wesens stehen. Ungesucht knüpfte sich ihr das Allgemeine an das Individuellste, die letzten Fragen der Philosophie und der Religion wurden ihr durch eine einfache Stimmung aufgeregt. Im Ganzen überblickt, stehen ihre Reflexionen, obgleich sie nichts weniger denn ein System darstellen, in einem tief= inneren Zusammenhange: man fühlt, sie sind herausgesponnen aus dem Mittelpunkt eines durchaus selbständigen Geistes; sie erscheinen als das Resultat einer durch rastlose Selbstthätigkeit aus dem Wesenskern her= vorgebildeten, großen menschlichen Entwickelung.

Es ist schwer, einen Begriff von dieser zentralen Kraft ihrer Seele und von der Macht, die sie dadurch ausübte, zu geben, weil die unmittelbare Anschauung ihres Gesprächs, in der sich ihre geistige Schlagkraft und kühne Sicherheit am elementarsten offenbarte, fehlt und durch die Lektüre ihrer Briefe nur unvollkommen ersetzt wird. Wir müssen uns da an die Urteile vertrauter Freunde halten, welche diese Gabe als das eigentlich Bedeutende ihrer Erscheinung immer be= wunderten. Schleiermacher fand in ihr das „seltene Phänomen eines menschlichen Wesens, das immer konzentriert ist, immer sich selbst ganz hat". Oelsner nannte sie einen „philosophischen Naturalisten, dessen heller Instinkt unendlich weiter reiche als alle Schul= und Welt= weisheit der Männer". Th. Mundt verglich sie einer „Prophetin, die Vergangenheit und Zukunft in ahnender Seele wälze". Der französische Schriftsteller Custine urteilte über sie auf Grund längeren intimen Verkehrs: „Es scheint mir, daß man sie mit einem Worte definieren kann: sie hatte den Geist eines Philosophen und das Herz eines Apostels; und dessen ungeachtet war sie Kind und Frau, so sehr man es nur sein kann. Ihr Geist drang in die tiefsten Geheimnisse der Natur; sie dachte mit derselben Kraft und mehr Klarheit als unser Theosoph Saint=Martin, den sie verstand und bewunderte, und sie empfand wie ein Künstler. Ihre Wahrnehmungen waren immer doppelt; sie gelangte zu ben erhabensten Wahrheiten durch zwei Fähigkeiten, die bei gewöhnlichen Sterblichen einander ausschließen: durch das Gefühl und durch das Nachdenken. Ihre Freunde fragten sich, woher die genialen Blitze kamen, die sie in die Unterhaltung warf. Waren sie das Resultat langer Studien? — Die Wirkung plötzlicher Eingebungen? — Sie entstammten jenem ahnungsreichen Schauen, jener intuitiven Erkenntnis, die Gott ben wahrhaftigen Seelen gewährt . . .“ Wie die hier Genannten, haben viele ihrer Freunde, die an gründlicher gelehrter Bildung ihr weit voraus waren, bekannt, daß sie Rahel nicht selten tiefe Aufschlüsse über Fragen der Wissenschaft und Kunst, über Welt und Leben verdankten.

Sie selbst schätzte diese wunderbare Geistesanlage als die höchste Gabe, die Natur ihr verliehen habe, als das Wesentliche ihrer Persönlichkeit. Sie schaute sich selber als eine Fundamental=Idee an, oder als einen Text, von dem das ganze Leben nur die Entwickelung und der Kommentar sein müsse. Daher das ängstliche Bestreben, nicht den geringsten Funken ihres Wesens erlöschen zu lassen, dieses krampf= hafte Bemühen der Selbstbehauptung. Daher auch pflegte sie benen, die ein einzelnes Vermögen, etwa ihren Verstand, ihren Witz oder gar ihr Wissen als das Bestimmende ihrer Geistesverfassung rühmten, scharf zu widersprechen; sie hob in solchen Fällen den „großen, durchgehenden Zusammenhang aller ihrer Fähigkeiten, das unauflösliche Zusammen= wirken von Geist und Gemüt“, d. h. die Einheitlichkeit, die Geschlossen= heit ihrer Natur, hervor. Die Kraft der Intuition aber, die sie in Momenten blitzartigen Erschauens die gesetzmäßigen Beziehungen der Dinge zum Weltganzen erkennen ließ, betrachtete sie als ein hohes Geschenk der Götter, wie etwa ein künstlerisches Talent. Es war ihr etwas Wunderbares, Unbegreifliches, dessen sie dankbar sich freute, das sie anstaunte und pries mit einem Enthusiasmus, als gälte es nicht ihrem eigenen Vermögen, sondern den großen Fähigkeiten eines andern. Von diesem Enthusiasmus fortgerissen, hat sie Aussprüche gethan, die bem, der sie zum erstenmal liest und außer dem Zusammenhange be= trachtet, als Zeugnisse höchster Selbstüberschätzung, ja der Selbstanbetung erscheinen müssen. „Ich schätze und sehe meinen Geist ein, der mich nach keiner Seite hin bändigt, fühle gern meine Seele und Thaten gebunden von meinen ewigen sittlichen Ueberzeugungen, die ich mit ewigem Streben begründe, und benen ich freudig folge. Ich bin mit mir selbst einig und halte mich für eine schöne, gute Gabe. Das

erste, größte innere Bedürfnis ist mir erfüllt, ja die eigentliche mensch=
liche Existenz. Ich sehe es ein und bin sehr froh. Uebers ganze
Leben weg froh" ... „Mit den größten Schriftstellern finde ich mich
überein, komme zu ihnen auf ihren hohen Sternen; aber auf meinem
Wege, oder durch Einen glücklichen Aufschwung ...." „Ich
bin so einzig als die größte Erscheinung dieser Erde. Der größte
Künstler, Philosoph oder Dichter ist nicht über mir. Wir sind vom
selben Element, im selben Rang, und gehören zusammen" ... An
Wilhelm von Humboldt schrieb sie einmal, als sie sich von ihm
gegen unbedeutende Personen zurückgesetzt glaubte, halb scherzend, halb
im Ernst: „Ewig wird es in Ihrer Menschen=Kunde und =Jagd und
in Ihrem Leben ein Brachfeld bleiben, daß Sie mein Wesen so über=
gehen konnten. Weil ein kräftigeres Gemüt sich tiefer zurückzog, unter
den Prahlern nicht prahlen wollte und weltlich sich zeigte, ging der
Naturforscher vorüber? Weil schönere erlernte Ausdrücke mir nicht zu
Gebote standen, und ich sie zur Hälfte verschmähte, entging Ihnen auch
mein unbefangener, eindringender Geist? Und die herbe, jugendliche
Schale scheuchte auch den Kundigen vorbei? Welch Studium hätten
wir mit einander vollbringen, welche Welten von Leben entdecken können:
welche Rechenschaft hätten Sie von mir einholen können! Schämen Sie
sich, Sie fleißiger, schlechter Forscher!" — Man darf eben dergleichen
Aussprüche nicht im groben Sinne buchstäblich nehmen. Nie hat Rahel
in kalter Selbstzufriedenheit und voll eitler Anmaßung ihrer Vorzüge
sich gerühmt, um vor andern zu glänzen. Solche Aeußerungen sind
jedesmal „Explosionen" — so hieß sie es selbst — eines hochgesteigerten
Empfindens, eines in freudig=schmerzlicher Erregung wogenden Gemüts,
Ausbrüche, wie man sie bei jedem stark persönlichen, impulsiven Künstler
gelegentlich findet. Rahel fühlte sich in solchen Augenblicken als ein
Gefäß Gottes, als begeisterte Pythia; das Bewußtsein, Großes em=
pfangen zu haben, trug sie über sich selbst empor, in jene Sphäre, wo
der geistig freie Mensch das dumpfe Erdenleben zu seinen Füßen
sieht —: „Ich bin so unendlich frei in meinem Innern, wie nicht
verpflichtet der Erde!"

Immerhin — das kann nicht geleugnet werden — liegt solchen
„kolossalen Sprüchen" ein hohes Selbstgefühl zu Grunde, und man
geht wohl nicht fehl, wenn man dies zum Teil auf ihre Abstammung
zurückführt. Es lebte sicher in ihr jener feste Glaube an sich selbst,
der ein so hervorstechendes Merkmal jüdischen Nationalcharakters ist.
Dieses Selbstbewußtsein ließ sie bisweilen übersehen, daß sie, die zum

Schaffen eines Ganzen, sei es auf poetischem, sei es auf philosophischem Gebiet, nie auch nur einen Ansatz gemacht hat, deren fragmentarische Geistesart sich nur im Aphorismus ausleben konnte, keine innere Berechtigung hatte, sich den großen schaffenden Meistern direkt an die Seite zu stellen. Bei nüchterner Betrachtung freilich ward sie sich wohl des Unterschiedes bewußt. Dann fand sie Worte, die für eine wirklich demütige Verehrung wahrer Größe zeugen, wie: „Verstorbenen großen Männern danke ich ihre Bücher, ihre Aussprüche, ihre hinterlassenen Schätze mit thränendem Dank, als Briefe an mich!" — Und niemand konnte mit selbstloserer Freude dem Bedeutenden und Schönen in Leben und Kunst „die honneurs machen" als sie. „Und dies ist, weil ich von niemand glaube, daß er es so durchbringt, auffaßt von jeder Seite, liebt, vergöttert, und tausendmal von vorne an und von neuem, wie ich. So kann es der, der es wirklich gemacht hat, nicht lieben und bewundern und deuten und schätzen . . ."*) Diese Gabe unumschränkter Anerkennung bei so stark ausgeprägtem Selbstgefühl verrät einen Zug von selbstverleugnender Größe, der manches übertreibende Wort in milderem Licht erscheinen läßt. —

Rahels brennendes Interesse für alles Seelische macht es verständlich, daß sich ihre geniale Spürkraft am liebsten auf dem Gebiete der Menschenkunde bethätigte. Mit Menschen, pflegte sie zu sagen, gebe sie sich lieber ab als mit Büchern: jene seien leichter und bequemer zu lesen als diese. Die Treffsicherheit ihres Blickes im Erfassen eines Charakters bildete das stets erneute Erstaunen ihrer Freunde. Diese Kunst, rühmte Brinckmann, habe sie in einer Vollkommenheit besessen, wie er sie bei niemand wieder angetroffen. „Nicht bloß ihr geistiges, auch ihr körperliches Auge war so klar, so scharf und so geübt, daß in der zahlreichsten Gesellschaft ihr nicht leicht die geringste Kleinigkeit entging, wodurch einzelne Personen sich mehr oder weniger auszeichneten, und das oft bei dem flüchtigsten Ueberblick. ‚Meine sicheren Augen!' rief sie selbst bisweilen aus, ‚die soll mir wenigstens niemand absprechen.' Und wer hätte das auch gewagt? Traf doch ihr erster Blick nicht etwa nur die Oberfläche des Gegenstandes, sondern spaltete diesen bis zur Enthüllung des inneren Kernes." So geschah es wohl, daß man einen Menschen, den man lange genau zu kennen glaubte, durch ein Wort Rahels plötzlich aus einem ganz

---

*) Briefe an Ludwig Tieck. Ausgewählt und herausgegeben von Karl von Holtei. Breslau, Verlag von Eduard Trewendt. 1864. Vierter Band p. 142.

neuen Gesichtspunkte erfassen lernte. Meist riefen ihre Aussprüche den Eindruck unmittelbarer Wahrheit hervor; zuweilen bezweifelte man sie, um später zu erkennen, daß Rahels sicherer Instinkt das Richtige getroffen hatte. Der künftige Entwickelungsgang eines Talents ist von ihr bisweilen viele Jahre vorher erkannt und vorausgesagt worden.

Eine Frau mit solchem leidenschaftlichen psychologischen Interesse mußte tiefes Wohlwollen für die Menschen empfinden: ist doch der Grundzug alles Wohlwollens, daß wir fremdes Sein innerlich nachbilden und seine Wertgefühle teilen. Und darin eben war Rahel Meisterin. Es ist eine sehr oberflächliche Auffassung, wenn man meint, sie habe der Menschen als eines Publikums bedurft. Ihrem Freunde, dem Dichter Fouqué, schrieb sie, als er sehr zurückgezogen lebte (Sept. 1809): „Nichts muß in uns brach liegen, am wenigsten Menschenverkehr, die innerliche Anregung, die nur in ihrer Berührung entstehen kann: was macht denn sonst wohl das eigentlichste Wesen des Menschen aus, als daß er andere Wesen, die Angesicht tragen, dafür annimmt und sie behandelt wie sich selbst; wann kann er das besser, als im vielfältigsten, reichhaltigsten, häufigsten Umgang aller Art mit ihnen! .. Der Inbegriff von allem für Menschen ist menschlicher Umgang, man mag es drehen wie man will." Wie schön und bezeichnend das folgende Wort: „Wo zwei oder drei im Namen des Herrn versammelt sind, verheißt er, wolle er mitten unter ihnen sein. Da kann schon Liebe und Gerechtigkeit wirken. Menschen gehören zusammen, um das Maß Vernunft anzulegen; um lieben, Gerechtigkeit empfinden zu können."

Was sie zu den Menschen hinzog, war die unerschöpfliche Güte, der Liebesdrang eines großen Frauenherzens. Mochte in ihrem Geistesleben, ihrem Prüfen und Grübeln die männliche Festigkeit und spröde Starrheit ihres Charakters manchmal unliebsam zu Tage treten: diese Güte umkleidete sie mit dem Schimmer bezaubernder Liebenswürdigkeit. Sie war im Menschenumgang ein Optimist sondergleichen. Ob Kleinlichkeit, Unverstand, Neid und Bosheit sie hundertmal verkannten und mißhandelten, es beirrte sie nicht. „Besser tausend falsche Versuche, als einem Menschen vorbeigesegelt", sagte sie wohl in solchem Fall; und sie fuhr fort, nach Menschen sich zu sehnen, sie zu lieben, ihnen Gutes zu thun. „Gerecht, unpersönlich, ewig bereit zum besten Leben und Leisten": so zeigte sie sich wirklich. Ihr durfte sich der Freund in Glück und Leid ohne Bedenken anvertrauen; er fand warme Teilnahme, Verständnis, Trost und Hilfe, wenn es möglich war. In jedem, der ihr nahe trat, suchte und schätzte sie die guten Seiten seines Wesens, die sie auch im kleinsten Keim sofort entdeckte; und dann wußte sie durch Wohlwollen und Klugheit, durch ihre Lebenswärme das Edle und Tüchtige hervorzulocken und zu steigern. Eines jeden Vorzüge setzte sie in das rechte Licht. Darum fühlte sich in ihrer Gegenwart jedermann über sich selbst emporgehoben und bereichert. In allen geselligen Verhältnissen erblickte sie im Menschen immer zuerst den Menschen; Stand, Talent, Ruf, Aeußeres traten zurück. Auch Personen der untersten Klasse behandelte sie von vorn herein als Gleichstehende, setzte Verstand und gute Gesinnung bei ihnen voraus und sagte ihnen das Richtige und Wahre. Ebenso stellte sie sich mit Gliedern der höchsten Gesellschaftsstufen auf gleichen Fuß, schmeichelte ihnen nie, sondern trat ihnen mit unbefangenem Freimut, ehrlich und herzlich gegenüber.

Eine ihrer feinsten geselligen Tugenden bestand darin, daß sie alles, was sie etwa mißbilligte, mit Schonung übersah und mit seltenem Takt das Gespräch von jedem Streitpunkt ablenkte, der eine tiefere Verstimmung hätte hervorrufen können. Die großen Themen sparte sie für die Unterhaltung mit ihren Vertrauten auf, auf deren volles Verständnis sie rechnen durfte. Da ließ sie den gewitterschweren Horizont ihrer Seele sich entladen und gab, was an Schätzen in ihr war, rückhaltlos aus. Aber in jeder gemischten Gesellschaft, die sich bei ihr versammelte, hielt sie sich verpflichtet, „Gutmütigkeit und Anmut umsonst darzubieten — wie Thee und Gefrorenes". Denn hier sei nicht von Tugenden, sondern von schönen Umgangsformen die Rede: „ohne diese kein Witz, keine Freimütigkeit, kein fröhliches Sichgehenlassen."

„So nur konnte es ihr gelingen," schreibt Brinckmann im Rückblick auf ihre gesellschaftlichen Talente, „ihr, dem anspruchslosen Bürgermädchen ohne glänzende Verbindungen, ohne den allgültigen Freibrief der Schönheit und ohne bedeutendes Vermögen, doch allmählich einen zahlreichen Gesellschaftskreis um sich zu versammeln, der ohne allen Vergleich der anziehendste und geistreichste war in ganz Berlin. Einen Kreis, in welchen aufgenommen zu werden, königliche Prinzen, fremde Gesandten, Künstler, Gelehrte oder Geschäftsmänner jeden Ranges, Gräfinnen und Schauspielerinnen sich gleich eifrig bemühten; und wo jeder von ihnen nicht mehr Wert, aber auch nie weniger hatte, als er selbst durch seine gebildete Persönlichkeit geltend zu machen vermochte."

*   *   *

Der Verfasser dieser Zeilen, der so treffliche Urteile über Rahel gefällt hat, Karl Gustav von Brinckmann (1764—1848), war schon früh, in den ersten neunziger Jahren, mit ihr in Verbindung getreten. Schwede von Geburt, hatte er auf deutschen Universitäten studiert und war dann im Dienste seines Vaterlandes als Diplomat in Dresden, Paris, Berlin und London thätig; in reiferem Alter kehrte er nach Stockholm zurück, wo er bis zu seinem Tode lebte. Seine Bildung war vorwiegend deutsch; auch stand er mit deutschen Geistes= größen, z. B. mit Schleiermacher, auf vertrautem Fuße. Durch dichterische und philosophische Versuche — er schrieb deutsch, schwedisch und französisch — schuf er sich einen geachteten Namen. —

Höchst bezeichnend für die Gesinnung des jungen Mädchens ist die Art, wie sie sich die Neigung und das Vertrauen des sieben Jahre älteren, gereiften Mannes erwarb. Im ersten Stadium ihrer Bekanntschaft legte sie ihm — in einem ernsten Gespräch — die Mahnung ans Herz, frei und selbständig zu werden. „Lesen und begreifen Sie den Prome= theus", sagte sie ihm, „und glauben Sie an Goethe wie an mich:

> ‚Wer half mir
> Wider der Titanen Uebermut?
> Wer rettete vom Tode mich,
> Von Sklaverei?
> Hast du nicht alles selbst vollendet,
> Heilig glühend Herz? . . .‘

Mut, mein Lieber, ist alles! Geistesmut nämlich! Heldenmut von außen ist Kleinigkeit, oft kleinlich. Aber Mut im Innern und Selbstvertrauen gegen eine Welt von Vorurteilen, eigenen und frem= den —: hätten Sie den, Sie würden ebenso heiter in sich, ebenso fest und ebenso gescheit sein, wie ich . . . Die allgepriesene Bescheidenheit des Gemüts ist so selten etwas anderes, als eine geadelte Feigheit des Geistes."

„Wie oft", erzählt Brinckmann in den Mitteilungen,*) die er nach Rahels Tode an Varnhagen sandte, „erinnerte ich sie später daran, daß dieses Gespräch die Geburtsstunde unsrer ewig unauflös= lichen Freundschaft eingeläutet hätte. Es wirkte auf mich für das ganze Leben wie ein Zauberschlag, der mich plötzlich in eine ganz neue Geisteswelt versetzte. Was mich von unsrer ersten Bekanntschaft so unauflöslich vereinigte mit dieser geisteskräftigen Denkerin, was so

---

*) Varnhagen hat sie im 8. Bd. seiner Denkwürdigkeiten und ver= mischten Schriften (1859) veröffentlicht.

mächtig wiederklang in meiner eigenen Brust bei jedem offenmütigen Gespräch mit ihr: Höhere Sittlichkeit durch höhere Freiheit! Nur durch diese begriff man ihr Leben wie ihre Weisheit, und nur hierdurch hat sie auf mein innerstes Sein und Denken gewirkt, wie keine der neun Musen. Sie, die Begeisterte der selbständigen Vernunft, deren geistiger Schüler zu sein ich mich immer und überall gerühmt habe, vor Weisen und Fürstinnen, wenn diese etwa an meiner eigentümlichen Weltansicht oder Geistesrichtung etwas Ausgezeichnetes fanden."

Nicht genug zu rühmen weiß Brinckmann die stillen Stunden, in denen Rahel den Vertrauten ihre ganze Seele erschloß. Alles Beste in ihm, bekennt er, sei in diesen Stunden gegründet und ausgebildet worden. Darum sei ihm Rahel unter allen Umwälzungen seines Schicksals „die Freundin ohne Beiwort und Zusatz" geblieben. Am glücklichsten aber hat er Rahels Wert und Bedeutung für sein Geistesleben in folgendes Wort gekleidet: „Was ich in den Hörsälen der Weisen, in den geheimnisvollen Tempelhallen der Frommen, in der sinnlichen Prachtwelt vergebens gesucht hatte: ungeschleierte Wahrheit, Selbständigkeit des Geistes und Innigkeit des Gefühls, kam mir in dem Dachstübchen dieser seltenen Selbstdenkerin als eine heilige Offenbarung entgegen." — Ein interessanter Versuch Brinckmanns, das Wesen der Freundin im Liede festzuhalten, sei hier mitgeteilt:

An die Vertraute.*)

Ob ich begreife dein Herz, das emporringt gegen das Schicksal,
    Wann ihm ein mächtiger Geist duldende Ruhe versagt?
Ob ich zu deuten vermöge den Trotz und die schmachtende Sehnsucht,
    Jenes nach höchstem Genuß strebende Herrschergefühl,
Dem kein dürftiges Glück, von spielenden Parzen umschmeichelt,
    Nur selbstthätiger Kampf siegender Kräfte genügt?
Ob ich enträtsle die stolze Natur und den lieblichen Starrsinn,
    Den kein zürnender Gott, schneller die Grazie, beugt?
Ob ich, eh' ihn die That ausspricht, auch den schönern Gedanken
    Ahnde, der inhaltreich kaum sich dem Blicke vertraut,
Worte verschmäht und den ärmlichen Wunsch, in die Kreise der Sprachkunst
    Einzubannen den Geist, der im Unendlichen schwebt?
Ob mich dein höheres Leben entzückt, des heilige Flamme
    Nicht auf häuslichem Herd, nur auf Altären verglüht? —
Ja! so ahndete dich, mir selbst noch ein Fremdling, mein Herz schon,
    Als ich die Rätsel des Seins kühner zu lösen beschloß;

---

*) Gedichte von Karl Gustav von Brinckmann. Erstes Bändchen. Berlin, Verl. von Sander. 1804.

Noch Ideale mir schuf, die veröbete Welt zu bevölkern,
    Schwinden sie sah, trostlos blick' in die Dämmrung umher,
Bis dein magischer Wink mir den Kampfpreis wies an der Weisheit
    Fernem und einsamen Ziel, über Gewölken des Wahns,
Ueber dem Nebelgedüft, das die zartaufatmende Seele
    Tiefer und tiefer hinab zaubert in sinnlichen Schlaf.
Klar dort leuchtete mir, dem Erwachten, ein ewiges Sternbild
    Durch der Geheimnisse Nacht, welche das Leben umhüllt. —
Schlummre die sklavische Welt denn fort, und genieße des Traumglücks,
    Aus der entnervenden Ruh winde der Freie sich los!
Oft wehmütiges Blicks, nicht weinendes, reichet er dir nun,
    Seines veredelten Kampfs hohe Genossin, die Hand.

*   *   *

Im Sommer 1795 machte Brinckmann seine Freundin mit einem märkischen Edelmanne, Wilhelm von Burgsdorff, bekannt. „Was ist interessanter als ein neuer Mensch?" schrieb Rahel vorher an Brinck=mann. „Ich danke Ihnen für die Idee, mir seine [Burgsdorffs] Be=kanntschaft machen zu wollen. Sagen Sie ihm, wir kennten uns schon: Goethe wäre der Vereinigungspunkt für alles, was Mensch heißen kann und will" ... Und weiter: „Sagen Sie doch Burgs=dorff, daß ich sauvage bin, und daß man alles mit mir sprechen kann, damit wir das eklige Bekanntwerden übergehen und gleich à notre aise sind ..."

In Burgsdorff tritt uns der Typus einer Menschenart entgegen, die in unserer Welt kaum noch einen Platz zu haben scheint: der Typus des geistig=geselligen Lebensvirtuosen. Einer der angesehensten Familien des Landes entsprossen, hatte er weder zum Staats= noch zum Kriegsdienst Neigung. Durch Universitätsstudien und ausgedehnte Reisen erwarb er sich manche Kenntnisse; seine besondere Vorliebe ge=hörte der Kunst, vornehmlich der Poesie. Er wird als einer der frühesten Freunde Ludwig Tiecks genannt, in dessen verworrenen Jugenddichtungen er die ersten Anzeichen einer neuen, wichtigen Lit=teraturbewegung erkannte.

Es ist, als sei in Burgsdorff eine Figur aus Goethes Wilhelm Meister ins Leben getreten. Wenn Wilhelm (im 2. Kap. des 3. Buches der „Lehrjahre") ausruft: „Dreimal glücklich sind diejenigen zu preisen, die ihre Geburt sogleich über die untern Stufen der Menschheit hin=aushebt, die durch jene Verhältnisse, in welchen sich manche guten Menschen die ganze Zeit ihres Lebens abängstigen, nicht durchzugehen, auch nicht einmal darin als Gäste zu verweilen brauchen. Sie sind von Geburt an gleichsam in ein Schiff gesetzt, um bei der Ueberfahrt, die wir alle machen müssen, sich des günstigen Windes zu bedienen, und den widrigen abzuwarten ... Wer kann den Wert und Unwert irdischer Dinge besser kennen, als der sie zu genießen von Jugend auf im Falle war!" —, so paßt diese Betrachtung genau auf Burgsdorffs Lage. Nicht genötigt, im Drange des Lebens durch tüchtige Arbeit sich zu behaupten, kannten solche Naturen, die Lieblingshelden der Romandichter jener Zeit, nur ein erstrebenswertes Ziel: harmonische Ausbildung ihres Wesens, persönliches Sichausleben in freiester Ungebundenheit. Die Eingliederung des Individuums in die bürgerliche Gesellschaft, die Unterordnung unter ihre Satzungen empfand man als einen lästigen Zwang. Für haltlose Geister barg diese Anschauung die Gefahr geistiger und sittlicher Ausschweifung. Auch Burgsdorff scheint in seinen Liebesaffairen — wie reich an solchen sein Leben war, läßt der Umstand ahnen, daß seine Freunde ihn dem Lothario im „Meister" verglichen — trotz des edlen Zuges seiner Natur diese Klippe nicht immer gemieden zu haben.

Im Sommer 1796 war Rahel mit Burgsdorff in Teplitz zusammen. Er las ihr Tasso und Iphigenie vor, und sie berichtete an Brinckmann, daß sie ihn millionenmal lieber habe als vorher. Auf diese gemeinsame Goethe-Lektüre bezieht sich ein Wort Burgsdorffs, das da zeigt, wie gut er Rahel verstand und wie innig er ihre Lage bedauerte: „Damals, als ich das erste hingeworfene Wort über Ihr Verhältnis mit Ihrem ältesten Bruder so lebhaft ergriff, als ich Sie plötzlich meinem geliebten Tasso so ähnlich fand, und öfter, haben Sie ja an mir gesehen, daß ich Offenbarungen über Sie habe. Zu dieser inneren Klarheit über Ihr eigentliches Wesen hätten mich Ihre Aeußerungen nie gebracht, wenn ich nicht oft einen tieferen Sinn in dem scheinbar Zufälligen geahndet, wenn ich mich nicht schon im ersten Grade unserer Bekanntschaft entwöhnt hätte, es buchstäblich mit Ihnen zu meinen. Ich hielt Sie ein für allemal keines Bedeutungslosen fähig, und wenn ich den Schmerz größer sah als den sichtbaren Anlaß, so hielt ich ihn nur um so reifer präpariert in Ihnen. In der allererſten Zeit unserer Bekanntschaft in Berlin fiel es mir einmal plötzlich auf die Seele, daß ein langer Schmerz Sie erzogen haben müsse, und seitdem sehr oft. Denn — es ist wahr, daß eine Spur des erlittenen Schicksals an Ihnen sichtbar ist, daß man das früh gelernte Schweigen und Verbergen an Ihnen sieht ... Jede Narbe, die das Schicksal dem Charakter läßt, stört Ihr Bewußtsein — so

denke ich es mir — und dann schmerzt Sie die Wirkung Ihres Schick=
sals, weil es Sie an das Schicksal selbst, an diese Jugend erinnert" ...
Doch er weiß sich nicht nur Rahels Wesen zu verdeutlichen, er weiß
sie auch zu trösten, indem er sagt: „Dieselbe Kraft, die den Schmerz
zu erschöpfen strebt, führt Sie auch wieder so schön zur Freude zurück,
Sie sind so voll leichten schönen Lebens. — O ich sehe deutlich, wie
glücklich Sie noch werden können; wie sich mit Ihrer äußern Lage
alles ändern muß; wie selbst das Andenken alles Vergangenen dann
nicht mehr drückend ist; wie, wenn Sie sich ganz frei davon wüßten,
ein neues Leben, eine neue Jugend für Sie anfangen müßte" ...

Als Burgsdorff 1796/97 in Jena weilte, berichtete er der Freundin
fleißig über Schiller und das heiter=gesellige Leben im Hause Wil=
helm von Humboldts, und in dem Gefühl, daß Rahel eigentlich
ein größeres Anrecht auf den persönlichen Verkehr mit den großen
Geistern habe, als er selber, schrieb er: „Sie sollten hier sein, meine
liebste Kleine, das verdienten Sie eigentlich, hier bei den Humboldts." —

*   *   *

Mit Wilhelm von Humboldt hatte Rahel schon in den ersten
neunziger Jahren in anregendem Verkehr gestanden. Humboldt äußerte
1794 zu Veit darüber folgendes, Rahel in höchstem Grade ehrende
Wort: „Sie ist die einzige, mit der ich in Berlin gerne umgegangen
bin, ich wüßte sonst niemand; sie ist erstaunend gescheit und witzig.
Grüßen Sie sie doch ja meinetwegen und sagen Sie ihr, daß ich wirk=
lich recht oft an sie denke."

Wilhelm von Humboldts Bedeutung für die Wissenschaft, ins=
besondre seine Verdienste um die vergleichende Sprachforschung, seine
Thätigkeit auf litterarischem Felde, seine staatsmännische Tüchtigkeit —:
sein freies, großartiges Wirken auf allen diesen Gebieten auch nur zu
skizzieren, kann nicht die Aufgabe dieses Buches sein. Hier können nur
gewisse Seiten seines Charakters und seiner Wirksamkeit, die in Be=
ziehung zu Rahel und ihrem Kreise stehen, berührt werden.

Ein Lebensvirtuose nach Art Goethescher Romanhelden
war auch Humboldt, wenigstens in der ersten Periode seines reichen
Lebens; nur erscheint er unendlich vergeistigter als Burgsdorff und
andere Mitglieder des Berliner geistreichen Kreises. In ihm hat der
Egoismus des reinen, abstrakten Bildungsstrebens vielleicht seine edelste,
feinste Blüte gezeitigt. Kannte er doch auf Erden nichts Wichtigeres
als die höchste Kraft und vielseitigste Bildung des Individuums, galt

Nach dem im Schloſſe zu Tegel befindlichen Basrelief.
Mit Genehmigung der Frau v. Heinz geb. v. Bülow.

ihm doch als der wahren Moral erstes Gesetz: Bilde dich selbst! —
Bezeichnend für seine Geistesart ist folgendes Wort an Schiller: „Ich
kann kaum der Begierde widerstehen, so viel als nur immer und irgend
möglich ist, sehen, wissen, prüfen zu wollen. Der Mensch scheint doch
einmal dazu da zu sein, alles, was ihn umgiebt, in sein Eigentum,
in das Eigentum seines Verstandes zu verwandeln, und das Leben ist
kurz. Ich möchte, wenn ich gehen muß, so wenig als möglich hinter=
lassen, das ich nicht mit mir in Berührung gesetzt hätte." Es gelang
ihm, das Ziel zu erreichen, soweit es einem Menschen erreichbar ist.
„Humboldt", so urteilte Varnhagen, der ihn persönlich genau kannte,
„steht mit großem Geiste über allen Verhältnissen weit hinaus, die
Welt ist seinem Scharfsinne eine Sammlung scherzhafter und ernst=
hafter Aufgaben, tiefes, umfassendes Wissen und ausgebreiteter Lebens=
genuß die Losung" . . . Und an anderer Stelle sagte er, daß Hum=
boldt „seine Lebensumstände gemacht habe, daß sein Geist fessellos
über ihnen waltete, die dargebotenen Lose nach seiner Weise fassend,
manche verschmähend, allen gewachsen, den meisten überlegen; und auch
hierin noch immer größere Kräfte nach Belieben entwickelnd, so daß
man in dem großen Reiche möglicher Aufgaben kaum wagen darf,
einen Punkt anzudeuten, über den seine Fähigkeiten nicht hätten hinaus=
reichen können".

Mochte der Staat ihm im Grunde eine gleichgültige Sache sein,
so wandte er sich doch, der Familienüberlieferung folgend, nach voll=
endetem Studium der Staatscarriere zu, indem er 1790 als Referendar
beim Kammergericht zu Berlin eintrat. Doch schon im Sommer des
nächsten Jahres zog er sich mit dem Titel eines Legationsrats aus
der Praxis völlig zurück, weil er darin ein Hindernis für den Drang
nach höchster Selbstbildung erblickte. Alsdann lebte er eine Reihe von
Jahren ganz seinen Studien und Neigungen, bis der Staat von neuem
seine Dienste in Anspruch nahm. Er entzog sich keineswegs dem Rufe,
wirkte vielmehr als Gesandter in Rom und Wien, als Bundestags=
bevollmächtigter in Frankfurt, als Minister mit weitschauendem Blick,
außerordentlichem Geschick und freiheitlicher Gesinnung. So ist sein
Name mit dem Aufschwunge des Vaterlandes und mit den edelsten
Traditionen der preußischen Geschichte innig verknüpft. Doch auch die
glänzende Staatslaufbahn konnte ihn innerlich nicht befriedigen. „Und
hätte ich einen Wirkungskreis, wie der, der jetzt eigentlich Europa be=
herrscht, so würde ich ihn doch immer nur als etwas jenem Höheren
Untergeordnetes ansehen, und das ist meine wahre Meinung."

Ein Mensch von dieser Totalität des Wesens, in dessen Charakter sich die seltsamsten Widersprüche fanden, mußte Rahel in höchstem Grade anziehend erscheinen. Sie nannte ihn „universell und von keinem Alter". Ihm konnte sie alles sagen, was Kopf und Herz beschäftigte; mit ihm, den Friedrich Gentz einen „furchtbaren Dialektiker", einen „Wetzstein des Verstandes" nannte, mochte sie, die Meisterin im schlag= fertigen Dialog, disputieren nach Herzenslust. Es mögen erstaunliche und ergötzliche Redetourniere gewesen sein, welche die beiden in Rahels Dachstübchen ausfochten! Wie Rahel auch diesem bedeutenden Manne gegenüber die Selbständigkeit des Urteils wahrte, mag an einem Bei= spiele nachgewiesen werden. David Veit hatte sie 1794 auf eine Humboldtsche Recension des seiner Zeit berühmten Romans „Wolde= mar" von Fr. H. Jacobi in der Jenaischen Litteraturzeitung auf= merksam gemacht. Diese Recension, in der Humboldt mit großer Kunst die im „Woldemar" liegenden Ideen entwickelt hatte, wurde viel ge= rühmt, aber für schwer verständlich ausgegeben. Rahel las und ver= stand sie sogleich. Auch fand sie die Besprechung an sich sehr schön, aber in das Lob des Romans konnte sie trotzdem nicht einstimmen. Die Begründung ihres abweichenden Urteils beweist ein klares Ver= ständnis für die Natur des epischen Kunstwerkes. Ideen, wie Humboldt sie aus dem „Woldemar" entwickelt, meint sie, müßten in jedem nicht gerade schlechten Roman zu finden sein; nur dürfe sie der Verfasser nicht subjektiv aussprechen, wie Jacobi es gethan. „Ich fand", fährt sie fort, „immer die Festsetzung eines Systems darin und nicht außer= ordentliche Charaktere, die mich es finden ließen, wenn ich sie unter= suchte; es kam mir immer vor, als teilte er mir einen Plan mit, wie er ein Buch machen wollte, und darum konnt' ich nie Genie darin finden; Sinn, Menschenkenntnis, Philosophie immer, und im zweiten Teil vermißt' ich auch die. Ein Genie muß Vorfälle der Natur er= greifen und zusammenzustellen wissen und mit darunter andeuten, was es selbst darüber denkt oder auch nicht, so muß man, wenn man selbst nachdenkt, allgemeine Regeln darin auffinden können; ein Kunstwerk muß mir aber nicht immer sagen, was es will, es muß es gleich zeigen. Darin unterscheidet sich die Recension von dem Werke selbst, das sie recensiert, und Jakobis Werk kommt mir nur vor, wie eine Skizze zu Hrn. von Humboldts Recension, und es sollte doch der Text sein. Ein guter Ratgeber müßte Jacobi einem neuen Goethe oder Rousseau in ihrer Jugend sein. Man muß wohl etwas zu beweisen im Sinne haben, wenn man einen Roman schreibt, aber man muß noch jung

genug in sich sein, es nur zu fühlen, und es nicht ewig analysiert auf
der Zunge tragen; sonst wird's eine Lehre, wie man beweisen soll,
und nicht ein lebendiges, aus der Natur gegriffenes Exempel für den
Beweis."

Veit konnte sich nicht enthalten, Humboldt diese treffenden Be=
merkungen vorzulesen. „Er hat sich nicht gewundert," schrieb er seiner
Freundin zurück, „aber unendlich gefreut: er hat mir eingestanden,
daß er noch kein so richtiges Urteil, weder über den Woldemar,
noch über seine Recension gehört habe; er giebt Ihnen in allem recht."
Natürlich mußte solche Anerkennung ihres Urteils Rahel erfreuen;
nur war sie doch über diese plötzliche Uebereinstimmung Humboldts mit
ihrer Ansicht einigermaßen erstaunt. „Hat er denn über Woldemar
eingestimmt?" fragte sie Veit, und setzte hinzu: „So hat er ja der
ganzen Welt Pulver vorgestreut, die es verdient." Mit diesem leichten
Wort traf sie eine merkwürdige Stelle in Humboldts Wesen. Das
Bewußtsein seiner dialektischen Kraft und Schlagfertigkeit verführte ihn
in der That nicht selten, den Leuten Sand in die Augen zu streuen.
Das war die „aus freier Geistesüberlegenheit" stammende „scherzende
Verhöhnung" der Menschen, von der Varnhagen einmal spricht. „Bis=
weilen geschah es, daß er [Humboldt] seinen Gegenstand umstrickte und
umwob mit den feinsten Gedankenzügen und stärksten Schlußfolgen,
und man glaubte die Sache zu haben, indem man doch nur das um=
hergelegte Netz hatte" ... Besonders in manchen seiner diplomatischen
Arbeiten findet sich dieses Verfahren, das im Grunde nichts als eine
feine Spiegelfechterei war. Als Rahel viele Jahre später seine Denk=
schrift über Verfassungsgrundsätze las, rief sie witzig aus: „Die Brühe
ist vortrefflich, aber sie macht keinen Braten!"

Diese Neigung, durch Paradoxien und Sophismen übermütig
Leser und Hörer zu verwirren und wohl auch zu verspotten, seine
scheinbare Gemütskälte und eine Art cynischer Gleichgültigkeit, die er
vielleicht nur zur Schau trug, um die Glut seines Herzens zu verbergen,
gaben vielen Anlaß zum Tadel. „Mephisto" war unter den vertrauten
Freunden sein ständiger Titel. Rahel verteidigte ihn stets gegen ab=
sprechende Urteile. Als man darüber stritt, welches Maß von Geist
er besitze, bemerkte sie: „Il a autant qu'il veut." — Manche, wie
Graf von Schlabrendorf, sprachen ihm das Gemüt ab. Rahel
dagegen äußerte, als man sie fragte, ob Humboldt ein gutes Herz
habe: „Er ist so weit voraus in seinen Ideen, daß nicht mehr die Rede
davon sein kann, ob er gut oder nicht gut sei; das liegt fern unter

ihm." Seine Paradoxien und scherzhaften Stachelreden erklärte sie
für einen Ausfluß seiner Langenweile; aus Ungeduld müsse er reden,
meinte sie, und er habe zu viel Geist, um bloße Dummheiten zu sagen.
Doch gab es Zeiten, wo das Uebermaß seiner Sophistereien auch ihre
Geduld erschöpfte. Dann sagte sie wohl: „Ich kann Ihnen Ihre
Geistesfreiheit nicht mehr so hoch anrechnen, wenn Sie auch für Ihr
Thun und Ausüben in Ihrem Innern weder Schranke noch Zügel
haben." Wie freimütig sie ihm gelegentlich den Text las, dafür ist
an anderer Stelle ein Beispiel angeführt worden.

Auch mit Humboldts Gattin Karoline verband Rahel zu dieser
Zeit eine herzliche Freundschaft. Ein Wesen von reichem Gemüt und
bezaubernder Anmut, hatte sie als junges Mädchen, als Freundin
der Schwestern Lengefeld, bedenklich der Freigeisterei der Leidenschaft gehuldigt, wurde dann aber durch das Leben geläutert und erstarkte zu einer reifen, Humboldt tief beglückenden Persönlichkeit. Vielleicht wäre sie die Frau gewesen, um mildernd und sänftigend auf
Rahel einzuwirken. Leider aber war ein ununterbrochener persönlicher
Verkehr der beiden Freundinnen nicht möglich, da das Humboldtsche
Ehepaar selten auf längere Zeit in Berlin wohnte. Karoline bedauerte
das sehr. „Warum bin ich von dir getrennt," schrieb sie 1799 aus
Paris an Rahel, „warum bist du es von mir? . . . O wenn ich
zurück bin, wie ist es mein einziger, heißester Wunsch, viel mit dir zu
leben, ganz, wenn du willst und du es deinen häuslichen Verhältnissen
abgewinnen kannst. Liebe, ich weiß, wie verschieden und wie ähnlich
unsre Naturen sind, und ich bin in mir überzeugt, daß nie zwei Frauen
ein innigeres Verhältnis haben können als wir." Sie möchte durch
die lange Trennung Rahel nicht entfremdet werden, möchte sie in Paris
bei sich haben; denn sie weiß, an Rahels Seite würde sie alles
Schöne froher und verstehender genießen. „Die Empfindung, alles zu
verstehen," sagt sie, „hat mir noch kein Mensch gegeben wie du."

Später trat das Leben trennend zwischen die beiden so verschieden veranlagten Frauen. —

*   *   *

Unter den durch ihren Rang hervorragenden Besuchern des Rahelschen Salons ist in erster Linie Prinz Louis Ferdinand von Preußen
zu nennen, der diesem Kreise, ein wie weltbürgerliches Gesicht er im
allgemeinen zeigen mag, durch seine Persönlichkeit doch ein gewisses
patriotisches Gepräge aufdrückte. Galt der Prinz doch in einer Pe-

riobe, da Preußens Stern zu verbleichen drohte, als die Verkörperung alles Herrlichen, Kühnen, Heldenmütigen, das in der preußischen Tradition fortlebte. Es ist von vielen einsichtigen Zeitgenossen, z. B. von dem Historiker Johannes von Müller, die Ueberzeugung ausgesprochen worden, daß der Prinz, an den rechten Ort gestellt und auch nur im mindesten von den Zeitverhältnissen begünstigt, Thaten vollbracht haben würde, die Preußens Namen zu ewigem Ruhme gereicht hätten. Doch Zeit und Umstände waren ihm entgegen. Durch ein kraftloses Regiment zur Unthätigkeit verdammt, mußte sein brausendes Temperament, von gewaltigen Körperkräften befeuert, in einem ungeregelten und stürmischen Privatleben sich austoben, das ihm den Ruf eines Wüstlings, Trinkers und leichtsinnigen Schuldenmachers einbrachte.

Doch es wäre verkehrt, den Prinzen einzig unter diesem Gesichtswinkel zu betrachten. Er war ein genial veranlagter, allem Wissenswürdigen und Schönen hingegebener Geist. Kriegskunst und Mathematik, Geschichte, Philosophie und Litteratur studierte er mit zuweilen maßlosem Eifer; den Künstlern war er zugethan, und er soll das Piano mit der Fertigkeit eines Meisters gespielt haben. Neben seinen militärischen Freunden bildeten Künstler, Musiker und Gelehrte seinen liebsten Umgang: Fichte, Schleiermacher, Gentz, die beiden Schlegel zog er an sich, und als Schiller 1804 Berlin besuchte, lud der Prinz ihn zu sich und bewirtete ihn mit liebevoller Aufmerksamkeit.

Der Sinn für edlere Genüsse konnte auch im Taumel der Vergnügungen, denen er sich hingab, nicht betäubt werden. Als er, von seiner alten Liebe Henriette Fromm sich abwendend, der leichtsinnigen Pauline Wiesel, die durch den Zauber unvergleichlicher Körperschönheit alle Männer dieses Kreises berückte, in glühendster Liebesleidenschaft sich hingab, erstarb nie in ihm der Wunsch, „die Reliquien von Paulinens schöner Natur zu retten, die Ideen des Guten und Schönen zu beleben" — kurz, in ihr verwildertes Herz die Funken edlerer Empfindungen zu werfen. Das ist bezeichnend für des Prinzen Innenleben. —

„Wissen Sie, wer jetzt meine Bekanntschaft gemacht hat?" schrieb Rahel 1800 an Brinckmann. „Prinz Louis, den find' ich gründlich liebenswürdig. Er hat mich gefragt, ob er mich öfter besuchen dürfe, und ich nahm ihm das Versprechen ab. Solche Bekanntschaft soll er noch nicht genossen haben. Ordentliche Dachstuben-Wahrheit wird er hören." — In ihrem Roman „Prinz Louis Ferdinand" *) hat Fanny Lewald dem Verhältnis des Prinzen zu Rahel eine Deutung gegeben, die vor der historischen Wahrheit nicht besteht. Rahels Gefühle für ihn haben die Grenze der Freundschaft nie überschritten, geschweige denn, daß sie die Geliebte des Prinzen in dem zu jener Zeit üblichen Sinne gewesen wäre. Alle vorhandenen Zeugnisse, vornehm= lich die Briefe Rahels und des Prinzen selbst widersprechen dieser Auffassung. Rahel hat in einem Briefe an ihren Freund Fouqué lange nach des Prinzen Tode ein Bild ihres Verkehrs mit ihm ent= worfen, das klar ihr inneres Verhältnis zu ihm darstellt, und das schon um deswillen interessant ist, weil es beweist, wie recht Rahel hatte, wenn sie manchen ihrer Briefe einen gewissen historischen Wert zuschrieb: „weil ich vieles um mich her mit kleinen unbeabsichtigten Zügen für Forscher wahr und sogar geschichtergänzend aussprach" ... Ueber Louis Ferdinand heißt es hier: „Er war die feinste Seele, von beinah' niemand gekannt, wenn auch viel geliebt; und viel ver= kannt ... Alles schrieb der Vielverworrene der vertrauten Freundin, oft auf einem Bogen, auf einer Blattseite. Mit wahrhaftem Voll= gefühl sag' ich Ihnen aber: Schade, daß meine Briefe an ihn nicht da sind! Gerne ließ ich der Welt das Exempel, wie wahrhaft man mit einem Königlichen Prinzen, der schon vom Ruhm geführt und hoch geliebt war, sein kann. Er hat alles, was er schriftlich besaß, vor dem letzten Ausmarsch in Schricke **) verbrannt, weiß ich vom Major Möllendorf. Man kann Fürsten die Wahrheit sagen: mir machte er es möglich, sie ihm jedesmal, wie ich sie einsah, zu zeigen ... Das Menschlichste im Menschen faßte er auf; zu diesem Punkte hin mußte sein Gemüt jede Handlung, jede Regung der andern zurück= zuführen. Das war sein Maßstab, sein Probierstein in allen Augen= blicken des ganzen Lebens. Das ist das Schönste, was ich von ihm weiß. Nie sprach er darüber mit mir, nie ich mit ihm. Ich sah es aber ein, lebenslang. Er errötete, wenn Menschen von andern zum Narren gehalten wurden. Mein Verhältnis zu ihm war sonderbar: beinah ganz unpersönlich, obgleich er seine letzte Lebenszeit mit und bei mir zubrachte (mehr als die letzten drei Jahre). Von uns zu einander war nicht die Rede. Doch mußt' er mir alles sagen: kom= ponierte er, sollt' ich bei ihm sitzen; spielte er — am Ende gezwungen — Karten, auch. Ich werde Ihnen noch viel von seinem Innern

---

*) Berlin, A. Hofmann & Comp. 1859. 2 Bde.
**) Des Prinzen Gut.

sagen, wie ich's weiß, was Sie aufschreiben können ... Einmal schrieb ich ihm nach Schricke einen Brief, sehr aus dem Herzen, worin ich ihm sagte: ‚Wenn ich Ihnen die Wahrheit nicht sagen soll, so hab' ich Ihnen gleich gar nichts zu sagen; dies ist unser einzig Verhält= nis'... Vor vielen Jahren, als wir noch nicht so sehr liiert waren, und er nur viel zu mir kam, attakierte er mich über G o e t h e. [Wahr= scheinlich um sie zu necken, da er ihre Verehrung für den Dichter vom Hörensagen kannte.] Fing mich in einer Thür und bozierte, wie schlecht E g m o n t sei, sehr lange, mir zur marterndsten Langenweile, weil ich nur der Schicklichkeit fünf Worte opferte und gar nicht ant= wortete. Wie Goethe einen Helden habe so schildern können, in einer miserablen Liebschaft mit solchem Klärchen u. s. w." — Merkwürdig übrigens, daß der Prinz sich gerade über Egmont mißfällig aussprach, dem er in manchen Stücken innerlich verwandt war, und ganz gewiß im Punkt der Liebe! — Sah er sich hier in einem Spiegelbilde, das ihm nicht gefiel? —

Rahels größte Genugthuung war, daß Prinz Louis sich später ganz zu ihrem großen Lieblingsdichter bekehrte. Schon in der Cam= pagne von 1792 hatte er Goethe flüchtig kennen gelernt; 1804 traf er in Thüringen von neuem mit dem Dichter und mit dem Herzog von Weimar zusammen. Er schrieb hierüber an seine Geliebte nach Berlin: „Ich habe nun Goethen wirklich kennen gelernt; er ging gestern noch spät mit mir nach Hause, und saß dann vor meinem Bette, wir tranken Champagner und Punsch, und er sprach ganz vor= trefflich! Endlich deboutonnierte sich seine Seele; er ließ seinem Geiste freien Lauf; er sagte viel, ich lernte viel, und fand ihn ganz natür= lich und liebenswürdig. Grüß heut die Kleine [Rahel] von mir," so schließt der Brief, „und sag ihr dies; dann bin ich ihr gewiß unter Brüdern dreitausend Thaler mehr wert!" — „Dies war mein größter Triumph in der Welt," heißt es in dem angezogenen Briefe Rahels an F o u q u é. „Ein großer Prinz, mein Freund, der Vetter meines Königs, der Neffe Friedrichs des Zweiten, der noch von Friedrich selbst gekannt war, mußte mir das schreiben; ohne daß ich je von Goethe mit ihm gesprochen hatte. Es mußte der menschlichste Prinz seiner Zeit in seinen eigenen leibhaften Freunden dem größten Dichter huldigen."

„Er mußte mir a l l e s sagen," schreibt Rahel. Alle hochfliegen= den Gedanken seines regen, feurigen Geistes, alle Empfindungen seines der gewaltigsten Leidenschaften und der zartesten Gefühle fähigen Herzens beichtete er ihr. Ihr vertraute er die Schmerzen, die seine Liebes= wirren ihm verursachten, die peinliche Lage, in die sein Leichtsinn, seine Gutmütigkeit ihn fort und fort verstrickten. Sie wußte, daß er den innigsten Wunsch hatte, sein Leben zu ordnen; aber sie sah auch, daß es nicht mehr in seiner Macht stand, daß das Verhängnis unaufhalt= sam seinen Lauf nahm. Zu ihr, in ihr stilles Dachstübchen, an das Herz der edelsten, großmütigsten Frau, flüchtete der preußische Prinz, wenn ihn der Ekel erfaßte vor seinem verworrenen, verdorbenen Leben, und bei ihr fand er, wie bei einer Schwester, in ruhigen, vernünftigen Gesprächen Trost. „Gegen alle, die in diesem sonderbaren Verhältnis verwickelt waren, teilnehmend, gut und gerecht, ohne Falschheit, stets den Schmerz lindernd, alles zum besten kehrend, haben Sie unstreitig eine für Ihr Herz und Ihre Vernunft befriedigendere Rolle gespielt, als diejenigen, deren Leidenschaften bloß hierin im Spiele waren." Dieses schöne Zeugnis stellte der Prinz ihr aus. Und ganz die Art seines Verhältnisses zu ihr kennzeichnend, schrieb er: „Ich liebe Weiber, ich finde etwas Sanftes in ihrer Gesellschaft; die Freundschaft der Levi hat einen Charakter, der viel süßer als alles übrige ist; das ist's, was ich lebhaft fühle. Ich finde es angenehm, mit Frauen umzugehen, und auch der entfernteste Gedanke an Liebe, an Besitz ist nicht in meinem Herzen." —

Am bedeutungsvollsten war der Umgang mit dem Prinzen Louis für die patriotische Erziehung Rahels und ihres Kreises. Von glühen= der vaterländischer Gesinnung erfüllt, galt er allgemein als das Haupt der Kriegspartei am preußischen Hofe; und ungewohnt, die Ausbrüche seines Temperaments zu beschwichtigen, sprach er, wo er stand und ging, seinen Schmerz und Ingrimm über die preußische Zauberpolitik in den bittersten und dreistesten Reden aus. Woltmann nennt ihn den „lautesten Tonangeber dessen, was damals die öffentliche Stimme in Preußen hieß".

Rahel kannte des Freundes Gesinnung. Tausendmal hatte er ihr gesagt: „Ich überlebe den Fall meines Landes nicht; wenn wir solch Unglück haben, sterbe ich." — „Und dieser Gedanke", er= zählte Rahel, „war das Ressort seines ganzen Lebens; und in seinen Leidenschaften, in seiner großen Liebe erlaubte er sich nur alles, weil er dies ununterbrochen dachte und nun alles übrige nicht der Mühe wert hielt." Sie wußte, wie in diesem Gedanken brennender Haß gegen Napoleon, tiefe Vaterlandsliebe, todesmutiger Heldensinn und endlich Verzweiflung am Glück und Gedeihen des Vaterlandes, Ver=

Prinz Louis Ferdinand von Preußen.

Nach Originalphotographie des im Hohenzollern-Museum zu Berlin befindlichen Ölgemäldes.

zweiflung am eigenen Schicksal sich vermählten. Der Prinz sah sein persönliches Geschick mit dem seines Landes aufs engste verknüpft: erhob sich Preußen in blutigem Kampf zu neuer Größe, so lächelte auch ihm vielleicht eine frohe, glückliche Zukunft; sank das Vaterland in den Staub, so mußte er sich unter den Trümmern begraben lassen; ein drittes gab es für ihn nicht.

Als endlich im September 1806 das preußische Heer ins Feld rückte; als Prinz Louis mit den Generalen von Rüchel und Blücher in ernster Stunde den Todesbund geschlossen hatte, da war es wiederum Rahel, der er seine Gedanken über diese Ereignisse und über die Zeitlage anvertraute. „Ein Wort gaben wir uns alle," heißt es in einem Briefe aus Leipzig vom 11. Sept. 1806, dem letzten, den er ihr schrieb, „ein feierliches, männliches Wort: bestimmt das Leben daran zu setzen und diesen Kampf, wo Ruhm und hohe Ehre uns erwartet, oder politische Freiheit und liberale Idee auf lange erstickt und zernichtet werden, wenn er unglücklich wäre, nicht zu überleben! — Es soll gewiß sein! ... Was ist dieses erbärmliche Leben, nichts, auch gar nichts! --- Alles Schöne und Gute verschwindet, erhaben ist das Schlechte, und die traurige Erfahrung reißt unbarmherzig alle schönen Hoffnungen von unsern Herzen! So muß es in diesem Zeitalter sein, denn so erstarben auch alle schönen, menschenbeglückenden Ideen! Nur das Erbärmliche blieb, nur dieses siegt — warum also sich beklagen, wenn im Kleinen geschieht, woran ein ganzes Zeitalter leidet!" — Diese pessimistische Betrachtung, in der er der Freundin noch einmal seine ganze Seele ausschüttete, war des Prinzen Abschiedswort an Rahel.

Einen Monat später, am 10. Oktober, lag, von Hieb- und Stichwunden bedeckt, sein herrlicher Leib bei Saalfeld auf blutiger Walstatt. Seinem Gelübde getreu war er in den Tod gegangen, nicht in blinder Kampflust, sondern mit dem ernsten, edlen Entschluß, sich für das Wohl des Ganzen aufzuopfern. Zeitlebens hat Rahel seiner in Trauer und herzlicher Freundschaft gedacht. —

* * *

Einer der merkwürdigsten Menschen, die in Rahels Salon verkehrten, eine wahrhaft problematische Natur war Friedrich Gentz. Aus engen bürgerlichen Verhältnissen hervorgegangen, an eine untergeordnete Beamtenstellung gebunden, erschien dieser Mann in noch jugendlichem Alter plötzlich wie ein strahlendes Meteor am politischen

Himmel. Ein einfacher Schriftsteller, ein subalterner Staatsbeamter, schwang er sich allein kraft seines Talentes zu fürstengleichem Ansehen und weitreichender Wirksamkeit auf.

1764 in Schlesien geboren, trat er als 31jähriger Mann in preußischen Staatsdienst und wurde sehr bald zum Kriegsrat befördert. Die französische Revolution begrüßte er mit leidenschaftlichstem Interesse, wandte sich indessen, von ihren Exzessen angewidert, bald von ihr ab und wurde, gleich Schiller, Kant, Fichte, ein entschiedener Gegner dieser Bewegung und ein warmer Verehrer der englischen Verfassung. Im Jahre 1797 hatte Gentz die Kühnheit, dem König Friedrich Wilhelm III. bei seiner Thronbesteigung ein offenes Sendschreiben zu überreichen, in dem er ihn zur Abstellung zahlreicher Mißstände, die das bisherige Regierungssystem gezeitigt, aufforderte und für Gedanken- und Preßfreiheit in die Schranken trat. Der König, der sich durch das Treiben der Berliner geistreichen Gesellschaft abgestoßen fühlte, vergab dem kühnen Mahner diesen Verstoß gegen die Subordination niemals; Gentz hatte sich seine Carriere gründlich verpfuscht. Doch schon hatten seine Schriften und Artikel ihm den Ruf eines hervorragend politischen Kopfes und eines Publizisten von stilistischer Meisterschaft eingetragen. Ausgezeichnete Männer standen mit ihm auf vertrautem Fuße, Politiker suchten seinen Umgang, die Kreise der höheren Gesellschaft öffneten sich ihm; ja, er wurde sogar am preußischen Hofe eingeführt. Man rühmte ihn als einen ausgezeichneten Gesellschafter, der die Männer durch Geistesüberlegenheit und Kühnheit der Gedanken fessele, die Frauen durch die Anmut seines Wesens gewinne. W. von Humboldt konnte ihn an Schiller (1795) als den „denkendsten Kopf Berlins" empfehlen.

Das alles aber genügte Gentz nicht. Er wollte Carriere machen, einen weiten Wirkungskreis erobern und — vor allem — Geld, viel Geld verdienen. Eine sittlich zügellose Natur, hatte er sich Hals über Kopf in den Wirbel des Lebens gestürzt, das mit seinen Zerstreuungen und Genüssen offen vor ihm lag. Seine Schuldenlast wuchs bald zu beängstigender Höhe, und er sah keine Möglichkeit, in Berlin seiner bedrängten Lage zu entrinnen. Schon vor 1800 hatte er nach Oesterreich seine Fühlfäden ausgestreckt und seine Feder zur Verteidigung der Grundsätze, „welche das wankende Fundament der bürgerlichen Ordnung aufrecht halten", der dortigen Regierung zur Verfügung gestellt. 1802 trat er in den österreichischen Staatsdienst und zugleich zum Katholizismus über.

Skrupellos hat sich Gentz seine publizistische Thätigkeit im Dienste verschiedener Staaten in barer und stets guter Münze bezahlen lassen; mit der gleichen Bereitwilligkeit nahm er vom autokratisch-reaktionären Oesterreich wie vom freiheitlich gesinnten England seine Dotationen entgegen. Ueberzeugungstreue war ihm ein leeres Wort. In hohem Grade anerkennenswert jedoch und rühmlich ist sein Wirken im Dienste der deutschen Nationalerhebung gegen Napoleon. Leidenschaftlichen Haß gegen den Feind und echt patriotische Gesinnung atmen die zahlreichen Schriften und Manifeste, die er in dem Zeitraum von 1802—1813 im Auftrage Oesterreichs und Preußens verfaßt hat. Nach der Niederwerfung Napoleons indessen lieh er, mit Verleugnung seiner Jugendideale, seine Feder der Bekämpfung jeglichen Freiheitsstrebens der Völker, der Verteidigung der strengsten absolutistischen Grundsätze. In dieser Periode erscheint er als der elegante, aber gesinnungslose Lohnschreiber im Solde des verrufenen Metternichschen Systems.

Gentz war mit großen Charakterfehlern behaftet. Grenzenloser Leichtsinn in der Lebensführung, schrankenlose Sinnlichkeit, Mangel an Gesinnung, Feigheit, Eitelkeit — der ganze Mensch sei von diesem Krebsschaden angefressen, pflegte er selbst zu sagen —: das sind wohl die hervorstechendsten Untugenden seines Wesens. Rahel kannte ihn in allen diesen Schwächen, wie kaum ein anderer. Sie meinte, er müsse eigentlich „Lampe" heißen; und Stägemann gegenüber nannte sie ihn „den vortrefflichsten schlechten Menschen", den sie jemals kennen gelernt. Dennoch empfand sie ihr ganzes Leben lang eine besondere Vorliebe für ihn und kehrte trotz mancher Enttäuschungen, die er ihr bereitete, immer von neuem zu ihm zurück. —

Das legten ihr selbst die nächsten Freunde als Schwäche aus. Und doch wurde auch hier Rahels Neigung allein von ihrer tieferen Einsicht in das Wesen des Menschen bestimmt. „Ich habe die reiche Gabe vom Himmel zur Mitgift," sagte sie einmal, „daß ich Menschen durchschaue; und da liebe ich vor vielen auch viele." — Sie suchte jede Person ihres intimeren Umgangs in dem tiefsten Kerne ihres Wesens zu erfassen, und fand sie diesen liebenswert, so übersah sie mit großartiger Duldsamkeit manche Fehler und Unarten des Charakters, auch dann, wenn sie selbst darunter zu leiden hatte. Was sie nun an Gentz entzückte, war sein weiches, allen Eindrücken offenes Herz, die frische, jugendliche Unbefangenheit seines Empfindens, sein Kindergemüt; „die ungetrübte blumenreiche Wahrhaftigkeit, die ewig Naivität gebiert, zum Lächeln und zum Lieben". Sie pflegte zu sagen, er trage ganz versteckt in sich ein kleines Kind. — Es will mir scheinen, als habe Rahel mit diesem Urteil den Mittelpunkt seines Wesens glücklich getroffen. Gerade die hervorstechendsten unter seinen Untugenden tragen einen merkwürdig naiven Zug, der sie uns in ein milderes Licht rückt. Wie ein Kind lebte dieser glänzend begabte Mensch ganz dem Augenblick. Lächelte ihm das Glück, hatte er Gesundheit, Behagen, Geld, soviel er brauchte, so war er selig und kannte keine Sorgen, vergeudete Kraft und Gut und dachte nie an die Zukunft. Fühlte er sich aber krank, versiegten seine Mittel, traf ihn ein persönliches Mißgeschick, ja, stand nur ein starkes Gewitter am Himmel, war er Zeuge eines Menschenauflaufs, so konnte er in bleicher Furcht zittern und am Leben verzweifeln. Aber er wollte sich auch nicht besser machen, als er war: er kannte seine großen Schwächen und gestand sie mit liebenswürdiger Offenheit. Selbst als Diplomat war er, der Kunst des Sichverstellens fremd, leicht zu durchschauen.

Welchen innern Gewinn mußte einem so gearteten Manne der Umgang mit Rahel bringen! Hier kehrte sich das Verhältnis der Geschlechter im geistigen Verkehr geradezu um: Rahel war die Gebende, die „unendlich Produzierende", Gentz der Empfangende. „Ihr reicher, ewig thätiger, ewig fruchtbarer Geist", schrieb er ihr etwas exzentrisch, „traf auf meine unbegrenzte Empfänglichkeit, und so gebaren wir Ideen und Gefühle und Sprachen, die alle ganz unerhört sind. Was wir beide zusammen wissen, ahndet kein Sterblicher."

Sie ist das Orakel, dem er lauscht; willig unterwirft er sich allem, was aus ihrem „großen und lieben Gemüt hervorgeht". Doch sie ist ihm noch mehr: wie Prinz Louis flüchtet er zu ihr, wenn Mißverständnisse, Verlegenheiten, Widrigkeiten sein Gemüt verwirren oder ängstigen: „so wirft sich nur Goethens Tasso andern hin in die Hände, an den Busen", schreibt Rahel, „nur Sie, und die Besten, und ich, wenn ich einen besseren Busen wüßte, als den meinen." Kein Wort kann glücklicher das Verhältnis der beiden ausdrücken! — Da saß er, Trost und Rat heischend, neben der Freundin in deren Dachstübchen, als ihm das Leben in Berlin zur unerträglichen Last geworden war, als er sich durch eigene Schuld in Bande verstrickt hatte, aus denen er kein Entrinnen mehr sah; und erst, nachdem er sich alles vom Herzen gebeichtet und im Lichte ihres klaren Verstandes seine Lage betrachtet hatte, ging er zu seinem Vater und teilte ihm seinen Entschluß mit, Berlin zu verlassen.

Rahels Briefe setzten ihn in tiefstes Entzücken. „Schreiben denn Menschen so?" fragte er (1803). „Nein! aber auch Götter nicht! Mitteldinge zwischen Göttern und Menschen, kindische große Geister, erhabene Kinder, Seelen, in denen sich immer auf einmal die ganze Welt, die hohe und die tiefe, abspiegelt, die die größten Gedanken und die größten Gefühle wie Haselnüsse von ihren ewig vollen Stauden abschütteln und dann ins gemeine Leben hinwerfen —: Rahletten schreiben so! Und Sie allein sind, bei dem lebendigen Gotte, Ihr ewiger Typus und Archetypus, das Alpha und Omega, und der reiche Baum des Lebens für alle, die noch einen Funken von Sinn und Geist haben"... „Welche Tiefe von Genuß und welche Tiefe von Belehrung aus Ihren Briefen mich anblickt," heißt es ein andermal. „In jedem Worte blüht die Welt auf! Und solche bodenlose Wahrheit! — Sie nennen mich ein Kind; es ist das Höchste, das Süßeste, was Sie mir sagen können. Aber Sie allein, Sie machten mich zum Kinde. Wissen Sie nicht mehr, wie ich neben Ihnen, in dem Blütendufte Ihrer alles auftauenden, auflösenden Atmosphäre wieder zum Kinde herabsank?"... Von Rahels Briefen meinte er, sie seien gar nicht geschrieben: „es sind lebendige Menschen, die mit schönen, lieben, weichen Händen, kleinen Füßen, göttlichen Augen, besonders göttlichen roten Lippen einhergehen, vor mir auf und ab spazieren, mich küssen, mich an ihre Brust drücken. Solche Briefe soll ich beantworten? Nein, ich thue es nicht mehr" u. s. w.

Von Gentz wird im ferneren Verlauf von Rahels Leben manches zu berichten sein. —

*   *   *

Unter Rahels aristokratischen Freunden fällt als Original sofort Peter von Gualtieri in die Augen, Major und Flügeladjutant Friedrich Wilhelms III. Einem italienischen Geschlecht entsprossen, von durchaus französischer Bildung, war er Preuße mit Leib und Seele. Geistig sehr beweglich, kannte er kein höheres Vergnügen, als zu räsonnieren und zu disputieren; und da es ihm an dialektischer Schulung und an tieferen wissenschaftlichen Kenntnissen fehlte, so pflegte er im Streiten hartnäckig den einmal eingenommenen Standpunkt zu behaupten und seine Position mit den witzigsten und absonderlichsten Einfällen zu verteidigen. Er besaß den Mut, unter allen Umständen und an jedem Orte alles zu sagen, was er dachte. Sein höchster Ehrgeiz, seine ganze Eitelkeit war, sich der Aristokratie des Geistes zuzurechnen. Er wurde nicht müde, in den höchsten Kreisen zu versichern, daß er sich auf seine persönliche Bekanntschaft mit Goethe mehr einbilde, als wenn er am größten Hofe vorgestellt worden wäre. Zuweilen machte er sich das Vergnügen, mit auffälliger Eile aus einer Hofgesellschaft aufzubrechen, um, wie er sagte, zu Mlle. Levin zu gehen, wo „die klügsten Leute zusammenkämen"; gelegentlich rühmte er sogar vor der Königin diesen Kreis als einen solchen, um den man jeden andern aufgeben dürfe.

Rahel sah diesen Sonderling gern um sich. Sie war die einzige, die ihm im Disput zuweilen beizukommen wußte, indem sie den Hartnäckigen durch einen genialen Einfall wie durch einen plötzlich aufflammenden Blitzstrahl überzeugte. Daher flößte sie ihm großen Respekt ein. Das spricht sich, wenn auch in scherzhaftem Ton, in einem französischen Briefe an Rahel vom Jahre 1798 aus, worin es heißt: „Sie sind ein so einziges Wesen, daß es nur bevorzugten Seelen zukommt, Sie zu lieben, und gleichwohl teilen sie dies oft mit Alltagsmenschen; Sie beschwichtigen die Sinne, wenn man Ihnen nahe ist, und Sie haben doch alles, was nötig ist, um sie zu entflammen; nie scheinen Sie etwas Außergewöhnliches zu sagen, und dennoch spricht niemand wie Sie, oder vielmehr: Sie sprechen nie wie die andern; Sie scheinen fähig, alle zu begreifen, und niemand ist im stande, Ihnen zu folgen; Sie verachten alle Tugenden, und Sie besitzen sie alle, Sie üben sie mühelos, und doch ist es ein Verdienst Ihrerseits, sie zu üben: Ihre Größe stellt Sie über dieselben, und Sie lassen sich zu ihnen herab ... Wie bringen Sie das alles zuwege? ..."

* * *

Eine der frühesten und interessantesten Bekanntschaften Rahels war Fürst Karl Joseph von Ligne. 1735 in Brüssel als Abkömmling eines der ältesten und berühmtesten Geschlechter der Niederlande geboren, war er früh berufen, eine glänzende Rolle in der großen Welt zu spielen. Im Besitz der höchsten militärischen Ehren — er hatte sich u. a. im siebenjährigen Kriege als österreichischer Offizier rühmlich hervorgethan —, nahm er nicht nur in Oesterreich eine maßgebende Stellung ein; auch Friedrich der Große schätzte ihn seinem Verdienste gemäß, und an den Höfen von Versailles und Moskau wurde er mit seltener Auszeichnung behandelt. Frau von Staël sagt, sein Gespräch sei von den größten Genien und den erlauchtesten Herrschern Europas als die edelste Erholung gesucht worden.

Denn alle seine Verdienste und Würden wurden überstrahlt durch seine Liebenswürdigkeit, seine anspruchslose Natürlichkeit und die echt franzö=sische Grazie seines Wesens. „Diese ganze Mischung von Ernst und Munterkeit, von Scherz und Vernunft, von Leichtigkeit und Tiefe macht den Fürsten von Ligne", so urteilt die Staël, „zu einem wahren Phänomen, denn der Geist der Geselligkeit, in dem hohen Grade, wie er ihn besitzt, giebt selten so viele Grazie und läßt dabei so viele Tüchtigkeit bestehen. Man möchte sagen: die Bildung sei in ihm auf dem Punkte stehen geblieben, wo die Völker nie stehen bleiben, nämlich wenn alle rohen Formen gemildert sind, ohne daß irgend Wesentliches dabei gelitten hat."

Als der Fürst Rahel i. J. 1795 im berühmten Modebade Teplitz kennen lernte, zählte er bereits 60 Jahre. Brinckmann bemerkte sehr treffend, selbst Goethes Anerkennung und Wertschätzung Rahels sei leichter zu erwarten gewesen, als ein Verständnis des Fürsten Ligne für sie —: „Zwischen ihr und Goethe ließ sich eine Wahl=verwandtschaft des Geistes und der Gesinnungen schon voraussetzen, aber dem Fürsten hätte ihre höchste und schönste Eigentümlichkeit durchaus fremd bleiben müssen, wenn sie ihn nicht erst durch ihren leichten Witz und ihre anmutige Lebensgewandtheit aufmerksam gemacht hätte auf die erstere. So lernte er schnell genug auch diese schätzen, und bei jedem Wiedersehen fand er unsere Freundin immer von neuem einzig anziehend und liebenswürdig, wie Briefe und Gedichte von ihm an sie hinlänglich beweisen."

So war der Fürst eine ihrer besten Eroberungen in dieser Sphäre. Sie war denn auch, wie alle Welt, entzückt von ihm. „Der Prinz, den ich beständig sehe, ist prächtig und gefällt mir immer besser," schrieb sie aus Teplitz; „so was kultiviert Artiges, à l'aise-Setzendes ist mir noch gar nicht vorgekommen". 1796 sandte er ihr La Fontaines Fabeln mit folgenden Versen:

A Mademoiselle Robert.

Vous qui réunissez tous les genres d'esprit,
Vous aimez, j'en suis sûr, aussi celui des bêtes.
Celles de La Fontaine ont de meilleures têtes
Que les habiles gens de ce siècle maudit.
Rois, Prêtres, Généraux, Courtisans et Ministres
Échapperaient peut-être à leurs destins sinistres,
Si de ces animaux ils avaient le bon sens,
Le tact, la bonne foi, le cœur, ou les talents.

Pour moi, de vos amis le copiste fidèle,
Prenant sans le savoir le singe pour modèle,
J'imite bien les gens qui vous connaissent bien,
Car je compte déjà ne leur céder en rien!

Teplitz, 1796.   Le prince de Ligne.

Noch 1810 drückte ihr der 75jährige Greis folgendermaßen seine Ergebenheit aus: „Oh! chère mademoiselle Robert, ange pour le cœur, et Robert le diable pour l'esprit, gardez moi une place dans l'un et dans l'autre; et élargissez celle que j'occupe dans tous les deux chez l'adorable amie! — Soyez ma bonne protectrice, et recevez les assurances d'attachement et d'admiration que je vous ai voués depuis bien longtemps." —

Rahel liebte den Verkehr mit der Aristokratie — nicht weil er ihrer Eitelkeit schmeichelte; wir wissen, daß der berühmte Name, der hohe Rang an sich ihr wenig oder nichts galten. Aber sie begegnete in diesen Kreisen jenen feinen und doch natürlichen, weil vererbten, Umgangsformen, in denen sie sich so gern bewegte, und die sie in vollkommenster Ausbildung bei Franzosen oder bei Menschen von französischer Erziehung fand. Die Lebensart „de l'ancien régime" war Rahels gesellschaftliches Ideal. Ueber den Grafen Tilly, einen bildschönen, welterfahrenen Franzosen, der, nach längerem Aufenthalt in England und Amerika, in den ersten Jahren des 19. Jahrhunderts nach Berlin kam und hier in der höheren Gesellschaft und am Hofe eine glänzende Rolle spielte, äußerte sie sich 1806 folgendermaßen: „Er inkommodiert mich nicht, sagt mir alles, ich bin ihm ein Sprechsaal, er mir eine Art von Lebensaufführer; das hat etwas von Freundschaft, ohne daß auch der geringste Akkord vorzukommen braucht, und es ist tausendmal besser, als vieles Verfehlte. Dabei hat er die größte Lebensart, und bei dem unerzogenen Krob, welches man hier überall sieht, ist das ein wahrer Wiesenflor, ein Sofa, eine Gondel für die Seele . . ." Rahel wußte sich im Verkehr mit solchen durch Geburt und Rang hochstehenden Menschen durchaus frei und sicher zu bewegen. Alle Unterwürfigkeit lag ihr fern; stets wahrte sie ihre Würde; ja sie beanspruchte gerade von diesen Personen ein besonders zartes und rücksichtsvolles Benehmen. Als einst eine Gräfin Golt ihr in etwas anmaßendem Befehlstone schrieb, sie möchte sich zu einer bestimmten Stunde bei ihr einfinden, brach Rahel sofort den Verkehr ab. „Ich habe keinen Fuß wieder hingesetzt," sagte sie. „Sie muß höflicher mit mir sein als mit einer Gräfin, weil — ich keine bin." —

*   *   *

Das poetische Element im Rahelschen Salon wurde während dieses Zeitraums, wenn man von dem immer fortwirkenden Einfluß Goethes absieht, hauptsächlich durch die Romantiker vertreten. Mit dem talentvollsten Dichter der romantischen Schule, Ludwig Tieck (1777—1853), war Rahel früh in Berührung getreten: ihr Reliefporträt aus der Werkstatt seines Bruders Friedrich entstammt dem Jahre 1796. Doch ist sie, nach einem späteren Ausspruch, in der Jugend mit Ludwig nicht „vertraut" gewesen: „Schade für alle verlorenen Saaten!" fügt sie hinzu. In ihren Briefen an ihn aus späteren Jahren spricht sich eine aufrichtige Verehrung für sein großes Talent aus; doch mußte sie, die mit so tiefem Verständnis die schöne Objektivität Goethescher Poesie genoß, von der Form- und Regellosigkeit, von dem künstlich Aufgeputzten der Dichtungen Tiecks sich abgestoßen fühlen. An seinem späteren Roman „Dichterleben" tadelte sie scharf die mangelhafte Charakteristik der Figuren und bemerkte zum Schluß: „Das Ganze ist Tiecks alte Krankhaftigkeit, daß er die Welt nicht frisch in sich aufnehmen kann, und da er nun darstellen will, nur grübelt, wie Dichter und Litteratoren sie wohl gesehen haben ... Wie kann ein so alter Kritiker und Würdiger so leichthin arbeiten!" — Höher als seine epischen stellte sie seine lyrischen Schöpfungen; und der Dramaturg und scharfsinnige Theaterkritiker einer späteren Zeit besaß ihren vollen Beifall.

Was der Romantik zu ihrem maßgebenden Einfluß im geistigen und sittlichen Leben Berlins verhalf, waren weniger positive dichterische Leistungen, als vielmehr die revolutionäre Tendenz ihrer Theorie und Kritik. Die erstaunlichen Erfolge der romantischen Schule sind in erster Linie auf das Wirken der Brüder Schlegel zurückzuführen. Ihnen ist es zu danken, daß die Nützlichkeitsrichtung der Aufklärungsepoche mit ihrer platten Auffassung des Lebens, mit ihrer Verleugnung aller tieferen und feineren Beziehungen der Poesie allmählich überwunden wurde. Es müssen seltsam faszinierende Geister gewesen sein, diese Schlegel, die trotz ihres kurzen Aufenthalts in Berlin eine völlige Revolution in der Litteratur heraufführten.

Friedrich, der Jüngere (geb. 1772), kam 1797 nach Berlin und verweilte dort bis 1800. August Wilhelms Aufenthalt erstreckte sich von 1801 bis 1804. Als Künstler gehörten beide keineswegs zu den führenden Geistern. Aber die Neuheit und Kühnheit ihrer mit größter Anmaßung ausgesprochenen Ideen; die rücksichtslose Art, wie sie sich von dem Kunstideal der großen Weimaraner, von der

Antike, losjagten und selbst einen Schiller nicht schonten; der Orakel=
ton, in dem sie in ihrem Leiborgan, dem „Athenäum" (1798—1800),
das glänzende, wenn auch etwas verworrene Programm der neuen
Schule verkündeten; die göttliche Frechheit, mit der sie u. a. eine neue
Sittlichkeit dekretierten, die im Grunde in nichts als in der Eman=
zipation des Fleisches bestand —: das alles imponierte, riß zum Bei=
fall hin oder rief heftigen Widerspruch hervor. Wie ein frischer
Sturmwind brach die Romantik in das stagnierende litterarische Leben
Berlins.

Auguſt Wilhelm Schlegels Vorleſungen über schöne Litteratur
und Kunſt zu hören, war Modesache. Auch Rahel und ihre Freunde
fühlten sich von der seltsamen Erscheinung dieses Propheten eines neuen
poetischen Evangeliums angezogen und saßen unter seinen Zuhörern.
In Zeitschriften und Pamphleten der Gegner, unter denen Kotzebue
obenan stand, wurde diese überschwengliche Begeisterung boshaft genug
karikiert, beiſpielsweise durch folgende Verse:

> „Sie müſſen es glauben, beſonders die Damen,
> Die ſollen mich auf dem Katheder ſehn,
> Mich preiſen und kein Wort verſtehn.
> Die werden haufenweiſe zu mir rennen
> Mit Cicisbeen und Ridikülen,
> Ein Stündchen ſitzen auf meinen Stühlen,
> Damit ſie nachher ſagen können:
> ,Als das Kollegium ward geleſen,
> Bin ich auch ein paarmal dabei geweſen.
> Und während ich ſtrick' an meinen Strümpfen,
> Habe ich lernen auf Wieland ſchimpfen
> Und die Göttinger verunglimpfen
> Und über Virgil die Naſe rümpfen;
> Die ganze Aeſthetik in einer Nuß
> Koſtet mich nur zwei Friedrichsdor.
> Dabei hab' ich meinen ſchönen Fuß
> Gezeigt der ganzen Verſammlung vor,
> Und mein elegantes Negligé
> Iſt auch nebenher bewundert worden.
> Was nun gedruckt wird in Süden und Norden,
> Das kritiſier' ich an der Spree
> Nach dem echten kritiſchen Maßſtab,
> Bei dem es immer ſehr viel Spaß gab.'"

Rahels Liebe zu Goethe und Fichte wob ein Band der Ver=
ſtändigung zwischen ihr und den Romantikern. So weit sich letztere
mehr und mehr vom ſtrengen Kunſtideal der klaſſiſchen Schule ent=

fernten, gemeinsam mit Goethe blieb ihnen doch immer das Hin=
gezogensein zur Natur und eine gewisse heidnische Sinnenfreudigkeit.
Die Fichtesche Lehre von der Souveränität des Ich, der, wie erwähnt
Rahel von Herzen beistimmte, spielte auch in Theorie und Praxis der
neuen Schule eine große Rolle: nur daß die Romantiker diese Lehre
im Sinne der willkürlichen Selbstbestimmung nahmen und aus ihr die
Berechtigung herleiteten, in Kunst und Leben ein selbstsüchtiges, von
allen sittlichen Grundsätzen losgelöstes, ironisches Spiel zu treiben. Vor
solchen Verirrungen bewahrte Rahel die kraftvolle Gesundheit ihrer
Natur. Ihr konnte das Gemachte, die Genialitätssucht ohne inneren
Gehalt, die unendliche Selbstberäucherung, die Pose, welche die Roman=
tiker in Leben und Dichtung so gar häufig zur Schau trugen, nicht
entgehen. Daß die Schlegel im Grunde ganz unproduktive Leute, in
erster Linie Doktrinäre und agitatorische Geister waren, blieb ihr nicht
verborgen. Schrieb sie doch z. B. über das Schulhaupt A. W. Schlegel
i. J. 1809, zu einer Zeit also, da er noch auf der Höhe seines Ruhmes
stand, das scharfe Wort: „Ich habe A. W. Schlegels französische Bro=
schüre über die beiden Phädren gelesen: schlechtes Französisch und ein
schlechtes Gemüt; und ein Gemüt zu Racine wie ein Auge mit einer
Perl' drauf! Ein verstockter, vorwitziger Schwächling, ich bin sehr
böse auf ihn. Stumpfer, kranker Kritiker, der nichts von Liebe weiß;
wie er nur noch seine Werke muß geschrieben haben! Mir ein kom=
plettes Rätsel." —

Betrachtet man die romantische Schule in ihrem Verhältnis zu
den Berliner geistreichen Kreisen, so kann man nicht an Friedrich
Schlegels berüchtigtem Roman „Lucinde" (1799) vorübergehen, der,
wie elend und völlig wertlos er als Kunstwerk sein mag, doch als ein
Dokument für die sittlichen Anschauungen dieser Kreise bedeutungsvoll
erscheint. Das Thema des Romans: die Verklärung der sinnlich=
geistigen Leidenschaft, war in der deutschen Litteratur nicht neu; Goethe
und Wieland hatten derartiges anmutig und geschmackvoll behandelt.
Was Schlegel an seiner Aufgabe scheitern ließ, war nicht allein seine
dichterische Unfähigkeit, sondern auch seine Neigung, alles ins Unge=
heuerliche, bis zur Verzerrung zu übertreiben. So wurde der Roman
eine Apotheose der freien Liebe, des schamlosen, durch keine sittliche
Schranke mehr gehemmten Sinnengenusses. Die Tendenz, der bürger=
lichen Moral ins Gesicht zu schlagen, ist in keinem andern Produkt der
romantischen Schule deutlicher ausgesprochen als hier. Die Roman=
tiker selbst und ihr Anhang hielten „Lucinde" für ein göttliches Werk.

Schleiermacher, der es unternahm, in seinen „Vertrauten Briefen über die Lucinde" seinen Freund gegen die Angriffe der Feinde zu verteidigen, schrieb: „So unbefangen, so ohne Rücksicht auf die Welt sollte jeder, der einmal in der Opposition ist, sein Leben hinstellen, wie dies ernste, würdige und tugendhafte Buch." Später scheint ihm selbst unheimlich geworden zu sein vor dem Ideal von Sittlichkeit, das er in seinen „Vertrauten Briefen" aufgestellt; denn Schleiermacher war im Grunde eine sittlich=feine Natur, die sich von Schlegels innerer Haltlosigkeit abgestoßen fühlen mußte. Er hat sich denn auch später mehr und mehr von seinem Jugendfreunde Friedrich losgesagt, was dieser ihm stets mit grollendem Herzen nachtrug.

· „Lucinde" enthält tiefe Selbstbekenntnisse des Verfassers, sein Verhältnis zu mehreren Frauen des romantischen Kreises findet sich unverhüllt darin ausgesprochen; es waren vornehmlich Karoline, geb. Michaelis, die Frau seines älteren Bruders, und seine eigene Geliebte, Dorothea Veit, die eine Rolle in dem Roman spielten. Dorothea, die älteste Tochter Mendelssohns, war von ihrem Vater dem braven Kaufmanne Veit — nicht zu verwechseln mit Rahels jungem Freunde David Veit — vermählt worden. Ergeben hatte sie sich in ihr Los gefügt, war dem ungeliebten Manne eine gehorsame Frau gewesen und hatte ihm zwei Söhne geboren; er mochte sie für ganz zufrieden und glücklich halten. Sie aber, in Rahels und der Herz Umgangskreise gereift, fühlte sich als „femme incomprise": wie sollte ein schlichter jüdischer Kaufmann, der immer im Comptoir steckte, den hochgestimmten Bedürfnissen einer „schönen Seele" genügen? — Ihr Herz mußte dem Zauber des ersten Mannes von Geist und Talent, der ihren Weg kreuzte, rettungslos verfallen —: es war Friedrich Schlegel, den i. J. 1797 die damals Dreißigjährige im Salon der Herz kennen lernte. Sehr bald schlossen sich die beiden so eng aneinander, daß ein ferneres Zusammenleben Dorotheens mit Veit zur Unmöglichkeit wurde; Henriette Herz und Schleiermacher bemühten sich, die Scheidung der Gatten herbeizuführen, die denn auch Ende 1798 erfolgte. Leider machte dieser Schritt das Verhältnis Dorotheens zu Friedrich nicht viel ersprießlicher; eine Verehelichung war nur möglich, wenn Dorothea zum evangelischen Christentum übertrat; das aber verbot ihr die Rücksicht auf ihre alte Mutter. Erst nach fünfjährigem Zusammenleben ließ sie sich in Paris von einem protestantischen Pfarrer taufen und unmittelbar darauf mit dem Geliebten trauen. 1808 traten beide in Köln zum katholischen Glauben über. — Solange ihr Schicksal an das

Friedrich Schlegels gebunden war, als Geliebte wie als Gattin hing
sie dem Leichtsinnigen und Unsteten mit großartiger Treue an, be=
gleitete ihn auf allen seinen Irrfahrten, arbeitete und schaffte für ihn
mit rührender Aufopferung und sühnte so nach Kräften die Schuld,
die sie an ihrem ersten Gatten begangen hatte. Für das Talent dieser
merkwürdigen Frau spricht ihr 1801 veröffentlichter Roman „Florentin",
der trotz seiner Schwächen als eine der besten Arbeiten der roman=
tischen Schule gelten darf.

Ein Verhältnis wie Schlegels zu Dorothea Veit hatte nichts
Exceptionelles. Die abnehmende Achtung vor der Heiligkeit der Ehe
gehört so durchaus zu dem Gepräge der Berliner und weima=
rischen Genialitätsepoche, daß ein kurzes Eingehen hierauf ge=
boten erscheint. „Hier ist alles revolutionär kühn, und Gattinnen
gelten nichts," charakterisierte Jean Paul 1799 diese Atmosphäre.
Das freieste Sichhinwegsetzen über die konventionelle Sittlichkeit gehörte
längst zur Lebenspraxis der klassischen Geister. Nach dem von Rousseau
in seiner „Neuen Heloise" aufgestellten Muster nahmen die schönen
Seelen sich das Recht, in einen geschlossenen Ehebund hinein oder aus
demselben heraus mit einer verwandten, verstehenden Seele einen neuen
Sonderbund zu schließen. Goethes Verhältnis zu Frau von Stein
ist das bekannteste Beispiel dieser Art. Diese Frau indessen wurde an
starkgeistiger Kühnheit weit übertroffen durch Charlotte von Kalb,
die geradezu die freie Liebe proklamierte: „Die Natur ist schon genug
gesteinigt ... Keinen Zwang soll das Geschöpf dulden, aber auch keine
ungerechte Resignation. Immer lasse der kühnen, kräftigen, reifen, ihrer
Kraft sich bewußten und ihre Kraft brauchenden Menschheit ihren
Willen; aber die Menschheit und unser Geschlecht ist elend und jämmer=
lich. Alle unsere Gesetze sind Folgen der elendesten Armseligkeit und
Bedürfnisse und selten der Klugheit. Liebe bedürfte keines Gesetzes u. s. w."
— Als Gattin eines unbedeutenden Mannes hatte Frau von Kalb
früher den jungen Schiller, später Jean Paul in ihren mächtigen
Bannkreis gezogen. Als dann 1788 Schiller dem Lengefeldschen
Hause sich näherte, stand wiederum sein Sinn nach einer Ehe zu dreien:
in seinen Herzensbund mit Lotte sollte seine Schwägerin Karoline
von Beulwitz, eine verheiratete Frau, einbezogen werden; die im
Februar 1790 geschlossene Ehe sollte nach Schillers Absichten und
Wünschen die drei Menschen geistig und unzertrennlich verknüpfen. Nur
der starken Liebe Lottens und vielleicht der Rücksicht Karolinens auf
das Glück ihrer Schwester ist es zu danken, daß dieses schöngeistige

Verhältnis sich allmählich zu einer der schönsten, sittlichsten Ehen aus=
wuchs. — Goethe stellte sich durch sein langdauerndes freies Ver=
hältnis mit Christiane Vulpius in bewußten Gegensatz zur herr=
schenden bürgerlichen Moral; Wieland nahm, „um aufzuleben", wie
es hieß, seine frühere Geliebte, die La Roche, ins Haus, u. s. w.

Die Berliner genialen Kreise standen, was die kecke Emanzipation
von den Gesetzen der Sittlichkeit betrifft, nicht hinter der Gesellschaft
des weimarischen Musenhofes zurück.

Die Gattin August Wilhelm Schlegels, Karoline, hatte
vor ihres Mannes Uebersiedelung nach Berlin (1800) in Jena eine
hervorragende Rolle gespielt. Sie war, als Schlegel sie 1796 hei=
ratete, durch ihr Vorleben in hohem Grade kompromittiert; es zeugt
für ihre geistige Bedeutung, zugleich auch für die Vorurteilslosigkeit
dieser Kreise, daß ihr Mann sie, obwohl man ihre dunkle Vergangen=
heit kannte, in die besten Häuser einführen durfte. Ueberall fand die
schöne und kluge Frau Beifall, sie machte ein Haus, man legte auf ihr
Urteil Gewicht. — Uebrigens kam es schon 1802 zwischen ihr und
ihrem Gatten zum Bruch, und bereits im folgenden Jahre reichte
Karoline dem Philosophen Schelling die Hand zum Ehebunde.

Karoline war die Frau, welche die Stellung der Romantiker
zur Frage der Frauenemanzipation am stärksten beeinflußt hat. Von
ihr empfingen sie viele der Offenbarungen, mit denen sie im „Athenäum"
vor das staunende Publikum traten. Die Frau soll aus der Sphäre
des bloß häuslichen Wirkens, des völligen Aufgehens in den Inter=
essen der Wirtschaft und der Familie herausgehoben werden. „Nicht
die Bestimmung der Frau, sondern nur ihre Natur und Lage ist häus=
lich." Das Weib soll sich mit höheren Dingen, mit Philosophie und
Poesie beschäftigen und sich eine neue Stellung innerhalb der Gesell=
schaft erringen. Vor allem aber wird das Verhältnis der Geschlechter
in der Ehe einer scharfen Kritik unterzogen. Die sklavische Abhängig=
keit des Weibes vom Manne soll einem auf freiem Einverständnis und
gegenseitiger Gleichstellung beruhenden Verhältnisse Platz machen. Ver=
bindet nicht echte Liebe die Gatten, so ist die Ehe keine rechte Ehe und
muß gelöst werden. „Fast alle Ehen sind nur Ehen an der linken
Hand, oder vielmehr provisorische Versuche zu einer wirklichen Ehe" —:
dieser Satz des „Athenäums" liest sich wie eine aus dem Leben Karo=
linens oder Dorotheens abgeleitete Regel.

Ganz dem Berliner Kreise und Rahels näherem Verkehr gehörte
Pauline Wiesel an, eine der abenteuerlichsten Erscheinungen der

Berliner Genialitätsepoche. Sie zählt keineswegs zu den geistvollen Vertreterinnen der Frauenemanzipation; ungebildeter konnte nicht leicht eine Frau sein.*) Aber ihre unvergleichliche Körperschönheit, die göttliche Naivität, mit der sie der freien Liebe, als einem unveräußerlichen Menschenrechte, sich hingab, die wahrhaft klassisch=nackte Natürlichkeit ihres Wesens verliehen ihr einen Zauber, dem sich auch geistvolle und sittlich hochstehende Männer schwer entziehen konnten. Gattin eines sarkastisch=cynischen Sonderlings, des Kriegsrats Wiesel, war sie gleichzeitig die Geliebte des Prinzen Louis Ferdinand. Brinckmann gelobte, ewig den Göttern zu danken, daß er „dieses himmlische Phänomen" gekannt habe. „Ich betrachte sie absolut wie eine Erscheinung aus der griechischen Götterlehre." Alexander v. Humboldt schrieb ihr: „Ich ginge 12 Stunden zu Fuß, um Sie zu sehen. Wir sind uns ewig nah." Gentz lag ihr, da er sie 1815 in Paris fand, anbetend zu Füßen. Varnhagen, der sie zu derselben Zeit, da ihre Jugend längst hinter ihr lag, zum erstenmal sah, fand sie zwar mit manchen schlechten Gewohnheiten behaftet, aber er konnte ihre seltenen Eigenschaften nicht verkennen. Er sprach ihr ein großes, immer neu hervorströmendes Naturgefühl zu, einen von keinem Vorurteil beirrten, unbestechlichen Wahrheitssinn, der sich stets an die klarste Wirklichkeit halte. Das waren denn auch die Vorzüge, die Rahels leidenschaftliche Vorliebe für Pauline Wiesel begründeten; nur daß diese Vorzüge in Paulinens Jugend durch Schönheit und hinreißenden Liebreiz in ein noch helleres Licht gesetzt wurden. Ja, Rahel stellte die Freundin, von all ihren Fehlern absehend, um dieser großen Eigenschaften willen über Gebühr hoch und völlig sich selbst gleich. „Nur einmal konnte die Natur zwei solche zugleich leben lassen," schrieb sie ihr 1810. Und sie fand nur einen Unterschied: „Sie leben alles, weil Sie Mut und Glück hatten; ich denke mir das meiste, weil ich kein Glück hatte und keinen Mut bekam; nicht den, dem Glücke das Glück abzutrotzen, es ihm aus den Händen zu ringen; ich habe nur den Mut des Tragens erlernt. Aber groß verfuhr die Natur in uns beiden. Wir sind geschaffen, die Wahrheit in dieser Welt zu leben. Und auf verschiedenem Wege sind wir zu einem Punkte gelangt" ... Varnhagen wollte, so wenig er den ähnlichen Zug in

---

*) Varnhagen berichtet zur Kennzeichnung ihres Bildungsstandes, sie habe den Bildhauer Fr. Tieck, von dem sie wußte, daß er in Thon modellierte, nur immer (auf echt Berlinisch): „Sie kleener Töpper!" genannt; denn da sie nichts von Bildhauerei wußte, hielt sie ihn in der That für einen biedern Töpfermeister.

Paulinens Natur verkennen konnte, von einer Ebenbürtigkeit nichts wissen. „Ich muß doch lächeln, sie neben dir zu denken," schrieb er Rahel. In der That, vergegenwärtigt man sich Rahels feines, vergeistigtes Wesen, so hat der Gedanke, die beiden Frauen auf eine Stufe zu stellen, etwas Absurdes.

Unter den Frauen vom Abel, die in Rahels Salon verkehrten, tragen ebenfalls stark freigeistige Züge die schon erwähnte Karoline von Schlabrendorf und die Gräfin Josephine von Pachta, welch letztere Rahel im Jahre 1795 in Teplitz kennen lernte. Rahel nannte sie den „größten weiblichen Charakter", den sie je gekannt. „Nichts hat sie abgehalten, nach ihrer Ueberzeugung zu handeln, und nie war sie darin gestört. Auch die ist freudig und durchaus ehrwürdig." An einer andern Stelle bezeichnete sie die Gräfin als die „liebenswürdigste Frau, die ich mit den Augen zu fressen fürchte." Ihr Signalement aus Rahels Munde lautet: „Blond, blauäugig, mit Physiognomie, Wuchs, Grazie, Charakter, Ausdruck."

Die Bekanntschaft in Teplitz bahnte ein echt freundschaftliches Verhältnis an. „Ich denke der glücklichen Tage in Teplitz", schrieb die Gräfin 1796 an Rahel, „wo ich des Morgens leise zu dir schlich, und mich freute, daß du noch schliefest. Es ist Erquickung für dich, meine Geliebte, dachte ich, aber auch eine Stunde der Seligkeit mir abgerechnet ... Ich liebe dich sehr, Rahel, und dich nicht zu sehen, ist ein großes Opfer, das ich bringe." Auch hier bildete innere Verwandtschaft den Kitt der Freundschaft. „Ich glaube mich nicht zu irren," heißt es in einem Briefe der Gräfin, „wenn ich behaupte, daß alle die Aenderungen, die in uns noch vorgehen, so verschieden sie in jeder sein mögen der Art nach, doch in ihrer Natur übereinstimmend bleiben" ... Das ist der Anspruch, den fast alle Freunde und Freundinnen Rahels erheben, oder doch wenigstens ihr dringender Wunsch: mit ihr innerlich übereinzustimmen. Seelenverwandtschaft mit Rahel erschien diesen durch Herkunft, Bildung und Anlage so verschiedenen Menschen als eine Art Rangerhöhung!

* * *

Vergegenwärtigen wir uns noch einmal die Personen des Salons, so erblicken wir Rahel inmitten eines gesellschaftlichen Milieus, das in sittlicher Beziehung unserm modernen Empfinden nicht in dem besten Lichte erscheint. Wir sehen sie vertrauten Umgang pflegen mit Männern, die zum Teil, wie Gentz, Gualtieri, Tilly, ausgesprochene, stadtbekannte Libertiner waren, zum Teil, wie Prinz Louis, W. von Humboldt, die Schlegel, im Verkehr mit dem andern Geschlecht höchst freien Anschauungen huldigten; wir finden sie befreundet mit Frauen, deren Leben sich nicht rein von sittlichen Verirrungen hielt, ja, deren eine — Pauline Wiesel — jedes feineren sittlichen Empfindens bar erscheint. Da drängt sich die Frage auf: Wie verhielt sich Rahel zu dem Treiben dieser „aus den Fugen geworfenen Genialitätsepoche"? —

Zunächst mag daran erinnert werden, daß man an diese Menschen nicht ohne weiteres den heute gültigen sittlichen Maßstab legen darf. Es ist die Epoche eines durch Rousseau, Goethe, Pestalozzi heraufgeführten, einseitigen und schroffen Individualismus, in welcher das Konventionelle, die sozialen Einrichtungen und Formen nur insofern und so weit respektiert wurden, als sie nicht den tieferen Bedürfnissen und Neigungen des Individuums, der Freiheit der Persönlichkeit den Weg vertraten. Sobald das geschah, hielt man sich berechtigt, überlieferte Satzungen in Wort und Schrift zu bekämpfen, sich durch kecke That gegen sie aufzulehnen. Das galt nicht zum wenigsten für das Verhältnis der Geschlechter. Und es waren gerade die Besten jener Zeit, die so, alle Rücksicht beiseite setzend, dem inneren Drange folgten. Es galt damals eine „Religion der Liebe", in der jedes echte Gefühl, jede große Begeisterung geheiligt und über allen Einspruch und Tadel erhaben war. Diese Ansicht war weitverbreitet, wurde von anerkannten Dichtern und Denkern gestützt: so ist die heitere Zufriedenheit und Seelenruhe zu erklären, mit der sich in freier Liebe Verbundene der Welt gegenüber verhielten, die Duldung, mit der die Gesellschaft sie aufnahm und ertrug.

Rahel, mit ihrer hohen Wertschätzung der Persönlichkeit ganz ein Kind ihrer Zeit, stand auf dem Boden dieser Anschauungen. „Der Mensch soll seinem innersten Herzen leben": das war ihre Maxime, die auch ihre Stellung zur Frage des Verhältnisses der Geschlechter bestimmt. Sie urteilte in dieser Hinsicht aus einem ganz individuellen Gesichtspunkte. Nicht pries sie die Mißachtung der Vorurteile an sich schon als eine große, schöne That, sondern sie schaute ohne Voreingenommenheit immer direkt die Menschen und die Dinge selber an, suchte die Motive zu ergründen, die solche Mißachtung herbeigeführt. Sah sie einen großen, genialen, oder auch nur wahren, ursprünglichen Menschen seiner eigensten Natur folgen, wohl gar Stand und Rang opfern, um unwahren Verhältnissen zu entrinnen und echter

Neigung sich hinzugeben, so war sie stets zu milder Rechtfertigung
bereit. Wir sahen bei ihrer Beurteilung des Freundes Gentz, daß sie
einen ganz unsittlichen Lebenswandel übersehen konnte, wenn nur die
Person, die ihn führte, in irgend einer Beziehung ihr natürlich,
echt und liebenswürdig erschien. Sie betrachtete den Menschen eben
als ein Naturprodukt und wollte sich die Freude an ihm durch Fixieren
seiner schwachen und häßlichen Seiten nicht stören lassen. Ja, ihre
Güte war so groß, so tiefgegründet in ihrem Wesen, daß es ihr bei=
nahe unmöglich war, einen Menschen völlig zu verdammen. Selbst in
den ganz hohlen, von Lüge und Eitelkeit durchtränkten Seelen ehrte
sie noch den „Rest Menschlichkeit", der vielleicht in ihnen schlummerte.
Gewiß ist das eine Toleranz, die in Schwäche ausartet und den Schein
sittlicher Gleichgültigkeit hervorruft. Eine nähere Betrachtung indessen
ergiebt, daß ihr der sittliche Maßstab nicht gefehlt, daß sie die Ver=
derbtheit um sich her keineswegs gebilligt hat. Wenn eine nur ge=
machte Genialität, kalt berechnender Egoismus und niedere Leidenschaft
gegen Gesetz und Sitte anstürmten, so verurteilte sie das entschieden;
die bewußt freche und anspruchsvolle sittliche Emanzipation verschiedener
Frauen des romantischen Kreises konnte von niemand strenger verdammt
werden als von Rahel.

Was nun ihren eigenen Wandel angeht, so darf mit unbedingter
Sicherheit behauptet werden, daß er über jeden Makel erhaben war.
Wie sie später mit ihrem Gatten geradezu eine Musterehe führte, war
sie als Jungfrau durch die wunderbare Keuschheit und Reinheit der
Seele inmitten der glühendsten Liebeskämpfe vor jedem Fehltritt be=
wahrt. Wie edelfrei und großartig kühn sie über alles sprechen konnte:
ihre Seele hatte sich eine rührende, liebe Kindesunschuld bewahrt.
Daher war es undenkbar, daß etwas schlechthin Gemeines in ihrer
Nähe aufkam. Ihr war jene sittliche Festigkeit und Sicherheit eigen,
die einer edlen Frau unbedingte Herrschaft über die wildesten Männer
verleiht. Prinz Louis Ferdinand, der überschäumende Sinnen=
mensch, in Rahels Stübchen an ihrer Seite, mit ruhiger, beschwich=
tigter Seele ihr sein Leid und seine Sorgen klagend, von ihr getröstet
und aufgerichtet —: welch ein menschlich schönes Bild! — Nahm sich
je ein Mann heraus, ihr gegenüber die Schranken der Ehrerbietung
zu überschreiten, kannte sie keine Nachsicht. So schrieb sie 1814 über
Clemens Brentano, als er wieder einmal die Herrschaft über sich
verloren hatte: „Ich habe ihm den Handel aufgesagt, und er muß
sehen, daß wenigstens ich mit ihm nicht leben kann. Eine gewisse sitt=

liche Sicherheit brauche ich und gesellige Artigkeit, die mit einemmale bei ihm ganz ausgehen kann." — —

*   *   *

Um ein vollständiges Bild des Rahelschen Salons zu geben, sei hier noch einiger jüngeren Männer gedacht, die ihrem Kreise wenigstens nahe standen und später immer mehr in ihn hineinwuchsen.

Da verdient in erster Linie Rahels Bruder Ludwig Robert (1778—1832) Erwähnung, über dessen Lebensgang und Erziehung schon berichtet wurde. Man schätzte ihn im Salon als liebenswürdigen Gesellschafter und als geistreichen Satiriker und Parodisten. Nach seiner ganzen Veranlagung konnte er als Dichter keine hervorragende Bedeutung erlangen; es gebrach ihm an leidenschaftlichem Temperament und Tiefe der Empfindung. Darum fehlen seiner Lyrik die starken, originellen Herzenstöne; nur in dem Cyklus „Kämpfe der Zeit", nach Napoleons Sturz geschrieben, wurde er durch die Bedeutung des Momentes zu dithyrambischem Schwunge fortgerissen, und diese Gesänge sind wohl das poetisch Wertvollste, das Robert geleistet hat. Im übrigen trug sein Talent einen vorwiegend reflektierenden Charakter; das Epigramm, in dem er zuweilen einen beißenden Witz entfaltete, war seine Hauptstärke. Er hat auf diesem Gebiet Treffliches geleistet; auch findet sich unter den Gedichten, die politische, religiöse und gesellschaftliche Zeitfragen behandeln, manches Beachtenswerte. Seine größte Liebe aber gehörte dem Theater. Leidenschaftlich rang er sein Leben lang um die Gunst der dramatischen Muse; unter einer ganzen Reihe von Stücken, die er der deutschen Bühne gegeben hat, bescherte ihm nur eins einen vollen Erfolg: das Trauerspiel „Die Macht der Verhältnisse", ein wohlgelungener Versuch, soziale Probleme des modernen Lebens auf die Bühne zu verpflanzen. Heine nannte das Stück rühmend als ein Werk, in welchem mit erschütternder Gewalt „die Idee der Menschengleichheit" hervortrete.

Durch Ludwig Robert wurden einige befreundete junge Männer in das Levinsche Haus eingeführt, die sämtlich von idealem Eifer und schönem Verlangen nach harmonischer Ausbildung beseelt waren —: u. a. Adelbert von Chamisso, Wilhelm Neumann, Eduard Hitzig, Franz Theremin. Das Gefühl des Respektes und das Bewußtsein von dem untergeordneten Wert ihrer Leistungen verbot ihnen zunächst, sich Rahel näher anzuschließen. Später jedoch treffen wir einige von ihnen unter Rahels bevorzugten Freunden wieder.

*   *   *

Eine ganz klare Anschauung des Lebens in Rahels Salon ver=
möchten uns nur zeitgenössische Schilderungen zu vermitteln, welche
scharfe Beobachtung mit zuverlässiger Wiedergabe und treuer Charak=
teristik der Personen, der Gespräche, des Geistes, der Stimmung der
Gesellschaft vereinigten. Ich habe in den mir zur Verfügung stehen=
den Quellen — außer einer kurzen Skizze aus Varnhagens Feder, die
seinen ersten Besuch bei Rahel i. J. 1808, also zu einer Zeit schildert,
wo der eigentliche Glanz ihres Salons bereits verblichen war — nur
eine umfassendere Darstellung gefunden, die diesen Anforderungen
einigermaßen entspricht. Es ist die Erzählung eines Grafen S...
aus Paris, die Varnhagen unter dem Titel: „Rahel Levin
und ihre Gesellschaft. Gegen Ende des Jahres 1801" in seine
„Denkwürdigkeiten"*) aufgenommen hat. Leider habe ich das Original=
Manuskript im Varnhagen=Archiv nicht entdecken können; ich fand nur
eine Abschrift von Varnhagens Hand (mit dem Untertitel: „Aus den
Papieren des Grafen S..."). Ich bin somit nicht in der Lage,
festzustellen zu können, inwieweit Varnhagen den Bericht, der unverkenn=
bar das Gepräge seines Stils zeigt, etwa überarbeitet hat. Dennoch er=
scheint mir der Artikel — besonders was die Wiedergabe der Stim=
mung betrifft — interessant genug, um ihn, mit einigen Kürzungen,
hier wiederzugeben.

Einleitend entwirft der Besucher, der durch Brinckmann ein=
geführt wurde, ein Bild von Rahels Aeußerem. Sie sei „weder groß
noch schön, aber fein und zart gebildet, von angenehmem Ausdruck;
ein Zug von überstandenem Leiden — sie war in der That noch nicht
lange von einer Krankheit genesen — gab diesem Ausdruck etwas Tief=
rührendes; doch ließ ihr reiner und frischer Teint, zusammenstimmend
mit ihren dunklen und lebhaften Augen, die gesunde Kraft nicht ver=
kennen, welche in dem ganzen Wesen vorherrschte. Aus diesen Augen
fiel ein Blick auf mich, ein Blick, der bis in mein Innerstes drang,
und dem ich kein schlechtes Gewissen hätte bieten mögen. Aber ich
schien ihr dabei kaum ein Gegenstand näheren Interesses; es war
dieser Blick nur wie eine vorüberstreifende Frage, die gar nicht aus=
führliche, sondern nur ungefähre Antwort wollte, und mit der rasch
ergriffenen ganz befriedigt schien.

„Neben der Wirtin", fährt der Berichterstatter fort, „saß eine
Dame von großer Schönheit, eine Gräfin Einsiedel, wie ich nach=
her hörte. Sie schwieg und schien wenig Anteil an dem zu nehmen,

*) Bd. 8.

was ihr ein Herr vorsagte, den man Abbé nannte . . . Rückwärts abgewendet sprach Friedrich Schlegel mit dem Bruder von Rahel, dessen Dichtername Ludwig Robert späterhin auch sein bürgerlicher wurde. Beide Herren waren mir schon bekannt; Schlegel hatte ich mit seinem Freund und Lobredner Schleiermacher am Tage zuvor bei Mad. Veit gesehen. Mit Ludwig Robert aber hatte ich Bekanntschaft bei Mad. Fleck gemacht, einer schönen und ungemein reizenden Frau, die den Dichter nicht wenig bezaubert zu haben schien. Er war sehr erfreut über einige neue Chansons und kleine Theaterstücke, die ich von Paris mitgebracht hatte, und er hoffte, einige der letztern für die deutsche Bühne zu bearbeiten."

Der Graf wurde in seinen Beobachtungen gestört durch das Eintreten einer kleinen, allerliebsten Dame, „die mit heiterm Lachen auf Dlle. Levin zudrang und neben ihr auf einen Lehnstuhl sich mehr hinfallen ließ als setzte. Alle begrüßten sie mit Jubel . . .

„Es ist die Unzelmann! hatte mir Brinckmann schon zugeflüstert. Sie war vor nicht langer Zeit von Weimar zurückgekehrt, wo sie großes Glück gemacht· und Goethen oft gesprochen hatte, von dem sie so bezaubert war, daß sie dessen Iphigenie trotz Ifflands heimlicher Abneigung mit Gewalt als ihre Benefizvorstellung aufs Theater bringen wollte" . . .

Während Brinckmann und Schlegel sich um die Unzelmann bemühten, fanden sich einige Herren ein, unter ihnen die Majors von Schack und von Gualtieri, welch letzterer sofort die Damen in Beschlag nahm. Noch wurde die Unterhaltung gruppenweise geführt, heiter und ungezwungen, wie der Augenblick es gab. — „Unterdes hatte sich die Gesellschaft durch einige Frauenzimmer vermehrt, mit denen auch Brinckmann sich gleich zu thun machte. Sie gehörten zum Hause; die eine nahm sich des Theemachens an, der andern wurde ich vorgestellt, sie war die Schwägerin der Dlle. Levin [die Frau ihres älteren Bruders Markus], mit der sie übrigens keine Geistesverwandtschaft zeigte. Um so mehr fiel mir die liebevolle und sorgsame Art auf, mit der diese sie behandelte, in das Gespräch zog und ihre unbedeutenden Aeußerungen geltend machte. Brinckmann, der wieder zu mir getreten war, sagte mir, das sei kein Wunder, seine vortreffliche Freundin habe so vielen Geist, daß sie dessen von niemandem verlange und mit andern guten Eigenschaften zufrieden sei. Zudem aber hege sie die stärkste und zärtlichste Zuneigung für ihre ganze Familie, darin sei sie die echte Orientalin, für die Mutter, die

in der That eine äußerst gute und würdige Frau sei, für die Ge=
schwister; besonders aber liebe sie leidenschaftlich zwei kleine Nichten,
Töchter dieser Schwägerin.

„Er schilderte mir in wenig Worten die Brüder; ein jüngster
[Moritz] war in der weiten Welt; von den beiden Anwesenden war
mir der ältere als Kaufmann angegeben worden, er benahm sich zu=
rückhaltend und abgemessen, gefiel mir aber nicht; der jüngere hin=
gegen, Ludwig Robert, zeigte ein bequemes Dasein, eine lässige
Gleichgültigkeit, die gesellschaftlich einen angenehmen Eindruck machte;
seine Physiognomie war bedeutend, der scharfe Denker und Beobachter
blickte selbst aus der Lässigkeit hervor. Beide Brüder machten zu der
herzlichen Wärme und edlen Freiheit der Schwester ein um so stärkeres
Gegenbild, als ihr besonders für diese Brüder eine stets thätige und
beinahe zärtliche Sorge immerfort anzumerken war.

„Das Gespräch wurde sehr lebhaft und wogte, zwischen den Per=
sonen wechselnd, über die mannigfachsten Gegenstände hin. Ich wäre nicht
fähig, die raschen Wendungen und den verschiedenartigen Inhalt hier
wiederzugeben, und wage den Versuch nicht. Man sprach vom Theater,
von Fleck, dessen Krankheit und wahrscheinlich nahen Tod man all=
gemein beklagte, von Righini, dessen Opern damals den größten
Beifall hatten, von Gesellschaftssachen, von den Vorlesungen August
Wilhelm Schlegels, denen auch Damen beiwohnten. Die kühnsten
Ideen, die schärfsten Gedanken, der sinnreichste Witz, die launigsten
Spiele der Einbildungskraft wurden hier an dem einfachsten Faden
zufälliger und gewöhnlicher Anlässe aufgereiht. Denn die äußere Ge=
stalt der Unterhaltung war ohne Zwang und Absicht, alles knüpfte
sich natürlich an das Interesse des Augenblicks, der Person, des Namens,
deren gerade gedacht wurde. Vieles, das in Anspielungen bestand und
irgend eine Kenntnis voraussetzte, entging mir ganz, anderes wenig=
stens teilweise. Doch wenn Friedrich Schlegel seine Meinung sagte,
zwar mühsam und unbeholfen, aber auch tief und gediegen, in der
eigentümlichsten Werkstätte geschmiedet, so fühlte man gleich, daß hier
kein leichtes Metall ausgegeben werde, sondern ein schweres und kost=
bares; wenn Schack, leicht erzählend, manche Personen, die durch Rang
und Weltstellung bedeutend waren, in pikanter Weise schilderte, wenn
er kleine Bemerkungen geschickt einschob, so waren die Vertrautheit
und Uebersicht unverkennbar, mit denen er eine unendliche Erfahrung
großweltlichen Lebens spielend behandelte. Die Heiterkeit und Laune
der Mad. Unzelmann wirkten unaufhörlich belebend ein. Ludwig

Robert und Brinckmann erwiesen sich als echte Gesellschaftskinder. Alle waren auf natürliche Weise thätig und doch keiner aufbringlich, man schien ebensogern zu hören als zu sprechen. Am merkwürdigsten war Dlle. Levin selbst. Mit welcher Freiheit und Grazie wußte sie um sich her anzuregen, zu erhellen, zu erwärmen! Man vermochte ihrer Munterkeit nicht zu widerstehen. Und was sagte sie alles! Ich fühlte mich wie im Wirbel herumgedreht und konnte nicht mehr unterscheiden, was in ihren wunderbaren, unerwarteten Aeußerungen Witz, Tiefsinn, Gutdenken, Genie oder Sonderbarkeit und Grille war. Kolossale Sprüche hörte ich von ihr, wahre Inspirationen, oft in wenig Worten, die wie Blitze durch die Luft fuhren und das innerste Herz trafen. Ueber Goethe sprach sie Worte der Bewunderung, die alles übertrafen, was ich je gehört hatte."

Ludwig Robert wurde aufgefordert, einige seiner Stachelverse vorzutragen; Gualtieri war geradezu erpicht, die auf ihn gemünzten Bosheiten zu hören. So las denn Robert u. a. zwei an ihn gerichtete Akrosticha vor, die wegen ihres treffenden, Gualtieri drastisch kennzeichnenden Inhalts allgemeinen Beifall hervorriefen; nur der Besungene selbst — und das erhöhte die Komik der Situation — stand nachdenklich und wußte nicht, ob er sich geschmeichelt oder beleidigt fühlen sollte; schließlich forderte er vom Dichter eine Erklärung, ob er etwas Schlechtes gemeint habe, indem er ihn als einen Egoisten darstellte; das müsse er ihm genauer auseinandersetzen. Und nach seiner Weise ganz von diesen Gegenständen erfüllt, nahm er Robert unter den Arm, und eifrig disputierend verließen beide langsam das Zimmer.

„Dlle. Levin", fährt der Besucher fort, „erklärte sich ernstlich gegen solche geist- und kunstreichen Spiele, wie überhaupt gegen alle persönliche Satire, Parodie und Travestie, als gegen einen Mißbrauch der Dichtkunst; alles dies, meinte sie, trage etwas Böses in sich, das zuletzt nur gemeiner Schadenfreude diene: einen großen Unwillen und Zorn, eine heftige Bitterkeit, ein tiefeinschneidendes Charakterisieren aus Einsicht und zur Einsicht, das alles begreife sie und respektiere sie, wo ein innerer Drang es durchaus gebiete, oder wenn wirklich anmutige und unbezwingliche Laune das Gehässige wieder aufhebe.

„Schlegel, der sich solcher Vergehen gegen Schiller schuldig wußte, stellte die Xenien als Einwand auf; allein die rasche Gegnerin versetzte: ‚Das Beispiel spricht gerade für mich; wenn Sie die anführen, stehen Sie schon auf meiner Seite! Denn wo ist wohl der Zorn gerechter, der Unwille edler, der Witz lebendiger, als eben in den Xenien? Ueberdies sind Goethe und Schiller — nun ja! Goethe und Schiller!' —"

Inzwischen hatte sich die Gesellschaft abermals um einige Personen vermehrt, unter ihnen die beiden spanischen Diplomaten Graf Casa-Valencia und d'Urquijo, von denen der letztere bald darauf Rahels Herzen so gefährlich werden sollte. Einige Bewegung erregte das Kommen des berühmten Publizisten Gentz, den unser Berichterstatter folgendermaßen charakterisiert: "Selten habe ich so viel Schüchternheit mit so viel Dreistigkeit beisammen gesehen, wie im Äußern dieses Mannes vereinigt war. Mit zaghafter Unsicherheit prüfte er gleichsam die Gesichter und die Plätze und war nicht eher ruhig, bis er sie alle untersucht hatte. Ich als Fremder schien ihm wohl unbedeutend, die andern erkannte er als Günstige, nur Friedrich Schlegel flößte ihm einen heimlichen Schauder ein, auch wählte er den diesem fernsten Platz. Behaglich und sicher zwischen Mad. Unzelmann und seinem Beschützer Schack, knüpfte er mit den beiden gleich ein Gespräch an, das bald aber für alle gemeinsam wurde. Er erzählte von seinem Mittage, er hatte bei dem Minister Grafen Haugwitz gegessen, dort Gesandte und Generale gesprochen, die neuesten Neuigkeiten aus London und Paris erfahren. Mad. Unzelmann verbat aber alle Politik, und verlangte nur solche Nachrichten, an denen auch sie teilnehmen könnte. ,Ganz recht, mein Engel', erwiderte Gentz mit Lebhaftigkeit, ,auch wir sprachen am wenigsten von Politik, sondern von den Sitten, den Vergnügungen, von — ist Gualtieri nicht hier? — der Depravation*), die sich wieder einfindet in Paris, von den Liebeshändeln, den Theatern, den Restaurateurs, — nicht wahr, das sind hübsche Gegenstände?'"

Auf das Thema Liebe übergehend, begann Gentz von ihrem Glück und Unglück, von ihren Gründen, Bedingungen und Wirkungen zu reden: "erst nur in kleineren Sätzen, die er noch konversationsartig an seine Nachbarn richtete, frageweise, problematisch, allmählich entwand er sich diesem Bezuge und Ton, nahm einen freieren Schwung, wagte kühnere und festere Behauptungen, und als er sich der Gesinnung und Beistimmung seiner Zuhörer völlig versichert halten durfte,

---

*) Der originelle Gualtieri hatte einen Gesandten, der eben aus Lissabon gekommen war und von dieser Hauptstadt erzählte, ganz unbefangen und harmlos gefragt, ob auch „gute Depravation" dort wäre? und den gemessenen, würdevollen Mann durch die unerwartete Anrede ganz außer Fassung gebracht.

öffnete er gleichsam alle Schleusen seiner Beredsamkeit, deren gewaltiger Fluß nun unwiderstehlich einherströmte und uns mit staunender Bewunderung erfüllte. Friedrich Schlegel und seine Lucinde hätten hier etwas lernen können! Gentz sprach mit Eifer und Wärme, mit Scharfsinn, mit Fülle, und ein solcher Wohlklang, ein solches Wogen der Worte, eine solche Folge glücklicher Ausdrücke, guter Zusammenfügungen, leichter Uebergänge, ein solches wirkliches Einnehmen und Bereden ist mir seitdem bei keinem Menschen wieder vorgekommen. Auch fesselte er jede Aufmerksamkeit und gewann jeden Beifall. Nur unsre Wirtin, welche die klugen, vergnügten Augen fest auf ihn gerichtet hielt, rief bisweilen ein ‚Recht, Gentz!‘ ein ‚Prächtig‘ oder ‚Bravo‘, dann auch wohl ein ‚Warum nicht gar?‘ oder ‚O nein‘ dazwischen. Die andern horchten schweigend. Ich wünschte mir Glück, von dieser so oft gerühmten und mir bis dahin immer etwas zweifelhaft gebliebenen Vortrefflichkeit ein so glänzendes und in dieser Art vielleicht einziges Beispiel zufällig erlebt zu haben.

„Noch war alles gespannt, und einzelne Funken sprühten noch, gleichsam verspätete Nachzügler des wallenden Feuerstroms, als eine neue Erscheinung auftrat: Prinz Louis Ferdinand! Die ganze Gesellschaft erhob sich einen Augenblick, aber gleich rückte und setzte sich alles wieder zurecht, und der Prinz nahm seinen Platz neben Dlle. Levin, mit der er auch unverzüglich ein abgesondertes Gespräch begann. Er schien unruhig, verstört, ein schmerzlicher Ernst verdüsterte sein schönes Gesicht, doch nicht so sehr, um nicht eine liebevolle Freundlichkeit durchschimmern zu lassen, die bei seiner hohen, herrlichen Gestalt und freien, gebieterischen Haltung um so wirksamer für ihn einnahm. Ich war vom ersten Augenblick bezaubert; einen so günstig ausgestatteten Menschen hatte ich noch nicht gesehen; ich mußte mir bekennen, in solcher Person und in solcher Weltstellung durch das Leben zu gehen, das sei denn doch einmal ein Gang, der der Mühe wert sei! Solche Heldenfigur giebt in der That eine Vorstellung von höherem Geschlecht, Beruf und Geschick, und wirft in das, was uns bisher nur als Dichtung erschienen, ein lebendiges Zeugnis von Wirklichkeit ...

„Der Prinz war aufgestanden und hatte sich den Fremden vorstellen lassen ... Seine Leutseligkeit war vornehm, und doch durchaus menschenfreundlich, ohne den Beischmack von Herablassung, der die Gnade der Großen meistenteils so ungenießbar macht. Auch wurde der Prinz durchaus nicht schmeichlerisch behandelt, die herkömmlichen Formen der Ehrerbietung fehlten nicht, allein außer diesen konnte ihn

nichts erinnern, daß er mehr sei als die andern. Nach wenigen Augenblicken fand ich mich so unbefangen und behaglich in seiner Gegenwart, als hätte ich ihn schon jahrelang gekannt. Ihn selber schien
kein Zwang befallen zu können, er verfuhr und sprach, als ob er unter
geprüften Freunden sei.

„Diese Freiheit, sich überall ohne Scheu auszusprechen, war allerdings ein köstliches Vorrecht seiner hohen Stellung, aber um dasselbe
auszuüben, war doch wieder er selbst erforderlich. Ihn kompromittierte
nichts, weil er sich nie für kompromittiert ansah. In seiner Sphäre
wagte sich niemand an ihn, und eine fremde Macht, vor der ein Prinz
von Preußen sich gebeugt hätte, gab es nicht. So sprach er ohne
Zurückhaltung seinen Unwillen und Grimm gegen Bonaparte und gegen
die freundschaftlichen Verhältnisse aus, welche die Höfe mit ihm unter-
hielten. Eine der Anklagen, die er gegen ihn vorbrachte, war in dem
Munde eines Prinzen sonderbar; man war überrascht, jenem vorgeworfen zu sehen, daß er die Freiheit untergrabe!

„Merkwürdiger noch, als in diesen Aeußerungen, erschien mir der
Prinz in einigen andern, welche hinter scheinbarer Zerstreutheit und
Unaufmerksamkeit die feinste Beobachtung und tiefste Menschenkenntnis
verrieten. So sprach er von seiner Familie, von seiner Schwester, der mit
dem Fürsten Anton Radziwill verheirateten Prinzessin Luise, von seinem
Bruder, dem Prinzen August, mit ebenso großer Zuneigung als Offenheit, als ob uns allen dieser Umgang und diese Einsicht wie ihm selber
vertraut sein müßten. Seinen Schwager, den Fürsten Radziwill, schien
er besonders zu lieben, die gemeinsame Liebe zur Musik wirkte hier
mächtig ein" ...

Bald darauf verabschiedete sich der Prinz und gab damit das
Zeichen zu allgemeinem Aufbruch, denn es war Mitternacht geworden.
Auf der Treppe begegnete den Aufbrechenden der Fürst Radziwill,
der unter Aeußerungen der Freude den Prinzen in den Salon zurückführte. Graf S.... aber, in dem Bedürfnis, die empfangenen Eindrücke zu verarbeiten, forderte Brinckmann zu einem nächtlichen Spaziergange auf. „Wir waren", schließt sein Bericht über den denkwürdigen
Abend, „etwas auf dem Gendarmenmarkt umhergegangen, kehrten aber
nun in die Jägerstraße zurück, wo der Wagen des Prinzen noch vor
dem Hause hielt. In dem Zimmer oben war ein Fenster geöffnet, und
Klaviertöne erklangen. Wir standen still und lauschten, der Prinz
phantasierte mit genialer Fertigkeit, Dlle. Levin und Fürst Radziwill
standen mit dem Rücken gegen das Fenster, und wir hörten einigemal

die Stimmen ihres Beifalls. Wie gern hätten wir die unsere hinzugefügt! Das Spiel des Prinzen war kühn und gewaltig, oft rührend, meist bizarr, immer von höchster Meisterschaft. Nach einer halben Stunde hörte er auf, bald nachher fuhr er mit seinem Schwager nach Hause. Auch wir gingen nun, und Brinckmann brachte mich zu meinem Gasthof, wo mir aber die empfangenen Bilder und Eindrücke noch lange den Schlaf versagten."

Fünftes Kapitel.

Wirkungen des Salons.

Große Männer der That, wie Bismarck, haben das Salon=
leben am Ende des 18. und während der erften Dezennien des 19. Jahr=
hunderts geringschätzend einen „Zeitvertreib für ein Zeitalter ohne
Handlung" genannt. Ohne Zweifel liegt einiges Richtige in diesem
Urteil. Ein Kreis, in dem hochgebildete Männer und Frauen der ver=
schiedenften Kreise sich faft allabendlich zusammenfanden, um über Gott
und Unfterblichkeit, Wiffenschaften und Künfte, Freundschaft und Liebe,
Vaterländisches und Kosmopolitismus, gelegentlich auch über Stadt=
und Hofklatsch bis tief in die Nacht hinein ernfthaft und erschöpfend
zu diskutieren; die Erscheinung einer Frau wie Rahel, die, ohne
künftlerische oder wiffenschaftliche Leiftungen hervorgebracht zu haben,
einzig durch ihre Persönlichkeit, durch die Kraft ihrer Rede eine geiftige
Macht ohnegleichen ausübte —: das alles war nur in einer Zeit
möglich, der es an einem großen realen Inhalt gebrach. Daher denn
auch, sobald ein eingreifendes geschichtliches Ereignis die dumpfe Stille
der Stagnation unterbrach, wie 1806 und 1812, der Salon sofort
zurücktrat. In mancher Beziehung aber war er eine hiftorische Not=
wendigkeit. Beispielsweise ersetzte er den Beteiligten die fehlende Ge=
legenheit, öffentlich zu sprechen: gab es doch damals weder Parlamente,
noch Vereine oder andere Veranstaltungen, in denen heute der Mann —
und zum Teil auch schon die Frau — ihr Interesse an öffentlichen
Dingen bethätigen kann. Außerdem waren bei dem mangelhaften Zu=
ftande der Zeitungen und ihrer Gebundenheit durch die Zensur die
Salons als Nachrichtenbureaus faft unentbehrlich.

Das alles muß in Betracht gezogen werden, um ein richtiges
Urteil über den Salon zu gewinnen. Uebrigens fühlten doch auch
manche der Beteiligten sehr klar, daß ein von Tag zu Tag sich fort=

spinnendes Gesellschaftsleben mit seinem unermüdlichen Durchsprechen von Fragen der wichtigsten wie der nichtigsten Art, seinem Geistes= geplänkel und Witzfeuerwerk, seiner ästhetischen Verfeinerung, die so leicht in Verzärtelung des Geistes ausartete, mit seinem geschäftigen Müßiggang kein befriedigender Ersatz sein konnte für die mangelnde Be= thätigung der Kräfte im frischen, bewegten Leben der Gegenwart; und niemand kann sich schmerzlicher dessen bewußt gewesen sein als Rahel. — Andrerseits — das darf wohl ausgesprochen werden — liegt in einer Zeit wie die heutige, wo Männer und Frauen selbst der höchsten Ge= sellschaftskreise zuweilen einen erschreckenden Mangel an geistiger Kultur an den Tag legen, kein Grund vor, mit so großer Geringschätzung auf das Salonleben jener Periode herabzublicken, das, wie mancherlei Auswüchse es gezeitigt haben mag, denn doch ein erfreuliches Stück deutschen Geisteslebens wiederspiegelt.

* * *

Fragt man nach der Einwirkung Rahels und ihres Salons auf das Kulturleben jener Zeit, so ergiebt sich aus dem tieferen Einblick in die Zusammensetzung, das Leben und Streben des Kreises die Ant= wort von selbst. Wenn es möglich ist, Rahels Hauptbedeutung in einem kurzen Satze auszusprechen, so läßt sich vielleicht sagen: In eine vielfach von Hypergenialität und falscher Sentimentalität an= gekränkelte Gesellschaft trat sie mit ihrer frischen Natürlichkeit, mit ihrem klaren Kopf und warmen Herzen; dem überspannten, oft bis zur Verlogenheit verzerrten Fühlen und Denken der Zeitgenossen stellte sich ihre unbeirrbare Wahrhaftigkeit, der in diesen Kreisen üblichen laxen Moral ihr gesundes sittliches Empfinden entgegen. So mußte von ihr ein reinigender, befreiender, sittigender Einfluß ausgehen: Rahels Wirkung auf ihre Zeit ist wesentlich ethischer Natur.

In diesem still von Person zu Person wirkenden, veredelnden Einfluß auf die Zeitgenossen, der um so tiefer und nachhaltiger war, als er ganz unbewußt und ohne jede Prätension geübt wurde, erschöpft sich jedoch keineswegs Rahels Bedeutung. — Wir sahen ihr stetes Be= mühen darauf gerichtet, ein anmutiges, vergeistigtes Gesellschaftsleben um sich zu schaffen. Ihr Vorbild war die feine Lebensart des fran= zösischen Salons, die sie während ihres Aufenthalts in Paris und zu Hause durch vielfachen Verkehr mit geistvollen Franzosen kennen gelernt hatte. Ohne ein blinder Vergötterer ausländischen Wesens zu sein, hätte sie gern ihren Landsleuten etwas von der gesellschaftlichen Sicher=

heit, Unbefangenheit und Grazie der Fremden gewünscht. Vor allem vermißte sie den freien, leichten und gefälligen Konversationston, den die Franzosen lange vor uns besaßen. — Hören wir, wie sich Rahel in einem Briefe aus dem Jahre 1816 hierüber geäußert hat: „Wir, die Deutschen, haben noch keine Sprache, so durch alle Geselligkeits= röhren getrieben, wie es die französische ist, in der man sich dem Ge= ringsten im Faubourg verständlich machen kann. Es liegt aber eine solche in unserer bereitet da; man braucht sie nur fertig zu machen, nur die Wortstücke dazu auszusuchen — auch ich kann dergleichen, weil das Tagesleben, wie bei den Franzosen, mein Kunststoff ist. — Es gab aber in unserm Lande keine Gelegenheit zum Sprechen, als die Kanzel. Alle übrigen Gedanken müssen ohne Ton, Gebärde, unper= sönlich, aus dem Geist an den Geist wirken. Also langsam, künstlich. [Sie meint: durch Bücher und Zeitungen.] Es werden Verhältnisse uns auch eine Lebensgeselligkeit in Worten schaffen. Ich weiß es. O! lebt' ich nur lang genug! Ganz plan und klar und deutlich muß geredet werden."

Kaum jemand war mehr befähigt, eine solche „Lebensgeselligkeit in Worten", das Vehikel für den geistig=geselligen Verkehr, schaffen zu helfen, als Rahel. Sicher in einer tiefen deutschen Bildung wurzelnd, empfänglich für französische Geistesart, ernst und launig, gemessen und witzig, besaß sie alles, um die dem deutschen Salon notwendige Kon= versationssprache ins Leben zu rufen. Sehr fein und treffend kenn= zeichnet Hillebrand*) Rahels Sprache also: „Ihre Sprache war nie pedantisch, noch auch im Grunde nachlässig; nie rhetorisch noch un= schön; ihre Briefe geben uns ein reines Bild ihres Gesprächs: die schöne, leserliche, fließende Handschrift ohne irgend eine Korrektur verrät dem Beschauer, wie alles voll vorwärtsströmte, ohne sich je zu über= stürzen. Wir haben außer ihr eigentlich nur einen Schriftsteller, der schreibt wie man spricht: Lessing, und der giebt uns eher das dis= kutive Gespräch, als die einfache Causerie. Rahel thut's; sie erzählt, urteilt, giebt ihre Empfindung wieder, als säße sie allein mit dem teilnehmenden, gebildeten, intelligenten Freunde; oder auch mit mehreren, die sie anregen, ohne ein Auditorium zu machen. Dieser konversationelle Stil, an dem unsere Litteratur so arm ist, der auch vielfach bei uns als unerlaubt, weil kavalier, betrachtet wird, während er doch mehr als jeder andere Takt und Geschmack in der Wahl des Ausdruckes fordert,

---

*) Zeiten, Völker und Menschen. Von Karl Hillebrand. 2. Bd. Wälsches und Deutsches. Berlin, Robert Oppenheim, 1875.

ist freilich nicht überall am Platze; wo er's aber ist, da hat er einen einzigen Reiz: denn er atmet Leben und erweckt Leben."

Wer Rahels Stil aus wenigen Proben nur oberflächlich kennt, dem möchte diese Nebeneinanderstellung Lessings und Rahels Befremden erregen. Sieht man allein auf die strenge Logik, auf die Korrektheit des Ausdrucks, so ist natürlich Lessing, als Berufsschriftsteller und einer der feinsten, sprachgewaltigsten Stilisten, Rahel bei weitem überlegen; nie würde ihr es in den Sinn gekommen sein, sich ihm zu vergleichen. Denn sie war sich der Unbeholfenheit, der Schwächen ihrer Ausdrucks= weise wohl bewußt. Die unleugbare Aehnlichkeit im Stil beider be= steht eben darin, daß er alles Gemachte, Steife, Konventionelle der bloßen Schriftsprache abstreift, daß er ganz individuell ist, die volle Frische und Natürlichkeit des Lebens atmet. Diese Schreibweise, wenn auch einem natürlichen Drange entsprungen, war nicht absichtslos. „Ich mag", äußerte Rahel einmal zu Gentz, „nie eine Rede schreiben, sondern will Gespräche schreiben, wie sie lebendig im Men= schen vorgehen, und nicht erst durch Willen, durch Kunst — wenn Sie wollen — wie ein Herbarium, nach einer immer toten Ordnung hingelegt werden ...„ Ist ein Schreiben, sei es Buch, Memoire oder Brief eines andern, nur vollständig gehaltene Rede, so hat es für mich immer einen Beigeschmack von Mißfallen." Diese Worte drücken genau aus, was sie wollte.

Und was sie wollte, hat sie erreicht. Ihre Sprache atmete Leben und weckte Leben: in ihrem Salon lernten die schwerfälligen Deutschen, die wohl gelehrte Vorträge halten, aber nicht plaudern konnten, die Kunst, auf leichte, gefällige Weise ihrem Denken und Empfinden Aus= druck zu verleihen. Und da die meisten Besucher entweder der Litteratur angehörten oder doch ihr Pflege angedeihen ließen, drang dieser freie, geistreiche und doch herzliche Ton des Rahelschen Hauses in die ver= schiedensten und weitesten Kreise. Der lebhafte Briefwechsel, den Rahel mit ihren Freunden und Verehrern unterhielt — war sie doch eine der fleißigsten Briefstellerinnen aller Zeiten —, trug gleichfalls dazu bei, das feine, gesellige Element ihres Salons weit über die Grenzen Berlins hinaus zu verbreiten.

*   *   *

Schon früher ist der eigentümlichen Begabung Rahels gedacht worden, die Freunde auf hervorragende Leistungen im Gebiete des Kunstschaffens aufmerksam zu machen, durch ihren Enthusiasmus sie zu interessieren und zu einer ernsthafteren, denkenden Beschäftigung mit Litteratur und Kunst anzuregen. Unter den Schriftstellern, die sie ihrer Gemeinde mit ewig frischer Begeisterung anpries, steht natürlich Goethe obenan. Der Goetheschen Poesie in Berlin zur Anerkennung und zum Siege verholfen zu haben, ist eins der wichtigsten Verdienste ihres Salons. Freilich ist wohl Rahels Bedeutung in diesem Punkte lange überschätzt worden. Da sie nicht müde wurde, ihrer Verehrung für den Dichter mündlich und in ihren zahlreichen Briefen immer aufs neue Ausdruck zu geben, da ferner Varnhagen, stets eifersüchtig darauf bedacht, den Geist seiner Rahel ins rechte Licht zu rücken, mehrmals Urteile von ihr über Goethe durch Veröffentlichung weiteren Kreisen zugänglich gemacht hat, so mußten notwendig die Verdienste, die Rahel in dieser Hinsicht unstreitig besitzt, ins Unwahre vergrößert werden. Rahel war weder die erste — wie Varnhagen uns in seinen „Denkwürdigkeiten" glauben machen will —, die Goethes außerordentliche Größe erkannt, noch die erste, die seinen Ruhm litterarisch festgestellt hat.

Es bedurfte vielmehr einer langjährigen Anstrengung, ja systematischen Arbeit verschiedener Personen und Kreise, um der Goetheschen Poesie und Weltanschauung in Berlin und Norddeutschland zum Durchbruch zu verhelfen.*) Goethes Jugendarbeiten, die, als Offenbarungen eines neuen, bahnbrechenden Kunstprinzips, anderwärts mächtig einschlugen, wurden hier im allgemeinen sehr lau und mit Kopfschütteln aufgenommen. Als er 1786 eine achtbändige Ausgabe seiner Schriften veranstaltete, begegnete er in Berlin einer kühlen, fast feindseligen Stimmung. Es regte sich hier der Widerspruch einer durch Lessings und Mendelssohns Schule gegangenen, an den Ideen der Aufklärungsepoche gesättigten Generation. Hatten doch Lessing und Mendelssohn selbst gegen Werther ihre Stimme erhoben. Friedrich Nicolai schrieb eine Satire gegen dieses Buch, in der er alle künstlerischen Absichten des Dichters aufs plumpste verkannte. Die Schriftsteller und das Publikum der alten Schule bewahrten Goethe ihre Feindschaft bis ans Ende. In der jüngeren Generation dagegen begann er seit 1800 allmählich Fuß zu fassen. Ein großer Umschwung in der öffentlichen Wertschätzung Goethes vollzog sich infolge der geschickten und ununterbrochenen Reklame der Romantiker, auf deren Beziehungen zu dem Dichter

---

*) L. Geiger hat in seinem wertvollen kulturhistorischen Werke „Berlin 1688—1840. Geschichte des geistigen Lebens der preußischen Hauptstadt" (Berlin, Gebr. Paetel, 1892—95, 2 Bde.) diesen Prozeß ausführlich dargestellt.

schon hingewiesen wurde. Sie stellten ihn in ihren Zeitschriften und Vorträgen bei jeder Gelegenheit als den Dichter aller Dichter, keinem andern vergleichbar, hin und leiteten aus seinen Werken das Wesen aller echten Kunst ab. Ein so unablässiges Eintreten konnte nicht ohne Wirkung bleiben. Bald suchten sich die Berliner Zeitschriften Goethes Mitarbeiterschaft zu sichern, oder sie schrieben wenigstens, soweit sie nicht im Dienst der Aufklärung standen, in goethefreundlichem Sinne. In dem grünen Musenalmanach der Jungromantiker (Varnhagen, Chamisso, Neumann u. s. w.) ward Goethe als Vorbild und Meister enthusiastisch gepriesen.

Neben dieser mehr systematischen Arbeit war noch ein anderes Element wirksam, um Goethes Sieg in Berlin zu vollenden und seine Herrschaft zu befestigen: der stille, aber mächtige Einfluß der Frauen. Durch eine Frau, Karoline Böhmer, August Wilhelm Schlegels spätere Gattin, vielleicht die erste, die Goethes Bedeutung in vollem Umfange erkannt hatte, — nicht erst durch Rahel, wie Varnhagen behauptet — waren die beiden Schlegel tiefer in sein Wesen und seine Dichtung eingeweiht worden. Die erste größere Goethe-Gemeinde in Berlin fand sich im Salon der Madame Herz zusammen. Wie durfte sie sich Goethe entgehen lassen! Der Glanz seines Namens mußte beitragen, ihren Salon zu schmücken. In ihren Abendgesellschaften las man seine Dramen mit verteilten Rollen; anmutig klangen seine Verse von Henriettens schönen Lippen. Wie wenig sie im Grunde Goethe verstand, war wohl nur denen offenbar, welche die Affektation und geringe Tiefe ihres Wesens durchschauten.

Wie unendlich viel hatte Rahel als Verkündigerin Goethes vor der Freundin voraus! — Vom feinsten Verständnis für den Dichter beseelt, wahrhaft von seinem Geiste durchdrungen, von einer Liebe zu ihm erfüllt, die in ihrer echt deutschen Innigkeit an Schmerz grenzte, mußte sie wohl hervorragend berufen sein, Goethes Genius in der Gesellschaft zu repräsentieren. Wenn sie von ihm sprach, wenn sie, immer den tiefsten Kern erfassend, seine Werke — unter denen sie Wilhelm Meister und Tasso am höchsten schätzte, — zergliederte und auslegte, ja wenn sie in gehobener Stimmung auch nur ein kurzes, dem gegenwärtigen Moment entsprechendes Wort von ihm citierte, fühlte ein jeder, daß ihre Aeußerungen kein tönend Erz und keine klingende Schelle waren, sondern ein Vibrieren der feinsten Saiten ihrer Seele, der Ausdruck heiliger Ueberzeugung. Darum wandten sich auch Freunde und Bekannte mit Vorliebe an sie um Aufklärung, wenn ihnen bei der

Lektüre Goethes dunkle, schwierige Stellen aufstießen. „Bände hätte ich dir zu sagen," schrieb sie 1812 an Varnhagen, „wenn ich dir mitteilen könnte, wie verblüfft sein Leben [„Aus meinem Leben. Dichtung und Wahrheit", 1809 bis 1831 erschienen] sie wieder macht, wie sie auf mich fallen, auf mich; und was ich manchmal glücklich rednerisch erschöpfend antworten kann, wie ich manchmal königlich schweige, zur höchsten Konfusion der Redenden, nicht weil ich schweigen will, weil ich schweigen muß; und sie sehen es. Manchmal gelingt es mir, mit zwei Worten an Stellen im Buche selbst zu verweisen ... So frug mich Graf Egloffstein in einem eigens dazu angestellten Besuch: ‚Was denken Sie von Goethes Leben?‘ Erst wollt’ ich nicht reden; er brachte mich doch dahin. Ich konnte ihm in sehr klaren, bündigen — nicht meine Force! — Worten eine ordentliche Erklärung vortragen; er lächelte häufig meines guten Sprechens, der für ihn neuen Gedanken, und sagte ganz ehrlich und froh am Ende: ‚Sie haben recht, nun weiß ich, was er meint.‘ Der muß mir nun in die Lesekabinette und das Kasino und seine tausend Gesellschaften. Vornehmen thue ich mir dergleichen beinah nie; aber es fiel mir doch nachher ein. O! wie babylonisch ist die Welt — Clemens [Brentano] hat recht —, wo ich ein Dolmetscher sein muß!" —

Wichtiger aber, als daß sie ihn lehrend verdolmetschte, war, daß sie Goethe lebte. Weniger mit ihrem scharfen Verstande, als mit ihrem warmen, empfänglichen Herzen hatte sie den Dichter voll erfaßt und in sich aufgenommen; seine Geistesart, seine Lebensauffassung und Weltansicht waren ihr so in Fleisch und Blut übergegangen, daß sie durch das lebendige Beispiel anregend und bildend auf ihre Umgebung wirken konnte. Wie etwa ein gläubiger Christ in der Schrift Trost, Halt und Bestätigung in allen Lagen seines Lebens findet, so erblickte sie in Goethes Schriften die höchste Offenbarung, die eigentliche Urkunde des Lebens. Als eine junge Freundin ihr nach schwerem Verlust den leidenschaftlichen Schmerz ihrer Seele ausschüttete, wußte sie ihr keinen besseren Trost zu sagen als diesen: „Hören Sie auf Goethe — mit Thränen schreibe ich den Namen dieses Vermittlers in Erinnerung großer Drangsale —, der im Meister deutlich sagt, daß die Jugend zu viel Kräfte zu haben glaubt, und sie aus Willkür dem verlorenen Gute wie nachwirft. Er sagt es anders. Lesen Sie es nach, liebe Tochter, wie man die Bibel im Unglück liest: wo Meister Marianen verliert, im ersten Bande*) steht es; es ist eine Götterstelle, ein Wolkenspruch über diesen Drang der Jugend." —

*) „Lehrjahre", 2. Buch, im ersten Kapitel.

Wie eine starke innere Ueberzeugung fast immer eine zwingende Macht ausübt, mußten Rahels Freunde mehr oder weniger Goethe-Enthusiasten werden. Nur in diesem Sinne kann man sagen (wie Geiger es thut): sie habe ihrem Kreise Goethe „aufgezwungen". Gerade ihre tiefe Ehrfurcht vor Goethes Genius verschloß ihr oft den Mund, wo andere in laut preisender Bewunderung schwelgten. Die Ehrfurcht hielt sie auch ab, sich Goethe zu nähern. Nach jener ersten zufälligen Begegnung in Teplitz (1795) vergingen 20 Jahre, bevor sie ihn — abermals durch Zufall — wiedersah. Inzwischen jedoch sorgte Varnhagen dafür, daß wenigstens ein Teil ihrer treffenden Bemerkungen über Goethes Dichtungen dem Meister zu Gesicht kamen: er hob aus seinem Briefwechsel mit Rahel die auf Goethe bezüglichen Stellen heraus, versah Rahels Aussprüche mit der Chiffre G., die eigenen mit der Chiffre E., und sandte das Manuskript an Cotta, der es, bevor er's im „Morgenblatt" veröffentlichte, Goethe vorlegte. Goethe war erfreut über die Korrespondenz und äußerte sich über die beiden ihm unbekannten Briefsteller, wunderbar ihren Charakter treffend, folgendermaßen: „Diese beiden Wohlwollenden machen ein recht interessantes Paar, indem sie teils übereinstimmen, teils differieren. G. ist eine merkwürdige, auffassende, vereinende, nachhelfende, supplierende Natur, wogegen E. zu den sondernden, suchenden, trennenden und urteilenden gehört. Jene urteilt eigentlich nicht, sie hat den Gegenstand und insofern sie ihn nicht besitzt, geht er sie nichts an. Dieser aber möchte durch Betrachten, Scheiden, Ordnen der Sache und ihrem Wert erst beikommen, und sich von allem Rechenschaft geben. Merkwürdig ist es mir, daß zuletzt E. mehr an G. herangezogen wird, eine Wirkung, welche diese letztere Natur notwendig gegen denjenigen ausüben muß, der sie liebt und schätzt." Diese zustimmende Antwort machte Rahel sehr glücklich, und sie schrieb darüber an Varnhagen: „.... Du weißt, ob ich eitel nach Beifall strebe, den ich mir nicht selbst gebe; ob ich große Bemühungen anstelle, um gelobt zu werden. Aber meine wirklich namenlose Liebe und bewundernde Verehrung dem herrlichsten Mann und Menschen einmal zu Füßen legen zu können, war der geheime, stille Wunsch meines ganzen Lebens, seiner Dauer und seiner Intensivität nach. In einer Sache bin ich meinem tiefsten Innersten gefolgt: mich von Goethe scheu zurückzuhalten. Gott, wie recht war es! Wie keusch, wie unentweiht, wie durch ein ganzes unseliges Leben durchbewahrt, konnt' ich ihm nun die Adoration in meinem Herzen zeigen. Durch alles, was ich je ausdrückte, geht sie hindurch, jedes aufgeschrie-

bene Wort beinah enthält sie. Und auch er nur wird es mir an=
rechnen können, wie schwer es ist, solche liebende Bewunderung schwei=
gend ein ganzes Leben hindurch in sich zu verhehlen. Wie beschämt
schwieg ich vor zwei Jahren, als Bettina mir einmal als von dem
Gegenstand ihrer größten Leidenschaft feurig und schön in dem von
Herbstsonne glänzenden, stillen Monbijou von ihm sprach! Ich that,
als kennt' ich ihn gar nicht. So ging's mir oft" . . .

Rahel stellt in diesem Briefe Bettina von Arnim sich gegen=
über. In der That kann ihr Verhältnis zu Goethe nicht besser charak=
terisiert werden, als durch diese Parallele. Auch Bettinen war Goethe
der Dichter par excellence; aber sie verehrte nicht mehr den großen
Menschen in ihm — Rahel pflegte gerade seine wahre menschliche
Größe zu betonen —, sondern sie betete verzückt zu ihm wie zu einem
Gott! . . . „Nun wend' ich mich", schrieb sie, „wie die Sonnenblume
nach meinem Gott, und kann ihm mit dem von seinen Strahlen
glühenden Angesicht beweisen, daß er mich durchbringt. O Gott! darf
ich auch? — und bin ich nicht allzu kühn? . . . Hab' ich je Andacht
empfunden, so war's an deiner Brust, Freund! — Tempelduft, den
deine Lippen hauchen, Geist Gottes, den deine Augen predigen, es
strömt von dir aus eine begeisternde Macht, deine Gewande, dein
Antlitz, dein Geist, alles strömt eine Heiligung aus" —: das ist der
Ton, der durch Bettinas Buch: „Goethes Briefwechsel mit
einem Kinde" hindurchklingt. Mit ähnlichen gefühlsschwelgerischen
Briefen überschüttete das junge Mädchen den alternden Dichter: Bettina
zählte 22, Goethe 58 Jahre, als der Briefwechsel zwischen ihnen be=
gann. Doch nicht genug damit: sie drängte sich auch an Goethe heran,
setzte sich gleich das erste Mal, da sie ihn besuchte (1807), auf seinen
Schoß und sank — so hat sie selbst erzählt! — an seiner Brust in
Schlaf. Goethe scheint die Sache oft von der humoristischen Seite
aufgefaßt zu haben: er hatte gewiß in manches rätselvolle Frauenherz
geschaut, aber ein solcher dithyrambischer Ueberschwang der Empfin=
dungen, eine solche begeisterungtrunkene Verehrung mochte ihm noch
nicht vorgekommen sein. Und während sie sich einbildete, Goethes
Liebesstammeln vernommen zu haben und von ihm in Sonetten be=
sungen zu sein, schrieb er ihr auf ihre glühenden Episteln seltene kurze
Zettelchen mit Ausdrücken väterlichen Wohlwollens; oder, wenn die
allzu stürmischen Kundgebungen ihrer Neigung im persönlichen und
brieflichen Verkehr ihm unbequem wurden, mahnte er wohl leise zur
Klarheit, Ruhe und Ordnung der Gedanken.

Wenn sich nun auch Bettinas Extravaganzen aus ihrer Geistesart sehr wohl verstehen lassen und man namentlich den **symbolischen Charakter** ihrer Liebesbriefe an Goethe nicht außer acht lassen darf, so bleibt doch unverwischbar der peinliche Eindruck einer Prostitution der zartesten und süßesten Empfindungen des Frauenherzens. Wie trägt Rahels Verehrung einen so ganz andern, wahrhaft keuschen, unentweihten Charakter! Hier ist keine Spur jenes (echt romantischen) sinnlich-mystischen Elements, das Bettinas beweglicher Phantasie reichlich beigemischt war. Rahels Liebe war durchaus geistig, seelisch, und daher ganz in Innigkeit getaucht! Sie hätte Goethe nie zu sehen brauchen, ja der Meister hätte sie verkennen können, wie er sie anerkannte: ihre Verehrung wäre sich ewig gleich geblieben. —

*　　*　　*

Was den Salon in direkte Beziehung setzt zu den geistigen Fragen und Strömungen der Gegenwart, das ist **Rahels Bedeutung für die Frauenemanzipation.** Natürlich steht sie auch in dieser Hinsicht nicht als absolute Selbstdenkerin da, sondern ist von manchen Seiten beeinflußt worden. Denn die Frauenfrage war bereits durch die Aufklärung des 18. Jahrhunderts, insbesondere durch die französische Revolution, aufgerollt worden; die Romantiker wandten diesen Ideen mit Vorliebe ihre Aufmerksamkeit zu. Durch sie, vornehmlich durch **Schleiermacher,** später durch **St. Simon,** ist Rahel zur Beschäftigung mit solchen Fragen vielfach angeregt worden. Aber sie hat diese Probleme so gründlich und selbständig in sich verarbeitet, sie hat sich so originell und überzeugend darüber ausgesprochen, daß sie dadurch wiederum befruchtend auf ihre Kreise, beispielsweise auf die jüngere Generation des Jungen Deutschland gewirkt hat.

Wir sahen ihr Streben von Jugend an darauf gerichtet, sich das erste und elementarste aller Menschenrechte zu erkämpfen: freie, naturgemäße Ausbildung ihrer Kräfte, **ungehemmte Selbstbestimmung.** Auf dieses Ziel wünschte sie die Aufmerksamkeit ihres Geschlechts mit allem Nachdruck zu lenken. Darum ermahnte sie die Frauen unablässig, sich freizumachen vom Nachbeten und Nachthun. Die „unaktiven Köpfe, die ihre Bildung nicht selbst produzieren," sind ihr unerträglich. Selbstprüferin, Selbstdenkerin, originell soll das Weib werden! Sie weiß, es ist nicht leicht, originell zu sein: „es kostet ein ganzes Leben voll Anstrengung" ... „Originell wäre gewiß jeder, wenn die Menschen nicht beinahe immer ganz unverzehrte Sprüche in ihren Kopf annähmen und auch so wieder hinausließen. Wer sich ehrlich fragt und sich aufrichtig antwortet, ist mit allem, was ihm im Leben vorkommt, immerfort beschäftigt und erfindet unablässig, es sei auch so oft und so lange vor ihm erfunden worden. Es gehört Ehrlichkeit zum Denken" ... Frei machen soll sich das Weib auch von gesellschaftlichen Vorurteilen: „vorgefaßte Luxusmeinungen" sollen abgestreift werden. Sie durfte diese Lehre aufstellen; denn sie übte sie konsequent. Sie lebte gern einfacher als ihre Bekannten, um Mittel zu gewinnen, den Bedürftigen beizustehen. Das „nach dem Stande Leben" hatte für sie keine Gültigkeit. Unausstehlich und im Grunde unfaßbar waren ihr die ganz eitlen, innerlich hohlen Weiber mit ihrer Putzsucht und ihrer „plumpen, gräßlichen Dummheit im Lügen". — „Sie lügt in meiner Gegenwart," schrieb sie einmal über eine solche Frau. „Sie ist dabei durch meine in Grimm getauchten Forscherblicke, denen ich freien Lauf lasse, so entsetzt, daß ihre Blicke plötzlich abbrechen oder ablöschen" ...

Gegen engherzige Standesvorurteile führte sie einen beständigen Kampf, mit wahrer Erbitterung dann, wenn solche Vorurteile anmaßend und verwirrend in das Gebiet des Sittlichen hinübergriffen. „Welch ein Wort sprechen die schamvergessenen Damen aus, wenn sie sagen: ‚Mich wundert nur, daß man so viel davon spricht! Wie kann von einer Actrice ewig die Rede sein, ob sie ein Kind habe, ob sie keines habe!' — Also ihre hochgepriesene Weibertugend gehört ihnen auch nur als ein Vorrecht abliger Damen? als eine andre Art eleganter Ausstaffierung ihrer vornehmen Empfangszimmer? — Die ein arm bürgerliches Mädchen gar nicht braucht; bei der sie sie gar nicht voraussetzen wollen? Nach ihnen giebt es Stände, wo Tugend nicht nötig ist; folglich ist die ihrige nur die, die von ihrem Stande abhängt! Sie kennen so wenig das Wesen von dem, was sie zu lieben vorgeben, daß sie noch nie gewußt haben, daß grade der Tugend Wesen in der Unabhängigkeit von gegebenen Umständen besteht. Den Vorzug, sittlich sein zu müssen, wollen sie auch an sich reißen; und Pöbel, roher, in der höchsten Sphäre sein!" —

Rahel wußte, worin der tiefere Grund der Oberflächlichkeit, Eitelkeit und Frivolität im Leben so vieler Frauen zu suchen ist —: im Mangel einer ernsten, lebenausfüllenden Arbeit, eines Berufes. Man findet das in einem dem Jahre 1819 *) entstammenden Briefe klar

---

*) Da es mir hier auf einen genauen Nachweis der historischen Stellung, die Rahel innerhalb der Frauenemanzipation einnimmt, nicht ankommt, so sind die oben citierten Aussprüche verschiedenen Lebensabschnitten entnommen.

ausgesprochen. Sie beklagt hier, daß — entgegen der Berufsthätigkeit der Männer — den Frauen nur immer „herabziehende, kleine Ausgaben und Einrichtungen, die sich ganz nach der Männer Stand beziehen müssen, Stückeleien" zufallen. „Es ist Menschenunkunde, wenn sich die Leute einbilden, unser Geist sei anders und zu andern Bedürfnissen konstituiert, und wir könnten z. E. ganz von des Mannes oder Sohnes Existenz mitzehren. Diese Forderung entsteht nur aus der Voraussetzung, daß ein Weib in ihrer ganzen Seele nichts Höheres kennte, als gerade die Forderungen und Ansprüche ihres Mannes in der Welt, oder die Gaben und Wünsche ihrer Kinder; dann wäre jede Ehe, schon bloß als solche, der höchste menschliche Zustand. So aber ist es nicht; man liebt, hegt, pflegt wohl die Wünsche der Seinigen, fügt sich ihnen, macht sie sich zur höchsten Sorge und bringendsten Beschäftigung: aber erfüllen können sie uns nicht oder auf unser ganzes Leben hinaus stärken und kräftigen. Dies ist der Grund des vielen Frivolen, was man bei Weibern sieht: sie haben gar keinen Raum für ihre eigenen Füße, müssen sie immer nur dahin setzen, wo der Mann eben stand und stehen will; und sehen mit ihren Augen die ganze bewegte Welt, wie etwa einer, der wie ein Baum mit Wurzeln in der Erde verzaubert wäre: jeder Versuch, jeder Wunsch, den unnatürlichen Zustand zu lösen, wird Frivolität genannt; oder noch für strafwürdiges Benehmen gehalten."

Diese merkwürdige Aeußerung leitet zu Rahels Auffassung des Eheverhältnisses über. Sie huldigte, wie schon erwähnt, in dieser Beziehung den freieren Anschauungen ihrer Zeit. Ihr, die als die ethische Aufgabe des Lebens bezeichnete, „treu, wahr, redlich zu sein, und das bei der größten Kleinigkeit und in jedem Augenblick, immer auf das Sein und nicht nur auf den Schein auszugehen" —: ihr mußte in einem Verhältnis, wie die Ehe, die Lüge unerträglich dünken. Sie konnte sich nicht entschließen, die konventionelle Ehe an sich als eine geheiligte Einrichtung zu betrachten. Sie protestiert in einem ziemlich schroffen Wort aus dem Jahre 1832 gegen diese „große, alte, schadhafte Mauer des verjährten Vorurteils" wie folgt: „Kann eine Neigung ohne Anreiz existieren? Giebt es eine gerichtliche äußere Garantie für geschlossene oder bekannte Freundschaften? Ist nur ein Hausstand heilig? Ist es nur Kindererziehung oder deren Behandlung? Haben diese [die Kinder] irgend eine Garantie? Können nicht gerade Eltern die bis zum Tode martern, physisch oder moralisch? Ist intimes Zusammenleben ohne Zauber und Entzücken, nicht unanständiger, als Ekstase

irgend einer Art? Ist Aufrichtigkeit möglich, wo Unnatürliches gewalt=
sam gefordert werden kann? — Ist ein Zustand, wo die Wahrheit,
die Grazie, die Unschuld nicht möglich sind, nicht dadurch allein ver=
werflich? Weg mit der Mauer! Weg mit ihrem Schutt! Der Erde
gleich sei dies Unwesen gemacht! und alles wird auf ihr erblühn, was
leben soll. Eine Vegetation!" — „Einer schlechten Ehe würd' ich
mich nie fügen!" ruft sie ein andermal aus. „Denn wer meinen
innersten Beifall und meine Neigung verletzt, behält mich nur als eine
Gefangene, und das müßt' ich sagen, weil ich's wüßte und da nicht
lügen könnte, wo nichts als Wahrheit schön sein kann."

Die wahre Ehe ist Rahel nur denkbar auf dem Fundament
einer edlen tiefen Herzensneigung. An Stelle der bedingungslosen
Unterordnung des Weibes unter den Manneswillen soll freie „Ein=
willigung, durch Einsicht und Herzensübung, in das Gegebene, Vor=
gefundene", treten. Dann wird „Wahrheit, Grazie, Unschuld" mög=
lich sein; dann wird das Weib als gleichberechtigte Gefährtin neben
dem Gatten stehen, unbehindert nicht nur in der Gestaltung des
äußeren Lebens, sondern frei vor allem in ihrem innersten Fühlen
und Denken, unbeengt und unbeschnitten in dem natürlichen Wachs=
tum ihrer Seele. Hieran, an die innersten Bedürfnisse und Forde=
rungen des Geistes und Gemütes, denkt sie vorzüglich, wenn sie freie
Bahn für das Weib in der Ehe fordert, wenn sie ruft: „Freiheit,
Freiheit! besonders in einem geschlossenen Zustand wie die Ehe!" —
Doch selbst wenn alle diese Bedingungen erfüllt sind, hält sie es
immer noch in jedem Falle für ein Wagnis, die Ehe einzugehen, weil
ihrem fanatischen Freiheitsstreben auch die beste, vernünftigste der
Ehen als eine unnatürliche Fessel der individuellen Selbständigkeit
und Unabhängigkeit erscheint. So ist vielleicht das folgende Wort
zu deuten, das sie als verheiratete Frau niederschrieb: „Die nun ein=
mal verheiratet sind, mögen verheiratet bleiben. Von mir aber be=
kommt nie ein Kind die Einwilligung zum Heiraten. Das sag' ich
in der glücklichen Ehe. Nein, das ist nichts, wenn nicht beide so
denken wie ich. Aber dies versteht niemand, außer — ein künftiger
Gesetzgeber." —

Ihrer Ansicht von der Stellung des Weibes in der Ehe ent=
sprechend, hatte Rahel einen hohen Begriff von Mutterpflicht und
Mutterrecht. Sie wollte die Ungerechtigkeiten und Entstellungen der
Gesellschaft durch Rückkehr zur Natur geheilt wissen. In hohem Grade
revolutionär gegen die herrschenden Anschauungen klingt der folgende

merkwürdige Ausspruch: „Natürliche Kinder werden die genannt, welche keine Staatskinder sind; wie Naturrecht und Staatsrecht. Kinder sollten nur Mütter haben und deren Namen tragen; und die Mutter das Vermögen und die Macht der Familien: so bestellt es die Natur. Man muß diese nur sittlicher machen; ihr zuwider zu handeln gelingt bis zur Lösung der Aufgabe doch nie. Fürchterlich ist die Natur darin, daß eine Frau gemißbraucht werden und wider Lust und Willen einen Menschen erzeugen kann. Diese große Kränkung muß durch menschliche Anstalten und Einrichtungen wieder gut gemacht werden, und zeigt an, wie sehr das Kind der Frau gehört. Jesus hat nur eine Mutter. Allen Kindern sollte ein ideeller Vater konstituiert werden, und alle Mütter so unschuldig und in Ehren gehalten werden, wie Maria." —

Es ist schon früher auf das thätige Wohlwollen Rahels als auf eine besonders kräftig ausgeprägte moralische Anlage ihres Wesens hingewiesen worden. Dieses Wohlwollen trug einen so tiefen, heilig-innigen Charakter, daß es ihr zum Bestandteil ihres religiösen Empfindens wurde. Sie führte alle Nächstenliebe auf Gottesfurcht zurück, indem sie (1829) aussprach: „Nur durch Liebe und wahre Gottesfurcht können die Menschen in das Herzenselement zurückgeführt werden. Gottesfurcht besteht in der Einsicht, daß wir alle von ihm herkommen und gleich sind, und gleich gut und schlecht behandelt werden sollen." — Gleichheit aller Menschen vor Gott: es lag ihr nichts Mysteriöses in diesem Gedanken; es war ihr vielmehr eine ganz natürliche und liebe Vorstellung, und sie war sehr erfreut, wenn sie diese bei anderen, besonders bei hochgestellten Personen entdeckte. Die Fürstin Adelheid von Carolath hatte einmal an eine arme, an Bildung tief unter ihr stehende Frau einen Brief geschrieben, in dem sie mit ihr wie mit einer ebenbürtigen Freundin redete. Der Brief kam Rahel vor Augen und erregte ihr höchstes Entzücken; denn er spiegele, wie sie der Fürstin schrieb, die Gesinnung, welche ihr als die liebens- und verehrungswürdigste erschien: „die gerechte, fromme, reinselige, wahrhaft und echt innere Gleichstellung der Menschen." Dieselbe Freude fühlte sie, als sie erfuhr, daß Graf Custine eine längere Reise gemacht habe, nur um seine alte Bonne zu besuchen. — Das Bewußtsein von der inneren Gleichheit der Menschen in allen wesentlichen Stücken gab ihr ein sicheres Gefühl gemeinsamer Verpflichtung zum Zwecke einer ausgleichenden Gerechtigkeit auf Erden. „Einsicht macht uns zum Sklaven der Pflicht, wie zum Statthalter auf der Erde," sagte sie. „Wir dürfen uns nicht damit trösten: Wollte es der liebe Gott anders haben, würde er's anders machen. Wir sollen es anders machen! Wir haben Miteinsicht." Und wie schön ist der folgende Mahnruf an die herzlose Menschheit: „Ach wollten doch alle Menschen sich das harte Erdenleben versüßen! Wir sind ja alle in der Klemme und dem Aergsten ausgesetzt und müßten uns helfen. Thäten's nur die Einzelnen, und die Staaten wären geheilt." — Sie selbst bedurfte keiner Aufforderung, weder aus sich selbst heraus, noch von außen. Zu helfen, wo sie Not sah, war ihr ein= fach ein sittliches Axiom, dem sie ohne Besinnen folgen mußte. Mit ihren keineswegs reichen Mitteln trat sie überall freudig ein, wo in ihrem großen Verwandten= und Bekanntenkreise sich Not regte. Bei= spielsweise hat sie ihre Jugendfreundin Friederike Liman, die in bedrängten Umständen lebte, öfter mit baren Summen unterstützt. Konnte sie selbst nicht helfen, so wußte sie andere Kräfte zum Ersatz heranzuziehen. Z. B. verschaffte sie noch in ihrem letzten Lebensjahre derselben Freundin einen ansehnlichen Gewinn, indem sie durch Alexander von Humboldts Vermittelung veranlaßte, daß die hinterlassenen Zeichnungen des Sohnes der Liman von der Regierung für eine ansehnliche Summe angekauft wurden. Solche Fälle aber, deren sich viele anführen ließen, beschränkten sich keineswegs auf ihre nähere Umgebung. Ihr feines soziales Gewissen ließ sie keinen Augen= blick vergessen, daß ihre gesellschaftliche Stellung ihr Verpflichtungen auferlege gegen die bedürftige Menschheit überhaupt. Nie hätte sie es fertig gebracht, zu prunken, „Staat zu machen neben Armut im Lande". Ständig hatte sie einen festen Kreis von Armen zu ver= sorgen, und wer sonst hilfeflehend an ihre Thür klopfte, wurde nicht leicht ohne Trost und Labung entlassen. Als eine ihrer kleinen Nichten einmal eine arme lahme Frau vorübergehen sah, sagte sie betrübt: „Wenn Rahel hier wäre, würde sie sie gewiß zu sich kommen und ihr den Fuß heilen lassen" —: so selbstverständlich war es allen, die sie kannten, in ihr die geborene Helferin zu sehen. Mancher feine Zug überrascht in diesem barmherzigen Thun. Nach dem Tode ihrer Schwiegermutter, der sie lebhaft an den Tod der eigenen Mutter er= innerte, beschenkte sie auf einem Gange durch die Straßen alle alten Frauen, die ihr begegneten, und gelobte, es auch ferner zu thun. Ueberhaupt mochte sie gern alten Leuten Liebes erweisen: „ich anti= cipiere ihren Zustand in meiner Seele," sagte sie. An öffentlichen Sammlungen zu wohlthätigen Zwecken beteiligte sie sich selten; sie gab lieber von Hand zu Hand, heimlich, nach eigenem Urteil und Prüfung der Umstände: „weil ich mir immer einbilde, die, welche ich alsdann so recht elend sehe, sind ausgefallen aus den generellen Veranstaltungen und daher erst recht beklagenswert." So ist sie durch ihr soziales Liebeswirken vorbildlich gewesen; ja, fast kann man behaupten: soweit sie überhaupt in das reale Leben handelnd eingriff, ging ihre Thätig= keit in diesem heiligen Dienst der Nächstenliebe auf. — In Zeiten allgemeiner Not, wenn Teurung oder Epidemien die Ansprüche an die Hilfsbereitschaft Gutgesinnter noch erhöhten, schränkte sie sich gern ein, um andern von ihrer Habe mitteilen zu können, und in Kriegs= läuften konnte beim Genuß eines Tellers warmer Suppe der plötz= liche Gedanke an die vielen Hungernden und Frierenden ihr Herz= klopfen verursachen! — Wie sie in solchen Zeiten mehrmals eine über die Grenzen privater Wohlthätigkeit weit hinausgreifende, großartige Wirksamkeit entfaltet hat, bleibe späterer Darstellung vorbehalten. —

Selbstverständlich gab es zu Rahels Zeit eine Frauenberufsfrage im heutigen Sinne nicht. Schriftstellernde Frauen freilich waren schon aufgetreten, wurden aber nicht als zünftig angesehen. Rahel schrieb über das Thema: „Ob eine Frau schreiben soll? Wenn sie Zeit hat; wenn sie Talent hat; wenn's ihr Mann befiehlt — wird's eheliche Pflicht sogar —, wenn er's leidet, gerne sieht; wenn es sie von Schlechterem abhält, wenn sie Gutes thut für den Sold u. s. w., und sie muß es, wenn sie ein großer Autor ist. Wenn Fichtes Werke Frau Fichte ge= schrieben hätte, wären sie schlechter? Oder ist es aus der Organisation bewiesen, daß eine Frau nicht denken und ihre Gedanken nicht aus= drücken kann? Wäre dies, so blieb es doch noch Pflicht, oder erlaubt, den Versuch immer von neuem zu machen." Den noch heute beliebten Einwurf, daß eine schriftstellernde Frau „ihre weibliche Bestimmung verfehlt", begegnete sie resolut also: „Zugegeben! und nicht einmal ge= stritten über diese Bestimmung: es verfehlen so viele Weiber ihre Be= stimmung, daß es wohl wird mit eingerechnet werden können, wenn einige sie durch Schreiben verfehlen; und es wird noch Vorteil heraus= kommen, und viel von dem sonst nicht vergeudeten Mitleid mit ihnen erspart werden."

Wenn die Frau irgend ein Arbeitsgebiet dem Manne streitig macht, so soll sie nicht in falscher Scham und Prüderie den Herrn der Schöpfung gleichsam um Entschuldigung ihrer Keckheit bitten, son= dern den Mut haben, für sich und ihr Thun einzutreten und für die Beurteilung ihrer Leistungen denselben Maßstab zu verlangen, mit dem

Mannesarbeit gemessen wird. „Als eine zu verwerfende Schmeichelei erscheint es mir," so heißt es in einer Tagebuchaufzeichnung Rahels vom Jahre 1823, „wenn eine Frau, indem sie für den Druck schreibt — also dann gewiß etwas Gedachtes aufzuzeichnen meint —, sich noch immer als ganz untergeordnet gegen Männer stellt und verstellt und bei ihrem Schreiben zu erwähnen sucht, als halte sie sich für einen liebenswürdigen, wegen ihrer Schwäche zu duldenden Usurpator! Nicht ihre furchtsamen Referenzen: das Fach, worin sie schreibt, wird sie schon in die weiblichen Reihen stellen; es wird meist keines sein, wo Universität und Studium dazu gehört. Hätte aber einmal ein Weib das Glück — bei allem andern was ihr vorbehalten ist —, von diesen [Universitätsstudien] genährt und gepflegt worden zu sein, hätte sie den Geist und die Gaben, mit denen das Studium allein Früchte trägt, und sie brächte sie wirklich auf den Markt der Wissen=schaften: was sollten wohl die langen, seichten Entschuldigungen, bei dem geistigsten, unparteiischesten Verkehr und Austausch, und altfränkische Koketterie? — Oder soll eine Frau läppisch bleiben? Unter allen Be=dingungen?" — Welch eine Perspektive öffnet hier Rahels voraus=schauender Geist ihrem Geschlecht! Wer durfte damals auch nur von fern hoffen, daß der strebenden Frau einmal die Hörsäle der Universität würden geöffnet werden!

Rahels hauptsächliche Bedeutung für die Frauenemanzipation ist darin zu suchen, daß sie das Streben nach intellektueller und sozialer Selbständigkeit kühn und rastlos verteidigt hat. Doch nicht genug hieran. Sie hat auch als eine der ersten das Recht der Frau auf Arbeit, auf pflichtgemäße, bürgerliche Thätigkeit proklamiert. Endlich hat sie durch manches kluge, von tiefer Einsicht in Wesen und Lage ihres Geschlechts zeugende Wort, wie durch ihr eigenes hochherziges Wirken auf den Beruf hingewiesen, der dem Weibe immerdar der nächstliegende, weil seiner körperlichen und geistigen Eigen=art am meisten entsprechende, sein wird: die Arbeit im Dienste des Gemeinwohls, die Volkspflege im weitesten Sinne.

Sechstes Kapitel.

Verarmt und vereinsamt.

(1806—1812.)

Am 14. Oktober 1806 unterbrach der Kanonendonner von Jena und Auerstädt rauh das feine ästhetische Spiel, an dem sich jahr= zehntelang Deutschlands beste Geister ergötzt hatten. Ein solches Er= eignis war notwendig, um das deutsche Volk aus seiner schlaffen Gleichgültigkeit, aus seinen Träumen von Idealismus und Weltbürger= tum aufzurütteln. Mit dumpfem Entsetzen starrte man der Wirklich= keit ins unerbittliche Antlitz: Preußen, der Staat Friedrichs des Großen, lag zertrümmert am Boden! Zu lange waren (nach Rahels Wort) „Paraden und anderes ein schweißtreibendes Geschäft" gewesen; „als der Krieg kam, kam er wie in eine Kinderstube hinein, wo man ein Puppenarsenal sieht"; und ein Stoß genügte, um die ganze Herrlich= keit in den Staub zu werfen.

Bereits am 24. Oktober waren die ersten Franzosen in Berlin; am 27. hielt Napoleon an der Spitze eines prächtigen Stabes seinen Einzug. Und die Berliner, die ein paar Tage früher ihren König hatten fliehen sehen, jubelten nun dem Imperator zu! Einer der ersten Berliner Gelehrten, der Philosoph Hegel, sah in der Geschichte dieses Tages den Beweis, „daß Bildung über Roheit, und der Geist über geistlosen Verstand den Sieg davonträgt". — „Wie ich schon früher that," schrieb er, „so wünschen nun alle der französischen Armee Glück, was ihr bei dem ganz ungeheuern Unterschied von ihren Feinden auch gar nicht fehlen kann." — So weit hatte deutscher Idealismus sich verstiegen!

Berlin blieb nun bis zum Dezember 1808 in den Händen des Feindes. Die Stadt gewährt in diesem Zeitraum keinen erhebenden

Anblick. Schlimmer als die allgemeine Not, hervorgerufen durch die schier unerträgliche Last der Kriegssteuern und der Einquartierung, sowie durch bösartige Epidemien, waren die schweren Schäden des Volksgeistes, die nun erschreckend zu Tage traten: die entehrende Unterwürfigkeit der staatlichen und städtischen Behörden unter den Willen der Gewalthaber, die Servilität der Zeitungen, der Abfall einzelner hervorragender Personen, von denen die Patrioten Großes erhofft hatten, z. B. Johannes von Müllers. Zum Glück gab es in diesen dunkeln Tagen Berlins auch Männer, die unter Daransetzung ihrer eigenen Sicherheit von Kanzel und Katheder herab das Volk zu treuem Ausharren unermüdet ermahnten. Dem Philologen F. A. Wolf, dem Schauspieler Iffland, den Predigern Sack, Hanstein, Schleiermacher und andern Wackeren gebührt das Verdienst, die Ehre des preußischen Geistes im occupierten Berlin gerettet zu haben.

Das herrlichste Beispiel edlen Mannesmutes stellte J. G. Fichte auf. Er war nach Abschluß des traurigen Friedens von Tilsit (9. Juli 1807) — der ja für Berlin keineswegs eine Befreiung vom Feinde bedeutete — dorthin zurückgekehrt und begann im Winter 1807 auf 1808 seine „Reden an die deutsche Nation", die als sein schönster Ruhmestitel dauern werden. Von dem Charakter dieser Vorträge und ihrer mächtigen Wirkung auf die für uns in Betracht kommenden Kreise hat Varnhagen aus eigener Anschauung folgendes Bild gegeben („Denkwürdigkeiten" Bd. 3):

„Fichte begann im Dezember 1807 seine Vorträge, und ich verfehlte nicht, ihnen beizuwohnen, die in dem runden Saale des Akademiegebäudes vor einer zahlreichen Versammlung von Herren und Frauen gehalten wurden. Der treffliche Mann sprach mit kräftiger Begeisterung dem gebeugten und irre gewordenen Vaterlandssinne Mut und Vertrauen zu, schilderte ihm die Größe der Vorzüge, die sich der Deutsche durch Unachtsamkeit und Entartung habe rauben lassen, die er aber gleichwohl als sein unveräußerliches Eigentum wieder ergreifen könne, ja solle und müsse, und wies dafür als das wahre, einzige und unfehlbare Hilfsmittel eine von Grund aus neu zu gestaltende und folgerecht durchzuführende Volkserziehung an. Sein strenger Geist ging auf vollständige Umschaffung unsrer Zustände aus, wobei er nichts weiter verlangte, als daß überall das Wesentliche im Sittlichen wie im Geistigen gefördert und ausgebildet, das Scheinbare und Hohle dagegen aufgegeben und seinem eigenen Absterben überlassen würde, dann,

Johann Gottlieb Fichte.

Nach dem Gemälde von Heinr. Dähling (1808).

meinte er, werde sich ohne gewaltsame Umkehr, durch bloße Entwick=
lung, aus dem Vorhandenen und Bestehenden die ganze Kraft und
Herrlichkeit, deren die Nation seufzend entbehre, unmerklich und un=
verhinderlich von selbst hervorbilden . . . Sein geistig bedeutendes,
mit aller Kraft der innigsten und redlichsten Ueberzeugung mächtig
ausgesprochenes Wort wirkte besonders auch durch den außerordent=
lichen Mut, mit welchem ein deutscher Professor im Angesicht der
französischen Kriegsgewalt, deren Gegenwart durch das Trommeln
vorbeiziehender Truppen mehrmals dem Vortrag unmittelbar hemmend
und aufbringlich mahnend wurde, die von dem Feinde umgeworfene
und niedergehaltene Fahne deutschen Volkstums aufpflanzte und ein
Prinzip verkündigte, welches in seiner Entfaltung den fremden Ge=
walthabern den Sieg wieder entreißen und ihre Macht vernichten
sollte. Der Gedanke an das Schicksal des Buchhändlers Palm
war noch ganz lebendig und machte manches Herz für den uner=
schrockenen Mann zittern, dessen Freiheit und Leben an jedem seiner
Worte wie an einem Faden hing, und der durch die von vielen Seiten
an ihn gelangenden Warnungen, durch die Bedenklichkeiten der preußi=
schen Unterbehörden, welche Verdruß und Schaden für sich von den
Franzosen befürchteten, so wenig wie selbst durch den Anblick ein=
gedrungener französischer Besucher sich in dem begonnenen Werke
stören ließ."

Unter denen, die begeistert Fichtes Reden lauschten, waren auch
Ludwig Robert und seine Schwester Rahel. Fichte, der große
Erzieher der Nation zur Vaterlandsliebe, half auch die patriotische
Erziehung des Rahelschen Salons vollenden. Fremd war das
patriotische Element diesem Kreise bis dahin keineswegs gewesen. Mochte
auch die große Mehrzahl ihrer Freunde unter dem Banne des Welt=
bürgertums und der unumschränkten Subjektivität, die Fichte die größte
Sünde des Zeitalters nannte, stehen: Rahel selbst hatte von jeher ihr
Vaterland geliebt mit jener unmittelbaren, natürlichen Liebe, die im
Blute liegt, und sie hatte diesem Empfinden bei passender Gelegenheit
kräftigen Ausdruck geliehen. Tief verwachsen mit ihrer Vaterlands=
liebe war, wie wir uns erinnern, die unwandelbare Verehrung für
Friedrich den Großen. Das Preußen Friedrichs II., das Land,
in dem der große, freie, gerechte Geist des „Philosophen auf dem
Throne" waltete: dieses Preußen trug Rahel immerdar auf liebendem
Herzen. — Dann war ihr in dem Prinzen Louis Ferdinand ein
Held von Friedrichs Art, in dem noch Blut von seinem Blute rollte,

persönlich nahe getreten; sie hatte die Bekenntnisse seiner glühenden
Vaterlandsliebe vernommen; in ihren Busen hatte er seinen leidenschaft=
lichen Schmerz über Preußens Niedergang, seinen Ingrimm gegen den
übermütigen Feind ausgeschüttet; ihm weinte sie, als er sich bei Saal=
feld aufgeopfert hatte, Thränen echter Freundschaft nach. Wer so tiefe
Blicke in die Seele dieses Prinzen gethan hatte wie Rahel, konnte nicht
gleichgültig der Schmach Preußens gegenüberstehen. Mit Herzstocken
sah sie Schlag auf Schlag fallen: die unglücklichen Schlachten, die
Kapitulationen der Festungen; voll Erbitterung gewahrte sie die Zeichen
einer undeutschen sklavischen Gesinnung, in bange Trauer versetzte sie
der schmachvolle Friede zu Tilsit. „Ich vergesse den Frieden nicht,"
klagte sie. „Wie ein schweres Unglück erschreckt er mich, wenn ich ihn
einen Augenblick vergessen habe."

Wie mußte in dieser traurigen Zeit Fichtes männliche Un=
erschrockenheit Rahel aufrichten! Welch mächtigen Widerhall mußten
seine Mahn= und Weckrufe in ihrer Seele finden! Er war und blieb
in den nächsten Jahren der geistige Mittelpunkt des Rahelschen Salons,
dem seine Ideen unerschöpfliche Anregung zur Beschäftigung mit poli=
tischen und sozialen Fragen gaben. Des schönen Nachrufes, den Rahel
ihm widmete, als er 1814 als ein Opfer des Krieges gestorben war
— er wurde durch seine Frau angesteckt, die auf seinen Antrieb in
den Lazaretten die Verwundeten treu gepflegt hatte —, ist schon früher
gedacht worden.

War in dieser trüben Zeit den Frauen noch weniger als den
Männern Gelegenheit geboten, ihren Patriotismus zu bethätigen, so
eröffnete sich doch ihnen ein Feld des Wirkens, auf dem die Frau
noch immer das Größte geleistet hat. Es galt, die Niedergeschlagen=
heit, die sich der Geister bemächtigt hatte, die Mißstimmung gegen die
Regierung, der man die Hauptschuld an der Katastrophe beimaß, zu
überwinden; der Pflichten nicht zu vergessen gegen den wahrlich schwer
heimgesuchten König und sein Haus; es galt, das Unglück und die
aus ihm sich entwickelnden Folgen mit gelassener Würde zu tragen.
In diesen Tugenden der patriotischen Geduld, die dem preußischen
Volke damals notwendiger als alles andere waren, gab Rahel ihren
Freunden ein schönes Vorbild. Gern nahm sie die Last der Einquartie=
rung auf sich, obgleich sie, seit 1809 allein und in beschränkten Ver=
hältnissen, in steter Angst vor etwaigen Roheiten lebte: „Schützt und
hegt mich mein Staat, so muß ich auch thun, was er für gut findet"
— das war ihre echt staatsbürgerliche Gesinnung.

Mit einem Jubel ohnegleichen begrüßten die Berliner die Heimkehr der preußischen Truppen im Dez. 1808. Die ganze Stadt war
hinaus, um sie einzuholen; man gab Freikomödie, und die Offiziere
wurden im Schauspielhause auf Stadtkosten bewirtet. Mit bitteren
„Thränen der Kränkung und Rührung“ begrüßte Rahel jeden vorbei-
gehenden Soldaten: „O, ich habe es nie gewußt, daß ich mein Land so
liebe! Wie einer, der durch Physik den Wert des Bluts etwa nicht kennt;
wenn man's ihm abzieht, wird er doch hinstürzen ... Könnt' ich doch nur
nach meinem Tode mein Land glücklich sehen! Das wäre Existenz genug.“

Wohl waren die Jahre von 1806 bis 1808 auch für Rahel und
ihre Freunde eine Schule der Erziehung gewesen und hatten sie den
Wert des Staates höher schätzen gelehrt. Aber sie vergaßen über der
Nationalität nicht die Menschheit, über den Pflichten gegen den Staat
nicht die Rechte, die ewigen, unveräußerlichen, des Individuums. Das
Staatsgefühl verdunkelte nicht ihren Sinn für Menschengröße. Darum
war ihr Patriotismus frei von aller chauvinistischen Beimischung. Als
die Franzosen Ende 1808 von Berlin abzogen, schrieb Rahel: „Die
Zeitungen sind voll der Zufriedenheit und des Dankes der Franzosen
gegen unsre Stadt und Nation, und umgekehrt — kurz, wir scheiden
von einander wie zwei gebildete Nationen.“ Und wie tief ihr Nationalgefühl durch Napoleon gekränkt war, so konnte sie sich doch nicht
enthalten, seine menschliche Größe aufrichtig zu bewundern. Noch
1814, nach seiner Abdankung und Verbannung, rief sie staunend aus:
„Das Größte ist mir, daß Napoleon sich zum Kaiser machte, und nicht
ruhte, bis er's nicht mehr war. Alles er selbst. Wer hätte ihn an-
getastet! Man muß es nicht vergessen! Der Mann hat ganz allein
wie Macbeth fünf Akte gespielt: seine Zauberschwestern kennt man
noch nicht.“ — So gewiß der weltbürgerliche deutsche Idealismus und
der Subjektivismus jener Zeit das Unglück Preußens und Deutschlands mit verschuldet haben, so gewiß liegt in diesen Eigenschaften die
Ueberlegenheit des damaligen Geschlechts über das heutige und —
bis zu einem gewissen Punkte — des deutschen Volkes über andere
Völker begründet. —

Einige Jahre später (1813 und 14) wurde Rahel das heiß er-
flehte Glück zuteil, ihre Vaterlandsliebe in einem schönen und großen
Wirkungskreise zu bethätigen. Vorher aber war ihr eine bittere Prü-
fungs- und Leidenszeit beschieden. Man kann wohl sagen, daß die
Zeit von 1807 bis etwa gegen das Ende 1812 der trübste, dunkelste
Abschnitt ihres Lebens war. —

Zwar fielen in diese Periode die herrlichen Anstrengungen Preußens für seine Wiedererhebung, die tiefgreifenden Umwälzungen auf dem Gebiete der staatlichen und bürgerlichen Verwaltung. Trotzdem lag ein Druck auf dem Lande, der nicht weichen wollte. Tiefe Erbitterung über die plötzliche Entlassung S t e i n s, nachdem er soeben erst seine großartige Reformarbeit begonnen; Bestürzung über die Niederlagen der Oesterreicher (1809); Schmerz über den Tod der Königin L u i f e (19. Juli 1810); dumpfer Groll über das Schwanken des Königs, der sich weder auf Oesterreichs noch auf Rußlands Seite zu stellen wagte; unverhohlener Ingrimm über das Bündnis Friedrich Wilhelms mit Napoleon: alle diese Stimmungen und Gefühle, die das Herz des Volkes durchwogten, riefen eine Gärung hervor, welche reine Freude an den großen Errungenschaften der Zeit nicht aufkommen ließ. Einer so feurigen, entschiedenen Natur wie der Rahels mußte dieser Zustand — die bange Schwüle vor dem Ausbruch des Gewitters — auf die Dauer unerträglich erscheinen, zumal ihr persönliches Geschick der allgemeinen Lage in mancher Hinsicht verwandt war.

Der Krieg von 1806—1807 hatte Rahel das Beste geraubt, das sie ihr eigen nannte: ihr großer, schöner Freundeskreis war gesprengt und fast aufgelöst. „Bei meinem ‚Theetisch‘, wie Sie es nennen," klagte sie im Januar 1808 B r i n c k m a n n, der in Königsberg war, „sitze nur ich mit Wörterbüchern; Thee wird gar nicht mehr bei mir gemacht. So ist alles anders! Nie war ich so allein. Absolut. Nie so durchaus und bestimmt ennuyiert. Denken Sie sich, ennuyiert! Denn nur Geistreiches, Gütiges, Hoffnunggebendes kann eine so Gekränkte noch hinhalten. Alles ist aber vorbei! Im Winter, und im Sommer auch noch, kannt' ich einige Franzosen; mit denen sprach ich hin und her, was fremde, gesittete, litteraturliebende und =übende Menschen, die nicht eines Landes sind, absprechen und abstreiten können. Die sind alle weg. Meine deutschen Freunde, wie lange schon; wie gestorben, wie zerstreut! In diesem Augenblicke sehe ich nur meinen zweiten Bruder [Ludwig], der mit mir bei meiner Mutter wohnt, und den Mann, der bei uns einquartiert ist . . ."

Das ist nun zwar so ganz wörtlich nicht zu nehmen. Denn immerhin waren einige der alten Freunde ihr treu geblieben. F i c h t e besuchte sie; W i l h. v. H u m b o l d t kam, wenn er in Berlin war, mit ihr zu plaudern oder ihr vorzulesen. Dazu machte sie einige neue interessante Bekanntschaften, so die des Philologen F r i e d r. A u g. W o l f (1759—1824), der i. J. 1807 nach der Schließung der Halleschen

Universität nach Berlin gekommen war. Anmutig hat sie erzählt, wie der gelehrte Mann, lange Abendstunden ihre Einsamkeit teilend, aufs liebenswürdigste über wissenschaftliche und poetische Gegenstände mit ihr plauderte oder vertrauensvoll sie in seine eigenen Arbeiten einweihte. Der Baron Friedrich de la Motte-Fouqué (1777—1843), einer der populärsten und fruchtbarsten Schriftsteller, gleichsam „der Dichterfürst und der gesellschaftliche Mittelpunkt der romantischen Schule" (so abgeblaßt und bedeutungslos er uns auch heute neben den wahren Dichtern jener Zeit erscheinen mag), kam mit seiner Frau Karoline, verwitweten Frau von Rochow, vom benachbarten Gute Nennhausen herein, um Rahel zu besuchen. Der geheime Staatsrat Stägemann, um dessen Bekanntschaft sich ganz Berlin „riß", machte ihr seine Aufwartung; Schleiermacher führte ihr seine Frau zu. Auch Bettina Brentano lernte sie kurz vor ihrer Verlobung mit Arnim kennen und war sofort „ganz in sie verliebt".

Allein dieser Verkehr hatte keinen Bestand, er machte Rahel das Unzulängliche ihrer täglichen Umgebung nur fühlbarer. Sie sah sich wieder, wie in ihrer Jugend, auf die abgetragenen Alltagsbekanntschaften angewiesen, denen, wie sie sie drastisch charakterisiert, „eine Makrone, ein Hecht, ein Schlitten, ein Epaulett" der Inbegriff menschlichen Glückes sind, die, als sie einst mit ihnen verkehrte, wenigstens den Vorzug der Jugend besaßen, während sie nun „Runzeln in Seel' und Körper haben, aber geheimrätlich thun". Sie fühlte sich nicht anerkannt in den berechtigten Eigentümlichkeiten ihrer Natur, nicht gehegt und geliebt, wie sie dessen bedurfte. Brauchte man ihren erprobten Rat, ihre Hilfe, so nahm man sie dreist in Anspruch; im übrigen glaubte man sie vernachlässigen, unhöflich behandeln zu dürfen: sie war ja nur eine Jüdin. In Gesellschaft amüsierte man sich über ihren schlagfertigen Witz; der tiefere Sinn ihrer oft krausen, wunderlichen Reden ging den meisten verloren. Für das aus den dunklen Schächten ihres unaufhörlich arbeitenden Geistes gebrochene Edelmetall boten sie ihr die leichten Spielpfennige angelernter Meinungen. Das konnte Rahel zur Verzweiflung bringen. Dann verstummte sie in stillem Verzagen; oder sie eilte hinaus, um in strömenden Thränen ihrem Unmut Luft zu machen. Zuweilen aber, wenn Unverstand mit Dünkel gepaart in ihrer Gegenwart sich spreizte, wenn öder Klatsch oder gar plumpe Lüge sich an sie herandrängte, war's mit ihrer Geduld plötzlich zu Ende; dann kam, ihr selbst vielleicht unerwartet, manchem Zuhörer zum Schrecken, mit explosiver Heftigkeit ihre ganze Meinung zum Vorschein. In solchen Augenblicken war ihr Wahrheitsdrang stärker als ihre gesellschaftliche Klugheit. Sie wußte, daß sie sich auf diese Weise Feinde machte; aber sie dachte in diesem Punkt ernst und strenge wie ein Mann. „Daß mich manche Menschen lieben sollen, wünsch' ich wohl", sagte sie, „und streb' auch darnach, indem ich mich immer beffere; aber beffere Ueberzeugungen opfere ich keinem Menschen, um mehr von ihm geliebt zu sein."

Alles in allem lebte sie ein „niederträchtvolles Leben", und kein Ausdruck ist ihr scharf und bitter genug, um es zu kennzeichnen. „Noch soll ich mich nach allem, was ich wahrlich schon erlebt habe, in solcher kleinen, niedren, ungewiffen, nun gar einsamen, von Menschen und Künsten und Natur geschiedenen Lage herumbalgen. Und all mein Mut, meine Klarheit, meine Gaben sollen mir zu nichts dienen können, als daß ich wie eine Verzweifelte, Verlaffene, davongehen kann. Dies ist die trockene Geographie meines Zustandes."

Um zu ermessen, in welchem Grade sie sich vereinsamt gefühlt haben muß, braucht man nur einen Blick auf ihren Verkehr mit Henri Campan*) zu werfen. Vom Spätherbst 1806 ab etwa ein Jahr lang im Verwaltungsdienst der Berliner Besatzung beschäftigt, war er einer von den Franzosen, die als Gesellschafter Rahel Ersatz bieten mußten für die verlorenen Freunde: ein Jüngling von 20 Jahren, gewiß fein empfindend und von anmutigen Sitten, aber noch geistig durchaus unreif, von schwankendem Charakter, unzuverläffig und leicht= fertig, jedenfalls nicht würdig des großen Vertrauens, deffen Rahel ihn würdigte. Natürlich hat sie auf ihn, wie auf alle für Geistiges em= pfänglichen jungen Leute, bedeutenden Einfluß ausgeübt: sie habe ihm die Binde der Kindheit von den Augen genommen, um ihn einzuführen und einzuweihen in die weite Region ihres Geistes und ihrer Seele, schrieb er ihr. Aber es bleibt doch bedauerlich, daß sie so vielfach an Unbedeutende den Reichtum ihres Innern verschwendete, ohne wesent= lichen Gewinn für ihr eigenes Gemüt dagegen einzutauschen. —

Es wäre ihr zu gönnen gewesen, daß sie in ihrer Familie Ersatz gefunden hätte für das, was sie so schwer vermißte. Leider war das nicht der Fall. Im Gegenteil: in keiner Periode ihres Lebens hat sie

---

*) Seine Briefe an Rahel in den Biographischen Portraits von Varnhagen von Ense. Leipzig, F. A. Brockhaus. 1871. Er war ein Sohn der bekannten Madame Campan, geb. Genest, deren „Mémoires sur la vie privée de la reine Marie Antoinette" von den Zeitgenossen mit großem Beifall gelesen wurden.

so harte, verurteilende Worte über ihre Brüder gesprochen wie jetzt. „Die Brüder achten und lieben mich nicht. Die nenne ich nie meine Freunde ... Keine Liebe und Zärtlichkeit für mich ... Wie zögerte ich über meine Familie; und nun scheide ich doch!" Ein andermal ruft sie aus: „O, wie habe ich zeitlebens gewußt, was Eltern sein können, wie es mit Geschwistern sein könnte! In Komödien sind andere gerührt davon, wenn es gedruckt ist, und in ihren Zimmern ziehen sie einen Fußteppich, eine Porzellanvase vor. Ich wußte und bejammerte es in meinem armen Herzen von früher Jugend auf" ... Rührend spricht sich in solchen Worten aus, wie ihre besten, heiligsten Empfindungen verständnislos zurückgewiesen wurden. Im besondern aber wurden solche Klagen und Anklagen verursacht durch Rahels schiefe Stellung zu ihrer Familie in vermögensrechtlicher Beziehung.

Wie schon erwähnt wurde, steckte das Gesamtvermögen der Familie im Geschäft, dem, als Prokurist der Mutter, Markus vorstand. Aus seinen oder der Mutter Händen empfingen die Geschwister, was sie brauchten. Der Kriegswinter 1806/7 führte, wie er sich überall auf dem preußischen Geldmarkte unliebsam bemerkbar machte, eine Schädigung des Vermögens der Familie Robert herbei. Um das Geschäft lebensfähig zu erhalten, mußte ein Teil des Silbers verkauft werden; es wurden gewisse Einschränkungen nötig, die bei allseitigem guten Willen und unter normalen Umständen leicht zu ertragen gewesen wären. Rahel mochte einer solchen Veränderung ihrer Lage am wenigsten gewachsen sein. Sie, die ein Leben auf großem Fuße geführt und sich um ihre materielle Lage nie hatte den Kopf zerbrechen brauchen, sollte nun plötzlich ökonomisch werden, einen bestimmten Etat nicht überschreiten, mußte um einen Thaler mit der Mutter oder dem Bruder streiten und Vorwürfe über sinnlose Verschwendung hinnehmen. Das erbitterte sie, die mit vornehmer Geringschätzung über Geld und Geldeswert dachte. Eine wahre Herzkränkung aber war es ihr, daß man sie niemals in den Stand der Dinge einweihte, sie in allen geschäftlichen Fragen als eine Unmündige, Unzurechnungsfähige behandelte. Infolgedessen machte sie sich, gereizt wie sie war, ein falsches Bild von des Bruders Geschäftsführung, hielt ihn für einen kleinlichen Pedanten, für einen vom Geiz angefressenen Rechner, der es nicht verschmähe, einen geschäftlichen Vorteil gelegentlich zu seinem alleinigen Nutzen auszubeuten. Die Abhängigkeit von seinem guten Willen, die sie immer gedemütigt hatte, empfand sie nun als eine unerträgliche Fessel! Fortan begann sie einen ungestümen Kampf um ihre Freiheit, der sich bis in das Jahr 1812 hineinzieht. Da sie allein nichts ausrichten konnte, entbot sie die jüngeren Brüder, die damals in der Ferne waren, in zornflammenden Briefen nach Berlin, um gemeinsam mit ihnen eine Auszahlung der Anteile zu verlangen: „Dies morsche Gebäude muß auseinander. Wir müssen kommen, alle zugleich kommen, und wenn wir auch nichts bekommen, alle zugleich böse abreisen." — Sie will fort aus Berlin — nach irgend einem andern Ort in Deutschland, nach Paris — gleichviel: nur fort! — Wie eine Verzweifelte rüttelt sie an den Gittern ihres Käfigs. Sogar der Windbeutel Campan, der selbst keiner Lage gewachsen war, von dem sein Minister sagte, er habe sich seit seiner Stellung im Staatsdienst wie ein Verrückter ge= berdet, — sogar dieses schwankende Rohr soll ihr Halt bieten; auf seine Einladungen, ihm nach Paris zu folgen, auf seine Anerbietungen, ihr und Ludwig Robert in der Fremde durch seinen Einfluß eine sichere Stätte zu bereiten, baute sie wie auf einen Felsen; ihn und ihre alte Freundin Pauline Wiesel, die 1808 ins Ausland gegangen war, bittet sie um Geld zur Reise! —

Es ist ein trauriges Schauspiel, das sich hier vor unsern Augen abspielt, und man muß sich die ganze seelische Niedergeschlagenheit, in der Rahel damals lebte, vergegenwärtigen, um nicht an ihrem Cha= rakter irre zu werden. Ganz falsch wäre es, aus ihren Bemühungen, in den Besitz ihres Vermögens zu gelangen, auf kleinliche Mammons= liebe zu schließen. Sie verachtete das Geld; aber sie wußte sehr genau, daß ihr, die als Jüdin völlig rechtlos und zudem ganz unfähig war, sich durch eigene Arbeit ein Auskommen zu sichern, ihr Vermögen schlecht= hin das einzige Mittel war, sich eine unabhängige soziale Stellung, wie sie deren bedurfte, zu verschaffen.

Markus sah gelassen diesem heftigen Treiben zu. Ein Brief von ihm an Rahel (1. Juli 1808), in dem er sich über diese Dinge aus= spricht, läßt eine zarte Rücksicht auf die Bedürfnisse seiner Schwester nicht verkennen; er bildet überhaupt einen so merkwürdigen Gegensatz zu Rahels leidenschaftlichen Klagen, daß es nötig erscheint, ihn im Aus= zuge hier folgen zu lassen: „... Ich kann Dir die Versicherung geben, daß, bei aller Einschränkung, die durch den Fall des preußischen Staates und ein Zusammentreffen vieler ungünstiger Umstände bei uns not= wendig geworden ist, ich und wie ich auch nicht anders weiß, unsere überaus brave Mutter immer darauf bedacht gewesen sind, Dir für Deine Person solche nicht bemerkbar zu machen, und auch ins Künftige soll alle Anstrengung darauf gerichtet sein, daß Dir diese unsere Absicht noch fühlbarer werde ... Wie gern wir Dich in unserer Mitte zu behalten wünschen, so werden wir auch alle einstweilen darauf Verzicht leisten, wenn Dich die Anstalten, die wir für einige Jahre werden machen müssen, zu sehr beengen sollten, und wir werden mit Vergnügen sehen, daß Du Dich nach irgend einem Dir gefälligen Ort begiebst und Dir und Deinen Neigungen lebst, bis es mir gelungen sein wird, das Vermögen zu realisieren, wo Du alsdann die erste sein sollst, die auf Verlangen dasjenige erhalten soll, worauf Du Anspruch zu machen hast." Sollte es ihm nicht gelingen, so sei sie die einzige Schwester — Rose war schon verheiratet —, für deren Zukunft gewiß gesorgt sein würde. — „Ich weiß," fährt Markus fort, „daß Du nicht die besten Gesinnungen von meiner Administration hegst, unterdessen ist es von jeher das Los derjenigen, die etwas thun, von denjenigen, die zusehen, unrichtig und unkundig beurteilt zu werden; Du wirst nicht eher eine andere Meinung hierüber bekommen, bis einst ein glücklicherer Erfolg als bisher meine Bemühungen krönen wird. Noch hat aber keines von Euch Ursache zu wirklicher Klage ... Laß also ab, Dein und meiner Geschwister Herz mit Galle gegen mich zu erfüllen ... Deine Absicht mag Dir richtig erscheinen, allein sie macht nichts gut und erschwert die natürliche Harmonie, die die Götter uns mitgeteilt haben, durch welche sich ein unglückliches Ereignis gewöhnlich unter uns zum Glück verkehrt ..."

Einen wie sympathischen Eindruck dieser Brief hervorrufen mag: in Wirklichkeit wird Markus' Position nicht so unanfechtbar gewesen sein, wie er Rahel glauben machen wollte. Jedenfalls war es ein großer Fehler von ihm, seinen Geschwistern jeden Einblick in den Gang der Geschäfte zu verwehren. Selbst nach der Mutter Tode weigerte er, gestützt auf eine Testamentsbestimmung, sich standhaft, ihnen jemals Rechenschaft abzulegen; infolge dieser unklugen Eigenmächtigkeit, zu der er als der „Ohme" sich berechtigt glaubte, bot seine Verwaltung den Geschwistern einen beständigen Angriffsgegenstand. — Uebrigens hat er in späterer Zeit, nach Rahels Verheiratung, sich — nach ihrem eigenen Zeugnis — ihr oft dienstbereit, treu und großdenkend in Besorgung ihrer Geschäfte erwiesen. —

Ein ewig wunder Punkt in Rahels Herzen war, daß sie auch bei der Mutter kein volles Verständnis fand, kein inniges Vertrauen zwischen ihnen waltete. „Ich bitte Dich, laße die Welt aus ihre fugen, Du krigst sie nicht wieder rein" —: dieser Art waren die Ratschläge, mit denen die alte Mutter Levin Rahels auf sie einstürmenden Wün-

schen und Klagen begegnete. Welch bange Wehmut atmen die Zeilen,
in denen sie Varnhagen damals (1808) ihr Verhältnis zur Mutter
auseinandersetzte: „Vorgestern dacht' ich so über Menschenleid und
Liebe, und dachte, die höchste Leidenschaft verliert den schwarzen Zauber,
die Todesschärfe, wenn man eine Mutter hat, wie sie sein kann. Wie
oft dacht' ich: könnt' ich an den verständigen Busen der meinigen fallen,
es wäre ein heilender Altar! Nie kann da das Unglück in solcher
Wüste hervorbrechen; und jedes Verhältnis schon wird mild, klar, muß
sich reiner gestalten; und das Schlechte weicht von Haus aus vor dem
Ehrwürdig=Lieblichen zurück in die „Nacht des Herzens" — wie Fichte
sagt. Denk' Dir eine junge liebende Mutter wie ich, die liebste
Freundin, die tiefste Vertraute ihrer Kinder, ihr Spielkamerad, in
Musik, Gesellschaft, Putz, Leben, Gedanken. Herr des Vermögens,
welche innere gewisse Stütze dies ist! Solch eine ist Gottes Statthalter
auf Erden. O Gott! es giebt ein Glück in diesem verwirrten Jammer
hier; aber keiner versieht sein Amt, und die Welt geht unter" ...
Im Herbst 1808 erreichte die Spannung zwischen den beiden Frauen
einen solchen Grad, daß die Mutter die gemeinsame Wohnung in der
Jägerstraße heimlich kündigte und sich von der Tochter trennte. Rahel
konnte das teure Quartier nicht ferner bezahlen; sie zog in das Trenksche
Haus, Charlottenstraße 22, wo sie bis 1810 gewohnt hat. Es be=
reitete ihr unendliche Pein, die Stätte ihres Glückes und ihrer Triumphe,
die doch zugleich auch ihre „Leidensgruft, das Stammhaus ihrer Qual"
war, zu verlassen. Sie sah sich plötzlich „im strengsten Verstande des
Worts allein, ohne jede Hoffnung, ohne allen Plan, mit der beleidigtsten
Seele, ohne Mut zur Beschäftigung zu finden". — Die Mutter ihrer=
seits lebte, nach Rahels Beschreibung, fortan „in einem düstern, rup=
pigen, unbequemen chez-elle, ohne Gesellschaft, ohne Genuß, ganz das
bißchen Glanz und Wohlhabenheit weg, im erbarmungswürdigsten Geiz,
fast allein existierend". Gewissenhaft besuchte nun Rahel täglich die
alte Frau, ohne je Anerkennung und Dank zu erwarten; ja, miß=
handelt und „weggestoßen", hatte sich ihre Kindesliebe nur verinnigt.
Wenn sie — die nun Achtunddreißigjährige — überdachte, wie Jugend
und Liebe dahingegangen, wie die Freunde sie verlassen, wie die Hoff=
nungen auf irdisches Glück im Busen erstorben, so hatte sie keinen
heißeren Wunsch, als ihre Mutter zu pflegen und ihr die letzten Jahre
zu verschönen. Und der Wunsch sollte ihr erfüllt werden; nur daß es
sich nicht um Jahre, sondern um kurze Monate und Wochen handelte.

Im Sommer 1809 erkrankte die Greisin. Rahel widmete sich

ihr Tag und Nacht mit aufopfernder Hingebung. — „Ich tausche nicht mit der Königin, die ist nicht so glücklich als ich", sagte, durch diese Liebe und Sorgfalt beglückt, die alte Frau kurz vor ihrem Tode. Von ihren Kindern umgeben, ihre Hand in Rahels Händen, starb sie im Oktober desselben Jahres. „Wir wollen für einander sorgen, und so die Mutter ehren," tröstete Rahel ihre entfernte Schwester in einem Briefe, der gelassen klingen soll und in dem doch überall das Weh durchbricht. Was sie aber in der Zeit gelitten, sprach sie ihrem Freunde Fouqué aus: „Ich habe mit einer Leidenschaft von Schmerz, die ich jetzt nicht beschreiben kann, meine Mutter sich vier Monate quälen sehen, und dann vor zwei Monaten ihrem Tode beigewohnt. Alle Leidenschaft hatte ich schon kurz vor ihrer Krankheit auf diese Mutter geworfen. Und ihre namenlose Gemütsheiligkeit, wie ihre Fehler und Miß= verständnisse gegen mich regten mich gleich auf! Ihr Tod zerriß wahn= sinnig mein Herz! Abgeschnitten bin ich . . ." Und noch nach Mo= naten klagte sie: „Mama und das Verhältnis zu ihr, das zerrissene, geht mir nicht aus dem Kopf. Alle reell irdischen Bande sind für mich lädiert, vernichtet. Nur meine Geschwister habe ich noch, nur das ist mir noch natürlich."

Nach der Mutter Tode beliefen sich die jährlichen Zinsen von Rahels Vermögen, das etwa 18000 Thaler betrug, auf 1200 Thaler. Das war für sie, die die Lebensgewohnheiten einer großen Dame hatte, keine übermäßig hohe Summe. Zwar waren ihre eigenen materiellen Bedürfnisse immer gering gewesen. Doch hatte sie, häufig leidend und derber häuslicher Arbeit nicht gewachsen, zwei Mädchen zur Bedienung nötig und mußte sich, da sie meist allein wohnte, zuweilen als männ= lichen Schutz einen Bedienten halten. Geistige Genüsse mochte sie sich nicht gern versagen; an Ausgaben für Theater, Konzerte, Bücher, Reisen sparte sie nicht. Die Pflege ihres kränklichen Körpers nahm be= trächtliche Mittel in Anspruch. Ein Bedürfnis war es ihr, Freunde zu bewirten; und galt es, Not zu lindern, so hatte sie nie des Geldes geachtet. Ihr Einkommen hatte gerade gereicht, ihre Ansprüche zu be= friedigen. Das änderte sich plötzlich im Herbst 1811. Die schwierige Lage des preußischen Geldmarktes nötigte die Brüder — Moritz war seit 1809 Mitverwalter —, Rahels Apanage auf 800 Thaler herab= zusetzen; für den Fall, daß sie damit nicht einverstanden sei, erklärten sie sich bereit, ihr ihren Anteil in sicheren, zinstragenden Papieren aus= zuhändigen. Natürlich blieb Rahel nichts übrig, als ihren Anteil im Geschäft stehen zu lassen. Aber es kränkte sie bitter, und sie hielt es für eine unbrüderliche Handlung, ihr das Einkommen zu kürzen. Es war in der That ein Schlag für sie. Denn nun mußte sie plötzlich lernen, was ihr unerträglich dünkte: kleinlich mit Groschen rechnen, sparen, knausern. Wie die „niedere, prekäre Lage“ sie drückte, zeigen ihre vertraulichen Briefe an die alte Freundin Pauline Wiesel, die damals in Bern lebte. In einem dieser Briefe (16. Mai 1812) heißt es: „. . . Behrenstraße Nr. 48, da sitze ich ganz allein, mit Linen [ihrer alten Dienerin] und noch einem Mädchen, weil ich mit Einer mich fürchte und dann sie gar nicht wegschicken kann. Zu einem Bedienten habe ich kein Geld; also kann ich auch jetzt im Frühling nicht ausgehen [wegen des fehlenden männlichen Schutzes], nachdem ich den ganzen Winter immer allein und auch viel unpaß war. Menschen konnt’ ich nicht sehen, weil ich das Geld, sie wie sonst aufzunehmen, nicht habe. Auch sind meine alten Bekannten tot und weg. Diesen Monat habe ich an neun Thaler Abgaben unter allerlei Namen geben müssen; ohne die Einquartierung, die man mir schickt. Wenn ich diese beständig hätte, so blieben mir den Monat für mich, Logis und Holz abgerechnet, zehn Thaler. Also: alle aisance, alles Fahren, Theater, Musik, alles ist weg für mich. Ausgehen kann ich auch nur in den Straßen umher . . .“ — „Krank, keine Luft, keine Zerstreuung keiner Art!“ klagt sie ein andermal. „Sonst, wie ich — mit meinen ewig geringen Mitteln — die Behilfliche sein konnte, ging alles: aber an wen kann, soll ich mich wenden! Auch ist meine ganze Gesellschaft zerstört, zerstreut, tot, arm. Dabei, bei diesem Knappen, bin ich Dankbarkeit schuldig, und zur Last denen, die ich meiden möchte unter den besten Bedingungen. Was ich am meisten fürchtete, wogegen ich fünfzehn Jahre rang, muß ich bis auf den Boden leeren.“

So saß Rahel, die einst bewunderte und beglückte Beherrscherin des geistreichsten Berliner Salons, verlassen in ihrer „Herzens=morgue“, „ohne Hoffnung für irgend ein Glück“, wie sie Varnhagen schreibt, „ganz in einem großen Meer von zahllosen Tropfen des Mißlingens . . . Es·dauert zu lange, zur Probe, zur Buße, zu was es sei, für ein edles Geschöpf. — — Auf dies Leben hoff’ ich nicht mehr. Ich kenne nichts Elenderes, als so bis sechzig hinan zu warten; mit Hoffnung. Mir geht’s ja Schritt vor Schritt schlechter durch jedes événement durch! Und kein Freund, kein Mensch kann mir nur sagen, thun Sie dies, oder das: es ist nichts zu thun. Es geht ihr gut genug, denken sie dumpf, nicht deutlich, die mich am wenigsten hassen. Freunde lassen es geschehen. Erschöff’ ich mich, wunderten sie sich, wie über Kleist.*) Diese Begräbnisfeier, mich nicht zu wundern, habe ich ihm wenigstens gehalten!" —

„Es ist nichts zu thun." — Das ist das unsäglich Peinigende für die großbegabte Frau, in der ein Drang nach Bethätigung der ihr verliehenen Kräfte in fast schmerzhafter Stärke lebendig war: daß kein schöner, weiter Wirkungskreis sich ihr öffnete, daß sie thatenlos dasitzen und „alles Wetter ohne Schirm über sich ergehen lassen" mußte. Aber dieses Gefühl wurde ihr durch die gegenwärtige Lage nur schneidender zum Bewußtsein gebracht; vorhanden war es immer, auch in ihren besten Tagen, gewesen. Selbst damals, als sie gesucht und gefeiert im Mittelpunkt des geselligen Lebens stand, war sie sich darüber klar, daß dies nicht der von der Natur ihr angewiesene Kreis sei. Unmöglich konnte sie sich der Einsicht verschließen, daß hier, wo tausend eingewurzelte Meinungen, Satzungen, Vorurteile ihr entgegentraten, eine große, durchgreifende, tiefgehende Wirkung nicht möglich sei. Ihr Wahrheitsstreben, ihr heißer Drang, zu gestalten, zu reformieren, stieß überall auf feindliche Schranken, hatte zu wenig dienstbare Waffen, sich zu behaupten und siegreich durchzusetzen. Es blieb immer eine durch all ihren Geist nicht auszugleichende Dissonanz, ein Mißverhältnis zwischen ihren Kräften und ihren Leistungen. Sie sah nur immer „lauter Mittel zum Leben, lauter Anstalten dazu, und nie darf man, nie soll ich leben!" — „Wohin mit dem entsetzlichen Vorrat, mit dem Apparat von Herz und Leben!" seufzt sie. „In den Krieg möchte man ziehen, um Nahrung für den Anspruch zu suchen, mit dem einen die Natur hinaus ins Dasein geschickt hat." Und mit unzweideutiger Klarheit spricht sich ihre Ueberzeugung in folgendem Wort aus (1812): „Das ganze Leben und seine Anlagen ins Werk zu setzen, dies allein ist die größte, vollste Idee für den lebendigen Menschen! Alle die Versuche, zu leben, im Gefühl der Vergeblichkeit aufkämpfend, oder gar in bewußter Verzweiflung, sind furchtbar! ..." Wenn sie ihr Schicksal überdachte, empfand sie deutlich, daß, wie gut Natur es mit ihr gemeint, die „Spitze des Glücks" ihr fehle; so daß sie das, was sie besitze und gewiß schätze, doch nicht ungetrübt genießen könne. „Es ist noch härter, vom Glück als von der Natur verlassen zu sein" —: das ist ihres traurigen Grübelns letzter Schluß, und hieran, wie an einem Glaubenssatz, hielt sie ihr Leben lang fest. Und dieses Bewußtsein breitete einen Schleier der Melancholie über ihr Wesen.

---

*) Der Dichter Heinrich von Kleist, der 1811 durch Selbstmord endete.

In einem Briefe Varnhagens*) heißt es, häufig hätten „nicht geistverwandte, aber äußerlich nahestehende Personen wohl gemeint, Rahel habe keine Rechnung mit dem Schicksal gehabt, und es sei gar nicht zu begreifen, wieso sie immer sich unglücklich gefühlt, da ihr ja alles Mögliche gewährt worden ..." Tiefer blickende Freunde, besonders ihr vertraute Frauen, wie Karoline von Fouqué und Frau von Woltmann, verstanden dagegen sehr wohl, daß das Leben ihr nicht gelacht habe, daß Großes ihr zur Glückseligkeit fehle. Hochinteressant ist in dieser Hinsicht ein Brief**) der letzteren an Varnhagen, nach Rahels Tode (1839) geschrieben, der eins der wahrsten Urteile enthält, die je über Rahel gefällt wurden. Es heißt darin: „Als ich Rahel kennen lernte, sagte ich von ihr zu Woltmann: Ich sehe sie nie, ohne an den Spruch zu denken: ‚Da trat ich auf, Debora, eine Mutter in Israel; der Bach Kison wälzte sie, der Bach Kedumin; tritt, meine Seele, auf die Starken.' [Citat aus Deboras Triumphlied nach dem Siege über die Kananiter.] Immer habe ich bejammert, daß sie keine Mutter in Israel mehr sein konnte. Das war ihre natürliche Stellung. In einfachen Nationalverhältnissen, unter einem tiefsinnigen, scharfsinnigen, leidenschaftlichen Volke, wo der nationelle Charakter noch dem rein menschlichen untergeordnet war, unter ihrem Volke, hätte sie sich frei und voll ausgelebt. Das Schicksal verwies sie auf die Berliner Gesellschaft. Durch diese mußte sie sich eine bürgerliche Stellung machen, ihr einigermaßen homogen. Wie klug, kräftig, umsichtig und wohlwollend sie dies gethan, ohnerachtet das Material sie oft geplagt und ennuyiert, davon zeugt auch Brinckmanns Brief. Sie mußte an jenem [Material] oft ihren reichen Geist zersplittern; erst mit Ihnen kam sie in diesem Bestreben zur Ruhe, erst in ihren letzten Lebensjahren ..."

Der Hinweis auf Debora, die als Richterin die Juden nach 20jähriger Knechtschaft aus der Gewalt des eisernen Sisera, des Feldhauptmannes der Kananiter, befreite; von der es im Buche der Richter heißt: „Sie wohnte unter den Palmen Debora, auf dem Gebirge Ephraim. Und die Kinder Israel kamen zu ihr hinauf vor Gericht" — dieser Hinweis ist eine neue Bestätigung, daß etwas vom Geiste feurigen, urgewaltigen Prophetentums in Rahel gelebt haben muß.

---

*) Von Herrn Ernst Frensdorff zu Berlin aus den reichen Schätzen seiner Autographen-Sammlung mir liebenswürdig zur Verfügung gestellt.
**) In Abschrift von Varnhagens Hand in der Varnhagenschen Handschriften-Sammlung.

Ihr fehlte eine Machtsphäre, um die hohen Gaben des Wahrheits=
dranges, der Gerechtigkeitsliebe, der Ahnung göttlicher Dinge in großem
Maße zu bethätigen. Darum klagt sie: „O, warum bin ich kein Mensch
im Amt, keine Fürstin! So wahr Gott lebt! ich wirkte gut.“ Doch
auch in dem Berufskreise, der dem Weibe der natürlichste ist, dem der
Gattin und Mutter, wäre sie zufrieden gewesen. Aber „Bäuerinnen,
Bettlerinnen haben, was ich schwer mit Herzblut beweinen muß. Mit
der Meinung, daß ich eine Königin [sie meint, eine im öffentlichen
Leben thätige Person] oder eine Mutter sein müßte, erlebe ich, daß
ich gerade nichts bin.“

Hätte ihr wenigstens ein Gott gegeben, zu sagen, was sie litt;
hätte sie ein Talent gehabt, ihre Brust in künstlerischem Schaffen zu
befreien! Vielleicht würde sie dann auch das Gefühl des Vergehenden,
Hinsiechenden, das, aus körperlicher Schwäche geboren, schwer und
lähmend auf ihr lastete, leichter überwunden haben. War doch ihr
reizbares Nervensystem von jeder Gemütserregung, jedem Witterungs=
wechsel, jedem Luftzuge beeinflußt; sie vergleicht es einmal einem
Klavier, „dessen Saiten man mit Bedacht abgewirbelt habe, die in
Unordnung untereinandergeschrollt sind, und die nun, bei der leisesten
äußeren Veranlassung, unordentlich untereinander schwirren.“ Schwere
Nervenzufälle suchten sie bis zur Todesangst heim. Die schwache Brust
erforderte unausgesetzte Aufmerksamkeit. Je älter sie wurde, um so
häufiger und heftiger ward ihr Körper von Krankheitsstürmen durch=
schüttert. Das Bewußtsein leiblicher Schwäche wich nicht mehr von
ihr: „mich werd' ich nicht los,“ pflegte sie wehmütig zu sprechen. Doch
rang sie sich nach und nach zu frommer Resignation durch. „Das
Leben ist gewiß eine Buße,“ schrieb sie 1810 nach eben überstandener
schwerer Krankheit, „eine Reinigung, wo Gott aus Güte auch Freuden
zugelassen hat. Ich fühl's, es wird mir immer klarer . . . Ich bete
und reinige meine Seele. Ich bemühe mich, meinen Zorn und Rache,
die ich liebte, wenn auch nicht übte, zum Opfer zu bringen.“

Rahels Los, das fühlten ihr innerlich verwandte Menschen, war
gemeinem Menschenlose nicht vergleichbar. „Lassen Sie Rahels Herz
zu Asche gesunken sein,“ schrieb ihr 1811 Marwitz, „das mensch=
liche Herz schlägt weiter in Ihnen mit freieren, höheren Pulsen, ab=
gewandt von allem Irdischen, und doch ihm ganz nahe; die scharfe
Intelligenz denkt weiter und in größeren Kreisen; aus dem grünen,
frischen, lebendigen Thal hat Sie der Schicksalssturm hinaufgehoben
auf Bergeshöh', wo der Blick unendlich ist; der Mensch ferne, aber

Gott nahe." Thränen entstürzten ihren Augen, als sie das las. „So
ist Unglück!" ruft sie aus; „sind meine Freunde wahr, so müssen sie
mir das Schreckenswort sagen." Aber sie empfand doch auch den guten
Trost, der in dem Worte lag. Und noch einen andern Trost hatte sie
aus der Passiflore ihres Lebens gesogen. „Schon oft dünkte mich",
schrieb sie einmal, „darum nur widerfuhr bis auf die geringste Kleinig=
keit mir alles so, damit ich verstehen soll, was jeder fühlt und was
jedem fehlt. Das ist der einzige Menschentrost, der andre kommt von
Gott." — Sie, die in so manchem Daseinsmoment mit Goethes Faust
hatte seufzen müssen: „Der Menschheit ganzer Jammer faßt mich an —",
suchte und fand ihren schönsten Beruf darin, Menschenleid zu lindern.
Wer Rahels Gemüt in seinem hellsten Glanze strahlen sehen will, der
suche sie im Verkehr mit den „dunklen Schmerzensmenschen", den im
innersten Lebensnerv Gelähmten, Verzweifelten auf, an denen jene Zeit
so reich war.

Im Frühjahr 1809 lernte Rahel den 22jährigen Alexander
von der Marwitz (geb. 1787) kennen. Einer der angesehensten und
ältesten Familien der Mark entsprossen, deren Geschichte mit der des
Landes innig verwoben ist, in begünstigten Verhältnissen lebend, vor=
züglich wissenschaftlich gebildet, erinnert Marwitz in mancher Beziehung
an Wilhelm von Burgsdorff, den er aber an Geist und Tiefe
weit überragte. In seiner ganzen ritterlichen Erscheinung gemahnt er
wohl auch an den Prinzen Louis Ferdinand, dem er jedoch an
sittlicher Festigkeit überlegen war. — Marwitz hatte sich nach Abschluß
seiner Universitätsstudien etwa ein Jahr in Memel, wo sich damals der
preußische Hof befand, aufgehalten, hatte sich dann im Frühling 1809
dem Schillschen Zuge angeschlossen, war aber, das Kopflose des Unter=
nehmens einsehend, bald nach Berlin zurückgekehrt, wo er Rahels Be=
kanntschaft machte. Er war sofort ganz von ihr eingenommen und schloß
sich ihr mit einer Ehrfurcht und einem Vertrauen an, die seine Freunde
an dem Stolzen, Zurückhaltenden mit Staunen gewahrten. „Solltest
du in meiner Abwesenheit nach Berlin kommen," schrieb er einem Be=
kannten, „so befehle ich dir, die Bekanntschaft der Rahel Levin zu
machen. Sie mag wohl jetzo das größte Weib auf Erden
sein." — Seit 1809 in österreichischen Diensten, fühlte er sich beengt
durch die „toten Formen" des Garnisonlebens, unbefriedigt durch den
Verkehr mit seinen, aller feineren geistigen Bildung ermangelnden
Kameraden. Müde des Mißverhältnisses, nahm er im Herbst 1810
seinen Abschied und kehrte in die Heimat zurück, wo er abwechselnd

auf dem Familiengute Friebersdorf und in Berlin lebte. Doch auch jetzt, halb Landmann, halb Gelehrter, gelangte er nicht zum reinen Genuß des Lebens. Der in jungen Gemütern immer bereitliegende Konflikt zwischen glühendem Wollen und ihm nicht gewachsener Kraft, zwischen der Selbstherrlichkeit des Individuums und den Forderungen der Welt mußte einen besonders schmerzhaften Charakter annehmen in einem Zeitalter, das so viele Intelligenzen zu thatenlosem Hinleben verdammte. Marwitz litt schwer an der Krankheit der Zeit. Karo= line von Fouqué nannte ihn einen „schäumenden Wein: die fixe Luft steigt über das Gefäß hinaus. Er hat noch nicht Raum gefunden in der Welt, und weiß nicht, wie er sich mit seinem praktischen Streben zu dieser stellen soll; deshalb ist er unwohl und schneidet in Gemüt, Meinungen und Lebensrichtungen scharf ein. Man fürchtet ihn." Wie Werther geht er „verschlossen, bang und von wilden, düstern Ge= danken abgejagt", in der Pracht des Frühlings einher. In „zitternder Leidenschaftlichkeit" wälzt er die verschiedensten Pläne in seinem Hirn. Soll er sich ganz dem Beruf des Forschers hingeben? — Soll er auf Reisen, ins Ausland gehen? — Soll er in den Staatsdienst treten? — Er weiß nicht, was aus seinem finstern Brüten werden mag: vielleicht wird es ihn in Wahnsinn, vielleicht zum Selbstmord treiben. Zwar hält er es für „verruchte Roheit", das heilige Gefäß des Lebens zu zerstören; und doch erscheint es ihm erlaubt, den Körper zu vernichten, wenn das Uebermaß der Not die Seele ertötet hat. Ein Trost ist es ihm, „daß andere, äußerlich anständigere Wege offen stehn, die einen ablenken von dem gewöhnlichen grausamen". Es ist der Krieg, auf den er, wie einst Prinz Louis, seine Hoffnung setzte, und in dem auch Marwitz seine Rechnung finden sollte.

Das war der Mensch, der einer Trösterin wie Rahel bedurfte. Ihr vertraute er seine ganze Lebens= und Gemütslage an, sie ließ er in die verborgensten Falten seines Herzens schauen. Und sie wußte ihn aufzurichten, nicht mit wohlfeilen, trügerischen Hoffnungsworten, sondern indem sie fest und mutig hineinleuchtete in sein verdüstertes Gemüt. „Wie oft könnte ein in Wunden zerrissenes Herz heilen, ge= nesen, zum Leben berührt werden", schrieb sie ihm, „von einem ein= zigen Blicke, von einem Worte, von einer Bewegung, einer Inflexion der Stimme des geliebten Menschen, auf den der Ringende harrt. Vergebens! Nicht Blick, nicht Wort, nicht Ton kommt zu uns; wir verschmachten, vergehen, leben nicht; und Welt, und wir selbst manch= mal, wähnen uns getröstet. ‚Die Menschen verstehen einander nicht,‘

sagt Werther. Sogar die Jammertöne werden nicht erkannt, die aus eines jeden Brust geschlagen werden; vom andern nicht! dies ist wahr und schrecklich! Das andere Schrecknis besteht darin, daß wir auch nicht heilen, nicht helfen können, wenn der von uns Geliebte leidet! Wir verstehen ihn ganz, sein Leid reißt in unserer Brust; und einsam ist er, einsam sind wir. Diese Klause, worin jede Menschenseele haftet, und wo Liebe dann und wann Leben und Leben vermählt, wie Licht, vom Himmel geschenkt, hinüberträgt, — dies ist der Grund, wovor der Mensch erstarrt. Sie erscheinen mir, den ich lieben kann. Ich tröste mich, eine ähnliche Natur in ihrem besten Vermögen, in ihren ge=heimsten, feinsten Nuancen zu kennen, der es glücklicher gehen soll, als mir. Sie wissen, daß Ihre Gegenwart mir wie das Auge der Welt geworden ist. Ich habe viel geliebt, aber nie einen Menschen wie Sie. Und mußte auch mein wahnsinniges Herz mich bis zu den Grenzen meines eigenen Seins reißen, so war mein Geist nie irre: und einem wirklichen Gegenstande war es aufbewahrt, mich zu lehren, daß das Maß nicht in mir, sondern in ihm abgesteckt ist. (So habe ich Goethe geliebt in seinen Werken.) Von diesem Freund, dessen Wohlsein ein neues, anderes Lebensziel für mich werden mußte, hör' ich nun auch die trüben, stockenden Klagetöne, mit denen ich die Atmosphäre durch=bringen mußte, und kann ihm gar nicht helfen! Einsam steht jeder; auch liebt jeder allein, und helfen kann niemand dem andern."

Die traurigste der Wahrheiten prägt sie dem jungen Freunde ein: daß der großbegabte Mensch herzenseinsam im Leben dasteht, in seinem innersten Fühlen und Denken selbst von den Nächsten, Liebsten durch eine unüberbrückbare Kluft geschieden. Und so, indem sie sich selbst als die Genossin seiner Leiden, sein Los als das allen tieferen Naturen gemeinsame hinstellt, löst sie doch wieder den Bann, der auf ihm liegt, nimmt sie den Schrecken der Einsamkeit die tötende Macht. — Auch unterläßt sie nicht, ihm die Abhängigkeit des Menschen von seiner Zeit vorzustellen. Was kann ein Mensch von seiner Art, so reflektiert sie, „eine Heldennatur, ein Thatenmensch" in einem müden, von Empfindsamkeit angekränkelten Zeitalter — einem Zeitalter ohne Handlung — beginnen? „Wie geknebelt, erdrosselt" stehe er mitten darin. Es sei nichts Großes zu vollbringen. „Menschengebäude lassen sich nicht aufführen, wehren kann man sich nicht, entfliehen auch nicht." Was ist also zu thun? Sie weiß nur eins: kluge Resignation, inniger Zu=sammenschluß der Freunde zu geisterfüllter, edler Geselligkeit. Die höchst charakteristische Stelle, in der sie dieses ihr Lebensideal als die einzig mögliche Form schönen Sichauslebens in einer so gearteten Zeit aufstellt, möge hier im Zusammenhange folgen. — „Hütten", schreibt sie, „und stille Anstalten sind zu treffen; dazu aber sind die Guten zu stolz. Einen Namen sollen ihre Thaten, ihre Werke haben; nach Alexander, nach Moses, nach Christus sollen sie heißen. Es sind der Guten mehr da als je; seien sie gut, leben sie gut; leben sie nah, soviel als möglich. Die Kolonie ist gleich da; nur ohne Projekt, nur das Allernächste immer gut gemacht. Kann einer sterbend die Welt, sein Land retten: ich rate es ihm, und wären Sie es. Geht es? nützt es? Das Grübeln über Rettung und die Zeit, die ambitiösen Versuche sind das Schlechteste. Leben, lieben, studieren, fleißig sein, heiraten, wenn's so kommt, jede Kleinigkeit recht und lebendig machen, dies ist immer gelebt, und dies wehrt niemand. Und von einer großen, immer größeren Vereinigung dieses wollender Menschen sollte nichts, gar nichts entstehen? Ein Wachstum solcher Vereinigung müßte alle rohen Anstalten sprengen, in sich aufnehmen." —

Kann aber ihm, dem heißblütigen Jüngling, anregender Umgang keine Linderung bringen, so soll er irgend einen mannhaften Entschluß fassen, sich dem stummen Brüten zu entreißen, und sei es der, in fremdem Lande Kriegsdienste zu nehmen. „Alles müssen Sie thun, ehe Sie elend leben. Gehen Sie, und wenn Sie tot sein werden — das Aergste! —, so wissen Sie jetzt, werde ich denken: Leben, elend leben, das konnte er nicht."

So gewährte Rahel dem jungen Manne den höchsten und schönsten Trost, den der Mensch dem Menschen geben kann: verständnisvolle Einsicht in sein Wesen, treue Teilnahme an seinem Schicksal. Sie entriß ihn dem krankhaften Dahinsiechen, gab durch ihre nimmermüde Freundschaft seinem Dasein erhöhten Wert und neuen Aufschwung, zeigte ihm, auf das Beispiel des Prinzen Louis hinweisend, den Weg der Pflicht und der Ehre.

Im September 1811 erwartete Marwitz Rahel auf ihrer Rückreise von Teplitz in Dresden. Sie verbrachten hier lesend, studierend, in gemeinsamen Natur- und Kunstgenüssen ein paar schöne Tage. Ihr Verhältnis beschreibt Rahel in Briefen an ihren Freund Varnhagen, dem sie damals schon verlobt war. „Ich lebe sehr eingezogen. Abends immer bei mir mit Marwitz, dem Maler Friedrich Meyer, Lippe oder den Obr. Hebenstreit. Gestern war ich mit Marwitz allein, da lasen wir Novalis und hatten die tiefsinnigsten Gespräche. Wir

leben wie zwei Studenten, wovon der eine eine Frau ist. Er ißt mittags
mit mir, dann und wann Meyer auch. Marwitz ist mild und gehor=
sam, und wie ein jüngerer, wahrer Bruder gegen mich; angeschlossen,
aber ohne jede reizende und gereizte Galanterie. Mir lieb, recht, bequem
und angenehm; wir haben den vielseitigsten, reichsten Wortwechsel.
Ueber alles hab' ich mit ihm schon gesprochen; über Künste denken wir
ganz gleich."

Bei objektiver Betrachtung des vorliegenden Briefmaterials läßt
sich nicht verkennen, daß diese Schilderung — gewiß nur aus liebe=
voller Rücksicht auf den Empfänger — den Charakter des Verhältnisses
etwas zu harmlos giebt. Man gewinnt vielmehr diesen Eindruck:
Rahel und Marwitz standen auf dem Punkte, wo die Grenze zwischen
hingebender, vertrauensvoller Freundschaft und inniger Liebe ver=
schwimmt. Wenigstens war es auf Rahels Seite gewiß so. Wie
herzlich dringend bittet sie ihn 1811, nach Teplitz zu kommen, wohin
sie mit Varnhagen gereist war: „Heilen Sie diesen schrecklichen Sommer
aus meiner Seele! Thun Sie einmal rein etwas für Ihre Freundin.
Ein Spaziergang mit Ihnen, ein Blick in Ihre Augen, auf das ver=
wandte Gesicht wird mir das Herz genesen machen, die Gemütskräfte
wieder in Gesundheit zusammensetzen. Ich füge kein Wort hinzu: ich
verlasse mich auf Sie . . ." Januar 1812 schreibt sie ihm: „Sie
sind meine Stütze! Wie auf weitem Meere ein Leuchtturm, ein
dämmerndes Land; ich wüßte nicht mehr, daß ich Rahel bin, wenn
ich nicht an Sie denken könnte, wenn ich Ihre Briefe nicht hätte,
nicht wüßte, Sie werden kommen . . ." Welche Worte findet sie, ihre
Sehnsucht nach ihm auszudrücken! — „Nichts ist heilig und wahr,
und unmittelbare Gottesgabe, als echte Neigung: ewig aber wird die
bekämpft für anerkanntes Nichts . . . Ich liebe Sie gewiß; nie aber
werde ich wieder zu der Sehnsucht kommen, die ich voriges Frühjahr
erlitt, als das neue Jahr grad' aus Erd' und Himmel brach, und Sie
wegreisten. Ich erlebte eine Welt — ich schrieb es Ihnen —, was
aber wär' es geworden, hätte ich Sie nur vier Tage länger behalten!!
Ich verging fast in Sehnsucht und Bedürfnis, es mit Ihnen zu
sehen. Gott sieht jetzt mein innerstes Herz und diese Thränen. Nied=
rige, Feige, die ich war! Hatte ich den Mut, Sie bleiben zu lassen?
Nie werden Sie mir das wieder werden, was Sie damals waren —
gerade durch die Reihe Leben, das wir geführt hatten, durch den Gang
der Gespräche, die Blüten der Stimmung und des Frühlings! —
Lassen Sie sich das für Ihre eigene Person zur ewigen Warnung

dienen. Bezwingen Sie keine Stimmung, keine Gefühls=
blüte! Sie werden nachher verzweifeln in der kargen Ausübung
der unnahrhaften Verständigkeit..." Es bergen sich tief schmerzliche
Erfahrungen hinter dieser Mahnung. Das sind die Herzenstöne einer
Liebe, die entsagen mußte. Warum? — Erschloß sich ihr trotz aller
Verehrung und grenzenlosen Vertrauens des Freundes Herz doch nicht
zu voller Liebe? — Hielt sie sich an Varnhagen gebunden und
glaubte, ihm Treue schuldig zu sein? —

Es ist nicht zum wenigsten Rahels Einfluß zuzuschreiben, daß
Marwitz sich endlich entschloß, in Potsdam in den höheren Verwal=
tungsdienst zu treten. Der Entschluß bedeutete einen Bruch mit seiner
Vergangenheit. Die krankhaften Stimmungen traten mehr zurück, der
Ernst, die Arbeit nahmen von ihm Besitz; Rahels Rat, das Nächst=
liegende als das Wichtigste zu betrachten, am realen Leben thätig
teilzunehmen, wurde nun von ihm befolgt. Auch jetzt blieb es ihm
eine liebe Gewohnheit, der Freundin alles mitzuteilen. „Ich bin
in allen Dingen seine Verwalterin, er zeigt mir alles, was er schreibt,
schreibt mir alles, was er liest; kurz, die größte, edelste Freundschaft.
Mit mir ist er nicht stolz, sondern wie mein Kind, wie ein liebes
Kind." Rahels Briefe sind die Lichtblicke in seinem einförmigen Leben;
oft durchreißen ihre ihm in die Seele dringenden Worte das Ge=
wölk einer düsteren Stimmung „wie plötzliche Heitere von oben". —
War ihr auch versagt, ihm zu leisten, was sie einst sich gewünscht
hatte: „Mit meinem Blut, mit meinem Leben, mit dem Glück, das
unergründliche Gottheiten mir noch schicken können, möcht' ich seines
ergänzen", — so war doch, was sie ihm gab, dieser Werthernatur
eine wirkliche Stütze und ein Lebenshort; und als sie im Frühjahre
1813 ihn mit ihrem Segen in den todbringenden Kampf hinaus=
geleitete, erfüllte sie das Bewußtsein, ihrer Freundespflicht voll genügt
zu haben.

In die Zeit des Verkehrs mit Marwitz fällt auch ihre kurze Be=
kanntschaft mit einem ihm innerlich sehr verwandten Manne, dessen
Dasein tiefere Spuren in der Geschichte des geistigen Lebens hinter=
lassen sollte, als das des brandenburgischen Junkers: mit Heinrich
von Kleist. Es ist die letzte Periode von Kleists traurigem Leben,
die Zeit seines Berliner Aufenthalts. Alle Hoffnungen, durch seine
Dichtungen, des herrlichsten vaterländischen Geistes voll, sich eine freie,
gesicherte Existenz zu begründen, waren endgültig gescheitert. Nun
mußte er, der die Erdengüter gering achtete, den aufreibenden Kampf

um das Gemeinste, das tägliche Brot, führen. Der hochsinnige Dichter, der Weltenstürmer, endete auf dem Redaktionsschemel eines unbedeutenden Lokalblättchens, der „Berliner Abendblätter"; und als ihm, dem in jeder Beziehung Geschäftsunkundigen, dieses Unternehmen mißlang, wie ihm jeder andere Versuch gescheitert war, tauchte in seiner tiefgebeugten Seele mit verstärkter Kraft der oft erwogene und wieder verworfene Gedanke auf, freiwillig aus dem Leben zu scheiden.

Wir wissen wenig über Rahels Umgang mit Kleist. Was ihn ihr anziehend machte, sagt folgendes Wort (Mai 1810): „Adam Müllers Kleist sehe ich jetzt. Ich lieb' ihn und was er macht. Er ist wahr und sieht wahr. Alles mündlich. Wir wollen auch grausam wahr sein" ... Auch seine verzweifelte Stimmung konnte ihrem Scharfblick nicht entgehen: „Seine Augen geben mir keine Sicherheit," pflegte sie zu sagen. Kurz vor seinem Tode schrieb er ihr folgenden Zettel, der doch eine gewisse Vertraulichkeit durchblicken läßt: „Obschon ich das Fieber nicht hatte, so befand ich mich doch, infolge desselben, unwohl, sehr unwohl; ich hätte einen schlechten Tröster abgegeben! Aber wie traurig sind Sie in Ihrem Brief — Sie haben in Ihren Worten so viel Ausdruck, als in Ihren Augen. Erheitern Sie sich; das Beste ist nicht wert, daß man es bedaure! Sobald ich den Steffens ausgelesen, bringe ich ihn zu Ihnen. Ihr H. v. Kleist." — Ihre tiefe Erschütterung über seinen Tod — er erschoß sich am 21. November 1811 am Wannsee bei Potsdam — spricht sich aus in einem Briefe an Marwitz, in dem es heißt: „Gestern aber hätte ich Ihnen doch geschrieben, wenn mich nicht Heinrich Kleists Tod so sehr eingenommen hätte. Es läßt sich, wo das Leben aus ist, niemals etwas darüber sagen; von Kleist befremdete mich die That nicht; es ging streng in ihm her, er war wahrhaft und litt viel. — Wir haben nie über Tod und Selbstmord gesprochen. — Sie wissen wie ich über Mord an uns selbst denke: wie Sie! Ich mag es nicht, daß die Unglückseligen, die Menschen, bis auf die Hefen leiden. Dem wahrhaft Großen, Unendlichen, wenn man es konzipiert — kann man sich auf allen Wegen nähern; begreifen können wir keinen; wir müssen hoffen auf die göttliche Güte; und die sollte gerade nach einem Pistolenschuß ihr Ende erreicht haben? — Unglück aller Art dürfte mich berühren? Jedem elenden Fieber, jedem Klotz, jedem Dachstein, jeder Ungeschicklichkeit sollte es erlaubt sein, nur mir nicht? — Ich freue mich, daß mein edler Freund — denn

Freund ruf' ich ihm bitter und mit Thränen nach — das Unwürdige
nicht dulbete: gelitten hat er genug. — Keiner von denen, die ihn
etwa tadeln, hätte ihm zehn Thaler gereicht, Nächte gewidmet, Nach=
ficht mit ihm gehabt, hätt' er fich ihm nur zerftört zeigen können. Den
ewigen Kalkül hätten fie nie unterbrochen, ob er wohl recht, ob er wohl
nicht recht zu diefer Taffe Kaffee habe! Ich weiß von feinem Tode
nichts, als daß er eine Frau und dann fich erschoffen hat. Es ift und
bleibt ein Mut. Wer verließe nicht das abgetragene, inkorrigible
Leben, wenn er die dunklen Möglichkeiten nicht noch mehr fürchtete;
uns loslöfen vom Wünschenswerten, das thut der Weltgang schon." —

Hatte fie Kleift im Leben nichts fein, hatte fie ihn nicht, wie
Marwitz, zurückhalten können von dem dunkeln Gange freiwilligen
Todes, so bewies fie ihm im Tode Freundschaft, indem fie nicht ein=
ftimmte in die verdammenden und läfternden Urteile der Welt, sondern
mit milder, verftehender Seele fein bitteres, kummervolles Los erwog
und den Unglücklichen der himmlischen Güte empfahl. —

Siebentes Kapitel.

Varnhagen und Rahel.

Von Jean Paul, der Rahel in Berlin 1800 besuchte und seit=
dem zu ihren begeistertsten Verehrern gehörte, stammt folgender Aus=
spruch über sie: „Sie ist eine Künstlerin, sie hebt eine ganz neue
Sphäre an, sie ist ein Ausnahmswesen, mit dem gewöhnlichen Leben
im Krieg oder weit darüber hinaus; — und so muß sie denn auch
unverheiratet bleiben." Er konnte sie sich nicht vorstellen in der
engsten Gebundenheit an ein anderes Wesen, in den scharf begrenzten
Verhältnissen der Häuslichkeit und des ehelichen Lebens. In der That
mißlang ihr mehrmals der Versuch, mit einem Manne den Bund fürs
Leben zu schließen. Die Stürme einer großen tragischen Leidenschaft
erschütterten ihr Herz und Wesen bis zur Wurzel; und jedesmal war
bittere Enttäuschung, schmerzlicher Verzicht ihr Teil. Sie hatte die
tiefen Ansprüche ihres Herzens nicht erwidert gefunden; grenzenlos
hatte sie sich hingegeben, um mattherziges Versagen in dem einen,
blindwütende Eifersucht in dem andern Falle einzutauschen. Ganze
reiche Vegetationen ihres Herzens waren durch die Sturzwasser des
Schmerzes und der Verzweiflung hinweggerissen worden; wohl hatte
ihr Herz noch Gaben in verschwenderischer Fülle auszuteilen, aber
einer so gewaltigen, stürmischen Leidenschaft war es nicht mehr fähig.
Was Rahel fortan noch gewähren zu können glaubte, war innige,
selbstlose, sinnende und sorgende Freundschaft; was sie forderte: ver=
ständnisvolle Einsicht in ihr Wesen, treue Teilnahme an ihrem Schick=
sal. Das aber fand sie am ersten nicht bei den Menschen der großen
Welt, nicht bei den anspruchsvollen Künstlern und Gelehrten, sondern
bei jungen, empfänglichen, begeisterungsfähigen Gemütern. Hier ward
ihr der „reine Enthusiasmus der edelsten höheren Teilnahme" ent=
gegengebracht, den sie so reichlich ihren Freunden bewies; hier konnte

sich ihr Drang, zu raten, zu helfen, aufs schönste und wirksamste be=
thätigen.

Unter den jungen Freunden Rahels, als deren begabteste und
liebenswürdigste Vertreter Bokelmann und Marwitz erscheinen,
sollte einem das hohe Glück zu teil werden, Rahels Liebe und Hand
zu gewinnen. Ihr, die würdig schien, den edelsten, bedeutendsten Mann
zu beglücken — beispielsweise dachten die Freunde daran, sie dem
Philosophen Schelling als Gattin vorzuschlagen —, gefiel es, einem
zwar strebsamen und begabten, aber keineswegs durch Geist oder Stellung
hervorragenden und als Charakter noch ganz unfertigen Jüngling ihre
Neigung zu schenken und ihn schließlich zum Lebensgefährten zu küren:
Varnhagen. Oft und immer wieder haben sich Zeitgenossen und
Nachlebende mit Verwunderung die Frage vorgelegt, wie diese Frau
diesen Mann habe wählen können. Es ist das in der That eine Frage
von großem psychologischen Interesse, die ohne eine intimere Kenntnis
des Wesens und der Lebenslage der Beteiligten nicht erschöpfend be=
antwortet werden kann.

Karl August Varnhagen entstammte einer ritterbürtigen
altsächsischen Familie, dem „uralten, berühmten, ritterlichen Geschlecht
von Ense", dessen Vertreter im Laufe der Zeiten sich dem geistlichen
und gelehrten Stande zugewandt hatten. Varnhagens letzte Vorfahren
bis zu seinem Vater herab wirkten teils als Geistliche, teils als Aerzte
und ließen, „durch erwählten Stand und Verhältnisse dem Bürgertume
zugewendet", ihren Adelstitel allmählich fallen. Erst 1810 fand der
25jährige Varnhagen in einem Werke des westfälischen Geschichts=
schreibers von Steinen die mündliche Ueberlieferung bestätigt, daß
er diesem Geschlecht angehöre; er ließ sich dann seinen Adel vom
Kaiser neu verbriefen und nannte sich, auch als Schriftsteller, Varn=
hagen von Ense.

Er wurde am 21. Februar 1785 als Sohn eines Arztes, eines
unverfälschten Anhängers der Aufklärung des 18. Jahrhunderts, in
Düsseldorf geboren. Das reiche, regsame Leben der schönen Stadt,
die als Hauptstadt der Herzogtümer Jülich und Berg und als Rhein=
hafen der Mittelpunkt eines nicht unbeträchtlichen Verkehrs war und
wegen ihrer berühmten Bildergalerie auch von Fremden gern besucht
wurde, mußte des Knaben Sinn für große und schöne Verhältnisse wecken.
Hart am Ufer des Stromes besaßen die Eltern ein Gärtchen, wo er
mit seiner Schwester Rosa Maria ganze Tage weilte; die absolute
Einsamkeit nährte seine Neigung zu romantischer Träumerei und stiller

Beschaulichkeit. In seinem Hange zum Grübeln, seiner Absonderung vom lauten, frohen Spiel der Jugend, machte der Knabe einen seltsam unkindlichen Eindruck, und wenn er in der vom Vater gewählten Tracht eines Türken — der Einfluß Rousseaus brachte derartige Seltsamkeiten zuwege — einherstolzierte, bot er auch äußerlich das Bild eines kleinen Sonderlings.

Anregende Wanderfahrten nach Brüssel, Straßburg, der Vaterstadt seiner Mutter, und anderen Orten erweiterten seinen geistigen Blick. 1794 ließ sich sein Vater in Hamburg nieder, das dem Knaben nun zweite Heimat wurde. Dieser Aufenthalt wurde bedeutungsvoll für seine religiöse Bildung. Feinsinnige Aufklärer vom Schlage des alten Reimarus wirkten auf ihn ein; er, der Katholik von Bekenntnis, lernte die Bibel vom Standpunkt des Rationalisten betrachten und bildete ein von Dogmen unabhängiges Christentum in sich aus, dem er bis zum Tode treu blieb. 1799 starb sein Vater, und der Knabe trat, 15jährig, in die medizinisch-chirurgische Pepinière zu Berlin, die den Zweck hatte, dem preußischen Heere tüchtige Wundärzte zu erziehen. Ihn, dem nach Anlage und Gewohnheit ein freies Sichausleben Bedürfnis war, mußte der Zwang des Anstaltslebens sehr bald anwidern; schon 1803 verließ er die Pepinière und wurde zunächst Privatlehrer im Hause des reichen Kaufmannes Cohen in Berlin. Ein ungewohntes Wohlleben umfing ihn; nur durch wenige Pflichtstunden gebunden, konnte er nach Herzenslust seinen litterarischen Neigungen frönen und genoß, wie er schreibt, „zum erstenmal die Vollempfindung des persönlichen Daseheins und Geltens".*) Der reiche, feingebildete Verkehrskreis der Familie brachte auch ihm Genuß und Gewinn. Mit einigen Personen dieses Kreises, z. B. mit dem Grafen Alexander zur Lippe, trat er in nähere Verbindung. In einem, im Comptoir des Hauses beschäftigten jungen Manne, Wilhelm Neumann, entdeckte er einen gleichstrebenden poetischen Freund; ihnen schloß sich, als dritter im Bunde, der Leutnant Adelbert von Chamisso, gleichfalls ein verkappter Poet, an. Ludwig Robert, Rahels Bruder, Franz Theremin, Kandidat des Predigtamtes in der französischen Kolonie, Koreff, ein junger Arzt aus Breslau, der seine Studien in Berlin vollendete, und andere traten nach und nach der Freundschaftsloge bei, deren einziger Zweck gegenseitige Förderung

---

*) Denkwürdigkeiten und vermischte Schriften. (Mannheim, Heinrich Hoff.) Ueber sein eigenes Leben hat sich Varnhagen im II. bis IV., sowie in späteren Bänden ausgesprochen.

in wissenschaftlichen und poetischen Dingen war. Die Zusammenkünfte des Kreises, der den Polarstern zum Symbol erwählt hatte, fanden, da die meisten Mitglieder am Tage durch ihren Beruf gebunden waren, am späten Abend bis tief in die Nacht hinein statt; man nannte sie die „poetischen Thee's des grünen Buches", nämlich des in grünem Gewande erscheinenden Musenalmanachs, in dem die Jünglinge ihre Produkte veröffentlichten. „Meistens trafen wir", erzählt Varnhagen, „bei Chamisso auf der Wache zusammen, wenn er sie am Brandenburger oder Potsdamer Thore hatte, und zwischen militärischen Unterbrechungen hin verwachten wir halbe und ganze Nächte in Gesprächen über Poesie oder Studien- und Lebensplanen, deren Ausführung uns leider noch ferne lag." — Es zeugt für das ernste Streben und den gesunden Sinn der jungen Leute, daß sie, anstatt dem hypergenialen Treiben der Schlegel und ihres Anhanges zu huldigen, vielmehr Anschluß an Fichte suchten, der mit freundlicher Güte und Nachsicht den Schwankenden Rat und Beistand gewährte. „Für uns alle", so schreibt Varnhagen, „blieb fortan über allem trüben irren Gewoge des Lebens dieser Stern in hellem Glanze leuchtend und leitend, zu dem wir zuversichtlich emporblickten, um uns zum Rechten und Wahren zu vereinigen und zu stärken." An Varnhagen berührt angenehm seine Bescheidenheit in der Wertschätzung seiner poetischen Versuche. An prosodischer Fertigkeit hielt er sich manchem seiner Genossen für überlegen; „für das Wesentliche seiner Poesie setzt' ich Chamisso größtenteils und Theremin unbedingt über mich". In der That war er mehr Eklektiker, als ursprüngliches Talent.

1804 schied Varnhagen aus dem Cohenschen Hause und bald auch aus Berlin und ging nach Hamburg, um dort die Lücken seiner sehr ungleichmäßigen Bildung auszufüllen. Der Professor am Gymnasium und Direktor des Johanneums, Dr. Gurlitt, führte ihn und Neumann in das klassische Studium ein, dem sich nun die Jünglinge mit einer wahren Leidenschaft hingaben. Dieser Eifer hinderte jedoch Varnhagen nicht, sich in die bedeutend ältere Mutter seiner Zöglinge — er hatte in Hamburg abermals eine Erzieherstelle angenommen —, in die verwitwete schöne Fanny Herz, zu verlieben; ja, es scheint sogar zu einem Eheversprechen gekommen zu sein. Es zeigt sich schon hier bei dem 20jährigen Jüngling ein sonderbarer Mangel an frischer Sinnlichkeit, der ihn antrieb, älteren mütterlichen Freundinnen sich anzuschließen. Er nennt sich selbst „anhänglich und zärtlich bis in den tiefsten Grund der Seele, fähig der schönsten Liebesmomente", unfähig aber einer großen, frischen, stürmischen Leidenschaft, wie Jugend sie empfindet. Seine Ansprüche an das Weib waren, wie es in der etwas gezierten Varnhagenschen Sprache heißt, immer „mehr im Sinne liebevoller Pflege und Geselligkeit, als jugendlicher Leidenschaft".

Tüchtig vorbereitet bezog er im Frühjahr 1806 die Universität zu Halle. Am liebsten hätte er sich dem freien humanistischen Studium hingegeben; doch fühlte der Mittellose, „daß es", wie er sich mit ge= wohnter Umständlichkeit ausdrückt, „Frevel wäre, ohne Rücksicht auf die gewöhnlichen Fügungen durchaus eine geniale Laufbahn anzusprechen". Er ließ sich daher als Student der Medizin und der Philologie ein= schreiben. Trotz besten Willens aber scheint er sein Brotstudium, die Medizin, bald sehr vernachlässigt zu haben. Weit stärkere An= ziehungskraft übten Friedrich August Wolfs Vorlesungen über Geschichte der alten Völker, Schleiermachers exegetische Uebungen, Steffens philosophische Physiologie. Mit Feuereifer wurde nebenher das griechische Studium fortgesetzt. Varnhagen, Neumann, Marwitz, der originelle Schweizer Harscher, ebenfalls der Medizin beflissen, aber mit seinen eigentlichen Zwecken und Neigungen ebensowenig im reinen wie Varnhagen, hielten sich vom studentischen Treiben ganz fern und wurden, besonders die beiden ersteren, von den hervorragen= den Professoren mehr als junge Gelehrte denn als Studenten behandelt. Dessenungeachtet konnte niemand bescheidener über die Unzulänglichkeit seines Wissens urteilen, als Varnhagen selbst. — In diese Hallesche Zeit fällt die Entstehung des 1808 anonym erschienenen Romans „Die Versuche und Hindernisse Karls". Durch Jean Pauls „Flegeljahre" veranlaßt, war der Roman nach Form und Inhalt ein Produkt des naivsten Dilettantismus. Ohne einheitlichen Plan, ja mit der Tendenz, einander nach Kräften entgegenzuarbeiten, hatten Varn= hagen und Neumann das Buch kapitelweise abwechselnd niedergeschrieben und dann die heterogenen Bestandteile „mit ziemlich großen Nähten", wie Varnhagen selbst sagt, zusammengefügt. Der einzige Reiz des Romans waren vielleicht die zum Teil gelungenen Parodien einzelner Personen und Stilarten; selbst vor Goethe, dem Hochverehrten, machten die Vorwitzigen nicht Halt.

Die Schließung der Universität zu Halle 1806 war für diesen unselbständigen Jüngling ein wahres Unglück. Im Frühjahr 1807 übersiedelte er nach Berlin, um hier seine Studien fortzusetzen. Wenn auch an Gelegenheit zur Fortbildung kein Mangel war — denn lange vor Gründung der Berliner Universität wurden hier von nam=

haften Gelehrten Vorlesungen der mannigfachsten Art gehalten —, so fehlten doch der einheitliche Studienplan, die Ueberficht der Wiffen= schaften, die dem Studenten Ziel und Richtung seiner Studien zeigen und die Bahn seines Strebens vorzeichnen. Dazu kam der allgemeine Zustand, der sich im vom Feinde besetzten Berlin in Störungen des bürgerlichen und geselligen Lebens, in tiefem, weit um sich greifendem Unbehagen traurig genug aufdrängte. Der junge Varnhagen mußte von alledem um so schwerer betroffen werden, als bisher fast bei jeder neuen Wendung seines Lebens das Glück ihn begünstigt hatte. „Es half nichts," erzählt er, „daß ich jenes Gefühl mir verleugnen, seine Wirkung durch Fleiß und Geistesmacht aufheben wollte, von allen Seiten häufte sich mir eine besondere Widrigkeit, die denn auch nur allzu schnell in mancherlei Mißhelligkeiten sich entladete. Vieles davon lag aller= dings in meiner Gemütsart, deren Anlage und Triebe sich in voller Freiheit bewegen durften, anderes aber in meinen Verhältnissen, welche, aus Ueberreifem und Unreifem zusammengesetzt, außer allem Gleich= gewichte schwankten, und indem sie dieses suchten, bald nach oben, bald nach unten übermäßig anschlugen." Er warf sich nun mit allem Ernst auf die Medizin, in der er nach wie vor seinen Lebensberuf suchte, „um demnächst womöglich auch andere Zwecke und Aussichten verfolgen zu können". Wie treffend bezeichnet dieser letzte Satz seine Unsicherheit!

In dieser Zeit der Unruhe und Befangenheit lernte er Rahel kennen, um sich sofort „im Schwunge des vollen Glückes, und gleichsam durch einen Ruck auf ein erhöhtes Lebensfeld versetzt zu sehen. Wie viel Neues, Großes und Unerwartetes", schrieb er im Sommer 1832, im Jahre vor Rahels Tode, „mir in meinem wechselvollen Leben be= gegnet ist, wie mancherlei Gutes und Liebes sich mir entwickelt und angeeignet hat, so ist doch in diesen vierundzwanzig Jahren, die ich seit jenem Zeitpunkt zähle, mir kein Begegnis, keine innere noch äußere Lebenserfahrung wiedergekehrt, die ich jener genannten anreihen, und mit ihr und den vorhergegangenen in gleichen Wert stellen könnte. So ist mir noch heute Rahel das Neueste und Frischeste meines ganzen Lebens" ...

Oft hatte Varnhagen in den vorhergehenden Jahren in den ihm zugänglichen Kreisen Rahels Namen mit einer Bewunderung und Ver= ehrung aussprechen hören, die ihm das Verlangen erregen mußten, sie kennen zu lernen. Schon 1803 und dann 1807 wurde ihm die Vergünstigung zu teil, sie in einem befreundeten Hause zu sehen. Wenn auch diese Begegnungen nur von kurzer Dauer waren, sie ge=

nügten doch, um ihm einen bleibenden Eindruck von Rahels wunder=
barer Individualität zu hinterlassen und den Wunsch näherer Bekannt=
schaft zu verstärken. Besonderes Erstaunen erregte es bei Varnhagen
und seinem Freunde Harscher, daß Schleiermacher, ihr verehrter
und bewunderter Lehrer, sich Rahel willig unterordnete und in der
That neben ihr in zweiter Rolle erschien. — Im Herbst 1807 er=
blickte Varnhagen dann Rahel in Begleitung ihres Bruders Ludwig
im Fichteschen Kolleg, wagte jedoch auch jetzt noch nicht, mit ihr
anzuknüpfen. Erst im Frühling 1808, als er ihr am Arme einer
ihm bekannten Dame Unter den Linden begegnete, faßte er sich ein
Herz und begleitete die beiden Damen harmlos plaudernd ein Stück
Weges; es gelang ihm, Rahels Interesse zu gewinnen, und er wurde
zu einem Besuche von ihr eingeladen. Die freudigen Erwartungen,
mit denen er ihre Wohnung betrat, wurden weit übertroffen; Rahels
Wesen übte eine geradezu überwältigende Wirkung auf ihn aus.

Sehr bald wiederholte er seinen Besuch, und es währte nicht
lange, so kam er täglich. „Unendlich reizend und fruchtbar", erzählt
er, „war diese Erstlingszeit eines begeisterten Umganges ... Unser
Vertrauen wuchs mit jedem Tage. Gar zu gern teilte ich alles mit,
was ich als wichtigsten und daher auch in mancher Art geheimsten
Ertrag meines bisherigen Lebens wußte, und dem ich keine edlere
Stätte finden konnte, keine, wo ein so lebhafter, einsichtsvoller und
wahrheitsfrischer Sinn ihm entgegengekommen wäre. Weit entfernt,
Billigung für alles zu finden, vernahm ich manchen Tadel, und andres
Mißfallen konnt' ich auch unausgesprochen erraten; nur fühlte ich wohl,
daß die Teilnahme für mich dabei nicht litt, sondern eher wuchs, und
bei diesem Gewinn konnte mir alles übrige nichts anhaben. Auch
wurde ich mir selbst gleichsam entrückt in der gewaltigen Anziehung der
außerordentlichen Gebilde, welche sich zum Austausche vor mir aus=
breiteten. Mir war vergönnt, in das reichste Leben zu blicken, wie
nur der Mund der Wahrheit und die Hand der Darstellung dasselbe
aus der nahen Vergangenheit heraufzubeschwören vermochten" ... Es
war das schöne, reiche Bild der nun schon vergangenen Blüte ihres
Salons, das die Meisterin im Darstellen und Charakterisieren dem
erstaunt und begeistert Lauschenden entrollte, und das er in seinem
Buche „Galerie von Bildnissen aus Rahels Umgang und
Briefwechsel"*) so meisterhaft festgehalten hat.

---

*) Leipzig, Gebrüder Reichenbach, 1836.

Zieht man den scharfen, tiefgegründeten Gegensatz der beiden Naturen, das Widersprechende ihrer Lebensanschauungen, den gewaltigen Abstand ihrer Geistes- und Herzensbildung wie ihres Lebensalters in Betracht, so muß ein so schnell gewonnenes gegenseitiges Vertrauen, das sehr bald den Grad inniger Neigung erreichte, immer als ein wunderbares Problem erscheinen. Zwar begreift es sich, daß ein so unfertiger, unentschiedener, aber allem Großen und Schönen liebevoll hingegebener Jüngling von einer Erscheinung wie Rahel hingerissen werden mußte. Wie soll man aber verstehen, daß sie, die reife, geistesmächtige und gemütstiefe Frau, zu der die größten Gelehrten, Künstler und Staatsmänner huldigend aufblickten, diese Frau mit dem Stahlcharakter, der allen Schlägen und Tücken des Schicksals sieghaft Widerstand geleistet, ihre Selbständigkeit einem Manne opfern konnte, der, wie treffliche Seiten sein Gemüt dem Näherstehenden auch offenbaren mochte, ihr verglichen doch als ein unbedeutender Mensch und als ein schwankendes Rohr erschien? —

Da mag zunächst der Umstand ins Gewicht fallen, daß die 37jährige Frau und der 23jährige Mann sich, wie Karl Hillebrand sagt, „in jener Romeostimmung einer noch nicht ganz überwundenen Leidenschaft begegneten, welche das Gemüt so ganz besonders für neue und tiefere Neigung empfänglich macht". Noch hatte Rahel Urquijo nicht vergessen; noch stand sie, wie vor einem geheimnisvollen Rätsel, vor der Gewalt, die der heißblütige Sohn Spaniens über sie ausgeübt hatte, und ihre Seele zitterte, wenn sie der brutalen Behandlung gedachte, die sie fast willenlos erlitten. Da mochte Varnhagens reine Bewunderung, seine liebevolle Zuneigung ihrem Gemüte wohlthun. Er seinerseits stand noch unter der Herrschaft seiner Liebe zu Fanny Herz, die er hatte lassen müssen, um geistig fortzuschreiten zu können. Unzufrieden mit sich selbst und den ihn umgebenden Verhältnissen, unschlüssig, freundschaftlicher Teilnahme entbehrend, fühlte er sich wie verschlagen in der großen Stadt, und so warf er sich hilfesuchend an das Herz der besten, edelsten Frau. Ihre kräftige, ursprüngliche Persönlichkeit — das empfand er tief und richtig — bot ihm den Halt, dessen er im eigenen Innern entbehrte.

Doch auch umgekehrt — so seltsam es scheinen mag —: Rahel bedurfte Varnhagens. Wir wissen, in welch trauriger Lage sie sich um 1808 befand. Fern von ihren Freunden, unverstanden und vernachlässigt von ihren Anverwandten und ihrer täglichen Umgebung, durchlebte sie alle Schmerzen der Verlassenheit, das bitterste Leid, das sie überhaupt treffen konnte. Denn ihr, der Geselligkeits-Fanatikerin, war Vereinsamung gleichbedeutend mit seelischem Dahinsiechen: ja, ein Zustand, der sie zwang, ihren Reichtum in sich zu verschließen, mußte ihr schlimmer als der leibliche Tod dünken. Der große Schatz ihrer Seele an tief und originell Erschautem und Empfundenem drängte und rang gebieterisch nach Darstellung; und da ihr die Mittel des künstlerischen Ausdrucks fehlten, bedurfte sie lebender Wesen, um sich ihnen direkt durch das gesprochene Wort mitzuteilen: gewissermaßen „eines Gefäßes, um den Inhalt ihres Geistes hineinzuschütten" (Walzel). Kaum ein Mensch war besser geeignet, ihr diesen Dienst zu erweisen, als Varnhagen. Denn in ihm trat ihr ein hervorragend formales Talent entgegen, das, allzu gemütsarm, um aus sich selbst schöpfen zu können, ganz darauf angewiesen war, den seelischen Gehalt anderer in sich aufzunehmen und zu verwalten. Er mußte das und hat es mit bewundernswürdiger Offenheit gegen Rahel geäußert: „Sieh! mein Gemüt ist ganz arm auf die Welt gekommen und muß sich, wenn andere in der Erdengesellschaft jeder gleich anfangs einen Einsatz gegeben hat oder doch jederzeit, es liegt nur an ihm, geben kann, scheu zurückziehen vor dem Spiel. Leer ist es in mir, wirklich meistens leer, ich erzeuge nicht Gedanken, nicht Gestalten, weder den Zusammenhang kann ich darstellen als System, noch das Einzelne heraussondern in ein individuelles Leben als Witz! Es sprudeln keine Quellen in mir!... Aber in dieser völligen Leerheit bin ich immer offen, ein Sonnenstrahl, eine Bewegung, eine Gestalt des Schönen oder auch nur der Kraft, werden mir nicht entgehen; ich erwarte nur, daß etwas vorgehe, ein Bettler am Wege..." (1808).

Dieser von großartiger Selbsterkenntnis zeugende Ausspruch spiegelt treffend Varnhagens Individualität. In diesen — man kann sagen — negativen Eigenschaften liegt in der That ein gut Teil der Sonderart seines Talents begründet. Er war, ähnlich wie der Maler, auf objektive Beobachtung der Natur (im weitesten Sinne) angewiesen. Er war der geborene Menschenforscher, ein Psychologe, an Scharfblick und gewissenhaftem Fleiß den höchsten Anforderungen gewachsen. In wie verschiedenen Berufsarten er sich auch versucht, wie heterogene Dinge er getrieben hat: sein Hauptinteresse blieb immerdar der Mensch.

So waren die beiden Naturen geartet, in diesem Punkte einander zu ergänzen, ja, die eine war auf die andere geradezu angewiesen. Nun gesellte sich dem lebhaften psychologischen Interesse, das Rahels Person in Varnhagen wecken mußte, bald die aufrichtigste Begeisterung und die wärmste Teilnahme, und Rahel mußte sich mit geheimem Glücksgefühl eingestehen, daß sie den Mann gefunden habe, der, so weit er auch in mancher Hinsicht hinter anderen zurückstand, ihr dennoch gewährte, was sie, so heiß sie es gesucht, noch bei keinem gefunden hatte. Das hat sie ihm schon damals, in der ersten Zeit der Bekanntschaft, und später oft mit heißen Dankesworten ausgesprochen. „So sehr es Deiner Natur möglich war, eine wie die meine zu verstehen," heißt es in einem dieser Aussprüche, „verstandest Du sie: durch großartigstes, geistvollstes Anerkennen, mit einer Einsicht, die ich nicht begreife, da sie nicht aus Aehnlichkeiten der Natur kommt. Unpersönlicher, großartiger, mit mehr Verstand ist es nicht möglich, daß ein Mensch den andern in sich aufnimmt, als Du mich. Anerkannter kann das nicht werden, als von mir; und mehr in Liebe gewandelt dies Anerkennen auch nicht werden ... Deine Kenntnis von mir ist mein Süßestes in dieser Welt ..."

Diese Worte atmen eine so tiefe Befriedigung, ein solches Glücksgefühl, daß die Vermutung aufsteigt, hier sei der Schlüssel des Rätsels zu suchen. Viele Bewunderung hatte Rahel in ihrem Leben gefunden; wie ein „verzaubertes monstre, wie ein Fels, Wolkengebilde und sturmbewegte Wellen" war sie angestaunt worden. Wäre sie das nur eitle Weib gewesen, als welches man sie wohl dargestellt hat, das lebenslang „an ihrer eigenen Idealstatue gemeißelt" habe, sicher hätte sie volles Genügen gefunden. Aber das war es nicht, wessen sie bedurfte; sie verlangte nach Verständnis, Freundesfürsorge und Liebe. „Keiner herbergt den Menschen in mir, wo sie doch alle untertreten" —: wie oft hat sie so geseufzt. Nun endlich, nach so viel traurigen Erfahrungen, so viel gescheiterten Hoffnungen, sah sie sich verstanden, wie sie andere zu verstehen bemüht war, fühlte sich geliebt und gehegt, wie sie andere hegte und liebte, sah sich — im ganzen wenigstens — mit der Rücksicht behandelt, die sie im Verkehr anderen zu teil werden ließ —: was Wunder, daß sie das alles nicht nur als ein hohes Glück, sondern auch als eine Genugthuung, als eine Gerechtigkeit des Schicksals empfand; daß sie den Mann, der ihr das bot, nicht zurückstoßen mochte, wenngleich sie sich ihm nicht innerlich verwandt fühlte und seine Neigung nicht in vollem Maße erwidern konnte.

Die große Passion der Liebe spielte beim Sichfinden dieser beiden Menschen eine sehr geringe — wenn überhaupt eine Rolle. Wie es um Varnhagen in diesem Punkte bestellt war, wurde schon angedeutet. Rahel scheint in dieser Beziehung wenigstens ihm ähnlich gewesen zu sein. Denn auch in ihrem Wesen stößt man auf eine seltsam un= sinnliche Anlage. Als 20jähriges Mädchen hatte sie eine instinktive Abneigung gegen Zärtlichkeiten und Liebkosungen, wie sie zwischen Verliebten und Ehegatten üblich sind; ihr gefiel „kein Mann mit seiner Frau"; ja, sie begriff überhaupt nicht, „wie man heiraten könne". In ihren eigenen Liebesaffairen tritt denn auch das natürlich=sinn= liche Element der Liebe ganz in den Hintergrund. Ihre Leidenschaft entquoll nie den unerforschten Tiefen des Lebens, wo Physisches und Seelisches sich geheimnisvoll berühren; sie brauste und stürmte nie in den Wellen des erregten Blutes, sondern sie riß und zerrte immer nur im zarten Geflecht der Nerven; sie war nur in ihrer Seele, ihrem Geiste. Es gebrach ihr an dem Schmelz weiblicher Holdselig= keit, jenem undefinierbaren Liebreiz, der ohne eine Beimischung ge= sunder Sinnlichkeit nicht denkbar ist. Vielleicht erklären sich hieraus zum Teil ihre Mißerfolge als Weibwesen, als Geliebte. So viele junge Männer sich unwiderstehlich von ihr angezogen fühlten und lange Zeit auf das intimste mit ihr verkehrten — darunter Männer von kräftiger Sinnlichkeit: man denke an Prinz Louis, an Gentz u. s. w. —: ein wirkliches Liebesverhältnis wollte sich nie entwickeln. Ihre fast männliche Herbheit, die stählerne Kraft ihres Geistes schreckte zurück; man kam nicht an das Weib in ihr heran. Daher diese seltsamen Freundschaftsbündnisse, wie sie sonst nur unter Männern möglich zu sein scheinen. Der junge Custine charakterisierte sein Verhältnis zu ihr folgendermaßen: „Ich war unwiderruflich gefesselt, ohne verliebt zu sein. Diese Zuneigung, ebenso stark wie uneigennützig, ist ganz einfach die Vollkommenheit menschlicher Beziehungen. Dies ist ein Problem, das Rahel allein lösen konnte mit ihrer Reine, ihrer Wahr= haftigkeit, dem Zauber ihres Geistes, dem erhabenen Mitleid ihrer Seele" ... Brinckmann spricht von einer „anziehenden Verstandes= vertraulichkeit, die bei mir bald leidenschaftlich wurde wie eine Liebe; aber von ganz eigentümlicher Art, weder sinnlich noch platonisch, son= dern, ich möchte sagen: geistkräftig und hochmenschlich" ....

Was nun Varnhagen betrifft, so wünschte er sich gar nichts anderes. Darum konnte auch der Abstand der Jahre nicht von Be= lang sein. „Dieser Umstand," urteilt er selbst, „welcher unsre ganze Lebensstellung weit auseinanderzurücken schien, hätte dies viel= leicht wirklich vermocht, wäre er in sich selber wahr gewesen. Allein

er bestand nur als Zufälliges und war in allem Wesentlichen auf=
gehoben und vernichtet. Dieses edle Leben, dem schon so mannig=
fache Weltanschauung geworden, ein so großer Reichtum von Glücks=
und Leidenslosen zugeteilt gewesen, dieses Leben schien unzerstörbar
jung und kräftig, nicht nur von seiten des mächtigen Geistes, der in
freier Höhe über den Tageswogen schwebte, sondern auch das Herz, die
Sinne, die Adern, das ganze leibliche Dasein waren wie in Klarheit
getaucht, und die reinste, erquickendste Gegenwart stand herrschend mitten
inne zwischen erfüllter Vergangenheit und hoffnungsreicher Zukunft."

Auch über den Fortgang des Verkehrs lassen wir Varnhagen
selbst berichten: „Rahel bezog im Laufe des Sommers eine ländliche
Wohnung in Charlottenburg, und ich ließ mir angelegen sein,
sie dort so oft als möglich zu besuchen. Meine Arbeiten drängte ich
zusammen auf den früheren Teil des Tages, meinen sonstigen Um=
gang schränkte ich mehr und mehr ein, und wenn der Nachmittag mir
noch nicht frei wurde, so ließ ich selbst den dunkelnden Abend mich
nicht abhalten, die Stunde Weges zu Wagen oder zu Fuß eiligst zu
durchmessen, um den meist drangvollen Tag in der labendsten Erholung
zu beschließen. Die größere Einsamkeit, in welcher ich die Freundin
hier sah, gab unserm Gespräch und ganzen Zusammensein einen freieren
Gang und reicheren Ertrag; der heimliche Schattenplatz vor der Thüre
des kleinen Hauses in der abgelegenen Schloßstraße, die kühlen Spazier=
gänge in den duftenden Gartenwegen, durch die breiten bäumereichen
Straßen des damals überaus stillen Ortes, längs des Ufers der Spree
und über die Brücke, diese Reize der Oertlichkeit, oft noch erhöht durch
die Pracht des Mond= und Sternenhimmels, sind mir in der Erinne=
rung unauflöslich verwebt mit den erhebendsten Geistesflügen und den
zartesten Schwingungen des erregten Gemüts, welches denn doch zu=
gleich leidenschaftlichen Spannungen und geselligem Widerstreite genug=
sam eröffnet blieb, und daher von sentimentaler Verweichlichung gar
nicht bedroht war." —

Der Briefwechsel zwischen Varnhagen und Rahel*) läßt keinen
Zweifel darüber, daß die „leidenschaftlichen Spannungen", von denen
Varnhagen hier andeutungsweise spricht, während der ersten Stadien
der Bekanntschaft einen ziemlich breiten Raum einnahmen. Das er=
scheint im Hinblick auf die ungeheure Verschiedenheit der Geistes= und

---

*) Briefwechsel zwischen Varnhagen und Rahel. Heraus=
gegeben von Ludmilla Assing=Grimelli. 6 Bde. Leipzig, F. A. Brock=
haus, 1874/75.

Gemütsart der Beteiligten durchaus natürlich. „Schneidend und schmerzend" nannte Rahel den Verkehr im Anfange. In manchen der wichtigsten Fragen, welche zwischen Menschen, die in nähere geistige Beziehung treten, erörtert werden müssen, war eine Verständigung nur mit großer Mühe anzubahnen. Varnhagen war rechthaberisch, ewig kampfbereit und aufbrausend; Rahel ermüdete leicht, über Dinge zu disputieren, denen sie hundertmal nachgedacht hatte und die für sie entschieden waren. Widerspruch und Zurückweisung reizten ihn zur Wut, deren urwüchsige Aeußerungen zuweilen Rahels Heiterkeit, öfter aber ihr tiefes Unbehagen erregten. „Ist es nicht verdrießlich," schrieb sie ihm im Mai 1808 nach einem Zwist, „wenn ich eine dunkle Angst vor dem Abend fühle? Wenn ich mir gar nicht richtig erklären kann, woher sie kommt, da Sie mir lieb sind und noch tausendmal lieber sein sollten? Ich sehe meinem Tage nicht mehr heiter und unbefangen entgegen! Es ist nicht mehr, als ob er mir gehörte, dies Göttergefühl, dies mein einziges Glück, ich habe es nicht mehr. Nicht mehr wie einen Gleichgesinnten sehe ich Sie kommen, nicht als solche können wir nebeneinander und miteinander leben; wie ein auf mich wirkendes, mich angreifendes Wesen nähern Sie sich mir. Ich bin auch nicht mehr frei in Ihrer Gegenwart, bei allem denke ich, es kränkt Sie, oder es ist Ihnen zuwider. Sie selbst sind in keiner natürlichen, unbefangenen Gemütslage. Entweder eine Uebellaune macht, daß Sie mich necken wollen, oder Sie verstummen, oder Sie vergehen in Traurigkeit ... Sind wir allein, so geht's an Berichtigung des Tages, und dann ans Ringen, Bosheit, Beschämung, Klage ..." Der Urgrund von Varnhagens Empfindlichkeit und Launen war das ihn zu Boden drückende Gefühl der geistigen und seelischen Superiorität Rahels, das bohrende Bewußtsein seiner Unwürdigkeit ihr gegenüber. Auf alle mögliche Weise suchte er mit jugendlichem Ungestüm ihr beizukommen, mit halber Gewalt sich ihr Verständnis zu erschließen; er verschmähte wohl auch nicht, ihre Schwächen zu belauern, um sich wenigstens in Augenblicken ihr überlegen zu fühlen. Die schöne Ruhe und Harmonie ihres Wesens mußte ihn peinlich an die eigene Verworrenheit erinnern, und er fühlte sich bisweilen gereizt, ihr Gleichgewicht zu erschüttern. Rahel litt sehr unter solcher Behandlung! — „Sie behandeln mich wie eine Mine; mit Hacken, Stangen und Werkzeugen wollen Sie das aus mir holen, was ich enthalte; und Schlacken abschlagen, stoßen, brennen, reißen, und es so zu Ihrem Gebrauche läutern! Wenn es aber anders wäre? — und Sie zerquetschten die Pflanze?" —

Nun, die zarte Pflanze Liebe wurde nicht verletzt; alle die herben Störungen — die Zuckungen einer Neigung, die sich noch nicht geklärt hat — waren nicht im stande, das Bewußtsein der Zusammengehörigkeit zu verdunkeln. Allmählich wurden auch Rahels Empfindungen inniger, und als die Scheidestunde näher rückte, empfand sie deutlich den Wert dessen, was Varnhagen ihr geworden. „Heute morgen fühle ich, daß ich so viel [zur Nacht] geweint habe," heißt es in einem Billet vom September 1808; „und dann die liebe Angst! Wie ist Dir? Noch ist alles gut: ich kann Dir noch des Morgens schreiben, denselben Vormittag von Dir wissen; abends sehe ich Dich, ach! und das ist alles, das volle Leben! Aber welch tote Meilen sollen zwischen uns kommen — und auch dies Entsetzliche ist das Wenigste — und ich sollte mich nicht ängstigen? — Nun geht es ans Töten. Ja, ja, Mord! Hilft Leugnen hier und Schweigen? Wir wußten's vorher. Gräme Dich nicht über mich! Noch sehe ich Dich und denke, Du hast Freude gehabt . . ." So spricht man nur zu einem Menschen, den man innig lieb gewonnen hat.

Wie bitter schwer es ihr wurde, den kaum Gewonnenen ziehen zu lassen, sie trieb ihn selbst fort. Sie hatte erkannt, daß sie ihm Zeit lassen müsse, an sich zu bilden und zu arbeiten, um das Gefühl der eigenen Unzulänglichkeit zu überwinden und zum Manne zu reifen; und dieser Erkenntnis gemäß lenkte sie seinen Sinn, auf die Gefahr hin, ihn für immer zu verlieren. — Daß auch er die Notwendigkeit fühlte, sich in den Kampf des Lebens zu stürzen, um durch ehrliche Arbeit an sich selbst ihres Besitzes würdig zu werden, machte einen großen Teil ihres Glückes aus. „Meine Lebensentwickelung", so beurteilte sich der Jüngling, „war noch unvollständig, sogar in ihren Umrissen, deren Gestalt sich abschließen, sich nach vielen Seiten hin ergänzen mußte. Wie hätte ich bleiben sollen, in welcher Stellung, in welcher Richtung? Der strebenden Thätigkeit hätte kein Glück mich entsagen lassen, im ruhigen Genusse weicher Tage wäre ich nur unglücklicher gewesen. Ich mußte fort, um als ein anderer wiederzukommen, und mußte immer wieder fort, bis nach genugsamen Kämpfen und Stürmen das innere Leben sich zu dem äußern in gehöriges Verhältnis gebracht hatte. Ich fühlte diese unwiderstehliche Notwendigkeit, ohne derselben klar bewußt zu sein, und alle entgegengesetzten Versuche mußten mißlingen, bis die rechte Zeit gekommen war. Der gewonnene Schatz aber blieb mir fortan gewiß, der Wechsel des Lebens und die Vielgestalt der Welt vermochten über ihn nichts; auch wußten wir beide dies mit stärkster Gewißheit, und in der hierdurch gewährten Herzensfreudigkeit erschien selbst die Trennung nur als Nebensache, die sich nur jetzt nicht ändern ließe, künftig aber unfehlbar weichen werde. Bis zuletzt nahmen zerstreuende Thätigkeiten uns in Anspruch. — Als die Tage des Scheidens nun wirklich eintraten, ich mir vor= stellen mußte, daß ich diese Augen bald nicht mehr sehen, diese Hand nicht mehr küssen, diese Stimme nicht mehr hören sollte, da mußt' ich gleichwohl verzagen, und das nahe Bild der verlassen zurück= bleibenden Freundin brachte mich zur Verzweiflung, aus der nur die Gelübde des Wiedersehens sich um so stärker emporhoben und einigen Trost gewährten." —

Sechs lange Jahre währte die Trennung! Wir sehen in diesem Zeitraum Varnhagen als Studenten, als Krieger und Diplomaten wacker sich tummeln, zunächst in alter Unentschiedenheit dem Strome des Lebens folgend, allmählich aber sein Ziel fester ins Auge fassend, energischer sein Los gestaltend, bis er nach erfolgtem Umschwunge der allgemeinen Verhältnisse, nach schwer errungener Befreiung des Vaterlandes als reifer, im Leben bewährter Mann heimkehrte und am 27. September 1814 sich mit Rahel vermählte. — Die einzelnen Stadien dieses merk= würdigen Brautstandes mögen im nächsten Kapitel einer genaueren Betrachtung unterzogen werden.

Achtes Kapitel.

Die Patriotin.

(1808—1814.)

Faſt zu gleicher Zeit verließen im Herbſt 1808 Varnhagen und Rahel Berlin. Letztere wurde durch geſchäftliche Angelegenheiten auf kurze Zeit nach Leipzig gerufen, Varnhagen reiſte nach Tübingen, um an der dortigen Univerſität ſeine Studien abzuſchließen. Ihre noch unter dem Eindrucke des Abſchieds geſchriebenen Briefe ſagten ihnen, wie viel ſie einander wert geworden waren. Da fühlte Rahel, daß ſie noch nie „mit ſo einem würdigen Echten vertraut“ war. „O, wie iſt das anders, wie befeſtigt das das Herz, wie ſicher macht es, wie feſt ſtehen“ ... Verlaſſen, ja „wie ausgelacht“ kommt ſie ſich ohne ihn vor. Hatte ſie doch in ihm kein „Farbenbild“ geliebt, das ihre Phantaſie erſchaffen; das Gefühl, das jetzt beſeligend ſie durchbringt, iſt keine Täuſchung: „es iſt das endlich geſunde, kräftige, wahre, wirk= liche Empfangen der Seele. Sie nimmt und giebt, und ſo wird mir ein wahres Leben geboren! Freue Dich“, ruft ſie dem Freunde zu, „wenn Du wirklich etwas von mir hältſt und mein Leben und Sein für ein außerordentliches nimmſt: Du haſt es zu einem menſchlichen geſtempelt ... Ich liebe Dich überaus zärtlich wieder, Du haſt es hundertmal geſehen; ich könnte mein Leben mit Dir zubringen; es iſt mein ſehnlichſter, ernſter, jetzt einziger Wunſch; ich weihete es Dir in Freude und der größten Befriedigung; ich erkenne Deinen ganzen Wert, und nicht ein Pünktchen Deiner Liebenswürdigkeit und Deines Seins — Skala hinauf und Skala hinunter — entgeht mir. Ich bin Dir treu aus Luſt, Liebe und der gelaſſenſten Wahl“ ... Welche Befriedigung atmen dieſe Worte! — Und wie ſchön und richtig drückt Varnhagen den Gewinn aus, den Rahels Umgang ihm gebracht, wenn

er schreibt: „Ich komme mir vor, als wäre ich diesen Sommer in
Athen gewesen, und brächte nun aus den dortigen Philosophenschulen
ein neuerhelltes Wesen heraus, eine freigewordene Umsicht. Das ist
Dein Umgang ... Das Tiefste, Beste in mir hat sich durch
Dich aufgemacht ... Wie lieb' ich Dich, Du herrliche, tiefredende
Natur!" Doch bestürmten auch Zweifel und Kleinmut sein Herz, nun
er sich Rahels Nähe entrückt sah. Er fühlte seine Unzulänglichkeit,
empfand schmerzhaft die Unkraft seines Wesens und bangte, daß Rahel
sich von ihm abwenden, den „wirren Sinn des unentschiedenen Knaben"
fahren lassen könne.

Sein Freund Harscher, der ihn nach Tübingen begleitet hatte,
bestärkte ihn in diesen Zweifeln. Harscher, eine stolze, selbstbewußte,
aber edle Sonderlingsnatur, hatte sich anfangs gegen den gewaltigen
Eindruck der Persönlichkeit Rahels gewehrt. Jetzt aber war er durch
Varnhagens Erzählung und Rahels Briefe völlig umgestimmt worden.
„In Deinen Worten", berichtete Varnhagen der Geliebten, „findet er
die höchste Spekulation, wie sie im Leben sich gestalten muß, das tiefste
Mark der Philosophie. Noch eine Zeit lang deines Umgangs zu ge=
nießen, könnte, so meint er, seinem ganzen Leben einen Impuls, eine
Erhebung, Erfüllung gewähren ... Wie tief schmerzt mich aber doch
die Demütigung, daß auch Harscher mich für unfähig und unwürdig
hält, in Deinem Leben so zu stehen, wie er mich für den Augenblick
stehen sieht, und nicht begreift, wie Du mir die Briefe alle geben konntest.
Rahel, geliebte Rahel, ich werfe mich weinend in Deine Arme!" —
Wie menschlich=schön und gütig wußte Rahel den Verzagten zu trösten!
— „Du wirfst Dich weinend in meine Arme," erwiderte sie ihm. „Varn=
hagen, ich küsse Dein Herz, drücke Dich an meines, sehe in Deine Augen
und küsse sie. Laß Dir doch von Harscher nicht bange machen! Und
erinnere Dich, wie es eigentlich mit uns ist. Unseren lustigen, lieben,
kindischen, heitern Umgang, unser Laufen, Essen, Luftgenuß, Jagen
nach Vergnügen; unser anspruchs=, plan= und zweckloses Sein. Ver=
gißt Du denn unser Bestes, daß uns nie einfällt, etwas vorstellen zu
wollen! Und was sollt' ich auch vorstellen? Wenn eine Guillotine
vor mir stände, wüßt' ich nicht zu sagen, was ich bin; hilfreich bin
ich und atmend, sonst kann ich mich auf nichts besinnen ... Nun will
ich erst was werden, Dir was sein, Harschern, wenn es mir glücken
kann!" — In ganz ähnlich anspruchsloser Weise stellte sie später
ihrem Verlobten ihr Lebensideal auf — das Lebensideal eines reifen
und doch kindlich=unschuldigen Menschen: „Sehen, lieben, verstehen,

nichts wollen, unſchuldig ſich fügen; das große Sein verehren, nicht
hämmern, erfinden und beſſern wollen, und luſtig ſein, und immer
güter!" (1810). —

Uebrigens freute ſich Rahel von Herzen, daß ſich der Geliebte durch
ſie bereichert fühlte: „Wie Quellen ſpringt es ja aus allen Ecken, bei
jedem Tritt hervor! — Gott, wie freue ich mich Deiner Entfaltung!
Lieber Kelch, was enthielteſt Du! an meiner Bruſt erwärmt, an meiner
Liebe! . . . Was geben mir die Götter, und was verſagen ſie mir!
Soll ich auf ihrer Erde nur weinen, entzückt ſein, lieben, und nicht
Wurzel faſſen?" —

Gar zu bald erſchien die Ueberſiedelung nach Tübingen Varnhagen
und Harſcher als ein ganz verfehltes Unternehmen. Varnhagen nannte
die Stadt „abſcheulich, ein ſchmutziges Neſt, ſchwarz, klein, baufällig".
Der Verkehr mit einzelnen jungen Freunden, wie K e r n e r und U h =
l a n d , das liebenswürdige Entgegenkommen des Verlagsbuchhändlers
C o t t a konnte den Jünglingen nicht erſetzen, was ſie hier an lebendi=
gem wiſſenſchaftlichen Streben, Kunſt und anregendem Umgang mit
bedeutenden Geiſtern entbehrten, und ſo begab ſich Harſcher bald in
ſeine Heimat nach Baſel zurück. Varnhagen blieb unluſtig und wider=
willig noch eine Zeitlang in Tübingen. Nun ſtellten ſich wieder die
alten Zweifel an der Berufswahl ein, die in Rahels Umgange zum
Schweigen gebracht waren. Er hält den Entſchluß, Arzt zu werden,
noch immer für einen glücklichen; daneben aber ſcheint ihm der ſol=
datiſche Beruf günſtige Ausſichten für nicht allzu ferne Zeit zu eröffnen;
auch die publiziſtiſche Thätigkeit zieht ihn an. Demgemäß will er im
Frühjahre nach Wien und entweder eine Offiziersſtelle oder „ein höheres
Schreibergeſchäft" zu erlangen ſuchen. „So kann ſich denn alles be=
geben," ſchreibt er an Rahel, „zum Vagabund und zum Hausvater
ſind mir die Leitern gleich hoch, zum ehrwürdigen Arzt und leichtfertigen
Attachés eines Großen."

Außer all den Plänen und Entwürfen, die ſich im Kopfe des
Wankelmütigen drängten, reizten ihn noch die Kränze der Dichtkunſt,
doch nur zu wohl fühlte er die Armſeligkeit ſeines Talents. Mit dem
ganzen Egoismus der Jugend machte er Rahel zum Zeugen ſeiner be=
ſtändigen Unentſchiedenheit; er legte ihr ſeine Laſt auf, als hielte er
es für ſelbſtverſtändlich, daß ſie mit ihm trüge. Wenn irgend etwas
mit dieſem rückſichtsloſen Betragen verſöhnen kann, ſo iſt es die ſtrenge
Wahrheitsliebe, mit der Varnhagen ſich ſelbſt kritiſiert. „Wäre ich
ganz ohne Talent," ſchrieb er an Rahel, „ſo könnt' ich ganz zufrieden

sein mit Luft und Brot für Arbeit; aber ich fühle mannigfaltiges Talent in mir, nur kein siegendes, einzig arbeitendes, dieser Zwiespalt, der eigentlich Mittelmäßigkeit konstituiert, ist mein Unglück" ... Das Bewußtsein, ein „verdorbener großer Dichter" zu sein, konnte ihm nur schwachen Trost gewähren. „Alles andere in meinem Wesen ist mir unbegriffen und völlig dunkel, ich höre keine Stimme in mir ..."

Eine solche fast krankhafte Verworrenheit und Zweifelsucht mußte Rahel, die Klare, Resolute, in höchstem Grade peinlich berühren, doppelt peinlich an dem Manne, dem in Zukunft verbunden zu sein, ihr auf- richtiger Wunsch war. Wäre es ihr zu verdenken gewesen, wenn sie, die Ueberlegene, den Willensschwachen in straffe Zucht genommen, ihn mit Berufung auf seine Mittellosigkeit, im Hinblick auf die ungewisse Zukunft, vermahnt hätte, am Berufsstudium strenge festzuhalten? — Sie verschmähte solche Mittel. Sie, deren Maxime war, der Mensch solle seinem Herzen leben, hätte es für eine Sünde gehalten, den jungen, biegsamen Stamm, der lustig im Winde schwankte, mit unbarmherzigen Seilen an einen Pfahl zu binden. Wie seltsam er sich gebärden mochte, sie traute ihm genug Lebenskraft und gesunde Säfte zu, um Stürme und Krankheiten zu überwinden. Sonne und gute Luft wollte sie ihm schaffen und that es mit aufmunterndem, freundlichem Zuspruch: „Greife nach dem Glück! Sei nicht verzagt, bilde Dir nicht ein, Du müssest nach einem Brote leben wie die anderen; Du bist nicht so, und Deine Kräfte sind anders gestellt. Vertrau auf Jugend, Leben, Kraft, Deinen echten Sinn, meine Einsicht. Auf unsere Freundschaft!" ... Wie klug weiß sie ihm zu raten und Mut zu machen zur Ausbildung seiner poetischen Anlagen! „Laß Dich ganz gehen, wenn Du dichtest," schreibt sie ihm (Dez. 1808), „denk' an keinen Freund, an kein Muster, an die größten Meister nicht, an kein Drucken; an nichts! Folge Deinem innersten, süßesten Hange; stelle Dich dar: alles was Du siehst, und so wie Du's siehst. Was Dir das Liebste, das Schrecklichste, das Pein- lichste, das Heimlichste, das Verführerischeste ist, das kehre hervor mit Deinen göttlichen Worten. Nennen kann ich es noch nicht; aber Du hast ein einziges Talent. Warum verstehst Du die unverständlichsten Zustände und Regungen in Dir, die wetterartigsten in mir, in farben- reichen, hellen, hervorspringenden, immer schönen und kunstreichen Worten darzustellen? So behandle Welt, Publikum, Papier, wenn du dichtest. Ich bin's gewiß, dann wird's einzig gut. Nur dies ehrst, vergötterst Du, die Welt, und ich in Goethe, Shakespeare, Cervantes und in allen Großen: daß es sich darstellt; noch einmal, wie es die Natur that; je

reicher, je mehr die Welt darin enthalten!" Wie wenig Varnhagen
die Kraft fand, diese Ratschläge zu befolgen, sei an späterer Stelle nach=
gewiesen. —

Nicht nur in der Wahl seines Lebensberufes zeigte Varnhagen
eine klägliche Unsicherheit, auch in seiner Liebe war er schwankend,
haltlos und schwach. Man sollte meinen, das Glück, einer Rahel zu
gehören, hätte ihn durchdringen und berauschen müssen wie Feuerwein!
Und doch gab es Stunden, in denen das Bild der alten Hamburger
Liebe wieder verlockend vor ihm auftauchte, und er konnte sich nicht
enthalten, auch hierüber der Freundin zu berichten. Als Rahel Varn=
hagen im Sommer 1808 näher trat, ahnte sie nicht, daß sie ältere
Rechte beeinträchtige; Varnhagen hatte sich gescheut, sie in diese Dinge
einzuweihen. Um so mehr mußte es sie verwundern, plötzlich eine
Rivalin neben sich zu sehen, zu vernehmen, daß Varnhagen die zärt=
lichsten Briefe an Fanny Herz schreibe, und daß diese noch immer
auf seine Rückkehr nach Hamburg rechne. Diese Entdeckung traf Rahels
Herz, das zu dieser Zeit, wie wir aus dem vorigen Kapitel wissen,
ohnehin unter so mannigfachen Kränkungen litt, mit einem neuen
schweren Schlage. Wiederum hatte sie ihr ganzes Sein dargeboten:
wiederum sah sie sich betrogen. Was soll sie ihm antworten? — Ihr
ist, als ob ihr ein Diener ein köstliches Geräte, ein Kunstwerk, das
sie von einem Freunde zum Liebesgeschenk erhalten, zerschlagen habe:
„man spricht, und es bleibt entzwei". Einen Augenblick kommt ihr,
wie ein von ihr nicht abgesandter Brief verrät, der Gedanke, den
Kampf mit der Nebenbuhlerin aufzunehmen, nicht ferner zu leiden, um
andere zu schonen: „Solche schone ich nicht mehr!" ruft sie empört
aus. „Ich ehre sie nicht und ich bin tausendmal besser. Rein und
ehrlich komme ich jedesmal; und arm und gekränkt muß ich gehen.
Ich erkenne keine Parallele mehr an!" — Doch augenblicklich gab sie
den Plan wieder auf: sie hätte, wenn sie ihn an sich kettete, seinen
„eigentlichen Lebenspuls" unterbunden, und dessen war sie nicht fähig.
So schrieb sie ihm denn, daß sie ihm nach Hamburg niemals folgen
würde; im übrigen wolle sie ihm in seinen Entschließungen völlig freie
Hand lassen, er solle sich nicht für an sie gebunden erachten. Anstatt
sich nun der selbstlos Zurücktretenden um so inniger anzuschließen, fand
er den traurigen Mut, ihr hochherziges Opfer anzunehmen. „Es wird
eine Seite von mir immer von Fanny und unsrer einst so hoffnungs=
vollen Neigung angesprochen sein," war seine Antwort, „und heiraten
werde ich entweder nie oder eine von euch beiden!"... Er wünschte,

bevor er Rahel wiedersähe, einen „Zwischenaufenthalt in Hamburg, um alles zu ordnen und zu beruhigen".

Das war mehr, als Rahel ertragen konnte. Zu tief hatte seine Rück=sichtslosigkeit sie empört, als daß sie sanft mit ihm verhandeln konnte. „Ich will insofern uns verehren, daß die strengste Wahrheit, wie ich sie selbst nur weiß, bis zur verzweifelndsten Härte Du von mir erfahren sollst." Unmöglich sei es ihr, ein Gebäude von Lügen langsam auf=zuführen. Er solle nach Hamburg gehen, den Versuch machen, mit Fanny zu leben. Sie wolle ihn nicht eher wiedersehen, als bis er zu einem festen Entschluß gekommen sei. „Ich für mich weiß nichts mehr zu sagen. Wenn Du mich liebst, wird es sich finden: ich kann nicht mehr ringen, mit und um nichts: und ein errungen Glück ekelte mich von je . . ." Und da er nach so vielen Schmerzen, die er ihr bereitet, ihr sogar noch Härte gegen ihn vorwarf, schrieb sie ihm: „Du hältst mich für hart?! Ich bin es, ich Unselige! Und ewig gegen mich! Ich wollte Dir nicht zwei leidende Weiber zeigen, und zeigte Dir ein eisernes. Noch jetzt, wenn Du mich verlassen mußt, werd' ich nicht jammern. Kommst Du, ist mir wohl! Schwanken liebe ich nicht: das ist die Grenze meiner Natur."

Im März 1809 reiste Varnhagen nach Hamburg. Er fühlte selbst gar wohl, welche unwürdige Rolle er spielte, und das beein=trächtigte seinen Verkehr mit Fanny: er verbrachte mit ihr in gereizter Stimmung unerquickliche Tage. Mehr noch als alles drückte ihn seine ungewisse Lage. Er war ganz mittellos und also in seinen Ent=schließungen gebunden. Vielleicht zog Rahel, die sich in die ökonomische Lage anderer schwer hineinversetzte, das nicht genügend in Betracht. Sie hatten für den Sommer eine gemeinsame Reise nach Paris geplant; nun, da er in Hamburg seine Verhältnisse genau überblicken konnte, sah Varnhagen ein, daß er auf die Reise verzichten müsse. Sein Brief aus Hamburg vom 4. April 1809 an Rahel eröffnet einen tiefen Blick in sein Inneres und läßt ihn eher bedauerns= als verdammens=würdig erscheinen. „Ich komme nicht, geliebte Rahel, ich komme nicht!" heißt es darin. „Ich habe kein Geld, am wenigsten zur Reise, hier habe ich zu leben und Hoffnung auf Praxis, die mir an sich Freude macht . . . Geld erbitten mag ich nicht, Geld erwerben kann ich nicht, und ohne Geld! — nein, Rahel, nein, nein! ich fühle, daß ich nicht hilflos zu Dir kommen darf! Ich weiß, Du willst teilen, aber Du hast kaum für Dich, und wir litten beide . . . Ueberhaupt" — und hier kommt die Bitterkeit über seine Inferiorität Rahel gegenüber er=

greifend zum Ausdruck — „überhaupt kann man nur sein, nie etwas werden; erringen ist Schmach, eine Schmach, die auch Napoleon bei der Kaiserwürde fühlt. Verzeih mir, ich bin nicht kleinmütig, nicht verzagt, aber beleidigt und gekränkt, und darum in Thränen! Reise, sei glücklich, meine heißesten Segenswünsche geleiten Dich auf Deinen Wegen! Ich rufe Dir nach aus erglühtem Herzen: lebe wohl, Du hast mir nur Wohlthaten gegeben, Du hast mich erwärmt und erfrischt, mit Schönem erfüllt; nur Dank und inbrünstige Liebe umblühen Dein Bild in meinem Herzen! Aber ich lasse Dich, weil ich untüchtig bin; das Leben schmähet mich und soll es nicht an Deiner Seite, nicht Dich mit mir! Ich schäme mich meines Armseins, schäme mich vor Dir! schämt' ich mich bloß vor anderen, so könnt' ich ruhig mit Dir von dem Deinigen leben, aber ich schlage vor Dir die Augen nieder, weil ich das Gefühl der Schande in mir trage."

Das sind die überreizten Empfindungen eines verworrenen, durch eigene Schuld und widrige Umstände aus dem Gleichgewicht geworfenen, aber ursprünglich edlen und feinfühligen Jünglings. Das waren Töne, die in Rahels Brust Widerhall fanden. Nun kann sie nicht mehr hadern, nur Jammer atmet ihre Antwort, Jammer, daß wieder ein schöner Traum ihres Lebens dahin ist. „Du hast also Abschied von mir genommen, und auch von Dir soll ich getrennt sein! Ich bin nicht mehr dazu, Leid zu spinnen; wie ein Mörder muß es mich anfallen. Nun, es thut's, wo es kann. Was soll, was habe ich Dir nach diesem Abschied noch zu schreiben? Jeder muß sich von neuem wieder eine Existenz suchen. Nun ja, ich beuge mein Haupt endlich unter dem furchtbaren Beil: ich will. Ich muß. Weiter! O, welche harte Thräne löst sich los!"

So drohte das erste Jahr des Brautstandes mit einem grellen Mißklang zu endigen. Plötzlich änderte sich die Situation. Varnhagen erhielt die Gewißheit, daß er für das folgende Jahr 400 Thaler zu seiner Verfügung habe. Von neuem erwachte sein Lebensmut. Sofort beschloß er, zu Rahel nach Berlin zu gehen und mit ihr über seine nächste Zukunft zu beschließen, die ganz unsicher vor seinem Auge stand.

„Mich kann nur ein Glücksschlag retten, ein Blitz," hatte Varnhagen noch kurz vor seiner Abreise von Hamburg geschrieben. Während er bei Rahel in Berlin war, trat dieser Glücksschlag ein: Oesterreich stand von neuem gegen Frankreich auf, und Erzherzog Karl brachte dem bis dahin unüberwundenen Napoleon bei Aspern eine entschiedene Niederlage bei (21. Mai 1809). Dieses Ereignis wurde von den deutschen Patrioten mit unbeschreiblichem Jubel begrüßt; noch einmal wagten die so oft zu Boden geschlagenen Hoffnungen sich aufzurichten. Varnhagen, Marwitz und so vielen andern Jünglingen, die sich durch das stockende politische Leben Preußens zu trauriger Thatenlosigkeit verurteilt gesehen hatten, ihnen allen zeigte sich plötzlich ein verlockendes Ziel: unter den österreichischen Fahnen von neuem gegen den Erbfeind zu kämpfen. Rahel besann sich keinen Augenblick, den Entschluß des Geliebten zu segnen. „Sei tapfer und brav!" feuerte sie ihn an. „Du konntest ohne Mut= und Thatbeweis nicht leben ... Du adelst Dich jetzt mit Deinem Blute! Ich fühle es, drum sagt' ich ja dazu. Auch ich ginge in Schwerter um den Preis; mein tiefes, grenzenloses Unglück liegt darin, daß ich keine That zu meiner Hilfe weiß!" — Aber als er nun geschieden war, am 13. Juni, ging sie „wie vernichtet", ohne etwas zu sehen, nach Charlottenburg hinaus, und das Gefühl des Verwaistseins legte sich mit schwerem Druck auf ihre Seele.

Am 21. Juni traf Varnhagen in Wagram ein, wo der Erzherzog seine Truppen zusammengezogen hatte, und wurde alsbald dem Infanterie=Regiment Vogelsang, das unter dem Befehl des Obersten Grafen Bentheim stand, zuerteilt. Mit fieberhafter Ungeduld sah der junge Fähnrich der Feuertaufe entgegen. An der großen Schlacht bei Wagram am 5. Juli, die trotz der tapferen Haltung der Oesterreicher mit deren Niederlage endete, durfte er teilnehmen und wurde durch einen Schuß in den Oberschenkel verwundet. Aus dem Spital zu Zistersdorf und später von Wien schrieb er Rahel schöne, sehnsüchtige Briefe. Es ist seltsam, wie die kurze Episode seines Kriegslebens ihn aus seiner Schlaffheit aufgerüttelt hatte. Zum erstenmal durchloderte ein kräftiges patriotisches Empfinden seine Brust. Auch Rahel gegenüber gewann er eine männlichere Haltung. „Wenn ich Dich jetzt wiedersehe," schrieb er ihr, „siehst Du mich anders als je; ich trete ganz frei zu Dir! Mein Leben habe ich offen dem Tode hingestellt, und so ist der zwischen mich und die alten Verhältnisse getreten ... Ich habe ein neues Leben zu verschenken, und ich gebe es Dir, wenn Du's nur nimmst!"

Durch den Friedensschluß vom 14. Oktober 1809 wurde Varnhagens kriegerische Laufbahn vorläufig abgeschlossen. Er nahm zunächst längeren Urlaub, um seinen Obersten, den Grafen Bentheim, dessen Vertrauen und Freundschaft er gewonnen hatte, auf Reisen zu begleiten. Mit jenem praktischen Blick, der ihm schon in seiner Jugend ein Uebergewicht über seine träumerischen romantischen Genossen verliehen hatte, erkannte Varnhagen, daß es ihm an der Seite dieses Mannes, den er übrigens aufrichtig verehrte, an Gelegenheit zum Em= porsteigen nicht fehlen würde. Er teilte also Rahel seinen Entschluß mit, vorläufig Militär zu bleiben, und sie billigte den Plan ausdrück= lich. Dennoch sollte dieser Punkt ihnen neue Veranlassung zu bitterm Zwist werden!

Die Teilnahme am Kriege hatte Varnhagen dem Berufe des Historikers und Chronisten näher gebracht, und so benutzte er die Muße des Garnisonlebens zu Prag, wo er im Februar eingetroffen war, zu schriftstellerischen Arbeiten. Dem beweglichen Manne mochte es aber nicht unlieb sein, daß schon im Frühjahr der einförmige Garnisondienst durch eine Reise unterbrochen wurde, die er im Auftrage des Obersten in dessen Heimat, nach Steinfurt in Westfalen, unternahm. Es handelte sich um einen sehr delikaten Auftrag: um die Ordnung der zerrütteten Vermögensangelegenheiten Bentheims. Varnhagen fand die Verhältnisse der Familie sonderbar verwickelt und erkannte bald, daß die Sachen seines Vorgesetzten höchst mißlich standen; ja, daß die Fa= milie dem Bankerott nahe war. Er wurde zweifelhaft, ob es ge= raten sei, sein Schicksal ferner mit dem Bentheims zu verflechten. Auch Rahel riet ihm bringend, sich nicht mit seinem „berangierten Grafen" zu verketten, sondern seinen Abschied zu fordern und mit ihr nach Teplitz zu reisen.

Jedoch bevor ihr Brief noch in Varnhagens Hände gelangt war, hatte er sich entschlossen, seinen Obersten nach Paris zu begleiten, wo dieser mit seinem Vater über seine Angelegenheiten verhandeln wollte. Er wußte diesen neuen Entschluß Rahel gegenüber ganz ein= leuchtend zu begründen: er möge vor seiner Beförderung zum Ober= leutnant nicht gern Abschied nehmen, wünsche, sich in dem Obersten einen „vollkommenen Schutzfreund" zu erwerben, dürfe ihn auch aus Grün= den der Pietät in seiner Lage nicht verlassen u. s. w. In spätestens vier Monaten sei er — er giebt ihr sein Ehrenwort darauf — zurück, frei und wolle dann ganz nach ihren Wünschen sein Leben einrichten. „Rahel!" heißt es in diesem Briefe (9. Juni 1810), der wieder ein= mal seine ganze Zerfahrenheit wiederspiegelt, „ich trage mich hiermit nochmals feierlichst Dir zum Gemahl an; in vier Monaten bin ich, wenn Du mich willst, Dein auf immer! Und ich überlasse es Dir, wenn es Dir gut scheint, schon jetzt uns als verheiratet darzustellen und meinen Namen öffentlich zu führen. [!] Wie glücklich wär' ich dadurch!" —

Ende Juni trafen die Reisenden in Paris ein. Der Aufenthalt in der französischen Hauptstadt war für Varnhagen, der durch den österreichischen Botschafter, Fürsten Karl von Schwarzenberg, protegiert wurde, in mancher Hinsicht wichtig und fördernd. Er hatte reichliche Gelegenheit, das große Gesellschaftsleben der letzten Glanzepoche des ersten Kaiserreiches zu studieren, u. a. wurde er gelegentlich einer diplomatischen Audienz dem Kaiser Napoleon vorgestellt. Der beste Gewinn seines Aufenthalts in Paris aber war die Stärkung seiner vaterländischen Denkweise durch die in der österreichischen Botschaft herrschenden Gesinnungen, die alle ihre Spitze gegen das neubefestigte napoleonische Regiment richteten, wie die Erneuerung alter und die Anknüpfung neuer Bekanntschaften. So trat er mit dem Major von Tettenborn, der als erster Adjutant Schwarzenbergs und Botschaftskavalier die Gesandtschaft nach außen zu repräsentieren hatte, in ein näheres Verhältnis, das ihm später die erwünschteste Förderung bringen sollte; ferner knüpften sich ungesucht Beziehungen zu Metternich, dem allmächtigen österreichischen Staatsmanne, der wenige Jahre später die Fäden fast der gesamten europäischen Politik in seiner Hand vereinigte. Auch eröffnete sich Varnhagen die Hoffnung auf eine diplomatische Anstellung bei der Botschaft, die zugleich seiner militärischen Beförderung hätte günstig sein müssen.

Doch blieb die Verwirklichung solcher Aussichten der Zukunft vorbehalten; Bentheim brach mit seinem Adjutanten im September von Paris auf und begab sich zunächst nach dem Familienschlosse Steinfurt. Man beabsichtigte, hier nur kurze Zeit zu bleiben; aber die chronische Geldnot des Grafen, die Ordnung seiner verworrenen Angelegenheiten verzögerte die Abreise von Woche zu Woche, von Monat zu Monat. Varnhagen befand sich in mißlicher Lage. Durch seine Verpflichtung gegen den unglücklichen Mann und durch die eigene Armut sah er sich mit doppelten Ketten gebunden; und weder die freundliche Aufnahme, die er in der Familie fand, noch das Leben in großem Stile, in das er hineingezogen wurde, konnten seines Herzens Unruhe beschwichtigen.

Mit Befremdung, mit sich steigernder Bitterkeit hatte Rahel aus der Ferne seine neuerlichen Wander- und Irrfahrten beobachtet. Sie sah in alledem keinen Plan, keine Absicht und Festigkeit — nichts, was sie dem ersehnten Ziele der Vereinigung hätte näher bringen können. Ja, sie sah auch, je weiter die Jahreszeit vorrückte, desto sicherer ihre Hoffnung auf ein kurzes Wiedersehen in Teplitz zerstört.

Er hatte ihr sein Ehrenwort gegeben, sie zur Teplitzer Kur abzuholen: er hatte es gebrochen — brechen müssen vielleicht. Er hatte ihr seine Hand und seinen Namen angetragen und saß nun, in allen Entschließungen gebunden, thatenlos — wer wußte, wie lange noch? — auf dem westfälischen Schlosse. Sein absurdes, schwächliches Verhalten empörte sie. Dazu kam, daß sie im Sommer, während er in Paris auf großem Fuße lebte, lange Wochen an Keuchhusten und Brustkrampf schwer daniederlag. „Tod und Leben zerrten an mir,“ schrieb sie, kaum genesen, ihrem Bruder Moritz. „Leben riß mich aus Todesglut, zerbrochen, verwundet heraus“ ... Nun, da sie, den „Glüharmen des Todes“ entwunden, an des Geliebten Brust Genesung zu finden hoffte, streckte sie die bittenden Arme in leere Luft hinaus! — In Briefen, deren Seltenheit und Kürze die tiefe Verstimmung ihres Herzens andeuten, macht sie ihm schroffe, heftige Vorwürfe. „Nein, Lieber, ganz ohne Plan zu handeln, bin ich nicht reich und nicht jung genug! Du machst es immer, wie es Dir gefällig ist, und nebenher willst Du mich heiraten ... So bin ich wie auf der Wippe, seit ich Dich kenne ... Du und die Götter und das Glück haben mich zu lange schmachten lassen. Das dachtest Du nicht.“

Varnhagen fühlte deutlich, wie in mancher Beziehung ungerecht Rahels Vorwürfe waren, und er suchte sich zu rechtfertigen. Seine Armut und der Weltlauf hätten ihn in der Freiheit des Handelns gehemmt; sie habe ihm früher selbst geraten, seine Stellung beim Obersten nicht aufzugeben; seine Scheu, bei gesunden Gliedern und frischem Geiste einem Weibe seine ganze äußere Existenz zu verdanken, habe doch gewiß Anspruch auf Billigkeit. Aber in welcher ergebenen, ja demütigen Haltung läßt er trotzdem Rahels Zorn über sich ergehen. Voll Trauer empfindet er ihre „herbstliche Strenge“; doch zürnen kann er ihr nicht: „Ich wüßte nichts, was mich und Dich entzweien könnte, an Deine Wahrheit, an Deine Rechtschaffenheit und Güte bin ich mit demantenen Ketten des innigsten Glaubens auf ewig gefesselt“ ... Er fühlte wohl, mochte sie ihn sachlich unrichtig und zu hart beurteilen: das moralische Recht war auf ihrer Seite.

Sie gab denn auch die Möglichkeit eines Irrtums zu. „Richten, Schlichten kann ich von weitem nicht, gar nicht mehr. Ich kann unrecht haben — ich habe es gewiß — in Beurteilung der Erscheinung Deines äußeren Seins“ ... Dann, als ob ihre Kräfte plötzlich versagten, fährt sie in ergreifendem Klageton fort: „Laß mich in der Ruhe, bis wir uns sehen. Ich habe gebüßt genug auf der Erde, mit dem ganzen Erdenleben für die Lüge, daß ich nicht forderte, was ich verlangte und gab. Meine jetzigen Thränen, dies Schreien und Herz=pochen, ist kein Mensch, kein Glück wert. Laß mich endlich! Laß ab! Ich sterbe. Ich bin so kränklich. Kannst Du etwas Gutes für mich thun, so thue es; aber zerlege mein Herz nicht. Es ist verdammt hier, gewiß! und physisch krank. Laß mich ernst, still, und sein, wie ich kann. Nach meiner großen Verunglückung der Geburt und des Lebens dacht' ich, die sagen, sie lieben mich, zu denen könnt' ich sprechen. Auch nicht. Nun gut! der Schmerz war nichts, gegen den andern. Auch ist für mich alles Schicksal, Entwickelung, Geschichte. Ich schiebe nichts auf Menschen. Ein höheres Gebiet regiert dies ..."

Der erzwungene Aufenthalt in Steinfurt dehnte sich bis in das Jahr 1811 aus. Anfang März endlich traf Varnhagen mit Bentheim in Wien ein, um alsbald in seine Garnison nach Prag zurückzu=kehren. Abermals und mit aller Bestimmtheit drang Rahel auf ein Zusammentreffen in Teplitz und bat den Freund inständig, sie Anfang Juni von Berlin dorthin abzuholen. Diesmal konnte Varnhagen ihrem Wunsche, den er innigst teilte, willfahren. Die Güte seines Vorgesetzten verschaffte ihm den erbetenen Urlaub; in den ersten Tagen des Juni eilte er nach Berlin, die Geliebte nach zweijähriger Trennung in die Arme zu schließen. Er fand sie schon reisefertig und geleitete sie nach dem anmutigen, berühmten Bade an der Tepl, das, wie alljährlich zur Hochsommerzeit, die vornehmste Gesellschaft aus der Geburts= und Geistesaristokratie in seinen Thälern vereinigte. Da übte zunächst die Person des Herzogs Karl August von Weimar, der nicht nur ein liebenswürdiger, geistesfrischer Mann, sondern vor allem Goethes Herzog war, auf Rahel eine starke Anziehung aus. Der eigentliche Mittelpunkt der Geselligkeit aber war die gräflich Clarysche Familie, in der die Kunst, vor allem die Musik, reiche Pflege fand. Der Clarysche Garten war der Sammelplatz aller irgendwie hervorragenden Teplitzer Badegäste, die sich schon am Morgen dort zusammenfanden, heiter und zwanglos miteinander verkehrend. Die Nachmittage waren größeren Spazierfahrten in die reizvolle Umgegend gewidmet, und abends be=suchte man zuweilen die Vorstellungen, welche eine kleine Truppe aus Böhmen im Schloßtheater gab. — An alten Freunden, die Rahel hier wiedersah, an neuen Bekanntschaften, die sie knüpfte, seien genannt: die Fürsten von Ligne, von Lichtenstein, von Windischgrätz, Prinz August Ferdinand von Preußen (Bruder des Prinzen Louis Ferdinand), Gräfin Esterhazy, die gräflich Golzsche Familie,

Gräfin von Schlabrendorf, Frau von Crayen, Graf Eugen
von Bentheim; an Geistesgrößen Fichte, Friedr. Aug. Wolf,
Tiedge, Clemens Brentano u. a. m.

Besonders bemerkenswert erscheint Rahels Begegnung mit Ludwig
van Beethoven. Man wußte den Meister lange in Teplitz anwesend, aber noch hatte ihn niemand gesehen. „Seine Harthörigkeit
machte ihn menschenscheu," erzählt Varnhagen, „und seine Eigenheiten,
die sich in der Absonderung nur immer schroffer ausbildeten, erschwerten
und kürzten bald wieder den wenigen Umgang, auf den ihn der Zufall etwa stoßen ließ. Er hatte aber im Schloßgarten auf seinen einsamen Streifereien einigemal Rahel gesehen, und ihr Gesichtsausdruck,
der ihn an ähnliche, ihm werte Züge erinnerte, war ihm aufgefallen.
Ein liebenswürdiger junger Mann, Namens Oliva, der ihn als treuer
Freund begleitete, vermittelte leicht die Bekanntschaft. Was Beethoven
den bringendsten Bitten hartnäckig versagte, ... das gewährte er jetzt
gern und reichlich, er setzte sich zum Fortepiano und spielte seine noch
unbekannten neuesten Sachen oder erging sich in freien Phantasien.
Mich sprach der Mensch in ihm noch weit stärker an als der Künstler,
und da zwischen Oliva und mir bald enge Freundschaft entstand, so
war ich auch mit Beethoven täglich zusammen und gewann zu ihm
noch nähere Beziehung durch die von ihm begierig aufgefaßte Aussicht,
daß ich ihm Texte zur dramatischen Komposition*) liefern oder verbessern könnte. Daß Beethoven ein heftiger Franzosenhasser und Deutsch-
gesinnter war, ist bekannt, und auch in dieser Richtung standen wir
uns gut zusammen." In Rahels Briefen findet sich über diese Episode nur die folgende kurze Bemerkung: „Grüße nur den armen Beethoven; und ich gedenk' ihm stets seine unerwartete Gefälligkeit, daß er
mir gleich etwas vorspielte. Wieso aber hält er so viel von mir?
Den Plan der Oper will ich durchsehen, er soll ihn mir nur schicken;
und aufrichtig will ich sein, ich kann gar nicht anders." (An Varnhagen, 23. Sept. 1811).

Allzufrüh endete dieses Idyll, eins der schönsten, anmutigsten —
wenn auch nicht völlig ungetrübten — aus der Zeit des Brautstandes.
Um die Mitte des Septembers reiste Rahel nach Dresden, wo
Marwitz sie erwartete, und dann nach Berlin zurück.

Die Briefe, die nach der Trennung gewechselt wurden, geben ein
treues Bild der Empfindungen und Stimmungen, die das Zusammen-

---

*) Ob Varnhagen sein dem Meister gegebenes Versprechen erfüllt und —
wenn es der Fall — wie er es erfüllt hat, darüber ist nichts bekannt.

leben in Teplitz in beider Herzen geweckt hatte. Mit tiefstem, ver=
zweiflungsvollem Schmerz hatte Varnhagen Rahel scheiden sehen; von
den Bergen rief er laut ihren Namen in die Thäler hinein, als müßte
sie es vernehmen; trostlos, wie abgestorben erschien ihm die Natur.
„Dein Angedenken", versicherte er ihr, „ist wie ein Kern in mir, an
dem die leblosen Tage noch einige Haltung gewinnen ... Ich habe
in Teplitz nicht einen Augenblick vergessen, was Deine Gegenwart
mir ist, ich wußte es immer deutlich, mit Dankbarkeit und Zufrieden=
heit. Ich bebe schon jetzt vor Entzücken in dem Gedanken, daß Berlin
uns vereinen wird, auf welche Art immer. Ich will gern den ganzen
Tag arbeiten, wenn ich nur abends Dich sehen kann." — Jetzt, nach
dem beglückenden, alle seine Kräfte befruchtenden Umgang mit Rahel,
fühlte er schmerzlich die traurige Oede der beiden Jahre, die hinter
ihm lagen, das reizlose Leben, das ihm bevorstand. Treulich füllte er
jeden freien Augenblick mit Arbeit aus; der Gedanke an die Geliebte
spornte ihn mächtig an, sich durch litterarische Thätigkeit eine Existenz
zu gründen. Er arbeitete an seinem Operntext, übertrug den Bri=
tannicus von Racine in deutsche Jamben und schrieb Beiträge für
Zeitschriften; bei diesem eifrigen Schaffen umgaukelten ihn freundliche
Bilder des künftigen häuslichen Lebens und stillen Wirkens an Rahels
Seite. Die liebste Beschäftigung war ihm die Zusammenstellung einer
Reihe von Goethe betreffenden Bruchstücken aus Rahels Briefen, die
er mit seiner Freundin Genehmigung Cotta zum Druck anbot. Cotta
hielt es für geraten, sich vor dem Druck der Zustimmung Goethes zu
versichern, und so sandte Varnhagen das Manuskript mit einem ehr=
furchtsvollen Schreiben nach Weimar. Wie wohlwollend sich Goethe
über die Aussprüche äußerte, mit welcher tiefen Freude Rahel sein
Urteil vernahm, ist in einem früheren Kapitel mitgeteilt worden.

Hatte das kurze Gemeinschaftsleben Varnhagens Geiste Energie
und Schwungkraft verliehen, so war Rahel in weicher, bräutlich=liebe=
voller Stimmung von ihm gegangen. Auch sie grämte sich über die
Trennung, fühlte sich plötzlich „abgerissen von Schutz, Sicherheit und
Liebe". „Wie gewiß lebt' ich bisher! Und ich war nicht undankbar,
Varnhagen! Nimm es nicht so roh, wie das Wort hier dasteht: es
war nicht nur Dankbarkeit, es war liebende Sehnsucht; und mein
Herzenssehnen antwortete Deinem, mein Herz hielt Takt mit Deinem" ...
Im nächsten Briefe heißt es: „Bist Du, wie ich es sehe und weiß,
ganz von meinem Dasein durchglüht und erfüllt, so werde auch ich in
Deiner Nähe glücklich sein und Dich zu Schutz und Umgang wählen

können. Wir sehen uns gewiß bald. Dies sei Dein Trost; ich will es, und Du willst es. Quäle mich nicht mit Kleinigkeiten, und wir können ein edles und schönes Leben führen."

Leider beachtete Varnhagen nicht genügend die Mahnung, die ihm so liebevoll ans Herz gelegt wurde. Seine streitbare Natur spielte ihm manchen bösen Streich; zudem war er klatschsüchtig, achtete auf jedes müßige Gerede, das ein rechter Mann unter die Füße tritt. Schier unbezwinglich war sein Gelüst, von jedem zu jedem zu reden; nie konnte er sich genug thun, über Rahel zu sprechen und Briefe oder Briefstellen von ihr in Gesellschaft vorzulesen. Drang dann auf Um= wegen übelwollende Nachrede an Rahels Ohr, und sprach sie ihren Verdruß über seine Indiskretion aus, so schimpfte er erbittert auf das „müßige Gesindel", das „elende Volk, das über uns klatscht," und schwur, es zu züchtigen, wo es ihm begegne. Das Unüberlegte, Thörichte seines Betragens tritt um diese Zeit in einem häßlichen Handel mit Brentano besonders augenfällig hervor.

Clemens Brentano hatte schon im November 1804 Rahel durch einen Besuch ihres Salons wenigstens oberflächlich kennen gelernt. Er berichtete, in seiner Weise mokant und scharf beobachtend, aus Berlin an seine Frau Sophie geb. Mereau*): „Ich war gestern bei der berühmten Mlle. Levi, die einen nicht unangenehmen Ton in ihrer Ge= sellschaft hat, es könnte etwas sehr angenehmes sein, wenn es nicht eine wahre Sudelküche des Gesprächs wäre; sie ist über 30 Jahre alt, ich hielt sie für 25, ordentlich klein, aber graziös; sie ist ohne Anspruch, erlaubt dem Gespräch jede Wendung bis zur Unart, bei welcher sie jedoch nur lächelt, sie selbst ist äußerst gutmütig und doch schlagend witzig. Daß Prinz Louis Ferdinand und Fürst Anton Radziwill zu

---

*) Ich entdeckte dieses Brief-Fragment, datiert „Berlin, 24. November 1804", in Abschrift von Varnhagens Hand, in der Varnhagenschen Sammlung der Kgl. Bibliothek zu Berlin. Ich vermute darin ein bisher vermißtes Bruchstück des von Reinhold Steig auf Seite 122 seines Werkes „Achim von Arnim und Clemens Brentano" veröffentlichten Briefes, dessen Original, wie Steig be= richtet, teilweise (durch Abschneiden einer Blatthälfte) vernichtet war. Steig be= hauptet, daß Varnhagen, um ihm unbequeme Zeugnisse aus der Welt zu schaffen, in verschiedenen von Brentano geschriebenen und an diesen gerichteten Briefen aus der Prager Zeit, die ihm von Bettina nach des Bruders Tode vertrauensselig aus= gehändigt wurden, einzelne Blätter oder Teile von solchen herausgeschnitten habe. Leider wird infolge dieses groben Vertrauensbruches, der auf Varnhagens Zuver= lässigkeit ein recht übles Licht wirft, eine objektive Beurteilung des Verhältnisses zwischen Rahel und Brentano erschwert.

ihr kommen, erregt vielen Neid, aber sie macht nicht mehr daraus, als
ob es Lieutenants oder Studenten wären, mit so viel Geist und Talent
wie jene würden ihr diese eben so willkommen sein..."

Es folgen einige Jahre, in denen jede Annäherung unterbleibt;
es scheint aber eine geheime Abneigung zwischen dem Brentanoschen und
dem Kreise Rahels schon damals bestanden zu haben. Als dann i. J. 1811
Varnhagen in Teplitz war, suchte Clemens ihn auf, um ihn kennen zu
lernen. Es ging wie fast immer, wenn Brentano eine neue Bekanntschaft schloß: in seinem „Hunger nach Menschen" näherte er sich mit
einem stürmischen Vertrauen, entfaltete ungekünstelt die wunderbare
Liebenswürdigkeit seines Wesens und gewann aller Herzen; dann erwachte der unbezwingbare Trieb, die neue Individualität bis auf den
tiefsten Wesenspunkt zu ergründen, sie sich anzueignen, sich gleichsam zu
unterwerfen, und in diesem Bestreben, worin ein brennender Wahrheitsdrang mit dämonischem Mutwillen sich verband, kannte er keine Nachsicht, keine Schonung.. In ihm zeigt sich das psychologische Interesse
des Zeitalters in genialer Verzerrung. Man weiß nicht, ob man an
seinen Charakteranalysen mehr den verblüffenden Scharfsinn oder die
diabolische Rücksichtslosigkeit bewundern soll. Ihm selber brachte diese
Naturgabe keinen Segen. Denn da wenige Menschen die volle Wahrheit über sich ertragen können, wurden seine Urteile meist als beabsichtigte Kränkungen empfunden, mit Entrüstung zurückgewiesen und
mit Feindschaft erwidert. Doch in wieviel Mißverständnisse und Wirr-
sale er sich auf diese Weise verstrickt hat, er lernte niemals Maß halten
und Selbstzucht üben.

Zwei so durchaus verschiedene Naturen, wie Varnhagen und
Brentano, konnten auf die Dauer nicht zusammengehen. Nach kurzem
Verkehr trennten sie sich in Zwietracht. Trotzdem näherte sich Clemens
im Herbst desselben Jahres in Prag Varnhagen von neuem. Als
Landsleute aufeinander angewiesen, durch geistige Interessen vielfach
verbunden, verkehrten sie täglich auf freundschaftlichem Fuße; Varnhagen bekennt selbst, daß Brentano mit innigem Zutrauen und rück-
haltloser Offenheit sich ihm angeschlossen habe. Natürlich blieb Verdruß nicht lange aus. Eine tiefere Spannung erzeugte sich aus zu
großem Wetteifer im Hinaufloben der beiderseitigen Vertrauten. Varnhagen trieb, wie immer, mit Rahel einen unklugen Kultus; das reizte
Brentano gegen sie auf; er schrieb ihr später, sie sei ihm „durch grasses
und grelles Lob, durch sündhafte Vergötterung" zu einer „Fratze" entstellt worden. Rahel sah aus der Ferne diesem Verkehr mit gemischten

Empfindungen zu; sie fürchtete von ihres Verlobten Indiskretion neuen Aerger: „Wenn Du ihm nur keine Briefe gelesen hast!" — Daneben aber merkt man ihr das große Interesse für Brentano an: hatte doch, wie sie einmal schrieb, „die Natur einen Reiz für sie in diese Geschwister [Clemens und Bettina] gelegt". Inzwischen erfuhr sie, daß er sich gegen Bekannte wiederum „plaisant" über sie geäußert habe; in ihrem Aerger darüber gab sie ein ziemlich scharfes, aber doch gerechtes Urteil über die Brentanos ab und erlaubte Varnhagen, es ihm gelegentlich mitzuteilen. Dieser, anstatt der Freundin neuen Verdruß fernzuhalten, forderte durch Mitteilung der betreffenden Briefstelle Brentano heraus, nun seinerseits an Rahel einen seiner berüchtigten psychologischen Briefe zu schreiben, einen Brief, der, in Unkenntnis ihres Wesens verfaßt, Rahel beleidigen mußte, und in dem Varnhagen selbst eine geradezu lächerliche Rolle spielte. Nicht genug hieran, hatte Clemens noch die Keckheit, Varnhagen seinen wunderlichen Erguß vor dem Absenden vorzulesen, als wollte er sich seiner Zustimmung ausdrücklich versichern! Anstatt die Herausgabe des Briefes ungesäumt zu fordern, ließ Varnhagen ihn ruhig an Rahel abgehen: „Ich hätte es eine Anmaßung gefunden, einen Eingriff in Deinen Sinn, wenn ich Dir den Brief vorenthalten hätte". — Diese Objektivität ging Rahel denn doch zu weit! Sie sah wieder einmal, daß sie sich auf den Freund nicht stützen, nicht verlassen durfte; und verbittert und gereizt durch die häuslichen Verhältnisse, machte sie ihm die herbsten Vorwürfe.

Das kränkte Varnhagen schwer und schürte seinen Groll gegen Brentano; fortan ging er mit dem Gedanken um, bei der ersten ihm sich darbietenden Gelegenheit jenen empfindlich zu strafen. Im April 1812 vollzog sich der Bruch in schroffster Form: Varnhagen züchtigte eigenhändig den Mann, den er einst Freund genannt hatte; und nicht zufrieden mit dieser unedeln Rache, konfiszierte er ihm das Manuskript seines Trauerspiels „Aloys und Imelde", das er gerade in Verwahrung hatte: er wolle es „als Pfand seiner guten Aufführung" ein Jahr lang zurückbehalten. Das Ereignis hinterließ bei Brentano einen furchtbaren Eindruck. „Gräßlich, ja wahnfinnig" sei ihm der Mensch in jenem Augenblick erschienen, schrieb er, und gegen Görres klagte er, sein Trauerspiel sei ihm von Varnhagen „auf eine verfluchte Art in der ersten Bearbeitung gestohlen". In den Einleitungsworten zur Gründung Prags (1814) aber erhob er öffentliche Anklage: ein „Zeitgespenst" sei falsch in seine Sphären gedrungen:

„Mit Modefeuer und mit Modekälte,
Und leicht berücket ließ ich es gewähren,
Bis ich entsetzt, getäuschet und verlachet,
Um Lied und Liebesmut beraubt, erwachet."

Als ein Jahr später Rahel durch die Kriegswirren nach Prag
verschlagen wurde, suchte (Juni 1813) Brentano, von dem unwider=
stehlichen Bedürfnis nach Mitteilung getrieben, sie auf. Ausführlich
besprach er mit ihr den traurigen Vorfall, der noch wie ein Alp auf
seinem Gemüte lastete, und beteuerte immer von neuem, er habe in
jenem Briefe Rahel nicht beleidigen wollen: „Ich schrieb von ganzem
Herzen; ich wußte es nicht anders, ich war dazu gepeinigt . . ." Er
möchte einen „unblutigen Frieden im Verstehen" mit ihr schließen, sich
ihr rückhaltlos anvertrauen. „Warum habe ich Sie nicht eher gekannt?
In Berlin war ich ganz verlassen an inniger geheimster Freundschaft,
ja bis zum Verderben, und Sie Liebe waren es gewiß auch, Sie
waren es meistens in Ihrem Leben, sonst wären Ihre Erfahrungen
nicht bitter, und somit stärkend, was hätte ich Ihnen verdanken können,
was hätten Sie aus mir gemacht, Sie gütige Freundin, strenge Rich=
terin, gerechte, kluge! . . . Es ist eine Offenbarung, daß ich der Mensch
bin, dem Sie hätten helfen können . . ." (28. Juli 1813). Rahel
nahm den schmerzlichen Ansturm seines Wesens verständnisvoll und
gütig auf, verzieh ihm gern, tröstete ihn und wurde ihm ein wohl=
thätiger Anhalt. Er habe, berichtete er an Arnim, in ihr „ein kluges
und eigentlich recht gutmütiges Wesen gefunden, so daß ihre Vertraut=
heit mit jenem Verrückten das Schlechteste ist, was mir zu denken er=
laubt bleibt. Sie hat mir versprochen, mir das Meinige zurück=
zuschaffen . . ."

Trotz des vielen Herzlichen und Aufrichtigen, das seine Briefe an
Rahel enthalten, klingt immer wieder eine versteckte Feindseligkeit hin=
durch. Man spürt, wie er in peinvoller Unruhe mit dem Verlangen
ringt, sich mit diesem ihm so heterogenen, und doch in einigen Stücken
verwandten Wesen auseinanderzusetzen, ihm zu sagen, worin und wie
sehr es ihm mißfalle. In objektiver Weise thut er es in folgendem
Wort: „Ich weiß nicht, ob es Ihnen bekannt ist, daß es Menschen
giebt, die eine Aehnlichkeit zwischen uns wollen entdeckt haben; es mag
etwas daran sein, nur sind wir umgekehrte Figuren. Sie haben eine
Bemühung, aus dem äußern Leben in eine eigene innere Natur zurück=
zutreten; ich möchte aus meiner innern Natur in ein äußeres Leben.
Sie haben auf der Peripherie sich müde bewegt; ich bin im Mittel=

punkte verseſſen, verbittert und verblendet, und alle Strahlen, die ich
nach dem Umkreis ſchieße, mögen vielleicht nicht weniger mühſam und
ungeſchickt ſein, als manche, die Sie nach dem Zentrum lenken mögen;
denn beides haben wir zugleich zu thun verſäumt, und fühlen wohl,
was uns fehlt, und da erzeugt ſich der Witz, der artige Figuren macht,
aber immer eckigte und ſcharfe ...“

Aber nach ſolcher ruhigen Erörterung fühlt er nur um ſo leiden-
ſchaftlicher das Bedürfnis, ihr in ſchroffen, ſarkaſtiſchen Ausdrücken zu
ſagen, was er an ihr vermißt. Ihr fehle das unbewußte, naive, un-
ſchuldige Leben der Seele; ſie ſei nie auf den Punkt gekommen, „wo
die Seele wieder ein Kind wird, das ſich ſelbſt empfangen und geboren
hat“. Es iſt die geheime Abneigung, die der ſchöpferiſch begabte Menſch
gegen den vorwiegend rezeptiven, kritiſch gerichteten Geiſt empfindet.
Ihre Seele habe kein Fleiſch, höhnt er, ſie gleiche einem Blättergerippe,
das die Ameiſe ſkelettiert habe. Es ſei keine Melodie in ihr, darum
laute bei der ſtummen, ſchönſten Muſik ihres Innern der Takt „wie
eine Trommel, oder wie das Klopfen einer Totenuhr, oder wie das
Hacken eines Spechts im Wald, manchmal auch wie die ſieben Schläge
der heiligen Feme, oder wie eine Kinderquarre“. In Verkennung
des tiefen Herzensbedürfniſſes, das ſie zu den Menſchen hinzieht, hält
er ſie für eine geſchickte Schauſpielerin, die vor einem ſtaunenden
Auditorium das Feuerwerk ihres Geiſtes auf allen Ecken zugleich an-
zünde, die ſich „hinten und vorne beſchaue, und nebenbei zugleich die
ganze Welt, inſofern ſie von ihr begrenzt werde“. Es ſpricht ſich in
ſolchen Aeußerungen ſeine unbezwingbare Abneigung gegen das geiſt-
reiche Treiben aus, das ihm „angſt und bange“ mache, weil es in
ſcharfem Gegenſatz ſtehe zu ſeinem „Berufe zur Einſamkeit“. Ihr Aufgehen in dieſem Intereſſenkreiſe erſcheint ihm als der „innere Grund
alles Unſchönen in ihr“; ja, ſie ſelbſt wird ihm, in dieſem Zuſammen-
hange geſehen, zur Karikatur. „Betrachte ich Sie,“ ſchreibt er in ſeinem
wunderbaren Briefe vom 14. Auguſt 1813, „im Judentum geboren,
mit ungemeinen Talenten dem Umgange der mannigfaltigſten, ungläu-
bigſten, witzigſten, intereſſanteſten Lebenshelden preisgegeben; hier hin-
geriſſen, dort liebend, dort vermittelnd, dort verſtehend, dort mißbraucht
u. ſ. w., in unendlicher Entwickelung der geſelligen Schutz-, Trutz- und
Ehrenwaffe, des Verſtandes, aber mit einem Herzen, das nur von ſich
ſelbſt lebt und nur von der Natur, ſo müſſen Sie, beſtändig aus dieſer
Quelle den tauſend Armen und Beinen und Fühlhörnern Nahrung
gebend, endlich zu einer Geſtalt geworden ſein mit unzähligen Armen

und Beinen: dieses sind in der Pflanzenwelt die Bäume, in der Tier=
welt die Insekten, in der Menschenwelt aber die Aengstlichen, die Ueber=
gestalteten — sie können in der Phantasie indische Götter sein, —
Götzen. Aber nur die menschliche Gestalt ist im Menschen liebens=
würdig, und kaum ein Höcker, viel weniger ein Blaubart ist zu
dulden! . . ."

Die letzte Ursache ihres schmerzlichen Grübelns, ihrer inneren
Zerrissenheit und Unrast — wieviel des Friedens und der heiteren
Seelenruhe in ihr lebte, war ihm eben verborgen —, glaubte er in
einer weltlichen, gottabgewandten Gesinnung erblicken zu müssen. Und
er, der in seinem unseligen Dualismus, in seiner Frieblosigkeit schon
damals sich kein Heil mehr wußte, als die reuige Rückkehr zu den
Gnadenmitteln der katholischen Kirche, riet auch ihr mit voller Ueber=
zeugung, eine „innere Heilung aus göttlichen Quellen" zu suchen.

Rahel erkannte sicher einen Funken Wahrheit in dem Zerrbilde,
das sein scharfer Griffel von ihr entworfen hatte, erkannte auch seine
gute Absicht, ihr zu helfen. Aber die überaus rücksichtslose, boshafte
Art, in der sie hier „anatomiert" wurde, bereitete ihr unerträgliche
Pein. Die 42jährige, schwergeprüfte Frau, die das Leben so ernst
nahm, wie es ein Mensch nur nehmen kann, wünschte vor ähnlichen
Eingriffen in das Heiligtum ihrer Persönlichkeit geschützt zu sein und
sandte Brentano einen nur wenige Zeilen umfassenden Absagebrief.
Er schalt sie darauf eine „harte, schwer hörende Natur": er habe „von
Herzen geschrieen", sie aber habe ihn nicht verstanden. Doch hielt er
sich fortan ihr fern.

Im Herbst 1814 endlich erlangte er sein Manuskript zurück; er
versicherte Rahel bei diesem Anlaß noch einmal seines Dankes für ihre
Herzensgüte, die er nie verkannt habe, und die ihm von jeher teurer
gewesen sei, als „aller sogenannter Geist".

So endeten die Beziehungen zwischen den drei Personen, die keiner
zur reinen Freude und zum Segen gereichten.

* * *

Nach dieser Abschweifung, die notwendig war, um das Verhältnis
Rahels zu Clemens Brentano im Zusammenhange darzustellen, nehmen
wir, in das Jahr 1811 zurückgreifend, den Faden der Erzählung wieder
auf. Nach dem unglücklichen Kriege Oesterreichs gegen Frankreich war Prag
ein Sammelplatz energischer Feinde Napoleons geworden. Preußische
Offiziere, die der Krieg von 1809 in österreichische Dienste hatte treten

laffen, warteten hier mit Spannung auf den Augenblick, wo der Kampf gegen den verhaßten Korfen aufs neue entbrennen würde; franzöfifche Emigrierte, Vertriebene und Unzufriedene aus aller Herren Ländern, ruffifche und englifche Agenten ftrömten hier zufammen. Im Mittel= punkte diefer feltfamen Verfchwörung ftand die alles überragende Er= fcheinung des Freiherrn vom Stein, der fchon 1809, durch die franzö= fifche Achtserklärung aus Berlin und Preußen vertrieben, in Prag feine Zuflucht genommen hatte.

Für Varnhagen, der wieder in fein Prager Regiment eingetreten war, bedeutete es ein Glück, Stein perfönlich kennen zu lernen. Er fah die Notwendigkeit ein, fich auf den künftigen diplomatifchen Beruf, zu dem er fich hingezogen fühlte, vorzubereiten. Sein Dienft hinderte ihn nicht am Studium; aber es fehlte ihm an Anleitung wie an Büchern. Vertrauensvoll geftand er dem verehrten Manne feine Un= wiffenheit und erbat feinen Rat und Beiftand, um auf kürzeftem Wege in die Zweige praktifcher Staatskunde einzudringen. Bereitwillig fagte Stein ihm feine Hilfe zu und ließ es fich angelegen fein, ihn durch mündliche Belehrungen wie durch Bücher aus feinem reichen Vorrate zu fördern. Durch ihn erhielt Varnhagen auch manchen tieferen Ein= blick in die gegenwärtige politifche Lage; denn Stein war durch feine Verbindungen von allem, was in Berlin vorging, genau unter= richtet. Sehr zufrieden war er mit feines Jüngers fchriftftellerifchen Arbeiten, mit feinen Aufzeichnungen über Paris und Napoleon. Be= ftändig trieb er ihn an, in deutfchem Sinne zu fchreiben: es könne nicht genug in diefer Art geleiftet werden. So reifte Varnhagen in der hohen Schule des deutfcheften und charaktervollften aller damaligen Staatsmänner zum Diplomaten und politifchen Schriftfteller. Zwar verhehlte er fich keineswegs, daß noch mancherlei Lücken aus= zufüllen blieben. Er fühlte, daß auch die Bücher ihm keinen rechten Nutzen bringen würden, folange er nicht „praktifche, lokale Einfichten" erlangen könne. „Ein fefter, treuer gefchichtlicher Sinn erlaubt mir nicht, Verhältniffe, fo wankelmütig und umkehrbar wie diefe, bloß aus verftändigen Schlußfolgen zu beurteilen, und ich wünfche unaufhörlich, wirkliche Zuftände vor Augen zu haben."

Vorläufig fehlte es an Gelegenheit, fo wichtige Kenntniffe und Erfahrungen praktifch zu verwerten; alles drängte auf neue große Um= wälzungen und Entfcheidung durch die Waffen hin. Im Frühling 1811 trat zwifchen Frankreich und Rußland eine Spannung ein, die baldigen Krieg ahnen ließ. Die Verhältniffe fpitzten fich unaufhörlich zu, und im Frühjahre 1812 war der Ausbruch der Feindseligkeiten jeden Tag zu erwarten. Schon im Februar schloß Preußen mit Napoleon ein Bündnis, im März folgte Oesterreich: beide Staaten verpflichteten sich, starke Hilfskorps zu stellen.

Damit schienen die letzten Hoffnungen der deutschen Patrioten vernichtet zu sein. Stein ging im Mai nach Rußland; zahlreiche Offiziere traten aus der preußischen und österreichischen Armee, um nicht unter Napoleons Fahnen kämpfen zu müssen, an ihrer Spitze Blücher, Gneisenau und Scharnhorst. Auch Varnhagen war fest entschlossen, dem Kaiser nicht Heerfolge zu leisten. Mit wirksamen Empfehlungen Metternichs, Humboldts und Gruners an Hardenberg, den preußischen Staatskanzler, versehen, hoffte er, in Preußen eine Anstellung im Verwaltungs- oder diplomatischen Dienst zu finden. Auch Rahel riet ihm, wenn er keine unwiderstehliche Lust zum Kriege habe, mit seinen Empfehlungen nach Berlin zu kommen. „Geht unvermutet die ganze Welt drunter und drüber, so kann man immer — ja man wird dann müssen — das Gewehr ergreifen."

Im August 1812 reiste Varnhagen in Begleitung seines Freundes Willisen von Prag ab. In Teplitz, wo er sich dem Könige von Preußen vorstellte, empfing er die Warnung, seine Reise nicht fortzusetzen: es sei Befehl gegeben, ihn und Willisen, als feindseliger Absichten gegen die Franzosen verdächtig, nach der Ankunft in Berlin sofort zu verhaften. Doch ließen sich die Reisenden, da ihre nächsten Zwecke harmloser Natur und sie in ihrer Eigenschaft als österreichische Offiziere — sie hatten klugerweise nur Urlaub, nicht den Abschied genommen — geschützt waren, nicht abschrecken und gelangten auch ungehindert nach Berlin, das von französischen Truppen besetzt war.

In der That schien ein Verdacht gegen die beiden Freunde vorzuliegen, denn sie wurden heimlich beobachtet; und als Willisen Berlin verließ, um seine Eltern in Magdeburg zu besuchen, wurde er verhaftet und auf das Kastell nach Kassel abgeführt. Durch diesen Vorfall wurde Varnhagens Lage gespannter und bedenklicher, und er hütete sich wohl, den Umkreis der Stadt zu überschreiten. Im Hause des österreichischen Gesandten fand er sicheren Anhalt; bei dem Staatskanzler von Hardenberg genoß er die günstigste Aufnahme, und sogar von dem französischen Gesandten wurde er durch Einladungen ausgezeichnet. „Doch ungeachtet alles guten Anscheins blieb ich in der schwierigsten und bedenklichsten Lage," erzählt er, „gehemmt bei jedem Schritt, in jeder Thätigkeit. Obgleich in glanzvoller Geselligkeit, ver-

lebte ich einen traurigen Winter. Mein Trost war Rahel, in deren
Nähe zu sein mir alle Widrigkeiten überwog." Auch Rahel fühlte sich
beruhigt und beglückt, in dieser Zeit den Freund zur Seite zu haben.
Schwer aber lag das Bewußtsein des neuen, schrecklichen Krieges auf
ihr. „Mich beugt übrigens der Krieg sehr," schrieb sie im Februar 1813
an Frau von Fouqué. „Hab' ich innen alle Zerstörung erleben
müssen, und hat mir mein Herr die Einsicht in allen Jammer und
auch die Kinderfähigkeit für alles Liebliche, Freudige und Lebenswerte
gelassen, so hatte ich nur noch äußere Zerstörung zu befürchten; ich
erlebe sie, und fühle es herb, ganz herb: nicht was mich persönlich
betrifft, beugt mich ganz, sondern der Beweis, daß wir noch inmitten
des Roheften leben, daß verwundender Krieg und tolles Nehmen und
Wehren bis zu unsern Schwellen kommen kann, daß wir vor den
Wilden nichts voraus haben . . ."

Die erſten Monate des neuen Jahres brachten den Berlinern
die Kunde von dem großen Brande Moskaus, von dem Rückzuge und
dem Verderben der Franzosen. Und nicht lange dauerte es, bis die
russischen Kosaken unter Tettenborn heranrückten und sich Berlins
bemächtigten. Hocherfreut stellte sich Varnhagen Tettenborn zur Ver=
fügung; als Kosakenhauptmann wurde er in russischen Dienſt über=
nommen. Zunächſt aber hatte er Depeschen der preußischen Behörde
als Kurier nach Breslau zu überbringen, wo der König sich schon
längere Zeit aufhielt. Dann folgte er Tettenborn nach Hamburg,
das dieser inzwischen beſeßt hatte. Außer der Anſtellung von Aerzten
und der Einrichtung des Medizinalwesens hatte Varnhagen jetzt, wie
während des ganzen Feldzuges, die wichtigsten Korrespondenzen Tetten=
borns zu erledigen, eine Aufgabe, die er mit solchem Geschick löſte, daß
er sich seinem Vorgesetzten faſt unentbehrlich machte. Seine Arbeits=
tüchtigkeit, sein taktvolles, liebenswürdiges Benehmen, das stete Bei=
sammensein führten zwischen Varnhagen und dem General allmählich
ein freundschaftliches Einvernehmen herbei, das an sein früheres Ver=
hältnis zum Oberſten Bentheim erinnert.

Die allgemeine Erhebung, die durch die Gemüter ging, und der
Umgang mit Tettenborn ſtärkten erfreulich Varnhagens Gesinnung. In
einer Zeit, wo noch alles unsicher ſtand, wo die Rücksicht auf die be=
stimmt zu erwartende Wiederkehr und den möglichen Sieg der Fran=
zosen vielen kluge Zurückhaltung gebot, ließ Varnhagen Gedichte und
Artikel mit antifranzösischer Tendenz mit voller Namensunterschrift im
„Hamburger Beobachter" drucken, und er bekannte sich laut zu der

Ansicht, daß man, um ein Beispiel zu geben, offen seine persönliche Feinde-
schaft gegen Frankreich aussprechen müsse. Als er wegen einer loben=
den Rezension der Kriegsgesänge des Staatsrats S t ä g e m a n n von
der ängstlichen Rahel getadelt wurde, antwortete er ihr: „Ich glaube
mir Stägemann sehr verpflichtet zu haben, und was sonst den unver=
hohlenen Ausspruch solcher Gesinnungen betrifft, so scheint mir gegen=
wärtig jede Bedenklichkeit weichen zu müssen, um so mehr, da das auf
der einen Seite Vorteil bringt, was auf der anderen schaden könnte.
Es muß jetzt jedermann persönlich und namentlich mitverflochten werden,
und darf ich bei solchem schonungslosen Grundsatze mich selber schonen?" —
Merkwürdig, wie neben solcher mannhaften Gesinnung auch jetzt noch
Züge einer ganz kleinlichen Eitelkeit hervortreten; so, wenn er wohl=
gefällig erzählt, er habe seine alte Liebe, F a n n y H e r z, erst besucht,
„nachdem ich schon meine blaue Kosakenuniform hatte, die mir unver=
gleichlich steht." Schalkisch antwortete Rahel: „Das glaub' ich Dir
wohl, mein Gut'ster, daß Du erst zu Mad. Fanny gingst, als Du
Deine Uniform hattest. Du bist ein naiver . . . Na! ich küsse Dir
die dicken Backenknochen und schmeichle Dich heile! So?! — Ei, sieh
doch!" —

Rahel freute sich der frischen Thätigkeit des Geliebten. Es mußte
sie, die den Grundsatz verfocht, lieber das Leben zu verlieren als ohne
Ehre weiterzuleben, mit Genugthuung erfüllen, den Mann ihrer Wahl
in einem großen patriotischen Wirkungskreise zu erblicken. Wie schön
sprach sie sich selbst und ihm Mut zu! „Um Dich persönlich äng=
stige ich mich nicht. Aber den Himmel bestürme ich mit Gebet und
Thränen für uns alle. Nicht, daß ich patriotischer als persönlich wäre.
Du weißt, ich verstehe nur den Gedanken: alle durch jeden; aber da
jeder geht und es jeden trifft, fasse ich nichts einzelnes mehr. Und
hauptsächlich: für einen, für Dich, für mich, kann ich mir ein Glück,
ein Entkommen denken; für das Ganze aber nur weise Führung oder
biblischen, unmittelbaren Gottesschutz."

So sehen wir die hochherzige Frau mit ihrem ganzen Empfinden
verflochten in die große Freiheitsbewegung des Jahres 1813. Aber
als nun das wilde Kriegsleben ihr abermals näher rückte, als am
20. April der Donner des Bombardements von Spandau nach Berlin
herüberdrang, da hallte ihr jeder Schuß schmerzhaft durch die Seele:
„die Angst war Sterbenot". Auf den Knieen bittet sie Gott um Be=
endigung des Greuels. Nach der Kapitulation beschenkt sie in ihrer
Herzensfreude ihre beiden Mädchen. — „O teurer, schöner, verkannter

Friede!" seufzt sie in ihren Briefen. „O Gott, wie schön ist Friede! So schön wie Jugend, Unschuld, Gesundheit, die man auch nur kennt, wenn man sie beweint. Gott, schenk ihn uns! Unverhofft als Wunder."

Die in humanem Geiste abgefaßten Proklamationen des Generals Wittgenstein, des russischen Oberfeldherrn, weiß sie nicht genug zu rühmen: edel sei es und dem deutschen Charakter angemessen, den Feind zu schonen und zu ehren. Mit beweglichen Worten mahnt sie den Freund, an seinem Teile beizutragen, daß die Grundsätze der Gerechtigkeit und Mäßigung im Verkehr mit dem Feinde aufrecht erhalten würden. Ihre Mahnung fiel auf guten Boden. So oft es Varnhagen möglich war, Gefangenen ihr Los zu erleichtern, Eigentum zu schützen, die natürlichen Roheiten des Krieges zu mildern, da that er's in dem freudigen Bewußtsein, gewissermaßen „der Reichsverweser ihrer Gesinnungen" zu sein.

Bald fand Rahel Gelegenheit, ihre Vaterlandsliebe praktisch zu bethätigen. Im großen Berliner Lazarett waren infolge Mangels an geordneter Ueberwachung schreckliche Zustände eingerissen. Die Kranken, deren Zahl durch eingelieferte Verwundete stark angewachsen war, lagen zusammengepfercht und litten offenbare Not. Kaum wurde dies in der Stadt bekannt, als sich — nach Rahels Ausspruch — ein „General-Aufstand" erhob: an allen Ecken und Enden regten sich hilfreiche Hände, eifrig wurden Sammelstätten errichtet, und jeder gab an Geld, Wäsche, Betten oder Lebensmitteln, soviel irgend in seinen Kräften stand. Auch Rahel war, trotz ihrer schwachen Gesundheit, unermüdlich thätig, gab mit vollen Händen und eilte von Spital zu Spital. Mit hellem Entzücken sah sie die Bereitwilligkeit ihrer Mitbürger, die Not zu lindern: „Nein, wie freut mich die Stadt! Kommt sie doch zu sich selbst; thut sie endlich wohl, wie es Jesus meint, und wie mich es peinigt, daß es nicht geschieht . . ." Doch nicht genug am Geben, Mühen und Sorgen. Sie wünschte sehnlichst, daß bei diesem Anlaß die offenkundigen Mißstände im Lazarettwesen öffentlich zur Sprache gebracht würden, und sie bat Varnhagen, ein Wort darüber zu schreiben. Er solle es den Leuten recht klar machen, daß es eine gräßliche Sünde sei, Kranke zu betrügen. In einer Stadt, die sich wirklich zu den christlichen zählen wolle, dürften nur die besten, redlichsten Bürger solche Werke der Barmherzigkeit leiten, denn auf Kosten der Kranken dürfe niemand reich werden. — Es lag eine Betrachtung aus großen Gesichtspunkten Rahels Wesen nahe, und ein Wirken für das allgemeine Beste war ihr immer Herzensbedürfnis.

Rahels schwacher Körper war den Aufregungen, die der stetig näher rückende Krieg verursachte, nicht gewachsen. Von Einquartierungen geplagt, durch jedes neue, unerwartete Ereignis aufs tiefste ergriffen und erschreckt, sann die alleinstehende Frau, um den Kriegswirren zu entgehen, auf Flucht. Es lag der Gedanke nahe, in Oesterreich, das sich damals den Verbündeten noch nicht angeschlossen hatte, ein Asyl zu suchen. In dieser Zeit der Nöte betrugen sich die Brüder höchst unfreundschaftlich gegen Rahel. Während man für sich selbst die besten Anstalten zur Flucht traf, verlachte man sie wegen ihrer Aengstlichkeit; und als dann am 9. Mai der Aufbruch erfolgte, hatte niemand für sie mitgesorgt, ihr geraten und geholfen. Hätte nicht schon früher Varnhagen sie von Hamburg aus mit Geld versehen, so hätte sie möglichenfalls in Berlin sitzen bleiben müssen. Nun nahm sie in ihrer Gutmütigkeit noch ihre arme Freundin Nettchen Markuse umsonst mit! — Von Markus und dessen Familie begleitet, reiste sie zunächst nach Breslau. Hier wurde sie von ihren Verwandten „über alle Erwartung und jeden Ausdruck schlecht aufgenommen"; nicht einmal ein Quartier bot man ihr an, sondern mietete sie in der Nachbarschaft elend ein; und ihr reicher Oheim, anstatt die Bedürftige zu unterstützen, schämte sich nicht, ihr ihr Silberzeug für 100 Thaler abzukaufen. Wie tief sie das alles kränkte, lassen ihre entrüsteten Worte Varnhagen gegenüber ahnen: „Nein! Diesmal haben sie sich zu sehr gegen mich ausgesprochen. Gegen sie zu handeln, erlaubt mir mein Wesen nicht ... Aber betrügen und anködern und gebrauchen wie sonst sollen sie nun mich nicht wieder; und damit beginnt es, daß ich ihnen mein Herz, meine Meinungen und meine Lebenspläne nicht mehr mitteile. Und alle sollen da hinaus laufen, mich von ihnen zu trennen ... Vor drei Jahren, in meiner Krankheit, gelobt' ich, allen, die mir das Leben verdorben, zu verzeihen: ich habe es wirklich gethan, habe es leichten, reinen Herzens gehalten. Aber von neuem kränken und verlassen und mißhandeln sie mich in den entscheidendsten Momenten, wo Landsmann sich an Landsmann schließt ..."

Da der Wirrwarr und Lärm des Krieges sich hier noch aufbringlicher bemerkbar machte als in Berlin, begaben sich die Reisenden nach kurzem Aufenthalt in das stille Reinerz. Von hier wandte sich Rahel mit ihrem Bruder Ludwig, der inzwischen von Berlin nachgekommen war, nach Prag. Auf der letzten Poststation erfuhr man, daß die Stadt von Fremden überfüllt und an ein Unterkommen schwerlich zu denken sei. Da schickte Rahel dem Grafen Bentheim einen Boten und sprach ihn um seinen Schutz an, der ihr sofort zugesagt wurde. Bei einer Freundin des Grafen, der Schauspielerin Auguste Brede, fand sie Aufnahme. „Der Oberst beträgt sich äußerst gütig gegen mich," meldete sie Varnhagen. „Wo ich hin muß, weiß ich noch nicht. Fürs erste bleib' ich im Schutz Deiner Freunde. Alles dank' ich Dir mit freudigem Stolz; die Möglichkeit der Reise, die Aufnahme ... Einziger Freund, Du bleibst mir leben! Was sollt' ich noch viel auf der Welt ohne Dich! Du hast mich nun ganz erobert; et par droit de conquête et par droit de naissance; bei Gott, ich wäre tot ohne Dich!"

Etwa um dieselbe Zeit, da Rahel in Prag eintraf, am 30. Mai, mußte Tettenborn, nachdem er längere Zeit jeden feindlichen Angriff tapfer zurückgewiesen hatte, von den Schweden im Stich gelassen und durch die verräterische Zweideutigkeit der Dänen gezwungen, der Uebermacht des Marschalls Davoust weichen und das unglückliche Hamburg seinem Schicksal überlassen. An die Truppen Wallmodens angelehnt, blieb er ganz in der Nähe, bei Lauenburg stehen eben rüstete man sich zur Abwehr gegen die nachfolgenden Franzosen, als die Nachricht eines soeben abgeschlossenen Waffenstillstandes eintraf, von den Kampfbereiten als nutzloses Hinauszögern der Entscheidung mit Unwillen aufgenommen. Um während der erzwungenen Muße Beschäftigung zu haben, begann Varnhagen seine „Geschichte der Hamburger Ereignisse" zu schreiben, die bald darauf in London gedruckt und herausgegeben wurde.

Während der Waffenruhe wurde zum Schutze Berlins und der Mark unter dem Oberbefehl des Kronprinzen von Schweden die Nordarmee eingerichtet, der auch Tettenborn zugewiesen wurde. Dieser erhielt die Aufgabe, stets in der Nähe des Feindes zu bleiben, seine Stellungen zu ermitteln, ihn zu beunruhigen, und er entledigte sich dieses Auftrages mit Eifer und glänzendem Geschick. Ja, es gelang ihm, im Verein mit Wallmoden die Division des Generals Pecheux beim Jagdschlosse Görde vollständig aufzureiben. Nach diesem glücklichen Siege verlegte Tettenborn sein Hauptquartier nach Lüneburg; und hier entstand ein Unternehmen, an dem Varnhagen hervorragenden Anteil hatte. Es wurde vom Tettenbornschen Stabe die „Zeitung aus dem Feldlager" gegründet, welche, mit dem Hauptquartier ihren Erscheinungsort wechselnd, die Avantgarde überall hin begleitete, bis sie zuletzt in Frankreich mit dem 16. Stücke, das in französischer Sprache verfaßt war, zu erscheinen aufhörte. Sie hatte den Zweck, der Bevölkerung möglichst schnell die Nachrichten vom großen Kriegsschauplatze zu übermitteln; auch fehlte es nicht an Scherzen und an satirischen Ausfällen gegen den Feind. Rahel empfahl dem Freunde auch dieses Unternehmen als ein Mittel, Humanität zu üben. — Im November fand sich der Oberfeldherr, der Kronprinz von Schweden, in dem von Tettenborn durch kühnen Handstreich genommenen Bremen ein, um den Feldzug gegen Dänemark vorzubereiten. Seine Anwesenheit verlieh dem Lagerleben einen festlichen Glanz. Varnhagen, von einem heftigen Erkältungsfieber kaum genesen, saß einsam sinnend und schaffend in seinem Quartier. Seine Briefe aus dieser Zeit sind voll ernster Reflexionen, wie der Gang der Ereignisse und die tiefere Einsicht in die treibenden Mächte ihm sie eingaben.

Nach dem frisch-fröhlichen Feldzuge in Holstein folgte die Armee des Kronprinzen von Schweden den verbündeten Heeren, die inzwischen in Frankreich eingedrungen waren. Tettenborn, der den Befehl erhalten hatte, die Verbindung zwischen den verschiedenen Armeen zu unterhalten, erwarb sich das Verdienst, Napoleons Stellung und Absichten auszukundschaften und durch schnelle Benachrichtigung der Befehlshaber jede seiner geplanten Bewegungen zu vereiteln. Durch ihn wurde auch der verwegene Plan Napoleons, durch einen Marsch gegen den Rhein die Verbündeten von Paris abzuziehen, entdeckt; Tettenborn war es endlich, der, mit Winzingerode vereinigt, bei Saint-Dezier dem unendlich überlegenen Feinde jenes Gefecht anbot, das freilich, wie es nicht anders vorauszusehen war, mit dem Rückzuge der Russen endete, aber zur Folge hatte, daß Napoleon einige kostbare Tage verlor. Als er, seinen Irrtum einsehend, umkehrte und in Eilmärschen vor Paris eintraf, fand er die Stadt schon in den Händen der Feinde. Wenige Tage darauf ward der entthronte Cäsar nach Elba verbannt.

Varnhagen hatte sich den nicht geringen Strapazen dieses zweimonatlichen Feldzuges gewachsen gezeigt; nur einmal war er infolge körperlicher und geistiger Ueberanstrengung in Châlons zusammengebrochen, aber mitten im Getümmel des Bivouacs zu Wagen und zu Pferde bald wieder genesen. Das Härteste war ihm gewesen, daß er, von aller Verbindung abgeschnitten, wochenlang keine Möglichkeit fand, irgend ein Wort an Rahel gelangen zu lassen, wie denn auch er keine Briefe von ihr erhielt. „Ich habe Tag und Nacht nur immer an Dich gedacht," schrieb er ihr von Villeneuve-le-Roi an der Yonne, „habe bei jedem Gefecht mich in Deinem Namen gesegnet und von Dir Abschied genommen, und bei jedem glücklichen Ausgang Dich neu begrüßt." Und die politische und militärische Situation während dieses

Krieges gut charakterisierend, sagt er in demselben Briefe (10. April 1814):
„So hat Gott alles zum Guten gelenkt, denn unsere Weisheit hat
es wahrlich nicht gethan. Es ist nicht zu glauben, wie schlecht im
Ganzen unsere Sache beraten war, wir hatten die herrlichsten Truppen
und eine dreifache Uebermacht gegen einen schon hinsterbenden Feind,
aber Angst vor Napoleon, Kleinherzigkeit, Unverstand, Zwietracht, un=
sinnige Leitung und das tiefe Gefühl des geistigen Unvermögens ließen
unsere Sache immer zweifelhaft stehen, und man hätte gern, gar zu
gern, die bisherigen unverdienten Siege durch was immer für einen
Frieden in Sicherheit gebracht . . .“

*　　*　　*

Inzwischen hatte auch Rahel eine bewegte Zeit durchlebt. Wir
verließen sie, als sie eben Anfang Juni auf der Flucht in Prag ein=
getroffen war, von Bentheim freundlich aufgenommen. Seine Teil=
nahme, seine freundschaftliche Fürsorge für die Verlassene mußte sie
nie genug zu rühmen. Sie wohnte bei der Schauspielerin Auguste
Brede: „sehr einig, amüsant und angenehm,“ wie sie Varnhagen
schrieb. „Sie ist von den wenigen, mit denen man ganz nah, familiär
sein kann. Ich glaube, auch ich bin ihr nicht unangenehm. Denn
u. a. hat sich wunderbar genug in Prag meine alte Witz= und Scherz=
laune wieder zu mir gefunden. Aber ich glaube, da ist sie immer,
nur unterdrückt; da ich hier so eigentlich kein Verhältnis habe, als
neue, nicht drückende verjährte, und aus der großen Angst bin, so
duckt das ganz alte Sein bei mir auf. Besonders aber fühl' ich dieses
Aufducken ganz wie von Elastizität in mir hinaufgetrieben: ich war
zu lange zu gedrückt; ich sagte es immer. Da ich nun nicht gestorben
bin, mein Wesen in mir nicht getötet, so lebt es wie ein aus einer
Verschüttung Geretteter. Das Leben ist manchmal wunderbar hart=
näckig!“ — Von ihrem Zusammenleben mit den neu gewonnenen
Freunden entwarf sie dem Verlobten ein reizendes Genrebild: „Ich
schlafe auf dem Schlaffofa, welches Du hattest; der Graf [Bentheim]
ließ es gleich hierhertragen, weil ich im Briefe eins wünschte; ich fand
es schon; und Marais [österreichischer Hauptmann und ehemaliger
Kamerad Varnhagens] fragte mich oft listig, ob ich das Kissen nicht
sehr gut fände, bis ich erriet, woher es sei. Ich schreibe Dir alles
dies, damit Du siehst, wie wir leben. Der Graf schneidet meine Federn,
hat aber kein anderes, als mein berühmtes Federmesser; Papier haben
wir gemeinschaftlich, er meines oder ich seines; so auch oft ein Dint=

faß und einen Toilettenspiegel. Du siehst, es ist ein kleines Bivouac, und ich habe Deine Stelle. Denk Dir aber ja keine Unordnung! Immer ein sehr aufgeräumtes Zimmer, wo gar nichts zu sehen ist als seine Möbel, Dintfaß und Bücher; kühle, reine Luft. Du kennst mich darin; allen Menschen ist auch wohl in diesem Zimmer. Karl Maria Weber, der hier Kapellmeister ist, wohnt in einigen von Augusten [Brede] ihm abgelassenen Zimmern in unserem Stockwerk, und der rühmte mir den wohlthätigen Eindruck meines Zimmers; das freute mich. Weber wohnt rechts neben mir, äußerst still. Er ist ein für mich lieber Mensch, mit einem feinen Gesicht und auch solchen Anlagen: komponiert sehr hübsche Lieder..." Später, als sie krank danieder= lag, war es ihr ein Trost und eine Freude, wenn sie Weber durch die geschlossene Thür phantasieren hörte.

Auch alte Freunde tauchten in Prag auf. Ludwig Tieck wurde von Rahel ihren neuen Freunden zugeführt. Er brachte Shake= spearesche Stücke in Schlegelscher Uebersetzung mit, die nun im Freundeskreise besprochen und deren Aufführung eifrig betrieben wurde. U. a. wurden Macbeth und Hamlet mit der Brede als Ophelia auf der Prager Bühne gegeben, und Rahel hatte wohl nicht unrecht, wenn sie sich einiges Verdienst daran zuschrieb: „Prag wird in seinem Theater eine Veränderung erleiden, ohne zu wissen, daß es von mir kommt und ohne meine Geschicklichkeit nicht gekommen wäre..."

Auch Freund Gentz, jetzt schon der berühmte österreichische Staats= mann, erschien wieder auf der Bildfläche. Rahel aber war wenig mit ihm zufrieden; sie fand ihn verdorben: „die Salons haben ihn engour= biert." — „Er fragt mich nach nichts — kurz, hat kein Gedächtnis im Herzen. Kennt keine Welt mehr, als die aus Koterieen vornehmer Leute besteht"... Bei dieser Gelegenheit fällt sie eins der härtesten und wahrsten Urteile über die Diplomaten der Metternichschen Schule. „Man spricht oft in der Welt: Stände härten die Menschen ab, und nennt Aerzte, Wucherer, Soldaten, Advokaten; dies konnte ich nie ganz zugeben und fand es auch gar nicht, weder in dem Erlebten, noch im Wesen dieser Stände begründet. Aber Diplomaten sind das Gräß= lichste der menschlichen Gesellschaft. Diplomaten werden hart durch Weichlichkeit, und dies geschieht dem Henker nicht einmal. Visiten werden Pflichten; Anzüge, Kartenspiel, das müßigste Klatschen — Ge= schäfte, wichtige! Keine Meinung haben wird Klugheit, Betragen ge= nannt, und wird eine wahre Verhärtung der Seelenorgane. So haben sie eine eigne Phraseologie im Reden, wie in den Depeschen; in Deutsch=

land ein Diplomaten=Französisch, welches sich forterbt und ich vor
16 Jahren schon hörte, aber kein Franzose mehr spricht. Das hält
so äußerlich, wie die Equipagen und Manschetten zusammen; und ein
Wille in der Welt, oder aufgehäufte Not trümmert all den Lug zu=
sammen; Krieg überschüttet Europa; aber wer ist gesichert? — diese
Kerle mit Manschetten!" — Rahel konnte Gentz die Lässigkeit, mit
der er sie in Prag behandelte, lange nicht vergessen.

Nach der unglücklichen Schlacht bei D r e s d e n (27. Aug.) flutete
die Kriegswelle nach Böhmen zurück und überschwemmte Prag mit Ver=
wundeten aller Nationen und Waffengattungen. Zu Hunderten und
Tausenden lagen die Armen stunden= und tagelang auf Wagen zu=
sammengepfercht oder auf dem harten Pflaster da. Das Elend war
zu groß, als daß die Behörden es hätten bezwingen können; die Ein=
wohner, besonders die Frauen Prags, nahmen sich mildherzig der Leiden=
den an. Rahels Enthusiasmus für die gute Sache, die Energie ihres
Geistes, ihre Umsicht und Ueberlegenheit machten es, daß sie, die
fremd am Orte und ohne Mittel war, sich hervorragend bethätigen
konnte an dem großen Liebeswerk, zu dem Prag sich damals aufraffte.
K a r o l i n e   v o n   H u m b o l d t ,   F r a u   v o n   A r n s t e i n und andere
Wiener Damen sandten ihr reichlich Geld und Leinen; der Bankier
A b r a h a m   M e n d e l s s o h n , ein Sohn des Philosophen, der sich
in diesem Kriege (nach Rahels Urteil) wie der „größte Weltpatriot"
betrug, ließ durch Rahel „ins Unendliche" Jäger einkleiden; sein
Schwager B a r t h o l d y spendete speziell für preußische Soldaten. Tau=
sende von Gulden wurden ihr nach und nach anvertraut. Um Unter=
schleifen vorzubeugen, errichtete sie in ihrer Wohnung ein ordentliches
Bureau und verwaltete unter Beihilfe ihrer Freundinnen, keine Mühe,
keine Arbeit scheuend, alles selbst. „Ich bin mit unserem Kom=
missariat und unseren Stabschirurgen in Verbindung," so berichtete
sie (12. Okt.) Varnhagen, „sehe zu 30, 40 Jäger und Soldaten des
Tages selbst; bespreche, belaufe alles und mache mit der mir vertrauten
Summe das Mögliche! Daher vertraue ich es auch niemandem als mir
selbst an; und verschmähe, es öffentlichen Behörden einzuliefern und
öffentlichen Dank, den ich für Bequemlichkeit und nicht pflichtgebotene
göttliche Menschendienste bekäme. Zeit aber, Lieber, behalte ich gar nicht.
Die Korrespondenz, die Rechnungsführung, die Adressen, Quittungen,
Gänge, Besprechungen: kurz, mein Beginnen verzweigt sich zu einem
großen Geschäft. Und ich melde Dir's, weil's Dich freut. Meine
Landsleute suchen Rat, Hilfe, Trost; ja und Gott erlaubt mir, klein,

und gering geboren, und verarmt, wie ich bin, es ihnen zu geben. An Konnexionen fehlt es mir nicht. Ich habe unserem Monarchen schreiben lassen, damit die Seinen von seiner Seite besser verpflegt werden. Diese breite äußere und tiefe innere Beschäftigung hält mich hin. Ich schäme mich, daß mir Gott das Glück zuschickt, helfen zu können! und wenn ich mich schäme, daß ihr euch alle schlagt, so tröste ich mich wieder über meine Bequemlichkeit indes damit, daß ich auch thue im Helfen und Heilen. Ich tröste mit Worten Jäger und Sol= daten, so gut und einbringend und einfach, daß sehr Leidende schon oft plötzliche Freude lächelten von meinem bloßen Worte, und es fuhr, wie Sonnenblick über düsteres Gewölk, über ihr Gesicht. Mich besuchen die Konvaleszenten. Und göttlich beträgt sich unser Volk; unser junges auch, welches ich vor dem Ausmarsch tapfer glaubte: nun sind sie's mit Wunden und wollen und gehen zum Heere zurück; und wie einfach, wie bewußtlos und bescheiden! Ich weine! Nicht Einen Rodomont fand ich. Du kennst meine Kritik, mein Mißtrauen auf uns. Seit sechs Tagen hatte ich katarrhalisches Fieber; ich kurierte mich selbst; mußte den dritten zu Bette bleiben; hatte mein Bureau vor dem Bette etabliert, und alles trat davor hin; Ruhe hatte ich doch nicht. Soll ich Jäger und Soldaten trostlos abreisen lassen? Gott bewahre. Ich hatte auch immer wieder Kräfte. Wie kann man seine Pflicht nicht thun! Ich verstehe es nicht. Wenn ich eine ordentliche Besorgung hätte! O! ich verstehe es, wie Friedrich der Zweite lebte. Ruhig, thätig, gewissenhaft; und dann königlich, in Kunst und stillem Genuß." —

Das sind wahre Herztöne, die neben inniger Befriedigung über ein schönes, glückliches Wirken auch die stolze Freude der preußischen Patriotin verraten. Im Glück ihres Herzens aber vergißt sie der Söhne des Feindes nicht: verwundete Feinde sind ihr keine Feinde mehr. Bei ihrem jammervollen Anblick füllt nur tiefes Mitgefühl ihre Brust: „Wie sehen die Armen aus! Oft weine ich: sie haben Mütter wie wir, die sich tot weinten, wenn sie sie sähen." Ihr schwebt der Plan vor, alle europäischen Frauen aufzufordern, im Kriege jede feindselige Empfindung zu unterdrücken und in gemein= samer Pflege aller Leidenden, ob Freund, ob Feind, ihren edlen Be= ruf zu suchen: „dann könnten wir doch", meinte sie, „von einer Seite ruhig sein." —

Ein feiner Zug überrascht in diesem Wirken Rahels und zeigt, mit welcher hohen, vornehmen Gesinnung sie ihre Aufgabe erfaßte: das ist ihr bewußt=erziehlicher Einfluß auf ihre Pfleglinge. Wie verstand

sie diese jungen Leute zu trösten, zu ermutigen, zu mahnen! Welche
Wonne, wenn sie, zumal an ihren Landsleuten, ein gutes Betragen,
Zeichen von Redlichkeit, Bescheidenheit und Wahrhaftigkeit gewahrte!
— Da hatte sie einen Jäger L a g n a c , Genfer von Geburt, aus Lübeck.
„Der preußische Generalchirurgus hier hat ihn mir aus einem schweren
Nervenfieber gerissen. Er ist durch und erblüht mir recht wieder unter
den Augen. Ich mache ihm während seiner Genesung jeden Tag eine
kleine Freude. Auch ist er viel bei uns, und diese Distinktion und
mütterliche Freundlichkeit stärkt und freut ihn am meisten. Kann ich
mir irgend etwas unter einem mutigen, braven, gutgearteten deutschen
Jüngling denken, so ist er's. Herb ist er im Ausdruck und im ersten
Empfinden; ich table ihn wacker und lehre ihn die Welt schonen, lieben
und ansehen" . . . Am Weihnachtsheiligabend hatte sie ihn und einen
Kameraden zum Kaffee bei sich; einer mußte den andern beschenken
mit Gaben, die natürlich Rahel gespendet hatte. Und als ihr Schütz=
ling völlig genesen war, sandte sie ihn an Varnhagen mit den Worten:
„Sei gütig gegen Lagnac! Hilf ihm, worin Du kannst! Rate ihm,
frage ihn aus: er ist noch jung und hat noch alle jugendlichen Härten
und Ansichten. Von Dir wird er sich raten und regieren lassen, weil
er weiß, daß Du mein erster Freund bist. Mahne ihn von Wirts=
häusern ab und zum Fleiß an; mache ihm, ohne daß es ihn beschämt
oder ärgert, begreiflich, daß er sich zu keinem feineren Militär= oder
Zivildienst schicke, ohne gut schreiben zu können. Ich möchte ihm auch
gerne in der Folge helfen."

Nichts rührender und herzerfreuender, als dieses Verhältnis
Rahels zu ihren Soldaten! — Von Wunden und Hunger ermattet,
fiebernd, abgerissen kamen sie zu ihr und begehrten nichts als Pflege,
Ruhe, Brot und Kleidung. Und fanden das alles, und mehr! Fanden
eine Frau, die mit gütigem Munde ein Lächeln der Freude auf ihre
bleichen Züge zu locken wußte, deren mildem Trostwort sich auch das
verhärtetste Gemüt öffnete; eine Frau, die teilnehmend auf ihre Sorgen
einging, riet und half, sofern es nur in ihrer Macht stand; die freund=
lich jede gute, edle Regung anerkannte, und aus deren Mahn= und
Tadelworten immer nur Wohlwollen und Liebe klang. So ist sie manchem
dieser jungen Krieger eine Mutter gewesen, der sie scheidend die seg=
nende Hand küßten! — Vielleicht ist dieser moralische Erfolg ihres
Wirkens höher zu veranschlagen, als jeder andere.

Manche Ueberraschung hatte diese Zeit für Rahel bereit. Am
15. September, als sie eben in ihrem Bureau arbeitete, trat A l e x a n d e r

von der Marwitz herein, mit einem groben Bauernkittel bekleidet, den Arm in einer Binde. Er war, von polnischen Soldaten zum Tode verwundet, bei Koßwig gefangen worden und, notbürftig geheilt, entkommen. Frau von Raimann räumte ihm ein Zimmer ein, und so lebte er, von Rahel gesund gepflegt, monatelang in ihrer unmittelbaren Nähe, bis er endlich wieder zur Armee ging. Trotzdem ihr manches jetzt an ihm mißfiel, und er sie oft mit seinen Launen quälte und störte — zu andern Zeiten war er wieder gehorsam und hingebend wie ein Kind —, freute sie sich doch, ihn bei sich zu haben: er war ihr, als es nun tiefer in den Winter hineinging, der „letzte heimatliche Mensch in diesem Winkel aller Ungeselligkeit und Unbequemlichkeit".

Weniger Freude bereitete ihr ein anderer unerwarteter Besuch. Im Dämmerzwielicht eines Herbstabends drängte sich, als sie mit Marwitz durch die Stadt ging, im größten Schmutz und Gewühl ein Mensch an sie heran und hielt ihr fortwährend ein Papier entgegen. Es war Urquijo! — Er befand sich jetzt in des Staatskanzlers Gefolge — jedenfalls in der Rolle eines bloßen Statisten — und war nach Prag geschickt worden, um die zahlreichen Verwundeten fortschaffen zu helfen — „ein schöner Schaffer!" spöttelte Rahel; „er spricht keine Sprache!" — Er hatte sie, wie er ihr gestand, schon in Berlin besuchen wollen. „Parce que vous étiez dans le malheur," antwortete sie ihm. Und dieser Mensch, um dessen willen Rahel einst Höllenqualen erduldet, besuchte sie nun, saß bei ihr und that, als sei nie etwas zwischen ihnen vorgefallen! Und sie, die Gütige, gewann es nicht über sich, ihm die Thür zu weisen: sie duldete ihn, weil er ihrer bedurfte — vielleicht auch, weil noch eine leise Stimme in ihrer Brust zu seinen Gunsten sprach. —

Zu dieser Zeit, wo Rahel in großartiger Weise Hilfe spendete, war ihre eigene ökonomische Lage keineswegs günstig. Wie wenig großmütig ihre Verwandten an ihr handelten, da doch reichliche Mittel für die alleinstehende Frau die erste Bedingung einer ruhigen und gesicherten Existenz in der Fremde waren, ist schon erzählt worden. Varnhagen that das Mögliche, um ihr Erleichterung zu verschaffen; so sandte er ihr, ohne sich zu besinnen, 400 Louisdor, die ihm sein General in Bremen als Anteil an der Beute zugewiesen hatte. Wie ein Freund und Bruder betrug sich der edle Abraham Mendelssohn gegen sie, indem er ihr aus freien Stücken einen unbeschränkten Kredit eröffnete; hatte er Geschäfte für sie zu besorgen, so that er es

mit einer Pünktlichkeit und war mit einer Sorgfalt auf ihren Vor=
teil bedacht, als ob sie „eine Königin wäre, deren Gunst er sich
schaffen wollte".

Es konnte nicht fehlen, daß die Anstrengungen, denen sie sich mit
der er ihr eigenen Bravour rücksichtslos hingab, die fortgesetzten Auf=
regungen, deren jeder Tag für sie bereit hatte, störend in ihren zarten
Organismus eingriffen. Schon im Oktober traten ihre alten Leiden:
Husten, Brustbeschwerden mit dem ganzen Heere der Nervenübel, her=
vor. Sie hielt sich nach Kräften aufrecht, um ihrer Pflicht zu genügen.
So kränkelte sie bis in den Dezember hinein. Da wurde ihre Haus=
wirtin Frau von Raimann gefährlich krank, und Rahel, wie elend sie
selbst sich fühlte, ließ es sich nicht nehmen, die Freundin wochenlang
treu zu pflegen, sogar die Sorge für die Wirtschaft nahm sie auf
ihre schwachen Schultern. Endlich brachen ihre Kräfte zusammen.
Ein schweres gichtisches Leiden fesselte sie monatelang — bis in den
April 1814 hinein — an das Bett. Ihr schwand sogar die Hoffnung,
je wieder gehen zu lernen. Langsam erholte sie sich. Welche Freude,
als ihr die ersten Schritte gelangen! Schon war sie einige Male aus=
gefahren, da erkrankte sie plötzlich an einer heftigen, lebensgefährlichen
Halsentzündung. Doch auch diesen Stoß überwand ihre spannkräftige
Natur; und so konnte sie, wenn auch unendlich geschwächt, als Ge=
nesende den Frühling erwarten.

„Offenbart sich uns des Allmächtigen Wille so hart?" schrieb
Rahel in den Tagen des bittersten Leidens an Frau von Grotthuß
in Dresden. „Amen! Er weiß es: ich bin ganz ergeben und denke
mir wahrlich Gutes aus während unverständlicher Leiden und Schmerzen,
damit auch jetzt schon für mein Bewußtsein welches [Gutes] daraus
entstehe. Anders weiß ich Gott nicht zu dienen, mich nicht aus der
Verzweiflung zu ziehen."

Ihr war noch schwerere Pein aufgehoben, als körperliche Schmer=
zen bereiten können! — In den schönen und trüben Stunden des
Prager Lebens hatte sich Rahel dem fernen Freunde inniger und
liebender angeschlossen. Sah sie doch ihn, den sie einst mit so herben
Worten hatte tadeln müssen, in dieser Prüfungszeit sich herrlich be=
währen und unaufhaltsam wacker vorwärts schreiten auf der Bahn
innerer Vervollkommnung! Brachte ihr doch jeder Brief aus dem
Felde neue Beweise seiner seltenen Liebe und Treue! — Mit freu=
diger Anerkennung lobte sie ihn jetzt: „... Weil Du Dich wirklich
gebessert hast; Dich mit so schnellen und großen Schritten besserst,

und gebiegener wirst, wie ich es auf Ehre! noch nie sah. Und laß
es mich wiederholen: weil kein mir Bekannter auf der Erde ein so
richtiges Urteil, eine so gründliche Meinung über die Art und den
Umfang seines ganzen Seins hat, als Du; und daher bist Du auch
der bildungsfähigste, wenn ich nicht sagen soll, der gebildetste Mensch.
Ein Novalis, ein Mensch mit solchen Gaben, wie ich z. B., ist ganz
etwas anderes. Wir sind auch gebildet; wir müssen uns bilden, wie
das Wasser stürzt; solches Bilden ist Glück, das muß man lieben:
Deines ist ein edler Aktus des ganzen moralischen Daseins." Höheres
Lob konnte sie ihm nicht zollen, als indem sie ihn, der jeden inneren
Fortschritt schwer errungener Einsicht und gutem Willen verdankte, in
ethischer Beziehung höher wertete, als sich selber, die mühelos ihre
Vollnatur walten lassen durfte. — An Frau von Grotthuß aber
schrieb sie: „Varnhagen ist russischer Hauptmann beim General Tetten=
born; lebt nur ·in mir und sagt's der ganzen Welt. Wie er's mir
zeigt und sagt, sollst Du aus seinen Briefen sehen, von mir hören;
und wie er sich geändert hat und vervollkommnet, selbst beurteilen.
Läßt mir Gott dies Glück, einen solchen Freund zu behalten, so
darf ich nicht mehr klagen, wenn auch nur ein Viertel noch von
mir lebt." —

Um diesen Freund nun sollte sie alle Seelenangst dulden, die
liebende Menschen um einander fühlen können. Seit dem 17. Februar
hatte sie von ihm keinen Brief mehr erhalten; der letzte war noch in
Trier, auf deutschem Boden, geschrieben. Es folgten jene Wochen, in
denen sich die Tettenbornsche Truppe, von jeder Verbindung mit der
Heimat abgeschnitten, mit Napoleon in der Champagne herumschlug.
Endlich am 10. April konnte Varnhagen ein Lebenszeichen nach Prag
abgehen lassen, aber dieses gelangte erst Anfang Mai in Rahels
Hände. Sie hatte sich, wenn auch nicht frei von Besorgnis, inzwischen
wacker gehalten; sie kannte den unregelmäßigen und stockenden Posten=
gang in Kriegsläuften und war auf unberechenbare Dinge vorbereitet.
Da erfährt sie am 15. April im Theater: süddeutsche Zeitungen
hätten berichtet, Tettenborn sei leicht, einer seiner Adjutanten schwer
am Kopfe verwundet worden. Eine gräßliche Angst packt sie: wenn
Varnhagen es wäre! Sie will Gewißheit um jeden Preis! Sie
schickt sofort kurze, bringende, flehende Briefe an Tettenborn und
Pfuel nach Paris, an Gentz nach Wien, an ihre Geschwister und
Bekannten nach Berlin; sie alarmiert alle Welt. Jammernd durchirrt
sie, die kaum Genesene, die Stadt und forscht ruhelos nach Nachrichten

aus Paris. Sie geht ins Theater, um ihre Gedanken abzulenken: im Dunkel der Loge taucht ihr das blutbefleckte Bild des Prinzen Louis Ferdinand auf und das von Marwitz, der, wie sie erfahren, abermals verwundet wurde und vermißt wird. (Er kehrte in der That aus diesem Feldzuge nicht zurück.) „Soll jeder deutsche Krieg mir solche Freunde kosten?" klagt ihre Seele.. „Nun hat die Welt den Frieden; ich nicht. Gott reicht es mir; ich bin still . . ." Trotz des persönlichen Unglücks nimmt sie mit ganzem Herzen teil an der allgemeinen großen Freude über den Sieg der Verbündeten, den Einzug der Fürsten und Völker in Paris. „O, ich fühle alles in meiner Not. Gott schickt sie mir. Er hat gewiß recht. Ich küsse das Kreuz . . ."

Endlich, nach zehn bangen Tagen die erlösende Nachricht, daß Varnhagen lebe! Gentz erwies Rahel diesen Liebesdienst; er sandte ihr einen Ausschnitt aus einem Briefe Pilats aus Paris, der die von Gentz rot unterstrichenen Worte enthielt: „Varnhagen war bei mir." — „Ich kann wohl sagen, die ganze Hölle floh aus meinem Busen," schrieb Rahel. „Nun hab' ich auch Frieden, dieser Zettel ist meine weiße Fahne. Sage Pilat, er hätte gewiß nicht geglaubt, als er die Worte schrieb, daß sie einem Menschen das Leben retten würden. Der Mensch weiß nichts! Sag ihm, ich würde mir ein kleines Medaillon von Glas kaufen und den Zettel auf meiner Brust tragen." Und den Ihrigen in Berlin schrieb sie: „Liebe Kinder, ich bin erlöst! . . . Wenn ich auskönnte im Regen, führ' ich, die Erde zu küssen!"

Wider seinen Willen wurde Varnhagen noch fast drei Monate in Paris festgehalten. Seine Position nach dem Friedensschlusse war nicht ungünstig. Er hatte den schwedischen Schwertorden erhalten und war auch sonst ausgezeichnet worden; sein General schätzte ihn äußerst und zeigte den lebhaften Wunsch, ihn an sich zu fesseln. Seine schnelle und geschickte Feder, seine Brauchbarkeit in mancherlei Geschäften hatten ihm einen Ruf verschafft. Seine „Geschichte der Hamburger Ereignisse" erntete viel Anerkennung. Der preußische Staatskanzler von Hardenberg versprach ihm aus freien Stücken eine Anstellung im Fache der auswärtigen Angelegenheiten. So waren seine Aussichten in die Zukunft erfreulich; aber leider stand noch alles unsicher. Varnhagen wollte nicht gern ohne Not sein Verhältnis zu Tettenborn lösen, zumal er überzeugt war, daß er — nach seinen Worten — in ihm „noch große Abschnitte seines Lebens zu suchen habe". Auch mochte er nicht mit leeren Hoffnungen und Aussichten zu Rahel zurückkehren. Er mußte also in Paris ausharren und betrachtete den erzwungenen Aufenthalt als eine „lehrreiche Geschichtsübung". Ueber die Rückkehr der Bourbonen, die Reise Napoleons nach Elba, über das Leben und die Stimmung in Paris konnte er Rahel interessante Einzelheiten mitteilen. — Auch schrieb er mancherlei für deutsche Zeitungen.

Endlich im Juni erhielt er von Hardenberg das bestimmte Versprechen, ihn bei der nächsten Vakanz oder bei Errichtung einer neuen Gesandtschaft als Legationssekretär anzustellen. Jetzt konnte er, da auch Tettenborns Geschäfte erledigt waren, leichten Herzens zu seiner Rahel eilen, die ihn schon mit leidenschaftlicher Sehnsucht und Ungeduld in Teplitz erwartete. Nach der langen Entbehrung, nach den Strapazen, Leiden und Schrecken des letzten Jahres genoß das Paar in dem schönen, stillen Thale des Glückes und der Ruhe. „Hier ist es göttlich, liebe Kinder!" schrieb Rahel an Karoline von Woltmann*) in Prag. „Wenn Sie irgend können, Herr von Woltmann, so kommen Sie her. Man sieht hier nichts von der Gesellschaft, und sieht sie kaum von weitem schwindeln. Das Thal ist schöner als je! Vom Krieg keine Spur! Nüsse, Hambutten, Kornblumen; Eichen, Buchen und die tausend Kräuter wühlen wachsend empor; schöner, reicher, üppiger, stiller als sonst, im goldigsten Wetter, welches auf dies Götterthal herunterströmt. — In Prag hatte ich doch keinen Herrn und keinen Bedienten? Hier hab' ich beides. Varnhagen hat einen Bedienten mitgebracht, und da der Herr so gütig gegen mich ist, so ist der Diener entweder davon verführt, oder er verstellt sich aus Furcht und Respekt, und bedient mich. Es ist ein Pariser ... Ich wohne sehr gut. Zwei Zimmer nach einem Platz, Varnhagen zwei hintere nach dem Garten, der voller Rosen ... Berge steige ich schon wie ein Tiroler." — Als Woltmanns eingetroffen waren, berichtete sie an Frau von Grotthuß: „Wir sind sehr fleißig, nämlich Varnhagen und Woltmanns, die mit uns auf demselben Flur wohnen; sie schreiben und lesen viel, haben viel Bücher und Zeitungen; da lese und hör' und red' ich dann ein wenig mit, soviel es die warme Quelle gestattet. Wir machen die ruhigsten, heitersten Spaziergänge; und ich bin stolz, wenn sie sich an der Gegend erfreuen, als hätte ich sie gemacht oder entdeckt und hielte sie so zum Genuß der Freunde in Licht,

---

*) Gattin des Jenenser Historikers Karl Ludwig v. Woltmann, der 1813 nach der Schlacht bei Lützen nach Prag gegangen war.

Schatten, Duft, Grün und Kräuterlaub." Wie glücklich sie an ihres Varnhagen Seite war, zeigen ihre kurz nach der Trennung geschriebenen Briefe. „Weg bin ich aus Teplitz! Aus meinem Götterthal, welches meine Seele beruhigte, heilte. Wo ich mit Dir, August, häuslich in Frieden, immer zusammen, ohne Störung vereinigt lebte und Deine Liebe genoß. O, ich weine bitterlich, mit aufgerissenem Herzen! ... Solche Ruhe, solch Glück, solche Heilung in aller Art erleb' ich nicht wieder; nur sieben Wochen sollt' ich sie haben! Ich wandelte im Thal umher, pflückte Dir einen wilden Strauß, küßte ihn und schicke ihn Dir, Geliebter! O sei er Dir ein Zeichen, alles zu thun, damit wir ja bald wieder zusammen seien! ..." Und in einem zweiten Briefe an den Freund heißt es: „Ich kann dem Allmächtigen gar nicht genug mit erhabenem und reinem Herzen danken — ich meine: mein Herz ist gar nicht erhaben und rein genug zu diesem Dank —, für das Glück Deines Besitzes, Dich gefunden zu haben. O August, welch ein Glücksfall! Solch einen Freund, dem man alles sagen, alles zeigen kann! Dies war mein Ideal."

*　　*　　*

In Teplitz hatten Varnhagen und Rahel den Entschluß baldiger Vermählung gefaßt. Varnhagen hatte sich durch seine Teilnahme am Befreiungskriege und nicht minder durch seine schriftstellerische Thätigkeit einen geachteten Namen geschaffen; seine ökonomische Lage erschien sowohl im Hinblick auf die bevorstehende Anstellung, als auch auf die zu erwartenden Erträge litterarischer Arbeiten gesichert. So durfte er es wagen, sein Schicksal mit dem Rahels zu verbinden.

Ende August reiste er nach Berlin voraus, um Rahels Familie zu benachrichtigen und die zur Vermählung und zu der ihr voraufgehenden Taufe nötigen Schritte einzuleiten; denn Rahel, in ihrem ganzen Denken und Fühlen schon lange mehr Christin als Jüdin, wollte nun auch äußerlich zum Christentum übertreten. Nach Besorgung dieser Geschäfte und nochmaliger Rücksprache mit dem Staatskanzler eilte Varnhagen weiter nach Hamburg, um hier — wie es scheint, im Interesse und Auftrage des Generals von Tettenborn — eine wichtige Angelegenheit zu ordnen. Rahel traf am 5. September von Dresden in Berlin ein und stieg bei ihrem Bruder Moritz ab. Unendlich freute es sie, daß ihre ganze Familie ihren Entschluß billigte und herzlich an ihrem Glücke teilnahm; das söhnte sie völlig mit ihren Brüdern aus. Nun gab es mancherlei zu besorgen: „Unser ganzes

Glück, unsere Liebe", schrieb sie dem Verlobten, „wird jetzt auf dem bürgerlichen Amboß bereitet, und alles muß eine geschäftliche Form annehmen; und also hat Dir der alte Volontär Rahel lauter Geschäfte zu referieren" ... Treulich halfen ihr die Brüder und Freunde, unauffällig die nötigen Anstalten zu treffen. Nur Freude und Vertrauen füllte Rahels Brust, wenn sie in diesen Tagen inmitten des Trubels an ihre Zukunft an Varnhagens Seite dachte. „Ich hätte wohl aus Wohlgefallen und Liebe Urquijo oder Finkenstein geheiratet; aber bei keinem Menschen wäre mir bei der Heirat so ganz gut, ganz sorglos, ganz unbefangen zu Mute gewesen, als mit Dir. Kein Gedänkchen von Besorgnis! Es ist ein durchaus vergnügliches Evenement, und es wird eine äußere angenehme, und innen gar keine Veränderung machen ... Unsere Denkungsart, unsere Freiheit, unser Uebereinstimmen! All mein voriges Elend verliert sich in Deiner Freundschaft, in ihrer Sicherheit und Approbation. Lieber August, ich will Dich nie stören, und fürchte es auch nicht von Dir. Das ist die größte Ehre, die ich Dir anthue." — Er aber scherzte in seinen Hamburger Briefen: „Das wird eine schlechte Ehe geben! Mir durchschaubert's die Gebeine mit Angst und Schrecken, Dich als gehorsame Gattin, mich als philisterhaften Eheherrn zu denken. Weißt Du was, wir wollen es ignorieren, daß wir verheiratet sind, so bleiben wir ungeschiedene Leute ... Du weißt doch, Rahel, ich heirate? — Wen, darf ich noch nicht sagen; aber schon vor der Hochzeit taufen, das ist zu arg! — Eine liebe Friederike*) wird es sein, ich küsse sie unzähligemal!"

Am 27. September 1814 wurde in Berlin Taufe und Vermählung in aller Stille vollzogen. 43 Jahre zählte Rahel, als Varnhagen sie vor den Altar führte; er selbst hatte das 30. noch nicht vollendet. — In heimlichem Zagen vor dem unerhörten Glück stand er an der Geliebten Seite; nur leise und beklommen kam das Ja über seine Lippen, und zitternd umschloß seine Hand die ihre. Das war, wie er ihr ein Jahr später sagte, „der glücklichste Tag meines Lebens; da hatte der Himmel alle Gnade und Segen aufgethan, dessen Möglichkeit die Erde für mich zuläßt."

---

*) Sie erhielt in der Taufe die Namen: Antonie Friederike.

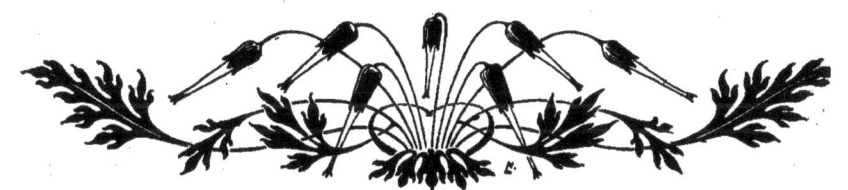

Neuntes Kapitel.

Frau von Varnhagen.

(1814—1819.)

Nicht lange sollten die Neuvermählten sich des Glückes der endlichen Vereinigung freuen. Schon Anfang Oktober 1814 mußte Varnhagen auf Befehl des preußischen Staatskanzlers schleunigst nach Wien reisen, um als Mitglied des diplomatischen Korps an den Kongreßarbeiten teilzunehmen. Am 11. langte er mit Tettenborn in Wien an und stieg im Gasthofe zur „Kaiserin von Oesterreich" ab. Herzbewegend klagte die Strohwitwe, daß sie den Gatten so bald habe hergeben müssen. Ein Anfall ihrer alten Krankheit bereitete ihr bange Sorge; schon sah sie sich für den ganzen Winter in Berlin festgehalten. Doch erholte sie sich bald und konnte am 20. Oktober ihrem Manne folgen. Von Prag aus, wo sie Rast machte, um die alten Freunde zu besuchen, schrieb sie an Varnhagen: „Es hat eine Bedeutung, daß die Frau des Mannes Namen annimmt; ich fühle sie. Ladet sich der Mensch durch die Ehe zwei Persönlichkeiten in Glück und Unglück auf, so muß der eine ja in süßer Thätigkeit, rastlos wie das Herz schlägt, unbewußt ewig für den andern arbeiten. So ist mir, August. Dabei lieb' und schätz' ich Dich und bin beschämt über Deine Liebe. Wie freut es mich also, daß mir die Leute wohlwollen und Du Freunde von mir in Wien fandest. Ich zittere immer, daß ich nicht hübsch bin, und man Deine Wahl mißbilligen könnte . . ." Sogar eitel machte das Glück die alte Rahel! —

Gegen Ende Oktober kam sie glücklich in Wien an, von Varnhagen mit Freuden empfangen. Der große Mangel an geeigneten Quartieren machte zuerst ein getrenntes Wohnen notwendig: Varnhagen blieb in seinem Gasthofe, Rahel fand eine Zuflucht im Savoyischen

Damenstift. Nach einiger Zeit konnten sie eine leibliche gemeinsame Wohnung beziehen, und während Rahel sich durch die Enge und Un= bequemlichkeit nicht wenig geniert fühlte, empfand der Gatte das Zu= sammenleben mit der geliebten Frau als ein so großes „heimisches Glück", daß er gern eingewilligt hätte, „für immer so zu bleiben".

Wien bot vom Herbst 1814 bis in den Sommer 1815 hinein ein höchst lebensvolles und prächtiges Bild. Die Fürsten Europas hatten sich mit einem glänzenden Gefolge von Staatsmännern, Hof= leuten und Militärs eingefunden; es war die zahlreichste und prunkendste Versammlung, welche die Welt seit dem großen Kostnitzer Kirchentage gesehen hatte. Der eigentliche Zweck des Kongresses: die Erledigung der schwierigsten Fragen des Völkerrechts, die Ordnung und Entwirrung der durch die Kriege herbeigeführten Verwickelungen, schien vollständig in den Hintergrund zu treten vor dem ununterbrochenen Festtrubel dieses großen Fürstenbacchanals. Ein Fest drängte das andere, und die triviale Gedankenlosigkeit des damaligen Wien drückte den Ver= gnügungen den Stempel auf. Diese Praterfahrten zu Wagen und zu Schlitten, diese Bälle und Maskeraden, diese Spielpartien und end= losen Schmausereien trugen das Gepräge trostloser Flachheit und ent= sprangen einzig dem Bedürfnis, die Langeweile zu vertreiben. Ein Scherzwort des alten Fürsten von Ligne, wie jenes berühmte: „Le congrès danse bien, mais il ne marche pas," das so glücklich die Situation bezeichnete; eine Skandalgeschichte von Metternich, dem großen Verehrer weiblichen Geschlechts; oder „ein Urteilsspruch jenes hohen Gerichtshofes der Feinschmeckerei, der an Talleyrands Tafel den Käse von Brie feierlich zum König des Käsegeschlechtes ausrief — das waren Silberblicke in dieser ungeheuren Fadheit".

Wie sich denken läßt, konnte Rahel diesen Freuden keinen Ge= schmack abgewinnen; auch gestattete ihr die geschwächte Gesundheit nur selten die Teilnahme an geräuschvollen Festen. Hin und wieder ver= kehrte sie im gastfreien Hause des Bankiers Arnstein; oder sie nahm mit ihrem Manne an einer jener feinen, auserlesenen Gastereien teil, zu denen bisweilen Gentz die Blüte der Gesellschaft bei sich vereinigte. Ueber ein Diner bei dem Staatskanzler von Hardenberg plaudert sie folgendermaßen: „Beim Kanzler speisten gestern zweiunddreißig Personen, vier Damen mit mir. Der Kanzler macht auf die rein menschlichste Art die Honneurs, und so sehr wie ein guter Mann, daß wenigstens Gemüter wie ich ihn lieben müssen und gleich mit ihm bekannt sein werden. Er dauerte mich schmerzhaft [seiner Taubheit wegen] unter den Zweiundbreißig, wie der selige Onkel. Aber er steht hoch in Betragen und Sein und der gebildetsten Lebensart. Ich kann mit Tauben nicht sprechen; so viel meine Unfähigkeit es zuließ, that ich's doch, auf die ungezwungenste Weise. Es ist Mitleid! Weil er sehr Konversation liebt und weit hinhorchte, wo Humboldt neben Varnhagen schrie und lachte. Auf der andern Seite hatte Varnhagen Stägemann, Schöler, Grolman, Bartholdy. Graf Flemming ganz unten. Kein Rang, kein Stand. Jahn, auf den ich so neugierig war, war mit krottierten Stiefeln, einer Mütze und ohne Halstuch da, im alten Ueberrock. Alle waren sehr gut mit ihm. Minister Bülow, mein Nachbar, mußte mir ihn zeigen ... Humboldt versicherte mich, wie Don Juan, nach Tische seiner Liebe. Er liebe mich immer: sehen könne er mich nur nicht, weil ich immer alles thäte, was er nicht leiden könnte; er will mir ein Diner geben; ich soll die Personen nennen, also als Königin. Ich sagte, er soll mich weniger lieben und mich besuchen: dann wolle ich die Personen nennen. Der Kanzler examinierte mich sehr; wie ein kluger Mann, der das Theater liebt ...“

Hielt sich also Rahel von dem lauten Treiben der großen Welt fern, so konnte es doch nicht fehlen, daß sie selbst unwillkürlich der Mittelpunkt einer anregenden Geselligkeit wurde, in der natürlich die preußischen Landsleute am zahlreichsten vertreten waren; doch nahmen auch Oesterreicher, Franzosen, Italiener, Russen, sowie ein paar Engländer an den Zusammenkünften teil. Die Gespräche, versichert Varnhagen, hätten oft, zwar gegen den Willen der Wirtin, den Charakter strenger Verhandlungen angenommen, und manche wohlgesetzte Beweisführung, manches glückliche Bonmot, die diesem Kreise entstammten, seien alsdann in Zeitungen und amtlichen Konferenzen wieder aufgetaucht.

Wer, angewidert von der schalen Nichtigkeit der geselligen Freuden, nach feineren Genüssen ausschaute, fand in Wien wohl seine Rechnung. Nur waren Malereien, Bildwerke und andere Kunstsachen dem Publikum noch wenig zugänglich gemacht, und es bedurfte eines gewissen Spürsinnes, um sie in den kaiserlichen oder in Privat-Sammlungen zu entdecken. So zeigte der Herzog Karl August von Weimar dem Varnhagenschen Ehepaar die Schätze der von ihm aufgestöberten Ambraser Sammlung, bestehend aus Waffen, Kunstwerken und Kostbarkeiten; u. a. fand sich hier das aus Goethes Uebersetzung des Cellini bekannte, berühmte Salzfaß des florentinischen Meisters, das man bisher

verloren geglaubt hatte; triumphierend konnte der Herzog Goethe mel=
den, das Kleinod sei gefunden. — An musikalischen Genüssen war kein
Mangel; und daß Rahel an der Blüte des Wiener Theaters nicht
achtlos vorüberging, ist selbstverständlich. —

Doch auch der Politik schenkte sie Aufmerksamkeit und folgte mit
Spannung den Verhandlungen des Kongresses. Eine der schwierigsten
Fragen der Gebietsverteilung und bald der einzige ernsthafte Streit=
punkt zwischen den Mächten war die von Preußen geforderte Abtretung
des ganzen Königreichs Sachsen, dessen König im Befreiungskriege die
allgemeine Sache der Nation verraten und an Napoleons Seite ge=
fochten hatte. In dieser Angelegenheit standen Oesterreich, England,
Frankreich und die deutschen Kleinstaaten, die noch immer in der
Schwächung Preußens ihren Vorteil erblickten, einmütig gegen Preußen;
nur Rußland unterstützte dessen Forderungen. Es schien von höchster
Wichtigkeit, durch die Presse die öffentliche Meinung zu Gunsten
Preußens zu beeinflussen, und Hardenberg beauftragte Varn=
hagen, eine Denkschrift zu verfassen, welche die offizielle preußische
Auffassung der Sachlage in gemäßigter und frischer Sprache vortrüge;
der Kanzler ließ durchblicken: wenn er Varnhagen mit dieser Arbeit
betraue, so geschehe es hauptsächlich auf den Rat des Ministers
vom Stein, der darauf bringe, daß keine andere als seine Feder
hier verwendet werde. Von Hardenberg und Stein gründlich in die
Angelegenheit eingeweiht, arbeitete er die Denkschrift aus, zur vollen
Zufriedenheit seines Chefs, der sie selbst Cotta zur Drucklegung über=
gab. — Auf den Gang der Verhandlungen selbst konnten weder Varn=
hagens, noch einige andere Flugschriften über dieselbe Materie irgend=
welchen Einfluß ausüben. Die Meinungsverschiedenheit zwischen den
Mächten spitzte sich dermaßen zu, und die gegenseitige Erbitterung nahm
einen so drohenden Charakter an, daß — um Neujahr 1815 — der
Ausbruch von Feindseligkeiten nahe bevorstand; da lenkte Preußen ein
und begnügte sich schließlich mit der Hälfte Sachsens.

Neben der sächsischen Frage stand in erster Linie die Teilung
Polens; Rahel hatte nicht so unrecht, wenn sie den diplomatischen
Tauschhandel einem Damspiel verglich —: „Ziehst du so, so zieh' ich
so! und ziehst du so, so zieh' ich so! Sachsen—Polen! So steht das
Spiel, solang ich hier bin". Ueber den Schneckengang der Verhand=
lungen machte sie, wie alle Welt, sich lustig. Nach dem Tode ihres
alten Verehrers, des Fürsten von Ligne — er hatte kurz vor seinem
Ende scherzend verheißen, er werde dem Kongreß, der sich in Schau=

spielen aller Art schon ersättigt, nun doch noch ein neues bereiten: das Leichenbegängnis eines österreichischen Feldmarschalls, — bemerkte Rahel: „Obgleich be Ligne bei den Vätern ist, so kann der Kongreß nicht aus dem Walzen ins Gehen kommen. Major von Hedemann wollte gestern wetten, in sechs Wochen seien sie zu Hause; aber ich glaube keinem Menschen mehr, weil alle jetzt nichts wissen." — „Nun weiß ich, was ein Kongreß ist," ruft sie witzig aus: „eine große Gesellschaft, die vor lauter Amüsement nicht scheiden kann. Das ist doch gewiß Neues. Und ohne Spaß: es muß recht schwer sein, einen Kongreß zu halten und zu enden! Eine Welt einzurichten! — Dies machte ja Hamlet schon melancholisch." — Ein andermal vergleicht sie den Kongreß einem „auf chaotisch=wogendem Meer schwimmenden Olymp": jeder suche höher hinauf auf das „vergüldete Gerüst" zu kommen und werde doch jeden Augenblick auf einen andern Platz gespült.

Am 7. März 1815 fuhr in den lauen Gang der Kongreßver= handlungen und in das geräuschvolle Festtreiben der großen Gesellschaft wie ein Blitz aus heiterm Himmel die Nachricht: Napoleon habe Elba verlassen und kehre nach Frankreich zurück. Und als dann die Kunde kam, daß er an der Spitze seiner alten Armee sich Frankreichs bemächtigt und die Bourbonen vertrieben habe, war die Verwirrung in Wien unbeschreiblich. „Heute sind alle Menschen," berichtete am 28. März Rahel nach Hause, „Männer und Frauen, alle, die sonst Mut haben, viel erschrockener als ich. Die Umsichtigen gestehen frei heraus, daß sie gar nicht mehr sehen, was daraus werden kann. Hier, wo man ganz Deutschland bei einander sieht, sieht man recht, wie auseinander es ist ... Das Resultat ist eine weit um sich greifende und tief gewurzelte Verwirrung" ... „Schlimm, abscheulich, daß wir jetzt nicht ein Volk sind, wie die Franzosen!" klagt sie. „Die Sprache allein macht es nicht: man muß wissen, daß man unter einer Re= gierung, unter denselben Gesetzen steht, und daß nicht nach Sieg und Krieg der Bettelstreit um die Grenzeinrichtung und um Mein und Dein wieder losgeht. Deutschland ist nur das Deutschland, wovon man jetzt spricht, wenn es unter einem Hut lebt. Dies allein macht Frankreich zu etwas, uns gegenüber ..."

Napoleons Schilderhebung hatte wenigstens den Erfolg, daß sie das Tempo der Verhandlungen beschleunigte. Dennoch kam erst am 8. Juni die deutsche Bundesakte zu stande, und der Kongreß wurde geschlossen. Inzwischen hatten sich die Heere der Verbündeten unab= lässig gegen den Rhein und die Niederlande in Bewegung gesetzt; in

Belgien sammelte **Wellington** seine Streitkräfte, **Blücher** in näch=
ster Nähe die preußischen. Viele der bisher in Wien vereinigten Fürsten,
Staatsmänner und Generale waren in ihre Heimat oder zur Armee
geeilt. Endlich verließen auch die großen Herrscher Wien, um dem=
nächst im Feldlager wieder zusammenzutreffen.

Auch für Varnhagen und Rahel rückte die Stunde des Scheidens
näher. Sie verlebten, heiter den beginnenden Sommer genießend, die
letzten Wochen in der schönen Umgebung Wiens, im Augarten, auf dem
Kallenberg, in Weibling, oft allein, zuweilen in Begleitung eines rei=
zenden Wiener Kindes, das Rahel ins Herz geschlossen hatte. Als dann
Varnhagen Befehl erhielt, dem Staatskanzler nach Berlin und dem=
nächst in das Hauptquartier zu folgen, wurde vereinbart, daß Rahel
die Wendung der Dinge in dem sichern Wien abwarten solle; und so
nahm sie die dringende Einladung der Frau von **Arnstein**, für den
Sommer ihr Gast zu sein, gern an. Am 11. Juni reiste ihr Gatte
mit dem Geheimen Staatsrat **Stägemann** von Wien ab.

Rahel verlebte zunächst in **Baden** bei Wien einige schöne Sommer=
wochen in der Arnsteinschen Familie. Spaziergänge und Ausflüge,
Diners, Musik, Theater, Lektüre füllten den Tag aus. Die warmen
Bäder bekamen Rahel nicht sonderlich; die ungeheure Erregbarkeit ihrer
Nerven — der Arzt versicherte, eine solche Reizbarkeit nie gesehen zu
haben — lehnte sich gegen jede angreifende Kur auf. „Ich kann nur
selten baden," schrieb sie im Juli ihrem Manne, „weil mir das Blut
davon in die Brust steigt; auch war das Wetter dergestalt, daß man
keine halbe Stunde zum Gehen finden konnte und ich das Baden in
so großen Pausen trieb, daß ich vorgestern erst mein elftes Bad nahm.
Ich bin aber nicht unwohl und viel gesünder als in Wien. Sehr
lustig und die Unterhaltung des ganzen Hauses und all seiner Gäste,
in deren Gegenwart es nur möglich ist, mit der Sprache zu präludieren!
Mein ganzes Thun, Dasein und Aeußern amüsiert ununterbrochen, bis
zum Lachen und Denken. Und das bloß, weil ich wahrhaft und selbst=
meinend bin . . ."

Die beste Labe reichten ihrer Seele Varnhagens „Liebesbriefe" —:
so geliebt und verehrt zu werden, sei „ein Glück zum Knieen"; und
sie danke Gott für „diese Erhellung nach dem unleidlichen Schmerz,
nach dem Verschmachten". Auch ihn begleitet in Berlin Rahels An=
denken auf Schritt und Tritt. Da zieht es ihn zu später Nachtstunde
in die Jägerstraße nach dem alten Levinschen Hause; lange wandelt er
auf und ab und sieht empor zu dem wohlbekannten Dachstübchen und

denkt voll schmerzlicher Seligkeit der glücklichen Stunden, die er dort oben verlebte, und es ist ihm, als müßte seine Rahel an dem kleinen Fenster erscheinen und ihm zunicken wie einst. Oder, wenn er durch den Tiergarten schreitet, fällt ihm ein, wie sie ihr stürmisch schlagendes Herz einst hinausgetragen in die träumende Stille und diesen Bäumen ihr Leid anvertraut hatte, lange, bevor sie ihn kannte. „So trifft jeder Baum, jedes Haus, jede Stelle hier mich nur immer mit demselben Strahl des Andenkens. Und meine eigenen, abgesonderten Erinnerungen schwinden mir ganz hinweg, ich denke nur an die Zeiten, die ich mit Dir verlebt, und an die, welche Du vor unserer Bekanntschaft er= fahren."

Sein Aufenthalt in Berlin dauerte nur wenige Tage. Die glück= liche Entscheidung des Krieges durch die Schlacht bei Waterloo (18. Juni 1815), die Einnahme von Paris (Anfang Juli) beschleunigten die Abreise des Staatskanzlers. Schon am 4. Juli brach Varnhagen mit Stägemann und anderen Herren des Gefolges von Berlin auf; um die Mitte des Monats trafen sie in Paris ein. Rahel reiste, da jetzt kriegerische Verwickelungen nicht mehr zu befürchten waren, im August nach Frankfurt a. M., wohin ihr Mann nach dem Friedens= schlusse zu kommen versprochen hatte. Der preußische Gesandte, Frei= herr von Otterstedt, empfing sie und nahm sich ihrer an.

In diese Frankfurter Zeit fällt Rahels zweite persönliche Be= gegnung mit Goethe. Der Dichter verlebte vom 12. August bis 18. September 1815 in der Familie des Geheimrats von Willemer auf dessen schönem Landgut, der sogenannten „Gerbermühle", in der Nähe von Frankfurt sonnige Tage. Otterstedt ermunterte Rahel, Goethe zu besuchen; sie mochte nicht, es ging ihr gegen das Gefühl. „Un= schuldig, unbekannt kann ich doch nicht mehr zu ihm treten," schrieb sie ihrem Manne. „Goethe muß ich anders, natürlich sehen. Du weißt, im Leben hab' ich noch keine Bekanntschaft gesucht, als eine, der mehr an mir, als mir an ihr liegen mußte. Man steht sonst zu dumm da; was sollt' ich Goethen sagen? Ich habe Unendliches von ihm gehabt; er nicht von mir. Und so laß' ich es denn."

Der Zufall mußte der Bescheidenen zu Hilfe kommen. Am 20. Aug. machte sie in Gesellschaft einen Ausflug in die Umgegend von Frank= furt; nach dem Kaffee spazierte man in hellem Sonnenschein nach dem Dorfe Niederrad. „Fröhlich, zerstreut im Gespräch, gehen wir hin," erzählt Rahel noch ganz unter dem Eindruck des Erlebnisses. „Wenig Menschen gehen hin und wieder. Ein niedriger halber Wagen mit einem Bedienten fährt im langsamsten Schritt daher; ein Herr fährt vom Bock, drei Damen in Trauer sitzen drin. Ich seh' in den Wagen und sehe Goethen! Der Schreck, die Freude machen mich zum Wilden; ich schrei' mit der größten Kraft und Eile: ‚Da ist Goethe!' — Goethe lacht, die Damen lachen, ich aber packe die Vallentin, und wir rennen dem Wagen voraus und kehren um und sehen ihn noch einmal. Er lächelte sehr wohlgefällig, beschaute uns sehr und hielt sich Kräuter vor die Nase, das Lächeln und das Wohlwollen uns, aber besonders seiner Gesellschaft, zu verbergen. Der Wagen hält endlich ganz, der Herr vom Bock wendet sich und sagt: „Das ist der Schwan!" Näm= lich das Wirtshaus, von welchem Goethe schreibt, dort [in der Jugend] immer eingekehrt zu sein. Also auch Goethe ging heute in seine Jugend wallfahrten, und ich, Deine Rahel, trifft ihn, macht ihm eine Art Scene, greift ein in sein Leben. Dies ist mir lieber, als alles Vor= stellen, alles Kennenlernen. — Als er vorbei war, zitterten mir Kniee und Glieder mehr als eine halbe Stunde. Und laut und wie rasend dankte ich Gott in seine Abendsonne hinein …"

Doch auch jetzt konnte sie sich nicht überwinden, ihrem geliebten Dichter einen Besuch abzustatten. Endlich entschloß sie sich, ihm in Varnhagens Namen ein kurzes Billet zu schreiben: nichts, als die An= frage, ob er ein ihm vor längerer Zeit von Varnhagen übersandtes Paket Schriften richtig empfangen habe. Drei Tage darauf, am 8. September, als Rahel, um ihre Augen zu schonen, später als ge= wöhnlich aufgestanden war und eben Toilette machte, wurde ihr Goethe gemeldet. „Ich lasse ihn eintreten," berichtete sie ihrem Manne, „und nur so lange warten, als man Zeit braucht, einen Ueberrock über= zuknöpfen; es war ein schwarzer Wattenrock; und so trete ich vor ihn. Mich opfernd, um ihn nicht einen Moment warten zu lassen. Dies nur blieb mir von Besinnung. Auch entschuldige ich mich nicht, sondern danke ihm. ‚Ich dank' Ihnen!' sagte ich, und meinte, er müsse wissen, wofür? —: Daß er kam! Entschuldige mich nicht; denn ich meine, er muß wissen, daß ich ganz schwinde, und nur er berücksichtigt wird. Dies — leider! — war die erste Bewegung meines Herzens. Nun denk' ich in heftigster, ja komischer, quälender Reue anders." Denn jetzt, da sie vor ihm stand und seinen Blick auf sich ruhen sah, kam ihr — wie das natürlich und echt weiblich — plötz= lich das Bewußtsein ihrer ungraziösen äußeren Erscheinung und machte sie befangen. Goethe war, wie gewöhnlich, gemessen; das Gespräch drehte sich um die nächstliegenden Dinge und wollte keinen rechten

Goethe.

Nach Originalphotographie des im Goethe=National=Museum zu Weimar befindlichen Ölgemäldes von Heinrich Kolbe.

Aufschwung nehmen. „Im ganzen war er wie der vornehmste Fürst, aber wie ein äußerst guter Mann, voller aisance, aber Persönlich= keiten ablehnend. Er ging sehr bald. Ich konnte ihm nicht von der Pereira, nicht von der Grotthuß, von nichts sprechen. Nur ganz zu Anfang sagte ich ihm: ‚Ich war es, die Ihnen in Niederrad nach= schrie; ich war mit Fremden dort, eben weil Sie davon [in „Dich= tung und Wahrheit"] gesprochen hatten; ich war zu überrascht.' Er ließ dies ganz durch. Es war mir recht. Ich fühle, daß ich mich im ganzen so betragen habe, wie damals in Karlsbad. Mit der haftigen Thätigkeit: lange mein schönes, stilles, bescheidenes Herz nicht gezeigt. Aber wenn man einen nach so langjähriger Liebe und Leben und Beten nur einen Moment zu sehen bekommt, dann ist es so. Und mein Negligé, mein Gefühl von Ungrazie brachte mich ganz darnieder. — Goethe hat mir für ewig den Ritterschlag gegeben; kein Olympier könnte mich mehr ehren! Nun höre ganz, wie lächerlich ich bin. Als er weg war, zog ich mich sehr schön an, als wollt' ich's nachholen, redressieren! Ein schönes weißes Kleid mit hohem Kragen, eine Spitzenhaube, einen Kantenschleier, den Moskauer Shawl: schrieb Frau von Busch, ob sie mich sehen will; ich wollte doch einem andern würdig erscheinen … Nun will ich Dir, wie Prinz Louis mir, sagen: Nun bin ich Ihnen unter Brüdern zehntausend Thaler mehr wert: Goethe war bei mir!" —

Es ist die ganze Rahel, die uns in diesem reizenden Erlebnis entgegentritt! Wie offenbart sich hier ihre tiefe, demütige Ehrfurcht vor dem Genie, ihre großartige Verachtung allen Scheins. Es ist in der That ein Akt hoher weiblicher Selbstverleugnung, daß sie nach zwanzigjährigem Harren, nach einem Leben voll Verehrung und Be= wunderung, Goethe lieber in halber Toilette empfängt, als ihn nur fünf Minuten warten zu lassen.

*   *   *

Inzwischen hatte es sich herausgestellt, daß der Aufenthalt des Kanzlers und seines Gefolges in Paris sich auf Monate hinaus ver= längern würde. Sofort bei der Einleitung der Friedensverhandlungen war der mit Mühe verhaltene Zwist der Verbündeten aufs neue her= vorgebrochen. Preußen, das energisch auf größere Gebietsabtretungen zur Schwächung der französischen Ostgrenze drang, hatte in dieser Frage nicht nur England und Oesterreich, sondern auch Rußland gegen sich. Die Verhandlungen, mit aller Zähigkeit und tiefer Erbitterung geführt,

schleppten sich enblos hin. Varnhagen hatte den preußischen Stand=
punkt in der Presse zu vertreten; fast jeder Courier aus Paris über=
mittelte den Berliner Zeitungen Artikel aus seiner Feder. „Hier ist alles
durcheinander gewirrt", berichtete er seiner Rahel, „und niemand weiß,
woran er ist; daß die Koalition der Mächte noch fortdauert, sieht man
höchstens daraus, daß ihre Truppen noch nicht aufeinander schießen;
denn sonst besteht der größte Haß, der sich mit wütender Ereiferung
besonders auf die Preußen wirft, die ihm aber auch am meisten ge=
wachsen sind ... In diplomatischen Karren lassen sich die Geschäfte
der Staaten nun bald nicht länger fortschieben, das hast du denn richtig
prophezeit! Sie meinen hier die Revolution zu beendigen mit der Rück=
kehr zur sogenannten Legitimität: ach, arme Kinder, das Werk ist jetzt
anderen Arbeitern übergeben, aus allen Nationen zusammengebrachten,
wenn auch wirklich die Franzosen davon entlassen wären, was ich doch
nicht glaube. Es geht hier, wie in dem Spiel mit dem Ringe an der
Schnur im Kreise: sie suchen die Revolution hier, während sie schon
längst beim Nachbar abgegeben worden" ... Im übrigen gehe alles in
dem stockenden Tempo, an das man vom Kongreß her schon gewöhnt
sei. — Sein durch die Teilnahme an den Ereignissen geschulter Blick
erkannte schon damals die ersten Regungen der politischen Reaktion,
beispielsweise in der mit so viel Aufwand von Edelsinn und unklarer
Gefühlsseligkeit in Scene gesetzten „heiligen Allianz". Doch giebt er
sich keinen pessimistischen Anwandlungen hin: „Mir ist nicht bange!
Die Hauptnot ist überstanden, das war die französische; aus diesen
Stürmen geht eine durch ganz Europa durchgreifende konstitutionelle
Freiheit unwiderstehlich hervor! Angenehm ist es nicht, in die Zeit
solcher Stürme zu treffen; aber was wollen wir machen, müssen wir
nicht die Geschichte weiter bringen, und an dem Werke das thun, was
grade zu dieser Stunde zu thun ist?" —
    Als ein längeres Verweilen in Paris zur Gewißheit wurde, hatte
Varnhagen Rahel bringend eingeladen, nachzukommen: deutsche Frauen,
meinte er, könnten jetzt nichts Vaterländischeres thun, als ihren Männern
in der Fremde ein freundliches Heim zu bereiten; auch die Frauen der
Geheimräte von Stägemann und Jordan seien eingetroffen. Rahel
hätte überaus gern ihres Mannes Wunsch erfüllt; aber wie so oft,
fehlte ihr der Mut zu frischer Entscheidung. Angesichts der unsicheren
und verworrenen Zustände in Frankreich erschien ihr die Reise als ein
Wagnis. Ihr graute vor dem Anblick zerstörter Gegenden, vor dem
Begegnen mit feindlichen Truppen. Und dann: wenn nun die Dinge

eine Wendung nähmen, die, vielleicht nach eben erfolgter glücklicher Ankunft, zu fluchtähnlicher Rückreise nötigte? — Varnhagen wußte am besten, wie übertrieben alle diese Befürchtungen waren; es fiel ihm unendlich schwer, auf Rahels Kommen zu verzichten; dennoch gab er, uneigennützig und nur auf ihr Wohl bedacht, ihr nach. Seine Sehnsucht ward denn auch nicht mehr auf lange Probe gestellt. Im Oktober 1815 gab ihm der Staatskanzler das Versprechen, er solle als preußischer Geschäftsträger in Karlsruhe mit einem Gehalt von 3000 Thalern angestellt werden. Hochbefriedigt von dieser Aussicht, welche eine Unabhängigkeit des Wirkens verhieß, wie er sie sich wünschte, durfte er nach fast fünfmonatlicher Trennung Anfang November nach Deutschland und zu seiner Frau zurückkehren.

Leider konnte von einer Ordnung ihres Lebens und ihrer Verhältnisse vorläufig nicht die Rede sein. Hardenbergs bekannte Unentschiedenheit und Lässigkeit verursachten, daß die offizielle Berufung Varnhagens erst im späten Frühjahr 1815 erfolgte. Varnhagens wußten nichts Besseres zu thun, als zunächst in Frankfurt a. M. zu bleiben. Rahel, die seit ihrer Hochzeit, ja seit der Flucht aus Berlin im Sommer 1813, die Ruhe und das Behagen eines eigenen Heims schmerzlich entbehrt hatte, wollte die neue Lage schier unerträglich dünken. „Die unangenehme, alles Etablieren und Häuslichkeit störende Ungewißheit," schrieb sie (30. Dez. 1815) ihrer Schwester Rose, „hielt mich von Tag zu Tag ab, Dir zu schreiben, weil ich Dir doch auch gerne etwas Gewisses schreiben wollte. Ja, nicht einmal Raum und Muße hatte ich in der letzten Zeit. Diesen Sommer mietete ich, wie ich glaubte, für wenige Wochen, zwei Zimmer, wovon eins eine Kammer ist, für mich, und nun bewohne ich diese, zusammengesperrt mit Varnhagen, Mädchen und Bedienten. Ich, die ewig gut wohnte bei Mama; der Quartier, Lokal alles ist; die ein schlechtes geradezu tötet. Siehst Du! Ich habe kein Glück; denn seit meiner Verheiratung lebe ich so. Immer sur chemin et voie, was mich der Position wegen in der Jugend entzückt hätte, jetzt aber mir ein Greuel ist, der mir Heimat, Asyl, Ruhe und Muße raubt." Sie lebten sehr eingezogen; ihr Verkehr beschränkte sich auf Otterstedts und einige andere Familien. „Mein einziges Erhaltungsmittel jetzt", schrieb sie mißgestimmt an Pauline Wiesel, die Varnhagen 1815 in Paris entdeckt hatte, „ist der Gedanke, daß es doch enden muß, weil nichts ewig ist ... Zu Karlsruhe freue ich mich auch nicht. Ich bin zu alt, zu klug, zu faul, zu garstig, zu arm u. s. w., um noch Vergnügen am Herunterschneien

in einen fremden Ort zu finden. Il me faut mes anciennes con-
naissances, mes souvenirs, mes amis! des locaux superbes,
agréables, des sensations douces, frappantes, amusantes, ohne
Anstrengung, Aerger, Sorge, Zurechtsprechen. Das weiche Element
der Tage soll uns tragen!" — Voll Sehnen richten sich ihre Ge=
danken und Wünsche auf Berlin, auf das alte Berlin ihrer Jugend!
Wie schön das Geständnis, das sie (Febr. 1816) ihrer alten Berliner
Freundin Friederike Liman macht: „Das einzige, dessen ich in
allem Leben, in aller Spekulation gewiß geworden bin, ist, daß mein
Gemüt den Freunden, den ernstgemeinten, den aus frischem Jugend=
herzen geschöpften Erinnerungen treu bleibt. Keine abwendenden Leiden=
schaften konnten meinen innern Ueberzeugungspunkt, das Herz anders
stellen. Ich bin, wir sind, wie wir waren, beim Rathaus, bei der Post,
bei der Seehandlung, dieselben Kinder. Nie, und von keiner Affektation angefressen, im 40. Jahre ... Wenn Du still, einsam in unsern
Straßen gehst," heißt der rührende Schluß des Briefes, „denk' an
mich und bete für mich, daß ich hinkomme, wo ich so viel litt
und lebte und empfand."

Im Juli 1816 endlich trat Varnhagen seinen Posten an. Es
war gut, daß Rahel sich von Karlsruhe, der „elenden, kleinen, ver=
hebberten Hofresidenz", nicht viel versprochen hatte; so erlebte sie wenig=
stens keine allzu große Enttäuschung. Ueber Stadt und Gesellschaft
lag eine Atmosphäre von lähmender Stille und Langeweile ausgebreitet.
Der Hof hielt sich sehr zurückgezogen, ein verarmter Adel, in Hof= und
Staatsämtern dienstbar, saß ungesellig zu Hause und dachte nur auf
Gunst und Vorteil; das Volk zeigte geringe Regsamkeit — alles in
allem ein unerfreuliches, stockendes Leben. Gleichwohl fand sich Varn=
hagen, jung, pflichteifrig und nicht ohne Ehrgeiz, bald in seine Rolle.
Für ihn hatte der Hof, so dürftig und geistlos er sein mochte, nicht
nur den Reiz der Neuheit, sondern auch den viel größeren, daß er ihm
Gegenstand der Beschäftigung war. Er hatte in dieser Sphäre Pflichten
zu erfüllen; er fand auch unter den Diplomaten diesen oder jenen ein=
sichtsvollen Mann, dem er sich freundschaftlich anschließen durfte. Weit
trauriger war Rahels Lage. Sie fühlte sich in den neuen Verhält=
nissen gar nicht zufrieden. Eine geregelte Thätigkeit vermißte sie hier
wie überall. Die Gesellschaft, deren Hauptbestandteil aus den be=
schränkten, dünkelhaften Elementen der Hofkreise gebildet wurde, aus
Menschen, deren Wertmesser einzig der äußere Stand war, mußte ihr
gründlich mißfallen. Dennoch durfte sie sich mit Rücksicht auf die Stel=

lung ihres Mannes nicht von jedem Verkehr ausschließen. Ihr inneres Widerstreben aber ließ sich kaum verbergen. Sie habe in Karlsruhe „nicht eine intime, noch familiäre Frau", klagte sie der Gräfin S ch l a b= r e n d o r f, keinen „aufkeimenden" Menschen, an dem sie Freude und Unterhaltung finde; „keine gesellschaftliche Reibung, die meine Aufmerk= samkeit in Anspruch nähme; keinen großstädtischen Lärm, dem man nur zuzusehen braucht; kein Sichregen der Kunst, durchaus kein Verstehen. Dabei leb' ich in beinah' steter Berührung der hiesigen Gesellschaft, wo es ungefähr und äußerlich so getrieben wird, wie in allen euro= päischen Gesellschaften. Thee, Ball, bal masqué, Diner, Komödie, Assemblee, Ambitionen, Florkleider, Kleinlichkeit u. s. w., völliger Mangel an Witz, Sinn, Scherz, und Tiefsinn und Tiefherz. Darunter ich, mit allen meinen Erinnerungen! ... Die Gesellschaft ist nicht un= freundlich, nicht unzufrieden mit mir. Aber man sieht sich hier durch= aus nicht häuslich wie in Norddeutschland, sondern gebeten, geputzt, mit vielen. Dazu bin ich nicht jung, nicht gesund und nicht reich genug. Hier ist ein Kleiderluxus wie am größten Hof, und überhaupt wie jetzt allenthalben, bei der gespannten Finanznot. Nun ich älter bin, soll ich die Dame vorstellen; nun alle Eitelkeit aus meinem Herzen gemerzt ist."

Sehr drückend empfand sie, daß man sich auf längeres Bleiben nicht mit Sicherheit einrichten durfte; konnte doch Varnhagen täglich auf einen anderen Posten berufen werden: „Staatsdiener sind jetzt Hausierer," spöttelte Rahel. So fehlte das häusliche Behagen, das der kränklichen Frau die Vorbedingung einer erträglichen Existenz war. Man wohnte einigermaßen bequem, aber überaus einfach eingerichtet, fern von jener bescheidenen Eleganz, die Rahel im elterlichen Hause umgeben hatte. Ihre Briefe aus den Jahren 1816 bis 19 sind voll schwermütiger Klagen über ihr „provisorisches" Leben. Allmählich tröstete sie sich mit dem Gedanken, daß die Vergangenheit mit ihren Freuden und Genüssen eben vergangen und nicht mehr zurückzurufen sei: „also sitz' ich und s e h e m e i n e m e i g e n e n L e b e n z u, gewisser= maßen. Ich lebe es nicht; nur ganz innerlich. Ich weiß noch, wozu ich fähig war; und diese Fähigkeit müssen wir doch scheinbar für die eigentlichste Bestimmung halten. Aber es ist nicht so! Wie Blüten fallen wir vom großen unbekannten Winde ab, obgleich wir hätten Frucht werden können ..."

Die einzige Familie in Karlsruhe, mit der Varnhagens intimeren Umgang pflogen, war die des hannöverschen Gesandten v o n R e d e n.

Die Theestunde, welche in diesem Hause norddeutscher Sitte gemäß allabendlich der Pflege einer freien, heiteren Geselligkeit gehörte, wurde
von Rahel und ihrem Gatten selten versäumt. Der Gesandte war ein
alter Staatsdiener aus den Zeiten vor der französischen Revolution,
ein geschworener Feind dieser und all ihrer Errungenschaften, ein
strenger Anhänger alten Rechtes und Herkommens, und so Varnhagens
Denkart in vielen Punkten entgegen. Doch als kenntnisreicher und
liebenswürdiger Mensch verstand er, Widerspruch zu ertragen, und das
Bedürfnis lebhafter Unterhaltung verführte ihn nie zur Einseitigkeit.
Was ihm aber völlig Varnhagens Herz gewann, war seine hohe Wertschätzung Rahels, von deren Wesen er ganz eingenommen war. Frau
von Reden stimmte in dieser Hinsicht mit ihrem Gatten überein; sie
wie ihre Töchter, hochgebildet, gewandt und freundlich, unterstützten und
ergänzten sich glücklich in dem Bestreben, ihren Gästen den Aufenthalt
in ihrem Hause behaglich zu machen. Varnhagen gesteht, daß dieses
Haus ihm und seiner Frau namentlich in der ersten Zeit „eine wahre
Zuflucht" gewesen sei und daß, als Redens im Frühling 1819 nach
Rom übergesiedelt waren, sie sich geradezu vereinsamt gefühlt hätten.
Viele Abende verbrachten sie fortan allein daheim, Varnhagen hochbefriedigt in Rahels Gesellschaft, nur für sie etwas größere Mannigfaltigkeit wünschend.

Rahel hatte von vornherein erklärt, den Hof nicht besuchen zu
wollen; ihre Kränklichkeit gab ihr einen durchaus zureichenden Grund
dafür. Um so merkwürdiger ist es, daß gerade aus den Hofkreisen ihr
ein sehr lieber Verkehr erwuchs. Die Schwester des Großherzogs, die
unvermählte Prinzessin Amalie von Baden, hatte Rahel nur
einigemal zufällig gesehen und wenig mit ihr gesprochen, jedoch bald
eine tiefe Hinneigung zu ihr empfunden. Angewidert von der Oede
und Dürftigkeit des Hofes, von dem Wunsche beseelt, der geistes-
verwandten Frau näher zu treten, durchbrach sie, unter Zustimmung ihrer
Mutter, der alten Markgräfin, alle Regeln der höfischen Etikette, suchte
Rahel auf und bat sie um ihre Freundschaft und ihr Vertrauen. Für
Rahel war dieses unverhoffte Entgegenkommen nicht nur ein freudiges
und wohlthuendes Ereignis, sondern auch ein dauernder Gewinn. Denn
die Prinzessin zeigte sich als eine wahlverwandte Seele, die Rahel in
vielen Stücken Ersatz bot für das, was sie entbehrte; auch öffnete sich
in gemeinsamem Wohlthun den Freundinnen ein Feld erwünschter
Thätigkeit. Daß endlich durch diesen Verkehr Rahels Ansehen in
der Gesellschaft gehoben wurde, machte sich ihr selbst angenehm be-

merkbar. Alle Wünsche und Versuche jedoch, sie förmlich an den Hof zu ziehen, wies Rahel freundlich, aber entschieden zurück. — Welche unbefangene, rein menschliche Haltung sie ihrer hohen Freundin gegenüber bewahrte, zeigt das folgende im Frühling 1818 an die Prinzessin gerichtete Billet: „Daß Ew. Hoheit unwohl sind, ist mir ein wahres Leid; ich komme aber nun um so lieber, da ich Ihnen wirklich einiger Trost zu sein hoffe. Ich kann über den Hergang des gestrigen Ereignisses genau berichten: wenn ich auch mehr von einer Sache weiß, als ich von ihr sehe, so glaube ich doch deshalb nie, daß ich mehr von ihr sehe, als sie wirklich zeigt. Und mein Sinn läßt sich durch nichts befangen! Frau von Schlegel sagte mir einmal in Frankfurt: wenn ich nach Karlsruhe käme und Jung=Stilling sähe, müsse ich ihr etwas über ihn schreiben, aber ganz naiv, so wie ich ihn fände. ‚Ganz naiv, gewiß,‘ antwortete ich, ‚ich kann dies versprechen, und es wird doch naiv werden.‘ Schon von fern, und noch schüchtern, edle Freundin, hat Ihr reiner hoher Sinn gleich klar in mein Inneres geblickt; Sie werden so fortfahren, und immer mehr bestätigt finden, was Sie voraussetzten, und auch immer weniger, was andere mir andichten.“ —

Je schmerzlicher Rahel ihren alten schönen Umgangskreis entbehrte, um so freudiger wurde jeder liebe Besuch von Verwandten und Freunden willkommen geheißen. Von ihren Geschwistern sah sie am häufigsten Ludwig Robert, der damals in Süddeutschland ein freies, schönes Dichterleben führte und oft Karlsruhe und Baden besuchte. Mochte er auch nicht in jedem Punkte mit ihr und ihrem Gatten harmonieren, so war doch seine Nähe der Schwester ein Trost und eine Freude. — Im Sommer 1817 traf Rahel mit der Familie ihres ältesten Bruders Markus in Heidelberg zusammen. Mit Wohlgefallen erzählte sie Varnhagen von ihren Nichten Hanne und Fanny, die inzwischen zu lieblichen Jungfrauen erblüht waren. Nach einigen Tagen traulichen Zusammenlebens reiste Markus mit seiner Frau und jüngeren Tochter nach Ems; Hanne wurde von ihrer Tante nach Baden entführt. Als dann die Emser Kur beendet war, begaben sich auch die Eltern nach Baden, und es war nun ein Fest für Rahel, ihren Angehörigen die Schönheit der Umgebung zu zeigen, und sie mit der Gesellschaft bekannt zu machen. Mit mütterlichem Stolz erfüllten sie die Triumphe, die ihre Nichten auf Bällen und Gesellschaften errangen. Genau ein Jahr später hatte Rahel die Freude, — wiederum in Baden — ihren jüngsten Bruder Moritz und dessen Frau Ernestine bei sich zu sehen.

Mit herrlicher Stimme begabt, entzückte letztere die Gesellschaft gleicher=
weise durch ihren Gesang wie durch ihr feines, gefälliges Wesen. Ein=
ladungen, Spazierfahrten in die nahe und ferne Umgegend, interessante
Bekanntschaften gaben jedem Tage neuen Reiz; das lebhafte Treiben
auf dem Kurplatz und an den Spieltischen gewährte besonders Rahels
Bruder großes Vergnügen.

Ein wahrer Herzenswunsch wurde ihr erfüllt durch den Besuch
ihrer alten Pauline Wiesel, die im Winter 1818 aus Basel
kam und mehrere Wochen bei Varnhagens wohnte. Mochte sich Pauline
seit jener Zeit, da sie als die erste Schönheit Berlins gefeiert wurde,
in jeder Hinsicht zu ihrem Nachteil verändert haben: ihre Natürlich=
keit, ihr unbestechlicher Wahrheitssinn, die einst Rahel so sehr ent=
zückt hatten, waren ihr treu geblieben. Und immerhin war Pauline
eine Zeugin' der alten schönen Vergangenheit, an die Rahel beständig
voll Sehnsucht zurückdachte! — Als ein Vertrauter aus fernen Jugend=
tagen war ihr auch Gentz willkommen, der auf der Rückreise vom
Aachener Kongreß im Dezember 1818 bei Varnhagens vorsprach.
Gentz hatte seine alte Freundin durch gleichgültiges oder gar unartiges
Betragen oft gekränkt; er kannte Rahels große Vorliebe für sich und
pflegte zu sagen: bei der ersten persönlichen Begegnung mit ihr wür=
den alle Mißhelligkeiten ausgeglichen und das gute Einvernehmen
sofort wiederhergestellt sein. Und er schien darin recht zu haben. Im
ersten Augenblick konnte sie wohl heftig aufbrausen und mit schwerster
Vergeltung drohen. Aber — wie Varnhagen bei einem solchen Anlaß
einmal sagt —: „nie kamen solche Willensversuche, die von scharfer Ein=
sicht und richtigem Gefühl ihr aufgenötigt wurden, zur geringsten Aus=
führung. Je weniger sie zu täuschen war, je leiser und schmerzlicher
sie empfand, desto mehr gab sie praktisch jedem Unrecht und jedem
Schmerze nach; ihr ganzer Widerspruch beschränkte sich darauf, der=
gleichen auszusprechen. Ein edler, gerechter Zorn, aber ganz ohne Folge,
und wie der eines Kindes in sich selbst erschöpft, bevor er wirken
kann." — So wurde denn der alte Missethäter auch jetzt freundlich
aufgenommen. Gentz schwelgte damals in der Fülle des Glückes, der
Ehren und des Lebensgenusses. Es gewährte ihm die süßeste Be=
friedigung, mit jener naiven Freude, die Rahel immer an ihm
entzückt hatte, seine glänzenden Erfolge und die reichen Einnahmen,
die der Kongreß ihm als dem Führer des Protokolls eingebracht
hatte, vor ihren Augen auszubreiten. Interessant und wichtig waren
die politischen Mitteilungen, die er, in alle Geheimnisse der euro=

päischen Politik eingeweiht, mit gewohnter Offenheit den Freunden an=
vertraute.

Ein sehr lieber Besuch war Ludwig Uhland, der schwäbische
Dichter, den Varnhagen schon als Tübinger Student kennen gelernt
hatte. Er kam gegen Ende des Jahres 1818 aus Stuttgart, um
Varnhagens Vermittelung zur Erlangung eines Lehrstuhls an der Uni=
versität zu Basel anzusprechen, da ihm damals im Vaterlande jede
Laufbahn verschlossen zu sein schien. Aus Uhlands Tagebuch*)
geht hervor, daß er in den Tagen vom 10.—13. Dezember häufig bei
Varnhagens zu Gaste war, dort „gute Aufnahme" fand und ihnen sein
Schauspiel „Ludwig der Bayer" im Manuskript vorlas. Varn=
hagen berichtet: „Uhland wurde von Rahel, die er zum erstenmal sah,
mit zärtlichster Sorgfalt gepflegt und ermuntert, auch ich ließ es an
keiner Bemühung fehlen; aber den lieben Freund und Dichter aus seiner
Einsilbigkeit in offenes Gespräch überzuführen, gelang durchaus nicht.
Er war in seiner Weise höchst anteilvoll, aufmerksam, sogar vergnügt;
was er sagte, hatte guten Sinn, Geist und Witz, aber es war wenig,
blutwenig! Ich darf behaupten, daß er in dreien Tagen kaum hundert
Worte gesprochen hat." — Der Mitteilung darf man Glauben schenken:
Uhlands bekannte Schweigsamkeit muß zu dem lebhaften Unterhaltungs=
bedürfnis und der Beredsamkeit seiner Wirte in drolligem Kontrast ge=
standen haben. In einem Punkt jedoch irrt Varnhagen: Uhland und
Rahel lernten sich nicht erst im Dezember, sondern schon im Mai 1818
gelegentlich eines Besuches Uhlands in Stuttgart kennen. Leider teilt
sein knapper Tagebuchbericht nur folgendes darüber mit: „(6. Mai).
Besuch bei Varnhagen. Spaziergang mit ihm, seiner Frau, Doktor
Lindner**) und dessen Frau im Schloßgarten, Nachtigallen. Kontrast
der verschiedenartigen Gesellschaft. (7. Mai). Besuch bei Varnhagen,
Vorlesen des Fortunats, des zweiten Buchs, vor seiner Frau und
Lindner." — Ein Urteil des zurückhaltenden Mannes über Rahel existiert
leider nicht.

Dem Jahre 1818 entstammt jenes Porträt der 47jährigen Rahel,
das diesem Buche beigegeben ist. In diesem Jahre gastierte auf der

---

*) Uhlands Tagebuch 1810—1820. Aus des Dichters handschrift=
lichem Nachlaß herausgegeben von J. Hartmann. (Stuttgart 1898, Verlag
der J. G. Cottaschen Buchhandlung Nachf.)

**) Fr. Ludw. Lindner aus Mitau (1772—1845), alter Jugendfreund
Rahels. Er hatte sich einen Namen dadurch gemacht, daß er die verleumberische
Thätigkeit Kotzebues im Dienste der russischen Regierung aufdeckte.

Karlsruher Bühne die berühmte S o p h i e S c h r ö d e r, mit der Rahel schon in Wien Freundschaft geschlossen hatte. Ihr Begleiter, der Wiener Maler D a f f i n g e r, begann ein kleines Bild von Rahel, das, trotzdem es nicht ganz vollendet wurde, doch, wie Varnhagen versichert, „die sprechendste Aehnlichkeit gab, und weder durch frühere noch spätere Bilder übertroffen ist". Im Stahlstich, nach dem auch unsere Ab= bildung angefertigt werden mußte*), sei es leider übel mißhandelt und alles Feine und Zarte häßlich vergröbert worden. Dennoch bringt auch das so verunstaltete Porträt noch Rahels Geistesanmut und Güte gelungen zum Ausdruck. —

*   *   *

Außer durch liebe Besuche wurde die Eintönigkeit des Karlsruher Stilllebens durch häufige Reisen angenehm unterbrochen. Wohl nie in ihrem Leben ist Rahel so oft und so lange auf Reisen gewesen, als während der drei Jahre des Karlsruher Aufenthalts: auch das läßt deutlich erkennen, wie wenig behaglich sie sich dort fühlte.

M a n n h e i m, F r a n k f u r t a. M. und B a d e n = B a d e n waren die Orte, zu denen Rahel in nähere Beziehungen trat. In Mannheim fesselte vornehmlich das Tettenbornsche Haus mit seinen liebens= würdigen Wirten. Die Freundschaft zwischen dem General und seinem ehemaligen Adjutanten beruhte auf jener wahren Wertschätzung innerer Vorzüge und Fähigkeiten, welche die Gewähr der Dauer giebt. Für Rahel empfand Tettenborn die größte Verehrung. Schon während der Kriegsjahre, nach flüchtigem Kennenlernen, hatte er der Braut seines Freundes bei jedem Anlaß in feiner, ritterlicher Weise gehuldigt. Wie er jetzt, nachdem die beiden Familien in intimere Berührung ge= treten waren, zu ihr stand, sagt folgendes Wort Rahels (1817): „Tettenborn, der sich als älterer Bruder beträgt, kann ich nicht genug loben, da ihm wirklich jede Bewegung gegen mich aus der Mitte des Gemüts kommt und ich sehe, daß ihm wirklich nur ordentlich wohl wird, wenn er sich bei und mit seinen wahren Freunden fühlt; wie mich das besticht, kannst Du denken." — Für solche Freunde trat sie denn auch ihrerseits mit ihrer ganzen Person ein. Das lehrt folgender Vor= fall. In einer Gesellschaft bei Frau v o n H u m b o l d t in Frankfurt hatte sich eine Frau Pauli in Rahels Gegenwart ehrenrührige Aeuße= rungen über Tettenborn erlaubt, in denen sie sich auch dann nicht stören ließ, als Rahel erklärte, sie dürfe, als des Generals Freundin

---

*) Das Original-Gemälde aufzufinden, ist mir leider nicht gelungen.

Rahel.

dergleichen Reden nicht dulden. Aus Rücksicht auf die Wirtin hielt Rahel an sich, forderte jedoch am folgenden Tage die Dame schriftlich auf, ihre Aeußerungen zurückzunehmen: „Ich bin des Generals von Tettenborn Freundin", heißt es in dem Billet (25. Sept. 1816), „und habe natürlich die beste Meinung von ihm. In meiner Gesinnung und Ansicht von Freundschaft aber denke ich: wer seine Freunde ver= leumden läßt, hilft sie verleumden und giebt der Welt ihren bösen Leumund zu; und nur auf diese Weise konsolidiert sich ein schlechter Ruf" . . . Frau Pauli wußte nichts Besseres zu thun, als sich hinter Frau von Humboldt zu stecken; und diese, die sich zur Vermittlerin berufen fühlte, suchte in einem unpassenden, etwas hochmütigen Tone Rahel von ihrem Vorhaben abzubringen: Frau Pauli sei leidend, und aller Streit dieser Art habe etwas tief Widerwärtiges. Rahel aber ließ sich nicht beirren. Gewiß bedauere sie, antwortete sie, daß Mad. Pauli unpäßlich sei; doch auch sie selbst fühle sich sehr leidend: „dies kann aber", fuhr sie fort, „in sittlicher Aufführung keine Aende= rung machen; und ich erwarte von Mad. Pauli eine entschuldigende Antwort, und hätte sie Götter zu Freunden und Schutzherren." Mündlich stellte sie Frau von Humboldt vor, wenn demnächst in Mannheim, wo= hin sie zurückkehre, in Tettenborns Hause irgend ein Gast sich einfallen ließe, Herrn von Humboldts Ehre anzugreifen: wie sie es dann finden würde, wenn Rahel dazu schwiege und die ihr teuren Personen, deren Gastfreundschaft sie eben genossen, feig und schamlos preisgäbe? — Das dürfe sie freilich nicht leiden! rief Frau von Humboldt bestürzt und trug nun selbst Sorge, daß jene Dame die geforderte Erklärung abgab.

Uebrigens verkehrte Rahel in Frankfurt a. M. viel und gern im Humboldtschen Hause, wenngleich das launenhafte Benehmen Frau Karolinens ihr manchen Aerger verursachte. Wilhelm von Hum= boldt selbst — er war von 1815—17 als Mitglied der Territorial= Kommission in Frankfurt ansässig — blieb ihr immerdar ein höchst anziehendes psychologisches Phänomen, das sie mit unermüdlichem Inter= esse studierte. Er habe sich, berichtete sie an Varnhagen im Sept. 1816, „eine ganz neue Haut von wahrhafter Liebenswürdigkeit angezogen. Gestern erreichte es nur seine Höhe, denn eine ganze Weile finde ich ihn schon so geschält. Er beherrschte ganz allein und mild das Ge= spräch, ließ nichts Steifes, nichts Dummes aufkommen, ist in gleichem Ton mit Hausleuten, Gästen und Kindern; sagte unaufhörlich Komisch= Frappantes, aber nicht, wie im Winter und Sommer, aus tiefer Langeweile und in deren harten, ärgerlichen Tinten; diese alte Ueber=

zeugung der Dinge hat bei ihm eine wieder neue Wendung genommen; er ist von der tiefsten sorgenlosesten Aufrichtigkeit über alle Gegenstände, und dies giebt seinem Benehmen und Sagen eine wahrhaft mild-heitere Grazie. — Mich dünkt, er hat mehr Verstand als je. Oder hab' ich mehr? Wir beide sind auch ganz weich, ganz leise, ganz milde, ganz wahr, und ganz weit, weit vorwärts in unsern Aeußerungen miteinander. Den Abend fand ich ihn noch wieder bei Gräfin Custine: eben so." —

Noch eine andere alte Freundschaft wurde in Frankfurt erneuert: mit Friedrich Schlegel und seiner Gattin Dorothea Mendelssohn. Der ehemalige Sturmvogel der Romantik und Lobredner des Goetheschen Hellenismus war allmählich in das Feldlager des Katholizismus und der politischen Reaktion hinübergeschwenkt; 1805 war er zur katholischen Kirche übergetreten und infolgedessen 1809 zum österreichischen Hofsekretär ernannt worden; 1818 wurde er Legationsrat in Frankfurt. Rahel war gern bei Schlegels; reichten doch ihre Beziehungen zu Dorothea bis in ihre Kindheit zurück. So wenig sie mit Friedrichs religiösen und politischen Anschauungen sympathisierte, sie schätzte ihn noch immer als einen geist- und kenntnisreichen Gesellschafter, mit dem sich „wirkliche Gespräche, wahrhafte Erörterungen" anstellen ließen. Im Schlegelschen Kreise lernte sie u. a. den Dichter Friedrich Rückert kennen, ohne ihm jedoch näher zu treten. Vielleicht die anziehendste Bekanntschaft, die der Aufenthalt in Frankfurt ihr brachte, war die des Grafen Custine.

Astolphe Graf von Custine (geb. 1790 in der Nähe von Metz), Abkömmling eines alten französischen Adelsgeschlechtes, hat sich durch interessante, an scharfer Beobachtung wie an poetischer Empfindung reiche Reisememoiren eine dauernde geachtete Stellung in der französischen Litteratur erworben. Den Stoff zu diesen Schriften lieferten ihm seine ausgedehnten Reisen durch England, die Schweiz, Spanien, Rußland und andere Länder. Das größte Aufsehen rief sein Werk: La Russie en 1839 (Paris 1843) hervor, das in mehrere Sprachen, auch ins Deutsche, übersetzt wurde. Außerdem machte er sich als talentvoller Romanschriftsteller bekannt; auch eine Tragödie in Versen: Béatrix Cenci (1838) hat er verfaßt. Seine Beziehungen zu Rahel hat er in einem „Madame de Varnhagen" betitelten Aufsatz dargestellt, den er kurz nach deren Tode in der Revue be Paris veröffentlichte*). Seine „Lettres à Varnhagen

---

*) Varnhagen hat diesen Aufsatz in den 8. Bd. seiner „Denkwürdigkeiten" 2c. aufgenommen.

d'Ense et Rahel Varnhagen d'Ense" erschienen 1870 in Brüssel.

Als Custine Frau von Varnhagen näher trat, zählte er etwa sechsundzwanzig Jahre. Rahel erkannte in ihm eine jener jungen, offenen, „unverschütteten" Naturen, die ihr so sehr sympathisch waren; seine geistige Beweglichkeit, seine Empfänglichkeit für alle guten und schönen Ideen mußten ihn ihr in hohem Grade liebenswert erscheinen lassen. — Custine hat selbst über die Anknüpfung der ersten Beziehungen be= richtet. Schon 1814, während des Kongresses, hatte er sie in Wien getroffen; aber sie waren „in diesem Gedränge von Fürsten aneinander vorübergegangen, ohne sich zu sehen". Im Winter 1816 lag der junge Graf, krank an Leib und Seele, in Frankfurt danieder. Seine Mutter, die ihn pflegte, kehrte eines Tages von einer ihr unangenehmen Visite in freudiger Erregung zurück: sie habe, erzählte sie, die Bekanntschaft „der geistreichsten, bedeutendsten Person" gemacht, die ihr seit langem begegnet sei. „Du wirst entzückt sein, sie zu sehen," rief sie aus, „ich bin gewiß, daß sie dir gefallen wird." — „Sie würde mir sehr gefallen müssen," antwortete er skeptisch, „um mich vergessen zu lassen, was mich quält". — „Sie wird dich alles vergessen lassen," versicherte die Mutter.

*　　*　　*

„Meine Mutter hatte recht," erzählt Custine[*] weiter, „sie verstand sich auf bedeutende Menschen. Wir wurden mit Frau von Varnhagen bekannt, und einen Monat später hatte ich alles vergessen ... In dieser traurigen Zeit schulde ich ihr die Auferstehung des Denkens, das der Kummer in mir ertötet hatte. Wir verbrachten köstliche Abende beim Durchwandern der lachenden Fluren in Frankfurts Umgebung ..., oder plaudernd bei meiner Mutter und bei Frau von Varnhagen. Die sichtbare und die unsichtbare Welt, das ganze Weltall, die Seele des Weltalls, alles wurde besprochen, untersucht, verstanden, geahnt in den langen Gesprächen, die mir kurz erschienen. Die Konversation Frau von Varnhagens war nicht eine mehr oder minder glänzende Rede, sie war eine vertrauliche Aussprache, hervorgerufen durch das Bedürfnis und die Neigung der Person, die mit ihr plauderte — plaudern ist nicht das rechte Wort: alles, was man Frau von Varnhagen sagte, war eine freiwillige oder unfreiwillige Beichte. Ihre Art zuzuhören verwandelte selbst die Lüge in Vertrauen; niemals drang

---

[*] Ich zitiere in möglichst wortgetreuer Uebersetzung.

so wohlthätige Klarheit in die leidenden Herzen . . . Sie belebte einen
Kreis ebenso, wie sie einen Freund unter vier Augen anregte, und
diese doppelte Fähigkeit ist selten. Ihr Geist genügte allen, weil er
mehr als Geist war: er war das Genie im Dienste der Freund=
schaft und Geselligkeit."

Cuftine wußte Rahels wunderbare Individualität seinen Lands=
leuten nicht besser zu veranschaulichen, als durch eine Parallele mit
Frau von Staël. An geistiger Begabung, Ideenreichtum, Erleuchtung
der Seele und Herzensgüte sei Rahel der Verfasserin von „Corinne"
ebenbürtig; in einem Punkte aber übertreffe sie die Staël: in der
„Geringschätzung der Beredsamkeit": sie schreibe nicht. „Wenn
Geister wie der ihrige schweigen, so ist das ein Beweis von Seelen=
stärke. Mit mehr Eitelkeit ausgestattet, würde ein so hervorragendes
Wesen getrachtet haben, sich allgemein bekannt zu machen: Rahel wollte
nur Freunde haben. Sie sprach, um ihr inneres Dasein zu offen=
baren, niemals um bewundert zu werden." — Ihr Innenleben sei
so reich und in steter Bewegung gewesen, daß sie kein Bedürfnis em=
pfunden habe, sich nach außen zu bethätigen: diesen Gedanken spricht
Cuftine mit Worten aus, die einen tiefen Blick in Rahels Seele ver=
raten. „Die Betrachtung der Welt und dessen, der sie lenkt, war für
sie eine so lebhafte Freude, daß dieses Schauspiel, von dem erhabenen
Standpunkt betrachtet, den sie einnahm, ihrem Thätigkeitsdrang vollauf
genügte. Das Leben war ihr eine fortgesetzte Arbeit . . . Die Lektüre
selbst wurde ihr zur Unterhaltung; sie lebte, sie diskutierte mit ihren
Büchern wie mit lebenden Wesen. Die innere Kraft ihres Lebens
mußte, ohne es zu wollen, alles beseelen; sie begriff nicht nur, sie per=
sonifizierte die Gedanken; ihr Geist war eine Welt, in der, wie in
der Welt Gottes, alles seine Verwendung hatte. Nie war ein so frucht=
barer Geist der großen Menge unbekannter. In einer höher organi=
sierten Gesellschaft würde Rahel für die Völker das gewesen sein, was
sie hier für einen kleinen Kreis vertrauter Freunde war: eine Leuchte
der Geister, eine Führerin der Seelen . . ."

Die Ausführlichkeit, mit der hier Cuftines Gedanken über Rahel
wiedergegeben wurden, rechtfertigt sich durch die Tiefe und Klarheit
seines Urteils; ja, man kann sagen, daß selten liebevoller und zugleich
scharfsichtiger über sie geurteilt worden ist, als in diesem Charakter=
bilde. —

Eines der Hauptthemen, die zwischen Rahel und dem neugewonnenen
Freunde verhandelt wurden, war, wie sich denken läßt, Goethe. —

Cuſtine erzählt, der Dichter ſei damals in Deutſchland der Gegen=
ſtand eines fanatiſchen Kultus geweſen. Es ſei Mode geweſen, einander
in Ausdrücken preiſender Bewunderung zu überbieten. Er als Fremder
habe oft über dieſes „geiſtige Lanzenbrechen“ geſpöttelt, und eines Tages
habe er Rahel vorgeworfen, ſie gäbe zu ſehr dem allgemeinen Vor=
urteile nach; ſie vergäße um Goethes willen eine ihrer vornehmſten
Eigenſchaften, die Unabhängigkeit. „Sie antwortete mir, daß ſie nur
vom Gemeinen unabhängig wäre, daß aber das Genie eine abſolute
Macht über ſie habe. Man warf einmal in ihrer Geſellſchaft die
Frage auf: welches das beſte Werk Goethes wäre. Jeder nannte das,
dem er den Vorzug gab. Zuletzt ergriff Frau von Varnhagen das
Wort und ſagte: Das beſte Werk Goethes iſt nicht das, das dem einen
oder andern beſſer gefällt, ſondern das uns begreifen läßt, wie er alle
andern hat ſchaffen können. Darum meine ich, daß ſein Hauptwerk
„Taſſo“ iſt. — Sie hat dieſes auf ſo auffallende Weiſe begründete
Urteil in einem Briefe wiederholt, und ich habe es um ſo beſſer be=
halten, als ich Frau von Staël hatte ſagen hören: von allen Werken
Goethes ſei das einzige, in dem ſie nichts zu bewundern fände,
Taſſo . . . Man erſchrickt, wenn man ſieht, wie zwei ſo naturverwandte
Geiſter durch Gewohnheit, Sprache und Geſellſchaft einander fern ge=
rückt werden.“

Bald hatte Cuſtine Gelegenheit, Goethe perſönlich kennen zu lernen,
und in einem ausführlichen Briefe berichtete er Rahel über den Ein=
druck, den er bei dieſem Zuſammentreffen empfangen. Wie bewundernd
und begeiſtert der junge Mann zu dem großen Dichter emporſchaute, er
war doch nicht derartig geblendet, daß ihm gewiſſe Schwächen des
Menſchen entgangen wären; mit freimütigen Worten tadelte er u. a.
ſeinen Mangel an echter, unverfälſchter Natürlichkeit, ſeine Selbſtſucht,
die völlige Hingabe an andere ausſchließe. Es iſt charakteriſtiſch für
Rahels pietätvolle Verehrung, daß ſie Cuſtine dieſen Brief nach einiger
Zeit zurückgab mit dem Erſuchen, ihn aufzubewahren: ihr ſei es un=
möglich, eine „Schmähſchrift“ gegen den großen Mann bei ſich zu
haben! —

Rahels Briefwechſel mit Cuſtine, der bereits im Sommer 1816
begann und ſich bis in ihre letzten Lebensjahre fortſetzte, iſt in hohem
Grade anziehend. Rahel charakteriſiert ihn mit folgendem hübſchen
Wort: „Auch ich werde Ihnen ſolche Briefe ſchreiben, wo die Seele
ſpazieren gehen ſoll, und nicht auf ausgefahrener, ſtaubiger Heerſtraße
eine zweck= und abſichtsvolle Reiſe zu betreiben hat. Auf friſchen,

kleinen, abstrakten Wegen wollen wir gehen, die wir selbst noch nicht
kannten, und auch auf diesen noch dem Wolkenspiele folgen, den Licht=
zauber genießen, und auch dem Dunkel, wenn es reizt, nachziehen!" . . .
Und so ist es: die leichtesten, anspruchslosesten, und doch aus ihrer
Feder so reizvollen Aeußerungen über Alltägliches berühren sich in diesen
Briefen mit den tiefsten Aussprüchen über Welt, Leben, Schicksal und
Charakter, und das alles absichtslos und natürlich, wie Augenblick
und Stimmung es eingaben, niedergeschrieben. Man findet einige
dieser Aussprüche im Anhange mitgeteilt. Ueber Litteratur, z. B. über
die Staël, Victor Hugo, auch über Custines eigene Werke wird
des öftern herüber und hinüber verhandelt. Rahel schätzte an den
Arbeiten ihres Freundes die feine, scharfe Beobachtung der Welt, den
gesunden Realismus, für den sie in allen Erzeugnissen der Kunst einen
guten Blick hatte, und die „originale, selbsterfundene Sprache". —
Die ganze innere Schönheit ihres auf rein geistiger Grundlage be=
ruhenden Freundschaftsbundes hat Rahel in folgendes Wort gefaßt:
„Wissen Sie, was unter uns beiden so schön ist? Daß wir gar
kein Verhältnis zu einander haben, keine Forderung einer
an den andern; daß ich alt bin und Sie jung, Sie ein Mann, und
ich eine Frau; Sie ein Franzose, ich eine Deutsche. Alles ein Bürge,
daß wir es selbst sind, die sich einander konvenieren, nicht unser
Alter, unser Geschlecht, unser Land."

*　　　*
*

In Baden verbrachte Rahel regelmäßig ein paar Wochen oder
Monate des Jahres. Hier, in bequemer Nähe von Karlsruhe, in dem
eleganten, fashionablen Modebade, „wo es immer von Gästen, wie in
den Wiesen und Gebirgen von Herden, wimmelt", wo eine Gesellschaft
von Fürsten, Aristokraten, Künstlern, jedoch auch von Abenteurern,
Glücksrittern und Verfolgten aus aller Herren Ländern sich ein Stell=
dichein gab, war es ihr, wie sie schreibt, „zum Zusehen recht". Das
lebhafte, fröhliche Treiben, das sich vor ihren Augen entfaltete, unter=
hielt und ergötzte sie; fühlte sie sich aufgelegt und gesund genug, daran
teilzunehmen, so mußte sie, daß sie immer willkommen war. Ihre
Briefe erzählen von köstlichen, frischen Morgenstunden, die sie in un=
gestörter Einsamkeit lesend oder promenierend in der großen Allee ver=
lebte; von Ausfahrten in luftiger Gesellschaft nach Lichtenthal und
anderen Orten der Umgegend; von gemütlichen Theeabenden bei Mond=
schein unter den Kolonnaden der Konditorei von Primavesi; von den

geräuschvollen Freuden der Ball= und Spielsäle, die sie freilich nur selten und lediglich als Zuschauerin betrat.

Den eigentlichen Mittelpunkt der höheren Gesellschaft bildete das gastfreundliche Haus des Generals von Tettenborn, der damals mehrere Sommer in Baden verlebte. Im Sommer 1817 lud er seine näheren Freunde zu einem längeren Ausfluge in den Schwarzwald ein, an dem auch das Varnhagensche Paar teilnahm. Zu Pferde und zu Wagen, von Dienern begleitet, zog die Gesellschaft in heiterster Stim= mung aus; überallhin waren reitende Boten und Wagen mit Proviant vorausgeschickt; Tettenborn erwies sich als der denkbar umsichtigste und liebenswürdigste Wirt. Die schönsten Punkte und Gegenden des Ge= birges wurden genossen: das Kinzig= und Murgthal, der Wasserfall von Triberg, das Bad Rippoldsau. Varnhagen zählte diese etwa zehn= tägige Reise zu dem Schönsten, das er je erlebt habe. „Die groß= artigen Schauspiele der Natur, die Felsen, Bäche und Wasserfälle, das schimmernde Grün der Wiesen, die herrlichen Bäume, die Farbenpracht der Sonnenaufgänge, das Rauschen der Wässer und Wälder beim Sternenglanz, alles nahm den Sinn gefangen und gab der Einbildungs= kraft den Stoff der schönsten Träume. Niemals vorher sah ich Rahels Fähigkeit des höchsten Naturgenusses in solcher Macht und Fülle, dies allein schon war für mich eine Quelle ununterbrochenen Entzückens . . ."

Die merkwürdigste Figur dieses Kreises, der reich an Ausländern, besonders an Russen und Franzosen war, mochte der russische Graf Rastoptschin sein, der ehemalige Gouverneur von Moskau, der im Jahre 1812 durch Aufreizung der Menge und durch sein eigenes Bei= spiel den Brand der Stadt angestiftet hatte, um den Landesfeind zu verderben. Es muß eine sonderbare, fast grauenvolle Wirkung ausge= übt haben, dieses ungeheure Ereignis in allen seinen Einzelheiten von dem Urheber desselben — wie es eines Abends in vertrautem Zirkel bei Tettenborn geschah — mit größter Lebhaftigkeit und Anschaulichkeit darstellen zu hören. —

Mehrmals traf Rahel in Baden den Großherzog Karl August von Sachsen=Weimar, den sie schon von früher her kannte. So kam er im Sommer 1819 an einem regnerischen Nachmittage, als sie mit Ludwig Robert beim Kaffee saß, in größtem Unwetter, ihr einen Besuch abzustatten. „Wir freuten uns sehr," erzählt sie. „Er sieht sehr wohl aus, ganz wie sonst in Teplitz; mit vielem Vergnügen sagt' ich ihm das. Der Großherzog stellte sich gleich ans Fenster und wollte jeden Menschen von mir wissen, die alte Neugier! Ueber die

Stunde des Kaffees konnt' er sich nicht zufrieden geben, den Lotte und ich getrost tranken. Ich behauptete, ich könne ihm schon Appetit machen. Nur mit Kaffee nicht, meinte er, eben hätte er Schnaps genommen; ich rühmte mein Getränk als ‚pousse=Schnaps' [analog dem Ausdruck pousse-café, mit dem der Franzose ein Gläschen Liqueur bezeichnet], und wir erinnerten uns unserer alten Näschereien. Es war ein sehr vergnügter Besuch, der mich auch freute." —

* * *

Die bedeutendste Reise während dieses Zeitraumes, zugleich die letzte große, die Rahel überhaupt unternahm, führte sie nach Brüssel zu ihrer einzigen Schwester Rose Asser, die sie in 16 Jahren nicht gesehen hatte. Lange war ihr diese Reise ein Gegenstand sehnlichen Verlangens gewesen; als ihr aber dann im Sommer 1817 ihr Wunsch erfüllt wurde, waren die begleitenden Umstände derart, daß eine reine Freude in ihr nicht aufkommen konnte. Sie hatte gehofft, die volle Dauer eines sechswöchigen Urlaubs, der Varnhagen bewilligt war, für den Brüsseler Aufenthalt ausnützen zu können. Nun wurde diese Frist zunächst durch eine notwendige Geschäftsreise ihres Gatten gekürzt; alsdann geleitete er, anstatt den geraden Weg zu nehmen, seine Frau, in dem Wunsche, ihr den heimatlichen Strom zu zeigen, längs des Rheines über Mainz, Bingen, Koblenz, Köln, Aachen, zeigte ihr alle Sehenswürdigkeiten, frischte unterwegs alte Bekanntschaften auf, so daß zu Rahels Leidwesen wiederum ein beträchtlicher Teil der kostbaren Zeit verloren ging. Da hatte sie wohl Ursache zu klagen: „Das Leben ist wirklich eine Flut von Umständen, in der wir versinken, und wir machen nur jämmerliche Entwürfe, indem wir gegen die Wogen ankämpfen. Nie verwirklicht sich ein Plan; und wenn wir ein Ziel erreichen, so ist es, weil die Wogen uns dorthin tragen, zehn Jahre, nachdem wir es beabsichtigt: und dann sagt man, daß wir unbeständig sind, daß wir uns verändert haben" ... Die Freude und Erschütterung des Wiedersehens war groß. Asser, damals einer der ersten Räte im Justizministerium, wurde schnell vertraut mit dem ihm bisher un= bekannten Schwager. Während Varnhagen, seiner munteren Geistes= art gemäß, sich emsig in der Stadt, die er schon als Knabe kennen gelernt hatte, umsah, Galerien und Bibliotheken besuchte, dem Könige der Niederlande und dem Prinzen von Oranien sich vorstellen ließ, widmete sich Rahel ganz der geliebten Schwester und deren Familie. Doch versäumte sie nicht, das Theater zu besuchen, wo das berühmte

Schauspielerpaar Gavauban aus Paris auftrat. Brüssel nannte
sie „eine herrliche Stadt, die schönste für Spaziergänge, meine Leiden=
schaft". Doch wurde es ihr schwer, sich den Charakter des Volkes
und die damals herrschenden Zustände verständlich zu machen. Belgien
fühlte sich, so sehr es auch unter der Franzosenherrschaft vernachlässigt
worden war, unter holländischem Regiment keineswegs wohl und zu=
frieden. Das Volk, durch Sprache und teilweise durch Abstammung
den Franzosen verwandt, wurde durch Anwendung falscher Mittel den
Holländern noch mehr entfremdet. So traten die seltsamsten Wider=
sprüche zu Tage, die später zur Losreißung Belgiens führen mußten. „Das
Volk", urteilte Rahel (an Custine, Sept. 1817), „macht mir hier
einen sehr fremden Eindruck; es sind nicht Franzosen, nicht Deutsche.
Und ich kann mich in der schönsten Stadt, im üppigsten Orte, in den
elegantesten Umständen nicht behaglich fühlen und bewegen, wenn mir
die Wurzel all der opulenten Zustände nicht bekannt, klar ist, nämlich
das Volk, sein Leben und sein Zielen. Hier widerspricht sich jede
Faser: so lange schon erlebt dies Volk Regierungs= und Eigentums=
wechsel ... Und ich, die von solchen Dingen wenig zu verstehen ge=
lernt hat, fühle leicht, fein und scharf ihre Wirkung ..."

*   *   *

Es war im Sommer 1819 — Rahel hatte in Baden anregende
Tage in fröhlicher Gesellschaft genossen —, als sie von ihrem Gatten
aus Karlruhe durch Estafette die überraschende Nachricht erhielt, er sei
plötzlich und ohne Angabe der Gründe von seinem Posten abberufen
worden. Mit diesem Tage — dem 22. Juli — endete Varn=
hagens diplomatische Carriere, über die hier einiges im Zu=
sammenhange gesagt werden muß.

Der Karlsruher Posten war einer der verantwortungsvollsten,
die zu besetzen waren. Seit dem Wiener Kongreß schwebte zwischen
Baden und Bayern eine schwierige Streitfrage. Ohne einen Schein
des Rechts erhob Bayern für den Fall, daß der Mannesstamm der
regierenden badischen Linie aussterbe, Ansprüche auf die Rheinpfalz,
den Main= und Tauberkreis. Während Oesterreich im eigenen Interesse
die ländergierigen Forderungen Bayerns unterstützte, stand Preußen
auf seiten des bedrohten kleineren Staates. Der diplomatische Ver=
treter hatte seiner Instruktion gemäß in vorsichtigster Zurückhaltung —
denn unter keinen Umständen durfte Oesterreich verletzt werden — das
Recht Badens zu unterstützen; er sollte vor allem zu verhindern suchen,

daß der häßliche Streit in offenen Skandal ausarte. Durch eine ein=
gehende Untersuchung des Verlaufs dieser Streitfrage hat H.
von Treitschke überzeugend nachgewiesen,*) daß Varnhagen, den er den
„eitelsten und unzuverlässigsten aller Diplomaten Preußens“ nennt, dieser
seiner Aufgabe nicht gewachsen war. Wir erfahren, daß er häufig
— z. B. als es sich 1816 um die Einrichtung einer Abelskammer
handelte — Politik auf eigene Faust trieb, indem er, ohne in Berlin
auch nur anzufragen, dem Karlsruher Hofe seine Ratschläge erteilte,
radikale Doktrinen verteidigte, ja den Absichten Hardenbergs geradezu
entgegenarbeitete. Einen offenbaren Vertrauensbruch beging er, indem
er einen Briefwechsel der beiden gegnerischen Herrscher, der einigen be=
freundeten Höfen im tiefsten Vertrauen mitgeteilt worden war, unbe=
fugterweise im „Hamburger Korrespondenten“ veröffentlichte (1818).
Gewiß bezweckte er hierdurch, die Politik seiner Regierung zu unter=
stützen, und der Erfolg zeigte, daß er richtig gerechnet hatte: die gesamte
öffentliche Meinung neigte sich auf die Seite Badens, dem dann auch
1819 auf dem Kongreß zu Aachen sein Recht zugesprochen wurde. Doch
bleibt seine Handlung — selbst wenn jene Veröffentlichung, wie Varn=
hagen behauptet, mit Zustimmung des Großherzogs erfolgt war —
ein Bruch des Amtsgeheimnisses, und es ist kein Ruhm für ihn, daß
er sich nicht wenigstens seiner Regierung gegenüber offen zu seiner
That bekannte. Endlich beschuldigt ihn Treitschke, er habe nach Er=
öffnung des badischen Landtages im Frühling 1819 mit unglaublicher
Unbesonnenheit liberale Parteipolitik getrieben, den Widerstand der Ab=
geordneten gegen die Rechtsansprüche der Mediatisierten geschürt, ob=
wohl er gewußt habe, daß der Berliner Hof diese Ansprüche unterstützte
— kurz, er habe die Rolle eines badischen Oppositionsführers mit sol=
cher Dreistigkeit gespielt, daß Großherzog Ludwig ein Jahr darauf, als
Varnhagen endlich abberufen war, zu seinem Nachfolger Küster offen
sagte: „Wir haben endlich Frieden, weil Varnhagen nicht mehr hier ist;
seine Anwesenheit würde heute wie vorm Jahre alles verderben!“ —

So entwirft Treitschke von Varnhagens amtlicher Wirksamkeit das
denkbar schwärzeste Bild, ohne auch nur den Versuch zu machen, ihm
gerecht zu werden. Gewiß waren seiner amtlichen Verstöße gar viele;
allein es ist manches, was ihn entschuldigt. Schon daß der Staats=
kanzler ihm diesen schwierigen Posten anvertraute, ist als ein Mißgriff
zu bezeichnen. An der Seite eines älteren praktischen Diplomaten,

---

*) Deutsche Geschichte im neunzehnten Jahrhundert. 2. Teil.
Leipzig, S. Hirzel.

vielleicht im unmittelbaren Dienste Hardenbergs selbst, hätte er Tüchtiges
leisten können. Auf sich allein gestellt, mußte er Schiffbruch leiden,
weil es ihm an der strengen diplomatischen Schulung fehlte, und weil
er seine Berufsaufgabe ganz und gar verkannte. Welche sonderbaren
Ansichten er über die Thätigkeit eines diplomatischen Geschäftsträgers
hatte, geht aus mehrfachen Bemerkungen hervor, z. B. wenn er sagt,
der russische Gesandte in Karlsruhe sei politisch überaus zurückhaltend
gewesen, „weil er nur nach empfangenen Weisungen handeln wollte"；
er, Varnhagen, dagegen habe in seinen Depeschen seinem Hofe „als
eine Ausnahme der gewöhnlichen Diplomatenart erscheinen" müssen；
seine Thätigkeit könne „nicht überall auf Beobachtungsberichte beschränkt
bleiben", u. a. m. Der frühere persönliche Umgang mit großen Staats=
männern, die freie dienstliche Stellung, die er ehemals bei Tetten=
born, sodann auf dem Wiener Kongreß und in Paris im Gefolge
des Staatskanzlers eingenommen hatte, konnten einen eitlen Mann
leicht zur Ueberschätzung seiner Fähigkeiten verführen. — Dazu kommt
noch ein anderes. Seit er sein Schicksal mit dem Rahels verknüpfte,
sehen wir ihn von dem brennenden Eifer verzehrt, neben ihr eine
Rolle zu spielen. Tief durchdrungen von dem Bewußtsein seines
Zurückstehens hinter der glänzend begabten Frau, wünschte er wenig=
stens äußere Güter, als Ehren, Würden, schriftstellerischen und staats=
männischen Ruf, ihr zu Füßen zu legen. Er kannte sich gut genug,
um zu wissen, daß dieser unablässig stachelnde Ehrgeiz die Gefahr einer
gewaltsamen Ueberspannung seiner Kräfte barg; er hat das in einem
Briefe an Rahel (Jan. 1814), wenn auch in geschraubten Wendungen,
deutlich ausgesprochen: „Dir muß ich vor den Menschen Ehre machen,
für Dich äußerlich etwas gelten, und das giebt eine Rücksicht für den
Willen meines Herzens und Geistes, die den Stand meiner Persön=
lichkeit überfliegt und mich in Gegenden spornt, die, ich glaube, nicht
gerade die meinigen sind." — Auch dieses Moment verdient bei Be=
urteilung seiner kurzen diplomatischen Carriere Berücksichtigung.

Uebrigens bestreitet Varnhagen entschieden, mit den Häuptern der
zweiten badischen Kammer geheimen Verkehr gepflogen und das Feuer
der Opposition durch Beifall und Rat geschürt zu haben. Da Berstett,
der badische Minister des Aeußern, sein Feind war und ihn zu be=
seitigen trachtete, so ist es leicht möglich, daß diese Gerüchte böswilliger
Erfindung entsprungen sind. Wohl aber hat Varnhagen durch aus=
gebreitete publizistische Thätigkeit den Kreis seiner Amtspflichten über=
schritten. In zahlreichen kürzeren und längeren Artikeln, die gern von

Oppositionsblättern gebracht wurden, trat er unermüdlich für die liberalen Ideen jener Zeit ein: für die Rechte des Bürgertums, gegen die Privilegien des Adels, für Verfassungswesen und Preßfreiheit. In dieser Thätigkeit seit Jahren heimisch, konnte er „manchen kühnen Wurf wagen". „Die Funken sprühten weit umher, zündeten vielfach, und die sichtbare Wirkung wurde zum Anreiz, das Feuer unablässig fortzusetzen, zu verstärken." — Er bekennt selbst, daß sein Wirken in dieser Richtung mit seiner amtlichen Stellung nicht immer im Einklang gewesen sei.

Er merkte denn auch sehr bald, was ihm die Glocke geschlagen habe. Im Herbst 1817 war er nach Berlin gegangen, die leitenden Staatsmänner um einen ihm besser zusagenden Wirkungskreis oder wenigstens um eine Besoldungserhöhung anzusprechen. Eine Unter= redung mit dem Staatskanzler zeigte ihm die Dinge in trübstem Lichte. „Ich kann Dir sagen," vertraute er seiner Frau, „daß mich die Unter= redung mit dem Fürsten [Hardenberg] nicht gerade wegen der Behand= lung meiner Angelegenheit, sondern wegen allgemeiner Betrachtungen, die daraus hervortraten, sehr tief betrübt hat. Jedoch es ist mir sehr zuträglich, daß eine stachelnde Ueberzeugung meine Seele zur Stimmung reize, die in dieser Weltlage ihr unaufhörlich und in stets gleicher Stärke eigen sein sollte. Ich fühle eine triumphierende Hellung über die Ge= schichtszustände, deren Dunkel uns verwirren will, hereinbrechen, und kann mit stolzem Bewußtsein sagen, ich sehe besser und weiter, als so viel erbärmliche Leute, die sich auf der Höhe der Einsicht dünken, und denen die Geschichte des nächsten Jahrzehnts eine fürchterliche Weisung geben wird!" — Als er sich, da seine Wünsche unerfüllt blieben, im folgenden Jahre wiederum um eine Gehaltszulage bewarb, schrieb ihm Freund Stägemann,*) deutlich die Gesinnung Hardenbergs gegen Varnhagen kennzeichnend: „Nur das merke ich noch an, daß Sie bei dem Herrn Staatskanzler schwerlich eine Hilfe finden werden; es scheint, als ob auch die letzten Lämpchen ausgebrannt wären . . ."

Am 23. März 1819 wurde jenes Verbrechen begangen, das der Reaktion eine gewichtige Unterstützung verlieh: die Ermordung des russischen Agenten Kotzebue durch den Studenten Ludwig Sand. Infolgedessen fanden noch im Sommer 1819 die „Karlsbader Konferenzen" statt, die den Anstoß zu den berüchtigten Demagogen=

---

*) Briefe von Stägemann, Metternich, Heine und Bettina von Arnim nebst Briefen, Anmerkungen und Notizen von Varnhagen von Ense. Leipzig, F. A. Brockhaus. 1865.

verfolgungen gaben. „Was werden diese Leute dort anspinnen, was
daher mitbringen?" fragte Varnhagen. „Arzeneien nicht, aber Gifte,
Zaubertränke zur Beschwörung von Geistern, deren sie von Natur nie
Herr sein können." Rahel aber antwortete witzig und tief: „Ich will
wieder prophezeien, was ich in der Seele sehe. Wie Hamlet, wollen
sie gerne etwas Entsetzliches thun, wissen aber nur noch nicht was.
Dann kommen sie immer zusammen, und wie sie sich imponieren, erwarten sie diese Wirkung auch auf die Welt; auch erwarten die größeren
Höfe etwa Einfälle, Witz, Gelehrsamkeit von den kleineren Ministern,
und die kleineren Gewicht und Exekution von den großen. Fürs erste
giebt's Apparat, Aufschub, Diners, Orden und Reisekosten für die
Bäder. Das in Wien gegebene Versprechen der Verfassungen ist ihnen wie ein Kind entwachsen, mit Ansprüchen,
Talenten, Kräften und Rechten, an welche die meisten Eltern bei Taufe
und ihren Festen, und wenn das Kind noch lockige Härchen und Phan-
tasiekleider trägt und ihrer Eitelkeit schmeicheln muß, gar nicht denken.
Nun wollen sie sich in Karlsbad noch nachträglich ausdenken, welche
Macht und Kraft der Bundestag haben soll, sie wollen erfinden, was
man gegen die Landtage, gegen die Stände für Gesamtmaßregeln zu
nehmen hat. All dergleichen will einer von den anderen erfahren.
Sonst, bin ich überzeugt, führt die Deutschen nichts Bestimmtes: die
Ausländer haben bestimmten, positiven Vorteil und Absichten, die sie
dort mit hinbringen; und diese ihrem Ziele näher zu bringen, wird
das einzige sein, was dort ausgerichtet wird: außer Bestärkung in der
alten Gesinnung und neuen Furcht. Das sieht mein Geist: laß
Dir das bißchen Lesen seines Gesichts gefallen! höchstens hab' ich
unrecht."

Wenn man Varnhagens Entgleisung im Zusammenhange mit
der den Karlsbader Konferenzen folgenden Zeitbewegung betrachtet, so
kann man die Vermutung nicht von der Hand weisen, daß seine dienst-
lichen Verfehlungen nicht allein, vielleicht nicht einmal in erster Linie
seinen Sturz verursacht haben mögen. Unter der Leitung des Freiherrn vom Stein hatte er seine erste politische Bildung erworben; den
liberalen Grundsätzen, deren Verwirklichung Preußen seine politische
und sittliche Wiedergeburt verdankte, war er unwandelbar treu geblieben. Wenn er seine Ueberzeugung niemand ohne Not aufdrängte, so
verleugnete er sie doch keineswegs, und sicher kannten ihn seine Vorgesetzten als einen eifrigen Verfechter der Preßfreiheit und einer freiheitlichen Verfassung, als einen warmen Freund all der gefährlichen,

staatsverräterischen Gedanken, die sie früher selbst vertreten hatten, die nun aber nach den Karlsbader Beschlüssen mit Stumpf und Stil aus= gerottet werden sollten. Wie die Professoren E. M. Arndt und die Gebrüder Welcker, als demagogischer Umtriebe schuldig, von ihren Aemtern suspendiert wurden, wie der Minister W. v. Humboldt, weil er gegen die Karlsbader Beschlüsse protestierte, 1819 seines Postens enthoben wurde, so wird auch für Varnhagens schleunige Abberufung seine unbequeme politische Gesinnung ein sehr bestimmender Faktor ge= wesen sein.

Oft hatte Rahel ihren Gatten, dessen rasches und ungestümes Dreinfahren sie kannte — sie fürchtete immer, er möchte „Stuß machen", wie sie auf gut berlinisch sagte —, zur Ruhe und Besonnenheit, zu gelassener Betrachtung der Dinge ermahnt. „Denk an mich," schrieb sie ihm wohl, wenn sie getrennt waren, „das beruhigt Dich immer mehr und generalisiert Deine Ansicht." Ihr klarer Blick hatte früher als der seine erkannt, daß ihm unter dem gegenwärtigen politischen System eine lange Wirkensdauer nicht beschieden sein konnte. Darum vermochte die Nachricht von seiner plötzlichen Entlassung sie kaum zu überraschen. „Mir ist's nicht unerwartet," antwortete sie ihm auf die Botschaft. „Ich weiß, was sie vertragen können, was nicht, und er= mahnte oft. Doch muß kommen, was da soll; und dazu muß unser Charakter dienen, uns nicht zu besolieren, wenn etwas kommt. Auch wissen wir nicht, ob es gut oder schlecht ist." Sie beschwor ihn, vor= läufig nichts zu unternehmen, sondern nach Baden zu kommen, um gemeinsam mit ihr zu überlegen. Da sah man denn bald, daß zu= nächst nichts zu thun war, als abzuwarten. Aus Berlin vom Freunde Stägemann kam die Nachricht, daß anfangs nicht nur Varnhagens Abberufung, sondern sogar seine Entlassung aus königlichen Diensten in Aussicht gestanden habe. Nun verbreiteten sich über sein Schicksal die abenteuerlichsten Gerüchte: er sollte verhaftet und seine Papiere sollten in Beschlag genommen sein; man setzte seine Angelegenheit mit den Ber= liner Verhaftungen in Verbindung. Es widerspricht den Thatsachen, daß er — wie Treitschke behauptet — sich diese Gerüchte gern ge= fallen lassen und „den liberalen Märtyrer" gespielt habe, vielmehr sandte er an befreundete Zeitungen Berichtigungen und ließ auch in der Staatszeitung eine Erklärung veröffentlichen.

Die Zeit unthätigen Harrens währte bis tief in den Herbst hin= ein. Varnhagens bemühten sich, das Gefühl der Unsicherheit zu über= winden und fröhlich dem Tage zu leben. „Ganz unverhoffte Gnade schickte Gott," erzählt Rahel von diesen Wochen. „Zum erstenmal in meinem Leben fühlte ich mich plötzlich leichtsinnig. Ich konnte sechs Wochen lang hier Berg, Thal, Luft, Grünes, Feld mit dem größten Bewußtsein, mit dem ruhigsten Herzen genießen. So war auch Varn= hagen gestimmt, und wir genossen alles, was der Ort bot."

Da von Berlin keine nähere Bestimmung erfolgte, entschloß man sich endlich, in Mannheim zu überwintern. Am 18. September kehrten Varnhagens von Baden nach Karlsruhe zurück in der Absicht, ihren Haushalt dort aufzulösen und nach Mannheim zu übersiedeln. Sie hatten kaum den Anfang damit gemacht, als ein Schreiben vom preußi= schen Minister des Äußern eintraf, in welchem Varnhagen seine Be= rufung zum preußischen Minister=Residenten bei den Vereinigten Staaten von Nordamerika mitgeteilt und zugleich die Anweisung gegeben wurde, sich ohne Verzug über Holland nach England zu begeben, um dort weiteren Befehl abzuwarten! —

Es konnte Varnhagens keinen Augenblick zweifelhaft sein, daß diese Sendung die Verbannung bedeutete! Der unbequeme Diplomat sollte kaltgestellt werden; nicht einmal ein vorübergehender Aufenthalt in Berlin wurde ihm gestattet! — Bei Rahels schwankendem Ge= sundheitszustande war es undenkbar, daß sie sich den Strapazen der weiten Seereise unterzog. Die Erfahrungen und Anschauungen aber, die Varnhagen in dem neuen Berufskreise günstigen Falles sammeln konnte, waren in seinen Augen doch niemals das Opfer einer viel= leicht jahrelangen Trennung von seiner Frau wert. Darum entschloß er sich, zunächst nach Berlin zu gehen, dort den Boden zu prüfen und, wenn er die Umstände günstig fände, auf höchstens ein Jahr die Sendung anzunehmen, andernfalls aber sogleich seinen Abschied zu fordern.

Als sie am 1. Oktober die Reise antraten, wurde es beiden schließ= lich doch nicht leicht, zu scheiden. Rahel hatte sich während der drei Jahre in Karlsruhe und dessen Umgebung einen Kreis von lieben Be= kannten und Freunden erworben, mit dem sie anspruchslos gesellig ver= kehrte. Das anmutige Land war ihr ans Herz gewachsen; in die Mängel und Unbequemlichkeiten des Wohnortes hatte sie sich allmählich eingelebt. „Ich hatte die große Satisfaktion, unserm Lande im Auslande Ehre zu machen; was ich that, that doch eine Preußin; und ich war be= scheiden, hilfreich, gut, sanft und beliebt, und das kam auf die Rech= nung aller Preußinnen. Ich hatte die große Satisfaktion, daß ich endlich einmal auf solchem Piedestal stand, wo man, was ich Gutes machte und war, auch mitzählte." — Das war ja früher, in der alten Heimat, so oft ihr Schmerz gewesen, daß man jegliche Leistung von ihr als selbstverständlich und kaum des Dankes wert hinnahm. Hier hatte man in freundlicher Anerkennung den Wert ihres Wesens geschätzt, und das hatte ihrem Herzen wohlgethan. Schrieb doch — um nur ein Beispiel des guten Leumunds anzuführen, den sie in Baden hinter= ließ — 1821 Henriette Mendelssohn an Ludwig Robert: „Wenn Sie Ihrer lieben und von mir geliebten Schwester schreiben, so sagen Sie ihr in meinem Namen, daß ich in Baden von ihr mit Liebe und wirklichem Enthusiasmus habe sprechen hören; es thut gar nichts, daß die äußerst liebenswürdige Frau, die so von Ihrer Schwester mir gesprochen, die Großherzogin Stephanie ist..."

Es ist daher zu begreifen, daß Rahel, auf diesen Lebensabschnitt zurückblickend, wehmütig äußerte: „Ein liebes Leben habe ich verloren."

Mitte Oktober 1819, nach einer Abwesenheit von etwa sechsein= halb Jahren, kehrte Rahel an der Seite ihres Gatten in die Stadt ihrer Jugend zurück, wo der Kreis ihres Lebens sich schließen sollte.

Zehntes Kapitel.

In der alten Heimat.

(1819—1829.)

Am 8. Oktober 1819 langten Varnhagens in Berlin an und bezogen, da die Dauer ihres Aufenthaltes völlig unbestimmt war, zunächst ein möbliertes Quartier in der Französischen Straße 20, Ecke der Friedrichstraße, in jenem Hause, das ihnen dann noch auf Jahre hinaus als Wohnung diente. Der erste Eindruck, den die Stadt ihrer Jugend auf Rahel machte, war nicht sonderlich erhebend. Drückte schon die Unsicherheit der Lage, das „Prekäre" der häuslichen Einrichtung sie nieder, so versetzten die mancherlei Enttäuschungen, die dem nicht erspart bleiben, der nach jahrelanger Abwesenheit mit geschärftem, kritischem Blick in alte Verhältnisse zurückkehrt, sie geradezu in schmerzliche Erregung. Beständig verglich sie das reiche, reife Glück ihrer Mädchenjahre mit der traurigen Gegenwart, und das Herz blutete ihr. Mit leidenschaftlichem Eifer sprach sie sich darüber gegen ihre alte Pauline Wiesel aus (Dez. 1819): „Dieser Fluch — [daß sie nach Berlin zurückkehrte] — ist an mir wahr geworden. Ich muß ihn ausstehen wie das Leben selbst, kann sonst nichts thun, als ihn ausstehen. . . . Meine größte Qual ist hier, daß, was noch übrig blieb von meinem vorigen, so alt, so abgetragen, so verkrüppelt, so häßlich geworden ist. Lauter traurige Revenants, die auch mich wie sonst haben und gebrauchen und ansehen wollen! Hie und da in der Fremde einen solchen einzeln zu finden, kann noch spaßhaft, erträglich sein, wie wir's wohl erlebten. Aber solche alte, vertrocknete, versteinerte, verholzte Massen, in den alten und doch so zerstörten Räumen, sind Furien der Vergangenheit, die einem mit Gewalt die Augen ausblenden mit ihren Fackeln, mit Wut uns erhellen, was wir nicht sehen

wollen." ... Schmerzlich vermißte sie ihre alten Bekannten. „Der
Tod hat unter unsern Freunden gewütet, vom Krieg unterstützt," klagte
sie ihrem Jugendfreunde G. v. Brinckmann in Stockholm. „An
jeder Ecke in unserm Viertel, wo sonst Unsrige wohnten, sitzen Fremde.
Es sind Grabstätten. Die ganze Konstellation von Schönheit, Grazie,
Neigung, Witz, Eleganz, Drang, die Ideen zu entwickeln, redlichem
Ernst, unbefangenem Aufsuchen und Zusammentreffen, ist zerstiebt ...
Es sind noch unendlich viele gescheite Leute hier, und ein Rest von
Geselligkeit, die in Deutschland einzig ist. Aber die meine ist weg!"

Sie, die vor kaum vier Jahren sehnsüchtig geseufzt hatte: „... Bete
für mich, daß ich hinkomme, wo ich so viel litt und lebte und em=
pfand," — sie fühlte so peinvoll den Druck einer abgestorbenen Ver=
gangenheit, daß sie fest entschlossen war, sobald es Frühling würde, Berlin
zu verlassen „und — spricht Gott nicht selbst einen neuen Fluch aus —
hierher nicht wieder zu kommen. Müßte ich aber das doch, so würde
ich's thun, wie man stirbt, verstummend." —

Indessen es war dafür gesorgt, daß ihr Wunsch — vielleicht zu
ihrem Besten — sich nicht erfüllte. Die Erledigung von Varnhagens
Angelegenheit wurde unendlich hinausgeschleppt. Der Staatskanzler ließ
den ihm unbequemen Mann völlig unbeachtet und hielt ihn sich fern.
Amtliche Thätigkeit wurde ihm nicht zugewiesen. In vorsichtiger Zurück=
haltung, klug und still verlebte er ein Wartejahr nach dem andern.
Man merkt, er will keinen neuen Anstoß erregen, er hofft noch immer
auf Wiederanstellung im Staatsdienst. Nur manchmal bricht sein Unmut
in schroffen Drohungen hervor. Im Jahre 1825 endlich wurde er als
Geheimer Legationsrat zur Disposition gestellt. Nun beschlossen
Varnhagens, in Berlin ihren dauernden Wohnsitz zu nehmen. In der
That ließ sich für den entgleisten Diplomaten, der immer mehr Schrift=
steller und Gelehrter als Politiker gewesen war und nun ganz zu seinen
alten Neigungen zurückkehrte, kein passenderer Ort denken als dieser, der
sich seit 1815 immer mehr zu einer Gelehrtenstadt entwickelt hatte. —
Auch für Rahel war, besonders in Rücksicht des geistig=geselligen Ver=
kehrs, Berlin zweifellos der angemessenste Aufenthalt, so schwer es
ihr zunächst fallen mochte, sich in die alten Verhältnisse wieder einzu=
leben und den Veränderungen des allgemeinen Zustandes sich anzu=
bequemen.

Denn — mochten der anfänglichen Abneigung Rahels vorwiegend
persönliche Empfindungen und Stimmungen zu Grunde liegen —:
auch im öffentlichen Leben der Stadt hatte sich ein Umschwung voll=

zogen, der ihr den Aufenthalt wohl verleiden konnte. Als Rahel im
Mai 1813 Berlin verließ, wogte der Strom patriotischer Begeisterung
durch aller Herzen; die Wirkung der kühnen Reformen S t e i n s trat in
einer sittlichen Erhebung und einem Opfermut ohnegleichen herrlich in
die Erscheinung. Jetzt, 1819, stand die Hauptstadt Preußens unter
dem Zeichen der Reaktion. Es fehlte dem öffentlichen Leben ein
„punctum saliens", wie O e l s n e r sagte. Die „Demagogenriecherei"
hatte sich gerade hier unter der Polizeiherrschaft eines K a m p t z zu
höchster Blüte entfaltet. Selbst Männer, deren vaterländische Gesin=
nung über jeden Zweifel erhaben war, wie J a h n und S c h l e i e r=
m a c h e r , wurden gemaßregelt oder gar ihrer Freiheit beraubt. Das
alte Zensuredikt von 1788 wurde seiner wohlverdienten Vergessenheit
entrissen, um die unbotmäßige periodische Presse zu knebeln; das Ober=
Zensur=Kollegium hatte darüber zu wachen, daß die Zeitungen nur die
politischen Thatsachen berichteten, in den etwaigen Betrachtungen aber
stets die Ansicht der Regierung vertraten. Natürlich war das Edikt
ein „unzulänglicher Damm gegen Wassersflut", wurde übrigens milder
gehandhabt, als man erwartet hatte. Um den „schlechten Geist" der
Presse noch besser bekämpfen zu können, schuf sich die Regierung in
der „Allgemeinen Preußischen Staatszeitung" ein offiziöses Organ. So=
gar für die Akademie und die Universität wurde die Zensurfreiheit
auf fünf Jahre aufgehoben. Die Polizei=Chikanen erstreckten sich auch
auf das Theater. Stücke, in denen man irgend eine gefährliche Ten=
denz witterte, wie „Egmont" und „Tell", durften nicht gegeben
werden. Erst 1825 wurde die Aufführung der „Räuber" und 1828
die des „Prinzen von Homburg", nach Milderung einiger Stellen
durch L u d w i g R o b e r t , gestattet.*)

Unter diesen Umständen ist es nicht verwunderlich, daß die Stim=
mung der Berliner Bevölkerung im allgemeinen freudlos und gedrückt
war. Eine dumpfe Resignation trat an die Stelle der frohen Hoff=
nungen und Erwartungen, welche sich an das vom Könige gegebene Ver=
sprechen einer Verfassung geknüpft hatten. Aeußerlich gelangte das wenig
zum Ausbruck. Es gab keine Volksaufläufe, keine laute Opposition.
Man konnte sich keine ruhigere Stadt denken als Berlin. „Es giebt
kein Publikum, wenig öffentlichen Geist und kaum noch eine öffentliche
Meinung, es giebt nur Amt und Thatsache," urteilten die Zeitgenossen.
V a r n h a g e n prägte (1822) das witzige Wort: „Die öffentliche Mei=

---

*) s. G e i g e r , „Berlin 1688—1840", Bd. 2.

nung ist ganz die geheime geworden, die geheime Polizei dagegen die öffentliche; nämlich jene geniert sich, und diese geniert sich nicht." Man hütete sich, etwas zu sagen. Man zog sich in das Innere des Hauses zurück; in der Beschäftigung mit der Wissenschaft, der Litteratur und Kunst, in edler Geselligkeit suchte und fand man Ersatz für getäuschte Hoffnungen; hier, im verschwiegenen Salon, im engen Kreise Vertrauter sprach sich, den politischen Spionen nicht vernehmbar, der unterdrückte Zeitgeist in Lauten des Zornes und der Verachtung, in Worten stolzer Zuversicht aus.

Das ist das Gepräge, das auch Rahels Leben bis gegen 1830 trägt: denn sie war viel zu innig mit dem ganzen Kulturleben ihrer Epoche verflochten, war — nach einem glücklichen Wort Theodor Mundts — viel zu sehr „mitempfindender Nerv der Zeit", als daß nicht jede Strömung und Zuckung des öffentlichen Lebens, jede Ideenbewegung ihr tiefstes Innere ergriffen und durchzittert hätte. —

*　　*　　*

An äußeren Ereignissen war dieser Lebensabschnitt vielleicht ärmer als alle früheren. Das wenige, was in dieser Beziehung zu erwähnen ist, möge hier im Zusammenhange berichtet werden.

Die schwache Gesundheit der nun 50jährigen Frau verbot ein wechselreiches und geräuschvolles Leben; der körperliche Zustand wurde immer mehr bestimmend für ihre Lebenshaltung. „Das Körperchen geht doch nun in sein Aelterchen dahin, und immer dahin," sagte sie wehmütig scherzend. Die wenigen Reisen, die sie, z. B. 1821 und 22 nach Teplitz, unternahm, waren meist Erholungsreisen nach schwerer Krankheitsnot. 1823 ward ihr die Freude, ihre Schwester Rose einige Wochen in Berlin bei sich zu haben. 1825 machte sie mit ihrem Manne und ihrem ältesten Bruder eine schöne, in jeder Beziehung gelungene Reise in ihr liebes, schwer vermißtes Baden. Unterwegs — man fuhr über Weimar — wurde ihr das Glück, Goethe zum letztenmal von Angesicht zu sehen. „Wir waren einen langen Abend bei Goethe," erzählt sie, „der freundlichst war, weil er wohl war. Wir sprachen ihm ausführlich über Cousins*) wissenschaftliche Anliegen an ihn: er bedauerte, ihn nicht mehr gesehen zu haben. Herr Cousin muß noch hin, solange der lebt! Mir hat Goethe eine Feder

---

*) Victor Cousin, geb. 1792 in Paris, einer der glänzendsten Vertreter der Philosophie in der Restaurationsepoche, nahm die deutsche Philosophie, die er während seines wiederholten Aufenthaltes in Deutschland an der Quelle studiert

schenken müssen, und gerne geschenkt, womit er den Morgen des 8. Juli geschrieben hatte. „Ich kann darauf schwören, daß ich noch diesen Morgen damit schrieb,‘ waren seine Worte. Nun muß ich noch ein Halstuch von ihm haben! — Uebrigens fließt er wahr und wahrhaftig in mein Blut.“ — In Baden mußte sie, die einst so passionierte Spazier= gängerin, bei Ausflügen ins Gebirge sich des Esels als Reittieres bedienen. Sie schildert es mit drolligen Worten, die zugleich ihrer Liebe zur Tierwelt charakteristischen Ausdruck leihen. Der „liebe, ver= kannte Esel“, sagt sie, habe unter allen Tieren sie immer gerührt. „Diesen Sommer hab’ ich in Baden=Baden seine persönliche Bekannt= schaft gemacht, und bin viel mit ihm im Gebirge umhergeritten. Tausendmal besser als fahren. Er verstand mich gleich; ich ihn auch. Sie müssen wissen, ich bin der größte und ungeschickteste Poltron — und darum froh, eine Frau zu sein —: als ich mich zuerst auf das Tier setzen sollte, und nun darauf war, mußte ich fragen, was ich nun thun müßte, um rechts oder links zu kommen?! Bald aber waren wir einig; er merkte mir alles, ich ihm alles ab: ja, mir kam’s vor, er liebe mich. Wenn ich im waldigen, duftenden Gebirge so etwas voraus ritt, war ich ganz tief innen überzeugt, so hätte ich sonst in Spanien unter schönen Umständen, schöner Begleitung, in guter Lage geritten und erinnerte mich jetzt nur daran.“ . . . Es fehlte nicht an Ausflügen nach Karlsruhe und nach Straßburg, wo man die berühmte Schauspielerin Mlle. Mars spielen sah; endlich ging es über Frankfurt und Kassel nach dem „großen, alten, weiten, vielfältig guten Neste Berlin“ zurück.

Das Ende des Jahres 1826 brachte Rahel den Verlust ihres Bruders Markus. Mit Ueberwindung ihrer eigenen Schwäche hatte sie ihn in seiner Todeskrankheit treu gepflegt, ermutigt und getröstet. „Mein einziger Trost ist, daß ich ihm alles that und opferte, was nur in meinen Kräften stand,“ schrieb sie (Jan. 1827) ihrer fernen Schwester. „Das Opfer bestand in dem Rest meiner wenigen Gesundheit; meine Satisfaktion nicht in der Pflichterfüllung, sondern in der sichtbaren Sicherheit, ihn wirklich soulagiert und ihm beigestanden zu haben . . .

---

hatte, zum Ausgangspunkt; er wurde seinen Landsleuten der eifrige Dolmetsch Kants, Fichtes, Schellings, Hegels und Goethes. — Rahel hatte ihn 1824 oder 25 in Berlin kennen gelernt, und sie, die der Meinung war, daß Fran= zosen und Deutsche „eigentlich zusammen gehörten wie zwei Hälften“, unterstützte von Herzen seine auf geistige Vermittelung zwischen den beiden Nationen zielenden Bestrebungen.

Er, der nie demonstrativ war und immer weniger es wurde, und immer
wortkarger, nannte mich oft: ‚Treue Schwester! treue Seele!‘ — Das
Aeußerste!“ ... Physisch habe sie die Empfindung, als wäre sie eine
Rose, aus deren Mitte ein Blatt gebrochen: „sie riecht, die Rose, sie
ist rot; aber sie fühlt den Riß! So ist's, wenn einem Geschwister
vorangehen. Das wußt' ich nicht. ... Ich bin in Weinen alt ge=
worden,“ schließt sie die traurige Betrachtung. „Es wird schon recht
sein; Gott ist klüger als wir!“

Im August und September 1827 verursachte ein mehrwöchiger
Ausflug Varnhagens nach Süddeutschland eine längere Trennung der
beiden Gatten. Rahel weigerte sich standhaft, ihren Mann zu begleiten:
die stete Rücksicht auf ihren geschwächten Körper sollte nicht aus einer
Lust= und Erholungsfahrt eine „Verweichlichungsreise“ machen. Außer=
dem wollte sie einmal „ganz ohne Rücksicht krank sein“, ohne Rechen=
schaft und Gêne leben dürfen. So machte sich denn Varnhagen allein
auf den Weg, besuchte Leipzig, Nürnberg, Regensburg, München, Augs=
burg, und kehrte über Erlangen, Koburg und Weimar nach Hause
zurück. Mit dem ihm eigenen klaren, vorurteilsfreien Blick erfaßte er
alles Schöne und Charakteristische der von ihm durchreisten Gegenden
und Städte, besichtigte Baudenkmäler, besuchte Museen, Galerien,
Theater, machte neue bedeutende Bekanntschaften und frischte alte auf
— u. a. führte ihn die Reise mit dem Philosophen Franz v. Baader,
dem Buchhändler Cotta, mit Karl v. Raumer, Rückert und
Goethe zusammen —: kurz, er nützte seine Tage gründlich aus und
fand außerdem noch Zeit, fast täglich seiner Rahel die ausführlichsten
Briefe zu schreiben, Briefe, „wie gedruckt in der Handschrift zu lesen“.

*   *   *

Das ist so ziemlich alles, was an wichtigeren äußeren Erlebnissen
aus diesem Zeitabschnitt zu nennen wäre. Rahel wurde eben immer
mehr ein häusliches Wesen; und wer die Rahel dieser Epoche, die
50= bis 60jährige Frau, recht kennen lernen will, darf sie nicht auf
Reisen, im Glanz der Feste, auf dem lauten Markt des öffentlichen
Lebens aufsuchen, sondern muß ihr stilles häusliches Walten als Gattin
und Hausfrau belauschen, ihren Verkehr mit Verwandten, nahen
Freunden und Untergebenen, ihre lebendige Teilnahme am geistigen
Leben beobachten; der muß den Geist ihres Hauses studieren.

Werfen wir zunächst einen Blick in Rahels Wohnung, die,
je älter sie wurde, eine desto größere Bedeutung für sie gewann.

Wäre es auf sie allein angekommen, sie hätte sich ein einfaches Land= oder Gartenhaus mitten im Grünen als Heim erkoren; denn daß sie keinen Garten besaß, nannte sie zeitlebens ihre „größte Kränkung". Jedenfalls ließ sich ein Logis, wie sie dessen bedurfte — das die Vor= züge eines stillen ländlichen Asyls mit denen einer bequem gelegenen Stadtwohnung vereinigte —, schwer finden, sonst würde ihr Gatte, der ihr jeden Wunsch vom Auge ablas, es ihr sicher geschafft haben. Von 1819—27 wohnten Varnhagens Französische Straße 20; dann siedelten sie in das Haus Mauerstraße 36 über, in jenes Quartier, das Rahel bis' zu ihrem Tode bewohnte. Hier hatte sie geräumige „schloßartige" Zimmer, deren Hinterfenster auf Nachbargärten gingen, wo „wie in einem Forsthaus Luft und Geruch" herrschten, und wo sie „Ruhe, Frieden, Stille, ohne Einsamkeit" fand.

Ihrem Tageslauf, so genial=frei er sich manchmal zu gestalten schien, lag doch immer eine bestimmte Ordnung zu Grunde. Ja, Rahel liebte gerade Ordnung und Exaktheit überall außerordentlich. „Nur die besten Menschen sind exakt," sagte sie einmal. „Nur die Besten wissen, daß das höchste gereinigte Erdendasein bedingt ist und nicht bestehen kann ohne höchste Ordnung des Einrichtens der gewöhnlichsten Dinge und Umgebungen, und daß nur dadurch die uns ewig unbe= greifliche und unwiederbringliche Zeit ökonomisiert wird; nur die besten Menschen unterwerfen sich diesen Bedingungen" … Natürlich konnte in einem Hause, das Mittelpunkt lebhaftester Geselligkeit war, wo tag= täglich und fast zu jeder Stunde Besuch aus= und einging, keine pe= dantische, bis auf die Minute geregelte Ordnung herrschen. Trotzdem konnte sie versichern, es gehe still in ihrem Hauswesen zu. Ihre große und freie Auffassung des menschlichen Daseins im Zusammenhange mit ihrer erstaunlichen geistigen und körperlichen Elastizität ermöglichten ihr, die wohlthuendste Ordnung und Regelmäßigkeit der Lebensführung mit freiem Sichausleben zu verbinden. Sie offenbarte hierin ein seltenes Talent, dessen Geheimnis sie auch ihren Freunden zu erschließen suchte. So, wenn sie dem Grafen Custine empfahl, „à comprendre le po- sitif de la vie", und ihm erklärte: „Le positif des Lebens besteht aber darin, das abzuleben, was gerade vor uns steht. Deswegen ist Posi= tives immer da, (wenn wir frei sind, unsere Thätigkeit zu üben): auf unserm Landsitz, wie in Paris; in der Gesellschaft, wie in der Fa= milie; unter Menschen, wie in dem Stall; ja selbst unter Büchern und allein. Die Gegenwart fühlen, mit ihr sich abgeben können, das ist Lebenstalent; je mehr man davon in sich trägt, je positiver ist man, und je mehr Positives wird uns vorkommen. Ein lebendiger, ethisch guter Wille belebt uns allein die Gegenstände zu geistigen. Das bin ich ganz gewiß. Der Geist ist wie Sonne; sie ist immer da; beleben aber kann sie nur, was vorhanden ist." —

Rahels Tageswallen stand unter dem Zeichen der Krankheit. Nur dem Umstande, daß sie eine heroische Kranke war, die mit eiserner Willenskraft ihr Leiden zu verbergen wußte, ist es zuzuschreiben, daß sich selbst ihre nächste Umgebung häufig über ihren traurigen Zustand täuschte. So wollte sie es. „Was ich zu leiden habe, weiß nur Gott und — Dore," pflegte sie wohl zu sagen; Dore, ihre gute alte Dienerin, die ihr in mancher qualvollen nächtlichen Stunde mit treuer Hilfe zur Seite stand. Selbst Varnhagen verbarg sie, um ihn nicht zu bekümmern, solange es nur möglich war, sorgsam ihre Schwäche. — Mit zunehmenden Jahren hatte sich ihr altes Brustübel immer tiefer eingewurzelt. Besonders zur Nachtzeit suchten Atemnot und schreckliche Brustkrämpfe sie heim; ein kühler Luftzug, ein Schreck, der Geruch einer frischgescheuerten Stube genügten, um Anfälle des Leidens hervorzurufen. Dazu gesellten sich hartnäckige rheumatische und gichtische Schmerzen, und die Reizbarkeit der Nerven steigerte sich beständig.

Nach mancher halb oder ganz durchwachten Leidensnacht konnte sie erst spät aufstehen, und sie brauchte manche Stunde, um, wie sie sich ausdrückt, „meiner Gesundheit zu schmeicheln, vielmehr meiner Krankheit". Dann waren die Geschäfte der Wirtschaft, Rechnungen, Geldangelegenheiten zu erledigen, kurze Billets, Einladungen zu schreiben; auch wurde, wenn um Mittag kein Besuch kam, Lektüre getrieben oder ein Teil der eigentlichen ausgebreiteten Korrespondenz erledigt. Hatte sie nicht schon morgens das Zimmer voller Menschen, so sprach sie nach 12 Uhr selber bei Verwandten und Freunden vor, besorgte ihre Einkäufe, besuchte eine Konzertprobe oder eine Bilderausstellung; auch fand sie wohl Muße zu einem Spaziergange oder zu einer Ausfahrt durch den Tiergarten nach Charlottenburg, nach Friedrichsfelde, nach Schöneberg und anderen Orten der Umgegend von Berlin. Ziemlich spät ging man zu Tische. Rahel hielt auf eine gute, feine Küche, ohne auch in diesem Punkte unnötigen Luxus zu treiben. Es war ihr Stolz, eine „vollkommene Hausfrau" zu sein. Selten aßen Varnhagens allein: fast immer wurde das Mahl durch die Anwesenheit lieber Gäste gewürzt. Gern teilte Rahel — namentlich in Krankheitsfällen — Freunden und Verwandten aus ihrer „Bürgerküche" mit. — Nach Tische war ihr ein kurzer Schlaf bringendes Bedürfnis, und die fol-

genden Stunden, die sie sich ungern durch Besuch verkürzen ließ, ge-
hörten der stillen Lektüre, der Korrespondenz oder anderen schriftlichen
Aufzeichnungen. Wenn ihre Gesundheit es erlaubte, besuchte sie das
Theater, das damals bedeutend früher als heute begann; nur in den
letzten Jahren ihres Lebens mußte sie fast ganz auf diesen Genuß verzichten. Blieb sie zu Hause, so stellten sich bald Gäste ein; nach dem
Theater, aus Konzerten und Gesellschaften eilte man, oft in später
Abendstunde, zu ihr, um in ihrem Salon Unterhaltung, Erholung und
Erhebung zu finden. Es war, wie Rahel selbst wohl wußte und aussprach: die Menschen hatten es gut bei ihr! — „Werden geschmeichelt,
bewirtet, gepflegt, nicht persönlich widersprochen, umgangen, können nach
dem Theater kommen, finden Gespräch, auch wenn sie uns allein treffen,
die neuesten Bücher, immer willige Erfrischung." — Diese gesellschaftlichen Pflichten nahmen Rahel oft bis nach Mitternacht in Anspruch.
Selten genug mochte es vorkommen, daß sie mit Varnhagen allein in
friedlichem Gespräch oder gemeinsamer Lektüre einen Abend verbrachte.

Es lag in dem seltsamen Charakter dieser Ehe, daß Varnhagen
die Heimlichkeit eines stillen, eng umfriedeten Familienglückes weit
schwerer vermißte als Rahel. Oft klagte er, sie so selten allein zu
haben, sie so wenig zu sehen, auch wenn sie tagelang beide kaum das
Haus verließen. Wie sehr auch er geistreichen Umgang schätzte: seine
Frau wog ihm alle Freunde auf. Er fühlte sich unsagbar wohl in
der Sphäre, die sie still waltend um sich schuf. „O diese reizende Gewöhnung des täglichen Daseins an diese Wärme, an dieses Licht," ruft
er einmal aus, „die sich über alles verbreiten, was uns berührt, selbst
über das, was zuweilen als ihr Gegenteil sich eindrängen möchte, diese
reizende Gewöhnung ist mir so notwendig geworden, wie irgend ein
Eingeweide dem körperlichen Leben sein kann." Höchst selten, und fast
nur notgedrungen, entfernte er sich auf längere Zeit von ihr, und dann
lebte er in seinen Gedanken mehr mit und bei ihr, als in seiner Umgebung. Da erscheint ihm jeder Tag, fern von ihr, ein Diebstahl an
seinem Leben. Es ist rührend, wie unermüdlich, zärtlich und liebevoll
der noch immer jugendliche Mann von seinen Reisen an die alternde
Gattin schrieb: diese Briefe könnten, was die Innigkeit und Wärme
der Empfindungen betrifft, an eine junge Geliebte gerichtet sein. So
ist es keine überschwengliche Phrase, sondern ein Ausdruck starken
sicheren Gefühls, wenn er ihr versicherte: „Daß mein Leben Dich gewinnen konnte, gewonnen hat, das macht es mir zu einem der aus-
erwähltesten, die je auf Erden geführt worden!" —

Aus dem wunderlichen Brautstande war eine Art von Muster=
ehe geworden. Wir sahen, wie die unbedingte Anerkennung, die Varn=
hagen Rahel zollte und zollen mußte, wollte er nicht von ihrer „Natur=
nähe" erdrückt werden, sie erfreute und beseligte. Und doch war das
nicht die erste Bedingung ihres ehelichen Glückes. Wichtiger noch und
notwendiger war ihr die vollkommene Freiheit, die Gleich=
stellung, die ihr Gatte ihr einräumte. Eine Ehe, die ihr eine Ein=
schränkung ihrer persönlichen Rechte und Freiheiten zugemutet hätte,
würde ihr unerträglich gewesen sein. Daß Varnhagen sie in dieser
Hinsicht respektierte, dafür war sie ihm dankbarer als für alles andre.
„Ich bin völlig frei bei ihm," vertraute sie Paulinen an (Sept. 1815),
„sonst hätte ich ihn nie heiraten können. Er denkt über Ehe wie ich.
Ich bin ganz wahr mit ihm, in allem. Und davon liebt er mich."

Dennoch, wie schwer fiel es ihr, sich in das eheliche Gemein=
schaftsleben einzufügen! Das spricht sich in einzelnen Wendungen ihrer
Briefe deutlich genug aus. Einmal sagt sie ohne jede Umschreibung,
das innige Leben mit Varnhagen „fatigiere" sie; sie müsse von Zeit
zu Zeit einmal ganz ohne Rücksicht und Rechenschaft, ganz sich allein
fühlend, leben dürfen. „Liebe Rosa," fährt sie (in einem Briefe an
ihre Schwägerin) dann fort, „schieben. Sie hier keine Frage ein: ob
es denn neben August nicht so sein könnte. Nein! — und daran
bin ich schuld. Und neben keinem der Namen im ganzen Ka=
lender . . ."

Sie ließ übrigens ihren Mann hierüber nicht in Zweifel. Wäh=
rend einer Trennung (18. Sept. 1816) schrieb sie ihm das folgende
Wort: „Wie sonderbar, daß man auch bei den geistigsten Herzens=
gegenständen einen Schritt zurück und aus sich heraustreten muß, um
sie deutlich zu sehen, d. h. hier: zu empfinden. So sehe ich von hier
aus erst von neuem und im ganzen die Lage ein, in welche mein Ver=
hältnis zu Dir mich setzt. Bei allen ist es wohl so; aber Du kennst
mich: mein namenloses Freiheitsstreben! Jede Nähe scheint wenigstens
zu beengen; und so muß ich meine Lage manchmal von ferne be=
schauen, um sie von neuem mit Dir ans Herz zu drücken. Du kennst
mich, ich bin Dir kein Geheimnis; und die Bedingung, das Element
des Glücks in dem Verhältnis zu Dir ist, daß ich Dir keines [kein
Geheimnis] zu sein brauche; daß ich mich eigentlich vor Dir gar nicht
scheue, den freiesten Beurteiler an Dir habe."

Rahel spricht von den „geistigsten Herzensgegenständen" und deutet
damit an, daß es ihr nicht auf die Ungebundenheit des äußeren

Karl August Varnhagen von Enſe.

Nach einer im Handzeichnungskabinet der Königl. Nationalgalerie zu Berlin befindlichen Zeichnung
von S. Fr. Diez (1839).

Lebens, sondern in erster Linie auf die innerste Wesens= und Willens=
freiheit ankommt. Wir stoßen hier auf eine Schranke ihrer Natur,
über die sie nicht hinweg kam. Sie kannte — und es wurde schon
angedeutet, daß dies auf physische Ursachen zurückzuführen ist — sie
kannte nicht echte Weibesliebe. Das natürliche, naive, unverbildete
Weib denkt nicht daran, in der Liebe seine Wesenheit zu wahren; wie
es denn überhaupt nicht reflektiert, wenn es liebt. Es ist allein von
dem unbezwingbaren Naturdrange beseelt, sein Selbst dem erkorenen
Manne hinzugeben; ja, nicht nur es ihm hinzugeben, sondern es für
ihn aufzugeben, sich selbst zu vergessen, um im Geliebten sich wieder=
zufinden. Rahel konnte sich aufopfern, sie hat es ihren Freunden oft
bewiesen; sie war auch — man denke an Prag! — selbstloser Hin=
gabe an eine große Idee in hohem Maße fähig. Aber jenes unbe=
wußte Aufgeben seiner selbst, das im Grunde die Liebe ausmacht, kannte
sie nicht. Diese starke, in sich geschlossene Persönlichkeit mit dem be=
herrschenden, ewig grübelnden Verstande, mit der fast männlichen Willens=
kraft konnte sich nie an einen andern Menschen — und wäre er der
größte gewesen! — verlieren, mußte immer starr an sich selbst fest=
halten. Sollte diese Ehe zum Heil ausschlagen, so mußte — geistig
betrachtet — das Verhältnis der Geschlechter sich umkehren.

Und so war es hier in der That: Varnhagen erscheint neben
seiner Frau als der beglückt empfangende, willig sich anschmiegende
Teil. „Bei der kleinsten Trennung", versicherte sie ihm, „überlege ich
mir dein Wesen, wie gediegen es ist und sich immer bessert; und wie
es — zu meinem Glück — sich zu mir stimmt; und in aller Frei=
heit, ohne Vorurteil."

Liest man Rahels lobende, anerkennende Worte über Varnhagen,
so drängt sich unwillkürlich die Frage auf: wie war es möglich, daß
sie, deren Wahrheitsliebe, deren scharfer Blick in Beurteilung des Men=
schen von allen Seiten gerühmt wurde, ihn so durchweg günstig be=
urteilte? Die Unzuverlässigkeit seines Charakters, seine Eitelkeit, seine
Zanksucht — das alles hatte sie im Zusammenleben mit ihm zur
Genüge kennen gelernt; ein gewisser treuloser und boshafter Zug seines
Wesens konnte ihr ebensowenig entgehen, wie seine Neigung zur Un=
aufrichtigkeit. Vielleicht wird ihre innere Stellung zu ihm klar, wenn
man sie so auffaßt, daß die Mütterlichkeit ihrer Gefühle für ihn, das
Bewußtsein, sein Bestes ihm anerzogen zu haben, der auch in der Ehe
fortdauernde erziehliche Einfluß, den sie auf ihn ausübte, ihn ihr lieb
und wert machten. Er war gewissermaßen ihr Schmerzenskind, und

welche Frau schlösse nicht ein Schmerzenskind besonders tief in ihr Herz. Das alles und außerdem sein seltenes Anpassungsvermögen ließ sie allmählich die Kritik vergessen.

Der mütterliche Zug ihrer Liebe tritt in vielen kleinen Dingen rührend hervor. Für ihn zu sorgen, ihm das Dasein lieb und bequem zu machen, ihm Ruhe und Behagen zur Arbeit zu schaffen, seinen kleinen Launen und Schwächen zu schmeicheln — das alles hielt sie für ernste Pflicht. „Männer sind Prinzen: wir die Haushofmeister, Kammerdiener, Tresoriers und Mägde" —: so spricht sie in ihrer launigen Art ihre Auffassung des Hausfrauenberufes aus. Als ihr Mann 1827 in München war, schrieb sie ihm: „Wisse, daß ich viel nach Deinem Zimmer gehe, alle Deine Orte beschaue, Liebster! Dein Zeug ausstäuben, ausbürsten, in die Luft hängen lasse, Hand mit anlegend; wischen, fegen lasse; Zeitungen hinlege, mit Dir spreche, Dich umarme; und daß mir die mit Sehnsucht durchflochtene gänzliche Stille und Ruhe, dieses komplette Mir-selbst-überlassen-sein — wo mir, wie ich Dir schon sagte, Grund und Richtung zum Bewegen fehlt und ich wie ein Schweres ruhe — körperlich doch wohlthut. Mit welchen schönen Kräften zur Freude werden wir uns wiedersehen!" ... Oder: „Gute Nacht, teurer Freund, ich geh' noch in das unbewohnte Zimmer und erfülle es mit Liebe und treuen Wünschen und Segen" ... Oder: „Ich stehe vor Deinem Bette und gebe Dir Gutenachtküsse! Deine Pflegerin, mein Lieber!" ... Der echteste Prüfstein ihrer Liebe aber war, daß sie, so ganz frei vom Egoismus des Kranken, ihren Gatten um alles nicht an ihrer Seite stocken und verkümmern lassen wollte. Wie oft ermunterte sie ihn, zu reisen, sich zu tummeln, sein Leben zu genießen. Als er 1827 nach Süddeutschland aufbrach, stand sie, die, um ihm den Genuß durch ihre Leiden nicht zu beeinträchtigen, auf die Mitreise verzichtet hatte, am Fenster, winkte dem Abfahrenden, warf ihm Küsse zu und, einem plötzlichen Impuls folgend, applaudierte sie ihm durch fröhliches Klatschen in die Hände. „Das war von Rahel," schrieb er mit Recht, „darin warst Du ganz, geliebte Einzige, und lange, lange begleitete mich der Eindruck dieses ermutigenden, so glücklich und so ganz aus Deinem Sinne hervorgebrochenen Zeichens!" — Und zwei Jahre später, als Varnhagen unvermutet in ehrenvollem königlichen Auftrage nach Kassel gesandt wurde, verbarg sie ihm sorgfältig, wie krank sie sich fühlte. An solchen Vorfällen ist die Lauterkeit und Selbstlosigkeit ihrer Neigung zu ermessen.

Nach alledem ist die Frage, ob Rahel volles Glück in der Ehe gefunden habe, nicht unbedingt zu bejahen. Wohl gestaltete die Verbinbung ihr Leben, wenn auch nicht glänzend, so doch sorgenfrei und angenehm und gab ihr, der Welt gegenüber, jene Unabhängigkeit und Geltung, deren sie bisher so oft schmerzlich entbehrt hatte. An Frau von Varnhagen wagte sich die lächelnde Verachtung nicht heran, mit der Bosheit und Neid einst die titel= und namenlose Jüdin übersehen zu dürfen geglaubt. — Wohl brachte ihr das Leben an des Gatten Seite ansehnliche und ehrenvolle Beziehungen, Annehmlichkeiten, Freude und Genuß in mancher Richtung; sicher verdankte sie der Ehe viele gute und glückliche Momente, dankte ihr die Sänftigung und Linderung ihres ungestümen Wesens; aber — darüber täuscht nichts hinweg — das innere Verhältnis zu Varnhagen füllte nicht ganz und ausschließ= lich ihr Herz. Der ungeheure Reichtum ihres Innern, die unerschöpf= lichen Hilfsquellen, die in ihr sprudelten, boten ihr Entschädigung in Fülle. Eine Natur wie Rahel konnte eben das Glück ihres Lebens niemals einem Menschen verdanken, sondern mußte es im eigenen Busen finden.

Es ist sicher, daß, was an ungelösten Dissonanzen diese Ehe ent= hielt, der Welt verborgen blieb. Selbst der große Altersunterschied zwischen den Gatten trat äußerlich kaum hervor. „Mein Körper", sagte Rahel, „ist ein Held im Kampfe mit dem Alter; außer weißen Haaren sehe ich bedeutend jünger aus als ich bin. Eigentlich möchte ich gerne so alt vorstellen als ich bin; das kann ich nicht, weil ich so bedeutend jünger aussehe und es immer erklären müßte. Und dann, weil ich einen jungen, mich so sehr liebenden Mann habe. Komischeres giebt's nicht! Die verkehrte Krone auf meinem Schicksal . . ."

Leider war ihr das Glück versagt, eigene Kinder zu besitzen. Zeit= lebens war sie eine große Kinderfreundin gewesen. Ueberall, wohin sie kam, in Verwandten= und Bekanntenkreisen, waren Kinderherzen ihr zu= geflogen, und es war ihr eine süße Beschäftigung gewesen, sie freund= lich zu hegen, in ihrer liebevollen Art für sie zu sorgen. Selten mag eine Mutter reger und reifer über Wesen und Erziehung des Kindes nachgedacht haben als Rahel; ihre Aussprüche über diesen Gegenstand sind herrlich, vom tiefsten Verständnis für das Knospenalter der Mensch= heit eingegeben. Es war ein hohes Glück für sie, daß ihr aus der eigenen Verwandtschaft Ersatz für das Versagte erblühte. Die Töchter ihres ältesten Bruders, die sie einst als Kinder vergöttert, deren Ball= triumphe 1817 in Baden=Baden ihr Herz mit Stolz erfüllt hatten, waren glücklich verheiratet: **Johanne** mit einem Herrn **von Lamprecht**, **Fanny** mit dem Arzte Joh. Ludw. **Casper**, seit 1825 Professor an der Berliner Universität und Medizinalrat. Beiden Ehen waren reizende Kinder entsprossen, die von ihrer Großtante mit innigster Zärtlichkeit geliebt wurden. Besonders hatte sie Fannys ältestes Töch=terchen, die kleine Elise Casper, in ihr Herz geschlossen. Der Umgang mit dem kleinen Mädchen war „Seelenarzenei" für Rahel. Täglich hatte sie es stundenlang um sich, spielte, plauderte, scherzte, speiste mit ihm, belehrte, erzog und verzog es. Wie fein weiß sie das Thun und Sprechen, jede Seelenregung, das ganze holde Gebaren Elisens zu beobachten. Hier nur wenige dieser Schilderungen, an denen ihre Briefe an Varnhagen so reich sind. „Gestern vormittag im himm=lischsten Februarwetter um 11 Uhr mein Kind! Funkelnd von Ge=sundheit, und funkelnd von Grazie, Freude, Singen, guter Laune. Wir waren in Dorens Stube; helle Sonne. Alle Blumentöpfe, an dreißig, begoß sie, bis hoch am Hängeboden, nicht ohne Bärenschauer; ich lachte, Dore muß in blitzender Sonne mit hinauf. Dann in die blaue Stube, dann mit dem Schlafrock in die Küche. Dann mit Bausteinen; ich mußte ihr bauen, wo und wie Löwen und Bären zu sehen sind; ich that's. Die kleinen Caroläths, stellte es vor, sahen aus Logen zu. Dann aßen wir Reissuppe mit Taube, Mohrrüben mit Spargel, Reb=huhn mit Aepfelkompott. Nach 3 Uhr ließ ich das Kind äußerst glück=lich nach Hause tragen" . . . Ein andermal heißt es: „Sie saß wie ein indisch Kind auf meinem Schrank, den Lampenschirm auf dem schönen Kopf, und spielte von oben glücklichst, tüchtig lachend, Ball mit Doren; auch wollte sie gar nicht herunter, bis der Wagen kam. Da brachte ich sie, Thorweg 'rein, Thorweg 'raus, nach Hause. — Sie nähte, während die Damen bei mir waren und aß Schabäpfel mit Zucker und Kastanien. Ich sollte bei ihr essen: ‚Eß mit mich!' — Der liebste Engel, das Grazienkind!" —

Im Sommer 1830 übergaben Caspers, als sie eine längere Reise unternahmen, ihre drei Kleinen auf zwei Monate Rahels Pflege. Wie ernst sie es mit ihrer Aufgabe nahm, welches Weh sie ergriff, als sie die Lieblinge den Eltern wieder abtreten mußte, gelangt zu wehmütig=schönem Ausdruck in einem an H. Heine gerichteten Briefe (21. Sept. 1830), der um so liebenswürdiger erscheint, als er zeigt, daß der geistbegabten Frau das Natürliche, Echt=Menschliche stets auch als das Wertvollste, Wichtigste erschien. „Vielleicht zerstreut es Sie", beginnt der Brief, „in dem jetzigen Leben und bringt Sie zu sehr hohen allgemeinen Betrachtungen — indem es Ihnen die Befriedigung unseres kleinen Herzens als das Wichtigste zeigt —, wenn ich Ihnen sage, klage, erzähle, daß ich ein zerschlagenes Herz im Busen habe, weil ich heute meine Kinder den Kindern wieder abgeben mußte. Rein abgeben, als wenn es i h r e wären; und ich l i e b e sie. Ich lebte enblich acht Wochen, von morgens 7 bis abends 9 — und auch des Nachts mit zwei=, drei=, viermal nach ihnen Sehen — mit, für und nur durch sie. Ich machte ihnen Fleisch durch Pflege und ließ ihre Seelen wachsen, ihren Geist sich heben und regen. Den ganzen Tag hatten die drei, von denen Sie meine älteste, Elise, gewiß kennen, Prätensionen an mich; den halben war ich mit ihnen in Wald, Feld und Gärten. Nun ist's aus, alles aus; und ich in Eifersucht allein, daß andre haben, was ich besitzen sollte; und daß kein Despot, keine Armee, kein Gericht existiert, welches mir dies Gut zuspräche; und der liebe Gott wohl weiß, was mir gebührt . . . Es hilft mir nichts, aus der Zeit der verliebten Liebe zu sein; ich leide doch . . ."

Am hinreißendsten, ergreifendsten hat sie über diesen Gegenstand an G e n t z (3. Okt. 1830) geschrieben: „Auch ich habe noch ein Liebe= herz. Ich liebe mit neuer, niegekannter Zärtlichkeit einen reinen Tau= tropfen des Himmels, ein sechsjähriges Nichtenkind. Aber auch in dieser Liebe erfahre ich Störung, Kontradiktion. Und muß meinen Gegen= stand oft leiden sehen! Das Mädchen gehört mir nicht; aber es ge= hört, höheren Ortes her, mir: mein Blut, meine Nerven, meine Schnelligkeit; herzweich und herzstark. Vernunftkind nenne ich es, fromme Tochter. Aber sie ist hübsch, graziös, reizend, leichtsinnig, und ganz anders als ich; vor Gott und Menschen angenehm. Sechs Jahre segne und pfleg' ich sie mit allen meinen Kräften. Ich denke in meiner tiefen Ueberzeugung und Religion: daß das Kind und ich immer wieder zusammenkommen werden."

Welch eine Mutter hätte Rahel abgegeben! — Wohl hatte Bettina v o n A r n i m, die Elise oft in Rahels Gesellschaft fand und nicht selten an ihrem Spiele teilnahm, recht, das Kind glücklich zu nennen, das unter dem stillen Einfluß einer solchen Persönlichkeit sich ent= wickeln durfte. Als Bettina eine Erzieherin für ihre eigenen Kinder suchte, forderte sie in ihrer originellen Art von der sich Vorstellenden direkt, „que vous soyez absolument avec les enfants comme madame de Varn- hagen!" Und in einem Billet an Rahel schreibt sie: „. . . Es wird mir eine große Gefälligkeit erzeigt, wenn ich Dlle. Hartenstein morgen länger sehen kann und ihr zugleich meine Art, die Kinder zu behandeln, be= kannt machen kann. Gott gebe, daß ihr Wesen und ihre Gesinnung Ihrer Güte und Ihrem Geist entspreche, dann bin ich geborgen. Bettina."

Aufrichtig und warm freute sich Varnhagen dieses Glückes seiner Rahel; ja auch er liebte Elise mit dem Herzen eines Vaters. „O ich nehme innigst Anteil an allem Lieblichen, was zwischen euch vorgeht," versicherte er, „ich sehe alles, ich genieße alles mit. An mein Herz drück' ich die Herztochter und thue ihr alles zu Gefallen, was sie will, Bilder zeigen, ausschneiden, Zinnschachtel, anderes Spiel, alles will ich. Wie freue ich mich, daß Du sie doch fast täglich siehst! Wie versorgt weiß ich euch beide da! Die kleine mit der großen Rahel, denn sie ist doch Du! Vermißt sie mich denn ein wenig?" — „Dieses Bild ist in meine Seele mit unauslöschlichen Zügen eingeprägt," heißt es in einem anderen Briefe. „Laß uns immer thöricht scheinen mit unserer brennenden Vorliebe für dieses Kind, wir wissen für uns genugsam, auf welchem tiefen Grunde der Wahrheit und Richtigkeit sie besteht, und wie rein und frei sie hervorgewachsen ist."

Es ist eine wohlthuende Vorstellung, daß frohes Kinderjauchzen die stillen Räume der einsamen Denkerin erfüllte, naiv-holdes Geplauder die Stirn der leidenden Matrone erheiterte. Der Geist harmloser Freude, der neben ernster Arbeit und schwerem Leide in diesem Hause recht gut bestehen konnte, wird sehr hübsch charakterisiert in einer Schilderung Rahels an Pauline Wiesel aus d. J. 1831. „Gestern war Varnhagens Geburtstag. Elischen brachte ihm ihr Bild, gezeichnet, mit den Worten: ‚Ich kann nicht immer mit dir leben, drum will mein Bild ich geben; ich darf nicht immer mit dir sein, drum laß ich dir den Schein.‘ Paulinchen, die zweite, brachte ihm eine Maschine von Glas, mit Wasser gefüllt, aus welcher, wenn man an einem Ressort drückt, Feuer zum Lichtanzünden herauskommt, mit den Worten: ‚Dein kleiner Wicht bringt dir Wasser zu Licht.‘ Dore brachte ein großes Bild unter Glas, wo eine Menge Ausschnitte, die er [Varnhagen, der wegen seiner Kunstfertigkeit im Silhouetten-Schneiden fast berühmt war] für die Kinder nach und nach geschnitten, artig aufgeklebt waren. Unser Bedienter den schönsten Rosentopf, Maiblumen-, Hyazinthen-, Tazetten-töpfe. Ich ein Bouquet und schwarze Binde. Gezahlt alles ich. Dabei schenkte ich der schönen Robert [ihres Bruders Ludwig Frau] drei große Tischtücher und achtzehn Servietten und ein enormes Bouquet mit komi-schem Brief, als wäre ihr Geburtstag: weil sie absolut was schenken wollte. Louis [ihrem Bruder] schenkte ich ein Feuerzeug; dem Bedienten, damit er kein Trinkgeld nehme, drei Thaler; allen im Hause auch. Wir aßen in den Schlafröcken mit den Kindern allein; Dore mit am Tisch, weil sie krank gewesen war. Voilà mes fêtes. O, wie klug!" —

Dore, die Magd, ißt mit am herrschaftlichen Tische, weil sie krank gewesen. Hier weht uns der gute soziale Geist des Varnhagen= schen Hauses entgegen. Rahel mit ihrem tiefen Wohlwollen für alles, was Menschenantlitz trägt, mit ihrem feinen Verständnis für anderer Lagen und Bedürfnisse, mußte ihrem Hausgesinde die gütigste Herrin sein. Sie behandelte ihre Untergebenen mit demselben Vertrauen und der gleichen Freundlichkeit wie ihre Freunde, redete mit ihnen wie mit Gleichgestellten. Besonders ihre alte treue Dore stand ihr nahe wie eine Freundin; Rahel pflegte sie selbst in Krankheit; und sie hielt sich nicht für zu fein, neben ihr vorn im ersten Rang des Königstädter Theaters zu sitzen und die „Sieben Mädchen in Uniform" zu sehen. Karolinens, des zweiten Mädchens, Leidenschaft war das Blumen= kaufen: „sie kauft sie immer erst für ihr Geld," bemerkt Rahel, „und das ist immer mein Geld; die Freiheit hat sie obenein". Sind Herr oder Herrin auf Reisen, so werden zwischen ihnen und den Dienstboten oft Grüße gewechselt. Varnhagen nimmt auf kalter Winterreise Jo= hann vom Bocke zu sich in den Wagen; er gewinnt es nicht über sich, „den vornehmen Herrn zu spielen". Kam je eine Unregelmäßigkeit oder Nachlässigkeit vor, so that Rahel wohl den bezeichnenden Aus= spruch: „Ich glaube, es ist unnatürlich, ein Domestik zu sein; und wir alle wären und thäten wie sie, wenn wir dienten." —

* * *

Der Schmerz des Alleinstehens und Unverstandenseins, der gärende Unmut, in veraltete, stockende Verhältnisse, denen sie sich innerlich ent= wachsen fühlte, zurückkehren zu müssen, die Trauer, so manchen lieben Freund nicht mehr zu finden —: diese und andere Empfindungen, die Rahel anfangs den Aufenthalt in der Heimat zu verleiden drohten, hatten allmählich ihre Schärfe verloren. Sie war viel zu gerecht, um die Vorzüge und Vorteile, die gerade Berlin bot, zu verkennen. So konnte sie nicht umhin, schon 1820, nachdem sie den ersten Winter überstanden hatte, dem geselligen Geiste ihrer Vaterstadt folgendes gute Zeugnis auszustellen: „. . . Auch muß ich der Stadt im Winter ihre Gerechtigkeit widerfahren lassen: es ist gewiß die reichste, vielfältigste und vielhaltigste deutsche Stadt, in Rücksicht des geselligen Umgangs. Mehr Frauen, die häuslich empfangen, findet man wohl außer in Paris nirgends: mehr Streben zum Wissen und Sein wohl auch schwerlich, trotz der allgemeinen Zerstörung und neuen Aufbauung der Gesellschaft, die allenthalben zu verspüren und auch hier nicht ohne Wirkung ist."

Niemand konnte von dem Umschwunge, der sich auch in den ge=
selligen Verhältnissen Berlins vollzogen hatte, schmerzlicher berührt
werden als Rahel. Ehedem waren die Berliner Salons, die Pflege=
stätten feinster, edelster Geistesblüte, selten gewesen; das lag in ihrem
aristokratischen Charakter. Seitdem hatte sich das schöngeistige In=
teresse verallgemeinert und — leider! — in demselben Maße verflacht.
Ein jeder glaubte sich „gebildet" genug, um über Litteratur und Kunst
mitreden zu können. Es entstanden jene Stätten schöngeistiger Verlogen=
heit, die unter dem Namen „ästhetische Thees" lange dem Spott
als Zielscheibe gedient haben, die vielleicht von niemand so treffend paro=
diert worden sind wie von Ludwig Robert. In seinen „Promenaden
eines Berliners in seiner Vaterstadt" läßt er die „Muse der guten Ge=
sellschaft" folgendes Loblied auf die „edelen Freuden" des Berliner Thees
anstimmen:

> „Blumen und Kerzen,
> Spiegel und Lichter,
> Geschnürte Herzen,
> Bewachte Gesichter. —
> Dort Federn und Spitzen
> Und türkische Shawle:
> Sind Damen, die sitzen
> Im Kreise im Saale,
> Und ferne stehen
> Die Söhne, die Gatten,
> Schwarz wie die Krähen
> Mit weißen Krawatten. —
> Grüßendes Neigen,
> Tonloses Summen,
> Verlegenes Schweigen,
> Sprödes Verstummen.
> Ein laulich Gebräue
> Mit Zucker und Sahne,
> Und immer aufs neue
> Die schwache Tisane,
> Und Kuchen und Backwerk,
> Und Backwerk und Torte;
> Man öffnet zum Hackwerk
> Das Pianoforte.
> Nun trillern und stümpern
> Die Virtuosen.
> Und Tassen klimpern
> Und Diener tosen;
> Es flüstern und zischen
> Die Frau'n unersättlich

Und rufen dazwischen:
Ah, bravo! Wie göttlich! —
Es werden die Zimmer
Stets heißer und enger
Und immer und immer
Die Weile länger.
Bis endlich die Wagen
Gemeldet werden,
Um Dank zu sagen
Für alle Beschwerden.
Zuletzt und am Ende,
Recht um uns zu necken,
Die Diener die Hände
Entgegen uns strecken.
Die muß man nun füllen,
Sie kriegen das Beste
Und lachen im stillen
Des Wirts und der Gäste." —

Neben diesem immerhin zurückgezogenen Treiben machte sich eine rauschende, protzende Geselligkeit breit, die als klassischer Zeuge der junge Heine, der in den ersten zwanziger Jahren in Berlin studierte, geschildert hat*): „Oper, Theater, Konzerte, Assembleen, Bälle, Thees (sowohl dansant als médisant), kleine Maskeraden, Liebhaberei-Komödien, große Redouten u. s. w.: das sind wohl unsre vorzüglichsten Abendunterhaltungen im Winter. Es ist hier ungemein viel geselliges Leben, aber es ist in lauter Fetzen zerrissen. Es ist ein Nebeneinander vieler kleinen Kreise, die sich immer mehr zusammenzuziehen, als auszu-breiten suchen. Man betrachte nur die vielen Bälle hier; man sollte glau-ben, Berlin bestände aus lauter Innungen. Der Hof und die Minister, das diplomatische Korps, die Zivilbeamten, die Kaufleute, die Offiziere u. s. w., alle geben sie eigene Bälle, worauf nur ein zu ihrem Kreise ge-höriges Personal erscheint . . . Alle Bälle der vornehmen Klasse streben mit mehr oder minderem Glücke, den Hofbällen oder fürstlichen Bällen ähn-lich zu sein. Auf letzteren herrscht jetzt fast im ganzen gebildeten Europa derselbe Ton, oder vielmehr sie sind den Pariser Bällen nachgebildet. Folglich haben unsre hiesigen Bälle nichts Charakteristisches" . . . Natür-lich hielten auch jene affektierte „Teutschtümelei" und das durch und durch verlogene Frömmlertum, in deren Gewänder sich die politische Reaktion zu hüllen liebte — Rahel spöttelte über die „neumodische Empfindsam-keit für das Altmodische" —, siegreich ihren Einzug in die Gesellschaf'

---

*) In seinen „Briefen aus Berlin".

So brang mancher Giftstoff in das „feinste, holde Gezweige der Geselligkeit", und: „wer mir die Geselligkeit beschädigt, schädigt mich; wer mir die verbirbt, verbirbt mich: mein eigentlichstes Ich," pflegte Rahel zu sagen. Glücklicherweise aber schwankte das gesellige Leben Berlins nicht einzig zwischen den schwelgerischen Genüssen der Bälle und Redouten und der Armseligkeit der „ästhetischen Thees". Es gab auch in diesem Zeitraum eine stattliche Reihe von vorwiegend bürger- lichen Häusern, die eine edle, feine Geselligkeit pflegten. Das reiche Beersche Haus, in dem sich die vornehme künstlerische, gelehrte und geschäftliche Welt versammelte; der Zirkel des klugen und witzigen Geh. Staatsrats von Stägemann, dessen feinsinnige Gattin allem Schönen und Guten in ihrer Nähe sorgsamste Pflege angedeihen ließ; die Salons des berühmten Juristen von Savigny, der Generalin von Helwig, des Buchhändlers Reimer; endlich das Haus des ver- ständigen und ehrenfesten Stadtrats Mendelssohn-Bartholdy —: alle diese Stätten waren Mittelpunkte eines wirklich gediegenen ge- selligen Lebens. Ihnen schloß sich nun sehr bald der Varnhagen- Rahelsche Salon würdig an und stellte sie zum Teil in den Schatten.

Denn Rahel, die sich selbst einen „Menschenmagnet" nannte, übte noch immer eine berückende Anziehungskraft aus. War sie schon in der Fremde, wohin sie auch kommen mochte, im Nu das Zentrum eines größeren oder kleineren, doch stets auserlesenen Kreises geworden, so strömte in Berlin, wo noch viele der alten Freunde ihr lebten, und wo sich Varnhagens Bekannte den ihrigen zugesellten, eine solche Men- schenwoge auf sie ein, daß sie immer nur Mühe hatte, sich des An- branges zu erwehren. Trotz ihres Alters und ihrer Leiden unterzog sie sich willig den angreifenden Obliegenheiten einer großen Gesellig- keit; nur wurde sie je älter um so kritischer in der Wahl ihres Um- gangs. Unerträglich war es ihr, „in der Gesellschaft zu sitzen und das Nichts zu hören und zu behandeln". Sie wollte und konnte sich nicht mehr die Stunden ihrer Muße vergiften lassen; sie hatte es satt, unaufhörlich Nachsicht zu üben und, Gleichgültigen zuliebe, sich selbst herabzustimmen. Freunde, wahre Freunde wollte sie endlich um sich haben. Wie oft zitiert sie in ihren Briefen voll innerer Ergriffenheit das Goethesche Wort: „Freunde, Gleichgesinnte, nur herein!" — „Tiefer hat mich nie ein Ausruf durchdrungen," versichert sie. „Er ist eine Definition; und sie war schon ganz fertig in meiner Seele. Wohlwollen — charité, Liebe — haben wir und sollen wir haben für jede Art von Menschen und Kreaturen. Freundschaft, Hochhaltung, Uebereinkunft können wir nur haben für ‚Gleichgesinnte‘. Von denen wir wissen, daß sie die großen Hauptpunkte unwandelbar mit uns wollen, daß nie eine Eitelkeit oder eine Gewinnlust, auch keinen Augenblick, diese großen Punkte stört, gefährdet oder unterbricht. Dann ist alles richtig. Geist, Talent, Witz, Laune, Kenntnisse, Liebenswürdigkeiten, das alles sind Zugaben; sehr liebenswürdige, wünschenswerte, von mir leidenschaftlich anerkannte und applaudierte . . ."

Solche „Gleichgesinnten", in denen, wie sie schön sagt, „der Lebensstrom dieselben Tiefen durchgearbeitet", in denen sie eine ge= meinsame Basis der Verständigung auch über die schwierigsten, letzten Fragen jederzeit voraussetzen durfte, haben ihr auch das letzte Jahr= zehnt ihres Lebens reich verschönt. Neben diesen, die ihr die eigent= liche Freude und Würze der Geselligkeit bedeuteten, drängten sich un= endlich viele Leute zu ihr, die teils durch Rahels wunderbar sym= pathisches Wesen, teils durch das bloße Bedürfnis der Unterhaltung angezogen wurden. „Mein Haus ist noch immer wie ein Zollhaus, wo sich ununterbrochen Männer und Frauen einführen lassen," seufzte sie wohl, wenn sie sich fast erdrückt fühlte von den geselligen Pflichten, und hatte doch nicht die Kraft, ihr unlieben Besuch abzuwehren.

An dieser Stelle soll ihr Verkehrskreis nur in allgemeinen Um= rissen skizziert werden; eine eingehendere Darstellung ihrer Beziehungen zu hervorragenden Personen ihres Salons bleibe dem folgenden Kapitel vorbehalten.

Was Zusammensetzung und äußeres Gepräge dieser Gesellschaft betrifft, so entbehrte sie eines scharf ausgesprochenen Charakters. Rahel selbst nannte diesen Salon „die Dachstube, im größern fort= gesponnen", und deutete damit an, daß er, seinem Wesen nach, nur eine Fortsetzung ihres ersten Salons in der Jägerstraße war. Wie sich damals ihr Kreis aus den verschiedenartigsten Elementen zwanglos zusammenfügte, so galt auch im zweiten (Varnhagen=Rahelschen) Salon kein anderer Freibrief als der des Geistes und Talents, der schönen Menschlichkeit und Herzensbildung. Das pedantische Kastenwesen der damaligen Gesellschaften war dem freien und großen Sinne Rahels äußerst verhaßt. Es war ihr Stolz, zu sagen: „Alle Klassen, alle Menschen reden zu mir."

Rahels stark ausgeprägter Familiensinn hieß sie den Verwand= ten eine bevorzugte Stellung in ihrem Verkehrskreise einräumen. Der Familienkreis hatte sich erweitert durch Vermählung Ludwigs

mit der schönen Schwäbin Friederike Braun, durch die schon er=
wähnte Verehelichung der beiden Nichten Rahels, und durch einen
Kranz lieblicher Kinder, die diesen Ehen entsprossen waren. Mit den
Familien Asser im Haag und Assing in Hamburg wurde unaus=
gesetzt der regste — vorwiegend natürlich briefliche — Verkehr unter=
halten. Assing, ein geschätzter praktischer Arzt, war der Gatte von
Varnhagens Schwester Rosa Maria (geb. 1783, gest. 1840), die
als junges Mädchen im Kreise der jüngeren Romantiker höchlich ge=
schätzt und verehrt wurde, und namentlich mit Chamisso bis in ihr
Alter in vertrauter, freundschaftlicher Verbindung stand. Sie hat sich
auch als Dichterin versucht. Eine Tochter Rosa Marias war jene
Ludmilla Assing, verehelichte Grimelli (geb. 1827, gest. 1880),
die nach Varnhagens Tode dessen Nachlaß herausgab.

Nächst ihren Angehörigen waren ihr die alten Freunde und Be=
kannten ans Herz gewachsen, die sie sich „fast mit Gewalt konservierte“.
Unter ihnen nahm die Mendelssohnsche Familie, durch Stammes=
verwandtschaft und Freundschaft ihr verbunden, eine der ersten Stellen
ein. Die Bereitwilligkeit, mit der Abraham Mendelssohn=Bar=
tholdy im Jahre 1813 Rahels patriotische Thätigkeit unterstützt hatte,
kennzeichnet den Geist dieses Hauses ebenso wie das folgende Wort seiner
Gattin, das sie äußerte, als man ihr mitteilte, ihr Mann werde infolge
der Julirevolution (1830) großen Verlust an Staatspapieren haben:
„Das müßte mir leid sein,“ sagte sie, „aber meine Gesinnung kann ich
deshalb doch nicht von dem Börsenkurs abhängig machen.“ — Hier
fand das Humanitätsideal, wie es aus der Aufklärungsarbeit der
Lessing, Kant, Herder, Goethe, Schiller, Fichte erwachsen war, ver=
ständnisinnige Pflege; hier hatte sich für Berlin ein fester Mittelpunkt
wahrer Goetheverehrung gebildet; hier lieh Felix Mendelssohn,
der Enkel Moses’, der Sprößling einer jüdischen Familie, dem deutschen
Liede tiefen musikalischen Ausdruck, erschloß die Werke Bachs, Händels,
Beethovens dem Verständnis der Hörer und führte so die Gesellschaft
zu den alten Ueberlieferungen nationaler Kunst zurück. „Die Musik=
aufführungen,“ erzählt Geiger (a. a. O.), „die meist an den Sonn=
tagvormittagen stattfanden, wo Felix’ neue Kompositionen, aber auch
ältere Musikwerke zu Gehör gebracht wurden, boten Hauptanziehungs=
punkte für die gute, ja die beste Gesellschaft der Hauptstadt. Vornehme
Fremde nahmen daran teil; alles, was auf dem Gebiete der Kunst
und Wissenschaft einen Namen und was einen sozialen Rang hatte,
suchte hier Zutritt; die erlesensten Kunstgenüsse, von Dilettanten und

Künstlern dargeboten [auch die älteste Tochter des Hauses, Fanny, war ausübende Künstlerin, und ihr Gatte, Wilhelm Hensel, Maler und Dichter], ergötzten und erhoben viele Menschen, die, sonst durch Meinung und Beschäftigung geschieden, in einer Art weltlichen Gottes=dienstes sich zusammenfanden." — Das war eine Stätte, wo Rahel sich wohl fühlte. Mit Entzücken und Rührung erfüllte sie Felix' meisterhaftes Spiel. Im stillen, schattigen Garten des Bartholdy=schen Hauses suchte sie oft „am friedlich grünen Tische" Erholung; hier dachte, wenn er von Berlin abwesend war, Varnhagen sie sich am liebsten. „Daß Bartholdys meiner so freundlich gedenken, schmeichelt mir sehr," schrieb er 1827 aus München an Rahel; „ich liebe wahrlich das ganze Haus, Du weißt, wie ich Dir immer in der Aner=kennung so wesentlicher Vorzüge, die dasselbe im ganzen wie im ein=zelnen auszeichnen, beistimme; es ist alles Wahrheit dort, und, daß ich nur gleich den rechten Punkt hervorhebe, die Art, wie die ganze Familie von jeher Dich genommen hat, ist für mich entscheidend." —

Der Verkehr mit der Familie Wilhelm von Humboldts schränkte sich mehr und mehr ein, da Humboldt nach seiner Entlassung aus dem Staatsdienste sein stilles Gut Tegel dem Aufenthalt in der Hauptstadt vorzog; nach dem Tode seiner Frau (1829) verlebte er nicht einmal mehr die Wintermonate in Berlin, und aller Menschen=verkehr war dem einsamen Philosophen zuwider. — Von anderen alten Bekannten sah Rahel des öftern Henriette Herz, Wilhelm Neu=mann, der jetzt als Königl. Intendantur=Rat in Berlin lebte, Bettina von Arnim, die Familien Stägemann und Schleiermacher, Henriette Solmar und Jettchen Mendelssohn, die Schwester Abrahams.

Zu besonderer Zierde gereichte dem Rahel=Varnhagenschen Salon ein Kreis ausgezeichneter Gelehrten, von denen Alexander von Humboldt, der Philosoph Hegel, der Rechtslehrer Eduard Gans, der Philologe Boeckh, der Historiker Leopold Ranke, der Pro=fessor der Medizin Dr. Joh. Ferdinand Koreff, ein Jugend=freund Varnhagens und Rahels treuer Hausarzt, der in Behandlung ihres leidenden Körpers öfter „ein Meisterstück von Fleiß, Umsicht, Glück und Weisheit" machte und K. E. Oelsner genannt seien. — Die Poeten, welche im Salon verkehrten, gehörten zum größten Teil der jüngeren Romantik an. Fast alle waren sie Mitglieder der von Julius Eduard Hitzig (dem Herausgeber der Werke Chamissos) i. J. 1824 gegründeten „Berliner Mittwochsgesellschaft", in der sich

Dichter und Liebhaber der Poesie allwöchentlich zusammenfanden, um einander neue Gedichte und Aufsätze mitzuteilen und sich an litterarischen Gesprächen zu erfreuen. Abelbert von Chamisso, der freilich kein Salonmensch war und sich selten genug blicken ließ, de la Motte-Fouqué, Michael Beer, der in dem Drama „Paria" dem Verlangen seiner jüdischen Glaubensgenossen nach politischer Gleichstellung Ausdruck lieh, Achim von Arnim waren gern gesehene Gäste. Mit dem jungen Heine, Theodor Mundt und Gustav Kühne, den Dichtern des „Jungen Deutschland", trat ein neues Element in den Rahelschen Kreis, um in dessen Ideenwelt alsbald die reichste Anregung und durch Rahel und ihren Gatten freundschaftliche Förderung zu finden. Ein besonderer Anziehungspunkt des Salons war der durch glänzenden Geist und Originalität ausgezeichnete Fürst Pückler-Muskau.

Um diese Corona interessanter Männer und Frauen scharte sich eine buntgemischte, vorwiegend aristokratischen Kreisen entstammende Gesellschaft. Die Familien v. Reden (schon aus der Karlsruher Zeit bekannt), v. Kalckreuth, Barnekow, Willisen, die edle Fürstin Adelheid von Carolath, die Grafen York und Flemming, der enthusiastische Musikfreund Fürst Radziwill, General v. Pfuel, die Sängerin Milder, von Fremden der berühmte Buchhändler Cotta, der Dichter Wilhelm Müller aus Dessau, der Philosoph Henrik Steffens, Frau von Kalb, die Franzosen Pirault de Chaumes und Victor Cousin —: diese Namen geben einen ungefähren Begriff von dem Umfang und der Zusammensetzung des Rahelschen Gesellschaftskreises.

Briefliche Schilderungen Rahels, mit der ihr eigenen Kunst origineller Charakteristik entworfen, zeigen, wie munter und natürlich es bei ihr herging. Solcher Skizzen — man könnte sie in ihrer aphoristischen, knappen Gegenständlichkeit Momentaufnahmen vergleichen — mögen hier einige mitgeteilt werden. „... Als ich vormittags den Brief versiegelt hatte und in mein Zimmer zurückgegangen war, kam Gräfin Kalckreuth mit der Tochter Clotide; danach Fürstin Carolath zwei Stunden, die mir einen herrlichen Brief der Mutter [der Fürstin Pückler] mitteilte ... Als ich mit Adelheid alles abgesprochen hatte und zwei Stunden vorbei waren, kam die Generalin Zilinski und mein Freund Paul Ebers; als die gehen wollten, Mad. Liman, die Maultaschensuppe, Rinderzunge mit Gurken und Rosinen, italienischen Reis und Roastbeef, Kaviar und Champagner mit mir genoß. Als sie

Kaffee hatte, ging sie; ich zur Siesta. Bei Licht las ich französische
Zeitungen von zwei Tagen, mit Ruhepausen und Spazierengehen. Nach
neun kamen vom Brühlschen Ball die Damen Horn, Zilinski, Sisa,
Otto, Paul Ebers. Die Zilinski Suppe vom Mittag, die anderen
Force Thee mit Force Hunger. Als das geschehen war, traten ge=
putzt Carolaths ein. Er brillant, munter, lachend über das, was ich
sagte. Er sah im Zivil schön aus; das rühmte ich, und er mußte sich
mit Battist wischen, mir beweisend, er habe kein Rot auf. Wir waren
äußerst munter, viel Lachen. Er lauter Gläser Weißbier; sie das und
Limonade; alle Ballisten verschlangen Räucherzunge und Backfische.
Um 11 Uhr gingen sie fröhlich ab." (Febr. 1829 an Varnhagen.) —
„Vorgestern blieb die liebe Engelstochter [Elise] bis 5 Uhr bei mir;
dann kam Frau von Zilinski am Vorabend zum Kaffee, und auf
einen Augenblick Ludwig [Robert]. Um acht kamen Frau und Herr
von Cotta, zu denen ich Bettine mit zwei Worten zitiert hatte;
sie kam richtig aus einer Komödienprobe von sich her gelaufen. Rike
[Roberts Frau] und Mlle. Maas unverhofft, Fürstin Carolath
unverhofft, Paul Ebers war auch da. Einen schöneren Abend hat
man wohl jetzt nicht leicht in Deutschland! Es war ein Schmerz, daß
er ohne Dich hinging. Bettine liebenswürdig, leise, voller Geist, Leben,
Scherz und tiefstem Ernst. Frau von Cotta'n nichts zu hoch; und mit
graziöser Heiterkeit nach allen Seiten gelenkig, sich schnell wendend mit
Geist. Cotta goutierend und gaudierend ... Bettine verteidigte ihre
Ignoranz, prächtig, putzig. Bewies, daß eine Mutter keinen Arzt an
ihr Kind kommen lassen müßte, geistvoll, naturkundig, fortreißend, tief
ernst, mit Beispielen; und mit dem Sonnenscheine des reichsten Scherzes
darüber. Sie enchantierte die ganze Gesellschaft, Mann und Weib.
Cotta tief gründlich und kritisch: das gebildetste, liberalste Urteil, auch
über Adelheid [von Carolath], die wie ein Fürstenengel war. Ich
mußte sie mit Bettinen bekannt machen; Du kennst sie: eine Flut der
schönsten Reden strömte auf Bettina, die artig berührt und ganz artig,
wie jungfräulich, entgegnete, mit Wort und Benehmen. Frau von
Cotta ließ kein Wort unbenutzt, lachte auch öfters unverhofft über mich.
Bettine war mit Mlle. Maas höflichst, freundlichst sich einlassend.
Bettine ging vor dem kleinen Souper nach ihrer Probe zurück. Nun
blieben Cottas, die Fürstin, Frau von Horn und ich. Suppe in
Tassen, kaltes Fleischwerk und, weil Frau von Cotta voriges Mal Mehl=
speisen in Berlin vermißte, eine der superbsten Zitronen=Mehlspeisen;
sie ward verschlungen, selbst Cotta aß sie, und mein Triumph: Mad.

Cotta forderte das Rezept. Alle aßen zweimal davon. Weißes Bier, weißer Wein. Nun fuhr die Fürstin mit Frau von Horn, ich blieb allein mit Cottas." (Febr. 1829 an Varnhagen.)

* * *

Wie viele Stunden des Tages die Pflichten der Geselligkeit ihr auch raubten, Rahels haushälterisches Talent ließ sie trotzdem reich= lich Zeit zur Pflege ihrer ausgebreiteten geistigen Interessen finden. Unter diesen stand bis in ihr hohes Alter das Theater obenan, nicht am wenigsten darum, weil es den Mittelpunkt einer veredelten Ge= selligkeit darstellt. War ihr doch eine Stadt ohne Theater „wie ein Mensch mit zugedrückten Augen, ein Ort ohne Luftzug, ohne Kurs". — Wir sahen, wie sie von Jugend auf der Bühne ihre lebhafteste, ja leidenschaftliche Teilnahme zuwandte. Es war ihr vergönnt gewesen, die erste hoffnungsvolle Blüte des Berliner Theaters sich erschließen zu sehen. Wohin Rahel auf ihren Wanderfahrten gekommen war, in Prag, Wien, Karlsruhe, Straßburg, überall war die Bühne ein Haupt= gegenstand ihres Interesses gewesen. In Paris hatte sie die bedeutenden Eindrücke des französischen Haupttheaters empfangen; sie hatte die großen Schauspieler Talma, Fleury, die Raucourt und die Mars studiert und in der Manier, ja in der Verzerrung einer strengen nationalen Kunstüberlieferung die ewige Schönheit echter Meisterschaft um so höher schätzen gelernt. Etwa um dieselbe Zeit (1801) und dann 16 Jahre später hatte sie Gelegenheit gehabt, auch die großen Talente der holländischen Bühne zu bewundern.

Als sie 1819 nach längerer Abwesenheit nach Berlin zurückkehrte, war in den äußeren Verhältnissen der Bühne ein Wandel eingetreten. Nach dem Tode Jfflands i. J. 1814 hatte der König in dem Grafen Brühl zum ersten Male einen Verwaltungsbeamten an die Spitze des Theaters gestellt; diesem folgte 1828 Graf Redern als General= intendant. Beide erwiesen sich als Männer von gutem Geschmack und genauer Kenntnis des Theaterwesens; aber das Repertoire litt dennoch unter der engen Beziehung zum Hofe. Zwar konnte das klassische Schauspiel nicht ganz verdrängt werden; Schiller erfreute sich sogar großer Beliebtheit; Goethe kam seltener zu Worte; Shakespeare be= gann sich, besonders durch Ludwig Devrients geniales Spiel, all= mählich einzubürgern. Sein eigentliches Gepräge indessen erhielt das Königliche Theater nicht durch dieses Dreigestirn, sondern durch Dichter vom Schlage Raupachs, Müllners, Eduard von Schenks,

Jul. von Voß', P. A. Wolffs u. a. m. Der Hauptlieferant war
der flache Ernst Raupach, dessen handwerksmäßiger Fleiß der Berliner
Bühne von 1820—40 gegen 75 Stücke bescherte. In ihm kam die
hohle deklamatorische Jambentragödie der nachklassischen Periode zur
unbestrittenen Herrschaft in Berlin; seine Hohenstaufen=Dramen waren
zugleich Ausstattungsstücke, die der Neigung der Intendanz zur Ent=
faltung eines großen Luxus in Kostüm und Dekoration entgegenkamen.
In seinen nichthistorischen Stücken trottete Raupach behaglich die be=
queme Heerstraße des seichten Familien= und Rührstücks, das durch
Iffland und Kotzebue auf der Berliner Bühne längst Heimatrecht
erworben hatte. Die Rücksicht auf den Hof und besonders auf den
König, der ein eifriger Theaterbesucher war — man konnte ihn fast
allabendlich in der kleinen Seitenloge rechts von der Bühne erblicken —,
forderte ferner eine Bevorzugung der bei ihm beliebten Arten des
Singspiels, der harmlosen Posse, des feineren Konversationsstückes. Vor
allem aber blühte das Ballet. — Von bedeutenderen Dichtern kamen die
Oesterreicher Grillparzer, Halm und Bauernfeld in einzelnen
Werken zur Geltung. —

Jahrzehnte lang alle bedeutsameren Bühnenereignisse studierend,
unermüdlich im Beobachten, Durchdenken und Vergleichen schauspiele=
rischer Leistungen, hatte Rahel allmählich einen reichen Schatz von
Kenntnissen und Erfahrungen auf dem Gebiete des Theaters gesammelt,
einen sicheren Maßstab für die Beurteilung der dramatischen Poesie
und der Schauspielkunst gewonnen. Wenn sie sich einmal (Gentz gegen=
über) „einen der ersten Kritiker Deutschlands" nannte, so meinte sie
das sicher vorzüglich im Hinblick auf das Theater. Zwei Geistesgaben
waren es, die ihrem kritischen Urteil die geniale Treffsicherheit ver=
liehen: unbestechliche Wahrheitsliebe und regster, ewig jugendlicher
Enthusiasmus. Ihre Wahrheitsliebe aber war mit Güte, ihr
Enthusiasmus mit Einsicht verbunden; darum konnte das größte Wohl=
gefallen einer strengen Beurteilung nicht Einhalt thun; anderseits ließ
sie auch dort, wo ihr richtender Verstand verwerfen mußte, nie die
menschliche Billigkeit vermissen.

Wie hoch Rahel Goethes dramatische Arbeiten wertete, ist be=
kannt: reichte sie doch unter seinen Dichtungen gerade einem Drama
— dem „Tasso" — die Palme. — Ueber Shakespeare stammt
von ihr das glückliche Wort: „Er ist Leben im Leben; er kann
fast nicht zur Betrachtung kommen, denn jede Betrachtung wird Leben;
und doch ist er lauter Betrachtung." Die köstliche Lebenswahrheit

der Shakespeareschen Figuren, der „tiefe, urgermanische Zug der Ein=
kehr in das Innere", der große, fortreißende Schwung der Handlung,
die geniale Verbindung von Humor und Tragik — in alledem fand
sie voll Entzücken die höchsten Forderungen der dramatischen Poesie er=
füllt, ja, hier fand sie das Wesen der Kunst selbst, die, so sehr sie
individualisieren darf und muß, aufhören würde, Kunst zu sein, „so=
bald sie uns nicht mehr zuletzt zu genereller Betrachtung führte."
Ihre Vorliebe für Shakespeare läßt verstehen, daß sie unter den
Gattungen des Dramas das Charakterbrama bevorzugte, welches
aus der Tiefe des Charakters die Fabel herausspinnt und, indem es
den Konflikt in das menschliche Herz verlegt, die dramatische Hand=
lung verinnerlicht. Nennt sie doch die Darstellung von Charakteren
in einer bestimmten Lage „die erste vernünftige Bedingung" eines
Dramas; der Fabel, dem Geschehnis spricht sie eine selbständige dra=
matische Bedeutung ab. Aus diesem Grunde konnte sie Schiller in
seinen späteren Stücken, in denen der Komponist und Rhetor den
Charakterschilderer beherrschen, nicht bedingungslosen Beifall zollen. In=
dessen, in der Ganzheit seines Wesens und seiner Dichtung betrachtet,
erschien er ihr in hohem Grade liebenswürdig —: „Es lebe Schiller,
den mein Herz ehrt!" Wenn sie von unheilvollen Wirkungen seiner
Poesie redete, so hatte sie immer seine „Nachbeller" im Auge, jene kraft=
und marklosen Schönredner, welche mit ihren hohlen Jambentragödien
fortan die deutsche Bühne überschwemmten. Betrachtete sie diese trau=
rige Erscheinung, so war sie geneigt, dem harten Worte ihres alten
Freundes Tieck zuzustimmen: „daß Schiller, wie er gewissermaßen
unser Theater gegründet hat, auch der ist, der es zuerst wieder zer=
stören half". Und zwar bezog sie das Wort nicht allein auf die dra=
matische Produktion, sondern auch auf die Schauspielkunst, indem sie
behauptete, Schiller habe durch das Pathos seiner Sprache dem Durch=
schnitts=Schauspieler einen unnatürlichen, deklamatorischen Vortrag an=
erzogen. „Die großen Schauspieler", sagt sie, „ahndeten nicht allein,
daß durch den neugebrauchten Vers die Freiheit, in der sie sich be=
wegten, gehemmt werden würde, sondern sie fühlten, daß es selten der
richtige Vers war, den man ihnen bot. Es kann bestimmt ein ganz
zur Situation erforderlicher, in ihr gegründeter Vers nicht hindern.
Allein zu leicht sind wir alle mit einem dramatischen Vers aus Vor=
urteil zufrieden. Das Vorurteil besteht darin, daß „eine Kunstform
da sein soll, unter jeder Bedingung" ... Ihre ganze ungeschminkte
Meinung über die Nachahmer der Klassiker, die Schönheitsfanatiker

und Schicksalstragiker — kurz, über die blasse Epigonenpoesie, die ihr ein Hindernis aller echten Kunst bedeutete, spricht sie in einem Tage= buchblatt v. J. 1827 aus. Hier nennt sie ein bürgerliches Charakter= drama „höchste Tragödie" und fährt fort: „Wenn auch ‚Schicksal', ‚Vergeltung', ‚Nemesis' u. f. w. nicht genannt werden, und kein Kostüm noch Altertum herhalten und Respekt einflößen muß! Nicht zu ge= benken, was der Dichter Negatives leistete: welche Leiden er uns er= sparte durch einfache, derbe, gute, geläuterte wirkliche Prosa. Nichts Unnützes wird gesagt, nicht ellenlange Sentenzen; kein lyrisches Zucker= wasser, von leerer Luft zu hohen Wellen gepeitscht; kein Goethe, kein Schiller zum hundert= und tausendstenmal verkappt und entstellt hin= und hergeschleppt von einem treulosen Gedächtnis, welches der Dichter Werke nicht einen Augenblick v e r g e s s e n kann, aber in keinem Augen= blick sich dieses Verfahrens e r i n n e r t!" —

Rahels Urteil über die Wirkung des dramatischen Verses auf den Vortrag zeigt schon, daß sie vom Darsteller in erster Linie Wahrheit und Natürlichkeit des Spiels verlangte. Nach ihrer Auffassung ist Kunst „eigentlich gutes Naturgefühl und Sinn für Wahrheit in der Ausübung". Darum soll der Schauspieler nach seinem eigenen Talent „horchen" und weder um den Beifall des Publikums buhlen, noch nach dem Lobe der Kritik schielen. Vor allem aber soll er sich vor Nachahmung berühmter Muster hüten. Die „fleißigen Nachahmer" sind ihr auch in der Schauspielkunst höchst verdächtig. Darum war sie Iffland, dessen große Verdienste um die Berliner Bühne sie wohl schätzte, lebenslang gram, weil er, anstatt die individuelle Begabung zu schonen und zu fördern, junge Schauspieler nach dem Maße seines eigenen Könnens zurechtzustutzen pflegte. Aeußerst bitter hat sie sich häufig hierüber ausgesprochen; so gegen Auguste Brede (1816): „Dieser wenig begabte Pedant hat nicht allein der Berliner, sondern den deut= schen Bühnen großen Schaden zugefügt bei mancher Ordnung der Scene und gesellschaftlichem Vorteil ihrer Mitglieder; und mich ver= folgt er noch nach seinem Tode!! Muß ich nicht rasend werden, auf allen Theatern Deutschlands — Wien nicht ausgenommen — einen zu finden, der ganz wie er spielt, schnarrt, glupt, spricht, die Hände dreht, fingeriert, pausiert, einzelne Worte vor oder aus einer Phrase wie verlorene Schildwachen hinaus schickt und als solchen ihnen keine Lebensmittel, d. h. keinerlei Accent und Beziehungston mitgiebt, es den Hörern in seiner Verlegenheit überläßt, was sie damit machen sollen, und diese Verlegenheit noch für künstlerische, überlegte Absicht ausgeben will. Solche verfolgen mich noch, wo ich ihn schon lange vergessen hätte, und hetzen den alten Aerger wieder in mir gegen ihn auf. Woran liegt es, daß das Falsche viel mehr um sich greift, Nachahmer, Verteidiger und Lobredner findet als das Echte? frag' ich mich ewig. Wie kommt's? Da Echtes Wahres ist, und Wahres viel einfacher als Lügen und Irrwege des reinen Denkens. So herrschte Iffland: nicht durch sein Besseres, durch sein Schlechtestes."... Unter ihm, schreibt sie ein andermal, sei das Theater "eine Zwangs=anstalt für Schauspieler und Publikum in allen Rücksichten" ge=worden. Und noch in ihrem hohen Alter klagte sie: "Von dem Seligen und seinen eitlen Luxuseinrichtungen leiden wir noch. Er verdirbt uns die deutschen Theater auf fünfzig Jahre hinaus; der Geruch, den er nachließ, ist für Publikum, Fürsten, Höfe und Inten=danten benebelnd, betäubend, todbringend; nur die Künstler gedeihen dabei, die auch Histrionen, Pedanten, Lügner in der Kunst und im Leben sind, wie der Schöpfer dieser Affektation in Kunst und ihren Einrichtungen . . ."

Nicht das virtuoseste Spiel konnte Rahel über die innere Hohl=heit eines Schauspielers, über die dürftige oder falsche Auffassung einer Rolle hinwegtäuschen. Wahre Kunst sprach sie nur dem Mimen zu, der, wie sie an die große tragische Künstlerin Sophie Schröder (1817) schrieb, "die Macht hat, das Großartige darzustellen, ohne Uebereinkunftsmanier; dem es gegeben ist, die Leidenschaft zu kennen und die Mittel, sie in allen ihren Abschattungen auch den wenigst Auf=merksamen in einer Art von musikalischem Maß und Haltung zu zeigen; der die Natur der Dinge schnell jedesmal findet und auch die Mittel, sie auszudrücken" . . . Ein Auserwählter der Menschheit erschien ihr der Künstler, geweiht und berufen, das Schöne und Erhabene zu Trost und Freude der Menschen zu verkörpern. Ein Schauspieler aber, der diesen höchsten Anforderungen der Kunst genügen will, muß mehr als einzelne glückliche Naturgaben sein eigen nennen. Die klingendste Stimme, das feinste Ohr, das beste Gedächtnis, die größte Nach=ahmungsgabe können noch keine hervorragende Kunstleistung erzeugen. "Zu einem Talent gehört Charakter", behauptete Rahel, und sie verstand darunter die scharfe, kühne Prägung des Geistes, eine große, harmonische Weltanschauung, "ein helles, geistiges Auffassen hoher und tiefer Zustände der menschlichen Natur". Nur wenn der Schau=spieler eine starkgeistige Persönlichkeit ist, kann er die feinsten Seelen=vorgänge verkörpern, das Herz rühren und erschüttern und das Gemüt mit den Schauern des Heiligen, Unaussprechlichen erfüllen.*) — Weil Rahel so groß und enthusiastisch vom Künstler dachte, erwartete sie eine ernste, würdige Lebensführung von ihm. Einen Schauspieler, in dessen sonst vortrefflichem Spiel sie nur die Jugendlichkeit vermißte, tadelte sie mit harten Worten, weil er selbst an seinem Verfalle schuld sei: „durch Tabakrauchen und verbürgertes, vernachlässigtes, unelegantes Leben außer der Bühne. Nichts macht alt, als das Einwilligen darin, Vernachlässigung der Jugend, und Mangel an ewiger Eleganz: man kann nicht nur abends um sechs Uhr ein Künstler sein, man muß es den ganzen Tag sein; besonders wenn wir die Kunst in unserer eignen Person vortragen sollen."

Wie hohe Ansprüche Rahel an Geist und Können des Schau=spielers stellte, sie vergaß nie, daß seine Bedeutung sich in der ge=lungenen, würdigen Interpretation des dramatischen Dichters erschöpft. Darsteller — und mochten es die größesten Virtuosen sein —, die, anstatt den Absichten des Dichters zu folgen, durch eitles Spiel ihre eigene Person in den Vordergrund drängten, fanden nie Gnade vor ihren Augen. Sie erwartete vom Schauspieler das fleißigste Studium des ganzen aufzuführenden Stückes; insbesondere forderte sie, daß er sich den Charakter seiner Rolle vollkommen verdeutlicht und angeeignet habe; nur dann sei eine Leistung aus einem Gusse zu erwarten; dann werde der Zuschauer fühlen, daß die Figur „aus e i n e m Punkt der Seele heraus lebt". Gegen dieses Grundgesetz der darstellenden Kunst fand sie vielfach verstoßen. „Unsere jetzigen Akteurs", schrieb sie, „wissen von keinem Stück, keinem Dichter, keiner Stimmung, keinem mensch=lichen Zustand, und ennuyieren mich bis zur Nervencrispation . . . Sie wissen nicht und fühlen's nicht, wie die Großen unter ihnen, daß Worte, Phrasen nur Behelfe sind, um Gemütszustände von sich zu geben; nichts als ein Bild solcher Zustände. Pomphaft und unverständig trennen sie dem Dichter jetzt ein Wort vom andern, führen dies, sozusagen einzeln, seinem gröbsten Verständnisse nach auf und wollen dem Dichter nachhelfen. Dann und wann denken sie sich aus, wie man etwas machen müsse. Und das ganze Studium dieser Kunst besteht doch nur darin, aufs pünktlichste zu wissen, was man n i c h t machen darf. D u r c h d r u n g e n muß der Schauspieler vom ganzen Stück sein, jede Rolle, jede Zusammenstellung wissen und kennen, muß vom Himmel die Gabe haben, Zustände zu fassen und auszudrücken" . . . Fand sie

---

*) Man findet diese schöne Betrachtung im Wortlaut unter dem Abschnitt „K u n s t" im Anhange mitgeteilt.

aber in einem großen Künstler ihre Ansprüche erfüllt, so gab sie sich, ohne zu reflektieren, rückhaltlos dem Genusse hin. „Dieser Tage", heißt es in einem Briefe an Ludwig Robert (1820), „sah ich Ludwig Devrient in zwei Stücken und war ganz entzückt, einmal wieder! mit Phantasie und Kunst in Berührung zu kommen! Diese Berührung an sich allein ließ meine schwachen Augen weinen und meine ganz zerstörten Nerven vibrieren wie im Krampf." — Aehnlich wurde sie auch bei einer Aufführung des „Prinzen von Homburg" von H. v. Kleist, der sie 1822 in Teplitz beiwohnte, durch die lebenswahre Verkörperung einer Rolle zu leidenschaftlichen Thränen des Mitgefühls hingerissen.

Ueber der strengen Beobachtung des Wesentlichen ging ihr der Blick für das Kleine und Aeußere keineswegs verloren. Auch in scheinbar nebensächlichen Dingen verlangte sie auf der Bühne Sorgfalt und Richtigkeit. Die Haltung, die Gesten, den Anzug der Schauspieler, die Dekoration —: alles zog sie in den Kreis ihrer Betrachtung. Ein mit der Rolle nicht im Einklang stehendes Betragen, eine falsche oder ungraziöse Bewegung, ein unsinniges Kostüm, ein fehlender Handschuh konnten sie empfindlich stören. Ueber diese Dinge, die zum Handwerk des Schauspielers gehören, findet man in ihren Briefen die feinsten Bemerkungen, und es ist unzweifelhaft, daß es ihren Bemühungen, die starre, affektierte Bühnenüberlieferung durch eine natürliche, dem Leben abgelauschte Darstellungsweise zu verdrängen, in den Kreisen der Künstler wie im Publikum an Erfolg nicht gefehlt hat. Denn noch immer — und jetzt in weit höherem Grade als ehedem — waren die Menschen „erpicht" auf ihr Urteil, das ihren Freunden als maßgebend galt und auch von Künstlern gern angerufen wurde. Sie repräsentierte den einheimischen und fremden Mimen das wahrhaft kunstverständige Publikum Berlins. Als Sophie Schröder im Jahre 1817 zum erstenmal in Berlin gastierte, schrieb ihr Rahel, die zur Zeit in Frankfurt a. M. war: „Ich habe den wahnsinnig-eitlen Gedanken, daß in der weiten gebildeten Stadt doch keiner sich befindet, der so durchdrungen sein kann von dem, was Sie zu leisten vermögen, es auffassen kann wie ich, was Sie sind; und der auch das anscheinend minder Gelungene so zu stellen und zu deuten weiß! Ich möchte Sie empfangen, beherbergen, Ihnen jede materielle Sorge und Besorgung abnehmen; ich Sie applaudieren; mit einem Wort: ich die Zeremonien-Fürstin der Stadt nur auf eine Weile sein, wie ich es jedesmal mit Leidenschaft wünsche, wenn ein Künstler in ihren Mauern ist" . . .

Das Wort bezeichnet durchaus richtig ihre Stellung. Vornehme Gäste, wie Eßlair, das Ehepaar Wolff aus Weimar, Devrient u. a. verfehlten nicht, Rahel ihre Aufwartung zu machen. Friederike Unzelmann, die Bethmann, Sophie Schröder, Auguste Brede standen ihr freundschaftlich nahe. Vielversprechende junge Talente, wie Charlotte Birch-Pfeiffer, empfahl sie bringlich ihrem einflußreichen Freunde Ludwig Tieck, der seit 1820 als Dramaturg am Dresdener Theater wirkte.

Es begreift sich nur zu leicht, daß Rahels strengem und reifem Kunstverständnis das Urteil des großen Publikums in vielen und wichtigen Punkten widersprach.*) Die oberflächlich absprechende Krittelei der Berliner, selbst dem großen Talent gegenüber, war ihr ebenso verhaßt, wie die gedankenlose Anbetung des leeren Scheins. „Unsere Stadt", schreibt sie in dem erwähnten Briefe an die Schröder, „putzt und schnäbelt gar zu viel an ihrem Kunstgefühl, beleuchtet gar zu sehr das Bewußtsein darüber mit Kerzen aus allen Fabriken, anstatt dem Gehen und Kommen der Sonne sich ruhiger hinzugeben. Sie sind dort bis zu den unbefangensten Tiefen der Menschheit in der letzten Zeit mit ihren Ausputzwerkzeugen hingedrungen und geeilt, und ich fürchte jetzt gerade eine größere und allgemeinere Schwäche und Anmaßung ... Solches alles aber gilt nur von der Stadt im allgemeinen; und man kann die [Stadt] eine freie, eine sinnige nennen, wo viele einzelne dem Publikum mit ihren Gedanken und Verständnissen vor sind, große Künstler fassen und große Bücher, die sie über die Beschaffenheit des Augenblicks, in dem sie leben und schaffen müssen, erheben. Eine solche Stadt, seien Sie gewiß, ist Berlin, wenn auch die, welche sie dazu machen, gerade nicht das Glück haben, Sie persönlich zu kennen." Weit schärfer als in dieser Briefstelle — von der übrigens Varnhagen sagt, die in ihr enthaltene Schilderung des Publikums sei noch 18 Jahre später zutreffend gewesen — kritisiert Rahel, in ihrer Weise übertreibend, die Theaterverhältnisse Berlins in einem Briefe an L. Tieck**) vom Jahre 1826. „Zu vier, fünf Monaten", heißt es hier, „gehe ich nicht ins Theater; aber es fehlt mir nichts. Ich weiß doch davon; denn eine

---

*) Freilich konnte auch eine Rahel irren! So hatte sie gewiß unrecht, wenn sie den in Goethes Schule gebildeten P. A. Wolff, der namentlich in rhetorischen Rollen Unübertreffliches leistete, einen „leeren, geputzten Histrionen" nannte.

**) Briefe an Ludwig Tieck. Ausgewählt und herausgegeben von Karl von Holtei. 4. Bd. Breslau, Verlag von Eduard Trewendt, 1864.

Vorstellung ist alten, wahrhaftigen Theaterliebhabern, wie wir ge=
boren sind, genug, die Schändung desselben zu überschauen! Die
jetzt hineingehen, schreien, rezensieren, klatschen, lesen, sind unfähige,
sinnliche Wüstlinge, die der Wüste in sich zu entfliehen gedenken und
sie nach außen treiben, klexen und sprechen. Diese dürren Refe=
rierungen — ‚Referent!!‘ —, wo hergebrachter Unsinn als fleißigstes
Unkraut wuchert und ein maulsperrendes Parterre toll und stumm
macht! Mit Staatsdirektoren an der Spitze, die aus vollen Beuteln
der Raserei Paläste bauen: steinerne, und wieder hölzerne darin, die
eine ganze Natur untereinander wüten lassen und eine Kunst zu machen
vermeinen!" ... Die Einrichtung der „Staatsdirektoren", wie sie die
Generalintendanten nannte, die allerdings zu einer starken Rücksicht=
nahme auf den Hof und infolgedessen zu übertriebener Wertschätzung
des Kostüms, der Dekoration, des äußeren Prunkes verführte und so
von den eigentlichen Aufgaben der Kunst ablenkte, hat Rahel oft ge=
tadelt. Die Verhältnisse der Berliner Theaterkritik, die hier so bitter
gegeißelt werden, besserten sich später, besonders seitdem S a p h i r in
seinem „Courier" regelmäßig über jede Aufführung berichtete. Auch
der G u b i tz sche „Gesellschafter" verfolgte das Theater sehr genau. —

Das Berlin der zwanziger Jahre war in noch höherem Grade
Musik= als Theaterstadt. Es stand zu jener Zeit auf dem Gipfel seiner
Opern= und Konzertschwärmerei. Die romantischeste aller Künste schwang
hier gebieterisch ihren Zauberstab; „vom Gendarmenmarkt bis zum
entlegensten Thore führte ihr Taktstock vom Herbst bis zum Frühjahr
ein unbestrittenes Regiment". Die Berliner Oper erlebte eine herr=
liche Blütezeit. Zwar hatte S p o n t i n i, der 1819 zum ersten Kapell=
meister der Oper und zum General=Musikdirektor ernannt worden war,
die Hoffnungen nicht erfüllt, welche die Meisterwerke seiner Pariser
Zeit, „Vestalin" und „Ferdinand Cortez", erregt hatten; seine späteren,
in der preußischen Hauptstadt geschaffenen Opern bekundeten sämtlich
ein Sinken seines Talents. So war er, zumal da er fast allen deutschen
Bühnenwerken gegenüber eine schroff ablehnende Haltung einnahm, nicht
der Mann, der durch sein Wirken das Berliner Musikleben heben
konnte. Dagegen gelangte C. M. v o n W e b e r zu maßgebendem Ein=
fluß auf den Geschmack des Berliner Publikums. Die dramatische und
psychologische Wahrheit seiner Gestalten, der Liebreiz seiner Melodieen,
der Zauber der Phantasie und Schönheit, der über seine Schöpfungen
ausgegossen ist, das Kerndeutsche seines Wesens verhalfen ihm zu bei=
spiellosen Erfolgen. Sein „Freischütz", der am 18. Juni 1821

unter brausendem Beifall gegeben wurde, erlebte bis Ende 1826 hun=
dert Aufführungen. Auch „Euryanthe" und andere seiner Opern waren
höchst beliebt. — Im Frühling 1822 trat Felix Mendelssohn
zum erstenmal in einem Konzerte öffentlich auf und wurde als ein
musikalisches Wunder, als ein zweiter Mozart bestaunt. Als Dirigent
der berühmten Berliner Singakademie wirkte Goethes langjähriger
Freund Karl Friedrich Zelter, durch den Mendelssohn den ersten
zusammenhängenden Unterricht in der Kompositionslehre empfangen
hatte, mit großem Geschick und reichem Erfolge.

Rahels Neigung und Geschmack auf musikalischem Gebiete wurde
durch Jugendeindrücke bestimmt. Sie hatte sich als Kind und Jung=
frau an dem großen deutschen Meister Joh. Seb. Bach herangebildet
— „mein Musikunterricht," sagt sie, „bestand in lauter Musik von
Sebastian und der ganzen Schule, also wir, von der Zeit, kennen
das alles genau", — und sie blieb der ernsten, tief innerlichen Rich=
tung Bachs und Händels zeitlebens zugethan, ohne deshalb die
sinnenfreudige, vollsaftige Kunst Mozarts abzuweisen. Es ist inter=
essant, wie sie sich die großen Meister zu verdeutlichen suchte. Bachs
hohe Bedeutung für die Erhebung der Instrumentalmusik zur Freiheit
einer völlig selbständigen Kunst, sein Dichten in Tönen, den strengen,
erhabenen Bau seiner Werke hat sie glücklich folgendermaßen charak=
terisiert: „Sebastian, sage ich lange, ist durchaus Kant: mit großer
Dichtungsgabe, Phantasie; ein Stück Saint=Martin in sich; ein
großer Architekt in Urproportionen; eine reine, sich zu Gottesgedanken
schwingende Seele. Immer sublim und unterhaltend, wenn er dem
Impuls seiner Eingebungen, Meinungen und Vorsätze folgt. Nicht
aber, wenn er Texte, Worte bemusikt. Da ist es ihm noch nicht ein=
gefallen, alles Hergebrachte mit eins zurückzulassen; und ich glaube,
aus großer Musikfülle. Er hat so viel Großes, Reiches, Erhabenes,
Richtiges, Neues gemacht, daß er ein Feld ganz vergaß zu überarbeiten;
weil es auch nicht sein eigentliches war. Denn mir ist es ausgemacht,
daß Vokalmusik nicht so rein, so himmelverwandt, so erhaben ist und
sein kann, als Instrumentalmusik" ... (1826). In Händels Werken
konnte sie die durch größte künstlerische Beherrschung erreichte Kraft
und Anschaulichkeit des musikalischen Ausdrucks nicht genug bewundern.
„Schon vorigen Winter," schrieb sie 1824 ihrem Bruder Ludwig,
„hörte ich mehrere Musiken von Händel, und jedesmal war ich gleich
erhoben und begriff nicht, wie auch nur drei Töne, für den Gesang
von diesem Manne gesetzt, unausbleiblich diese Wirkung hervorbringen!

Buchstäblich drei Töne. Er weiß sie anfangen zu lassen, in eine Folge zu bringen, daß sie uns jedesmal entheben und auf ein Feld der Wehmut, der Erhabenheit und Ergebung versetzen. Was ist das? frag' ich mich, wodurch bewirkt er dies, mit so kärglichen Mitteln! Welche ungeheure Eingebung, welcher tiefe, reife Witz läßt ihn immer neue, einzige Kombinationen für die wenigen Töne, für die sparsame Abweichung finden? — Ich begriff und begriff es nicht; besonders nicht, daß kein Komponist, nicht einmal der metaphysische, gottesfürch= tige, mit höchstem Witz begabte Sebastian Bach mir diese gewaltsam= sanfte Versetzung und Erhebung unmittelbar bewirke ... Händels Musik stellt uns in das Gebiet höherer Wehmut; sie weint, seine Musik, aber les larmes de la charité. Nicht Leidenschaftsthränen über Zu= stände hiesiger Lebensverhältnisse, sondern die großen Thränen der Kreatur überhaupt; die der unmittelbaren Sehnsucht nach einem Ur= zustand; er führt uns in die Gefilde der Ergebung, des stillen Nach= spürens, der höheren Hoffnung und einer andern Ruhe, als die des Ausruhens: in eine Vorseligkeit, deren Atmosphäre Unschuld, reinstes Wollen und Streben und daher schon Ruhe ist. Er ist mit seinem Talent auf das Gebiet des eigentlichen Witzes [Rahel versteht unter diesem Wort fast immer den Geist] hingeschwungen, wo wenig viel ist, alles immer mehr ein s wird; er, Händel, braucht keinen Witz mehr, er ist erhaben."

Spontini, den sie persönlich kannte, ließ sie in mancher Hin= sicht als Meister gelten. Namentlich rühmte sie seine treffliche, groß= artige Instrumentation. Er langweile nie, „wenn wir nur aufmerksam sind; daß wir das aber immer nur mit Vorsatz bleiben können, ist sein Fehler. Aber ein Fehler, den er vermeiden kann, wenn er will; weil er darin liegt, daß er sich nur zu sehr selbst zwingt und, ich möchte wohl sagen, seine wahren Eingebungen bezwingt. Dies, glaub' ich, hat er leider in Frankreich gelernt, wo Sujet, Text, Gluck eine so große Rolle spielen; und wo sie — und wir jetzt mit! — gerade in der Musik das dramatisch nennen, was es nicht ist: nämlich Worten ihren Redewert zu lassen und nicht vielmehr nur die Empfindung, welche die Worte eben gebrauchen will, zu bedenken oder vielmehr walten zu lassen". Eine hervorragende Schwäche Spontinis geißelnd, fährt sie fort: „Sein eigener tiefer Irrtum — von Frankreich geboren und von Eitelkeit erzogen — der, daß er's [namentlich in seinen spä= teren, in Berlin entstandenen Werken] mit Lärm und Instrumenten= zahl zwingen muß: und was? Beifall von Leuten, die sein wahres

Wesen nicht faßten. Ueberließ er sich je seinem eigenen Genius, könnte er ihn noch finden, so wäre er gewiß im stande, Liebliches, Tiefes, Neues und Abstraktes, und immer Meisterhaftes zu liefern". — Weber, den Abgott der Berliner, den sie schon deshalb in den Himmel erhoben, weil durch ihn die Herrschaft des musikalischen Ausländertums gebrochen wurde, schätzte Rahel vielleicht nicht ganz nach Verdienst. Vermutlich regte sich hier ihr Widerspruch gegen den nach ihrem Gefühl übertriebenen Teutonismus, dessen Wogen Weber so mächtig emportrugen. Als sie einmal eine Ketzerei über ihn niederschrieb, fügte sie hinzu: „Ich würde an den Pranger gestellt, wenn dies meine deutschen Berliner läsen!!" — Dagegen war ihr W. A. Mozart einer jener Lieblinge der Götter, zu denen sie voll reiner Verehrung emporschaute.

Seltsam unaufgeklärt ist Rahels Verhältnis zu Beethoven und seiner Kunst. Wir sahen sie und ihren Verlobten 1811 in Teplitz mit dem Meister in freundschaftlichen Verkehr treten. Nach ihrer Abreise ließ sie ihn mehrmals grüßen; dann erlischt plötzlich der Name Beethoven in ihren Briefen für immer. Als das neuvermählte Varnhagensche Paar den Winter 1814—15 in Wien verlebte, hätte man wohl Gelegenheit gehabt, sich dem Meister, der gerade damals auf dem Gipfel seines Ruhmes stand und von den anwesenden Fürstlichkeiten, wie selten ein Künstler, gefeiert wurde, von neuem zu nähern. Varnhagen aber schreibt ausdrücklich, er habe darauf verzichtet, „den verwilderten Künstler wiederum zu Rahel zu führen, denn Gesellschaft machte ihn unwillig, und mit ihm allein, wenn er nicht spielen mochte, war gar nichts anzufangen." Es ist auffällig, wie wenig das hier entworfene Bild des Meisters der Wahrheit entspricht! Beethoven war, wie viele gleichzeitige Berichte bezeugen, in jener Zeit durchaus nicht der menschenscheue, mürrische Sonderling, den Varnhagen uns zeigt. Er erscheint vielmehr als eine der populärsten Persönlichkeiten Wiens; von allen Potentaten des Erdreichs wurde ihm „die Cour" gemacht, wobei er sich — wie er halb schalkisch, halb selbstbewußt gelegentlich bemerkt — sehr nobel benahm; die Aufführungen seiner Werke, z. B. des symphonischen Kriegsgemäldes „Die Schlacht bei Vittoria", das er am 29. November vor nahezu 6000 Zuhörern, unter denen man sämtliche anwesenden Monarchen und berühmten Feldherren erblickte, selbst dirigierte, gestalteten sich zu großartigen Triumphen. Es ist kaum denkbar, daß Rahel in Gesellschaften, beispielsweise im Salon der Gräfin Eleonore von Fuchs, die eine begeisterte Verehrerin

des Komponiſten war, nicht häufig meiſterhaften Vorträgen Beethoven=
ſcher Sonaten gelauſcht, daß die Hoheit und der Zauber ſeiner Kunſt
ihr nicht das Herz ergriffen haben ſollte!

Daß die Größe Beethovens im Varnhagenſchen Kreiſe durchaus
gewürdigt wurde, beweiſt ein Brief Varnhagens an Uhland*) aus dem
Jahre 1811, in dem es u. a. heißt: „Wüßt' ich es nicht durch un=
verwerfliche Zeugniſſe, daß Beethoven der größte, tiefſinnigſte und reichſte
der deutſchen Tonkünſtler iſt, ſo hätte ſo der Anblick ſeines Weſens es
mir ſonſt in der Muſik ganz Unkundigen unwiderſprechlich dargethan.
Er lebt nur für ſeine Kunſt, und keine irdiſche Leidenſchaft entſtellt ihre
Ausübung bei ihm, unglaublich fleißig und fruchtbar iſt er ... Ich er=
wähne ſolcherlei, damit Du ja nicht verſuchen mögeſt, ihn mit irgend
einem andern Muſiker zu vergleichen ..." Angeſichts ſolcher bedingungs=
loſen Wertſchätzung, die gewiß von Rahel geteilt wurde — vermutlich
war Varnhagen auch in dieſem Falle nur das Sprachrohr ihrer Mei=
nung —, befremdet es um ſo mehr, daß wir weder aus dieſer noch aus
ſpäterer Zeit in ihren Briefen irgend eine, und ſei es die geringſte,
Aeußerung von ihr über den Meiſter beſitzen. Kaliſcher, der dieſes
Problem eingehend unterſucht**), gelangt zu dem Reſultat, daß hier
kein Zufall, ſondern ein bewußtes „Totſchweigen" vorliegt; er nennt
Rahel — nicht gerade geſchmackvoll — „den verleugnenden Petrus in
der Geſchichte Beethovens". — „Ich kann mir", ſchreibt er, „dieſe
Thatſache nur deuten, indem ich mir Rahels abgöttiſche Verehrung
Goethes vergegenwärtige. Vielleicht hatte Rahel vernommen, wie
ſich Beethoven, dem Drange ſeiner innerſten tranſcendental=ſittlichen
Natur folgend, im Jahre 1812 in Teplitz veranlaßt fühlen mußte,
dem ja ſonſt ſo hoch von ihm verehrten Dichter Goethe einmal ‚den
Kopf zurecht zu ſetzen'. Und da ja bekanntlich Goethe von jener Zeit
an gegen Beethoven einen tiefen Groll im Herzen bewahrte, ſo daß er
deſſen Weſen und Erſcheinung gern ganz aus ſeiner Erinnerung bannen
mochte: ſo wird Rahel ihrem Abgotte vielleicht auch hierin nachzuleben
verſucht haben — und Beethoven ward auch von ihr zu den Toten
geworfen." — In der That wurde Rahel durch jeden Angriff auf
Goethe äußerſt empfindlich berührt. Man erinnere ſich, wie ſie ihrem
jungen Freunde Cuſtine jenen Brief, der die Schwächen des Goethe=
ſchen Charakters freimütig aufdeckte, als eine „Schmähſchrift" gegen

---

*) In der Varnhagenſchen Handſchriften-Sammlung aufgefunden.
**) Beethoven und der Varnhagen-Rahelſche Kreis. Von
Dr. Alf. Chr. Kaliſcher. (Der Bär, Jahrg. 1887, Nrn. 1—4.)

den großen Mann mit Unwillen zurückgab. Aber sie dachte nicht im entferntesten daran, Cuſtine etwa ihre Freundſchaft zu entziehen. Sie ſchätzte Selbſtändigkeit im Denken und Urteilen viel zu hoch, als daß man ſie — ohne ſichere Beweiſe — einer ſo uneblen Rache zeihen dürfte. Es bleibt nichts übrig, als anzunehmen, daß ein Zufall ſchrift=liche oder mündliche Aeußerungen Rahels über den großen Tonkünſtler der Nachwelt bisher vorenthalten hat. —

Auch in ihrer Auffaſſung und Beurteilung der Geſangeskunſt ſind Jugendeinflüſſe maßgebend geweſen. Rahel hatte die Blüte der italieniſchen Oper unter Vicenzo Righini, der von 1793—1806 Hofkapellmeiſter in Berlin war, erlebt und legte dem italieniſchen Ge=ſange ſeither ſtets hohen Wert bei. Wir erinnern uns ihrer Schwär=merei für die Sängerin Marchetti, die ſie für eine der größten Repräſentantinnen der italieniſchen Schule hielt — dieſelbe Mar=chetti, der ſpäter Wilhelm von Humboldt in ſeinen Briefen an Schiller ein preiſendes Zeugnis ausſtellte. Ja, ſie bewertete dieſe Schule ſo hoch, daß ſie eine deutſche Geſangmethode eigentlich gar nicht anerkannte. 1831 riet ſie der Sängerin Sabina Heine=fetter dringend, nach Italien zu gehen. „Sie ſind ſchon eine erſte Sängerin,“ ſchrieb ſie ihr, „das haben Sie in den größten Opern be=wieſen. Aber in Italien, unter lauter ſingverſtändigen Menſchen, er=ſchließt ſich, in Ihnen ſelbſt, noch ein anderes Singegebiet. Sie finden irgend einen großen, alten, faſt unbekannten Meiſter, der Ihnen eine kurze Lehre, eine ſchnelle tiefe Einſicht über Ausdruck, Ausſprache, Rezitativ und Deklamation giebt, auf die man in Deutſchland ſchwer=lich, in Frankreich nie käme; der Ihnen etwas unterſagt, welches Sie in der Ausübung zwanzig, dreißig Stufen erhebt. Große italieniſche Sängerinnen erzählten mir naiv von ihrem genoſſenen Unterricht, in welchem ich dergleichen erkannte, in unſerm Lande aber gänzlich ver=miſſe.“ Und dann erklärt ſie unumwunden, daß ſie nur eine Geſang=methode überhaupt anerkenne: die italieniſche, „die den beſten Gebrauch der Organe lehrt, und dann den beſten Gebrauch des Geſanges; welcher wieder ſeine Grenzen in Schönheit und in dem hat, was er aus=zudrücken vermag . . .“

Dieſe Vorliebe ſchließt nicht aus, daß ſie großen deutſchen Sänge=rinnen innige Bewunderung zollte. Von den an der Berliner Oper wirkenden verehrte ſie am höchſten Pauline Anna Milder, eine der bedeutendſten Gluck=Sängerinnen, die jemals aufgetreten. Beet=hoven ſchrieb für ſie die Partie ſeiner „Leonore“; Goethe ſandte

ihr, nachdem er sie in Glucks „Iphigenia" gehört hatte, ein Pracht=
exemplar seiner „Iphigenie" mit einer Zueignung. L u d w i g R o b e r t
sang von ihr:

> „So tönt, berührt von klarer Morgenröte,
> Memnons erhabenes Heroenbild." —

Dem erkorenen Liebling der Berliner dagegen, H e n r i e t t e S o n t a g,
die den meisten Zeitgenossen als die schönste, liebenswürdigste; begab=
teste Sängerin galt, die als die „Namenlose, Himmlische, Unvergleich=
liche, die himmlische Jungfrau, die Perle der Oper" angeschwärmt
wurde, stand Rahel mit kritischer Kühle gegenüber. „Engländer er=
finden gewiß nächstens eine Maschine, die so vortrefflich singt," urteilte
sie (1825) ironisch. „Kein Fehlerchen! Ueberlegung des Effekts! Höchste
Leistung des Kehlchens! Aber auch nicht die leiseste Ueberraschung,
nicht das sanfteste Fortreißen oder auch nur Mitziehen des geringsten,
nur von der Kunstausübung selbst hervorgebrachten Affekts. Glück=
lichstes Intonieren, tabellose Ausübung, glücklichste Reminiscenz der
Lehrer und Vorbilder, mit Intelligenz aufgefaßt, mit künstlerischer Ruhe
bewundernswert wiedergegeben ... Aber die Seele, die Leidenschaft,
die wechselnde Gemütsstimmung nicht mit aufgenommen, nicht mit an=
gebracht. Also der tiefbelebende Herzpuls fehlt ..."

Unter den Künsten, die dem Theater dienen, hatte Rahel von
jeher der T a n z k u n s t eine nicht geringe Rolle zugestanden. Sie, die
sich des Mangels an äußerer Grazie oft genug schmerzlich bewußt ge=
wesen war, schätzte körperliche Anmut und Wohlgestalt, wie sie in
edlem Tanze in die Erscheinung treten, um so höher, und sie ließ sich
in ihrem Urteil nicht durch die prüden Stimmen beirren, welche durch
Herabsetzung des Tanzes womöglich der Sittlichkeit einen Dienst zu
erweisen meinten. Ja, sie stand nicht an, den Tanz die „schönste Kunst"
zu nennen, weil sie als „Kunststoff" den Menschen selbst, losgelöst von
Zwang, Elend und Schwäche, „idealistisch und frei darstelle"; ihr ver=
gleichbar erscheint Rahel nur jene Kunst, die entstehen würde, wenn die
übersinnliche Seite der menschlichen Natur, „die Sittlichkeit, bis zur
sichtbaren Darstellung gesteigert werden könnte".*) — Enthusiastisch
schildert sie den Tanz eines „Halbgotts von neapolitanischem Tänzer",
Namens S a m e n g o, „der wie ein Merkur herabzufliegen scheint, der
sich etwa in Oede und Stille eine Nymphe hascht. Er flattert mit den
Beinen und Füßen; bei ihm lernt man verstehen, was das Drehen

---

*) Man findet den von antiker Sinnenfreudigkeit diktierten Ausspruch im
Anhange vollständig mitgeteilt.

bebeutet. Ein Erbenfliegen aus Freude der Ueberkräfte, des Wohl=
seins. Welch Biegen, bei dem Drehen! Welcher Wuchs aus den Schul=
tern! Wie verliebt, wie rücksichtsvoll gegen seine Partnerin, wie stolz
auf sie, wie neckend! Verhältnisse, Zustände werden ausgedrückt, nicht
schwere Pas hergesagt und mit Füßen buchstabiert" (1827). In den
letzten Jahren ihres Lebens hatte sie Gelegenheit, die Taglioni zu
bewundern; etwa zu derselben Zeit sah sie das berühmte Schwestern=
paar Therese und Fanny Elßler aus Wien, Zöglinge der neapo=
litanischen Schule, und sie hatte die Freude, die beiden liebenswürdigen
und durch ihr Betragen höchst einnehmenden Künstlerinnen, die Gentz
ihrer Obhut empfohlen hatte, näher kennen zu lernen. —

Auch in der Beurteilung von Bildern bewies sie einen
scharfen Blick für das Charakteristische, Echte. Maler, wie Wilhelm
Hensel, riefen ihr Urteil an. Eine Begutachtung des Porträts ihrer
schönen Schwägerin Friederike Robert von Magnus, das, im
Akademiesaal ausgestellt, allgemeines Aufsehen erregte (1826), enthält
die feinsten Beobachtungen und schätzbare Winke für den Maler. —
Daß sie einen alten, echt=deutschen Meister wie Peter Vischer zu
würdigen mußte, ist bezeichnend für ihren Geschmack. „Ich sah sein
Werk in Magdeburg und das in Wittenberg," schreibt sie 1825, „aber
diese großen haben mich nicht so in die Seele gefreut, als ein Bas=
relief hinter dem Altar, in einem schmalen, doch hellen Gang der
Hauptkirche im letztern Ort: Gott und Christus krönen die Mutter
Gottes. Die Wahrhaftigkeit, die Reinheit, das Menschliche da hinein=
gebracht! Man möchte sagen: ins Menschliche übersetzt. Andere Ueber=
natürlichkeit erkenne ich auch gar nicht an; denn sie ist gelogen. Wenn
die Künstler etwa mit dem hier zu leistenden Menschlichen nicht be=
gnügt sein wollen, so müssen sie bis zu einer neuen Zeit lügen. Ent=
weder das eleganteste Menschendasein ausgedrückt wie der Grieche; oder
ergebene, verständige Unschuld wie diese Deutschen! Alles andere sind
Nuancen, Stufen, Mittelbildungen, Irrtümerchen."

*   *   *

Je älter Rahel wurde, desto mehr entwickelte sie sich — der
Unruhe und den Störungen des gesellschaftlichen Lebens zum Trotz —
zur einsamen Leserin und Denkerin. „Ich liebe Gedanken, Denken und
Einfälle immer mehr," schreibt sie im Nov. 1822; „sie ergötzen und
stärken mich ungemein, sie heilen und flicken mich aus". — „Sie
scheinen keine Vorstellung davon zu haben," bemerkte sie (Okt. 1830)

in einem Briefe an Genz, „was ich mir in meinem langen Leben alles zusammengelesen habe! Wenn auch ohne Stubienplan; aber mit mehr, besonders anberm Kopf, als Sie mir nur irgenb zutrauen können … Für miniatur=gesellige Verhältnisse, für bunkle Leidenschaften unb Labyrinthe bes Busens hat sie Sinn unb Scharffinn, benken Sie: sie hat ihn auch für noch viele anbre, anscheinenb ihr heterogene Dinge …"

Unb wahrlich: überblickt man, was sie währenb ihres Lebens stubiert hat, so muß man erstaunen über ben Umfang unb die Viel=seitigkeit ihrer Bilbung unb läßt ihr Wort: „Ich habe bie Uni=versität burchgemacht" gern gelten. Ihrer einzigartigen, gleich=sam aus bem lebenbig sprubelnben Quell einer mächtig aufstreben=ben Litteraturbewegung geschöpften Jugenbbilbung ist an anberer Stelle gebacht worben. Wir sahen die großen beutschen Klassiker in ihren innersten Besitz übergehen, sahen sie eine genaue Kenntnis ber roman=tischen Litteratur älterer unb jüngerer Richtung, wie sie ja in ihrer unmittelbaren Umgebung aufsproßte, mühelos erwerben. Auch bie Dichtung ber großen vaterländischen Bewegung war ihr in hervor=ragenben Vertretern wie E. M. Arnbt, H. v. Kleist, Stägemann u. a. — man könnte sagen: persönlich nahe getreten. Auf bem weiten Felbe ber bramatischen Litteratur burfte sie als eine ber grünblich=sten Kennerinnen gelten. — Jüngere tüchtige Talente wie Uhlanb, Wilhelm Müller, Rückert waren ihr keineswegs fremb geblieben. In die Werke Kants, Fichtes, Schleiermachers hatte sie sich mit freubiger Begeisterung versenkt; W. v. Humbolbt unb Fr. Aug. Wolf verehrte sie als Schriftsteller nicht minber, benn als Menschen. Dazu gesellte sich eine Vertrautheit mit ben Erzeugnissen ber französischen Litteratur, wie sie nur burch langjährige Stubien erworben werben kann.

Auch in bem hier in Rebe stehenben Lebensabschnitt blieb Rahel ben großen Lehrern ihrer Jugenb unb ber reiferen Jahre unwandelbar treu. „Nein! ber ist kein Lehrer für mich," schrieb sie 1824 von einem zeitgenössischen Philosophen, „in bem ich Gott verehre, ben ich lieben muß, weil ihn Gott begabte unb ihm in Klarheit überließ, was uns alle aufklären soll; unb ber mit reinem, regem, starkem Willen be=wußtvoll ausführt, wozu er erschaffen. Das ist kein Goethe, kein Fichte, kein Lessing, kein Saint=Martin! Solche vergöttere ich unb beuge mich freubig in Stolz …" Sie wurde nicht müde, bie alten lieben Meister immer von neuem zu lesen, zu burchbenken. Als ihr Gatte im Jahre 1823 eine Sammlung von Aussprüchen über

Goethe*) veröffentlicht hatte, schrieb sie folgende Betrachtung in ihr Tage=
buch (31. Aug.): „Wie schön ist es, daß sich in den Tagen um Goethes
Geburtstag her eine ganze lesende Welt mit ihm beschäftigt, über seine
Werke zu denken angeregt wird, sie wohl nachliest, über ihn benkt und
grübelt, von neuem erfährt oder erinnert wird, was alles über ihn ge=
sagt ist, und wir so zu einer Gemüts= und Geistesschau über uns selbst
veranlaßt sind: eine Art vielseitiger Beichte und Untersuchung dazu,
und gewiß Antrieb neuer Liebe und verstärkter Verehrung. Ich bin
recht dankbar für das Buch; mich freut's und unterrichtet's. Nur nach=
zulesen, was Fichte [über Goethe] geschrieben hat, ist höchster Ge=
winn; ein Quell neuer Verehrung der höchsten Bildung, der vollendet=
sten Kritik, die wie beiläufig ihre Sprache bis zu Sternenglanz er=
leuchtet und verschönt, der wiederum die billigste, gerechteste Seele hell
bescheint. Ein kleiner Abschatten des Elysiums, wo Menschensöhne sich
verehren, verstehen, verehrungswürdig sind, sich freuen, andere so zu
finden, und es herrlich ausdrücken." —

Das schöne Wort gewährt einen Blick in Rahels geistige Werk=
statt. Sie verhielt sich beim Lesen nicht schlechthin rezeptiv. Jede
Lektüre regte sie an zum Denken und Grübeln über Wahrheit und
Richtigkeit des Gesagten, über Geist und Charakter des Autors, ver=
anlaßte sie zu kritischen Untersuchungen über die Methode seines Schaffens,
seinen Stil u. s. w., zum Vergleichen mit verwandten oder gegensätzlichen
Ideen und Erscheinungen, zu allgemeinen Betrachtungen über Welt und
Menschenleben. Vor allem gab ein gutes Buch ihr Anstoß zur Ein=
kehr in das eigene Innere, zur „Gemüts= und Geistesschau über sich
selbst". Rahel besaß ein seltenes Assimilationsvermögen. Wie der
gesunde, tief gewurzelte Baum — sie bediente sich mit Vorliebe solcher
Naturgleichnisse — nur die zu seinem Aufbau nötigen Stoffe aus dem
mütterlichen Boden zieht, entnahm ihr Geist der Lektüre nur die Ele=
mente, die er innerlich verarbeiten konnte, die sich dem vorhandenen
Ideenbestande eingliederten und organisch verbanden. „Vollkommenes
Wissen ist Ueberzeugung, und sie ist es, die uns glücklich macht
und befriedigt, sie verwandelt das tote Wissen in ein lebendiges": so
zitierte sie aus Novalis' „Aphorismen" und fügte hinzu: „Solange
das Wissen nicht zu uns selbst wird, zur Ueberzeugung, wie die un=
serer Existenz zum Beispiel, so sind die Materialien zum Wissen Lei=
tern, auf denen man zu sich hinabsteigt, und [die man] unten dann

---

*) Goethe in den Zeugnissen der Mitlebenden. Beilage zu
allen Ausgaben von Goethes Werken. Berlin 1823, Ferdinand Dümmler.

nicht mehr gebraucht. Wieviel solcher Leitern mögen wir schon weg=
geworfen haben, ehe wir zu der jetzigen Vollständigkeit unseres Ichs
kamen!" — Eins ihrer glücklichen Bilder! Weil sie die Leitern, das
Unwesentliche, rein Stoffliche des Wissens, nachdem sie ihr gedient
hatten, wegstieß; weil sie Bücher, dir ihr gar nichts sagten — die
weder ihr Gemüt in Schwingungen versetzten, noch Momente inneren
Erschauens boten —, zurückwies, war die Gefahr, sich durch die vielerlei
„heterogenen Dinge", die sie trieb, zu zerstreuen und zu verwirren, für
sie gar nicht vorhanden. Im Gegenteil: ihre Studien konnten immer
nur die Wirkung haben, ihre innere Kraft zu stählen, ihre geistige
Energie zu erhöhen.

Es ist wunderbar, mit welch tiefem Ernst und jugendlichem Enthu=
siasmus die 50—60jährige Matrone ihren Studien oblag. Nie kann
sie sich darin genug thun, ihre Einsicht in den Gegenstand ihres Inter=
esses zu vertiefen. Da stellt sie „Wilhelm Meister" mit „Don
Quixote" von Cervantes in Parallele: beide erscheinen ihr als
Spielarten desselben Typus: der „edelsten, reinsten, ehrlichsten Seele,
in ununterbrochenem Kampfe mit der Welt, wie sie leibt und lebt,"
begriffen; „immer im Bemühen, sich zu tadeln und zu bessern; immer
in der Unschuld, die andern besser zu sehen, als sie sind, und meist sie
sich vorzuziehen . . . Don Quixote mußte mit eben solcher Seele e i n e
Eigenschaft, die des Ritters, wählen und sie in Ausübung bringen
wollen; Meister mußte den g a n z e n Menschen ausbilden wollen; und
mir ist's, als ob Goethe dem Cervantes nur die Feder abgenommen
hätte, weil die Menschen sich in der Zeit folgen . . ." (1822). Oder
sie vergleicht Walter Scott und Pestalozzi als Sittenschilderer,
wobei sie von letzterem sehr treffend bemerkt: „Pestalozzi schildert auch
in ‚Lienhard und Gertrud' niedrige Zustände und niedrige Men=
schen, und überhaupt Geringes, wenn man will. Aber aus welchem
Herzenspunkt, aus welcher Veranlassung geht der aus! Nach welcher
großen Menschenangelegenheit strebt und zielt er auf reinem Wege
unaufhaltsam hin!" (1823.) — Große geistige Regsamkeit und Frische
gehörten dazu, sich in die Gedankengänge eines ganz neuen, vorwiegend
spekulativ und kritisch veranlagten Dichtergeschlechtes, wie des „Jun=
gen Deutschland", hineinzuversetzen! Bewundernswürdig aber ist
der Mut, mit dem sie sich an wissenschaftliche Werke heranwagte,
die der Verstandes= und Gefühlssphäre des Weibes im ganzen fern
liegen. Da studierte sie beispielsweise H e g e l s „Encyklopädie der
philosophischen Wissenschaften im Grundriß", F r a n z v o n B a a d e r s

mystische Schriften, Eduard Gans' „Erbrecht in weltgeschichtlicher Entwickelung", versenkte sich aufs neue in Schleiermachers „Reden über die Religion", in seine Dogmatik u. s. w. Sie war vielleicht eine der ersten, die Leopold Rankes hohe Begabung in vollem Umfange erkannten. Daß sie Biographien und Briefwechsel gern las, liegt in ihrem stark ausgeprägten psychologischen Interesse begründet. — Die französische Litteratur, welche seit dem Beginn der Restauration einen immensen Aufschwung genommen hatte, blieb bis zu Rahels Tode Gegenstand ihrer gespanntesten Aufmerksamkeit.

„Das Alter thut sich bei mir vorzüglich dadurch kund," schrieb sie 1830, „daß ich immer delikater, anspruchsvoller werde. Meine Kritik steigert sich; Bücher, Gedichte, Musik, Darstellungen, Betragen ist mir alles bei weitem nicht schön genug." — Ihre freimütige Kritik schrak vor keiner Autorität zurück. Sie pflegte mit der Feder in der Hand zu lesen und die Gedanken, zu denen die Lektüre sie anregte, sei es in kurzer, aphoristischer Form, sei es in ausführlich begründender Weise, am Rande des betreffenden Buches oder auf besonderen Blättern zu vermerken. Ueberblickt man die Fülle von Reflexionen*) über die verschiedenartigsten Gegenstände, die in ihren Tagebüchern und Briefen verschwenderisch ausgestreut sind, so muß man den Fleiß der kränklichen, durch gesellige Pflichten stark in Anspruch genommenen Frau bewundern! Ob sie über Angelegenheiten und Erfahrungen des täglichen Lebens verhandelt; ob sie Fragen der Philosophie, der Religion oder Moral erörtert; ob sie sich über Theorie und Technik der Künste, über soziale Themen, über Geschichtschreibung oder Völkerpsychologie ausspricht —: immer findet man tiefe, geistreiche, durch und durch selbständige, zu ernstem Nachdenken anregende Aeußerungen.

Dennoch — wie fern war sie jenem falschen Bildungsdünkel, der so häufig Autodidakten anhaftet. Sie wußte, wie beschränkt das Gebiet menschlichen Wissens, wie eng begrenzt der geistige Horizont, welche Welten der Erkenntnis dem Blick des Staubgeborenen verschlossen sind. „Ich mag jetzt lesen, was ich will," schrieb sie 1824 im Anschluß an Novalis' „Aphorismen", „es mag mir noch so viel einfallen, so kommt es mir vor, als würden nur ein paar Wahrheiten dargethan, und immer dasselbe gesagt. Variationen auf nur wenig Eingesehenes und auch gezwungen Vorausgesetztes. Durchaus Anweisung auf anderes, Unbekanntes, und doch — durch großen Witz — hier in Armut Erkanntes; wie geringstes Almosen auf höchsten Reichtum kann

---

*) Man findet eine Auslese dieser trefflichen Aussprüche im Anhange vereinigt.

schließen lassen. Novalis sagt: ‚Wir sind auf ein unbekanntes Kapital angewiesen.‘ Ich spreche von einem Defizit, welches wir hier finden. Alle Geister haben nur ein Thema bekommen. Fichte, Goethe, Rousseau, Saint=Martin, Jean Paul, alle, alle, die etwas Gutes sagen, sagen dasselbe: lauter Variationen auf das einfache, im höchsten Witz ersonnene Thema. Ich fühle mich und uns arm, wenn mir dies deutlich wird; es ist wie ein Karten= oder Schachspiel: wenig feste Bedingungen und die größten, unendlichsten Kombinationen. Nur wenn wir uns irren, das heißt: eine gemachte oder von der Natur uns vorgelegte Kombination für etwas Absolutes, Unveränderliches halten und uns darüber zufrieden geben, es nämlich lieben, dann fühlen wir uns reich . . .“

Wer so sprechen kann, ist frei von allem geistigen Hochmut. Rahel mochte keine „gelehrte“, nicht einmal eine „geistreiche“ Frau heißen. Trotzdem, und trotz der von ihr beliebten Betonung ihrer „dicken Un= wissenheit“ ist es verkehrt, ihr, wie Georg Brandes es thut, jedes tiefere Verständnis für irgend eine Wissenschaft, wohl gar die Fähig= keit, „einen wissenschaftlichen Gedanken“ zu haben, kurzweg abzusprechen. Unmöglich kann eine Frau, die ein so scharfer Dialektiker wie Wilh. v. Humboldt mit Vorliebe zur Gegnerin erkor, die ein Gelehrter vom Schlage Friedr. Aug. Wolfs der Ehre würdigte, sie in seine Pläne und Arbeiten einzuweihen, mit der sich Baader über die tiefsten Aufgaben seiner Philosophie zu unterhalten wünschte, die Fichte, Schleiermacher, Gans, Ranke und so viele andere gelehrte Leute ihre Freunde nannte, in deren vier Jahrzehnte umfassenden Aufzeichnungen sich eine großartige Epoche deutschen Geisteslebens klar und schön und lebenswahr wiederspiegelt —: unmöglich kann eine solche Frau des tieferen Verständnisses für die Wissenschaft ermangelt haben.

Man hat wohl bedauert, daß Rahel, indem sie ihre schriftstelleri= schen Anlagen vernachlässigte, weniger tief und nachhaltig auf Mit= und Nachlebende gewirkt habe, als sie es ihrer Begabung nach im stande gewesen wäre. Sie selbst hat dieses Bedauern nie gefühlt; wenn sie gelegentlich sagte: ich will kein bloßer Leser mehr sein, ich will auch ein Schreiber werden, so war das nur ein Ausdruck komischer Ver= zweiflung über die Fülle dessen, was zu lesen man ihr zumutete. Sie war ganz ohne litterarischen Ehrgeiz und zufrieden, wenn andere Leute Bücher schrieben über das, „wovon ich oft früh spreche“. Sie war klug genug, um zu wissen, daß sie der „Arbeit mit Plan und Zweck“ (wie

sie es nennt) unfähig war, weil ihr einige der wesentlichsten Eigen=
schaften fehlten, die den großen Schriftsteller machen. Eine Dichterin
konnte sie nicht sein; denn sie entbehrte der plastischen Phantasie, der
festen Gestaltungskraft, des objektiven, hellen Künstlerblickes, der, wie
Schiller von Goethe sagt, „so still und rein auf den Dingen ruht".
— Und andrerseits: wie sehr ihr Geist von spekulativem Drange er=
füllt war; welche genialen Inspirationen über Welt und Menschen ihr
zuströmten; wie trefflich sie manche Resultate ihrer Beobachtungen zu
formulieren wußte: auch zur Philosophin war sie nicht geschaffen.
Zu einem geschlossenen philosophischen System hätte sie es vermutlich
nie gebracht, selbst wenn sie je den Versuch gemacht hätte. — Sie
konnte nicht „schreiben", das stand ihr fest, und sie nahm es durchaus
nicht tragisch. Zuweilen, wie wenn sie sich darüber trösten wollte,
machte sie den Scherz, Jean Paul, den sie übrigens hoch schätzte,
sei in derselben Verdammnis. Der Vergleich beweist einen guten Blick
für gewisse liebenswürdige Schwächen des Dichters, die, freilich weit
ausgeprägter, auch in ihrer eigenen Darstellungsweise hervortreten;
dahin gehören sein Mangel an künstlerischer Mäßigung und epischer
Objektivität, seine vollkommene Unfähigkeit, die Einzelheiten zu einem
harmonischen Ganzen zu verbinden. So teilt Rahel denn auch einige
seiner besten Vorzüge: Tiefe des Empfindens, reiche Menschenliebe,
Witz und Humor. Hätte sie schreiben können, so würde sie gleich Jean
Paul vielleicht zu den Schriftstellern gehören, die mehr durch ihre
Gesamterscheinung, ihre originelle Persönlichkeit, als durch einzelne
Leistungen wirken.

Die einzige ihr gemäße Ausdrucksform — auch in dieser Hin=
sicht ist sie ein echtes Kind ihres Stammes — war das Fragment,
der Aphorismus. Doch hat sie auch auf diesem Gebiet ganz absichtslos
geschaffen: die weitaus schönsten ihrer Aphorismen sind in ihren Briefen
zerstreut. Im Briefschreiben erschöpfte sich fast ihre ganze schriftstellerische
Thätigkeit. Eine unermüdlichere Briefstellerin ist nicht leicht denkbar.
Und hier, beim Briefschreiben, kann man sogar eine künstlerische Ab=
sicht bei ihr feststellen. Zwar setzte sie sich niemals hin mit dem Vorsatz,
in schönen Gedanken oder Gefühlen zu schwelgen, etwas Geistreiches
zu Papier zu bringen. Das war ihr ganz unmöglich; mit „tonloser
Feder und stiller schwarzer Tinte" behauptete sie nichts anfangen zu
können. Es mußte ein innerer Trieb vorhanden sein: jenes große
Mitteilungsbedürfnis, das sie immer beseelte; der Drang, Menschen,
die ihr nahe standen, sich ganz zu erschließen. Der Brief war ihr nie

etwas anderes, als ein Ersatz für den abgeschnittenen Umgang von
Person zu Person. Und wie sie ganz ein Gegenwartsmensch war,
dem die Kunst des Lebens darin bestand, sich warm und innig
der Wirklichkeit hinzugeben, so soll auch ihr Brief nichts sein, als
„ein Porträt von dem Augenblick, in welchem er geschrieben ist; und
getroffen soll es hauptsächlich sein, so hoch auch Kunstanforderungen
an ideelle Vereblung lauten mögen; von denen man allerdings wissen
soll, aber nach denen sich zu gebärden, affektiert und leer ausfällt".
Sie wolle, heißt es ein andermal, „Gespräche schreiben, wie
sie lebendig im Menschen vorgehen," d. h. Gedanken und
Empfindungen rein aus sich abschreiben, sie unmittelbar nach der geis=
tigen Empfängnis auf das Papier werfen, unbekümmert darum, wie
sie sich dort ausnehmen werden. Nie hatte sie „fertige Gedankenpläne
zur Ausarbeitung" im Kopfe. „Einfall, Anregung, Gedanke, Aus=
druck", sagt sie, „ist alles eine und dieselbe Explosion und ein Fluß."
Ihr höchst reizbares Nervensystem spielte bei dieser seltsamen Art des
Schaffens eine maßgebende Rolle. Sie versicherte, nur im „höchsten
Echauffement" die Feder führen zu können, „wenn eine gewisse Ent=
zündung in mir statt hat, die Geist, Erinnerung, Kombination und
Einfälle hervorbringt, in Licht und Bewegung setzt. Hab' ich nun eine
schlechte Feder, die mich noch mehr irritiert, oder bin nervenzitternd
bis zur Bläue erhitzt — welches nach der ersten Seite stattfindet —,
so wird Phrase, Wort, Ausdruck, Form und Reihe der Gedanken,
Periode, Ton des Ganzen davon affiziert; kurz, holprig, fließend, ge=
linde, streng, scherzhaft, ruhig: je nachdem! Und beinah' immer brech'
ich mitten im Erguß ihn selbst oder seinen Ausdruck ab ..."

Treffender kann ihre Schreibweise nicht charakterisiert werden!
Und doch — trotz aller Härten, Sprünge, Unbeholfenheiten und Dunkel=
heiten — welch ein Stil! — Mutig und streng bis zur Herbheit in
der Aussprache ehrlicher Ueberzeugung; ergreifend wahr in den Natur=
lauten der Freude und des Schmerzes; voll bezaubernder Anmut im
Ausdruck des Scherzes und der Laune; überaus innig im Bekennen
von Liebe und Freundschaft! — So reich an „Konfessionen" jenes
Zeitalter ist: es mag wenige Seelenschilderungen geben, die an Kraft,
Fülle und innerer Wahrheit an diejenigen dieser geborenen Psychologin
heranreichen.

Das Buch, welches Rahels geistmächtige Erscheinung den Zeit=
genossen allgemeiner zum Bewußtsein brachte und eine große, geradezu
wunderbare Wirkung hervorrief, — die von Varnhagen unter dem

Titel „Rahel. Ein Buch des Andenkens für ihre Freunde"*)
herausgegebene Sammlung ihrer Briefe und Tagebuchauszüge (keine
Biographie, wie man aus dem Titel schließen könnte), erschien nach
ihrem Tode. Doch ist sie schon zu ihren Lebzeiten mehrfach, und
zwar fast jedesmal halb wider ihren Willen, als Schriftstellerin hervor-
getreten. Varnhagen, der, tief durchdrungen von dem unvergleichlichen
Werte seiner angebeteten Rahel, jeden Brief, jedes flüchtige Blatt von
ihr sorgsam aufbewahrte, fühlte zuweilen den begreiflichen Wunsch,
von diesen seinen Schätzen der Welt mitzuteilen, und er wußte sich
dann auch — gewiß nicht ohne Mühe — die Einwilligung seiner Frau zu
erwirken. Die erste Veröffentlichung dieser Art waren die bereits erwähnten, Goethe betreffenden Bruchstücke aus Briefen, die im Jahre
1812 in den Nummern 161—176 des Cottaschen „Morgenblatts"
erschienen. 1816 folgten „Bruchstücke aus Briefen und Denk-
blättern" im „Schweizerischen Museum" (Aarau). Die Gubitzsche
Zeitschrift „Der Gesellschafter" brachte 1821 in den Nummern 131
bis 138 Briefe über Wilhelm Meisters Wanderjahre, von
denen die mit „Friederike" bezeichneten Rahels Feder entstammen. Eine
ganze Reihe ihrer Aussprüche über Goethe veröffentlichte Varnhagen
in seinem Sammelwerk „Goethe in den Zeugnissen der Mitlebenden"; Rahels schönes Urteil über dieses Buch ist bereits mitgeteilt worden. Endlich ließ Baron de la Motte-Fouqué in
seiner Wochenschrift „Berlinische Blätter für deutsche Frauen" 1829
eine Auswahl von Rahels Aphorismen unter dem Titel „Aus Denk-
blättern einer Berlinerin" (3. Bd., S. 137—184) erscheinen.
Im Frühlinge dieses Jahres nämlich kam Fouqué in großer Bedräng-
nis zu seinem Freunde Varnhagen und bat ihn um irgend eine Arbeit
für sein Journal. Varnhagen, der augenblicklich nichts vorrätig hatte,
fragte Rahel, ob er Auszüge aus ihren Briefen und Denkbüchern mitteilen dürfe, und sie, die eben von schwerer Krankheit genesen war,
gab in der apathischen Verfassung des Rekonvaleszenten ihre Zustimmung. Doch schrieb sie dem Herausgeber: „Nennen Sie ja meinen
Namen nicht! Nicht, daß ich nicht willig, ja gerne eine Schriftstellerin
wäre. Ich schämte mich nicht, ein Newtonisches Werk über Stern-
kunde oder Mathematik zu schreiben: aber kein Werk hervorbringen
zu können, und doch drucken zu lassen, da wandelt mich Scheu an ..."
Als dann aber die Aphorismen im Druck vorlagen, überkam die Verfasserin bennoch ein Gefühl stiller Autorenfreude. „Als die Sprüche

---

*) Berlin 1833. 3 Bde.

und Auszüge nun gesammelt waren, freute es mich, daß doch etwas
Sichtbares, Faßbares, zur Mitteilung Taugliches, außer ich selbst, von
so reicher einträglicher Zeit übrig geblieben sei; ich ermaß die Freude,
den Genuß, den es schaffen kann, an dem, den mir Aehnliches ge=
währt ... Diese Sprüche sind der Ertrag von stummen, langjährigen,
ignorierten Schmerzen, Thränen, Leiden, Denken, Freuden der Ein=
samkeit. Perlen, die ein halbes Jahrhundert aus einer sturmbewegten
Menschenseele warf ..."

*　　*　　*

Wenn Rahel von der hohen Warte des Alters den Verlauf ihres
äußeren Lebens überblickte, konnte sie sich nicht verhehlen, daß es in
mehr als einer Hinsicht „mißlungen" war. Unglücklich hat sie sich
darum nie genannt; es war, wie sie bekennt, „immer Feiertag" in
ihr. Denn sie besaß das hohe Glück des geistig Strebenden, des nach
ewigen Gütern ringenden Menschen: jene stille Heiterkeit der Seele,
jenen philosophischen Gleichmut, die auch mit dem herbsten Schicksal
aussöhnen. Sie spricht das in einer am Karfreitag des Jahres 1831
niedergeschriebenen Betrachtung aus, die dieses Kapitel, das vorzüg=
lich ein Bild der Denkerin und geistigen Arbeiterin entwerfen sollte,
beschließen mag: „Weh dem, der mit seinen Einsichten und Gedanken
dem Allgemeinen vor ist! Für ihn kann dies Allgemeine nichts thun:
für ihn wird das nie ein gutes Schicksal. Wie wohl für den, welcher
gleich mit ihm [auf dem Niveau der Allgemeinheit] steht oder gar
nach! — Der Denkende, in Wahrheit Erwägende erhält ein anderes
Glück, muß es wo anders her sich schaffen, nicht durch ein Allgemeines,
Vorhandenes. Aber sein Glück selbst ist etwas Allgemeines, nämlich
auf das Höchste sich Beziehendes, von diesem Gespendetes, und
darum generell in der Anwendung. Hauptsächlich besteht dies Glück
der Forscher und Erwäger darin, daß sie einer ganzen Art von Un=
glück enthoben werden: die Erde nicht als etwas Vereinzeltes anzusehen
brauchen, und deren Leben und Empfinden mit Vergangenheit und
Zukunft sich in Zusammenhang d. h. als ein Ganzes vorstellen können.
Und die größten Momente des Lebens sind die, wo es so empfunden
wird. Solche Momente müssen sich gewiß bis zum heilig=
sten Dasein, dem unantastbaren, immer gleich hohen,
steigern!" —

Elftes Kapitel.

Varnhagen-Rahelscher Salon.

(1819—1833.)

Indem Rahel ihren Salon seit 1819 „die Dachstube, im größeren fortgesponnen," nannte, hat sie seinen Charakter so deutlich bezeichnet, daß es kaum nötig ist, dem Worte etwas hinzuzufügen. Es genügt, auf das hinzuweisen, was (im 4. Kapitel) über das Wesen des ersten Salons auseinandergesetzt wurde. Nur zwei Aussprüche Rahels selber seien hier mitgeteilt, weil sie treffend die Universalität und die kulturelle Bedeutung ihres Hauses kennzeichnen. Der erste, in einem Briefe an Gentz (26. Okt. 1830), lautet: „Wir sehen unendlich verschiedene Klassen; aber die Glieder einer jeden bequemen sich gern, ja geflissentlich, Anteil an Geistigem und Litterarischem zu nehmen. Denken Sie ja kein bureau d'esprit, oder ewige Kunstgespräche, oder irgend etwas Feststehendes; wohl aber Ausgeschlossenes. Wenn ich Sie je sprechen könnte, würde es Sie ergötzen, wenn ich Ihnen das Bild meines äußern Lebens gäbe: dergleichen hat wohl noch nie existiert . . ." Der andere Ausspruch findet sich in einem Briefe an den Grafen Custine (31. Okt. 1829): „Mir ist während dem Schreiben klar geworden, daß ein Aufenthalt in Berlin Ihnen von unendlichem Nutzen werden könnte: eine reiche, doch neue Litteratur auf die leichteste gesellige Weise mitgeteilt — und versteht sich auch ein neues Leben — grad in meinem Hause. Ganz in ihrer Mitte steht Varnhagen durch sein Leben und Wirken: alles kommt ihm davon zu; er giebt mir mehr Bücher und Hefte in die Hände, als der Fleißigste nur verbrauchen kann; erfahren thue ich von allem; und ewige Diskussionen und Untersuchungen veranlasse ich schon selbst. Ein einziges Haus darin [in dieser Hinsicht]: Sie wären mitten in Deutschland; sauf le pédantisme, que je tue à trente lieues à la ronde, durch bloßes Existieren; solcher Feind, solcher Giftbaum bin ich für ihn . . ."

Wird hier das allgemein geistig-gesellige und besonders das litterarische Leben und Streben, das ja auch dem ersten Rahelschen Salon sein eigentümliches Gepräge lieh, in den Vordergrund gestellt, so ergiebt doch der Vergleich des früheren mit dem späteren einen bemerkenswerten Unterschied. Der politische Gedanke, den wir um 1806 — vornehmlich unter dem Einfluß von Fichtes machtvoller Erscheinung — im ersten Salon hervortreten sahen, schafft sich jetzt, da leidenschaftliche Politiker und Geschichtskundige zu den bevorzugten Freunden gehören, größere Geltung und wird, je mehr man sich dem Jahre 1830 nähert, fast zum beherrschenden Element des Kreises. Doch soll die Darstellung des politischen Charakters des Salons einem besonderen Kapitel vorbehalten bleiben. —

*　　*　　*

War Rahel auch im zweiten Salon der eigentliche Mittelpunkt, so wurde doch Varnhagen, trotz freudiger Unterordnung, durch sie keineswegs in den Schatten gestellt. Als gewandter Gesellschafter und Meister geistvoller Unterhaltung — „Meister der Wohlredenheit und des Wohlklangs" nannte ihn Alexander von Humboldt — versah er an der Seite seiner Gattin die Pflichten des Hausherrn. Sein eigentümlicher Studiengang, sein wechsel- und ereignisreiches Leben, seine diplomatische Carriere hatten ihm jene universelle, echt tolerante Bildung, jenen feinen und scharfen Weltblick verliehen, die ihn befähigten, auf Jahrzehnte hinaus im Berliner geselligen Leben eine nicht unwichtige Mission zu erfüllen —: die Vermittelung des litterarischen Lebens mit den höheren Kreisen der Gesellschaft. Seine litterarischen Verbindungen erstreckten sich über ganz Deutschland; die Zahl seiner Bekanntschaften unter Schriftstellern, Diplomaten, Gelehrten war unendlich. Was auf den Gebieten der schönen Litteratur, der Philosophie, der Geschichte und Politik in Deutschland — zum Teil auch in Frankreich und England — geschrieben und gedruckt wurde, entging nicht leicht seinem Spürblick; Rahel hatte recht: „Alles kam ihm davon zu," wurde gelesen, untersucht, diskutiert, — kurz, „auf die leichteste gesellige Weise" verarbeitet und dem Bildungsschatze eingefügt. Wiewohl er selbst fest in der klassisch-humanistischen Litteraturepoche wurzelte und in seinem eigenen Schaffen treu — vielleicht allzu treu — an den Ueberlieferungen des Klassizismus festhielt, war er doch stets bereit, die Vorzüge anderer Richtungen anzuerkennen. Mit jugendlicher Frische,

ganz unzünftig, suchte er in den Kern jeder neuen Zeit= und Litteratur=
strömung einzudringen und gab sich unbefangen dem Schönen und Treff=
lichen hin, wie und wo er es fand. In der Förderung des litterari=
schen Lebens bewies er eine seltene Liebenswürdigkeit, eine unermüd=
liche Hilfsbereitschaft und Geduld. Gelehrte vom Rufe Alexander von
Humboldts nahmen ihn als Ratgeber in Anspruch, „der Tiefe der
Gefühle mit einem wunderbar harmonischen Sprachtalente" verband,
legten ihm Entwürfe ihrer Arbeiten zur Begutachtung vor, riefen in
zweifelhaften stilistischen Fragen seine Entscheidung an. Bevor Hum=
boldt den ersten Teil seines „Kosmos" zum Druck fortschickte, schrieb
er an Varnhagen: „Ich kann es nicht über mich gewinnen, den An=
fang meines Manuskripts wegzusenden, ohne Sie anzuflehen, einen
kritischen Blick darauf zu werfen. Sie haben ein so großes Talent der
anmutreichsten Schreibart, Sie sind auch so geistreich und unabhängig,
daß Sie Formen des Schreibens nicht gradehin zurückstoßen, die indi=
viduell sind und von den Ihrigen abweichen..." Junge Schriftsteller
brachten ihm vertrauensvoll die Erstlinge ihres Schaffens, baten ihn
um Rat und Förderung. So genoß er als weltgewandter Gesellschafter
und eleganter Polyhistor, als erprobter Beirat seiner Freunde und
gern gesuchter Protektor junger Talente des besten Rufes und war —
und wurde immer mehr — eine der bekanntesten litterarischen Persön=
lichkeiten Berlins. Der Großherzog Karl Alexander von Sachsen=
Weimar sagte, es sei ihm in seinem Hause die Idee angeerbt, daß
man in Berlin zwei Männer sehen müsse: A. von Humboldt und Varn=
hagen. So dachte der Großherzog nicht allein. Zahlreiche der noch
jetzt lebenden und unlängst gestorbenen älteren Schriftsteller haben es
in jenen dreißiger bis fünfziger Jahren für eine Ehrenpflicht gehalten,
im Hause Mauerstraße 36 dem treuen Patron deutschen Schrifttums, dem
„letzten Repräsentanten einer höheren Geselligkeit in Berlin" ihre Ach=
tung und Teilnahme zu bezeigen.*)

Varnhagens Ruf jedoch gründete sich nicht auf diese Verdienste
allein, sondern ebenso sehr auf seine produktive Thätigkeit. Wir sahen
ihn in seinen Jünglings= und frühen Mannesjahren nach langem
Schwanken und unter inneren Kämpfen allmählich zum Schriftsteller
reifen. Seinen Erzählungen und Gedichten, die ganz das Gepräge
schwächlicher Epigonenpoesie tragen, hatte er selbst niemals großen

---

*) s. „Erinnerungen" von Max Ring. 2 Bände. Berlin, Concordia,
Deutsche Verlagsanstalt.

Wert beigelegt, und so grämte er sich nicht übermäßig darüber, daß das Publikum diese Versuche bald gründlich vergaß. Seine militärisch=diplomatische Laufbahn, sein Verkehr mit Tettenborn, Stein u. a. hatten ihn auf den Beruf des Historikers und Chronisten als den seiner Begabung am meisten entsprechenden immer nachdrücklicher hin=gewiesen. Schon während der Feldzüge begann er seine Feder in den Dienst der Politik und Geschichte zu stellen: die Belagerung Ham=burgs 1813, die Kriegszüge des Generals Tettenborn 1813 und 14 hatten in ihm ihren Darsteller gefunden. Nach seinem Ausscheiden aus dem Staatsdienst widmete er sein Talent vorzugsweise der Bio=graphie und der Memoirenlitteratur. Preuße mit Leib und Seele, wählte er seine Stoffe mit Vorliebe aus der preußischen Geschichte; den Generalen Friedrichs des Großen (Feldmarschall Schwerin, Winter=feld, Seidlitz u. a. m.) und den großen Feldherren der Befreiungs=kriege (Blücher, Bülow), doch auch andern merkwürdigen Persönlich=keiten, wie den Dichtern Flemming, Canitz, Besser, der Königin Sophie Charlotte von Preußen, dem Stifter der Brüdergemeinde Grafen Zinzen=dorf, dem Philosophen und Arzte Johann Benjamin Erhard, hat er biographische Denkmale gesetzt.*) In seiner „Galerie von Bild=nissen aus Rahels Umgang und Briefwechsel" schilderte er den anmutigen Kreis der Freunde und Freundinnen Rahels. Seine reichen persönlichen Erlebnisse stellte er in der umfangreichen Samm=lung seiner „Denkwürdigkeiten und vermischten Schriften"**) dar, die wichtige Beiträge zur politischen, wie zur Litteratur=Geschichte seiner Zeit enthalten. Zwar sind diese Schriften, aus denen im Ver=laufe dieser Darstellung manches mitgeteilt wurde, als historische Quelle nicht immer ganz zuverlässig; dennoch sind sie als ein wertvolles und hochinteressantes Werk anzusprechen. „Deutschland müßte an Memoiren=werken erst weit reicher werden," urteilt Walzel, „ehe es Varn=hagens Denkwürdigkeiten aus der Reihe der klassischen Schriften des Faches streichen dürfte."

Varnhagens historisch=biographische Arbeiten haben eine seltsam verschiedenartige Beurteilung gefunden. Die Zeitgenossen waren seines

---

*) Zum Teil in seinen „Biographischen Denkmalen" (5 Teile, 1824 bis 1845), zum Teil einzeln erschienen.

**) Bd. 1—4 Mannheim 1837—38; Bd. 5—9 Leipzig 1840—59. Die Brock=hausische Verlagsbuchhandlung hat eine Sammlung „Ausgewählte Schrif=ten von K. A. Varnhagen von Ense" (1871—76) in 19 Bänden heraus=gegeben, welche in 3 Abteilungen ein Gesamtbild seiner Leistungen vorführt.

Lobes voll. A. von Humboldt bewunderte, „wie alle Farbentöne des Kriegslebens und der nach Freiheit strebenden bürgerlichen Verhältnisse" ihm gleichmäßig glückten. „Das fatalistische Wort ‚glücken' sollte hier nicht stehen," setzte er hinzu, „da der Grund des Gelingens tief in der Reinheit der Vernunftansicht und der Tiefe der Gefühle gegründet ist." Nach der Lektüre der Biographie des Generals Bülow von Dennewitz schrieb Humboldt dem Verfasser: „Sie haben den preußischen Waffenruhm und, was mich menschlicher berührt, den so vielseitig gebildeten Krieger verherrlicht. Die Galerie Ihrer Lebensbilder steht einzig groß in unserer deutschen Litteratur." — Hegel rühmte ihm „tiefen Sinn für Individualität" nach. — Noch Gottschall nennt ihn den „preußischen Plutarch": groß sei seine Kunst, „den geschichtlichen Marmor zu denkwürdigen Skulpturbildern zurechtzumeißeln, das Material plastisch herauszubilden, ohne daß die sicher hervortretende Gestalt der Glätte und Rundung entbehrte." So seien seine „Biographischen Denkmale' „Muster einer antiken Geschichtsdarstellung, deren Wert um so höher angeschlagen werden muß, je entfernter von antiker Einfachheit, je größer und schwieriger die Verwickelungen des modernen Staatslebens sind". — Heute können wir solchen unbedingten Lobsprüchen nicht mehr zustimmen. Zwar, das muß zugegeben werden, ihm eignet in hohem Maße die Gabe (die schließlich den Biographen macht), Menschen in ihrem Wesenskern zu erfassen, ihr Leben und Handeln aus diesem tiefsten Punkt der Persönlichkeit zu erklären. Am besten gelingt ihm seine Aufgabe, wenn er große Zeitgenossen aus eigener Anschauung schildern und aus dem reichen Schatze persönlicher Erlebnisse schöpfen kann. Unbestreitbar ist seine Kunst lichtvoller Komposition und anschaulicher, frischer Darstellung. Aber er verliert sich manchmal doch zu sehr in das Kleine und Anekdotenhafte und läßt den auf das Große und Allgemeine gerichteten Geist des bedeutenden Historikers vermissen. Auffallend ist die wunderbare Physiognomielosigkeit seiner Schriften. Obgleich er menschliche Eigenart scharf zu erfassen und wohl zu charakterisieren weiß, muten uns seine Gestalten zuweilen wie bloße Schattenrisse an, als fehlte ihnen der frische Pulsschlag des Lebens. Das tritt besonders hervor, wenn er knorrige, vollsaftige Persönlichkeiten zu schildern unternimmt, wie Blücher und den alten Dessauer: da versagt seiner bildenden Hand völlig die Kraft. Doch auch in seiner litterarischen Gesamterscheinung tritt dieser eigentümliche Mangel einer scharfgeprägten Physiognomie hervor. Wollte man aus seinen Schriften seine Stellung zu politischen und religiösen

Fragen, zur Litteratur und Kunst, seine Weltanschauung und sittliche
Lebensauffassung ergründen, so würde man zu einander völlig wider=
sprechenden Resultaten gelangen. Bald erscheint er — um nur das
religiöse Gebiet zu streifen — als christgläubiger Jünger Schleier=
machers, bald als Anhänger der Herrnhuter — seinem Bekenntnisse
nach war er Katholik —; bald zeigt er sich als glaubensleerer Voltai=
rianer oder als Wahlverwandter des Herrn von Gentz. Die Er=
klärung dieses Umstandes findet man teils in Varnhagens oft gekenn=
zeichneter Proteus=Natur, die sich leicht und unbefangen jedem Einflusse
hingab, teils aber auch in einer bewußten künstlerisch=wissenschaftlichen
Objektivität. Dem Psychologen stand die Enträtselung verworrener
Charakterzüge höher als eine abstrakte Beurteilung in Lob und Tadel;
dem Gelehrten war die Erscheinung, die Sache an sich wichtiger als
ihre Eingliederung in die moralische Wertskala.

Uebrigens trägt an der Ausdruckslosigkeit seiner Schriften nicht
zuletzt die Eigenart seines Stils die Schuld. Die Einfachheit und
Sachlichkeit, die Geschmeidigkeit und Anmut des Ausdrucks in seinen
besten Momenten verdankt er, wie wir wissen, dem fleißigen Studium
und der verständnisvollen Nach= und Fortbildung des Goetheschen
Stils. Er war ein durchaus eleganter Schriftsteller, ein denkender
Sprachkünstler; geschmacklos wurde er — glücklicherweise nicht allzu
häufig — nur da, wo er Goethe sklavisch kopierte. Indessen, sein Stil
zeigt noch eine andere, keineswegs vorteilhafte Seite, die nicht von
Goethe stammt. Er hatte nämlich noch ein zweites stilistisches Vor=
bild: Gentz, den er einen „Großmeister der deutschen Schreibkunst"
nennt, und dessen Schreibweise er als „so artig, so gewunden, so glatt
und frei zugleich" preist. Goethe mußte, ohne das edle Maß zu über=
schreiten, deutlich und ungeschminkt die Wahrheit bis auf den letzten Rest
zu sagen. Der Gentzsche Diplomatenstil dagegen mit seiner Künstlichkeit,
seiner Glätte, mit jenem Drehen und Wenden, Bedingen und Einschrän=
ken, schien gemacht, die Wahrheit mehr zu verbergen als zu enthüllen. Er
entsprach wunderbar den Absichten der Diplomaten Metternichscher
Schule, die ja im Verschweigen und Ableugnen, in den sogenannten „fei=
neren Bezügen" ihre Weisheit suchten. Rahel hat einmal diesen Diplo=
matenstil ihres Gatten köstlich persifliert: „Welch einen Katzenbrief
hast Du geschrieben! Ja, er ahmt die glatten, kleinen Bewegungen eines
Katzenrückens bis in den kleinsten Teil seiner anscheinend verwickelten
Phrasen zum Verwechseln nach, und könnte der Mensch aus einem Briefe
eine Katze machen, wäre es ihm vergönnt: Deiner finge Mäuse!" —

Neben seinen historischen Arbeiten entfaltete Varnhagen eine weitverzweigte kritische Thätigkeit, von der zahlreiche Beiträge in den „Jahrbüchern für wissenschaftliche Kritik", in der „Allgemeinen Zeitung", in der von Stägemann redigierten offiziösen „Allgemeinen preußischen Staatszeitung", sowie die 1833 erschienene Sammlung „Zur Geschichtschreibung und Litteratur"*) Zeugnis ablegen. Er war ein Kritiker, der Gründlichkeit der Untersuchung und Sach= lichkeit des Urteils mit feinem Geschmack und der Gabe anmutiger, fesselnder Darstellung verband. Wie Gelehrte und Dichter Gewicht auf sein Zeugnis legten und es mit Vorliebe anriefen, so wurden seine Besprechungen auch im Publikum gern gelesen. Für seine Auffassung der kritischen Thätigkeit ist folgende Aeußerung wichtig. Varnhagen meint, die oft an den tadelnden Kritiker gestellte Zumutung, es „besser zu machen", sei als unbegründet und unbillig zurückzuweisen. Wohl aber dürfe man fordern, daß er auch etwas machen könne, daß er schöpferisch begabt sei: „wie soll er sonst den Beweis liefern, daß er wirklich alle Bedingungen, Grenzen, Vorteile und Schwierigkeiten des Kunstgebietes kenne, über dessen Erzeugnisse er urteilt, daß er seine For= derungen nicht schrankenlos ausdehne, und ein erreichtes Wirkliche nach erträumten Möglichkeiten abmesse? In der That haben unsre besten Kritiker von jeher auch durch eigne Kunstschöpfungen sich hervorgethan, und wir finden fast immer, daß der Wert von diesen mit dem ihrer Kritiken gleichen Schritt hält, von Lessing an gerechnet bis auf A. W. von Schlegel herab . . ." Demgemäß kritisierte er vorzugs= weise Erscheinungen auf den Gebieten der Geschichtswissenschaft und der schönen Litteratur. War er genötigt, sich über ihm ferner liegende Gegenstände zu äußern, so urteilte er vorsichtig und scheute sich nie, einen Mangel an Sachkenntnis freimütig einzugestehen. Nicht durch trockene Inhaltsangaben, sondern durch liebevolles Eingehen in die Absichten des Schriftstellers, durch klare Analyse, durch feinsinniges Nachschaffen suchte er Verständnis zu wecken für den oft verborgenen wahren Gehalt eines Kunstwerkes. Seine gründliche Beherrschung der Litteratur befähigte ihn, einzelne Erscheinungen in Beziehung zu setzen zu der geistigen Strömung, aus der sie emporgetaucht, sie als eine Blüte am Baume des Schrifttums betrachten zu lehren. So hat er mit glücklichem, durch Rahels Eingebungen oft geschärftem Spürblick

---

*) Mit dem Untertitel: Berichte und Beurteilungen von K. A. Varn= hagen von Ense. Aus den Jahrbüchern für wissenschaftliche Kritik und an= deren Zeitschriften gesammelt. Hamburg, Friedrich Perthes.

die feinen Zusammenhänge zwischen der Dichtung Goethes und den Ideen und Triebkräften seiner Zeit scharf und überzeugend nachgewiesen.

* * *

Eine Anzahl von Freunden des Varnhagenschen Hauses gehörte jener gelehrten Sozietät an, die unter Hegels Oberleitung die „Jahrbücher für wissenschaftliche Kritik" herausgab. Der Gedanke, daß in Berlin, dem Sitze der neuen Universität, ein großes kritisches Organ, an dem die ganze deutsche Gelehrtenschaft beteiligt sei, gegründet werden müsse, war von dem Professor Gans ausgegangen. Nachdem er Cotta für seine Idee gewonnen hatte, zog er zunächst seinen Freund Varnhagen ins Vertrauen. „Varnhagen," erzählt Gans,*) „der in Beziehung auf Takt, Freiheit der Darstellung und saubere Ausarbeitung des Stils so wenig Gleichstehende in Deutschland findet, und der durch Treue der Gesinnung, durch einen Gleichheitssinn, wie er der Wissenschaft geziemend ist, sowie durch ausdauernden Eifer ein jedes Unternehmen heben wird, dem er sich zugesellt, nahm, was ich ihm von der Angelegenheit und von Cotta sagte, mit übersprudelndem Enthusiasmus auf ... Frau von Varnhagen, die geistreiche, rhapsodische, incisive Frau, belebte bei unseren Abendgesprächen die Hoffnungen, die sich kundgaben, und schickte uns, wie eine Spartanerin oder Römerin ihre Kinder in die Schlacht gesendet haben würde, dem kritischen Feuer entgegen, das wir anzünden wollten."

Im Januar 1827 traten die Jahrbücher ins Leben und haben lange Zeit (sie bestanden bis 1840) anregend und aufrüttelnd gewirkt. Waren sie auch das Hauptorgan der Hegelschen Schule und hielten sich nicht immer frei von wissenschaftlicher Engherzigkeit und Anmaßung, so wurde doch den Mitarbeitern Freiheit der Meinungsäußerung nicht völlig versagt. Beispielsweise war Varnhagen, einer der Herausgeber, selbst keineswegs auf das Hegelsche System eingeschworen. Unter seinen Freunden haben W. v. Humboldt, Gans, Boeckh, Stägemann, von Pfuel, Rückert u. a. m. häufig Beiträge geliefert. Nicht selten mag es vorgekommen sein, daß Rahels Urteil über eine litterarische Erscheinung, wie es in lebhafter Disputation mit den Freunden den Sieg behauptet, in Gestalt einer Kritik vor das Publikum der Jahrbücher trat. Ein Beispiel dieser Art erzählt sie selbst. Sie hatte im Sommer 1829 ihre große Freude an den Gedichten des Königs von

---

*) Rückblicke auf Personen und Zustände. Von Eduard Gans. Berlin. Verlag von Veit & Comp. 1836.

Bayern gehabt und war in ihrem Kreise lebhaft dafür eingetreten. „Welch ein Wogen von Lob, Streit, Diskussion war hier," schrieb sie an Frau von Cotta. „Nehmen Sie die Kritik in den Jahrbüchern als eine Art von Resultat davon an. Ich war mitten in der Bataille; und blieb leben, mit der weißen Fahne in der Hand. Ich möchte einen blauen Stern darin sticken, wie immer dem Schöpfer eines Kunstwerks persönlich danken: oft habe ich Kleine es schon gethan." — Ein ent=schiedenes Verdienst haben sich die Jahrbücher um die Goethe=Forschung erworben. Waren doch seine Werke für Hegel die Basis der neu=zuergründenden Aesthetik. So wurde der Philosoph eine der kräftigsten Stützen der Berliner Goethe=Gemeinde und warb auch seine Schüler für den großen Dichter. W. von Humboldt und Varnhagen haben des öfteren in umfangreichen Artikeln Goethes menschliche und dichterische Individualität und die Art seiner Einwirkung auf Deutschland in den Jahrbüchern dargelegt.

* * *

Durch die „Jahrbücher für wissenschaftliche Kritik" trat in persön=liche Beziehung zu Rahels Salon der Mann, der, gleich Goethe, zu den bewegenden Mächten der Zeit gehörte, ja durch die Kraft seines Geistes Jahrzehnte hindurch das gesamte wissenschaftliche Leben Deutsch=lands unbedingt beherrschte: Georg Wilhelm Friedrich Hegel (1770—1831). Seine grundlegenden Werke hatte er bereits vor seiner Uebersiedelung nach Berlin (1818) geschrieben; doch erst durch seine Vorlesungen an der Berliner Universität, an die er als Fichtes Nach=folger berufen worden war, begründete er seinen ungeheuren Ruf; von seinem Lehrstuhl breitete sich seine Philosophie über Deutschland, ja über die Welt aus. Hunderte und aber Hunderte von Hörern strömten ihm zu; fertige Meister saßen zu seinen Füßen. So glänzende Leuchten der Wissenschaft die Berliner Universität in Schleiermacher, Savigny, Raumer, Boeckh, Lachmann besaß, sie alle wurden zeitweilig durch Hegels Erscheinung überstrahlt.

In ihm erreichte die spekulative Philosophie jene Höhe, über die es kein Hinaus mehr giebt. Hatte sie sich früher der Erfahrungswissen=schaften als ihrer Organe bedient, so blickte sie nun mit erhabener Ge=ringschätzung auf die exakte Forschung herab. Die Wirklichkeit, die ganze Sinnenwelt ist ihr nur noch Schein. Die Natur stellt sich in diesem System der Begriffsherrschaft dar als eine Entäußerung der Idee, als ein Abfall des Gedankens von sich selbst. Die wahre Wirk=lichkeit, das Wesentliche ist die Vernunft. Natur und Geist sind wesens=

gleich, Erscheinungsformen eines über beide erhabenen Absoluten. Wie
die Natur, so faßte Hegel auch die Geschichte auf als die mit innerer
Notwendigkeit sich vollziehende Selbstentfaltung der Idee. Das ganze
Weltall wird aus Begriffen konstruiert. „Alles Sein ist realisierter
Gedanke, alles Werden Entwickelung des Gedankens."

Diese kühne, vor keiner Gewaltsamkeit zurückschreckende Philo=
sophie, diese eiserne Konsequenz des Denkens kam Rahels starkem speku=
lativen Bedürfnis durchaus entgegen. Niemals war die Selbstherr=
lichkeit des denkenden Geistes überzeugender proklamiert worden als
hier; kein zweites System sprach gleich diesem der Persönlichkeit das
ewige Recht zu, sich frei und tapfer der Welt gegenüber zu behaupten.
Dann lag in der Lehre von der Versöhnung des Geistes mit der
Materie, von der Einheit des Endlichen und Unendlichen in der Ver=
nunft ein befreiendes, erlösendes Moment, das gleicherweise dem wissen=
schaftlichen Skeptizismus, wie dem asketischen Geiste des Christentums
widerstritt und eine nahe Verwandtschaft mit dem gesunden, lebens=
heiteren Hellenismus Goethes zeigte —: auch hier fand Rahel innige
Berührungspunkte zwischen den Hegelschen Ideen und ihrem eigenen
Denken und Empfinden.

Dennoch fühlte sie, als eine tiefsittliche, die Dinge vornehmlich
nach moralischem Maßstabe wertende Natur, von dem e t h i s c h e n
Idealismus Fichtes sich ungleich sympathischer berührt, als von dem
l o g i s c h e n Hegels. Oft fand sie in ihrem ernsten Bestreben, in den
Geist der Hegelschen Philosophie einzudringen, den unvergeßlichen Lehrer
wieder. Hatte doch auch Fichte ein System absoluter Erkenntnis der
Wirklichkeit, unabhängig von den Erfahrungswissenschaften, hervorbringen
wollen; hatte doch auch er das Ich zum unumschränkt herrschenden
Prinzip der Wissenschaft gemacht. Als man in ihrer Gegenwart Fichte
gegen Hegel herabsetzen wollte mit der Bemerkung, ersterer habe mit
seiner Philosophie „keinen Succeß" gehabt, erwiderte Rahel: „Keinen
Succeß? Ist nicht das schon einer, daß Hegel sein Successor ist?" —
Ueber ihr Studium Hegels spricht sich Rahel in einem Briefe an
Ludwig Robert (16. August 1827) folgendermaßen aus: „Du
weißt, wie wenig ich Hegelsche Bücher, gegen Fichte, goutierte, wie
wenig seine Schreibart. Jetzt aber habe ich angefangen, seine ‚E n c y=
k l o p ä d i e d e r p h i l o s o p h i s c h e n W i s s e n s c h a f t e n i m G r u n d=
r i ß‘, die er Varnhagen verehrt hat, zu lesen. Parlez-moi de ça!
Vortrefflich. Beinahe jede Zeile eine unwiderlegliche Definition. Ich
streiche an und schreibe nebenbei. Ich f i n d e F i c h t e. Was sonst?

Wer die Silhouette des Geistes gemacht, wer ihn wie der Silhouetteur festgeschraubt hat, um die Dimensionen zu nehmen, der muß bei jeder neuen Ausmalung wiedergefunden werden. Alles Denken und Ergründen ist ein Wiederfinden eines Verfahrens; es sei nun das unseres eigenen Geistes, einer Leistung seiner oder eine der Natur, die wir in unserer Geistesart aufzufassen, zu nehmen und zu behandeln im stande sind. Ich finde immer nur e i n s wieder, und uns sozusagen in e i n e r Figur beschränkt. Als Unendliches ist dem Geist bloß armer Witz gelassen, um sich reich in dieser Armut zu gerieren ... Etwas sehr Schönes, alle Tage zu Gebrauchendes sagt Hegel. Er sagt: eine Philosophie müsse alle bisherigen in sich einschließen, auf ihren Standpunkt stellen und mit ihnen Eine ausmachen. Mit anderen Worten und Beweisen. Weil ich nie eine anders verstand — wofern sie nur redlich durchgeführt war —, so ist mir das sehr einleuchtend und erfreuend. Ein vortreffliches Buch, welches wir einmal miteinander lesen müssen. Ich hatte neulich nicht den Mut, als Hegel bei uns war, ihm zu sagen, daß ich sein Buch lese: obgleich mir die Ueberzeugung nicht fehlt, daß ich einer der Studenten bin, der es mit am besten liebt und versteht, oder vielmehr versteht und liebt ..."

Die Hegelsche Philosophie wird getragen vom Prinzip der Entwickelung: das brachte sie Rahel noch besonders nahe. Wenn Hegel die Weltgeschichte als den Fortschritt des Geistes zum vollständigen Bewußtsein der Freiheit begriff; wenn er die großen welthistorischen Persönlichkeiten nur als die Geschäftsführer der Vernunft auffaßte, die im Dienste des fortschreitenden allgemeinen Geistes stehen und, ohne es zu wissen und zu wollen, ihn auf eine höhere Stufe führen: so war er in jedem Punkte Rahels freudiger Zustimmung sicher. Denn tief durchdrang auch sie die Ueberzeugung von der fortschreitenden inneren Entfaltung des Menschengeistes, von seiner Ausbildung zu höheren Daseinsformen. Und nichts konnte sie mehr erregen als der Zweifel an der geschichtlichen Entwickelung, die skeptische Auffassung der Geschichte als eines bloßen Spieles des Zufalls. Als einmal einer ihrer Freunde zweifelsüchtig den Gedanken aufgeworfen hatte, daß ein Fortschritt keineswegs feststehe, daß die Masse des Unglücks sich gleich bleibe u. s. w., machte sie (in einem Briefe an Varnhagen vom 21. Febr. 1829) ihrem Unmut Luft: „Derartig Bekanntes, Plattgetretenes! Da schrie ich: Wir wären nicht besser dran als unter Kardinal Richelieu? Stehlen, auf dem Pontneuf als gentilesse; Duelle an den Ecken zu fünfzehn, sechzehn Paaren; Vergiftung bei Bällen; Morde aller Art; Auflehnung

gegen König und Obrigkeit als Adelsbenehmen; Bartholomäusnacht
vorher, Dragonaden nachher; Unrecht, Gewalt in Blüte; Judenaus=
tilgung, wenn ihr Vermögen Appetit machte u. s. w. — Jetzt, ge=
liebtes, geehrtes Jetzt! Europa in Aufruhr, wenn in irgend einem
Winkel Unrecht oder gar Mord vorkommt; alle müssen besser werden,
besser leben: Monarchen, die die größte Gewalt haben, tugendhaft!
Nein, so dumm bin ich nicht, daß ich das nicht täglich sähe und ein=
sähe und einläse. Die Wege, die Erfindungen, die Sanitätsanstalten,
Pflaster, Beleuchtung, Kanäle u. s. w. u. s. w. . . ." Ja, sie freut sich,
jetzt zu leben, „weil wirklich, reell die Welt schreitet; weil Ideen, gute
Träume ins Leben treten. Technik, Gewerbe, Erfindungen, Associa=
tionen, sie auszuführen, die Ueberzeugung selbst der Regierungen, daß
das endlich so sein muß —: alles dies erlaubt nicht, die Dummheit
noch ferner in Spiritus zu erhalten: anders wollte sie schon längst
nicht dauern. — Einsicht ist eine Pflanze, von hoch her eingesetzt; und
eine Witterung muß kommen, sie gedeihen zu lassen; denn sie wartet
Tausende von Jahren auf solche, sich — wenn auch nicht uns Men=
schen — unbeschadet. Wer das nicht mit einsieht, wird untergewühlt.
Sei ihm Gott gnädig!" — Welche unerschütterliche Ueberzeugung,
welcher optimistische Entwickelungsglaube spricht sich hier aus! — „Sie
geht, die Welt!" heißt es ein andermal (1832). „Wir Menschen
merken's nicht; nur die Denker, die Gelehrten erspähten es; wir lassen's
uns beweisen, und glauben es. Ginge sie doch sichtbarer, schneller!
Unser Leben ist mir nicht lang genug; ich zu alt schon; und möchte
noch gerne mitschmausen." Dieses freudige Wort aus dem Munde der
einundsechzigjährigen Greisin! — „Mein ganzer Glaube", sagte sie
ein Jahr vor ihrem Tode, „ist die Ueberzeugung des Fort=
schreitens, der Perfektibilität, der Ausbildung des Universums zu
immer mehr Verständnis und Wohlstand im höchsten Sinn, Glück und
Glückbereitung." —

*　　*　　*

Außer durch den Meister selbst, wurde die Hegelsche Philosophie
in Rahels Salon durch einen seiner begabtesten Schüler, den Pro=
fessor Eduard Gans (1798—1839), repräsentiert. Diesem außer=
ordentlich scharfen Kopfe und durchgebildeten Denker war es vor=
behalten, die Anwendung des Hegelschen Systems auf die Lehre vom
Recht zu machen. In schroffem Gegensatze zur sogenannten historischen
Rechtsschule, als deren Haupt Savigny, der Schwager Bettinens,
galt, vertrat er den Gedanken, daß das römische Recht nicht ein für

alle Zeiten gültiges Evangelium juristischer Weisheit, sondern daß es
der Fortentwickelung fähig sei, daß vor allem dem durch die Ideen der
Revolution befruchteten Geiste der Gegenwart die unbedingte Berech=
tigung zur Neugestaltung der Gesetze einzuräumen sei. Durch sein be=
rühmtes Werk „Erbrecht in weltgeschichtlicher Entwickelung"
(1824—35) wurde er der Begründer einer vergleichenden Rechts=
geschichte. In seinen schon erwähnten „Rückblicken auf Personen
und Zustände", durch die er in die Reihe der jungdeutschen Reise=
und Memoirenschriftsteller trat, bewies er ein seltenes Beobachtungs=
talent, besonders in der Durchbringung französischen Lebens, das er
während eines mehrmaligen Aufenthalts in Paris (in den Jahren 1825,
30 und 35) gründlich studiert hatte. Das freimütig und witzig ge=
schriebene Buch hat, als temperamentvoller Ausdruck der politischen,
wissenschaftlichen und litterarischen Bestrebungen und Stimmungen vor
und nach der Julirevolution, auch heute seinen Wert nicht verloren.
Auf seine eigene politische Bildung übten diese Reisen maßgebenden
Einfluß aus. Durch sein Hinneigen zu den Grundsätzen des franzö=
sischen Liberalismus, den er offen zur Schau trug und für den er in
Wort und Schrift Propaganda machte, erwarb er sich in den höchsten
Kreisen Berlins viele Feinde. Man vergab es dem Minister Alten=
stein schwer, daß er dem „liberalen Rhetor" zu einem Lehrstuhl an
der Berliner Universität verholfen hatte. Der Kronprinz nannte Gans
einen „frechen Lästerer", der den Namen „Historische Schule" der Ver=
achtung preisgegeben habe; und A. von Humboldt bezeugt, daß
man über seinen Tod am Hofe frohlockt habe.

Gans war ein häufiger und gern gesehener Gast an Rahels Thee=
tisch. Stets bereit zu wissenschaftlichem oder politischem Disput, schlag=
fertig, ein Meister geistvoller Dialektik, liebte er es, Zündstoff in die
Unterhaltung zu werfen und durch kühne Hypothesen und — manchmal
mehr blendende als sinnreiche — Schlagworte, wie: „Die Taglioni
tanzt Goethe", die Gesellschaft zu überraschen. Bisweilen gefiel es
ihm — zu Rahels großem Verdruß —, durch ein gesucht nachlässiges
oder gar unartiges Betragen die gesellschaftlichen Formen zu verletzen.
Doch trug sie ihm das nicht nach. Denn sie schätzte seine Gaben sehr
hoch, scheute auch nicht die Mühe, in seine juristischen Schriften ein=
zudringen; wie sie es denn überall für ihre Pflicht hielt, aufmerksam
die Werke ihrer Freunde zu studieren. Welchen Seiten seines Geistes
sie besondere Anerkennung zollte, zeigt folgender Brief, den sie ihm
(August 1825) schrieb, als er ihr von seiner ersten Pariser Reise er=

zählt hatte: „Sie haben mir in leichter Form die ernsteſten, ſcharf=
geſehenſten Dinge berichtet, und mit dem natürlichſten abandon, in
völligſter Unſchuld; die ſchöne Ausſaat wuchert bei mir im geſündeſten
Boden ... Unter Ludwig XIV. war es unter den Geiſtreichen Mode,
Charakteriſtiken zu machen von Freunden und Bekannten, des portraits
écrits; auch ſpäter haben ſich welche verſucht. Die gedruckten hab' ich
wohl meiſt geleſen; ich ziehe ihnen allen weit vor einige, welche
Mirabeau in ſeinen Briefen gab, und Ihre, die Sie uns ſchenkten" ...
Sein Brief ſei „voll der ſchärfſten, genaueſten, treffendſten, erſchöpfend=
ſten Zeichnungen; die aber ihre Richtigkeit und Schärfe nur aus Talent
und Gründlichkeit haben, ohne ein Gränchen jener Ungerechtigkeit, Auf=
gebrachtheit der ſonſtigen ſcharfen Urteile! Ihr ganzes vergebungs=
volles Gemüt beſeelt und durchdringt dieſe Bildſäulchen von Urteilen;
und das iſt Waſſer, was meine Herzensmühle brauchen kann. Dieſen
ſchönen Zuſtand einer Seele finde ich ſo ſelten — ob er gleich der
natürlichſte in ihrem Geſundheitszuſtande iſt —, daß er mich entzückt,
wo ich ihn einmal ſehe ..." Sie ſchätzte den Freund auch als einen
der ihr unendlich wichtigen Vermittler zwiſchen deutſchem und franzö=
ſiſchem Weſen. „Grüßen Sie Herrn Couſin*) freundlichſt von mir,"
heißt es in demſelben Briefe; „ſagen Sie ihm, daß es mich in die Seele
freut, daß ihm Berlin wohlgefiel; dies für Berlin und mich: aber für
ihn und von ihm freut es mich, ſeinen reinen Sinn — bon esprit —
noch einmal bewährt zu finden, der da ſieht, was da iſt, und nicht ſich
ein gepacktes Urteil von Paris mitbringt und es unausgepackt und
wohlverwahrt den Freunden nach Paris zurückbringt, wie ſie's wün=
ſchen. Solcher Sinn und Geiſt voll Unbefangenheit, wie er ſich hier
zeigt, iſt der, den alle Wiſſenſchaft braucht: und ich wünſche alſo ſeinen
Freunden ſowohl, als allen ſeinen Landsleuten Glück zu ihm. Die
Wiſſenſchaft iſt's, die ein Kommen, Sehen und Siegen bedarf. Es
weiche der rohe Kampf der armen Völker! Profeſſoren ſeien ihre
Sieger!" —

* * *

Es iſt ein merkwürdiger Zufall, daß gleichzeitig mit Hegel und
Gans in Rahels Salon der Mann verkehrte, der der Hegelſchen Philo=
ſophie den ſchwerſten Schlag verſetzen und ihre beherrſchende Stellung
für immer erſchüttern ſollte: Alexander von Humboldt (1769

---

*) Der ſchon erwähnte franzöſiſche Philoſoph, der die Hegelſche Philoſophie
in ſein Vaterland verpflanzte.

Alexander von Humboldt.

Nach Originalphotographie des im Tegeler Schlosse befindlichen Ölgemäldes von François Gérard.
Mit Genehmigung der Frau von Heinz geb. v. Bülow.

bis 1859). Nach seiner Wanderung durch die alte und neue Welt, nach langjährigem Aufenthalt in der Fremde zurückgekehrt, begann er 1827 in Berlin jene Vorträge über die physische Beschaffenheit der Erde und der Welt zu halten, die man mit Recht als ein wissenschaftliches Ereignis ersten Ranges bewertete. Hier lernte eine Generation, welche die Natur teils in der magischen Beleuchtung der phantastischen Offen=barungen Schellingscher Schule, teils als Objekt dialektischer Spielerei nach Hegelscher Methode zu betrachten gewohnt war —: hier lernte sie die Schöpfung kennen, wie einer der größten Forscher mit dem Adlerblick des Genies sie geschaut, wie ein scharfsinniger Philosoph sie in ihrem einheitlichen Zusammenhange erfaßt und erklärt, wie eines sinnenfreudigen Künstlers Griffel sie in all ihrer hehren Schönheit an=schaulich und reizvoll dargestellt hatte; also, daß auch das stumpfeste Gemüt die Wahrheit der Goetheschen Verse spüren mußte:

> „Die unbegreiflich hohen Werke
> Sind herrlich wie am ersten Tag ..."

In der wunderbaren Verbindung streng exakter Forschung und ins Kleinste gehender Untersuchung mit allumfassender geistiger An=schauung, wie sie am großartigsten in seinem „Kosmos" (3 Bände, 1845—52) hervortrat: in dieser geistigen Universalität liegt Hum=boldts Größe. Sagte doch selbst Goethe von ihm: „Was ist das für ein Mann! Ich kenne ihn so lange und doch bin ich von neuem über ihn in Erstaunen. Man kann sagen, er hat an Kenntnissen und lebendigem Wissen nicht seinesgleichen. Und eine Vielseitigkeit, wie sie mir gleichfalls noch nicht vorgekommen ist! Wohin man rührt, er ist überall zu Hause und überschüttet uns mit geistigen Schätzen." — Ein gleich hohes Verdienst wie durch seine wissenschaftlichen Leistungen er=warb er sich durch die Gabe, die Naturwissenschaft aus dem Banne zünftiger Abgeschlossenheit zu befreien und sie der allgemeinen Bildung weitester Kreise zugänglich zu machen. In dem Bestreben, das Interesse der Gebildeten für diese Wissenschaft, die bisher von der Philosophie und der schönen Litteratur erdrückt worden war, zu wecken, förderte ihn sein schöner, frischer, ungemein einfacher und anschaulicher Stil — eine Errungenschaft der klassischen Geschmacksrichtung, die er ebenso liebevoll pflegte wie sein Bruder Wilhelm. So steht er unter denen, welche nach der langen Herrschaft des einseitigen philosophischen Idealismus ein Zeitalter der Naturwissenschaften, eine Aera des Realis=mus in Wissenschaft und Kunst heraufführten, obenan.

Jedoch in alledem erschöpft sich seine Bedeutung nicht. Größer denn als Gelehrter war er als Mensch. Es gab nur einen Zeit= genossen, an dem man ihn messen konnte, wenn er auch vielleicht dessen hohe sittliche Würde nicht ganz erreichte: Goethe. Nach des großen Dichters Tode rückte der greise Naturforscher immer mehr in den Mittelpunkt des nationalen Ruhmes und wurde eine europäische Auto= rität. Nach welchen Richtungen hin er sich bethätigen mochte: als echter Freund seiner Freunde, als Beschützer Hilfesuchender und Verfolgter, als Hort des Rechts und der Humanität, als Förderer alles tüchtigen geistigen Strebens —: immer erscheint sein Wirken als eine Ver= körperung des Goetheschen Wortes: „Edel sei der Mensch, hilfreich und gut!"

Es war eine sonderbare Stellung, die Humboldt in Berlin ein= nahm. Sowohl der alte König Friedrich Wilhelm III, dessen täglicher Tischgenosse und Begleiter auf Reisen er war, als auch sein Nach= folger schätzten ihn aufs höchste und entzogen ihm nie ihre Huld. So sah sich der erlauchte Geist mitten in die Günstlingswirtschaft hinein= versetzt, die den preußischen Hof damals umgab, in die Schar devoter Schranzen, die ihn mit scheelen Augen ansahen, weil er in einer Zeit des schwersten politischen und religiösen Rückschritts der Schutzgeist wissenschaftlicher Aufklärung und Humanität war. Welchen geheimen An= feindungen von dieser Seite er ausgesetzt war, wie er darunter litt — „Es ist für mich eine trübe, schwere Abendluft", seufzt er einmal —, wie er auf dem Gipfel der Ehren, in der Fülle des Ruhmes mehr und mehr vereinsamte, darüber geben u. a. seine vertrauten Briefe an Varnhagen*) Aufschluß.

Humboldts Vorliebe für Varnhagen beruhte nicht nur auf der „Würdigung seines schönen Talents in der Humboldtischen Familie", von der Alexander einmal spricht, sondern auch in der Schätzung per= sönlicher Eigenschaften. „Wahrheit ist man im Leben nur denen schuldig, die man tief achtet, also Ihnen," schrieb Humboldt (1841) an den Freund, und diesem Worte gemäß schenkte er ihm das großartigste Vertrauen, das Varnhagen ebenso rückhaltlos erwiderte. Man hat sich später wohl entrüstet, daß diese intimen Geständnisse voll fronbierender Äußerungen der schärfsten Art, voll verletzender Urteile über hoch= stehende Personen, daß alle diese „Impietäten" bald nach Humboldts

---

*) Briefe von Alexander von Humboldt an Varnhagen von Ense aus den Jahren 1827—1858. Nebst Auszügen aus Varnhagens Tage= büchern u. s. w. 2. Aufl. Leipzig, F. A. Brockhaus. 1860.

Tode aus Varnhagens Nachlaß veröffentlicht wurden. Doch eine solche Veröffentlichung war keine Treulosigkeit gegen den großen Gelehrten, der den jüngeren Freund ausdrücklich ermächtigt hatte, nach seinem Tode über das ihm anvertraute litterarische Eigentum frei zu schalten und zu walten.

Alexander von Humboldt war die höchste Zierde des zweiten Rahelschen Salons. Wenn er erschien und sich mit der ihm eigenen Anmut in die Unterhaltung mischte, verstummte bald das Gespräch. und jeder stand unter dem Zauber dieses Meisters der Rede, der jetzt die tiefsten allgemeinen oder wissenschaftlichen Wahrheiten in leichte, anspruchslose und doch so schöne Worte kleidete, jetzt anregend und ge= mütvoll aus seinem reichen Leben plauderte, dann wieder seinen graziö= sen Scherz über die Oberfläche der Dinge spielen ließ oder die Pfeile seines Witzes und seiner Satire gegen menschliche Schwächen, gegen verkehrte soziale und politische Einrichtungen, gegen persönliche Gegner schleuderte. Welchen Reiz mochte es haben, seine feinen Moquerien über die Thorheiten und Eitelkeiten des Hoflebens, über den Aberwitz der „Ultras und Pietisten" zu hören! — Unterhaltender, amüsanter, scharfsinniger konnte niemand sein. Seine Geistesfrische, seine Liebens= würdigkeit und Heiterkeit umgaben ihn in solchen Stunden mit dem Schimmer unvergänglicher Jugend.

Von Rahel, die ihm von Jugend her bekannt war, sprach er stets in Ausdrücken wärmster Verehrung; in den Briefen an Varnhagen nennt er sie „Ihre geistreiche Frau, meine vieljährige, gütige Freundin," die an allem, was ihm Gutes begegne, teilnehme. Charakteristisch für ihre gegen= seitigen freundschaftlichen Beziehungen ist ein Billet, das Rahel wenige Wochen vor ihrem Tode (24. Januar 1833) an ihn richtete: „Ew. Exzellenz um eine kleine Audienz von einer Viertelstunde zu bitten, wag' ich hiermit, als von Ihnen selbst Verwöhnte. Es betrifft eine Kunstangelegenheit,*) bei der Ihr weiser Rat allein mir beistehen kann; daß Sie den eben so gut als gern erteilen, weiß die Welt; und nicht allein die Jugendgenossen haben sich dessen, wie aller Wohlthätigkeit, mehr und mehr von Ihnen zu erfreuen. Noch immer leidend, muß ich die Stunden nennen, in welchen ich so glücklich sein kann, Sie zu empfangen: morgens von 12 bis 3, abends von 7 bis 10 Uhr. Auch Varnhagen ist seit vier großen Wochen nur zu Bette und zu Hause gewesen. Noch

---

*) Es handelte sich um den schon erwähnten Ankauf der Zeichnungen des verstorbenen Architekten Liman durch den Staat.

geht er nicht aus. Er weiß von meinem Vorhaben nichts, und könnte er, so würde er aus Bescheidenheit befehlen, daß ich mein Anliegen Ihnen nicht vortrüge; ich habe aber eine andre Ahnung und ein von Jugend her genährtes Zutrauen... Mit alter und noch immer steigender Verehrung und Ergebenheit Fr. B." — Humboldt nahm sich sofort ihrer Angelegenheit an. „Daß ich den thätigsten Willen gezeigt, wie Sie es wollten, bedarf keiner Erklärung," schrieb er ihr. „Das sollte bei Ihnen ein historischer Glaube sein." — Wie nahe Rahel ihm stand, sprach er ihrem Gatten aus, nachdem er die Nachricht von ihrem Tode empfangen hatte: „Einem Geiste wie dem Ihrigen, mein edler Freund, ist Einsamkeit und Ruhe nötig, Sie schöpfen nur aus sich selbst. Denken Sie, daß ich die Schreckensnachricht erst gestern nacht durch Fürst Carolath erhielt. Sie wissen, welche warme, langgeprüfte, nachsichts= volle Freundin ich an ihr, der Zierde ihres Geschlechts, verliere; wie liebenswürdig sie noch für mich war bei dem kleinen mir anvertrauten Geschäfte bei Beuth! So tief mit allem Hinfälligen und Trüben des Lebens vertraut, und doch so heiter und so milde! Bei so viel Geist, so gemütlich und so herzlich! Lange wird Ihnen die Welt öde er= scheinen, aber das Bewußtsein, bis zum letzten Hauch einer so schönen Seele gegeben zu haben, was Geist und Herz und Anmut der Sitten, wie die Ihrigen, teurer Varnhagen, gewähren können, ist doch ein Balsam für die Wunde. Schonen Sie, ich beschwöre Sie, Ihre Gesund= heit. A. Humboldt." — Als wenige Jahre später sein Bruder Wil= helm ihm genommen wurde, sprach der greise Gelehrte dem vertrauten Freunde wehklagend über die „uns beiden verödete Welt". Die von Varnhagen herausgegebene Briefsammlung „Rahel. Ein Buch des An= denkens" aber nannte er voll Bewunderung „das Buch aller Bücher".

*
*
*

Obgleich Wilhelm von Humboldt in den letzten Jahren seines Lebens seltener den Kreis der Freunde betrat, muß er dennoch an dieser Stelle von neuem wenigstens genannt werden. Denn sein Geist war im Rahelschen Salon gegenwärtig; durch seine Arbeiten, die man dort las und besprach, durch seinen Bruder stand er, der sich in der Einsamkeit von Tegel ganz in seine gelehrten Sprachstudien ver= grub, mit den alten Freunden in lebendiger Verbindung. Daß auch er Rahel über ihren Tod hinaus ein freundliches und gerechtes An= denken bewahrte, bekunden zwei Urteile, die hier ihren Platz finden mögen. Nach dem Erscheinen von Varnhagens Rahelbuch schrieb

W. v. Humboldt (5. Sept. 1833) aus Tegel: „Meine Tochter liest
mir das wundervolle Buch vor. Es erregt das Interesse, welches in
den ewig beweglichen Regungen des Geistes und des Gefühls nach
einer Entwickelung begierig macht, und dann empfindet man wieder
zugleich, daß einen das Verlangen nicht verlassen wird, es beständig
zur Hand zu haben. Eine Menge von Ideen, besonders in den ab=
gerissenen Gedanken, bieten zu dem längsten Nachdenken Stoff. Vor=
züglich merkwürdig aber ist das darin waltende Leben. Ich kenne kein
Buch, in welchem, so wie in diesem, kein Buchstabe ein toter ist." —
Eine wenige Monate vor seinem Tode von ihm entworfene Charakter=
skizze Rahels findet man in seinen „Briefen an eine Freundin".
Die Freundin, bekanntlich die Lübenhausener Pfarrerstochter Char=
lotte Diede, geb. Hildebrand, hatte ihn nach Rahel gefragt, und
er antwortete ihr am 3. Dez. 1834 folgendes: „Ich habe sie aller=
dings viel gekannt, von der Zeit an, wo sie noch ein sehr junges Mäd=
chen war, ein paar Jahre, ehe ich auf die Universität nach Göttingen
ging. So oft ich seitdem in Berlin war, habe ich sie viel und regel=
mäßig gesehen. Auch als ich mich mit meiner Familie in Paris auf=
hielt, war sie mehrere Monate dort, und es fiel nicht leicht ein Tag
aus, wo wir uns nicht gesehen hätten. Man suchte sie gern auf, nicht
bloß, weil sie von sehr liebenswürdigem Charakter war, sondern weil
man fast mit Gewißheit darauf rechnen konnte, nie von ihr zu gehen,
ohne etwas von ihr gehört zu haben und mit hinwegzunehmen, das
Stoff zu weiterm ernsten, oft tiefen Nachdenken gab, oder das Gefühl
lebendig anregte. Sie war durchaus nicht, was man eine gelehrte Frau
nennt, obgleich sie recht viel wußte. Sie verdankte ihre geistige Aus=
bildung ganz sich selbst. Man kann nicht einmal sagen, daß der Um=
gang mit geistvollen Männern irgend wesentlich dazu beitrug. Denn
teils ward ihr dieser nicht früh, sondern erst, als sie sich schon selbst
die hauptsächlichsten, sie durch das Leben leitenden Ansichten aus ihrem
Innern herausgebildet hatte, teils hatten alle ihre Gedanken und selbst
die Form ihrer Empfindungen ein so unverkennbares Gepräge der
Originalität an sich, daß es unmöglich war, dabei an irgend bedeu=
tenden fremden Einfluß zu denken ... Die Varnhagen ging von jedem
Punkt des täglichen Lebens gern zu innerm, tieferm Nachdenken über,
sie schöpfte selbst vorzugsweise gern ihren Stoff zu diesem aus der
Mannigfaltigkeit der Wirklichkeit. Ueberhaupt war Wahrheit ein aus=
zeichnender Zug in ihrem intellektuellen und sittlichen Wesen. Sie kannte
darin keine weichliche Selbstschonung, weder um sich etwaige Schuld zu

verbergen, oder sie zu verkleinern, noch um in Wunden, die ihr das Schicksal schlug, mit tiefer Selbstprüfung einzugehen. Sie überließ sich aber auch keinen Selbsttäuschungen, keinen trügerischen Hoffnungen, son= dern suchte überall nur die reine und nackte Wahrheit auf, wenn sie auch noch so unerfreulich oder selbst bitter sein mochte." —

* * *

Gleichzeitig mit Alexander von Humboldt, der, gegenüber den spiritualistischen Ausschreitungen der romantischen Philosophen und den abstrakten Begriffsspaltereien der Hegelschen Schule, den Geist der exakten, mit Fernrohr und Mikroskop arbeitenden Naturwissenschaft vertrat, verkehrte im zweiten Salon ein weit jüngerer Gelehrter, der den Sieg des realistischen Prinzips in den Geschichtswissenschaften herbeiführen half: Leopold Ranke (1795—1885). Sein Gelöbnis, „nur vom wahren Menschen, dem wahren Gott und von wirklich ge= schehenen Geschichten wahrhaften Bericht zu erstatten," bezeichnet die Richtung seines Strebens: aus den Schächten tiefsten, umfassendsten Quellenstudiums die geschichtliche Wahrheit ans Licht zu fördern, un= bekümmert um geschichtliche Traditionen, um Lehrmeinungen und Partei= gezänk. Selbst das Nationale, das religiöse Bekenntnis trat ihm zurück vor der universalhistorischen Entwickelung der Welt; so konnte er, der Protestant, der berufene Historiker des Papsttums werden. In dieser großartigen Objektivität, in der Meisterschaft, den ursächlichen Zusammen= hang der geschichtlichen Ereignisse bloßzulegen, sie als Glieder einer großen, die Vergangenheit mit der Zukunft verbindenden Kette aufzu= weisen, in der Kunst der Gruppierung und lichtvollen Darstellung der verwickeltsten Thatsachen und Motive steht er noch heute unerreicht da. Diese glänzenden Eigenschaften — in denen freilich zugleich auch seine Schwächen, der „Mangel am vollen, warmen Herzschlage der Ueber= zeugung", das Fehlen des lebendigen Hauches der Begeisterung, be= gründet sind — traten schon in seinem ersten Werke, der „Geschichte der romanischen und germanischen Völkerschaften von 1494 bis 1535", hervor, dem er seine Berufung an die Universität zu Berlin (Frühling 1825) verdankte.

Varnhagens geübtem Blick war der verheißungsvolle Glanz dieses neuen Sternes nicht entgangen. Er hatte in der Spenerschen Zeitung eine lobende Anzeige des Buches erscheinen lassen und dann in seiner liebenswürdigen Art dem jungen Autor geschrieben; das war die erste Anknüpfung der Bekanntschaft. Nach Rankes Uebersiedelung traten die beiden Männer schnell in persönlichen Verkehr. Varnhagen verschmähte nicht, das Kolleg des weit jüngeren Mannes zu besuchen; Ranke aber berichtete schon im Mai 1825 seinem Bruder: „Mein vorzüglichster und bester Bekannter ist der Geh. Legationsrat Varnhagen von Ense geworden; ein Mann, soviel ich sehe, von dem reinsten Sinn, wahrer Wißbegier, milden Sitten, in allen Gegenständen des Wissens geübt und gewandt, und von den vorzüglichsten Kenntnissen, besonders aller bestehenden Verhältnisse; genug, soweit ich ihn kenne, ist er ganz ein Mann, wie ich ihn mir zum Umgang wünsche . . .“ Und im November desselben Jahres nennt er unter den wenigen, mit denen er einigen Umgang pflege, wiederum Varnhagen, „an dessen Gespräch ich immer großes Wohlgefallen finde als an eines Menschen von reinen und guten Intentionen“. Sehr bald wurde denn auch Ranke in Rahels Salon eingeführt. Was er diesem Kreise verdankte, hat er in seinen autobiographischen Aufzeichnungen*) deutlich ausgesprochen: „Ich muß bekennen, daß der Umgang mit Männern und, ich darf es nicht verschweigen, auch mit Frauen mit universaler Bildung formell großen Einfluß auf mich ausgeübt hat. Die Atmosphäre der Hauptstadt wirkte in dieser Hinsicht noch mehr auf mich, als der Aufenthalt in einer Provinzialstadt. So kam es denn, daß in dem neuen Buche [er arbeitete damals an dem Werke „Die Fürsten und Völker von Süd-Europa im 16. und 17. Jahrhundert“] vieles von dem vermieden wurde, was in dem ersten beschwerlich gefallen war [besonders in Bezug auf den Stil, in dem die Ausdrucksweise französischer und deutscher Chronisten wiederklang]. Es fand in den höchsten Kreisen in Deutschland die beste Aufnahme und selbst den Beifall der gelesensten französischen Autoren.“

Man darf annehmen, daß namentlich Varnhagen ihn in stilistischer Hinsicht beeinflußt hat. Doch auch für seine politisch-historische Bildung war sein Verkehr im Salon nicht ohne Bedeutung. In jenen Jahren vor Ausbruch der Julirevolution, in denen sich der Widerspruch der aufgeklärten Welt gegen die wiederbefestigte, schwer errungene Volksrechte in Frage stellende Legitimität bis zur äußersten Schärfe steigerte, wurde der junge Gelehrte durch diese Gesellschaft, „in der man“, wie er sagt, „die kommunistische Zeitschrift Globe und alle Denkwürdigkeiten, die auf die Revolution Bezug hatten, eifrig studierte“, zum Sichversenken in diese wichtigen Fragen entschieden angeregt. „Das Er-

---

*) Zur eigenen Lebensgeschichte. Von Leopold von Ranke. Herausgegeben von Alfred Dove. Leipzig, Duncker & Humblot. 1890.

gebnis war, daß ich im Jahre 1827 die vornehmsten echten Denkwürdig=
keiten dieser Epoche selbst in die Hand nahm. Aber nicht genug; ich
vertiefte mich in den Moniteur, so daß ich mit den Urhebern der re=
volutionären Bewegung gleichsam persönlich bekannt wurde. Ich lernte
nicht allein die Motive, die sie kundgaben, sondern auch die Tendenzen,
die ihnen vorschwebten, besser kennen, als wenn ich mich erst an Autori=
täten zweiter Hand gewandt hätte . . ." Daß diese Studien eine poli=
tische Anschauung in ihm bildeten, die von der durch Varnhagen und
seine Freunde vertretenen wesentlich abwich, wird später erörtert
werden. —

Wenn Ranke „Frauen mit universaler Bildung" aus der Ber=
liner Gesellschaft einen nicht unbeträchtlichen Einfluß auf seine Arbeit
zugesteht, so kann er in der Hauptsache nur an Rahel und Bettina
gedacht haben. Rahel fühlte er sich verbunden durch das gemeinsame
starke Wahrheitsbedürfnis und den scharf eindringenden Blick. Ein
Wort wie das Rankesche: „Die Wahrheit ist nie trostlos. An die
Wahrheit der geistigen Welt glauben, das ist Religion" — entsprach
so völlig Rahels Denken, daß es ihrer Feder entflossen sein könnte.
„Daß Sie Menschen und Dinge gehörig sehn, das weiß ich" — ein
besseres Lob konnte sie dem jungen Forscher nicht zollen. Mit diesem
tiefen, gebildeten Geiste ließ sich alles verhandeln, was ihre Seele
beschäftigte: Poesie, Geschichte, religiöse und soziale Fragen. Gern sah
sie ihn bei sich. „Ranke kam, bis zehn," berichtete sie 1827 dem ab=
wesenden Gatten. „Gespräch über Ehe. Geschichte. Was sie ist, warum
er sie treibt. Alles gedankenvoll . . ." — Ein Punkt, in dem sie un=
zufrieden mit dem jungen Freunde war, war sein Verhältnis zu Bettina.
Wie viele junge Männer seines Alters fühlte er sich durch die verzückte
Schwärmerei, den göttlichen Mutwillen, die geistestrunkenen Inspi=
rationen Bettinens geradezu fasciniert, und er scheint über seiner Ver=
ehrung dieser seltenen Frau, die er „der Mutter Gottes in Schönheit
im Bette der Befreiung" verglich, Rahel mit dem brahminenhaften
Ernst ihres Wesens zuweilen vernachlässigt zu haben. Rahel dachte groß
genug, ihm das Glück dieses Umganges „im guten Ernst" zu gönnen.
Nur einmal, in einem vertrauten Briefe an Varnhagen, bricht ihr Un=
mut über solche Vernachlässigung in herben Worten hervor. „Er kam,"
heißt es hier (Sept. 1827), „wenn er etwas wollte und brauchte,
immer als ob er gar keine Zeit habe, und immer bei Frau von Arnim
sein müßte. Ganz richtig. In dem Maße, wie er mich eigentlich nicht
vertragen kann, in demselben ist und muß sie ihm die Nahrung sein,

der er gerade bedarf. Und aus demselben intellektuellen Urgrund, um den und aus dem sich sein ganzer Charakter gestaltet. Er liebt Geist und bedarf Geist; er findet Gedanken und nimmt sie auf: aber zu kurzem, nicht strengem Gebrauch. Dann bedarf er und ist er gewöhnt, von einigen und von sich selber, für einen Courmacher — schlechtestes Wort hier! — angesehen zu werden; und so auffallend zimperlich auch Frau von Arnim sich gebärden würde, wenn jemand durch Wort oder That ihr Hin= und Herzerren, Minaudieren [sie meint die feine geistige, durchaus berechnete Koketterie, in der Bettina sich zuweilen gefiel] so bezeichnen wollte, so giebt sie ihm doch zu dergleichen Veranlassung. Dieses Ueben hat er nötig, seine Feierstunden zu bewegen. So sehe ich das Ganze ein mit allem Guten, Menschlichen, wirklich Geistreichen, was es hat und hervorbringt ..."

Rahel hatte recht, wenn sie diesem Verhältnis die innere Wahr= heit absprach. Sie irrte indessen in der Empfindung, daß Ranke über sie selber, ihren wahren Wert verkennend, hinwegsähe, ebensosehr wie in der Annahme, daß er Bettina blind vergöttere. Weder das eine noch das andere war der Fall. Vielmehr hatte der junge Menschen= kenner in der Abschätzung der beiden hochbegabten Frauen sehr bald entdeckt, wo der tiefere sittliche Kern verborgen lag. Bald nach An= knüpfung seiner Bekanntschaft mit Bettina (Winter 26—27) schrieb er über sie das Urteil nieder: „Diese Frau hat den Instinkt einer Pythia: eine so strömende wahre Beredsamkeit in bewegten oder geistigen Augen= blicken ist mir noch nicht vorgekommen; wer wollte ihr aber alles glauben? ..." Als 1835 nach Rahels Tode kurz nacheinander Varn= hagens Rahelbuch und „Goethes Briefwechsel mit einem Kinde" von Bettina erschienen waren, schrieb Ranke an seinen Freund Heinrich Ritter: „Zu Rahel ist in dieser Woche Bettina gestoßen. Ich glaube aber nicht, daß sie so viel Wirkung machen wird, wie Rahel ... Dieses Buch [Bettinens] ist die ganze Person: ebenso liebenswürdig, geistreich; aber auch ebenso bei allem Anspruch auf Un= absichtlichkeit doch absichtlich und in der Uebertreibung nicht ohne Lange= weile."

Seine innere Stellung zu Rahel spricht ein Brief an Professor Ritter aus dem Jahre 1829 aus. Ranke, der damals (1828—31) forschend und studierend in Italien weilte, hatte die Gewohnheit, flüch= tige und zerstreute Briefe zu schreiben, über die sich u. a. auch Rahel häufig beschwerte. Bei solchem Anlaß schrieb er dem Freunde, seine Vor= würfe seien in der Hauptsache berechtigt. „Nur bemerke ich," fuhr er

fort, „daß, wenn ich meine Aufträge etwas im allgemeinen gebe, ich
dies in der Ueberzeugung thue, daß meine Freunde, der Sache näher
als ich, sie besser einsehen; ich lasse ihnen ganz freie Hand. Jeder
meiner Aufträge hat, wie sich versteht, die stillschweigende Klausel:
wenn es Euch keine großen Unbequemlichkeiten macht; sollte einer un=
ausgeführt bleiben, so werde ich Dir nie Vorwürfe machen. In dieser
Manier liegt in der That nicht viel Prinzliches; sondern sieh darin ein
vollkommenes brüderliches Vertrauen, ja mehr. Mich wundert, daß die
Varnhagen dies nicht gleich gefühlt hat. Sollte ich nicht mit viel
Worten danken, so bin ich doch in der That dankbar und ihr wie Dir
ganz ergeben. Ihr seid Leute, auf die ich auch Rücksicht nehme, wenn
ich, trotz der tausend Nöte in Berlin, dahin zurückzukehren wünsche.
Werden meine wenigen Freunde mir abhold, so sehe ich, wo ich sonst
bleiben kann.“

Diese Gleichstellung mit dem intimsten Freunde ehrt Rahel. Sie
hielt denn auch später, als die politischen Ereignisse von 1830 eine
Spannung und Entfremdung zwischen den Männern hervorgerufen hatten,
an Ranke fest.

*   *   *

Unter den Personen des zweiten Salons ist ein Mann zu
nennen, der, obwohl er nur selten Rahels Berliner Heim betreten hat,
durch seine Geistesrichtung ihr und ihren Freunden treulich verbunden
war, durch sein persönliches Geschick ihrem teilnehmenden Herzen ewig
nahe stand —: Konrad Engelbert Oelsner (1764—1828).
Schlesier von Geburt, ging er, nach Vollendung seiner Studien, beim
Ausbruch der französischen Revolution nach Paris, wo er als Zuschauer
lebhaften Anteil an allen politischen Ereignissen nahm und, auf seine
Feder angewiesen, treffende Berichte an deutsche Zeitschriften sandte.
In der Schreckenszeit mußte er flüchten, kehrte aber später als Ge=
schäftsträger der Stadt Frankfurt a. M. und einiger kleinen deutschen
Fürsten nach Paris zurück. In dieser Eigenschaft zog er durch seine
umfassenden Kenntnisse über geschichtliche und staatswissenschaftliche
Dinge, wie durch seine treffende Beurteilung der Zeitereignisse die Auf=
merksamkeit französischer Staatsmänner auf sich; man suchte ihn an
Frankreich zu fesseln, indem man ihm die ehrenvollsten und einträg=
lichsten Stellen anbot. Oelsner aber schlug sie sämtlich aus: er wollte
sein deutsches Vaterland nicht verleugnen, kein Diener Napoleons wer=
den. Bis Anfang 1815 hielt er, vielfach schriftstellerisch thätig, trotz
mancher Widerwärtigkeiten in Paris aus; nach Napoleons Rückkehr

aus Elba aber verließ er Frankreich, um sich zum Besuche seiner Mutter in die Heimat zu begeben. Da griff — in jedenfalls recht seltsamer Weise — die preußische Regierung in sein Leben ein: zunächst ließ sie ihn, auf vage Verdächtigungen hin, als französischen Sendling verhaften; dann sprach sie ihn um seine Dienste an! Man schätzte seine Gaben und wünschte, seine einflußreichen Verbindungen in Frankreich der preußischen Politik dienstbar machen zu können. Leider zeigte sich auch in diesem Falle das hervorragende Ungeschick der damaligen Staatslenker, die sich ihnen darbietenden Kräfte verständig und nutzbringend zu verwerten: dieser Mann, den seine seltenen und feinen Talente zum Ratgeber und geistigen Mitarbeiter eines Fürsten oder hohen Staatsmannes befähigt hätten, wurde nach jahrelangem kränkenden „Herumzerren" endlich im Jahre 1818 der Gesandtschaft zu Paris beigegeben, aber, wie er selbst sagt, „als fünftes Rad am Wagen". Der untergeordnete Posten befriedigte ihn gar nicht — vielleicht ließ sein vornehmer Sinn ihn in keiner abhängigen Stellung sich wohl fühlen —, und so bat er, „müde, ein müßiger Stipendiat zu sein", schon 1825 um seine Entlassung. Nach seiner Pensionierung schrieb er bitter an Varnhagen: wie schändlich er von Preußen behandelt worden sei, der Welt zu erzählen, habe er nur unterlassen, weil ihn der Nationalgeist so albern gemacht! In der That scheint man übel an ihm gehandelt zu haben; doch darf nicht übersehen werden, daß sein übergroßes Feingefühl, seine mimosenhafte Scheu vor der rauhen Berührung des Lebens vielleicht einer öffentlichen Wirksamkeit, für die er alle Kenntnisse mitbrachte, im Wege standen.

Im Grunde hatte Oelsner die Natur des still wirkenden Gelehrten; und auf gelehrtem Gebiete, vornehmlich in der Vermittelung zwischen deutscher und französischer Litteratur, liegen seine Verdienste. Seit seinen Jünglingsjahren eingeweiht in den Gang der französischen Geistesentwickelung wie kaum ein zweiter in Frankreich lebender Deutscher, hat er in seinem umfangreichen Briefwechsel mit Varnhagen, Stägemann, Rahel u. a. m. reiches Material zur Kenntnis der damaligen Zustände geliefert. Zschokke bedauerte, daß Oelsner nicht die Geschichte der französischen Revolution verfaßt habe, die vielleicht niemand gründlicher, treuer, belehrender hätte schreiben können als er. Anderseits blieb sein Interesse für deutsche Wissenschaft und Litteratur stets brennend lebendig, und so war er zum Pionier deutschen Geisteswesens jenseits des Rheins recht eigentlich geschaffen. Trotz der rastlosen Thätigkeit seiner Feder ist er nur mit einem einzigen Werke her-

vorgetreten, das allgemein bekannt wurde: es ist die vom National=
institut zu Paris 1810 gekrönte Preisschrift: „Des effets de la
religion de Mahomed pendant les trois premiers
siècles de sa fondation" (Paris 1809). Der großdenkende
Mann verachtete Geld wie Ruhm; er ließ seine Arbeiten teils an=
onym erscheinen, teils verschenkte er sie, wie Ludmilla Assing sagt,
als Keime oder als reife Frucht. Beispielsweise werden in des Grafen
Saint=Simon Schriften ganze Abschnitte Oelsner zugeschrieben; seine
„Politischen Aphorismen, dem Kongresse zu Aachen em=
pfohlen" (Frankfurt 1818) erschienen unter Schlottmanns Namen,
dem er, um ihm aus Geldverlegenheit zu helfen, das Manuskript ge=
schenkt hatte. —

Rahels Bekanntschaft mit Oelsner knüpfte sich 1816 in Frank=
furt a. M. Er hatte damals mächtige Widersacher, die ihn als
Franzosenfreund, als anonymen Verfasser verdächtiger Bücher und Zei=
tungsartikel der preußischen Behörde zu benunzieren suchten. Mit tiefer
Dankbarkeit hebt er hervor, daß Varnhagen in diesen Kämpfen stets
ritterlich für ihn eingetreten sei, daß sich auch Rahel immer als seine
Beschützerin erwiesen und in trüben Augenblicken ihm „Männliches und
Aufrichtendes" gesagt habe. — Schnell hatten sich ihr die vornehme
Denkart und der lautere Charakter des Freundes erschlossen, und sie
zweifelte von vorn herein, daß sein Dienstverhältnis zu Preußen ihm
ersprießlich sein würde; doch schwieg sie zunächst, um seine Hoffnungen
nicht zu zerstören. Als er sich dann aber, gekränkt durch die unnoble
Behandlung, die ihm unverdient widerfuhr, an sie um Rat wandte,
sagte sie ihm (Jan. 1819) unverhüllt ihre Meinung: „Suchen Sie auf
die bestmögliche, erst glimpfliche Art Entschädigung für Ihre in jeder
Hinsicht schmerzlichen Ausgaben und Unkosten zu bekommen; und machen
Sie sich los von Menschen, die nichts von Menschen wissen ... Ein
Mann wie Sie findet außer seinem Vaterlande noch Freunde und Männer,
die ihn anerkennen und zu gebrauchen wissen! Glauben Sie nicht, dies
sei ein leichtsinniger Rat, um Sie los zu werden: wir waren so be=
treten, so geschmerzt über die Behandlung, die Sie erfahren, daß be=
sonders Varnhagen sich in mehreren Tagen gar nicht fassen konnte,
und uns war, als beträf' es uns ..."

So war vom ersten Augenblick an innige Teilnahme am persön=
lichen Schicksal der Kitt dieser Freundschaft. Es blieb dem in mancher
Hinsicht geprüften Manne stets Bedürfnis, der Freundin sein Herz aus=
zuschütten. Wie gut tröstete sie ihn im März 1821 über den Verlust

seiner Frau! — „Ich weiß, es giebt keinen Trost, keinen in Worte
zu fassenden," schreibt sie. „Lear sagt zu einem, der ihm Unglück
klagt: ‚O, du würdest alles vergessen, wenn du meines hörtest!‘ Dies
ist wenigstens der Sinn seiner Schmerzensworte. So ging es mir mit
Ihnen. Wie Schatten, ohne Farbe, noch feste Gestalt, entschwand mir
das kürzlich Erlebte. [Sie hatte in derselben Zeit liebe Bekannte verloren.] Alles schwand mir gegen Ihre Schilderung, armer Freund!
Wie haben Sie unvermutet die tüchtige, edle, thätig=gesunde Freundin
mitgeschildert! Die liebe, treue, kluge, starke Mutter! Ich sehe sie,
obgleich ich sie nie sah, und weine mit Ihnen. Da ist nichts zu sagen,
als Gott anzusehen, ob er uns nichts sagen wird ... Richtig zitieren
Sie den, der da sagt: il y a des moments, où l'on ne peut rien
faire que de vivre. Leben ist die große Uressenz, woraus alles
quillt, mit und ohne unser Zuthun. Solchen Gemütern, wie Sie eins
sind, kann man am wenigsten arbeiten helfen, weil sie alle Arbeit
selbst übernehmen; denen mag ich nur zeigen, daß ich ihnen nachfühlte
und nachdenken konnte; das ist ihr einziger Trost, weil dieser Trost
eine Art Umgang ist." Eine Beruhigung sei ihr seine männliche, be=
herrschte Haltung. „Diese Stärke und Macht über sich selbst ist mir
der sicherste Bürge über durchgefühltes Leid." — „Die wenigen Worte,
womit Sie mich beschenken, teure, unvergleichliche Seelenergründerin,
schildern hinreichend, welch eine Wohlthat Ihr Umgang für mich wäre,"
antwortete ihr Oelsner. „Es fehlt mir hier nicht an teilnehmenden Freun=
den. Ganz besonders haben sich die Frauen meiner aufs liebevollste
angenommen. Aber sie wissen mir nichts als Soireen und Diners zu
geben ... Ich verlange nicht, daß jemand mit mir weine. Desto
mehr bedürfte ich der Empfänglichkeit eines reichbesaiteten Geistes, wie
der Ihrige, die innersten Regungen meines erschütterten Gemüts zu
klagen. Durch den eigentümlichen Rückklang der seinigen würde er
meine Gefühle in eine hellere und doch nicht fremdartige Stimmung
versetzen." Der Schluß des Briefes, der auf eine Erkrankung Varn=
hagens Bezug nimmt, lautet: „Sorgen Sie für seine und für Ihre Ge=
sundheit, erhalten Sie ihn und sich. Für Sie gebe es keine Trennung.
Schließen Sie mich in Ihren Bund. Verehrungsvoll. Oelsner."

Ihr Briefwechsel erstreckte sich über den ganzen Umkreis geistiger
Interessen. Unermüdlich war Oelsner im Mitteilen alles dessen, was
in der französischen Litteratur, auf der Bühne, im Pariser politischen
und geselligen Leben an Wichtigem und Bemerkenswertem sich ereig=
nete. Beispielsweise machte er Rahel mit dem jungen Thiers be=

kannt. Sie unterhielt sich vorzüglich gern mit ihm über die tiefen Probleme der Geschichte, mit denen ihr Geist immer beschäftigt war; manche ihrer, an anderer Stelle zu zitierenden Ansichten über Zivili=sation, Gesetzgebung u. s. w. sind den Briefen an Oelsner entnommen. Hier finde ihr Urteil über seinen „Mahomed" Platz, interessant info=fern, als es seine Stellung innerhalb der Litteraturen beider Völker treffend bezeichnet —: „Wie ist es möglich, in zwei Sprachen so voll=kommen zu schreiben, wie Sie in der Pariser und Berliner! . . . Außerordentlich schön ist das Buch über Mahomed geschrieben; der graziöseste Stil, gereinigt und sanft, wie ein angenehmer Bach. Jeder Franzose läßt ihn auch gewiß ungehindert in sein Haus. Für mich ein großes Prestige — ich weiß es nicht auf Deutsch geschwind — und eine große Schmeichelei, daß wir ihnen solche Landsleute liefern. Ganz darin eingegangen, wie man zu der Nation zu sprechen hat, da=mit sie einen verstehe, und wie man anredend zu einzelnen zu sprechen habe; im ganzen ihnen aber das sage, was auf deutscher Seele Boden gewachsen ist und in den Tausch kommen soll. Daß Sie den Preis bekommen haben, schmeichelt meinem Berlinizism — so nenn' ich Deutsch=sinn — so, als ob es heute geschehen wäre. Das sind friedlich ge=wonnene Bataillen . . . Der Ausspruch der Akademie: Friedensschluß, aus dem für beide Parteien Gewinn durch einen wahrlich neu ent=standenen Besitz hervorgeht . . ." (13. Juni 1823.)

So stand der Entfernte vor ihrem geistigen Auge: als der „im Lesen und Leben ganz durchgearbeitete und gereifte, gallisch=deutsche Mensch". Er aber entwirft von der Freundin eine Charakterskizze, die ebenso poetisch=schön wie wahr ist: „Ein herrliches Kind plätschert in den Wogen der Zeit, oder spielt an ihren Ufern mit Muscheln. Es kennt keine Regel als seine Laune. Sagen Sie, wie es zugeht, das Kind weiß es vielleicht selbst nicht: die plätschernde Hand bringt jedes=mal harmonische Töne und das Geratewohl des Wurfs kaleidoskopische Figuren zum Vorschein. Hinter dem Kinde steckt ein seltener Geist." (15. Dez. 1821.) Sie sei die „unabhängigste und bisweilen drolligste Intelligenz auf Erden", meinte er einmal.

*   *   *

Wie Oelsner gehört auch G e n t z zu denen, die allein noch durch den Briefwechsel, aber durch ihn in so lebendigem Verkehr mit dem zweiten Salon standen, daß sie in der Reihe der intimeren Freunde dieses Kreises nicht fehlen dürfen. Gentz hatte den Gipfelpunkt seines

Friedrich Gentz.

Nach einer Lithographie von Lieders (1825). Im Besitz des Historischen Museums zu Wien.

Lebens überschritten; die Glanzzeit seines Wirkens lag längst hinter ihm. Der Sturz Napoleons hatte seinem Streben die Haupttriebfeder genom= men. Wenn er hinfort, als Verteidiger der strengsten absolutistischen Grundsätze und Säule der Metternichschen Politik, auf jenen berüchtigten Kongressen und Konferenzen, welche die blasse Angst vor den Freiheits= bestrebungen der Völker zusammenberief, das Protokoll führte, wenn er zu Hause, in Wien, seine Depeschen schrieb und las, oder mit Seufzen sich der „obligaten Lektüre von zehn oder zwölf verdammten Journalen" hin= gab, so nahm er an diesen Geschäften, die ebenso gut ein anderer hätte erledigen können, nur geringen inneren Anteil. Um so eifriger hatte er sich in diesen Jahren in seinem schönen Weinhause bei Wien jenen Lebensgenüssen hingegeben, denen er von Jugend auf mit wahrer Vir= tuosität gehuldigt hatte, und in denen die Kunst der Liebe und die der — Küche die Hauptrolle spielten. So erschien denn, als er eben die Sechzig überschritten hatte, der Zeitpunkt, wo ihn — „überrindet, ausgehöhlet von den Jahren, die Du hinter mit Genüssen schlürftest," wie Rahel, mehr wahr als schön, dichtete — tiefe Abspannung und Ueberdruß am Dasein ergriffen. In diesem Zustande erwachte in ihm das Bedürfnis, sich wie einst der Freundin seiner Jugend anzuvertrauen. Nach längerer Pause schrieb er ihr i. J. 1827: „. . . Ich fühle, daß ich alt und älter werde. Das Leben hat fast allen Reiz für mich verloren, und sterben mag ich doch auch nicht, weil die Existenz nach dem Tode, wie es auch immer damit stehen mag, mich noch viel weniger reizt. Ich habe mich mit Ihnen oft — wie mit wenig andern Menschen — über tiefe Ab= gründe des menschlichen Seins erklären und verständigen können. Ich möchte wissen, wie Ihnen das Leben heute erscheint? In jedem Falle habe ich dabei etwas zu gewinnen. Weicht Ihr Gefühl und Ihre Weltansicht von der meinigen ab, so kann Ihr Beispiel mich vielleicht ermutigen und stärken. Sollten Sie hingegen mit mir sympathisieren, so wäre es immer ein kleiner Trost, eine Leidensgefährtin, wie Sie sind, zu haben. Sprechen Sie, wenn Sie sich überhaupt dazu auf= gelegt finden, so einfach und klar als möglich zu mir; denn alle Nebel sind für mich zerronnen . . . Ich glaube die Menschen und die Dinge nie so klar gesehen zu haben, als jetzt. Und doch ist alles leer, matt und abgespannt um mich her, und in mir! . . ."

Rahels Antwort war nicht der „beruhigende Kommentar", den er von ihr erbeten. Wie geregelt auch ihr Herz und ihr Kopf sein möge, ihre Ausdrucksweise sei und bleibe nun einmal exzentrisch und der „zunehmenden Trockenheit" seines Geistes nicht mehr faßlich. „Sie sind unvergänglich jung, und unter allen Dornen des Lebens, die Sie hinlänglich kennen, blüht Ihre Seele doch ungestört fort. Ich wünsche Ihnen Glück dazu und freue mich darüber. Aber nachfliegen kann ich Ihnen nicht; ich bin mit eherner Fessel an eine Wirklichkeit gebunden, von der ich mich nicht loszumachen vermag." Das aber gesteht er ihr zu, daß eine Treue wie die ihre nicht mehr zu finden sei.

Dieses Schreiben, sowie eine Bemerkung von Gentz in einem Briefe an Varnhagen, daß er daran zweifle, sich durch Briefe mit Rahel noch verständigen zu können, mußte sie aufs tiefste betrüben. War es denn möglich, daß ihre Worte von dem Gemüte des Freundes, wie von einem Panzer, wirkungslos abprallten? — Und abermals schrieb sie ihm tief aus Geist und Herz geschöpfte Worte. „Sie verlangen", heißt es in diesem schönen Briefe (22. Dez. 1828), „auf die höchsten Fragen, die der Menschengeist stellen kann, welche die bedrückte Seele machen muß, eine blanke bare Antwort, stempelbedrückt, gültig und deutlich in jedem Reich. Ich wiederhole nochmals, hier beim großen Defizit, in welchem wir uns finden: Unsre Existenz ist noch keine absolute; aber der Schimmer, das Flimmerchen, das wir davon haben, daß wir sind, ist mir Bürge für undenkbar Hohes, Großes. Wie meine Frage Bürge für Antwort; wie meine Qual Bürge für die Existenz der Wonne. Und sind Menschen bis zu allen Fragen, bis zu diesen Antworten ge= kommen, so sind sie Freunde in der Not. Not gebe ich Ihnen zu: und ich bin trauriger, als Ihr Dichter.*) Ernster. Pauvre humanité! ist das Beste, was Madame de Staël sagte. Ich liebe die Krea= turen: d. h. die leidenfähigen Wesen. Das wünsche ich Ihnen auch. Ich habe auch in meinem letzten Brief nicht geprahlt; und nicht anderes, als hier, gesagt; gesagt, daß ich in der Seele eine Art von physischem Wohlgefühl hätte und zu schwach bin, mir immer die schrecklichen Mög= lichkeiten zu denken. Ich schwimme auf weichem und hartem Element des Tages; das Gefühl des Daseins trägt mich meist, und linde ..." Später schrieb sie ihm als Ergänzung dieser Gedanken: „Sie sagen mir: Sie haben nun meinen letzten Brief verstanden, der die Antwort auf die großen Urfragen enthielt; der eigentlich aussprach, daß wir nur so viel Gottheit erkennen könnten, als uns im Busen mitgegeben ist; daß unsre Vernunft, oder vielmehr der Durst danach, der einzige Bürge für Urvernunft überhaupt sei. Das, geliebter Freund, wollten Sie mir zur Zeit etwas verübeln; und jetzt getraue ich mir, Ihnen zu

---

*) Haller, den er zitiert hatte.

sagen, daß kein System der Philosophen — ich kenne sie —, kein Ur=
punkt einer Religion zu einem andern Ergebnis hingelangen kann. Philo=
sophie kann nur den Zustand und die Fähigkeit unseres Geistes klar
darlegen (und, wie Goethe sagt, ‚den düsteren Wegen unseres Geistes
nachspüren‘, dies ist wenigstens der Sinn seiner Worte); die Religion
kann sich nur am Ende dieser Untersuchung einfinden und mit — aus
uns selbst geschöpftem — Vertrauen gütig weiter verweisen, unbeschadet
neuer Offenbarungen.“

Wie kam es, daß der alte Skeptiker plötzlich Rahels Antwort ver=
stand, die ihn leise auf das Selbstbewußtsein des denkenden Geistes,
auf den dem Menschen eingeborenen metaphysischen Drang, auf die
aus Thatsachen des Bewußtseins schöpfende Ahnung eines Absoluten,
einer höheren Weltordnung verwies? — Gentz war das seltene Glück
zu teil geworden, in einem Alter, da er in thatenlose Erschlaffung und
Schwermut zu versinken drohte, eine zweite Jugend zu erleben. Nicht
allein, daß seine Körperkraft von neuem sich hob, Lebensmut und
Freudigkeit erstarkten: das Herz des 66jährigen Greises öffnete sich
noch einmal einer Leidenschaft, wie er sie mächtiger kaum in den
Tagen seiner Jugend empfunden zu haben glaubte. Der Gegenstand
seiner Neigung, von der ganz Wien sprach, war ein 19jähriges reizendes
Mädchen: die berühmte Tänzerin Fanny Elßler. Man muß in
seinen Briefen an Rahel*) — er nennt sie „die einzige Person in der
Welt“, der er diese „höchst unerwarteten Bekenntnisse“ abzulegen wage —
nachlesen, mit welch jugendlichem Feuer, mit welch stolzem Glücks=
gefühl er ihr von seiner Liebe spricht. Die Leidenschaft weckte auch die
feinen künstlerischen Triebe dieses reichen Geistes aus ihrem Schlummer:
es ist gewiß ein merkwürdiger Anblick, den großen Strategen der Re=
aktion, einem schwärmenden Jüngling gleich, „stundenlang in den
melancholischen süßen Gewässern“ der Lyrik des radikalen Heine sich
„baden“ zu sehen! —

Mit fast triumphierender Freude begrüßte Rahel seine Geständ=
nisse; bewiesen sie ihr doch, daß sie sich nicht in ihm geirrt, daß er
sich ein langes Leben hindurch jene Jugendfrische des Empfindens be=
wahrt hatte, die ihr der Prüfstein echten, unverfälschten Menschen=
tums war. „Der Himmel hat Sie gesegnet,“ schrieb sie ihm (3. Okt.
1830), „das sah ich völlig ein, als Fluten von Segen aus meinem
Herzen für Sie strömten, nachdem ich Ihren paradiesischen Brief eben

---

*) In Varnhagens „Galerie von Bildnissen“.

gelesen noch in Händen hielt. Ich fühle eine ewige Fortdauer, köst=
licher reiner Freund, in dieser Uebereinstimmung: bie ist tiefer gegrün=
bet, bezieht sich auf Höheres, Unerschütterlicheres, als auf diesen Welt=
wirrwar. Keine unserer Strebungen sind hier rein (b. h. können un=
mittelbar sein), als bie freie, von uns selbst nicht zu bändigende Liebe
zu Gegenständen, bie sie ins Leben zu reizen vermögen. Dieses Leben
des Herzens ist allein wahr, reell. Das mußt' ich, als ich ein Kind
war, ein wirkliches Kind dem Alter nach; und Triumph! ich weiß es
noch. Höchster Triumph! — mein bester Freund weiß das nun auch,
bestätigt es sich und mir durch glückliches Erleben. Gutbestellte Herzen
können immer verliebt sein, wollen es immer sein... Glück auf,
köstlicher Freund! Und auch dazu dieser Zuruf, weil dieser Lebens=
zustand Ihre Tage erfüllt, erhellt, reich macht, ihnen Bedeutung, Grund
giebt; nicht allein also des kostbaren Urgrunds dieses Zustandes wegen,
der das reinste, höchste Geschenk des Himmels ist..." Daß sie nicht
ausschließlich, nicht einmal in der Hauptsache das Glück der Ge=
schlechtsliebe im Auge hatte, zeigt bie schon in anderm Zusammenhange
mitgeteilte Stelle dieses Briefes, in der sie, anhebend mit den Worten:
„Auch ich habe noch ein Liebeherz", dem Freunde in so rührender
Weise ihre tiefe Neigung zu ihrem Nichtenkinde Elise Casper an=
vertraute.

Zu beinahe dramatischer Höhe aber entwickelte sich ihr Brief=
wechsel im Jahre 1831. Die französische Julirevolution und bie
ihr folgenden, Europas Länder durchzuckenden Bewegungen hatten Gentz
in einen Zustand tiefster Bestürzung und Entmutigung versetzt. Zu
scharf und klar war sein politischer Blick, als daß er nicht hätte er=
kennen sollen, daß dieses Ereignis dem von ihm vertretenen Prinzip
der fürstlichen Souveränität den Todesstoß versetzen mußte, daß ein
Zurückdrängen der Völker in die alten Schranken der Unmündigkeit
unmöglich war. So mußte er denn 40 arbeitsvolle Jahre seines Lebens
nicht allein für bie wirksame Durchsetzung dieser Idee, sondern auch
für sich selbst als verloren ansehen. In diesem Zusammenbruch seiner
Hoffnungen, in diesem „großen Bankrutt", über den ihn auch Fannys
Liebe nicht hinwegtrösten konnte, wußte er sich keinen Rat, als der
erprobten Freundin seinen Kummer zu klagen. „Ich suche Hilfe bei
Ihnen, und suche sie gewiß nicht umsonst. Sie sind ein Arzt, wie es
wenige giebt. Reden Sie zu mir, schelten Sie mich, schmeicheln Sie
mir, wählen Sie jede Kurmethode, die Ihnen zuträglich dünkt. Ich
will Ihre Schriftzüge sehen; ich will von Ihnen hören, daß Sie mir

noch gut ſind, daß Sie ſich mit meiner Krankheit beſchäftigen, daß Sie
nicht an mir verzweifeln. Reichen Sie mir dieſe Arznei recht bald,
und rechnen Sie auf die innigſte Dankbarkeit Ihres alten treuen
Freundes."

Es iſt das „alte Kind", das ſich, wie Taſſo dem Antonio, troſt-
ſuchend an Rahels Buſen wirft. Und ſie blieb ihm auch in dieſem,
für ein Weib gewiß doppelt ſchwierigen Falle die Antwort nicht ſchul-
dig. Ihr Brief vom 7. und 8. Februar 1831 gehört zu den ſchönſten,
die ſie geſchrieben hat. Herrlich weiß ſie den Verzagten ſchon im Eingang über Alter und Tod zu tröſten. „Laſſen Sie mich mit dem Un-
abweislichſten, Wunderbarſten, Schwärzeſten anfangen, mit dem Tod.
Iſt er wunderbarer als das Leben? Dies Leben mit den innern
geiſtigen Lücken? Dieſes zerriſſene Bruchſtück, wo er am Ende doch
ſteht? — Wer mir durch den dunklen Mutterleib half, bringt mich
auch durch dunkle Erde! — Ich will leben; alſo muß ich auch
leben. Mein Lebensgefühl, mein Glücks-, Ordnungs-, Vernunftbedürnis
ſind mir auch die Bürgen für dies alles; wie käm' ich ſonſt darauf?
Dieſe ſind mein Gott in mir und außer mir, mein letzter Winkel, wo auch
mein Tempel und meine Religion iſt. — Wenn ich jeden Augenblick
ſterben kann, ſo bin ich ſchon tot, d. h. ich lebe tot weiter. Und ich
fühle ja mein Leben und nicht den Tod . . . Gewiß werden wir
wieder jung: eine neue, viel geſteigertere Jugend müſſen wir wieder-
erhalten, in ihr fortleben. Und in einer, in einer innern, leben wir
ſchon fort . . ."

Nachdem ſie ihn von dem quälenden Gedanken des Todes ab-
gelenkt und auf „das ewige große Wunder des Lebens", von dem der
Tod nur ein Moment, hingewieſen hat, geht ſie auf ſeine beſonderen
Nöte über. Sie, die lange erkannt hatte, daß allein die bleiche Furcht
vor dem Fortſchritt und einer freieren Geſtaltung des Lebens der
Völker das Wirken der Staatsmänner Metternichſcher Schule beſtimmt
hatte; die tief überzeugt war, daß allein große politiſche und ſoziale
Reformen den Zwieſpalt löſen würden, in welchem ſie die Völker
Europas begriffen ſah —: ſie konnte ihm keinen andern Rat erteilen,
als den, die verlorene Poſition mit Gleichmut aufzugeben und, ſtatt
nutzloſen Klagen zu frönen, von einem neuen Gebiete kraftvoll Beſitz
zu ergreifen. Dieſes Gebiet aber konnte dann nur der Boden ſein,
den Gentz ſchon als junger Mann verteidigt hatte: der Boden konſti-
tutioneller Freiheit und Anerkennung der Volksrechte. Demgemäß ſchrieb
ſie ihm: „Die politiſche Welt ſchwingt ſich um, und Sie ſtehen ihr

wieder en face. Nur mißkennen Sie ihre Entwickelung nicht so, daß
Sie selbst sagen, Sie kennten sie nicht mehr ... Der Geist der Zeit
ist nichts als die jedesmal allgemein gewordene Ueberzeugung. Horchen
Sie dahin, agieren Sie mit der, durch die! ... Die allgemeine
Ueberzeugung muß Ihnen dienen, sie sei Ihnen ein Instrument. Ueber=
winden Sie den Abscheu; kommen Sie ihr zuvor: Lenker bedarf eine
jede. — Bieten Sie ihr die Stirne; lassen Sie das Heft nicht aus
den Händen. Und sehen Sie nicht nur die Unordnung, sondern —
eben nach den ‚vierzig Jahren Arbeit‘ — was die in der Zeit sich
folgenden Menschen nun jetzt zu wollen haben. Denken Sie nicht an
das, was Menschen ewig wollen sollten, sondern fassen Sie ins Auge,
was Weltwirrwarr, alte Sünden, längst Verfehltes nun erlaubt, und
wohin eben dies drängt! Seien Sie großartig!" — Sie selbst habe
mit töblichem Erschrecken die Nachricht vom Ausbruch der Revolution
erfahren. „Ich will nichts mehr als Ruhe. Ich habe längst meinen
‚Bankrutt‘ gemacht; ich könnte nur noch gemartert und blutarm werden [sie
meint: durch das fortschreitende Umsichgreifen der Bewegung], und hoffe
doch. Und nun Sie! Ein Lenker, wenn Sie wollen ... O könnte
ich mit dem Munde zu Ihnen reden! — Nur eine Frau! Keine
Maintenon und keine des Ursins, und doch nähmen Sie einen
Rat von mir in Gebrauch. Wieviel sah ich früh ein, wieviel sagt' ich
vorher von den Dingen, mit denen Sie hantieren. Aber verwesen
mußte meine gute Einsicht ... Shakespeare sagte sehr klar, klug
und erfahren: ‚Oft ist ein Fall das Mittel, desto glücklicher wieder
aufzustehn‘; dessen seien Sie eingedenk. Ich hab's öfter gesehen, kürz=
lich erfahren. Glück auf, lieber Freund! Mut oben! Einsicht frei!
Sie können alles zu allem überreden. Wagen Sie das Neueste, die
neueste Behauptung. Sie sollen einmal sehen!" —

So trat sie — ein „weiblicher Posa" — für das Recht der
fortschreitenden politischen Entwickelung wider den alten Reaktionär und
Verteidiger des Stabilitätsprinzips in die Schranken. War ihr Rat
derart, daß er ihn gebrauchen konnte? — Ich glaube die Frage be=
jahen zu dürfen. Noch im Laufe desselben Jahres erschien in der „All=
gemeinen Zeitung" (Sept. 1831) ein Gentz' Feder entflossener Artikel
„Von der Donau", in welchem er einer Versöhnung der beiden
großen Staatsgrundsätze, der fürstlichen Souveränität und des Konsti=
tutionalismus, das Wort redet, die vielleicht ganz friedlich, wie Prote=
stantismus und Katholizismus, in der Staatengesellschaft nebeneinander
bestehen könnten. Das System der Erhaltung und das System des

ruhigen Fortschritts widersprächen sich ja nicht unbedingt ... So bietet er, jeden Schein der Inkonsequenz vermeidend, dem freiheitlich gesinnten Zeitgeist die diplomatische Friedenshand. Unzweifelhaft war es in erster Linie die Uebermacht der Ereignisse, die ihn am Abend seines Lebens zu den gemäßigten Grundsätzen seiner Jugend zurückführte; ganz sicher aber hat der kluge und energische Rat der Freundin, den er so hoch schätzte, den Schwankenden in seinem Entschlusse bestärkt und ermutigt.

Das war die letzte Wandelung, die sich in dem elastischen, seltsam ruhelosen Geiste dieses Mannes vollzog. Bald darauf, im Juni 1832, ein Jahr vor Rahels Tode, starb er. Die Beurteilung, die er bis in die Gegenwart erfahren hat, bewegt sich in den schneidendsten Gegensätzen. Naturgemäß fand er mehr Tadler als Lobredner. Doch mit allgemeinen herabsetzenden Ausdrücken, wie „feiler, bestechlicher Verleugner seiner besseren Einsicht", „Wollüstling erster Sorte", „verächtlicher Apostat" u. a. m., wird man einer so verschwenderisch begabten und fein besaiteten Natur nicht gerecht. Die schönste, verständnisvollste Grabschrift hat ihm vielleicht Rahel gesetzt in einem Briefe an Leopold Ranke vom 15. Juni 1832 (unmittelbar unter dem Eindruck von des Freundes Tode geschrieben): „Sie können nicht wissen, daß ich meinen verschwundenen Freund nur dann, nur deshalb liebte, wenn er recht etwas Kindisches sagte oder that. Da lieb' ich ihn; deshalb wiederholte ich es, daß er sagte: er sei so glücklich, in Prag der Erste zu sein, daß alle obersten Behörden, große Damen und Herren zu ihm schicken mußten! 2c. mit entzücktem Lächeln, und in die Augen Sehn! So klug, dies zu verschweigen, ist jedes erzogene, verlogne Vieh: aber wer hat die hingebungsvolle Seele, das liebe Kinderherz, es zu sagen? Seine Perfidien — er übte sie reichlich gegen mich — sind anders, als der andern ihre: er glitt wie in einem Glücksschlitten fliegend auf einer Bahn, auf der er allein war, und niemand darf sich ihm vergleichen; auf diesem Wege sah er weder rechts noch links. Hatte er Schmerz, litt er Widerspruch, dann war er nicht mehr auf dieser Bahn; und dann verlangte er Hülfe und Trost; die er nie gab. Keiner aber darf dies wagen und doch liebenswürdig und liebenswert sein. Ungestraft ließ ich's, solange er lebte, nicht hingehn. Nun aber, beim Fazit, bleibt mir nur eine reine, lebendige Liebe. Dies sei sein Epitaph! Er reizte mich immer zur Liebe: er war immer zu dem aufgelegt, was er als wahr fassen konnte. Viele Menschen muß man Stück vor Stück loben und sie gehn nicht in unser Herz mit Liebe

ein; anbre, wenige, kann man viel tabeln, aber sie öffnen immer unser
Herz, bewegen es zur Liebe. Das that Genz für mich, und nie wird
er bei mir sterben."

*   *   *

Das ritterlich=abenteuerliche Element, das im ersten Rahelschen
Salon vornehmlich durch den Prinzen Louis Ferdinand vertreten
wurde, repräsentierte im zweiten Fürst Pückler=Muskau. Nur daß er,
trotz seines heißen Bemühens, unter allen Umständen original zu sein
und dem Alltäglichen entgegen zu handeln, der natürlichen Genialität
des Prinzen ermangelte; nur daß ihm, bei aller Bravour und selbst
Tollkühnheit, der wahrhaft heroische Zug des Neffen Friedrichs des
Großen abging. — Hermann Fürst von Pückler=Muskau
(1785—1871), der gegenwärtigen Generation als Schöpfer der be=
rühmten Gartenanlagen zu Muskau und Branitz vielleicht bekannter
als durch seine schriftstellerischen Leistungen, widmete sich nach wild
verlebten Jugend= und Studentenjahren dem Militärdienste und zeich=
nete sich im Befreiungskriege 1813 als Offizier im russischen und
deutschen Heere durch persönliche Tapferkeit rühmlichst aus. Schon
vorher hatte er unter Schinkels Beihilfe auf seinem Majoratsgute
Muskau jene umfassenden Verschönerungen vorgenommen, die ihm den
Ruf des genialsten Landschaftsgärtners seiner Zeit eintrugen; nach ge=
schlossenem Frieden ins Privatleben zurücktretend, setzte er diese Lieb=
lingsthätigkeit fort. Doch sein unruhiger Geist fand nirgends eine
bleibende Stätte. Was den eleganten, lebensdurstigen Kavalier bestän=
dig in die Ferne trieb, was ihn England, Frankreich und Südeuropa,
ja die Wüsten Nordafrikas und Vorderasiens durchschweifen hieß, war
nicht der ernste Forschungstrieb eines Alexander von Humboldt,
sondern die Sucht nach Abenteuern, der prickelnde Reiz des Neuen,
Ungewohnten. Auch hierin zeigte sich der Lebenskünstler, der die Ge=
fahren einer Tigerjagd, das pikante Abenteuer mit einer orientalischen
Schönheit mit derselben kühlen Ueberlegenheit goutierte, wie die glän=
zenden Parforcejagden und die verschwenderischen Gastmähler der eng=
lischen Aristokratie. Was er auf seinen Reisen sah und erlebte, bil=
det den · fast einzigen Gegenstand seiner zahlreichen, zwischen 1830 und
48 erschienenen Schriften, die anfangs ein ungewöhnliches Aufsehen er=
regten, schließlich aber durch das Stereotype ihrer Anschauungen, durch
die Einförmigkeit ihres Charakters und Stils ermüdeten. Von den
„Briefen eines Verstorbenen" (1830—31) an durch die lange
Reihe seiner Semilasso=Schriften bis zur „Rückkehr" (1846

bis 48): überall erblicken wir denselben interessanten, etwas blasierten Weltmann, der nonchalant und heiter seine Reiseeindrücke und =Erleb= nisse mitteilt, auch wohl in leichtem Plauberton Gegenstände der Kunst, Politik, Philosophie berührt. „Mit der veränderten Scenerie des Schau= platzes, auf dem er sich befindet, hat der Verfasser auch das Kostüm gewechselt; er hat den Kastorhut des Europäers mit dem Fes des Orientalen, den Frack des englischen Dandy mit dem Kaftan des Muselmanen vertauscht, aber er ist geblieben, was er war: ein deut= scher Aristokrat und Lausitzer Patronatsherr mit der Miene des briti= schen Lords."*) So wurde er, in leiser Nachahmung der Heineschen Manier, der erste Welttourist von eigenartiger Physiognomie in der deutschen Litteratur. Trotz der Mängel in Komposition und Stil sind Pücklers Schriften noch heute anziehend durch den eigentümlichen charme der Darstellung, durch kluge Bemerkungen über Kultur und Sitten frem= der Nationen, durch die mit feinem Stift flott und graziös hingeworfenen Naturbilder und Jagdschilderungen. Eine ungleich größere Bedeutung als für die Gegenwart hatte er freilich für seine Zeit, indem er durch die ritterliche Reckheit und ausgeprägte Originalität seiner Erscheinung der philiströsen Flauheit und Stagnation des deutschen sozialen wie litterarischen Lebens entgegentrat. In religiöser und politischer Be= ziehung liberalen Grundsätzen huldigend, rückte er in die nächste Nähe der demokratischen Schriftsteller des „Jungen Deutschland", wenn er beispielsweise an der preußischen Bureaukratie und an dem schleppen= den Rechtsgange des deutschen Prozeßwesens seinen Spott ausließ oder an den Privilegien und Vorurteilen seines eigenen Standes rüttelte oder gar an den Prinzen des Berliner Hofes Kritik übte. Da ist es wohl denkbar, daß dieser „Fürst als Apostel des Freisinns" der politi= schen Aufklärung, wie Proelß behauptet, fast noch mehr Vorschub geleistet habe, als die liberalen Redner in den Parlamenten. —

Zur Berliner Gesellschaft stand der Fürst durch seine Gattin Lucie, geschiedene Reichsgräfin von Pappenheim, eine Tochter des Staats= kanzlers Fürsten von Hardenberg, in engen Beziehungen. Er hatte sich 1817 mit ihr vermählt, nachdem er längere Zeit in der Wahl zwischen ihr und ihren beiden schönen Töchtern geschwankt hatte. Nach 6 Jahren wurde diese Ehe geschieden aus einem Grunde, der die boden= lose Frivolität des Denkens und Fühlens jener Zeit in Bezug auf das

---

*) Litterarische Reliefs. Von Ernst Ziel. Erste Reihe. Leipzig, Ed. Wartigs Verlag (Ernst Hoppe), 1885.

Verhältnis der Geschlechter deutlich abspiegelt. Pückler war durch sein verschwenderisches Leben am Abgrunde des Ruins angelangt. Da machte ihm Lucie, die ihn, trotz seiner Libertinage, innig liebte, selbst den Vorschlag, eine Scheidung von ihr zu bewerkstelligen und aus England eine reiche Braut heimzuführen. Anstatt dieses Opfer mit Entschieden= heit zurückzuweisen, ging Pückler auf den Vorschlag ein. Als er dann aber nach vollzogener Scheidung auf die Brautschau ging, da zeigte sich, daß er — und dies gereicht ihm zur Ehre! — seinem innersten Wesen nach ganz unfähig war, eine bloße Geldheirat zu schließen; am Ende kehrte er unverrichteter Sache, aber seelenvergnügt in die Arme seiner von ihm aufrichtig geliebten Frau zurück, um fortan mit ihr, als sei nichts geschehen, in ungetrübten ehelichen Verhältnissen weiter zu leben. Diese Episode bezeichnet das Wesen des Fürsten deutlicher als seitenlange Charakteranalysen.

Die Bekanntschaft des Pücklerschen Paares mit Rahel und ihrem Gatten scheint erst in späteren Jahren geschlossen zu sein. 1828 be= richtet Rahel in ihren Briefen von einem Besuche im „idealischen" Muskau. „Nichts war gut als Muskau," schreibt sie an L. Ranke, der damals in Venedig war. „De plain-pied aus einer Glasthüre in für mich gebraute, erquickende Luft; liebe Freunde, keine gêne; mein Kind Elischen mit mir, viel Fahren, genug allein, hinlänglich Zerstreuung. Viel fürs Aug'; und da das Ganze von Fleiß und Ge= danken herrührt, Nahrung für die. Also Erholung, von der mein Körper, den ich dort erst wieder als solchen kennen lernte, noch lebt." — Der Fürstin selbst aber versicherte sie (6. Dez. 1828), ein Blick in ein Gemüt, wie in das der liebenswürdigen Wirtin, könne nicht „ohne fruchtreiche Folgen" bleiben, und sie sprach ihr den Dank für ihre „wohlthätige Aufnahme in Muskau" mit beredten Worten aus. „Nicht ein Wort, nicht ein Blick, keine Nuance davon ist zerstäubt; alle liegen als Samen in meinem Herzen aufgefangen! Das sag' ich in höchster Wahrheit ... Sie haben Ihr schönes, edles Vertrauen einem Virtuosen in Herz= und Menschenerkenntnis geschenkt; und das fühlten Sie auch gewiß, darum waren nur feine, unmerkliche Aeußerungen nötig; ohne welche das namhafte Vertrauen, des edlen Freundes [Pücklers] Briefe zu lesen, wohl nicht hätte erfolgen können ... Varnhagen ist Ihr größter Verehrer, liebe Frau Fürstin; er wird so frei sein, Ihnen zu schreiben, und ihm kann es besser gelingen, Ihnen zu sagen, welche Freunde Sie an uns haben. Er hat einen himmlischen Brief vom Fürsten Pückler aus Dublin." —

Der Fürst befand sich damals (1826—29) auf einer großen Reise, die ihn durch Holland, England, Schottland und Frankreich führte. Von seinen Stationen aus pflegte er in ausführlichen Briefen der Gattin seine Reiseeindrücke mitzuteilen. Die Fürstin, reinen Vertrauens voll, hatte kein Bedenken getragen, die neugewonnenen Freunde die ihr kost= baren Blätter im Original lesen zu lassen. Varnhagen, dessen ge= übtem Blick sofort das in diesen Briefen hervortretende publizistische Talent des Verfassers aufgefallen war, hatte dringend zur Veröffent= lichung geraten, und seinem Rat zufolge ließ Pückler 1830 die „Briefe eines Verstorbenen" erscheinen, die ihn mit einem Schlage zum berühmten, selbst von Goethe gelobten Schriftsteller machten. Varn= hagen aber hat das Ursprüngliche, Naiv=Natürliche dieses Werkes gut folgendermaßen bezeichnet: „Mit solcher nichtberechnenden Offenheit und Freimütigkeit schreibt man nicht, wenn man auch nur entfernterweise an das Publikum denkt, solche Unbefangenheit des Sinnes bewahrt man nicht, solcher Zufälligkeit der Gegenstände und der Stimmungen folgt man nicht, außer in sicherem Erguß einsamen Vertrauens, und mit solcher Hingebung an das Augenblickliche kann nur der Augenblick selber sprechen. Diesen ungezwungenen Lauf der Feder, der in seiner behaglichen Lässigkeit Eile und Fülle vereinigt, in geistreicher Unter= haltungssprache bequem das Gewöhnliche mitnimmt, dichterisch groß hinwieder das Auserlesene und Vollkommene mit Leichtigkeit und Klar= heit, mit Reiz und Tiefe vor Augen stellt, dann es zu mühsam findet, den kleinen vermeidlichen Schwierigkeiten der Sprache und des Vor= trags aus dem Wege zu gehen, — dieses aus dem Stegreif Schreiben erdichtet man nicht." —

Diese Worte geben zugleich ein Bild des liebenswürdig=chevaleresken Plauderers, der nach seiner Heimkehr eine der Berühmtheiten des Rahel= schen Salons wurde. Was sie und ihr Kreis an ihm schätzten, waren (nach Varnhagens Wort) „sein Freiblick, Unternehmungsgeist, sein viel= seitiger Mut, und daneben seine liebenswürdige Grazie und Feinheit, sein unvergleichliches Darstellungstalent": Vorzüge, groß und blen= dend genug, um die Schwächen seines Wesens in den Schatten zu stellen. Bis zu Rahels Tode war ihr der Fürst ein „nachsichtiger, vielerfahrener, standhafter" Freund, der ihr — wie sie ihm — edles Vertrauen schenkte. Sie sah in ihm einen der seltenen Menschen, die, wie einst Prinz Louis, in einem bewegten und selbst rauhen Leben den guten Kern ihres Wesens unberührt erhalten. „Wie selten ist mir in der Welt ein Kern des Menschen, sein Herz, so gelungen und

rein erhalten vorgekommen, daß er, willig und freudig, ihm persön=
liche und momentane Vorteile fahren ließe, wenn seine Ueberzeugung
eine andere werden muß," schrieb sie ihm im Februar 1832. „Ihnen,
geehrter Herr, danke ich das tröstliche Schauspiel, und will mich des
Dankes der Erkenntlichkeit nicht schämen. Welche Stärkung waren mir
gestern Ihre edlen, reinen, unschuldigen und festen Vorsätze! Welcher
Trost, welche Bürgschaft, auf der verwirrten Erde solch edle Freunde
zu hinterlassen!..." Seine frische Empfänglichkeit für neue Eindrücke
entzückte sie. „Kluger Fürst, der ‚Notre=Dame‘ würdigt!" rief sie
ihm zu, als er den berühmten Roman Victor Hugos, den sie ihm
als Lektüre empfohlen, gelesen und anerkannt hatte. — Als Land=
schaftsgärtner aber feierte sie ihn in dem merkwürdigen Ausspruch:
„Ein Erbbändiger sind Sie und thun es in Muskau zur größten Evi=
denz dar. Welcher Geist der Einsicht und Kraft der Ordnung und
Ausführung webt und lebt da in den lieblichsten Bildern und Erschaff=
nissen! Reich gezeigt einem jeden, gerade nach dem Maße dessen, was
er aufzufassen fähig ist. Ich fühle ein Bedürfnis, es dem Schöpfer
zu bezeigen, daß ich es in großem Maße genieße und bewundere!" —

*   *   *

Unter den Frauen des Salons überstrahlte Rahels Schwägerin
Friederike Robert an sieghafter Schönheit und Anmut jede andere
Erscheinung. Ludwig Robert hatte sie während seines Aufenthaltes
in Süddeutschland kennen gelernt und — trotz des warnenden Hinweises
seiner Freunde auf das „Schwabenmädchen" Bürgers — 1822 die in
trüben und unwürdigen Verhältnissen Lebende heimgeführt. Glücklicher=
weise wurden die Befürchtungen der Freunde zu nichte. „Friederike
Robert", erzählt Varnhagen, „wurde und blieb die glücklichste Frau,
das Glück und der Stolz ihres Gatten. Sie liebte und schätzte ihn
über alles; ihr musterhaftes, harmlos freies und heiteres Benehmen
ließ nie einen Schatten in seiner Seele entstehen; alle Huldigungen,
die ihr mit Beeiferung immerfort dargebracht wurden, zeigten nur stets
aufs neue, wie beneidenswert sein Glück und wie fest begründet es
war." — Robert nahm sich ihrer vernachlässigten Erziehung an und
führte sie aus der Enge der schwäbischen Heimat in die größere Welt;
sie sah an seiner Seite Paris, erregte in Weimar und Dresden die
Bewunderung und Liebe der Goetheschen und Tieckschen Kreise.
Alsdann lebte das Paar — mit Unterbrechung weniger Jahre — bis
1831 in Berlin. Hier war es, wo Friederike (nach Varnhagens

Wort) „den glänzendſten Schauplatz ſiegender Erſcheinung fand. Es iſt wahr, ihre Schönheit beſiegte jeden Zweifel, jeden üblen Willen durch die bloße Gegenwart; ſie war ſchön im vollen Sinne des Wortes ſchön, wie Raphael die Schönheit malte, ſchön, um rings alles zu erhellen." Rahel nannte ſie „ein ſchönes, kluges, redendes Bild". Unter dem Namen der „ſchönen Robert" wurde ſie eine der populärſten Damen Berlins. Als ihr von Eduard Magnus gemaltes Porträt 1826 im Akademieſaal ausgeſtellt wurde, ſprach die ganze Stadt davon wie von einem Ereignis. Rahel war, wie alle Welt, entzückt von der ſeltenen Schönheit ihrer Schwägerin. „Mein Bruder Ludwig", ſchrieb ſie 1824 an Brinckmann, „hat eine ſehr ſchöne Frau geheiratet, auf die Sie hundert Gedichte machen würden; ſie iſt auch liebenswürdig, und dichtet auch: Lieder." — In der That iſt ſie von Dichtern — ſo von Graffunder, Fouqué, Arnim — beſungen worden; Heinrich Heine, der ſie in Rahels Salon kennen lernte und ihr ſpäter die launigſten Briefe ſchrieb, hat ihr drei Sonette gewidmet, von denen das mittlere hier ſeinen Platz finden möge:

> „Der Ganges rauſcht, es wandeln ſtolz die Pfauen
> Und ſpreizen ſich, die Antilopen ſpringen
> Im grünen Gras, die Hyazinthen klingen,
> Viel tauſend Diamanten niedertauen;
>
> Tief aus dem Herzen der beſtrahlten Auen
> Blumengeſchlechter, viele neue, dringen,
> Sehnſuchtberauſcht ertönt Kokilas Singen —
> Ja, du biſt ſchön, du ſchönſte aller Frauen!
>
> Gott-Kama lauſcht aus allen deinen Zügen,
> Er wohnt in deines Buſens weißen Zelten
> Und haucht aus dir die lieblichſten Geſänge;
>
> Ich ſeh' Waſſant auf deinen Lippen liegen,
> In deinem Aug' entdeck' ich neue Welten,
> Und in der eignen Welt wird's mir zu enge!" —

Die Lieder, in denen ſie ſelbſt ſich verſuchte, ſind unbedeutend, wie denn ihre geiſtige Phyſiognomie keinerlei hervorragende Züge aufweiſt. Im Grunde ihres Herzens blieb ſie, die als Griechin, Türkin, Indierin im Liede Gefeierte, die biedere Schwäbin aus dem Volke, und nie fühlte ſie ſich behaglicher, als wenn ſie ſich als ſolche geben konnte. Treuherzig, ſinnig und liebenswürdig erſcheint ſie in einem Briefe an Karl Schall vom 20. Januar 1831, in dem es heißt: „Die Devrient hat mich in der Kellerſcene bis in den Gipfel des

oberen Stockes gehoben, Sie. glauben nicht, wie es mich zerrt und
zieht, so einer Künstlerin um den Hals zu fallen, und sie so tüchtig
abzuküssen, und wieder mich in ihre Seele hineinzusehen — aber wenn
ich dann bedenke, daß, bis ich zu ihr komme, alles edle Feuer verraucht
ist, sie vielleicht Gefallen an etwas findet, was ich nicht ausstehen
kann, mich vielleicht ganz mißverstanden sehe, dann ziehe ich mich wie=
der wie eine Schnecke in mein Haus zurück und sage: wenn mich nur
jemand versteht! genug, und so komme ich auf Ihren Brief, der mir
sagt, daß nur Schwäche liebenswürdig macht. Ich glaube das nicht;
denn wenn man z. B. sieht, daß eine Figur, Weib oder Mann, in
der Gesellschaft so viel Hingebung zeigt, daß man sich deren habhaft
machen kann, so ist es ja keine Schwäche, sondern der Auswuchs einer
Eigenschaft, und dazu gehört immer Kraft, ich nehme das jetzt ganz
natürlich und denke ans Pflanzenreich, ist der Duft einer Rose Schwäche?
Ist der Blütenstengel an Baum und Strauch Schwäche? Nein, nein,
das ist das Anziehende am Menschen, daß er seine Kräfte ausstrahlen
läßt, wie eine liebewarme Sonne, und ich bin gewiß, wer nur das
rechte Auge hätte, er müßte manchen Menschen mit einem Strahlen=
glanz umgeben finden, und nur diese Menschen mißfallen mir, die
von allen Seiten ihre Empfindungen verschließen und verdecken; denn
diese Empfindungen, wenn wir sie entdecken, sind sichere Leitfäden nach
dem Herzen, und ich kenne welche, die sie wie einen Weg betrachten
und sich lachend und wiegend darauf bewegen und in alle Sonnen=
pünktchen einschleichen. Denken Sie sich so einen kleinen Elfenkönig —
ist das nicht ein Wagehals? . . ."

*   *

Die einzige Frau in Rahels Umgebung, die ihr an Geist und
Gaben den Rang streitig machen durfte, und die sich auch zuweilen als
ihre Rivalin fühlte, war Bettina von Arnim. Es ist über das
Leben und Wesen dieser originellen Frau durch vorzügliche Schriften*)
ein so klares Licht verbreitet, daß es genügt, an dieser Stelle nur den
Beziehungen nachzugehen, die sich zwischen den beiden geistreichsten
Frauen der damaligen Berliner Gesellschaft spinnen. Schon die Zeit=
genossen, namentlich die Schriftsteller des Jungen Deutschland,
stellten sie gern nebeneinander in mehr oder minder geistvollen und
kühnen Parallelen. Unleugbar ist eine große Aehnlichkeit der seelischen
Beanlagung, eine enge Verwandtschaft im Fühlen und Denken. Ge=

---

*) Es sei hier nur auf die Arbeiten von Hermann Grimm, Ludwig
Geiger und Reinhold Steig hingewiesen.

meinsam war ihnen der Sinn für das Große, Erhabene, ein trotziges Behaupten ihrer Individualität und persönlichen Freiheit gegenüber den Satzungen der Konvention, ein rücksichtsloses, fast männlich-energisches Eintreten für des Herzens Ueberzeugung; gemeinsam auch der großen soziale Zug ihrer Naturen, der sie zu den Armen und Elenden hinzog und für Besserung veralteter, die Menschheit entwürdigender Zustände eintreten ließ. Und trotzdem: welcher tiefe Unterschied, ja Gegensatz ihrer Naturen! — Hier Rahel, die ewig Grübelnde, in schmerzlichem Sinnen über die Rätsel des Lebens und der Menschenbrust sich Zermarternde, nach Klarheit, Ruhe und Weisheit Ringende, die nur in seltenen Momenten inneren Erschauens volle Befriedigung empfand. Dort Bettina, die Künstlerin, lebensfreudig mit allen Sinnen der Welt und ihrer Schönheit hingegeben, berauscht und berauschend in der sinnlich-geistigen Kraft und Glut ihres Wesens, das Wissen belächelnd, und verachtend die mühselige Anstrengung, die zur Vervollkommnung führt, dafür aber begabt mit der Fähigkeit, was sie so reich im Busen fühlte, in anmutigen Worten und ebenso lieblichen als kühnen Bildern auszusprechen.

Was man Bettinen zu ihren Lebzeiten und nach ihrem Tode häufig zum Vorwurf machte, ist ein ganz auffallender Mangel an Wahrhaftigkeit; und dieser Vorwurf richtete sich ebenso sehr gegen die Schriftstellerin wie gegen den Menschen. Was ihre litterarische Zuverlässigkeit betrifft, so hat man sich heute überzeugt, daß Bettina, indem sie ihre Briefwechsel herausgab, nicht im mindesten beabsichtigte, historische Urkunden und quellenmäßige Berichte mitzuteilen. Vielmehr sind diese Werke — es kommen in Betracht: „Goethes Briefwechsel mit einem Kinde" (1835), „Die Günderode" (1840) und „Clemens Brentanos Frühlingskranz" (1844) — als Briefromane aufzufassen, denen zwar urkundliches Material sicher zu Grunde liegt, in denen aber die Verfasserin mit vollem künstlerischen Bewußtsein von dem ihr zustehenden Rechte des Fabulierens reichlichen Gebrauch gemacht hat. Wohl hat sie versäumt, es direkt auszusprechen, daß ihre Werke, wie Goethes Selbstbiographie, Dichtung und Wahrheit enthalten; doch aus dieser Unterlassungssünde darf man nicht das Recht herleiten, sie plumper Fälschung zu beschuldigen.*)

---

*) In dem Artikel Bettina von Arnim meiner „Frauenbilder aus der neueren deutschen Litteraturgeschichte" (Stuttgart, Greiner & Pfeiffer, 2. Aufl. 1900) habe ich mich eingehender über die historische Treue der Briefwerke Bettinens ausgelassen.

Nun hat es aber Bettina auch im Leben nicht immer ernst mit der Wahrheit genommen. Wir erinnern uns, daß ein so enthusiastischer Verehrer, wie der junge Ranke, Anstand nahm, ihr „alles zu glauben". Ihr eigener Bruder Clemens nannte sie „offen, aber nicht wahr". Helmina von Chézy schrieb von ihr: „Sie hat doch viel Schönes, und hat manches Gute vollbracht, und sie lügt nicht immer." Varnhagen, der freilich Partei war, hat folgendes scharfe Urteil über sie gefällt: „Daß Ranke Bettina der Mutter Gottes vergleicht, kann ich ihm nicht durchlassen; die Mutter Gottes war keine Lügnerin, und daß Bettina eine ist, macht sie durchaus unfähig, sei es in welcher Beziehung eine solche Vergleichung auszuhalten . . . Zwar, ich weiß es ja nur zu gut, wir lügen alle, und sind dazu genötigt und angehalten; aber das Lügen macht auch nicht den Lügner, sondern die Frechheit und Schamlosigkeit darin, und Bettina, die reizende, tiefsinnige, geistspielende Bettina ist frech und schamlos im Lügen . . ."

Ich muß diesem verdammenden Urteil widersprechen! Frechheit und Schamlosigkeit im Lügen setzt Absicht, bösen Willen voraus; ich aber glaube nicht, daß sie mit Vorsatz, aus Freude an der Unwahrheit, log. Sie lebte mehr in der Phantasie als in der Wirklichkeit, und so übertrieb und entstellte sie wie ein Kind, das die Wirklichkeit in dem vergrößernden Lichte der Phantasie sieht oder in unbewußtem Kunsttrieb mit den Dingen der Welt anmutig spielt.

Auch ihre unverzeihliche Launenhaftigkeit und Unbeständigkeit ist zum Teil aus dieser seltsamen Beanlagung, die sie mehr auf das Phantasieleben als auf das Leben in der realen Welt verwies, herzuleiten. Eins der glücklich geprägten Worte Goethes führt ihr unstetes Wesen auf ihre Abstammung von einem Vater italienischer und einer Mutter deutscher Herkunft zurück: sie sei das wunderlichste Wesen von der Welt, unglücklich zwischen dem Italienischen und dem Deutschen hin und her schwebend, ohne Boden fassen zu können; sie habe eiserne Beharrlichkeit in dem, was sie einmal nach ihrer Art ergriffen habe, und dann mittendrin wieder die unsichersten Launenblitze, von denen sie selbst nicht wisse, wo sie hinfahren. — Es steckte in ihr ein Kobold von der unbezähmbaren Art ihres Bruders Clemens, und selbst ihre nächsten Freunde hatten unter diesen „unsichersten Launenblitzen" zu leiden. Z. B. erzählt Varnhagen 1823 seiner Frau von einer Gesellschaft, in der auch Bettina anwesend war: „ . . . Der Kobold blieb aber nicht lange und war schon vor meiner Ankunft willens zu gehen, so daß ich ihn keineswegs verscheucht habe. Wir sprachen dann fast den ganzen Abend von ihr, und Frau von Barbeleben, die ihr eben den Text gelesen hatte, ‚wie ich ihn‘, sagte der Oberst, ‚niemals vor der Front so stark vorbringe‘, machte sehr gut ihre Verteidigerin, wobei sie sich auch auf Dich berief, die Du immer für sie sprächest. ‚Ich ließ alles hingehen und ereiferte mich nicht wider sie, bestand aber darauf, daß ihre Koboldrei auf einem ethisch faulen Fleck beruhe, und sie die Lüge und Bosheit schlechterdings bezwingen müsse." —

Trotz vieljähriger vertrauter Freundschaft konnte Bettina sich nicht enthalten, auch an Varnhagens ihre Laune derart auszulassen, daß es mehrmals zu „mißfälligen Scheidensauftritten" kam. Rahel mit ihrem tiefen Gefühl für Rechtlichkeit war Bettinens Art, mit der Wahrheit ein verwirrendes Spiel zu treiben, schier unfaßbar! — „Woher in aller Welt", ruft sie einmal aus, „woher um Gottes willen, nimmt sie auch nur den Leichtsinn zu solcher Mißhandlung von Begebenheiten, die, wenn auch noch so klein und gering, ihr höchstens vergessenswert dünken dürfen, in denen aber, wenn man ihnen so ihr Wahrheitsherz ausbricht, immer ein Lebendiges vernichtet wird!? Wie das in ihr vorgeht, wie es in ihr zusammenhängt, möchte ich gar zu gern wissen…" Eine tiefere und dauernde Verstimmung erzeugte sich im Jahre 1827 in Rahel, als sie, im Begriff die Freundin zu besuchen, auf der Treppe durch eine plumpe List abgewiesen wurde. In diesem Falle fühlte Bettina selbst ihr Unrecht und bat am folgenden Tage brieflich um Verzeihung: „Je mehr ich daran denke, daß ich Sie gestern auf der Treppe abgewiesen habe, je weniger kann ich mich mit mir selbst dar= über versöhnen. Sie haben mich immer mit Zuvorkommenheit und Güte überhäuft, und ich kann mich nur insofern über Sie beklagen, daß Sie mich von jeher überschätzt haben…" Leopold Ranke, der damals auf dem Höhepunkt seiner Bettina=Schwärmerei stand, glaubte die Freundin durch einige gutgemeinte Verse bei Rahel ent= schuldigen zu sollen, indem er das häßliche Benehmen als ein natür= liches Launenspiel hinstellte; das Gedicht gipfelte in den Versen:

> „Natur hat nicht Moral. O laß es sein,
> Ist nur das Gute viel, das Böse klein."

Rahel sagte dem jungen Freunde in eben so schwacher Poesie — „wir können beide keine Verse machen", fügte sie hinzu — unverhohlen ihre Meinung: Bettina solle „der Gedanken göttlichen Lauf" — so hatte Ranke gesungen — bezwingen und Maß halten lernen. „Natur hat nicht Moral", zitierte sie ihn und fuhr dann fort:

„In uns hegt aber Urgeists Strahl;
Und der besteht in Richten, Wählen;
Dies sind nicht Werke der Natur,
Das können Menschen nur;
Und sollen richten, wählen:
Dann werden sie nicht sich, nicht andre quälen.
Ist Böses noch so klein,
So ist das Gute nicht mehr rein."

So ungelenk die Verse sind: sie sprechen den Wesensunterschied der beiden Frauen aus. Rahel war die sittlichere Natur und insofern Bettina überlegen. Das erkannte diese sehr wohl, und wenn nicht gerade der böse Bretanosche Familiengeist sie beherrschte, unterwarf sie sich Rahel in freier, schöner Anerkennung. In Gegenwart der reifen, gemütvollen älteren Freundin fühlte sie sich niemals, wie unter dem verwirrenden Beifall der Gesellschaft, zu jenen tollen Geniesprüngen gereizt, die, wie graziös sie auch ausfallen konnten, doch so häufig mehr bewußtes Gaukelspiel als Natur waren. In traulichem Alleinsein mit Rahel fand sie sich zu „unumwundener unschuldiger Mitteilung" angeregt, zeigte sich mild, freundlich, wahr, allem Guten aufgeschlossen. Da führten sie Gespräche, in denen lieblichste Kindeseinfalt mit Tiefsinn sich paarte, und die beide zu weiterem Nachdenken anregten. „Als Frau von Arnim bei uns war", erzählt Rahels Tagebuch unterm 13. Mai 1826, „und über vieles viel und schön sprach, sagte sie auch: Beim Einschlafen könne man dem Geist eine Art von Weg vorschreiben und gleichsam Regionen anweisen; hätte sie lange versucht und auch in Plato bestätigt gefunden. Da erinnerte ich Varnhagen, was ich immer sagte: Im wahren festen Schlaf ginge die Seele nach Hause, sich zu stärken; sonst hielte sie's nicht aus. Das sei ihr versprochen. Sie badete in Gottes See. — Frau von A. hatte auch geklagt, daß so viel Talente und Thätigkeiten im Menschen wären, die nicht in Anspruch genommen und nie zur That würden; man fühle das deutlich und oft schmerzhaft. Freilich schwieg ich. Als sie weg war, wiederholte Varnhagen das und setzte hinzu: Das ist aber bei allen talentvollen Menschen, ja auch bei den anscheinend Unbegabtesten; was schlummert nicht alles in jedem! — ‚Ja,' sagte ich, ‚es muß so sein; es ist wie Oel auf der Lampe, sowie es weg wäre, ginge das Licht aus; aber es muß mehr Oel da sein, als die Flamme braucht; der letzte Tropfen am Licht muß von den andern getragen sein.' Und nach einer nachdenklichen, fast Schmerzenspause: ‚Ach, es ist alles richtig, wir verstehn's nur nicht!'" —

Bettina von Arnim.

Nach Originalphotographie der im Goethe=National=Museum zu Weimar befindlichen Handzeichnung
von Joseph Schmeller.

Reizende Scenen offenbart uns dieser Verkehr. Welch ein lieb=
liches Bild gewähren beispielsweise die beiden hochbegabten Frauen in
unbefangenem, heiterem Spiel mit Kindern, wobei sich — nach Rahels
Wort — Bettina „göttlich wie eine mythologische Bonne betrug". Den
größeren Gewinn dieses Umganges empfing Bettina: mußten doch in
Rahels veredelnder Nähe alle feinsten Blüten ihres Geistes sich ent=
falten! Und sie, die nicht gern einem Menschen Einfluß auf sich ein=
räumte und, aus einer bei stolzen Naturen begreiflichen Empfindung
geistiger Scham heraus, gerade die ihr innerlich am nächsten Stehen=
den oft schroff zurückstieß, scheute sich nicht, Rahel das schöne Bekenntnis
abzulegen (Aug. 1831): „Ich habe mich gestern bei dem unvermuteten
Zusammentreffen mit Ihnen alles Guten erinnert, was mir durch Sie
zu teil geworden. Außer allem Wohlwollen, aller Anerkenntnis, die
ich Ihrer selbstverleugnenden Großmut zu danken habe, hat mich auch
Ihre geistige Nähe immer zu tieferem Eingehen in die noch unmün=
digen Anlagen und Bestimmungen meines Wesens gereizt, und so habe
ich Genuß und Vorteil durch Sie gehabt, der mir nicht leicht zu er=
setzen ist." — Gern gedachte sie nach Rahels Tode der schönen Abend=
stunden in deren Heim, „wo Ihre liebe Frau" — so schrieb sie 1835
an Varnhagen —, „der es natürlich war, Anerkenntnis mit Großmut
gepaart in vollem Maße zu gewähren, mich oft in diesem Sinne be=
schämte; gern hätt' ich von ihr gelernt, vollkommen gütig zu
sein, wenn die Kunst des Lernens mir nicht versagt wär' . . ." Noch
1839 sprach sie wehmütig: „Lebte Rahel noch, so wüßt' ich, wo ich
am Abend nach Erholung ginge, wenn ich am Tag müde war. Sie
geht mir ab." — Auch Rosa Maria Assing gegenüber bekannte
sie mit warmen Worten, was Rahel ihr gewesen (Jan. 1838): „An
Ihrer Schwägerin hab' ich eine Teilnahme verloren, die vielleicht noch
manches Wichtige zur Sprache gebracht haben würde; noch oft in ein=
samen Abendstunden bedenke ich's, wieviel in wenigen Minuten sie
geben konnte. Umgang im Geist, dazu sind wenige Menschen ge=
eignet, und doch ist's das Köstlichste." — 1838 schenkte sie Varnhagen
ein Blättchen von Rahels Hand und fügte das die Verstorbene gut
charakterisierende Wort hinzu: „Ich durchlese es und finde, daß es
abermals ein Dokument so mannigfach bewährter Güte ist, die wir
liebend Verehrenden der verewigten Freundin nie genügend uns als
Erbe aneignen können . . . Das Schöne in Rahels Geist war eben
dies Eingehen in das Individuelle, nach welchem sie urteilte,
und so war sie nachsichtig, wo andre verdammten, und sie schmeckte

wohl gar das Salz in dem, was andre als die Asche eines verbrannten Lebens verwarfen. — Gerechtsein ist göttliche Kunst."

Es wurde Rahel leicht, diese Kunst zu üben, wo sie einem so ursprünglichen, echten, geisteblen und reichbegabten Wesen wie Bettina gegenüberstand. Eine feinfühlendere und mildere Beurteilerin hat diese wohl schwerlich gefunden. Ueber Bettinens Geistesverfassung hat sie sich in einer interessanten Parallele mit Frau von Kalb, die sie 1827 in Berlin kennen gelernt, folgendermaßen ausgesprochen: „Frau von Kalb ist von allen Frauen, die ich je gekannt habe, die geistvollste; ihr Geist hat wirklich wie Flügel, mit denen sie sich in jedem beliebigen Augenblick, unter allen Umständen, in alle Höhen schwingen kann; dies ist ein absolutes Glück, und sie fühlt sich dadurch so frei, daß sie nach dem erhabensten oder tiefsten Geistesblick öfters lacht, wo es gar nicht hinzugehören scheint: gleichsam in dem Gedanken, daß es etwas Komisches hätte, nur in der eben erblickten Sphäre verweilen oder gar bleiben zu wollen; flugs nimmt ihr Geist eine andre, öfters entgegengesetzte Richtung und thut da wieder Wunder. Auf diese Weise giebt sie sich auch getrost hergebrachten Meinungen, Vorurteilen, beliebten, herrschen= den Formen des Seins und Denkens hin; sie kann doch lachen und vergnügt sein. Ein wenig lüftet sie die Flügel, und die leere Last sinkt zu ihren Füßen an den Boden, und die edlen Gedanken nehmen ihren Flug. — Frau von Arnim ist von allen, die ich kannte, die geistreichste Frau. Man möchte sagen: ihr Geist hat die meisten Wendungen. Ihr Geist hat sie, nicht sie ihn. Was wir Ich nennen können, ist nur der Zusammenhang unserer Gaben und die Regierung derselben, die Direktion darüber. So wie Frau von K. jeden Gesichts= kreis als solchen verlassen und in der Gewißheit, einen neuen zu finden, freudig sein kann, so leuchtet oder blitzt wenigstens bei Frau von A. Mißvergnügen gegen das eben Gefundene hervor, und dieses spornt sie an, um jeden Preis Neues hervorzufinden; — dieses Verfahren aber kann nicht immer ohne Störung vorgehen."

Die Ausnahmestellung aber, die Rahel Bettinen vor allen Be= kannten einräumte, gelangt in einem Briefe an Pauline Wiesel, der sie sich immer am freimütigsten zu eröffnen pflegte, zum Ausdruck: „Es kränkt mich, Sie so sehr hypochondrisch über Umgang zu wissen! Glauben Sie denn, teure Tochter, daß mich der, den ich habe und haben kann, befriedigt? Eine einzige Frau, unter Männern und Weibern, ist z. B. hier, die ich für meinen Pair halte, von der ich etwas höre, die das Altgesagte und Altgekannte — denn was können Menschen ohne neue Organe Neues sagen und sehn und finden? — mir aus menschlicher Brust neu und echt bearbeitet, von regsamem Geist frisch befruchtet, wieder herausgiebt. Es ist Pitt= Arnims Schwägerin, Baronin Arnim, geborene Bettina Brentano aus Frankfurt a. M."

Zwölftes Kapitel.

Die Julirevolution und das Junge Deutschland.

Das frische vaterländische Interesse, das die Befreiungskriege in den Deutschen geweckt hatten, war ihnen durch den hohen Bundestag und die Einzelregierungen bald ebenso gründlich wie erfolgreich ausgetrieben worden. Wir erinnern uns, daß eine so kindische Demonstration, wie sie das Wartburgfest (1817) darstellt, daß die Freveltaten vereinzelter Fanatiker, wie Sand und Löning, deren Grundsätze die Mehrheit der Burschenschafter durchaus mißbilligte, den Staatsrettern vom Schlage Metternichs willkommenen Vorwand boten, das gesamte Universitäts= wesen zu knebeln, die kleinlichste Zensur einzuführen und eine „Dema= gogen"=Hetze in großem Maßstabe anzuzetteln; eine Aktion, deren Geist sich darin kennzeichnet, daß gerade die Männer, denen in erster Linie das Vaterland seine glorreiche Erhebung und Wiederaufrichtung ver= dankte, in empörender Weise verdächtigt und gemaßregelt wurden. Welch eine dumpfe, erbitterte Stimmung dieser Druck im Lande her= vorrief, wie er das ganze öffentliche Leben in Fesseln schlug, ist in früheren Kapiteln gesagt worden. In Preußen wurde das Mißbehagen noch geschürt durch die endlose Verschleppung der Verfassungsangelegen= heit. Schließlich traten 1823 an Stelle der verheißenen Repräsentation des Volkes die sogenannten Provinzialstände ins Leben, die sich in= dessen als eine so bedeutungslose Institution, als ein solches Schein= und Zerrbild einer Volksvertretung erwiesen, daß die Enttäuschung und Empörung unter den preußischen Patrioten bis in die Reihen der zu= verläßigsten Royalisten hinein fast allgemein war. Unter dem Ein= druck dieser großen Enttäuschung schrieb damals Prinz Wilhelm von Preußen, der spätere deutsche Kaiser, in einem Briefe vom 31. März

1824: „Was unsere äußere Lage betrifft, so muß ich leider ganz Ihrer Ansicht beitreten: hätte die Nation 1813 gewußt, daß nach elf Jahren von einer damals zu erreichenden und wirklich erreichten Stufe des Glanzes, Ruhmes und Ansehens nichts als die Erinnerung und keine Realität übrig bleiben würde, wer hätte damals wohl alles aufgeopfert, solches Resultates halber? Die Aufstellung jener Frage verpflichtet auf das Heiligste, einem Volke von elf Millionen den Platz zu erhalten, welchen es durch Aufopferungen erlangte, die weder früher gesehen worden, noch werden gesehen werden. Aber hieran will man nicht mehr denken." —

„Wenn man einem emporstrebenden Geschlechte das Vaterland zerstört, so ist die Folge unausbleiblich, daß seine geistige Bewegung vaterlandslos wird" —: so charakterisiert Heinrich von Sybel*) die Folgen dieser reaktionären und unvolkstümlichen Politik. „Mit Bewunderung und Neid blickten jetzt die Sieger von 1815 auf das besiegte Frankreich, wo unter einer freien Verfassung glänzende parlamentarische Parteikämpfe die Aufmerksamkeit Europas fesselten und die Begeisterung der deutschen Jugend entzündeten. Man konnte bedauern, daß damit manche irrige und bedenkliche Anschauung auf den deutschen Boden verpflanzt wurde: aber was half es? auch der wärmste deutsche Patriot konnte nicht in Abrede stellen, daß die französische Charte eine bessere Verfassung als die deutsche Bundesakte war, und die Pariser Kammerdebatten eine anziehendere Lektüre als die der Bundestags-Protokolle darboten . . ." In der That, es war der Staatskunst Metternichs und seiner Helfer glücklich gelungen, „das deutsche Publikum wieder einmal zugleich partikularistisch und kosmopolitisch zu machen".

Die Knute der Polizei und der Zensurknebel sorgten dafür, daß die Stimmen des Unmutes nicht laut wurden. Der Bann eisigen Schweigens erzeugte in impulsiven Naturen jene Selbstironie, den beständigen Galgenhumor, die Doppelzüngigkeit, an denen die Schriften jener Zeit so reich sind. Die deutschen Schriftsteller erlernten die Kunst, in Reiseschilderungen, Bücherbesprechungen und Theaterberichten mit harmlosester Miene die schärfsten politischen Wahrheiten auszusprechen. Man amüsierte sich bei der Lektüre dieser Schriften, aber nur Eingeweihte durchschauten die List. Dem Anscheine nach lag eine tiefe poli-

---

*) Die Begründung des Deutschen Reiches durch Wilhelm I. München und Leipzig 1892. Druck und Verlag von R. Oldenbourg. Erster Band, S. 70.

tische Stille über ganz Deutschland ausgebreitet, und die Machthaber ahnten nicht, wieviel des Zündstoffes im Verborgenen aufgehäuft war.

Die französische Revolution vom Juli 1830, welche das Regiment der Bourbonen stürzte, änderte mit einem Schlage die politische Situation Deutschlands. Eine starke Erregung durchzuckte die deutschen Staaten; in Hannover, Braunschweig, Kurhessen, im Königreich Sachsen, in Altenburg steigerte sie sich bis zu Aufständen, deren unmittelbare Folge die Einführung von Verfassungen, ähnlich den süddeutschen, war. Süddeutschland blieb von ernsthafteren Unruhen verschont. Am glimpflichsten kam Preußen davon; von einer politischen Erschütterung war in den weiten Provinzen der Monarchie kaum etwas zu spüren. Unwandelbar fest stand die Liebe der Unterthanen zu dem greisen Landesvater, die Achtung vor seiner Rechtschaffenheit und Ehrenhaftigkeit. Dennoch darf man nicht meinen, daß die Bewegung dieses Jahres an den Gemütern der preußischen Bevölkerung spurlos vorübergegangen wäre; auch hier wurde das Selbstgefühl der bürgerlichen Klassen zu neuen Hoffnungen und Ansprüchen entflammt, auch hier die längst schon begonnene Zerstörung der alten Ständeherrschaft beschleunigt.

In Berlin wurde die Nachricht von der Pariser Julirevolution ebenfalls mit lebhaftem Interesse aufgenommen. In militärischen Kreisen herrschte kriegerische Stimmung: befürchtete man doch allgemein eine Ueberflutung der Grenzen durch die siegreiche französische Demokratie. In den bürgerlichen Schichten der Gesellschaft äußerte sich die politische Erregung im allgemeinen harmlos; man beschränkte sich darauf, mit größerem Eifer als bisher die Ereignisse in Frankreich zu studieren und zu kommentieren, und in den Kaffeehäusern bei der gemeinsamen Lektüre der Pariser Zeitungen seinem Herzen Luft zu machen. Unruhen kamen nicht vor, mit Ausnahme jenes schnell unterdrückten Krawalls der Schneidergesellen, dem Chamisso in seinem Gedichte „Courage, Courage!" ein lustiges Denkmal gesetzt hat.

Daß trotz dieser guten Haltung des Volkes die preußische Regierung, unter dem Drucke österreichischer Bevormundung handelnd, durch neue Ausnahmegesetze die politischen Rechte der Unterthanen empfindlich schmälerte, daß sie in blinder Angst vor Verschwörungen, die nirgend existierten, von neuem die schmählichsten Demagogen-Verfolgungen in Scene setzte, gereicht ihr nicht zur Ehre. So stärkte sie, von Oesterreich unterstützt, durch ihre eigene schroffe Haltung die radikalen Tendenzen, die schließlich die Katastrophe von 1848 herbeiführten.

* * *

Es erscheint als durchaus begreiflich, daß der Rahelsche Kreis von der Bewegung des Jahres 1830 lebhaft ergriffen wurde. So hervorragend politische Köpfe wie Varnhagen, die beiden Humboldt, Gans, Oelsner, Ranke, konnten unmöglich einem Ereignis von der weittragenden politischen Bedeutung der Julirevolution kühl und fremd gegenüber stehen. Hatten sie doch scharf beobachtend und leiden=schaftlich mitfühlend die Geschichte ihrer Zeit durchlebt; hatten doch einzelne von ihnen in ihrem Berufskreise an der Gestaltung der Dinge thätigen Anteil genommen. Die Entwickelung und Geistesrichtung dieser Männer, wie sie, wenn auch nur in flüchtigen Umrissen, in früheren Kapiteln charakterisiert wurde, stellt außer Zweifel, auf welcher Seite der Kämpfenden wir sie nach ihrer geschichtlichen Einsicht und Sym=pathie zu suchen haben; mit Ausnahme von Ranke, der eine vermit=telnde Haltung einnahm, standen sie treu im Lager der Opposition, ohne jedoch auf ein bestimmtes politisches Bekenntnis eingeschworen zu sein.

Mit welcher Emsigkeit Varnhagen nach seiner Amtsenthebung seinen wissenschaftlichen und schriftstellerischen Arbeiten sich hingegeben: er hatte darin nicht vollen Ersatz für die ihm verschlossene amtliche Thätigkeit gefunden. Mochte er es eingestehen oder nicht: es kränkte ihn bitter, beiseite geschoben zu sein. Der diplomatische Beruf war ihm lieb gewesen, und er hatte gewünscht, auf diesem Felde seinem Vaterlande lange und erfolgreich dienen zu können. Die immer noch genährte Hoffnung auf Wiederanstellung wurde im Laufe der Jahre schwächer und schwächer, um endlich ganz zu erlöschen. Die Absicht, welche anfangs zu bestehen schien, ihn an der Staatszeitung zu be=schäftigen, wurde nicht ausgeführt. Selten nur nahm Graf Bern=storff seine Feder für eine amtliche Arbeit in Anspruch. Varnhagen wußte, daß seine Biographien am Hofe, auch vom Könige, mit Beifall gelesen wurden; er ward gelegentlich zum Ordensfeste, zur königlichen Tafel befohlen und gnädig behandelt; aber alles Lob und aller Erfolg seiner Feder brachten ihm, wie er (1826) bitter bemerkt, keine Frucht. Er wurde von den leitenden Staatsmännern eben mehr gefürchtet als geliebt. Nur einmal noch wurde ihm die Genugthuung, zu einer schwierigen Mission ausersehen zu werden; und daß gerade in diesem Falle die Wahl auf ihn fiel, beweist, daß wenigstens der König noch Vertrauen in seine diplomatischen Fähigkeiten setzte. Die Schwester Friedrich Wilhelms III. lebte mit dem Kurfürsten Wilhelm von Hessen, einem der gewissenlosesten Regenten jener Zeit, in unglücklicher

Ehe. Der Kurfürst führte mit seiner Maitresse, der Gräfin Reichen=
bach, eine Skandalwirtschaft sondergleichen, zu der die schimpflichste Aus=
saugung des Landes ihm die Mittel lieferte. Um den Anmaßungen der
Reichenbach auszuweichen, lebte die Kurfürstin mit ihrem Sohne jahre=
lang außer Landes; der Kurfürst verweigerte ihnen sogar die Unter=
haltungsmittel. Anfang 1829 erhielt Varnhagen den Auftrag, zwischen
den beiden Gatten zu vermitteln, um eine Aussöhnung anzubahnen.
Man bedurfte zu diesem Geschäft eines feinen und gewandten Diplomaten,
und Varnhagen war nach Kräften bemüht, das Vertrauen des Königs
zu rechtfertigen. Doch der Erfolg lag nicht in seiner Hand. Der
Kurfürst war im höchsten Grade argwöhnisch gegen alles, was von
Preußen kam; zu mächtig war der Einfluß der Reichenbach, zu tief
eingewurzelt das Mißtrauen zwischen den beiden Gatten, als daß eine
Aussöhnung schon jetzt erwirkt werden konnte. (Sie erfolgte erst zwei
Jahre später, nachdem die hessische Revolution dem Regiment der
Reichenbach ein Ende bereitet hatte.) Der Mißerfolg der Sendung
wurde denn auch von keinem der Beteiligten dem preußischen Unter=
händler zur Last gelegt; seine Thätigkeit hinterließ überall den besten
Eindruck, ja, der Kurfürst bezeigte ihm sogar seine Anerkennung durch
Verleihung eines hohen Ordens — zu Varnhagens großer Freude;
denn für derartige Auszeichnungen hatte er von jeher eine Schwäche
gehabt.

Einsichtige Beurteiler der Zustände fanden es bedauerlich, daß der
Staat fernerhin auf Varnhagens Dienste verzichtete. So gab A. von
Humboldt seinem Unmute Ausdruck, „daß man ein Talent wie das
Ihrige (Talent des Beratens, des Darstellens, der erprobten Welt=
klugheit) feiern läßt, um bei Ihrem Tode einmal, wie bei meinem
Bruder, verwundernd zu beklagen, daß man nicht früher daran ge=
dacht, Sie zu benutzen" (1840). Und sieben Jahre später, als die
Entscheidung Friedrich Wilhelms IV. in der Stände-Angelegenheit
überall tiefstes Mißvergnügen erregte, sprach Humboldt abermals sein
Befremden aus, daß man „bei allem, was jetzt vorgehe, Varnhagen nicht
zu Rate ziehe und zu benutzen denke". — Varnhagen fügte den von
ihm aufgezeichneten Worten des Freundes die Notiz hinzu: „Man ver=
gißt dabei nur eins: daß ich nicht kann und nicht will, beides
in gleicher Entschiedenheit." — Das ist ein Ausdruck der chro=
nischen Verstimmung gegenüber den politischen Zuständen Preußens,
die sich damals schon lange in ihm festgenistet hatte und die in seinen
Tagebüchern in beißender Schärfe und Bitterkeit hervortritt.

In der That, liest man seine „Tagebücher",*) so erstaunt man über ihre auffallend gereizte Sprache und fragt sich, wie es möglich sei, daß diese Aufzeichnungen derselben Feder entstammen, welche die harmonisch abgetönten und kunstvoll stilisierten „Denkwürdig= keiten" und „Biographischen Denkmale" niederschrieb. Hier sprechen sich der Schmerz, die Entrüstung, ja der Grimm und Haß eines Mannes aus, der die politischen Ideale seines aufstrebenden Lebens — Ideale, die sich an einen herrlichen Aufschwung preußischer Ge= schichte knüpften — zu Grabe tragen sah. War doch A. von Hum= boldts schwermütiges Wort: „Es ist für mich eine trübe, schwere Abendluft" nur der allgemeine Ausdruck der politischen Empfindungen des Freundeskreises. Es wäre verkehrt, diese Gruppe als eine vater= landslose Fronde mit kosmopolitischen Idealen und revolutionären Nei= gungen zu bezeichnen. Bevor Varnhagen preußischer Geschäftsträger in Karlsruhe wurde, und während er als solcher thätig war, hatte sich ihm mehrfach Gelegenheit geboten, in fremden Staatsdienst zu treten; er aber hatte es abgelehnt. „Ich war Preuße aus Wahl," heißt es in seinen „Denkwürdigkeiten", „aber nicht aus leichtsinniger, die sich nach Laune zufälligen Glückes wieder aufgäbe und veränderte; meine Gedanken und Empfindungen gehörten entschieden Preußen an, ich darf sagen, dem Könige, dem Staatskanzler, die ich aufrichtig ver= ehrte, denen ich zur Dankbarkeit verpflichtet war." In seinen vertrauten Briefen an Rahel spricht er des öfteren mit aufrichtiger Hochachtung von dem „edlen" Könige; und in seinen „Blättern aus der preußi= schen Geschichte"**) hat er trotz seiner oppositionellen Stellung über dessen Regiment manches verständige und anerkennende Urteil abgegeben.

Und er blieb Preuße mit seinem ganzen Herzen; aber das herr= schende System mußte er scharf bekämpfen. Es ist leicht, ihn verächt= licher Doppelzüngigkeit zu zeihen, weil er äußerlich — im privaten Leben wie in den zu seinen Lebzeiten erschienenen Schriften — korrekt und tadellos blieb und nur seinem Geheimtagebuche und intimen Freunden seine eigentliche Gesinnung offenbarte. Wer sich nicht den schwersten Beunruhigungen aussetzen wollte, mußte wohl oder übel lernen, seine innerste Herzensmeinung zu verschweigen. Vor den Unbesonnen= heiten der jungdeutschen Schriftsteller bewahrten ihn der sänftigende Einfluß seiner Frau und, nach ihrem Tode, die Vorsicht des reiferen Alters. Gleichwohl hatte er in den Hegelschen „Jahrbüchern" seine

---

*) Seit 1862 in 13 Bänden erschienen.
**) Leipzig, F. A. Brockhaus. 1868—69, 5 Bde.

liberalen Ideen deutlich genug verraten; auch konnte seine ganze Ver=
gangenheit, sein treues Halten zu den Freunden kaum einen Zweifel
an seiner politischen Gesinnung entstehen lassen.

Man hat ihn vielfach als einen hämischen Geschichtenträger dar=
gestellt, der in diplomatischen Kreisen aufmerksam auf Anekbötchen
und Skandalgeschichten gelauert und den „erbärmlichsten Klatsch" dann
seinem Tagebuche einverleibt habe. Es ist wahr: man findet in seinen
Aufzeichnungen manches, was hart die Grenze des Tagesklatsches
streift, sie gelegentlich auch wohl überschreitet; es läuft manches Ueber=
triebene, Schiefe, Gehässige mit unter. Das kann aber über den
Wert oder Unwert dieser Memoirenlitteratur nicht entscheiden. Varn=
hagen sammelte Dokumente zur Charakteristik seines Zeitalters. Er
hatte lange genug die Regierungsmaschine arbeiten sehen, um zu
wissen, daß der Einfall eines impulsiven Monarchen, eine Hofintrigue,
ein Zufall oft wirksamere Hebel sind als die streng organisierte Arbeit
der Staatsmänner. In der That ist nicht einzusehen, weshalb die
offiziellen Aktenstücke aus der Feder von zum Teil geistig recht unter=
geordneten Beamten höheren historischen Wert beanspruchen sollen, als
beispielsweise die scharfen Beobachtungen eines Alexander von Hum=
boldt, als seine kritischen Bemerkungen über das Leben am Hofe,
über den Gang der Politik, wie sie uns in seinen Briefen an Varn=
hagen und in des letzteren Tagebüchern erhalten sind. Daher kann
man im großen und ganzen dem Urteil R. von Gottschalls bei=
stimmen, daß die Tagebücher „als Chronik der die Revolution von 1848
einleitenden Bewegungen und dieser Umwälzung selbst, als Spiegelbild
einer kläglichen Epoche preußischer Geschichte, der Reaktionsepoche von
1850—1858, als Denkmal eines stets an eigener Bildung fortarbeiten=
den Kopfes, als Porträtalbum hervorragender öffentlicher Charaktere
jener Zeit . . . einen dauernden Wert behalten werden".

Varnhagen und seine nächsten Freunde waren unter dem Alpbruck
der Verhältnisse schließlich zu der Ueberzeugung gelangt, daß nur durch
eine gewaltsame Erhebung hindurch der Weg zu besseren Zuständen führen
könne. Als dann die Nachricht von den Pariser Julitagen nach Berlin
drang, als Heine in übermütigem Jubel die Pariser Zeitungen als
in Papier gewickelte Sonnenstrahlen begrüßte und Börne in seinen
„Briefen aus Paris" das mächtige Pathos seiner Freiheitsbe=
geisterung ausströmte, konnte es nicht fehlen, daß auch in Rahels Salon
die Wogen der politischen Erregung höher schlugen. Der 53jährige
Abraham Mendelssohn, der damals in Paris war, schrieb en=

thusiastisch: „Ich bin mit Leib und Seele, mit Herz und Magen dem Prinzip der Journées de Juillet zugethan und halte sie für die außerordentlichste Begebenheit der ganzen Weltgeschichte." Eduard Gans, von dem Laube bezeugt, er sei von großem Einfluß auf die politische Bildung Berlins gewesen, hielt in seinem Kolleg über die französische Revolution den Studenten das thatkräftige und zielbewußte Verhalten der jungen Generation in Frankreich als anfeuerndes Beispiel vor und brachte dadurch die Machthaber gegen sich in Harnisch. Humboldt dachte weniger optimistisch, hielt aber die Bewegung für eine geschichtliche Notwendigkeit. — Als im März 1831 Leopold Ranke aus Italien nach Berlin zurückkehrte, fand er die Geister noch in lebhaftestem Widerstreit begriffen. Zu einer größeren historischen Arbeit fehlten ihm Ruhe und Sammlung. Die politische Bewegung in den Kreisen, denen er nahe stand, war so stark, daß sie auch ihn in ihren Strudel zog. Er ließ sich bewegen, eine „Historisch-politische Zeitschrift" (1831 im Verlage von Friedrich Perthes) als Organ der gemäßigt Konservativen herauszugeben. „Ich hatte das kühne Unterfangen," erzählte er, „zwischen den beiden einander widerstrebenden Tendenzen eine dritte zu Worte bringen zu wollen, welche an das Bestehende anknüpfte, das, auf dem Vorangegangenen beruhend, eine Zukunft eröffnete, in der man auch den neuen Ideen, insofern sie Wahrheit enthielten, gerecht werden konnte . . . Wie sehr sah ich mich getäuscht, wenn ich gemeint hatte, eigentlich müsse mir jedermann beistimmen! Ganz das Gegenteil geschah: meine früheren Freunde, wie Varnhagen und Alexander von Humboldt, die das Heil der Welt in dem Fortschritt der Revolution sahen, bezeigten mir Ungunst und Entfremdung . . ." So vollzog sich der Bruch der Politiker des zweiten Salons mit dem jungen Gelehrten, der auch in dieser Zeit politischer Leidenschaft sich des Rechtes wissenschaftlicher Objektivität nicht begeben wollte. Uebrigens zog sich Ranke schon nach wenigen Jahren vom politischen Schauplatz in seine gelehrte Muße zurück. —

*　　*　　*

Das ist die politische Atmosphäre, in der Rahel um 1830 lebte, und von der sie — sie hätte denn nicht ein Weib sein müssen! — in mancher Hinsicht stark beeinflußt wurde. In weit höherem Maße als ihr Gatte war sie eine treue preußische Patriotin, nicht nur mit ihrem Vaterlande, sondern auch mit dem Herrscherhause durch die innigsten Bande der Pietät verwachsen. „Ein König, unter dem wir leben," sagte sie (1832), „ist geradezu ein Blutsverwandter. Von je war sein Glück und Unglück unseres, seine Ambition die unsere. Und ein braver König fühlt gewiß auch so für uns Landsleute alle. Man giebt ihm Vorschub und Respekt wie einem Vater, und er uns allen Liebe, Sorge, Nachsicht, wie Kindern." Sie sorgte sich um des hochbetagten Landesvaters Gesundheit, sie notierte liebevoll kleine Züge, Anekdoten, die sein gutes, gerechtes Herz zeigten. Sie brauchte nur ihren Blick auf benachbarte Staaten zu lenken, um zu wissen, wieviel Preußen diesem Könige verdankte. Als — um nur ein Beispiel anzu= führen — der Gedanke eines deutschen Zollvereins, des natürlichen Unterbaues für die spätere politische Einigung, durch die treuen Be= mühungen Friedrich Wilhelms III. und die maßvolle, kluge Haltung seiner Regierung mehr und mehr Fleisch und Blut gewann, freute sich Rahel, die immer neue „Gesetze für den Lebensverkehr" ersehnte, von Herzen und schrieb scherzend: „Es ist mir lieb, daß Deutschland le bas-ventre libre hat: so kommt es mir vor."

Wie lieb sie aber ihr Vaterland hatte, und wie stolz sie darauf war: sie konnte so wenig wie ihre Freunde sich der Einsicht ver= schließen, daß Preußens innere Politik unter einem verhängnisvollen Irrtum stand, indem sie, statt dem ungeduldigen Drängen des Zeit= geistes nach heilsamen Reformen nachzugeben, gewaltsam den alten Zu= stand festzuhalten strebte. Rahel erblickte darin eine politische Bank= rotterklärung, die man sich nur nicht eingestehen wolle. Die alten Mittel, um die Völker im Zaume zu halten — das Gottesgnadentum, der fürstliche Absolutismus, die Polizeiwillkür —, erschienen ihr ver= braucht; es gab ihres Bedünkens nur einen Weg, die Herrschaft über die Massen wiederzugewinnen: die Regierenden mußten sich über die Unzulänglichkeit ihrer Machtmittel klar werden und aus den Bedürf= nissen und Forderungen einer neuen Zeit die Grundsätze zur Umge= staltung des Staatswesens herleiten. — Im Anhange sind einige ihrer Reflexionen über diesen Gegenstand, meist Briefen an Oelsner ent= nommen, mitgeteilt.

„Die Zeit ist ein Geist und schafft sich ihren Körper," sagt Rahel einmal. Wer diesem Prozeß widerstrebt, wer sich den Rädern des vorwärts rollenden Wagens entgegenwirft, wird zermalmt. Sie hatte das furchtbare Schauspiel in ihrer Jugend, wenn auch aus der Ferne, erlebt und die mit Blut besiegelten Lehren von 1789 nicht vergessen. „Kompakte Irrtümer," schrieb sie 1828 im Hinblick auf die immer mehr sich verwirrenden Zustände in Frankreich, „die gar nicht aus den Köpfen hinauskommen wollen, fallen am Ende mit den Köpfen. Das ist nicht nur so gesagt, sondern so geschieht's. Wahr=heit siegt, wenn auch noch so spät . . ." Weil sie mit so unbeirrbarem Blicke den Dingen ins Gesicht schaute, konnten die Ereignisse der Pariser Juliwoche sie nicht überraschen; sie hatte sie kommen sehen, „wie jemanden, den man an seinem Fenster die Straße heraufkommen sieht," schrieb sie am 22. Nov. 1830 ihrer Schwester. „Liest Du die französischen Blätter? Ich. Die Politik muß jetzt eine recht=liche werden, darf keine ambitiöse mehr sein; das, dünkt mich, ist der Barometer, nach dem man das Wetter erkennen kann. Wir ·lei=den; aber klar und klarer wird des Menschen Bedürfnis — und auch öffentlich ausgesprochen . . ." Entsetzlich war ihr der Gedanke an die Greuel eines Bürgerkrieges; sie, die Aristokratin, fürchtete sich vor Pöbelexzessen wie vor allem Rohen, Gewaltsamen. „Auch ich, liebe Freundin," heißt es in einem Briefe vom Okt. 1831 an eine be=freundete Dame, „viel älter als Sie, möchte für den Rest Lebens Ruhe; aber meine Einsicht zeigt mir das Gegenteil; jedoch nicht allein es kann, es wird sich über unser Leben hinaus hinziehn. Eins ist gewiß: erobern will Europa nicht mehr Stücke Erde, aber ernster! —: Stücke Gleichheit! Freiheit ist nur Ausrede und Mißverstand. Die Rede ist vom Rechte und nicht mehr vom Her=kommen . . ."

Indem Rahel mit diesem für eine Frau ungewöhnlichen Inter=esse die politischen Ereignisse verfolgte, hatte sie, im Gegensatz zu den mehr theoretisierenden Männern ihres Kreises, weniger die Herbei=führung einer bestimmten Regierungsform, als vielmehr das materielle und ideelle Wohl des Volkes im Auge. Sie hatte ein warmes Herz für die Not der Armen und Bedrückten, und eine Umwälzung, welche nicht eine Verbesserung des Loses der unteren Klassen im Gefolge hatte, war ihr höchst gleichgültig. Wenn sie die Julirevolution sympathisch begrüßte, war es nicht so sehr um der zu erhoffenden politischen Frei=heiten, als um des von ihr ersehnten sozialen Fortschrittes willen. Herrlich spricht sich ihre Liebe zum Volke, ihr ausgeprägter Gerechtig=keitssinn, ihr inniger Glaube an die fortschreitende Verwirklichung des Humanitätsideals in ihren Briefen und Tagebüchern aus!. — 1825 schrieb sie, im Anschluß an einen Artikel des „Constitutionnel" über den herzlosen Egoismus der Besitzenden, folgende Betrachtung nieder: „Dieser kleine Absatz ist wirklich die reine Wiederholung dessen, was oft im Ernst gesagt zu werden pflegt. Die einen sollen sich als gute

Christen bezeigen, auf die Güter dieser Welt verzichten, Gottes Welt in Ehrfurcht hinnehmen, d. h. die, welche durch Gewalt und Gier den andern zu teil ward. Erfindungen, Studium, Fleiß aller Art, Arbeit und Bemühung sollen ohne Emporstreben dienend verbleiben. Und das Menschengeschlecht soll sein wie Gartengewächse. Spargel bleibt ewig Spargel, u. s. w. mit Rüben, Kohl und aller Art von Kraut. Dahin bringt es aber kein Krieg, kein Friede! Alle Menschen streben zu sein, wie es den Besten möglich ist: geistig und materiell. Auch gelingt es dem Geschlecht, wenn es nicht verbrennt oder verschwemmt, ganz gewiß, und die großen Fortschritte darin sind bei jedesmaliger Zivilisation zu sehen; bis ein Unglück kommt: dieses Unglück aber, käme es in aller Ewigkeit wieder, muß nie als ein Beweis angenommen werden, als müßten wir nun beitragen, daß nur ein Tausendstel der Menschen leben, sein und genießen solle; sondern umgekehrt! Wir müssen der unverstandenen Natur, die wider die menschliche agiert, entgegen= arbeiten: diese unverstandene, weit entfernt, einen Beweis wider unsre Bemühungen abzugeben, ist vielmehr ein Beweis, daß, wenn sie bis jetzt noch nicht beherrscht werden kann, unser innerstes, absolutestes Streben ebensowenig ausgetilgt werden kann. — Dies muß man denen ant= worten, die damit beginnen (weil sie in die Enge getrieben sind), daß die Geburt die erste That des Menschen ist. Aber auch diesen mysti= schen Satz zugegeben: ist sie eine That, so soll sie wie viele andere bekämpft werden, wenn dabei Unrecht und Nachteil für die andern ist." — „Alle Bewegung", heißt es ein andermal (1830), „muß auf ein Menschliches bezogen werden können; das heißt hier: auf Allge= meines, alle Menschen Betreffendes, sonst wird alles Bewegen am Ende pagodisch, kinderhaft, lächerlich, bedeutungslos. Das, woran nicht alle Menschen am Ende teilhaben können, ist nicht gut; das, woran sie nicht teilhaben sollen, schlecht." —

* * *

Rahels brennendes Interesse für Frankreich macht begreiflich, daß die politischen Anschauungen ihres Salons durch französische Ideen stark beeinflußt wurden. Wir sahen, wie der junge Ranke durch das in diesen Kreisen eifrig betriebene Studium französischer Zeitschriften angeregt wurde, auch seinerseits dieser Lektüre größere Aufmerksamkeit zu widmen. Stand doch das deutsche Preßwesen in jeder Beziehung weit hinter dem französischen zurück: die offiziellen Zeitungen lang= weilten durch ihre Seichtigkeit und durch ihre ängstliche Zurückhaltung

in politischen Fragen: die übrigen wurden durch die strengen Zensur-
beschränkungen mundtot gemacht. Börnes böses Wort, daß die deutschen Blätter „von der Armut nur das Widrige und von der Bettelei
nur das Unausstehliche an sich hätten", war nicht unbegründet. Die
französischen Journale standen im Dienste des öffentlichen Lebens und
Strebens; sie gaben ein klares Bild der Anschauungen, Bewegungen
und Kämpfe, vornehmlich in der Politik, doch auch auf wissenschaftlichem und litterarischem Gebiete; sie waren von modernem Geiste erfüllt, redlich und eifrig bestrebt, die Probleme zu lösen, welche die neue
Zeit aufstellte, die alten Lebensformen mit neuem Gehalt zu durchdringen.
Es war die Stimme der Nation, die aus diesen Blättern sprach, prickelnd-
lebendig, rücksichtslos-offen, manchmal am eigenen Pathos sich berauschend, doch immer klar und wahr das allgemeine Denken und Fühlen
aussprechend. Diese Zeitungen wurden geleitet und geschrieben von
hochbegabten publizistischen Talenten, welche zum Teil das Journal
als Sprungbrett zur Erreichung öffentlichen Einflusses und politischer
Machtstellung betrachteten. —

Schon in Karlsruhe hatten Varnhagens mit großem Interesse die
französischen Zeitungen verfolgt. „Das Lesen des Constitutionel oder
des Journal des débats", berichten die „Denkwürdigkeiten",
„war die würzige Zugabe des Morgenkaffees; die Parteigesinnung wurde
dadurch genährt, gestärkt . . ." Nicht minder beliebt war die Minerve
française, der Sprech- und Hörsaal der freisinnigen Konstitutionellen,
die in ganz Frankreich die überwiegende Mehrheit bildeten. „Wie gespannt war alles," erzählt Varnhagen, „wie erfreut, wenn der bestimmte
Wochentag regelmäßig aus Straßburg das neueste Heft der Minerve
brachte und die Lage der Dinge in Frankreich, die mehr oder minder
auch für Deutschland bestimmend wirkte, mit scharfer Klarheit entwickelte.
Man würde jetzt kaum glauben, wie groß diese Teilnahme war, wie
weit sie sich erstreckte."

Den Herausgeber dieser Zeitschrift, Benjamin Constant (1767
bis 1830) hatte Rahel, als er 1804 Deutschland besuchte, persönlich
kennen gelernt. Durch seine Vermählung mit einem Fräulein von
Hardenberg, einer Cousine der Fürstin Pückler, blieb er mit jenen
Berliner Kreisen, denen Rahel nahestand, in dauernder Verbindung.
Auch er war einer der Franzosen, die sich um die Verpflanzung deutscher Litteratur und Philosophie nach Frankreich verdient machten, und
schon insofern Rahel sympathisch; beispielsweise übertrug er den Schiller-
schen „Wallenstein" (1809). Seine Hauptbedeutung liegt aber auf

politischem Gebiete. In jüngeren Jahren hatte er, als intimer Freund
der Frau von Staël, auf Befehl Napoleons, dessen Regierung
er heftige Opposition gemacht, mit seiner Beschützerin nach Coppet in
die Verbannung gehen müssen. Zeitlebens blieb er einer der geist=
reichsten liberalen Doktrinäre, der durch sein parlamentarisches und
journalistisches Wirken viel dazu beigetragen hat, Klarheit und Mäßi=
gung in die neuen Ideen seiner Zeit zu bringen. Dabei ermangelte
er indessen sehr der Festigkeit und Treue der Gesinnung; der Angel=
punkt seines Wesens war die Ironie im Sinne der Romantiker. Wie klar
Rahel diesen Mann, den sie doch nur gelegentlich gesehen und gesprochen
hatte, durchschaute, mit welch tiefen Voraussetzungen sie an das Studium
einer so gearteten Natur ging, beweist eine durch die Anzeige seines
Todes im Courrier français hervorgerufene Betrachtung (vom 16. Dez.
1830). Anknüpfend an die Wendung: „L'enjouement ironique qui
donnait un grand charme à sa conversation," schrieb Rahel: „Wie
oft hat er mich mit diesem enjouement ironique erfreut, ergötzt und
unterhalten; wie tausend kleine Rinnen floß es durch den ganzen Um=
gang, den man mit ihm haben konnte. Er brachte sich stets dem selbst
zum Opfer: seinen Geschmack, seine Wahl der Abendbelustigung, seine
ganze Persönlichkeit und deren Angewöhnungen . . . Sein Nachgeben
war das Komischeste, was er hervorbrachte: er wußte mit dem kleinsten
Worte immer durch Miene und Ton darzuthun, wie das Gegenteil
des Beschlossenen wohl leicht viel besser sein und besser verteidigt wer=
den könnte, aber daß an allem nicht viel läge, und daß bequemlich,
geschliffen und einsichtig nebeneinander zu leben, die zu beabsichtigende
Hauptsache sei. Leider kamen ihm die wichtigsten Punkte der Unter=
suchung ebenso vor! Dies zeigte er immer und sagte es mir oft . . ."
Und der inneren Haltlosigkeit des Freundes die metaphysische Tiefe
ihres eigenen Wesens scharf gegenüberstellend, fährt sie fort: „Er war
dabei stehen geblieben, daß ihm sein guter Verstand aus allen seinen
einzelnen Einsichten das Resultat und die Bürgschaft für die Richtigkeit
und Güte des Ganzen schaffen müßte. Das thut kein Verstand und
keine Einsicht in alles, was wir außer uns wahrzunehmen im stande
sind. Da ist Bruch auf Bruch, Elend, Leid, Unrecht und Unverständ=
liches zu sehn: und dies ist allerdings zu ironisieren. Aber in uns
tragen wir den Bürgen alles Vernünftigen, Guten, Gerechten, Glück=
lichen; das Bedürfnis zu allem diesen, das ist der Bürge; der ist
nicht zu ironisieren. Von diesem fand ich in dem liebenswerten Ben=
jamin keinen bewußten Anklang; von dem innern Gott sprach er nie;

alles, jede Meinung stellte er in gleichsam urbar gewordenen Zweifel, dem die Verzweiflung schon wie abgeschliffen war. „Je n'en sais rien, absolument rien,' sagte er von der wichtigsten metaphysischen Angelegenheit mit der ironischen Heiterkeit, mit der man in tollen Zeiten Tagesneuigkeiten aufnimmt, nicht mit der erhabenen Gewißheit, womit wir die ‚décrets du ciel' zu erwarten haben. Ewig werde ich es bereuen, daß ich nicht in ein ernsteres, längeres Gespräch mit ihm kam; ich hätte ihm dies alles sagen sollen. — Schade, daß sein enjouement ironique aus so tiefer Quelle kam, und daß er da nicht tiefer schöpfte. Wo ist er nun?" —

Unter den jüngeren französischen Journalisten hat Rahel einem der Begabtesten auf höchst merkwürdige Weise seine Zukunft vorausgesagt. Abolphe Thiers (1797—1877) hatte 1822 sein erstes Werk: „Les Pyrénées et le midi de la France" erscheinen lassen. Er war damals ein einfacher Advokat und Mitarbeiter am Constitutionnel. Niemand ahnte in dem 25jährigen, körperlich unansehnlichen und häßlichen jungen Menschen den späteren Verfasser der „Histoire de la Révolution française" und der „Histoire du Consulat et de l'Empire", die, trotz mancher Schwächen im einzelnen, zu den bedeutendsten historischen Arbeiten des 19. Jahrhunderts gehören. Wer hätte in ihm den klügsten Kopf unter den künftigen Urhebern der Julirevolution erblickt? wer ihm seine staatsmännische Laufbahn unter Ludwig Philipp, seine politische Wirksamkeit nach dem Zusammenbruch des Napoleonischen Kaiserreiches im Jahre 1870 prophezeien mögen? — Rahel erkannte bereits in seinem Jugendwerke den Funken staatsmännischen Genies, der in ihm schlummerte. Sie äußerte sich über sein Pyrenäen-Buch, wie folgt: „Ganz vortrefflich! Gar nicht wie ein Franzose; es ist unglaublich, daß dies ein so junger Mensch und ein Franzose geschrieben haben soll! Es ist ein ordentliches Pulsfühlen, wie weit diese Nation fortgeschritten ist. Wenn das Rousseau von seinen Landsleuten erlebt hätte! . . . Das Buch ist voller Thatsachen, voller gesunder Ansichten; über das spanische Grenzland erhält man die größten Aufschlüsse; der Artikel Marseille ist vortrefflich. Thiers hat Anlage zu einem Staatsmann. Er sieht, was da ist, und mit der Sache ihren Grund zugleich . . ." In demselben Sinne schrieb sie an Oelsner, der sie auf das neue Talent aufmerksam gemacht hatte: „. . . Ich vergaß Ihnen noch zu schreiben, daß bestimmt ein Finanzminister in ihm sitzt. Mir bürgt sein Artikel Marseille dafür. Er sieht die reinen faits, oder vielmehr, er sucht die nur; keine Partei und Klasse hat Einfluß; nur das, was eigentlich sein soll." Und in einem späteren Briefe mahnte sie ihn: „Halten Sie Hrn. Thiers zum Deutschen an!" — Der junge Mann, dem in seinen ehrgeizigen Träumen eine ähnliche Laufbahn vorschweben mochte, war überrascht und erfreut über diese anerkennenden Worte und widmete seiner Berliner Beschützerin dankbar die beiden ersten Bände seiner Revolutionsgeschichte, die 1823 herauskamen. —

Nicht allein der größere Teil der Presse, auch die französische Dichtung dieser Zeit trägt das Gepräge der Opposition. Hier wogte von 1820—30 der mit allem Aufwand von Geist und Witz, von Haß und Erbitterung geführte Kampf zwischen den Alten und Jungen, den Klassikern und Romantikern. Die junge Schriftstellerwelt war des Zwanges der Ueberlieferung, des Versebrechselns nach unumstößlichen ästhetischen Gesetzen, die meist aus der Antike abgeleitet waren, über= drüssig; man wollte singen, wie der Genius es eingab, wollte das leiden= schaftlich bewegte Gemüt in warmen und wahren Herztönen sich aus= sprechen lassen. Und zu der nämlichen Zeit, da die jungen Dichter, vom Publikum unterstützt, gegen die schwülstige Oden= und Hymnen= Poesie, gegen die auf klassischem Kothurn einherstolzierenden Römer= Dramen der Herren Akademiker Sturm liefen, wandte sich ihr Kampfes= mut auch gegen die politischen Gewalthaber. Das Bourbonen=Regiment fand in der jungen Litteratur eine ganze Reihe seiner erbittertsten und schädlichsten Gegner, beispielsweise Paul = Louis Courier (1774 —1825), der in seinen Pamphlets die „nichts lernende und alles vergessende Beschränktheit" der Restauration mit vernichtendem Spott überschüttete, oder Béranger (1780—1857), dessen witzige und beißende politische Chansons — das wird von seinen Zeitgenossen ver= sichert — den Sturz der Bourbonen beschleunigen halfen.

Rahel freute sich von Herzen des Strebens und Ringens der jugend= lichen Talente, welche den Schlachtruf: „La nature et la vérité!" auf ihre Fahne geschrieben hatten. Sie sah hier einen Kampf aus= fechten, der in Deutschland lange entschieden war: den Kampf gegen die Unnatur und die Phrase, gegen die lähmende Herrschaft der Regel in der Poesie. Der Repräsentant dieser ästhetischen Revolution war ihr Victor Hugo (1802—1885). In der That ist dieser vielseitigste französische Dichter des 19. Jahrhunderts als das Haupt der roman= tischen Schule zu betrachten; es waren seine Dramen — insbesondre „Hernani" —, die durch ihr kühnes Hinwegstürmen über die klassische Regel den Sieg der Romantiker entschieden. Mir ist nicht erfichtlich,

ob Rahel dieses Drama, dessen Aufführung im Théâtre Français
(Febr. 1830) ein künstlerisches Ereignis ersten Ranges bedeutete, gekannt hat. Wohl aber kannte und schätzte sie die „Orientales"
(1828), die durch die exotische Pracht der Bilder, durch glühende Phantasie und glänzende poetische Form die allgemeine Aufmerksamkeit auf
den Dichter lenkten und seine Stellung als eines der ersten Lyriker
Frankreichs begründeten. Rahel nannte diese Gedichte „vortrefflich".
„Er hat so sehr le sentiment du vrai," schrieb sie an Custine,
„daß er die Wahrheit in Situationen, die unsern Sitten fremd sind,
zu ersehen weiß; er sieht, er übersetzt sie sich . . . Nicht falsch faßt
er die Natur auf, aber er sucht sie für seine Schilderung außerhalb
der europäischen Gesellschaft, von der bis jetzt noch Paris der Mittelpunkt ist; er schickt seine Empfindung in anderes Klima, in einen
andern Kreis von Vorurteilen und Sitten aus. Er ist voller Einsamkeit und Empfänglichkeit für das, was er hat sehen können und sich
ausgedacht hat; er trägt es vor mit dem Kalkül des Künstlers . . ."
Mit noch höherem Lobe sprach sie sich über seinen Meisterroman „Notre-
Dame de Paris" (1831) aus, dessen Lektüre sie allen ihren Bekannten
dringend empfahl. In einem Briefe an den Fürsten Pückler nannte
sie ihn „ein Meisterwerk der Natur im Menschen". „Ihnen muß
es besonders gefallen mit Ihrem ausgebildeten Sinn für Gebäude.
Mir Laien gefiel es im ersten Augenblick, wie sonst schon bedeutende
gotische Gebäude, nur nach und nach wurde ich entzückt von dem
kleinen und großen Zusammenhang des Kunstwerkes. Jedenfalls ist
es mir ein lauter Beweis, wie sehr die französische Nation um-
gemischt worden ist." — Ja, ihre Freude an dem Roman war so
groß, daß sie dem Autor einen — am Ende doch nicht abgesandten
— Brief schrieb, in dem es heißt: „Ihr Werk ist selber wie ein
großes Meisterwerk gotischer Baukunst . . ."

*   *   *

Unter den aus Frankreich nach Deutschland bringenden Ideen
waren die Lehren des Saint-Simonismus von nicht unerheblicher
Wirkung auf den zweiten Salon, insbesondre auf Rahel selbst. — Jene
Zeit von 1820—30, welche man die Restaurationsepoche nennt, be-
günstigte die theoretische Durcharbeitung der sozialen Frage. Es begann ein großes Zeitalter der Entdeckungen und Erfindungen, die Groß-
industrie erhob mächtig ihr Haupt, es bildeten sich die Klassengegensätze
von Kapital und Arbeit. Das Selbstgefühl der bürgerlichen Klassen

erstarkte, im Handwerker= und Arbeiterstande regte sich der Widerspruch gegen den Druck des Kapitalismus. So wurde das Interesse der All= gemeinheit auf soziale und national=ökonomische Fragen gelenkt.

Auch auf diesem Gebiet übernahm — neben England — Frank= reich die führende Rolle. Unter den damals entstehenden oder im Aus= bau begriffenen sozialen Systemen stellte der Saint=Simonismus bald alle anderen in den Schatten. Der geistige Vater dieses Systems, der Graf Claude Henri de Saint=Simon (gest. 1825), ein Schüler d'Alemberts und eine edle Schwärmernatur, beabsichtigte nichts Geringeres, als eine weltumgestaltende friedliche Reform aller menschlichen Verhältnisse. Zur Grundlage seiner Lehre nahm er das Prinzip der allgemeinen Bruderliebe, das allen Ernstes in Thaten um= gesetzt werden müsse. Er dachte sich eine Reorganisation der sozialen Verhältnisse, welche mit der höchsten individuellen Freiheit die allgemeinste Sicherung und Befriedigung des Gesamtinteresses der Menschheit ver= bände. Von der fortschreitenden Industrialisierung der Welt erhoffte er die Anbahnung eines neuen Rechtsverhältnisses zwischen Arbeit, Fähig= keit und Lohn. Sein Ziel war ein Arbeiterstaat, in dem die Arbeit, als das Mittel aller erreichbaren Erdenseligkeit, gewissermaßen heilig gesprochen und für einen himmlischen Segen erklärt wurde. Der bib= lischen Auffassung der Arbeit als eines Fluches, der infolge des Sünden= falles auf der Menschheit laste, wurde von St.=Simon schroff wider= sprochen, wie ihm denn überhaupt das dogmatische Christentum als eine überlebte Institution erschien.

Dieses System nun wurde von seinen Schülern, unter denen sich hochbegabte Köpfe befanden, in radikaler Weise weiter ausgebildet. Bazard, der die sozialpolitische Seite vertrat, gelangte in scharfer Be= tonung des Wahlspruches seines Meisters: „Fortwährende Verbesserung des moralischen, intellektuellen und physischen Daseins der zahlreichsten und ärmsten Klasse", schließlich zu kommunistischen Grundsätzen, indem er beispielsweise die Aufhebung des Erbrechts und des Privateigentums forderte. — Enfantin dagegen, der besonders die religiösen Ideen St.=Simons weiter entwickelte, bekannte sich zu einem vergeistigten Pantheismus: Gott ist Geist und Materie zugleich, er ist das lebende All. Da nun das Fleisch untrennbar vom Geiste und gotterschaffen sei wie dieser, so sei es falsch, das Fleisch, wie das Christentum lehre, zu überwinden, die natürlichen Triebe zu ertöten. Die Natur müsse wieder in ihre Rechte eingesetzt werden; es sei die „Rehabilitation des Fleisches" anzustreben. — Aus dieser in ihrem Kern gesunden Lehre

entwickelte Enfantins leidenschaftlicher Schwärmersinn, indem er sie auf
das geschlechtliche Gebiet übertrug, Konsequenzen, die in einer Verherr=
lichung der freien Liebe gipfelten. Das war selbst seinen Freunden zu
stark, und ein großer Teil der jüngeren Saint=Simonisten, unter ihnen
auch Bazard, sagte sich von ihm los. Schließlich wurde Enfantin von
der Regierung zur Verantwortung gezogen und dadurch seinem öffent=
lichen Auftreten ein Ende bereitet.

So viel Unausgegorenes der St.=Simonismus barg, so wenig er
das Bestehende berücksichtigte und wie sehr er die Köpfe mit unklaren
und gefährlichen Ideen erfüllte: unbestreitbar bleibt ihm das Verdienst,
zu einer Zeit, wo der gewaltige industrielle Fortschritt zu einer Um=
gestaltung des Wirtschaftslebens drängte, die Menschen zu ernstem Nach=
denken über das Wesen der Gesellschaft und das Verhältnis des Ein=
zelnen zum Ganzen angeregt, und die allgemeine Aufmerksamkeit auf
wichtige soziale und national=ökonomische Fragen, die zur Entscheidung
standen, gelenkt zu haben. Manche heilsamen wirtschaftlichen Reformen,
die in unserer Zeit verwirklicht sind, wurden durch die Propaganda
des St.=Simonismus angebahnt. —

Rahel fühlte sich in den letzten Jahren ihres Lebens von diesen
Ideen leidenschaftlich ergriffen. Trafen sie doch in ihr eine Saite, die,
vom leisesten Hauch in Schwingungen gesetzt, besonders tief und schön
erklang: ihre Sympathie mit dem hart arbeitenden, leidenden Volke.
Die St.=Simonisten bedienten sich seit November 1830 des „Globe"
als ihres publizistischen Organs, und Rahel las diese Zeitschrift regel=
mäßig und mit lebendigstem Anteil. Sie nannte den „Globe": „le pain
quotidien, welches man haben muß," und empfahl ihn allen Men=
schen. — „Hier haben Sie Globes," schrieb sie im April 1832 an
A. von Willisen. „Sie werden durch meine Striche und Worte
sehn, was ich für schön, schön gesagt und wichtig finde; aber nicht,
wie erschütternd, auch zerreißend, auch beglückend es auf mich wirkt:
es trifft einen ganz lebendigen, geordneten Vorrat in mir an. Ich
litt nicht allein, aber mit allen Menschen, und unendlich, vielleicht
einzig . . . Auch interessiert mich nichts ganz, als was die Erde für
uns bessern kann, sie und unsre Handlungen darauf." Ihrem Bruder
Ludwig drängte sie das Blatt mit folgenden Worten auf: „Apropos
von Güte, Sanftmut, Recht, Religion und Menschenliebe —: lies doch
der St.=Simonisten ihren Globe! . . . Fichte tritt ins Leben. Eben
schlug ich seine Stelle über Franzosen nach. Er sieht's. Sogar von
Fortdauer des Wissens bin ich überzeugt. Ich studiere nur dies. Sieht

man die Menschheit schreiten, ihr helfen, so ist man nicht alt. Fast vergesse ich mein Leiden: Trost hab' ich in der Nacht dadurch und spreche mit Gott." (1832.) — Gegen Heine, der nach der Juli= revolution in Paris die Saint=Simonistische Bewegung eifrig studierte, sprach sie sich über ihre Uebereinstimmung mit diesen Ideen noch deut= licher aus. „Schade, daß uns nicht eine halbe Stunde mündlichen Gesprächs über den Saint=Simonismus geschenkt ist," heißt es in einem von A. Strobtmann*) mitgeteilten Briefe vom 5. Juli 1832. „Mich dünkt, wir sind über manches darin nicht einer Meinung. Er ist das neue, großerfundene Instrument, welches die große alte Wunde, die Geschichte der Menschen auf der Erde, endlich berührt. Er operiert und säet, und unumstößliche Wahrheit hat er ans Licht ge= fördert, die wahren Fragen in Reihe und Glied gestellt, viele, wichtige beantwortet; die Religionsfrage mir nicht zur Genüge, und hierüber müßten wir streiten, sprechen. Den ganzen Winter waren diese Schriften, besonders der ‚Globe', meine Nahrung, Unterhaltung, Beschäftigung, sein Ankommen meine ganze Erwartung. Die Erde verschönern: mein altes Thema. Freiheit zu jeder menschlichen Entwicklung: ebenso . . ." In dieser ihrer Uebereinstimmung mit den Grundlehren der Schule konnte sie voller Ueberzeugung sprechen: „Ich bin die tiefste Saint= Simonistin. Nämlich mein ganzer Glaube ist die Ueberzeugung des Fortschreitens, der Perfektibilität, der Ausbildung des Universums zu immer mehr Verständnis und Wohlstand im höchsten Sinn; Glück und Glückbereitung."

Rahel sagt in dem Briefe an Heine, die Religionsfrage sei von den St.=Simonisten nicht in einer ihr genügenden Weise beant= wortet worden. Nach ihrer Ansicht durften sie ihre Lehre nicht — wie sie es thaten — als eine neue Religion bezeichnen; denn eine solche „könne nicht bedusiert werden"; sie müsse „als Gebot offenbart oder durch Wunder bewiesen" werden; sonst sei sie „eine Lehre, der vor= handenen Vernunft angereiht," — also eine Lehre der Philosophie. An diese Erörterung schließt sie folgende, für die Tiefe ihres Rechtsbewußt= seins bezeichnende Betrachtung: „Das ist aber das Schöne unseres jetzigen Zustandes, daß das Gute und Heilsame bewiesen werden kann, — und also bewiesen werden muß, — und daß das für Recht An= erkannte uns zum Höchsten in uns führt, und so von uns geehrt wird, wie die unerwartetste Offenbarung, von Chören von Engeln aus den

---

*) H. Heines Leben und Werke. Dritte Auflage. Hamburg, Hoff= mann & Campe, 1884. — 2. Bd. pag. 76.

Wolken gereicht! Diese unumstößliche Anerkennung des Rechten, diese heilig gewordene Verehrung dafür ist jetzt religiös, aber nicht mehr Religion. Das ist jetzt das heilige Antlitz Gottes, welches wir erkennen: eine Evidenz, der nichts widerstehen kann." —

Die Ideen Enfantins über die Neugestaltung der Ehe wies Rahel entschieden zurück. Auch sie verlangte, wie wir sahen, Freiheit in der Ehe; aber ihre Einsicht in das Bestehende, ihr Respekt vor dem historisch Gewordenen ließ sie die vom „Globe" proklamierte Männer- und Frauengemeinschaft mit sittlichem Ernst ablehnen. Solchen ausschweifenden Forderungen setzte sie ihr Bekenntnis entgegen: das sei „der Inbegriff höchster Bildung" — in der Religion, wie in der Ehe —: „Einwilligung, durch Einsicht und Herzensübung, in das Gegebene, Vorgefundene, Mögliche; Anschließen an das, was wir Höchstes kennen." — Sie war auch in dieser Hinsicht keine Revolutionärin, sondern eine Anhängerin naturgemäßer organischer Entwickelung.

Rahels ganzer Kreis nahm an der Saint-Simonistischen Bewegung lebhaften Anteil. Als der protestantische Theologe Bretschneider ein Buch gegen sie geschrieben hatte, ließ Varnhagen in der „Allgemeinen Zeitung" einen Artikel erscheinen, in dem er vor oberflächlicher Verurteilung der Lehre warnte und ihren guten Kern verteidigte.

*　　*　　*

Rahel, die für alles jugendliche, frisch aufwärtsstrebende Leben Empfängliche, sollte noch in ihrem hohen Alter die Freude haben, ein neues Dichtergeschlecht um sich erstehen zu sehen, das die Ideale des politischen und sozialen Fortschritts mit besonderer Energie betonte und kein höheres Strebensziel kannte, als „den bewegenden Mächten der Zeit dienend sich anzuschließen": es sind die Schriftsteller, die man unter dem Begriff des Jungen Deutschland zusammenzufassen pflegt, also in erster Linie Börne, Heine, Gutzkow, Laube, Mundt, Wienbarg, Kühne.

Lange ist diese Dichtergruppe hinsichtlich ihrer Bestrebungen und positiven Wirkungen falsch beurteilt worden. Die strenge Verfolgung des Jungen Deutschland durch den deutschen Bundestag (seit Dezember 1835), die auf die schmähliche Denunziation Wolfgang Menzels zurückzuführen ist, hat den Irrtum erzeugt, als handelte es sich um eine geheime Verbindung zum Zwecke demagogischer und anarchistischer Umtriebe gegen Staat und Kirche, Christentum und Moral. Diese Legende hat vor einer unbefangenen Kritik nicht bestehen können. Heute erscheint das Junge Deutschland als eine Gruppe von Schriftstellern, die, wie es bei Männern desselben Alters und ähnlicher Geistesrichtung der Fall zu sein pflegt, gleichen Zielen zustrebten, aber weder einer geheimen Verbindung angehörten, noch eine „Schule" bildeten; die selber oft gegen ihre Zusammenkoppelung protestiert und die freie Selbständigkeit ihres litterarischen Thuns nachdrücklich versichert, ja, die sich zeitweise sogar bitter befehdet haben. Die Bewegung trug, wie Johannes Proelß in seinem bahnbrechenden Werke über den Gegenstand *) sagt, „in geistiger wie künstlerischer Beziehung den Charakter eines gärenden Uebergangs aus romantischen Stimmungen und Anschauungen zu einer realistischen, auf Leben und Wirklichkeit in Staat und Gesellschaft gerichteten Denk= und Kunstweise, die von den Idealen des politischen Fortschritts befruchtet wurde." Das Grundprinzip der Bewegung war weniger ästhetischer, als politischer Natur. Wienbarg (geb. 1803), der die Bezeichnung „Junges Deutschland" als Schlagwort zuerst gebraucht hat (in der Widmung zu seinem Buche „Aesthetische Feldzüge"), kennzeichnet das Ziel folgendermaßen: „Weil der Absolutismus aus Furcht vor der Freiheit aus dem Leben die Schönheit gestrichen und ein Leben in Schönheit verhindert, brecht seine Schranken und Fesseln, damit die Schönheit ihre milde Herrschaft über die Völker beginne." Die Schriftstellerei sei kein Spiel schöner Geister, keine leichte Beschäftigung der Phantasie mehr, sondern „der Geist der Zeit ergreift des Schriftstellers Hand und schreibt im Buch des Lebens mit dem ehernen Griffel der Geschichte". Die Dichter stehen nicht mehr im Dienste der Musen allein, sondern auch im Dienste des Vaterlandes, „und allen mächtigen Zeitbestrebungen sind sie Verbündete".

Von einem Dichtergeschlecht, das — bewußt oder unbewußt — solchen Ideen huldigt, darf man keine hohen, rein poetischen Leistungen erwarten. Unter den Händen der Jungdeutschen wurde jedes Kunstwerk zu einer Streitschrift; ihre Arbeiten waren, um einen Goetheschen Ausdruck zu gebrauchen, „verhaltene Parlamentsreden", die sie sich vom Herzen schreiben mußten. Schrankenlose Subjektivität ist das Merkmal fast aller dieser Romane und Dramen, deren Helden — getreue Abbilder ihrer Schöpfer — das Kritisieren und Räsonnieren wichtiger als das Handeln erscheint, wenn sie es auch nicht verschmähen, gelegentlich mit jugendlicher Renommisterei der konventionellen Moral ein Schnippchen zu schlagen; indessen selbst in ihrer Leidenschaft sind

---

*) Das junge Deutschland. Ein Buch deutscher Geistesgeschichte. Von Johannes Proelß. Stuttgart 1892. J. G. Cotta Nachf.

sie seltsam blasiert und doktrinär. In der verworrenen Komposition, in dem überladenen Apparat von Darstellungsmitteln, in der Vorliebe für ein den Künstler= und aristokratischen Kreisen entnommenes Milieu zeigt sich die nahe Verwandtschaft der Jungdeutschen mit der romantischen Schule, aus deren Bannkreise sie doch hinausstrebten. Ein grenzenloser Pessimismus, eine lähmende Negation lasten auf diesen Werken.

Bei der Betrachtung des Jungen Deutschland kommt man mit dem ästhetischen Maßstabe nicht aus. „Die Litteratur solcher Frühlings= zeiten der Geschichte", sagt Proelß, „kann nur gewürdigt werden, wie ein neuerer Dichter von Huttens Wirken gesagt hat, als ,sprühen= der, blitzender, ins Jahrhundert hinein wetterleuchtender Geist'." — So betrachtet, hat das Junge Deutschland seine Verdienste und — trotz seines negierenden Grundzuges — positive Wirkungen erzielt. Es hat mit Geist und Ernst, und nicht ohne Glück, das poetische Können dem politischen Ideenstrom der Zeit anzupassen, dem Realismus und Sen= sualismus auf allen Lebensgebieten zu ihrem Rechte zu verhelfen ge= sucht; wir sehen im Kampfe gegen die spiritualistischen Ausschreitungen der Romantik und gegen die Vergötterung der abstrakten philosophischen Spekulation hervorragende Männer der Wissenschaft, wie A. von Hum= boldt und Ranke, Schulter an Schulter mit den Jungdeutschen streiten. Der Anbruch eines Zeitalters, das „im Zeichen des Verkehrs" steht, eines Zeitalters mit verbesserten Zoll=, Verkehrs= und Rechts= verhältnissen, ist nicht zum wenigsten durch die scharfe und witzige Kritik der bestehenden Zustände, wie wir sie in den humoristischen Reisebildern und Reisenovellen jungdeutscher Schriftsteller finden, vorbereitet worden. Endlich haben sie tapfer mitgewirkt am Sturze der absolutistischen Regierungsform und an der Herbeiführung einer gerechteren Ordnung der politischen und sozialen Verhältnisse.

Unter den zeitgenössischen Frauen hat nachweisbar Rahel einen tiefen und nachhaltigen Einfluß auf die Männer des jungen Deutschland — mit Ausnahme Börnes, der ja die übrigen an Alter weit überragte — ausgeübt. Und doch hat sie einzelne dieser jungen Schriftsteller persön= lich gar nicht, andere nur oberflächlich gekannt. In intimere Beziehun= gen trat sie nur zu einem, dem Bedeutendsten des Kreises: zu Heine.

*　　*
*

Im Frühjahr 1821 traf der 21jährige stud. jur. Heinrich Heine (1799—1856) von Göttingen, wo er einer Duell=Angelegenheit halber

relegiert worden war, in Berlin ein, um hier sein Studium fortzu=
setzen. Das Schicksal hätte ihm keine größere Gunst bezeigen können,
als indem es ihn aus den engen und trübseligen Verhältnissen der
kleinen hannöverischen Universitätsstadt mitten in das gesellschaftlich
rege und wissenschaftlich aufstrebende Leben der preußischen Residenz
hineinversetzte. Mancherlei Faktoren haben hier zusammengewirkt, um
seine geistige Entwickelung und seine gesellige Bildung zu fördern; nichts
aber kann so wohlthätig, so tief und richtunggebend seinen Geist und
sein Gemüt beeinflußt haben, als sein Verkehr mit Rahel und ihrem
Kreise vom Frühling 1821 bis 1823.

Heine wurde, wie so viele andere, bald nach seiner Uebersiedelung
in Rahels gastlichen Salon eingeführt. Seine äußere Erscheinung
war eher unbedeutend als in die Augen fallend. Von Figur klein
und schmächtig, das Antlitz bartlos, blaß und ohne einen hervor=
stechenden Zug, sein Auftreten schüchtern und vornehm=still. Der Blick
der Menschenkennerin durchdrang jedoch die Hülle seines reservierten
Wesens; sie erkannte in diesem unscheinbaren Jüngling einen Menschen,
der seelisch litt, dessen Herz schon die Wunde schmerzlicher Enttäuschung
trug, die er, bald unter erheuchelter Blasiertheit, bald durch bittern
Spott der Welt zu verbergen suchte; das genügte, um ihm ihre innige
Sympathie zu sichern. Aber ihr offenbarte sich in dem wechselnden,
auf und nieder schwankenden Empfindungsleben des jungen Mannes
auch das reizbare, feinbesaitete Naturell des werdenden Künstlers, den
es nach Verständnis, nach Anerkennung seiner Gaben verlangte. „Da er
fein und absonderlich war," erzählt Rahel, „verstand ich ihn oft und
er mich, wo ihn andre nicht vernahmen, das gewann ihn mir, und er
nahm mich als Patronin . . .“ Auch in Heines späteren Briefen an
Varnhagen*) wird die geheime geistige Uebereinstimmung zwischen
ihm und der Freundin mehrfach ausgesprochen. „Als ich ihren [Rahels]
Brief las," schreibt er einmal, „war's mir, als wär' ich traumhaft im
Schlafe aufgestanden und hätte mich vor den Spiegel gestellt und mit
mir selbst gesprochen . . . An Frau von Varnhagen brauche ich gar
nicht zu schreiben, sie weiß alles, was ich ihr sagen könnte, sie weiß,
was ich fühle, sie weiß, was ich denke und nicht denke." Ja, er findet
sogar, daß seine Handschrift der Rahels immer ähnlicher werde, und
fügt erklärend hinzu: „Im Grunde ist es auch Unnatur, wenn ich
anders schreibe. Sind sich doch unsre Gedanken ähnlich wie ein Stern

---

*) Mitgeteilt in den „Briefen von Stägemann, Metternich, Heine
und Bettina von Arnim".

dem andern — besonders meine ich hier Sterne, die so recht viele
Millionen Meilen von der Erde entfernt sind." — Seine Briefe sind
voll dankbarer Anerkennung der liebevollen Aufnahme, die er im Varn=
hagenschen Hause gefunden. „Es ist ganz natürlich," schrieb er am
17. Juni 1823 aus Lüneburg an Varnhagen, „daß ich den größten
Teil des Tages an Sie und Ihre Frau denke, und mir immer lebendig
vorschwebt, wie Sie beide mir so viel Gutes und Liebes erzeigt, und
mich mürrischen, kranken Mann aufgeheitert und gestärkt und gehobelt
und durch Rat und That unterstützt und mit Maccaroni und Geistes=
speise erquickt. Ich habe so wenig wahre Güte im Leben gefunden,
und bin so viel schon mystifiziert worden, und habe erst von Ihnen
und Ihrer großherzigen Frau e i n e g a n z m e n s c h l i c h e B e h a n d =
l u n g e r f a h r e n." — So ist es nicht verwunderlich, daß er das Haus
Französische Straße Nr. 20 sein „Vaterland" nennt, daß er von seiner
Bekanntschaft mit der „lieben, guten, kleinen Frau mit der großen
Seele", die er, liebevoll übertreibend, einmal als die „g e i s t r e i c h s t e
F r a u d e s U n i v e r s u m s" bezeichnete, eine neue „große Lebensepoche"
datiert.

Man könnte nach diesen Geständnissen annehmen, daß Rahel den
Jüngling durch freundschaftliche Nachsicht verwöhnt und verweichlicht
hätte. Doch im Gegenteil: ihr Haus wurde ihm zu einer Schule der
Erziehung. Mit dem Scharfblick einer verwandten Seele sah Rahel
die Schwächen, die in seiner Natur lauerten; Heine erzählt, sie habe
sich oft nicht wenig um ihn geängstigt „in jener Zeit meiner jugend=
lichen Uebermüten, in jener Zeit, als die Flamme der Wahrheit mich
mehr erhitzte, als erleuchtete . . ." Indessen der tolle Uebermut, der,
zeitweise vulkanisch aus ihm hervorbrechend, sie ängstigte, war nicht
der goldene, harmlose Uebermut der Jugend, sondern das Symptom
einer Krankheit, die tief in seinem geistigen Organismus schlummerte;
diese Ausbrüche waren die Vorboten jener zügellosen Subjektivität, die
seiner Dichtung wie seinem Leben als Kainsmal aufgedrückt ist. Rahel
wollte die Freiheit der Persönlichkeit; aber sie setzte ihr Schranken in
einem starken Pflichtgefühl, in einem unbeirrbaren Rechtsbewußtsein.
Schon einmal hatte sie einen hochbegabten Menschen, der ihr nahe
stand, moralisch Schiffbruch leiden und sein Leben selber rettungslos
verpfuschen sehen, weil er seinen Geist nicht bändigen konnte: Clemens
Brentano! Vor diesem Schicksal wünschte sie Heine zu bewahren.
„S i e s o l l e n k e i n B r e n t a n o w e r d e n, i c h l e i d' e s n i c h t!"
rief sie ihm zu, wenn sein mephistophelischer Hohn sich aufreckte, wenn

seine Ironie die Welt der Schönheit zertrümmerte. „Ernst hat der nötig," schrieb sie einmal ihrem Manne, „aber keinen Mund, ihn zu verschlucken." Oder in scherzhaftem Tone Angelus Silesius zitierend: „Heine muß ‚wesentlich‘ werden, und sollte er Prügel haben. ‚Mensch, werde wesentlich!‘" — Sie hat sich redlich Mühe gegeben, diese verhängnisvolle Neigung ihres Freundes zu bekämpfen, und ohne Zweifel hat auch die „gute Geistesluft" ihres Verkehrs ihn, wie so viele andere junge Leute, in moralischer Hinsicht gestärkt und geläutert. Aber jene Anlage war zu tief gegründet in seinem Wesen, als daß Rahel bleibende Erfolge hätte zeitigen können. —

Natürlich vertraute Heine der neu gewonnenen Patronin bald das Geheimnis seines poetischen Schaffens. Sie wurde ihm kritische Beraterin und übte auch dieses Amt mit Ernst und Wahrheit. „Ich lobte, wie alle, ihn gern," erzählt sie; „und ließ ihm nichts durch, sah ich's vor dem Druck — doch das geschah kaum —; und ich tadelte dann scharf." In demselben Briefe (an Gentz, vom 9. Okt. 1830) rühmte sie die „große Gabe des Stils", die Heine besitze. „Mit Bedacht sage ich Gabe. Eine von dieser Art hatte Friedrich Schlegel (ohne seine Kunst und Gedanken); ich nannte das immer ein Sieb im Ohr haben, welches nichts Schlechtes durchläßt..." Es war die vollendete künstlerische Beherrschung des Stoffes, die sie an dem jungen Dichter bewunderte. Diese Lieder erinnerten sie in formeller Hinsicht an die Goethesche Dichtweise: so hatte auch er einfache Motive volksliedartig, in anschaulich-gegenständlicher Darstellung und edler natürlicher Sprache behandelt. Andere Gedichte wiesen, was Stoffauswahl und Physiognomie betrifft, auf romantische Kunstanschauungen zurück, in denen Rahel von Jugend auf durchaus heimisch war. Denn wenn auch Heine, wie Vischer sagt, die Auflösung, den Verwesungsprozeß der deutschen Romantik bezeichnet, so gehört doch alles Positive seiner Lyrik unzweifelhaft der romantischen Kunstrichtung an. Das Liebliche und Träumerische seiner Muse ist aus dem von Arnim und Brentano wieder aufgegrabenen Quell des deutschen Volksliedes geschöpft; das Gespenstisch-Grauenhafte der Vorwürfe, die souveräne Ironie, welche die aufgebaute Traumwelt mit keckem Schlage zertrümmert — das alles war echt romantisches Erbteil. Und hier schlugen Rahel Töne an das Ohr, die nah verwandte Stimmungen in ihr weckten. Aus ihrem eigenen Geistesringen kannte sie diese grellen Dissonanzen: wenn die keusche, naive Empfindung von der unerbittlichen Reflexion jäh durchschnitten wird; wenn eine jener Wahrheiten, „die noch keinen Raum finden kann, sich darzustellen, gewaltsam in die Welt drängt und mit einer Verrenkung hervorbringt" —: so hat sie selbst einmal, das Schmerz=hafte dieses Geistesprozesses andeutend, das Paradoxon erklärt, das ja in ihren eigenen Aufzeichnungen eine so große Rolle spielt.

Rahel ließ es sich angelegen sein, ihren Freunden das neue Talent vorzustellen, und die freudige Anerkennung, die Heine bei ihnen erntete, that ihrem gütigen Herzen wohl. So wurde ihr Salon die Stätte, wo er die ersten Weihen des Dichters empfing. Varnhagen, stets bereit, junge Talente zu protegieren, machte ihn mit dem Professor Gubitz, dem Herausgeber des „Gesellschafters", bekannt. In dieser Zeitschrift, die das litterarische Orakel der gebildeteren Kreise Berlins war, trat Heine mit seinen Gedichten zum erstenmal vor ein größeres, urteilsfähiges Publikum, um es sofort im Sturme zu gewinnen. Durch Gubitz' Vermittelung wurde dann seine erste Liedersammlung unter dem schlichten Titel „Gedichte" im Dezember 1821 von einem Berliner Verlage herausgegeben, und Varnhagen war es, der — in einer An=zeige des Büchleins im „Gesellschafter" — auf dieses vielversprechende Erstlingswerk nachdrücklich hinwies.

1827 ließ Heine seinen „Gedichten" das „Buch der Lieder" folgen, das seine Bedeutung als Lyriker für alle Zeiten feststellen sollte. Ein Teil dieser Sammlung, der den Titel „Die Heimkehr" trägt, ist Rahel „als eine heitere Huldigung" gewidmet. Diesen etwas eigen=mächtigen Schritt — Heine hatte versäumt, die Freundin um ihre Einwilligung zu bitten — begründete er in einem Briefe an Varn=hagen (29. Juli 1826) folgendermaßen: „Mir schien es, als wollte ich dadurch aussprechen, daß ich jemandem zugehöre. Ich lauf' so wild in der Welt herum, manchmal kommen Leute, die mich wohl gern zu ihrem Eigentum machen möchten, aber das sind immer solche gewesen, die mir nicht sonderlich gefielen, und solange dergleichen der Fall ist, soll immer auf meinem Halsbande stehen: j'appartiens à Madame Varnhagen." — Rahel aber war von dieser öffent=lichen Huldigung, die ihre Bescheidenheit verletzte und ihr als eine Taktlosigkeit erschien, nicht sonderlich erbaut. „Der Schlag war ge=schehn," heißt es in dem schon herangezogenen Briefe an Gentz; „und nur darin konnte ich mich fassen, daß ich schon damals wußte, daß alles Geistige vergeht und sogar bald von Neuem der Art verschlungen wird, ja, das meiste fast unbeachtet bleibt. [In diesem Punkte hat sie sich freilich bezüglich des „Buches der Lieder" gründlich getäuscht.] Thun konnte ich nach vollbrachtem Attentat nichts, als ihm schreiben:

nun sehe ich es völlig ein, weshalb man bei Fürstinnen erst die Erlaub=
nis erbittet, ihnen ein Buch zueignen zu dürfen u. s. w. Wir blieben
uns aber hold nach wie vor ...".

Es läßt sich denken, daß Rahel sich alle Mühe gab, ihrem Goethe*)
in dem jungen Freunde einen neuen Verehrer zu werben. Heine
hatte den großen Dichter, wenigstens aus einzelnen Werken, schon in
frühem Jünglingsalter kennen gelernt. Doch mischte sich in seine An=
erkennung schon früh ein Tadel über Goethes Reserviertheit gegenüber
den Fragen der „Menschenrechte", eine Abneigung gegen die vornehme
„Kunstbehaglichkeit des großen Zeitablehnungsgenies." — Nun wurde
er im Varnhagenschen Hause zu erhöhter Bewunderung des Altmeisters
hingerissen. Varnhagen, den Goethe selbst für einen seiner besten Kenner
erklärte, der ihn oft über sich selbst belehrt habe, — Varnhagen im=
ponierte Heine und beeinflußte ihn stark. Heine pflegte ihn den „Statt=
halter Goethes auf Erden" zu nennen. Täglich wurden die anregend=
sten Debatten über das unerschöpfliche Thema geführt. Eine Frucht
dieser Unterhaltungen war es, daß der junge Dichter nach seiner Ab=
reise von Berlin (1823), wie er Rahel durch Ludwig Robert melden
ließ, bis auf eine Kleinigkeit den ganzen Goethe durchlas! „Ich bin
jetzt kein blinder Heide mehr, sondern ein sehender. Goethe gefällt mir
sehr gut." — Rahel richtete ihr Augenmerk darauf, Heine zu über=
zeugen, daß Goethe den allgemeinen Interessen seines Volkes und der
Menschheit nicht so entfremdet war, wie es den Anschein hatte; daß
vielmehr auch die späteren Werke des Dichters, gegen die sich vornehm=
lich jener Vorwurf richtete, auf einem tiefen Gefühl der allgemeinen
Zustände beruhten, über deren Reformbedürftigkeit in der jüngeren
Generation nur eine Stimme war. Sie hat — im Gegensatz zur herr=
schenden Anschauung — dieser ihrer Ueberzeugung in Reflexionen über
Goethes spätere Werke mehrfach Ausdruck geliehen, beispielsweise in
folgendem Wort über „Wilhelm Meister": „Das ganze Buch ist für
mich nur ein Gewächs, um den Kern als Text herumgewachsen, der
so lautet: ,O wie sonderbar ist es, daß dem Menschen nicht allein so
manches Unmögliche, sondern auch so manches Mögliche versagt ist!'
Mit einem Zauberschlag hat Goethe durch dies Buch die ganze Prosa
unseres infamen kleinen Lebens festgehalten und uns noch anständig

---

*) Eine gründliche und höchst interessante Untersuchung über die Bezie=
hungen zwischen Goethe und Heine findet man in der Schrift: Goethe in Heines
Werken, dargestellt von Walter Robert-tornow. Berlin, Haude= &
Spenersche Buchhandlung. 1883.

genug vorgehalten. Und an Theater mußte er, an Kunst, und auch
an Schwindelei den Bürger verweisen, der sein Elend fühlte und sich
nicht mit Werther töten wollte . . ."

Doch mag es ihr auch nicht gelungen sein, ihren Freund für
diese Anschauungsweise zu gewinnen: jedenfalls war dies ein Weg, der
politisch und sozial gerichteten Jugend das Verständnis des alternden
Dichters zu erschließen. Heine hat in Rahels Salon einen neuen und
gerechteren Maßstab für die Beurteilung Goethes gefunden. Selbst als
Goethe sich später unvorteilhaft über ihn geäußert hatte, ließ er, ob=
gleich er in diesem Punkte empfindlich bis zur Rachsucht war, sich
niemals hinreißen, Goethes Dichtergröße anzuzweifeln. „Wenn die
Sterne am Himmel mir feindlich werden," schrieb er damals an Varn=
hagen, „darf ich sie deshalb schon für bloße Irrlichter erklären? Ueber=
haupt ist es Dummheit, gegen Männer zu sprechen, die wirklich
groß sind, selbst wenn man Wahres sagen könnte. Der jetzige Gegen=
satz der Goetheschen Denkweise, nämlich die deutsche Nationalbeschränkt=
heit und der seichte Pietismus, sind mir ja am fatalsten. Deshalb
muß ich bei dem großen Heiden aushalten, quand même. Gehöre
ich auch zu den Unzufriedenen, so werde ich doch nie zu den Rebellen
übergehen." —

Hält man sich das rege politische Leben, das im zweiten Salon
pulsierte, gegenwärtig, so ist ohne weiteres verständlich, daß der Ver=
kehr mit Rahel und ihren Freunden für die Bildung und Vertiefung
auch der politischen Ansichten Heines bedeutungsvoll werden mußte.
Sein später hervortretendes intensives Interesse für soziale und volks=
wirtschaftliche Fragen, das zeitweise das politische ganz in den Hinter=
grund drängte, legt den Schluß nahe, daß Rahels warmherziges Ein=
treten für die Verbesserung des Loses der niederen Klassen, für die
Hebung des physischen, sittlichen und intellektuellen Zustandes der
Menschheit tiefen Eindruck auf ihn gemacht hat. Seiner Korrespondenz
mit ihr über den Saint=Simonismus ist bereits gedacht worden.

Im Frühjahr 1823 neigte sich Heines Berliner Aufenthalt seinem
Ende zu. In den ersten Tagen des Mai nahm er von den Freunden
Abschied, um sich zunächst zu seinen Eltern nach Lüneburg zu begeben.
Seinen Empfindungen für Rahel lieh er beredten Ausdruck in folgen=
den Worten, die er in ein für sie bestimmtes Exemplar seines Buches
„Tragödien" schrieb (12. April 1823): „Ich reise nun bald ab,
und ich bitte Sie, werfen Sie mein Bild nicht ganz und gar in die
Polterkammer der Vergessenheit. Ich könnte wahrhaftig keine Re=

preſſalien anwenden, und wenn ich mir auch hundertmal des Tages
vorſagte: ‚Du willſt Frau von Varnhagen vergeſſen!' es ginge doch
nicht. Vergeſſen Sie mich nicht! Sie dürfen ſich nicht mit einem
ſchlechten Gedächtniſſe entſchuldigen, Ihr Geiſt hat einen Kontrakt ge=
ſchloſſen mit der Zeit; und wenn ich vielleicht nach einigen Jahrhun=
derten das Vergnügen habe, Sie als die ſchönſte und herrlichſte aller
Blumen im ſchönſten und herrlichſten aller Himmelsthäler wiederzu=
ſehen, ſo haben Sie wieder die Güte, mich arme Stechpalme (oder
werde ich noch was Schlimmeres ſein?) mit Ihrem freundlichen Glanze
und lieblichen Hauche, wie einen alten Bekannten zu begrüßen. Sie
thun es gewiß; haben Sie ja ſchon Anno 1822 und 1823 Aehnliches
gethan, als Sie mich kranken, bittern, mürriſchen, poetiſchen und un=
ausſtehlichen Menſchen mit einer Artigkeit und Güte behandelt, die ich
gewiß in dieſem Leben nicht verdient und nur wohlwollenden Erinne=
rungen einer früheren Konnaiſſanz verdanken muß. Ich bin, gnädige
Frau, mit Achtung und Ergebenheit H. Heine." —

Sechs Jahre ſpäter, im Februar 1829, führte ein kurzer Aufent=
halt Heines in Berlin ein Wiederſehen herbei, das Rahel manche Ent=
täuſchung bringen ſollte. Heine hatte vor kurzem ſeinen Vater ver=
loren; dieſes Ereignis und die verletzenden Angriffe Platens im
„Romantiſchen Oedipus" hatten ihn in ſchmerzlich gereizte
Stimmung verſetzt, die er, wie gewöhnlich, an ſeinen Freunden aus=
ließ. Doch auch in anderer Beziehung fand Rahel ihn verändert. Das
„Buch der Lieder" und die erſten Bände ſeiner geiſtreichen und
pikanten „Reiſebilder" hatten ihn zu einem der bekannteſten Dichter
Deutſchlands gemacht; aber der Ruhm war ſeinem Charakter nicht
bekommen: Heine war übermütig und arrogant geworden. Intereſſant
und für Rahels ſcharfe Beobachtung zeugend ſind die kleinen „portraits
écrits", die ſie von Heine in Briefen an ihren damals von Berlin
abweſenden Gatten entwarf. „Heine ſehe ich faſt nicht; er wälzt ſich
ſo in ſich herum; ſagt, er muß viel arbeiten; iſt faſt erſtaunt, daß
ihn ſo etwas Reelles, als des Vaters Tod, der Mutter Leid darüber,
betraf . . . Ausſehen thut er geſünder; klagt beinah nicht mehr; aber
es iſt manche ſonſt vorüberfliegende Miene feſtgeſtellt zwiſchen ſeinen
Zügen, die ihnen nicht wohlthut; ſo im Munde ein Zerren, wenn er
ſpricht, was ich ſonſt faſt als eine kleine Grazie bemerkte, obgleich es
nie ſchön Zeugnis gab. Glaube nicht, daß ich perſönlich zu klagen
habe . . ." (10. März 1829). Einige Tage ſpäter ſchrieb ſie, Heines
Umgang mit einem Menſchen von verächtlichem Charakter tadelnd, das

Heinrich Heine.

Nach der Radierung von Ludwig Grimm (1827).

harte Wort: „Heine wird sich immer von neuem besudeln; denn auch
dem ist's genug, ein Aergernis zu geben; sollte er auch selbst, als koti=
ger Arlequin oder Henker, umherlaufen müssen. Glaube ja nicht, daß
ich minütlich gegen ihn aufgebracht bin. Auf meine Ehre nicht! ich
sehe ihn nur." — Sein allzu starkes Selbstgefühl, das ihn an ernst=
licher Ausbildung seiner Gaben hinderte, kennzeichnete sie mit folgen=
dem scharfen, aber wahren Wort: „Das Resumé, was ich heraus habe,
ist und bleibt sein großes Talent, welches aber auch in ihm reifen
muß, sonst wird's inhaltleer und höhlt zur Manier aus. Aber be=
gründete Kritik hat er nicht, weil ihm in der Tiefe der Ernst und das
höchste Interesse fehlt, welches allein Zusammenhang und zusammen=
wirkenden Ueberblick gewährt. Er kann sich und Goethen, seinen und
dessen Ruhm verwechseln: denkt überhaupt an Ruhm! . . . Denkt, was
ihm entschlüpft, was er sagen mag, ist für die Menschen gut genug . . ."
(15. März 1829).

Wenige Tage nach der Niederschrift dieses Urteils führte Heines
Anmaßung sogar eine, wenn auch vorübergehende, Entfremdung zwi=
schen ihm und seiner Freundin herbei. Als er in seiner Eitelkeit
durchblicken ließ, daß sie Ursache habe, sich durch seine häufigen Be=
suche geschmeichelt zu fühlen, konnte sie sich nicht enthalten, ihn in
seine Schranken zurückzuweisen. Tief gekränkt schrieb er ihr folgenden
Tages (1. April): „Frau von Varnhagen! ‚Wenn ich so gar großen
Wert darauf legte, daß ich zu Ihnen komme, so wollten Sie mich gar
nicht haben' — dies sagten Sie mir gestern, wenigstens dem Sinne
nach, wenn auch nicht mit denselben Worten. Indem ich noch heute
morgen darüber nachdachte, mußte ich mir leider gestehen, daß ich seit
zwei Jahren von anderen Freundinnen sehr verwöhnt worden bin, in=
dem diese immer froh waren, wenn sie mich nur haben konnten, gleich=
viel unter welcher Bedingung, gleichviel wie überhoch ich mich selbst
schätzte. Es wird gewiß eine geraume Zeit dauern, bis ich besser ge=
wöhnt werde und so tief in meiner Selbstschätzung herabsinke, wie Sie
mich brauchen können. Bis dahin werden Sie sich wohl mit ebenso
hochgeschätztem Federvolk, das so schnattern kann, wie man es eben
braucht, und in jeden beliebigen Käfig paßt, behelfen müssen . . ."
Diese Zeilen an die sechzigjährige mütterliche Freundin, welche die ganze
Unart des verwöhnten Lieblings der Grazien wiederspiegeln, hat er
vielleicht selbst um so aufrichtiger bedauert, als Rahel bald darauf von
einem besonders heftigen Anfall ihres Brustleidens auf das Kranken=
lager geworfen wurde. In den bangen, schweren Tagen sandte er ihr

zur Sühne eine Fülle der herrlichsten Rosen ins Haus; die unausgesetzte Erfrischung des Gesichtes und der Hände mit den befeuchteten Blumen gewährte der Leidenden Linderung und bewirkte die „ersten Empfindungen eines heilvollen Ueberganges". Die kunstlosen Erinnerungsverse, die Rahel nach ihrer Genesung in ihr Notizbuch schrieb, lauten:

„Rosen wurden Brücken, sie führten mich ins Leben,
Rosen waren Wunder, Heine hat sie mir gegeben." —

So war denn das alte freundschaftliche Verhältnis wieder hergestellt, um ungetrübt bis an Rahels Ende zu dauern. Leider sind Rahels Briefe an Heine — jene „himmlischen Briefe", wie er sie nannte, „woran ich mir die Augen verderbe und das Herz erquicke" — bis auf jenen einen, der früher zitiert wurde, der Vernichtung anheimgefallen. Er selbst beklagte das aufrichtig. In seinen Briefen an Varnhagen spricht sich seine Liebe und Dankbarkeit gegen die Freundin immer von neuem aus. Selten versäumt er, sich nach ihrem Ergehen, ihrem „lieben, witzigen Herzen" zu erkundigen; ihre „liebreiche, unerschütterliche Freundschaft" erfrische ihm das Herz; ja, er brauche nur ihren Namen auszusprechen, um plötzlich „heiter, wohlgestimmter, fast lachend munter" zu werden. Im Mai 1832, nachdem er sich mitten in den Kampf des Tages gestürzt hatte, schrieb er dem Freunde aus Paris: „Ich bedarf des Bewußtseins Ihrer und Frau v. Varnhagens Teilnahme jetzt noch eben so sehr wir im Beginne meiner Laufbahn; denn ich stehe jetzt ebenso einsam in der Welt wie damals. Nur daß ich jetzt mehr Feinde habe, welches zwar immer ein Trost, aber doch kein genügender ist." Nach Rahels Tode sandte er Varnhagen folgende Zeilen, aus denen tiefe Ergriffenheit spricht: „Ich kann Ihnen noch immer nicht schreiben. Sowie ich die Feder ergreife, um Ihnen ein Wort zu sagen, ist mir der Kopf wie betäubt und die Brust in der schmerzlichsten Bewegung. Und ich bin sonst so ruhig und die Selbstbeherrschung selbst. Aber es fallen auch in diesem Augenblick Dinge vor in meinem Leben, die auch einen Stein erschüttern könnten. Diesen Morgen erhalte ich die Todesnachricht meines Oheims v. Geldern in Düsseldorf, der zu einer Zeit starb, wo ich dieses Unglück tiefer als je empfinden mußte. Ach, lieber Varnhagen, ich fühle jetzt die Bedeutung jener römischen Worte: Leben ist Kriegführen. So stehe ich nun auf der Bresche und sehe, wie die Freunde rings um mich her fallen. Unsere Freundin hat immer wacker gestritten und hat wohl einen Lorbeer verdient. Ich kann in diesem Augenblick vor Weinen nicht schreiben. — Ach! wir armen

Menschen, mit Thränen in den Augen müssen wir kämpfen. Welch ein Schlachtfeld diese Erde!"

Seine höchste Teilnahme erregte die Herausgabe von Rahels Briefen (in dem „Buch des Andenkens"). „Es war eine große That von August Varnhagen," sagte Heine im Vorwort zur zweiten Auflage des „Buches der Lieder" (1837), „daß er, alles kleinliche Bedenken abweisend, jene Briefe veröffentlichte, worin sich Rahel mit ihrer ganzen Persönlichkeit offenbart. Dieses Buch kam zur rechten Zeit, wo es eben am besten wirken, stärken und trösten konnte. Das Buch kam zur trostbedürftig rechten Zeit. Es ist, als ob Rahel wußte, welche posthume Sendung ihr beschieden war. Sie glaubte freilich, es würde besser werden, und wartete; doch als das Warten kein Ende nahm, schüttelte sie ungeduldig den Kopf, sah Varnhagen an, und starb schnell — um desto schneller auferstehen zu können. Sie mahnt mich an die Sage jener anderen Rahel, die aus dem Grabe hervorstieg und an der Landstraße stand und weinte, als ihre Kinder in die Gefangenschaft zogen."

Varnhagen blieb dem Liebling seiner verstorbenen Gattin allezeit ein treuer, thätiger Freund, sein Vertrauter, sein Ratgeber, sein „wahlverwandter Waffenbruder in Spiel und Ernst".

*   *   *

Ludwig Börne (1786—1837), den man einen Vorläufer der jungdeutschen Bewegung nennen kann, lernte Rahel durch die von ihm seit 1818 in Frankfurt a. M. herausgegebene Zeitschrift „Wage" kennen. Der maßvoll reformatorische Geist dieses Blattes, in dem Börne sehr originell und in glänzendem Stil seine persönlichsten Ansichten über Politik und Litteratur aussprach, mutete Rahel derartig an, daß sie (Mai 1819) erfreut an Auguste Brede schrieb: „Ich habe jetzt einen neuen Freund, Doktor Börne in Frankfurt a. M. Ich hab' ihn nie gesehen. Den preise ich Ihnen dringend an! Er schreibt ein Journal, die Wage; das muß Ihr Freund halten, oder noch viel besser! machen, daß es auf dem Kasino gehalten wird. Mir empfahl es Gentz. Als das Geistreichste, Witzigste, was jetzt geschrieben würde; er empfahl es mit dem enthusiastischsten Lobe; seit Lessing, sagte er mir, seien solche Theaterkritiken nicht erschienen! Ich glaubte natürlich Gentz. Aber weit übertraf das Werk sein Lob: an Witz, schöner Schreibart. Er ist scharf, tief, gründlich-wahr, mutvoll, nicht neumodisch, gelassen wie einer der guten Alten; empört, wie man sein

soll. Und so gewiß ich lebe, ein sehr rechtschaffener Mann. Keck, aber
besonnen. Kurz, mein großer Favorit. Wenn Sie seine Theaterkritik
lesen, und nie die Stücke gesehen haben, die sie betrifft, so kennen Sie
sie, als hätten Sie sie vor sich ... Machen Sie ja, daß es angeschafft
wird, bei allen Ihren Freunden. Sie lachen sich gesund. Andres von
ihm kenne ich nicht."

Bald darauf machte sie — wenn auch nur im Fluge — Börnes
persönliche Bekanntschaft. Als Varnhagens im Oktober 1819 auf der
Reise von Karlsruhe nach Berlin in Frankfurt rasteten, kam Börne zu
ihnen in den Gasthof und speiste mit ihnen. Varnhagen beschreibt diese
Begegnung folgendermaßen: „Der kleine, unansehnliche Mann von sehr
jüdischem Aussehen war unbeholfen und scheu, eine beginnende Schwer=
hörigkeit gab ihm etwas Gespanntes und Lauerndes, was den Eindruck
nicht verbesserte. Aber was er sagte, war geistvoll, scharf treffend,
witzig. Wir sprachen bald ohne Rückhalt, ich vertraute ihm meine Ver=
hältnisse, und daß, wenn ich in Berlin die Umstände zu schlecht fände,
ich Abschied nehmen und in Frankfurt leben würde. Begierig ergriff
er den Gedanken, mit mir, Oelsner und Lindner vereint, eine
politische Zeitschrift nach Art der Minerve française herauszugeben;
wir wußten noch nicht, daß die Karlsbader Beschlüsse dies Unternehmen
schon unmöglich gemacht hatten. Rahel war von Börnes Geist und
Ausdrucksweise sehr eingenommen, weniger von seiner Person ..."

Noch in demselben Monat ging Börne, nachdem seine „Wage",
wie alle Blätter der Opposition, durch die Karlsbader Beschlüsse ver=
boten war, nach Paris und versah von hier aus die Cotta'schen Jour=
nale mit Artikeln über Politik und Kunst. Rahel verlor diesen An=
walt der Volks= und Menschenrechte nicht aus den Augen. Der
Ernst seiner Gesinnung, seine fast starre Ueberzeugungstreue, seine
elementare Wahrheitsliebe, das mächtige politische Pathos, wie es bei=
spielsweise seine „Briefe aus Paris" (1832—34) durchbröhnte, —
das alles machte ihr Börne zu einer sympathischen Erscheinung, zu
der sie bewundernd emporsah. Einen „unserer vornehmsten Geister"
nannte sie ihn. Auch nachdem sich Varnhagen wegen Börnes Angriffe
auf die „Jahrbücher für wissenschaftliche Kritik" (1828) mit ihm ver=
uneinigt hatte, bewahrte Rahel ihm treue Verehrung. Heine hat
mit Recht eine gewisse Wahlverwandtschaft zwischen beiden festgestellt,
indem er sagte: „Rahel liebte vielleicht Börne um so mehr, da sie
ebenfalls zu jenen Autoren gehörte, die, wenn sie gut schreiben sollen,
sich immer in einer leidenschaftlichen Anregung, in einem gewissen

Geistesrausch befinden müssen, — Bacchanten des Gedankens, die dem Gotte mit heiliger Trunkenheit nachtaumeln."

In einem Punkte hat sie Börne nicht ganz verstanden. Er war ein Meister jener verdeckten politischen Opposition, die sich des Feuilletons, der Theater= und Buchkritik als Behikels zur Aussprache politischer Meinungen bediente. Er betrachtete Meisterwerke der Weltlitteratur nicht vom rein ästhetischen Standpunkt, sondern bewertete sie nach ihrem politischen und ethischen Gehalte; er stellte die Frage: wie sehr oder wie wenig ihre Wirkung auf die Zeitgenossen der Sache der Freiheit nützen könne. Ja, er beurteilte nach dem gleichen Maßstabe die ganze Dichterpersönlichkeit. Er war einseitig genug, Jean Paul, als den Dichter der Armen und Bedrängten, in den Himmel zu erheben, und Goethe zu schmähen, weil er seine herrlichen Dichtergaben nicht in den Dienst der Freiheit gestellt habe. — Diese Art der Beurteilung erregte Rahels Widerspruch, da sie das System politischer Polemik, das seiner litterarischen Kritik zu Grunde lag, wohl nicht klar durchschaute. „Gräßlich behandelt er Goethe," seufzte sie einmal.

*   *   *

Unter den jüngeren Schriftstellern des Jungen Deutschland, die sämtlich nach 1800 geboren sind, traten nur Theodor Mundt und Gustav Kühne mit Rahel in persönliche Berührung, und letzterer erzählt selbst, daß er sie nur einmal gesehen habe. Die Wirkung, welche sie auf diese Dichtergeneration ausgeübt hat, war in der Hauptsache mittelbar und wurde durch Varnhagens „Buch des Andenkens" hervorgerufen, das, wie ja Heine schrieb, „zur trostbedürftig rechten Zeit" erschien. Wie tief aber diese Wirkung war, erkennt man, wenn man die Litteratur des Jungen Deutschland durchblättert. Alle diese jungen Schriftsteller haben sich liebevoll in Rahels Individualität versenkt und ihr Wesen zu ergründen versucht; sie wurden nicht müde, zu versichern, daß sie von keiner Frau ihrer Zeit so viel Anregung empfangen hätten, von keiner so verstanden worden seien, wie von Rahel. Laube schrieb in dem Widmungsbriefe an den Fürsten Pückler, den er seiner Novelle „Liebesbriefe" (1835) voransetzte: „Es hat in Berlin eine Frau gelebt und Briefe geschrieben, eine gewaltige Frau, welche von allen gelesen, studiert werden sollte, die sich unsres sittlichen und geselligen Zustandes bewußt werden wollen. Sie haben sie oft gesehen in jenem lichten Hause der Mauerstraße, wo sie waltete und sprach, wo sie die Freunde mit immergleicher Liebe, mit Unterordnung

aller eigenen Interessen empfing, jedem Menschen, auch dem unbedeuten=
den, auch dem unangenehmen zugänglich, bereitwillig. Ich meine Rahel,
die wahrhaftige, welche bei allen äußeren und inneren Stürmen
sich frei erhielt von dem verhüllenden Firnis, den Herkommen, Ge=
wohnheit über das Herz und den Geist der Menschen breiten. Wenn
auf jemand appelliert werden kann bei Besprechung menschlicher Zu=
stände, bei Untersuchung über echte, gesittete Existenzen, so ist es Rahel.
Wir haben kein so offenherziges Buch in unserer Litteratur als ihre
Briefe, wenigstens keins, wo so viel Geist und Spekulation der Offen=
herzigheit zu Hilfe gekommen wäre . . ." Ebenso weist Mundt*) auf
die zuweilen fast erschreckende Aufrichtigkeit der Rahelschen Selbst=
bekenntnisse hin und fährt dann fort: „Macht das Buch Rahel in
seiner äußersten und gewaltsamen Metaphysik menschlicher Selbstbe=
trachtung zunächst diesen aufruhrartigen Natureindruck, so ist doch zu=
gleich hinzuzunehmen, wie die Gedankenstürme, die hier rückhaltlos auf=
geschüttelt werden, befruchtend in die Seele greifen, das zum Leben
Notwendigste, mithin das Positive in jeder Zeile berühren, und die
größten Fragen der Zeit und Zukunft, denen heut niemand sich ent=
schlagen kann, schon dadurch, daß sie dieselben nur in Bewegung setzen,
der Lösung nahe bringen und zu reifen helfen. Dann giebt dies Buch,
nur in der Stimmung hingeworfener Briefe redend, die aber gerade
der unmittelbarste Abbruck eines ganz sich selbst überlassenen Geistes=
lebens sind, . . . eine beredte Mahnung und ein großes Zeugnis für
die Mitwelt von sich. Dies ist in einer Zeit, wo so viel mechanische
Bildungen entstehen, wo so viel Ueberlieferung jede eigenkräftige Ori=
ginalität schwächt, so viel Baumschulenzucht das frohe und freie Natur=
leben der Entwickelung beengt und umrändert, dies ist in einer solchen
Zeit die hohe Mahnung an ein urmächtiges Bewegen und Entfalten
aus originellster Persönlichkeit heraus, an ein produktives und selbst
inneres Erzeugen und Behandeln jener Ideen, von denen Gegenwart
und Geschichte voll sind, und die im Individuum denselben Prozeß
schöpferisch durchmachen müssen, den sie in der Welthistorie beschrei=
ben . . ." Wie Laube und Mundt, so war auch Gustav Kühne**)
bestrebt, Rahel zu charakterisieren, „den Nerv ihrer geistigen Entfal=

*) Charaktere und Situationen. Vier Bücher Novellen, Skizzen,
Wanderungen auf Reisen und durch die neueste Litteratur. Von Th. M. —
Wismar und Leipzig, 1837. H. Schmidt und v. Cossels Ratsbuchhandlung.
**) Weibliche und männliche Charaktere. Leipzig, Verlag von
Wilh. Engelmann. 1838. Erster Teil pag. 77.

tung" zu erfassen. Die letzte große Eroberung aber, die Rahels Geist durch das „Buch des Andenkens" machte, war die nachträgliche Ge= winnung Karl Gutkows. Berliner von Geburt, in derselben Mauer= straße, in der Rahels Heim lag, unter ärmlichen Verhältnissen er= wachsen, war er als 20jähriger Jüngling oft genug an dem stolzen Eckhause vorübergegangen, in dem die Häupter der Romantiker, libe= rale Doktrinäre, echte Demokraten und ordengeschmückte Staatsminister und Geheimräte aus und ein gingen; aus der Buntscheckigkeit dieses Verkehrs hatte der junge Volkstribun seine Schlüsse auf die politische Gesinnung des Kreises gezogen. „Jetzt, aus Rahels Briefen, ward ihm die Lösung dieser Widersprüche; vor dem Eindruck der hier ent= hüllten Charakterstärke und Wahrheitsliebe schmolz das eingewurzelte Mißtrauen . . . In ihrer Skepsis wie in ihrem Verlangen nach posi= tiven Wirkungen erkannte er in ihr eine Geistes= und Gesinnungs= verwandte. Die Thatsache, daß ein Weib, eine an den Genüssen des Lebens reich beteiligte, dabei kränkliche, nervöse Frau so kühn, so stark hatte denken können, wirkte ermutigend und beschwingend auf die That= kraft des eigenen Geistes" (Proelß). Nun schrieb Gutkow im „Jahr= buch der Litteratur" von 1839: „Wer einst die organische Entwicke= lung unserer neuen Litteratur zeichnen will, darf den Sieg nicht ver= schweigen, den drei durch Gedanken, ein Gedicht und eine That aus= gezeichnete Frauen über die Gemüter gewannen. Mit Rahel zeichnete sich die höhere Empfänglichkeit, bis zu der es weibliche Wesen bringen können, gegen die gewöhnliche Frauenbildung ab." Dann, nach kurzer Charakteristik der Bedeutung Bettinens und der Charlotte Stieglitz, fährt er fort: „Wie durch eine göttliche Ver= abredung ergänzen sich diese drei großen Gestalten, drei Parzen, die den Faden der neueren Litteratur und einer ernsteren Ausgleichung der Bildung mit dem, was die Gesellschaft vertragen kann, anlegten, spannten, abschnitten." —

Rahels Wirkung auf die jungdeutschen Schriftsteller erklärt sich in erster Linie durch den Umstand, daß sie eine geradezu überraschende Aehnlichkeit zwischen Rahels Ideen und ihrem eigenen Denken und Streben entdeckten. In den Briefen und Tagebuchblättern dieser Frau offenbarte sich ihnen dieselbe innere Zerrissenheit, an der sie krankten, dasselbe qualvolle Fragen ohne Antwort, dieselbe schmerzliche Sehnsucht, „die Einheit des Lebens zu finden, in welcher Beruf und Trieb in= einander aufgehen" (Rahel). Mundt glaubte die „Zeitbedeutung des Buches Rahel" darin erblicken zu sollen, „daß sich an einer unendlich bewegungsvollen Persönlichkeit jenes Ziehen, Zucken und Wetterändern in Reflexion, Gesinnung und Gestaltung einer ganzen Menschheits= epoche, mit einem Wort, die bangen Wehen einer Uebergangsperiode teils schildern, teils vorherverkündigen und mit dunkler Prophetie in die Zukunft hineinweisen ..." Es war Geistesverwandtschaft, was ihnen Rahel nahe brachte, und gern überließen sie sich ihrer Führung.

In jenem „Hineinweisen in die Zukunft", von dem Mundt redet, liegt schon eine der positiven Wirkungen Rahels auf das Junge Deutschland. Durch die Unzufriedenheit über das Unzulängliche aller Verhältnisse, durch Zweifel und Verzweiflung hören wir bei ihr immer wieder einen hellen, hoffnungsfreudigen Ton hindurchklingen. Es lebte in ihr ein unverwüstlicher Zukunftglaube, der sie die trübe Gegen= wart nur als „Durchgangspunkt" einer organischen Entwickelung zu besseren Zuständen" auffassen ließ. „Es giebt gewiß eine Kombi= nation, in welcher man auch hier als Mensch noch ganz glücklich sein kann" —: solche Ideen waren diesem Geschlechte nötiger als das täg= liche Brot; denn sie bewahrten die jungen Stürmer und Dränger, die sich in tausend Hoffnungen betrogen sahen, vor dem Versinken in thatenlosen Pessimismus.

Mundt weist u. a. darauf hin, welch ein Beispiel Rahel den Zeit= genossen in ihrer frei und reich entfalteten, „urmächtigen" Persönlich= keit aufgestellt habe. Wir erkannten in Rahel eine der bewußtesten Vertreterinnen des deutschen Individualismus. Als solche hat sie das junge Geschlecht nachdrücklich darauf hingewiesen, daß die echte Poesie nicht im heißen Ringen mit politischen und sozialen Problemen, nicht unter dem Seziermesser der Kritik geboren werde, sondern daß sie tief in der Persönlichkeit, im geheimnisvollen Trieb= und Gefühlsleben der Seele wurzele. Natürlich war es Goethe, den sie den jüngeren Talenten unermüdlich als den berufenen Meister vorhielt, und dessen poetische Ideale sie in ihnen zu neuer Wirksamkeit weckte. Das ist nichts Ge= ringes: war doch das Junge Deutschland — nach dem Beispiel Börnes — viel mehr geneigt, Goethe als Fürstendiener und Verleugner der Rechte und Freiheiten des Volkes und der Menschheit zu schmähen, denn ihn als poetisches Muster zu verehren. Nur Rahels geistreicher Art, den Dichter im Verhältnisse zu seiner Zeit, im Zusammenhange mit der wirklichen Welt zu betrachten; den Nachweis zu führen, daß er in den Kämpfen und Stürmen der Zeit ein versöhnender, beruhigender Ver= mittler und Berater sei: nur dieser ihrer Interpretationskunst konnte es — wie wir bei Heine sahen — gelingen, das frondierende Dichter=

geschlecht zu Goethes Werken, als zu dem Borne ewig großer und echter Poesie, zurückzuführen.

*　　*　　*

Unter den neueren Historikern hat Treitschke*) die Bewegung des Jungen Deutschland von einem einseitig=antisemitischen Standpunkt aufgefaßt. Er versucht, nach dem Beispiel von Menzel und Jarcke, das Judentum für den revolutionären Charakter der neuen littera=rischen Bewegung und der ganzen Zeit verantwortlich zu machen und dadurch das Junge Deutschland zu diskreditieren. „Wie gewaltig war doch die Macht des Judentums in wenigen Jahren geworden!" ruft er aus. „Börne und Heine, Eduard Gans und die Rahel gaben den Ton an im Jungen Deutschland, dazu als Fünfter etwa noch Dr. Zacharias Löwenthal, der betriebsame Verleger in Mannheim. Das Weltbürgertum und der Christenhaß, der ätzende Hohn und die Sprachverderbnis, die Gleichgültigkeit gegen die Größe der vaterländischen Geschichte — alles war jüdisch in dieser Bewe=gung... Da jene Fünf ihre germanische Gefolgschaft wirklich über=ragten, so erlangte der jüdische Geist für kurze Zeit einen Einfluß auf die deutsche Litteratur, wie seitdem niemals wieder... Zu schaffen vermochte dieser halbjüdische Radikalismus nichts, jedoch er half die Grundfesten von Staat, Kirche, Gesellschaft aufzulockern, den Umsturz des Jahres 1848 vorzubereiten; deshalb allein gebührt ihm eine Stelle in der Geschichte."

Hier ist nicht der Ort, die Oberflächlichkeit und das Uebertriebene dieser Behauptungen im einzelnen nachzuweisen. Das hat Johannes Proelß in seinem vortrefflichen Werke so gründlich gethan, daß der Treitschkeschen Auffassung vollständig der Boden entzogen wird. Bei=spielsweise erbringt Proelß den Beweis, daß gerade die Jungdeutschen es waren, „die stets der wachsenden revolutionären Bewegung im Volke [die wahrlich durch die wundervollen Maßregeln der deutschen Regie=rungen und des hohen Bundestages so systematisch geschürt wurde, daß es einer ‚jüdischen‘ Beeinflussung gar nicht erst bedurfte] eine Be=ziehung auf das Vaterländische zu wahren suchten, während die Liberalen der praktischen Politik, die Professoren und Kammerredner,

*) In seiner „Deutschen Geschichte im 19. Jahrhundert". Den tendenziösen Entstellungen und Uebertreibungen des temperamentvollen großen Historikers hier entgegenzutreten, erscheint mir um so nötiger, als dieses Geschichts=werk eine ungeheuer weite, verdiente Verbreitung gefunden hat.

zum großen Teile ihrem freiheitlichen Wirken teils eine partikularistische, teils eine kosmopolitische Richtung gaben". So hat Börne in der Zeit nach Begründung des deutschen Bundes aus dem Volke heraus und im Namen des nichtpreußischen Deutschlands auf Preußen als den einzigen Staat hingewiesen, von dem Deutschlands Einigung zu erwarten sei. In ähnlicher Weise hat auch Gutzkow den nationalen Einheitsgedanken vertreten.

Was speziell Rahel betrifft, so braucht man sich nur ihren Charakter, ihre Weltanschauung zu vergegenwärtigen, um die Gegenstandslosigkeit von Treitschkes Behauptungen zu erkennen. Eine Frau von dem lebendigen Patriotismus Rahels kann unmöglich Gleichgültigkeit und Verachtung vaterländischen Wesens gepredigt haben; eine Frau, aus deren Munde das tiefe Wort stammt, die menschliche Seele sei „von Natur aus eine Christin", und jenes andre: „Wer nicht in der Welt wie in einem Tempel umhergeht, der wird in ihr keinen finden", hat nie Christenhaß, sondern nur Duldsamkeit und Liebe gesät. Wer, wie sie, von allem umstürzlerischen Treiben sich abgestoßen fühlte und nur von einer vernünftigen Reformation des Bestehenden, von einer organischen Entwickelung zu besseren, freieren, menschenwürdigeren Zuständen das Heil erwartete, darf nicht denen zugezählt werden, die darauf ausgehen, „die Grundfesten von Staat, Kirche, Gesellschaft aufzulockern". Trotz alles Kühnen, Aufrüttelnden, das sie mündlich und schriftlich ausgesprochen hat, kann ihr Wesen in seiner Totalität — habe es nun persönlich oder durch ihre Briefe gewirkt — nur einen ausgleichenden, versöhnenden, sittigenden Einfluß auf diese Jugend geübt, nur ihre besten und edelsten Instinkte geweckt haben. —

Als Ende 1835 jene thörichte und kleinliche Verfolgung des Jungen Deutschland durch den Bundesrat begann, hatte Rahel bereits die Augen geschlossen. Varnhagen aber nahm sich der hart betroffenen jungen Freunde klug und thatkräftig an; er glaubte auch hierin — und gewiß mit vollem Recht — als der Vollstrecker des Willens der Verstorbenen zu handeln.

*   *   *

In demselben (8.) Bande der „Denkwürdigkeiten", dem die früher mitgeteilte Skizze über das Leben im ersten Salon entnommen wurde, finden wir unter dem Titel: „Der Salon der Frau von Varnhagen. Berlin, im März 1830" die eingehende Schilderung eines Gesellschaftsabends im zweiten Salon. Von diesem Aufsatz ist das Gleiche zu sagen, wie von jenem: es hat mir nur eine Kopie von Varnhagens Hand vorgelegen, die Echtheit kann nicht in jedem Punkt verbürgt werden; aber die Schilderung ist so anziehend, daß ich sie wenigstens im Auszuge mitteilen will.

Der Besucher wurde durch ein paar einführende Worte der Gene= ralin von Helwig Rahel empfohlen und erhielt die Einladung, sich zum Abend einzustellen. „Ich war zeitig auf dem Platze," erzählt er, „und vernahm, Frau von Varnhagen sei noch ganz allein. Ein erstes Zimmer ließ durch offene Flügelthüren in ein zweites blicken, wo ich sie an einem Tische sitzen und lesen sah, während ein Kind an ihrer Seite eingeschlafen lag. Ich stand einen Augenblick und sah mir das Bild an. Ernste Gemütsruhe und heiteres Wohlwollen waren der Aus= druck ihrer Züge, die sich nicht belauscht ahnten; ihre kleine, gedrungene Gestalt, ihr klares, feines Gesicht, trotz der Jahre und langwieriger Kränklichkeit noch von bewundernswerter Frische, ihre feste und leichte Haltung, alles war in einer gewissen Uebereinstimmung, die meinen Sinn lebhaft ansprach. Als sie meine Tritte hörte, schob sie den Tisch etwas ab, wandte sich mir entgegen und sagte mit leiser Stimme, auf das schlafende Kind deutend, ich möchte verzeihen, sie habe nicht den Mut, das Glück zu stören! Ich bat natürlich, dies ja nicht zu thun. Wir sprachen dann das Nötige von Frau von Helwig und ihren Ein= führungszeilen, von meinem bisherigen Aufenthalt und seiner ferneren Dauer. Auf meine Frage, ob das Kind ihre Nichte sei, erwiderte sie: ‚Es ist die Tochter meiner Nichte, aber ich lieb' es wie mein eigen Kind!‘ In ihrem Tone war dabei eine zärtliche Innigkeit, die mir zum Herzen drang, ich fühlte die lebendige Wahrheit ihres einfachen Wortes.

„Frau von Varnhagen sagte, ich sei ihr als Musikfreund em= pfohlen, und freute sich, daß ein paar schöne Stimmen sich zum Abend bei ihr angesagt, auch würde vielleicht Fürst Radziwill kommen, der jede Gelegenheit, Musik zu hören und zu üben, gern wahrnehme; er sei der größte Musikfreund, den sie je gesehen, er übertreffe darin weit den berühmten Fürsten Lobkowitz, der freilich größere und lärmendere Mittel aufzubieten gehabt, aber Radziwills Leidenschaft sei ernster und tiefer, und seine Kompositionen zu Goethes Faust reihten ihn den großen Meistern an. Wir sprachen nun vom Gesang und namentlich von Liedern und deren Vortrag, wo denn Frau von Varn= hagen der einfachen großartigen Weise, wie Madame Milder deutsche Lieder zu singen pflegte, volle Gerechtigkeit widerfahren ließ, aber hin= zufügte, eigentümlicher und rührender habe sie dergleichen nie singen

hören, als vor mehreren Jahren von einem jungen Schwaben Grün=
eisen, der habe ihr ordentlich eine neue Sphäre aufgeschlossen, nämlich
von echt und schön deutschem Gesang, himmelweit verschieden von dem
erkünstelten, hohlen, anspruchsvollen Wesen, das auch in der Musik als
Deutschheit gelten wolle . . .

„Das schlafende Kind wurde unruhig, erwachte und blickte aus
zwei himmlischen blauen Augen sogleich die Tante an, deren Augen
mit dem Ausdruck inniger Freude auf die Kleine leuchteten. Nach
einigen leisen Worten, zu denen das Kind beifällig nickte, nahm die
Tante es auf den Arm, entschuldigte sich bei mir auf ein paar Augen=
blicke und trug den Liebling kosend in ein Seitengemach.

„Mittlerweile besah ich mir die Oertlichkeit etwas näher; die hell-
blauen Zimmer waren geräumig und besonders hoch, mit freier Aus=
sicht vorwärts in die gerade Straße hinauf, rückwärts auf hohe Garten=
bäume, übrigens ganz einfach ausgestattet, ohne Kostbarkeit und Glanz;
ein paar geringe Bildnisse hingen an der Wand, zwei Büsten, die des
Prinzen Louis Ferdinand und, ich glaube, Schleiermachers, standen
zwischen Blumentöpfen; von Gerät schien nur das eben zum Gebrauche
Notwendige vorhanden; aber das Ganze machte dennoch einen eleganten
Eindruck, oder vielmehr die Anordnung war so gefällig und bequem,
daß sie jenes eigentümliche Behagen hervorbrachte, welches durch die
höchste Eleganz bewirkt werden soll, und bei den größten Mitteln doch
so oft verfehlt wird. Auf dem Fortepiano lagen einige Bücher, die
ich unwillkürlich in die Hand nahm: ein Band von Saint=Martin
und die Gedichte Uhlands, ein französischer Roman und Fichtes
Staatslehre ruhten friedlich beisammen . . ."

Mit der zurückkehrenden Wirtin traten neue Gäste ein. „Es war
der Freiherr von Reden mit seinen beiden Töchtern, hannöverscher
Gesandter, ein munterer alter Herr, der an einem Krückstock langsam
einherschritt, aber dafür um so rascher und eifriger sprach; in der That
war seine Redseligkeit unerschöpflich, aber zugleich so der Ausdruck eines
überfließenden Herzens, einer gutgemeinten Mitteilung, daß man ihn
lieb gewann und kaum lästig fand . . . Wie früher um das Kind,
war Frau von Varnhagen jetzt um den Alten sorglich bemüht, suchte
mit zartester Aufmerksamkeit ihm alles behaglich zu machen und dabei
ihr Bemühen möglichst unscheinbar zu halten, ohne Zweifel um ihn
nicht empfinden zu lassen, daß er so großer Sorgfalt bedürftig sei!
Er empfand aber die liebevolle Begegnung und sah mit freundlichster
Rührung auf die wackere Wirtin, für die auch seine ältere Tochter die

wärmste Freundschaft zu fühlen schien ... Kaum hatte der alte Herr im Lehnstuhle behaglich Platz genommen, als auch die für ihn nötigen Mitsprecher sich einfanden, der Professor Gans mit Ludwig Robert und Herrn von Varnhagen, alle drei schon im Streit und also= gleich von Herrn von Reden in Beschlag genommen. Sie schienen aber ihr begonnenes Gespräch nur fortzusetzen, und der Gegenstand war damals in Berlin überall an der Tagesordnung, es war die schwebende Sache der beiden Theologen zu Halle, Wegscheider und Gesenius, deren Rechtgläubigkeit durch hämische Anschuldigungen war verdächtigt worden ..."

Der Erzähler wandte sich von den heftig Streitenden einigen Damen zu, die inzwischen die Gesellschaft vermehrt hatten. „Frau von Varnhagen stellte mich der Gräfin von York und deren Schwester vor, zweien Damen von sehr ausgezeichnetem Ansehen und schöner freier Bildung; ich vernahm, daß beide die herrlichsten Stimmen hätten, und beide sagten es nicht ab, vielleicht später einige Lieder zu singen; das jüngere Fräulein von Reden wurde gleichfalls wegen ihres lieblichen, in Italien ausgebildeten Gesanges vorläufig in Anspruch genommen. Frau von Varnhagen aber wurde von dieser Gruppe abgezogen, denn laute Stimmen klangen vom Vorsaale herein, und eine kleine Schar von Herren erschien und bestürmte sie mit Begrüßungen. Es waren zwei Offiziere, ein Graf von Schl. und Paul E. [Ebers?], ferner der Graf von Mocenigo mit dem Grafen von Kleist, und hinter ihnen zuletzt der spanische Gesandte Graf Cordova." Es entspann sich als= bald ein Gespräch über Musik, in welchem Cordova unter manchem Widerspruch mit großer Lebhaftigkeit für Rossini eintrat und, haupt= sächlich an Rahel sich wendend, seine Meinung umständlich auseinander= setzte. Das Erscheinen zweier längst erwarteten Damen, der Sängerin Milder und der Frau Friederike Robert machte dem Disput ein Ende. „Man mochte diese Frau", erzählt unser Gewährsmann, „leiden können oder nicht: schön finden mußte man sie, sie war es in höchstem Grade, sie strahlte so hell, daß die andern Gesichter neben ihr im Schatten zu sein schienen, eine Wirkung, die nur nicht von Dauer war, denn allmählich suchte der Blick doch wieder den Ausdruck des Geistes, der Klugheit, der Güte, der Zartheit und anderer Eigenschaften, durch welche hier die augenblicklich verdunkelten Physiognomien bald wieder sich erhellten und zuletzt die bloße Schönheit weit überflügelten. Jetzt aber wirkte die schöne Friederike wie ein guter Genius, Frau von Varn= hagen führte sie zu Herrn von Reden, der seine galanten Huldigungen

hier gern anbrachte und gern gehört wurde. Die jüngeren Herren
drängten sich nun auch herzu, der Schönheit widerfuhr ihr volles Recht,
wie Frau von Varnhagen munter sagte. —

„Madame Milder war inzwischen zum Fortepiano getreten und
bereitete sich zu singen. Balb war alles still und harrte der mächtigen
Töne dieser Silberglocken. Sie begannen in zartester Reinheit und
Süßigkeit und schwollen zu dem stärksten Strom, ohne getrübt zu werden.
Lieder von Kreutzer, von Schubert und Beethoven rissen uns alle zum
Entzücken hin. Eine zauberische Einfalt wirkte in diesen Tönen, rührte
das innerste Herz, das Gemüt fühlte sich durchschauert und emporgehoben.
Frau von Varnhagen lächelte mit feuchtem Auge; selbst Graf von
Mocenigo, der ausschließliche Bewunderer italienischen Gesanges, lobte
diesen deutschen; nur General Cordova wehrte sich gegen den Eindruck
und blickte wie zerstreut in seinen Courrier français, den er zusammen=
gefaltet noch zwischen den Fingern hielt.‟

Durch eine Neuigkeit, die jemand mitgebracht hatte, wurde das
Gespräch auf die Politik gelenkt, und nun entbrannte ein heißer Kampf
um ein mißliches und gefährliches Thema: über die Verbindlichkeit
der Eide und Versprechungen, welche der Fürst dem Volke leistet. Hier
bewies sich Professor Gans als Meister der Dialektik, der seinen Gegner,
den Grafen Cordova, mit den kühnsten und doch bedachtvollen Streichen
besiegte . . . „Der lebhafte, rasche Disput war wie ein improvisiertes
Schauspiel von beiden Seiten recht schicklich aufgeführt worden, und
nur einigemal hatten der preußische General [von Pfuel] und Frau
von Varnhagen leichte Zwischenworte hineingeworfen, welche dazu bei=
trugen, alles in gutem Gleise zu erhalten . . . Der General von Pfuel
hatte die eigene Gabe, Maß und Vermittlung mit einer besondern
Energie darzubieten, indem er den heißen Eifer in die Schneeregion
technischer Betrachtung erhob, wo derselbe sich notwendig abkühlte. Frau
von Varnhagen dagegen klärte die schwülen Lüfte durch rasche Blitze
eines leichten Humors, der ihr so einzig eigen war, und dessen Ueber=
raschendes ich nicht besser bezeichnen kann, als daß ich es einen an=
genehmen Schreck nenne, eine kleine Erschütterung aus Staunen und
Behagen gemischt und dadurch wohlthätig, daß alle falschen Span=
nungen sogleich erschlaffen und die Sachen wieder auf ursprünglichem
Boden stehen . . .‟

Die Rede kam auf die Musik zurück, und zwar auf die soeben
aus Paris heimgekehrte Sängerin Henriette Sontag, die in Berlin
außerordentlich gefeiert wurde, deren Talent einsichtige Kunstkenner je=

doch weniger hoch einschätzten. Da sie nun in diesem Kreise, besonders wegen ihrer musikalischen Koketterie, heftig getadelt wurde, wandte sich Rahel, in dem tiefen Bedürfnis, jedem Menschen Gerechtigkeit zu teil werden zu lassen, an Gans mit den launigen Worten: „Lieber Gans, kommen Sie her, Ihnen muß man Mlle. Sontag als politisches Ereignis erklären, und das will ich thun! Dann werden Sie einsichtig und also gerecht über sie urteilen. Sehen Sie einmal den Charakter und Gang unserer Welt im allgemeinen an, seit der französischen Restauration; betrachten Sie die Ideen, den Geschmack, die Tonart, die seitdem an Höfen, in der höchsten Gesellschaft — und also unbewußt auch in der niedrigsten — herrschen und gefallen, was finden Sie? Ueberall ist das Große und Erhabene geschwunden, das Mäßige, das Anmutige ist an die Stelle getreten; unsre Gesellschaftswelt mag nicht erschüttert, nicht fortgerissen werden, sie will geschmeichelt, geliebkost sein, die Talente sollen uns und unsere vielseitige, aber schwache Bildung ausdrücken, nicht bloß künstlerische Meisterschaft, sondern ein Gemisch von allem —: ein artiges Betragen, gefällige Eleganz, sittliche Zurückhaltung bei gehöriger Lebhaftigkeit, eine selbstbewußte Bescheidenheit — kurz, die leibhaftige Mlle. Sontag; und so ist sie denn ein Ausdruck des politisch-sozialen Eklektizismus unserer Zeit, die Künstlerin, wie unsere Zustände sie hervorbringen, tragen, erlauben. Verstehen Sie, was ich meine?" — „Vollkommen versteh' ich Sie, und gebe Ihnen vollkommen recht!" versetzte Gans; „ja, so ist es, und ich wundere mich nur, daß ich das nicht längst eingesehen!" —

„Man lächelte über dies letztere Bekenntnis, und Ludwig Robert meinte, das sei recht wie Gans, der keine seiner Schwächen je zu verhehlen wisse und darin wahrhaft liebenswürdig sei. Gans aber war von der neuen Erkenntnis sichtbar angeregt und bearbeitete sie in seinen Gedanken weiter; nach einer kleinen Weile neigte er sich zu Frau von Varnhagen und sprach leise mit ihr, doch nicht so leise, daß ich nicht alles deutlich gehört hätte. ‚Recht gern, lieber Gans, und mit vielem Danke dazu, es wird mir eine große Ehre sein!' sagte Frau von Varnhagen freundlich und drückte ihm die Hand. Er hatte sie nämlich gebeten, ihm den eben ausgesprochenen Gedanken abzulassen, er wolle ihn gern weiter entwickeln und einen kleinen Aufsatz daraus machen, dergleichen müsse öffentlich ausgesprochen werden. Wie auch geschah; denn wir lasen bald nachher in der musikalischen Zeitung einen mit Eduard Gans unterschriebenen Artikel, der in bekannter Weise darzuthun suchte, Mlle. Sontag sei kein Individuum, sondern eine Begebenheit! —

„Mehrere Personen hatten sich schon verzogen, als noch später Alexander von Humboldt eintrat, und durch ihn die Gesellschaft neues Leben empfing. Er kam aus dem Hoffreise, hatte dort ‚den Infanten‘, wie er scherzweise den jungen Herrn von Rothschild nannte, gesehen und wichtige Neuigkeiten aus Paris vernommen ...“ Bald sprang das Gespräch auf das damals in Mode gekommene Frömmler=wesen, speziell auf den Berliner Pietismus über. „Humboldt,“ heißt es in unserem Bericht, „der die Gabe besitzt, den tiefsten Ernst in ein anmutiges Gewand zu kleiden, und bald als beißende Anekdote, bald als wissenschaftliche Erkenntnis, bald auch als erheiternden Wiß vor=zutragen, war unerschöpflich in Angaben der mannigfachsten Art, aus denen der Gegenstand in immer neuem Lichte sich abspiegelte. Die verschiedenen Gattungen der Frömmigkeit, welche er in allen Sphären seiner umfassenden Weltkunde beobachtet, bei Anglikanern, Quäkern und Methodisten, in Paris unter Napoleons Konkordat und am Hofe Karls des Zehnten, bei spanischen Katholiken, unter Wilden am Orinoko und am Mississippi, alle klassifizierte er, wie ein Botaniker seine Pflanzen, nach bestimmten charakteristischen Zeichen und begehrte die des Berliner Frömmelns näher zu erfragen, um danach Geschlecht und Ordnung sicher auszufinden; aber am Ende schien er alle Sorten nur für Spiel=arten, künstliche und verderbte, einer unscheinbaren Pflanze zu halten, die in ihrer echten, ursprünglichen Art nur an einsamen, stillen Orten zu finden sei!“ —

Es war spät geworden, und die Gesellschaft begann sich mehr und mehr zu lichten. Auch Humboldt hatte sich verabschiedet. Abermals wandte sich das Gespräch der Politik zu; die Lage Frankreichs, das am Vorabend der Julirevolution stand, war ernst und spannend genug, um die Gemüter zu beschäftigen. Man erörterte die Hoffnungen des Hofes, das Begehren der Nation und wog die Kräfte beider gegen=einander ab. „Da griff Rahel in den Streit ein mit den Worten: ‚Ich werd’ es nicht erleben, aber gebt acht! die Bourbons bleiben nicht!‘ — ‚Das mein’ ich ebenfalls,‘ rief Gans, ‚und die Geschichte hat den Gang der Dinge schon ganz vorgezeichnet; es wird in Frank=reich gehen, wie vordem in England, man wird den faulen Teil der Dynastie wegwerfen und den gesunden bewahren, Orleans wird auf den Thron kommen.‘ — Aber Frau von Varnhagen schüttelte den Kopf und sagte: ‚Das wird wenig helfen. Auch der Teil, den Sie den ge=sunden nennen, ist den Franzosen schon ein angefaulter. Auch Orleans kann nicht bleiben. Allen Franzosen — lehrt sie mich kennen! — liegt die Republik in den Gliedern, und Republik werden sie werden. Ob ihnen zum Heil oder Unheil, das ist hier gleich; ich halte auch die Konstitutionen, nach denen alles verlangt und strebt, in ihrem Erfolge für gar nicht so gewiß, sie können vielleicht das größte Unheil sein, aber das hindert nicht, daß wir hinein und hindurch müssen, es ist kein anderer Weg in die Zukunft. Wie für uns Konstitution, ist für die Franzosen, die ja immer voraus sind — mein ‚Vorvolk‘, wie ich sie nenne —, Republik unvermeidlich. Der frühere Versuch war zu kurz, um durch sein Mißlingen etwas zu entscheiden, aber stark genug, um zu immer neuen Versuchen anzureizen, bis einer gelingt. Und es kann gelingen; denn je mehr ich mir die Franzosen ansehe, desto mehr drängt sich mir die Ueberzeugung auf, daß sie vor allen andern Nationen zur Republik geeignet sind; in jedem von ihnen steckt etwas von Selbst= herrlichkeit, jeder unterwirft sich am liebsten einem Abstraktum, und wo das Ansehn der Person nicht mehr gilt, ist man der Republik ganz nahe.‘ Indem sie dies sagte, mußte ich über den Ausdruck erstaunen, den ihr Gesicht angenommen hatte; die kleine, bisher so mild und be= scheiden einwirkende Frau war ernst, grundernst geworden; ihr Blick — noch sanft, und beinahe der gewöhnliche — hatte etwas eigentümlich Festes, ihre Züge sprachen Entschlossenheit, ein fast herrscherlicher Trotz bezeugte den tiefsten Glauben an das, was sie sagte.

„‚Sie glauben also nicht, daß Orleans regieren wird?‘ fragte nach einer Weile Gans mit erhöhtem Eifer. — ‚Regieren?‘ versetzte Frau von Varnhagen. ‚Warum nicht! Wer kann alle Zwischenszenen berechnen? Aber die großen Ereignisse von aushaltender geschichtlicher Gestalt gehen darüber hinweg und machen daraus den Staub ihres Weges.‘

„Das letztere Bild hatte etwas schauerlich Großes und war ganz in der Eigentümlichkeit der Sprecherin. Auch erregte ihr Ausspruch eine besondere Spannung; aber die Prophezeiung klang doch etwas abenteuerlich, und wir glaubten ihr keineswegs. Noch saßen die Bour= bons in aller Macht auf dem Thron, noch war Orleans nur der demü= tige Agnat, und hier wurde nicht nur der Fall von jenen, sondern auch schon von diesem, der noch erst erhöht werden mußte, frischweg verkündigt. Jedoch wenige Monate später war der erste Teil der fabel= haften Weissagung bereits erfüllt, und in den seitherigen Ereignissen ist nichts, was der Möglichkeit widerspräche, daß auch der zweite Teil in Erfüllung gehen könnte! . . .“ In der That hat der Gang der Geschichte durch fast sieben Jahrzehnte Rahel recht gegeben.

Der Abend wurde beschlossen durch einen drolligen Scherz Bet=
tina von Arnims, die sich als Fürst Pückler melden ließ, um, wie
sie beim Eintritt zu Rahel sagte, durch die Thürspalte zu beobachten,
„was ihr für Gesichter macht, wenn ihr denkt, der Fürst kommt". Dar=
auf wandte sie sich an Gans und von ihm zu den andern Herren, in=
dem sie an jeden eine launige, spöttisch belehrende Ansprache richtete.
„Vergebens wollte man ihr antworten," heißt es in dem Bericht, „die
beredtesten Männer verstummten vor diesem glänzenden Bilderstrom,
auf welchem Witz und Gedanke mutig dahinschifften; kaum, daß Frau
von Varnhagen, mittelst der ihr eigenen Raschheit und Kürze, wohl
einen Spruch einschob, aller sonstigen Redefäden hatte sich die wunder=
bare Zauberfrau bemächtigt und hielt sie gleich Zügeln in den Händen,
bald rechts=, bald linkshin lenkend, bald geradeaus ihre beschwingten
Gedankenbilder zu vollem Laufe auslassend. In der That, niemand
sprach jetzt noch als nur sie; aber so schön, so reich, so bezaubernd,
daß wir alle hingerissen und nur noch mehr zu hören begierig waren.
Diese Phantasien, Ideen, Einfälle, Witzworte, Launen, alles beflügelt
in raschem Wechsel vorübereilend, und doch zu einem großen Sinn
und Zwecke sich sammelnd, kann ich nur der wunderbaren Musik ihres
Lieblings Beethoven vergleichen, und mir war wirklich zu Mut, als
vernähme ich eine von seinen herrlichsten Symphonien. Von dergleichen
Bezauberungsmacht des beseelten Wortes hatte ich vorher keinen Be=
griff gehabt! Frau von Arnim schien ihre Leute zu kennen und zu
wissen, daß sie hier ihre besten Gaben nicht zurückzuhalten brauche, daß
diese gut hier aufgenommen und nicht verschwendet seien. Vergebens
aber würde ich unternehmen, hier den reizenden Flug ihrer Laune und
Seltsamkeit nachzuerzählen, oder die Tiefe und Anmut ihres schöpfe=
rischen Geistes zu schildern; dazu bedürfte ich ihrer eigenen Feder und
würde auch dann nur ein schwaches Abbild der Genialität wiedergeben,
welche vollständig darzustellen nur ihre persönliche Gegenwart vermag. —

„Genug," so schließt der Berichterstatter, „dies war das Bouquet
des reichbelebten Abends, den ich bei Frau von Varnhagen zubrachte,
und mir ist nach diesem Schlusse nichts weiter mehr erinnerlich, als
daß wir uns spät getrennt, und ich unter der Gewalt dieser letzten Ein=
drücke mich fröhlich=müde dem süßen Schlaf und den bilderhellen Träumen
überließ, die wie ein Sternenhimmel sich immer gedrängter und glänzen=
der über mir ausbreiteten." — —

Dreizehntes Kapitel.

Letzte Lebensjahre und Tod.

(1829—1833.)

Ernst von Feuchtersleben sagt einmal von Rahel, ihre Krankheit sei ihr Leben gewesen: sie könne nicht verstanden werden, wenn man sie nicht als Kranke auffasse. — Mag diese Behauptung, auf Rahels ganzes Leben bezogen, übertrieben sein — denn die körperliche Hinfälligkeit hatte ein starkes Gegengewicht in der seltenen geistigen Energie, welche sich über die leibliche Schwäche erhob und diese besiegte —: für ihre letzten Lebensjahre hat das Wort volle Gültigkeit. In diesem Zeitraume war ihr Leben nur noch ein hartes Ringen mit einem Heere von Uebeln, denen sie, so heroisch sie sich dagegen wehrte, schließlich erlag. —

Als Varnhagen, wie schon erzählt, Anfang 1829 in königlichem Auftrage nach Kassel reiste, verbarg sie ihm, wie elend sie sich fühlte, damit er ohne Sorge Abschied nähme. Trotz bester Pflege und Schonung hob sich ihr Zustand nicht wesentlich, und oft weinte sie bitterlich, wenn sie daran dachte, daß ihr Mann sie in dieser Verfassung finden würde. Unmittelbar nach seiner Heimkehr, im April, wurde sie von einem besonders starken Anfall ihres alten Brustleidens betroffen. Von Krämpfen geschüttelt, rang sie sechzehn Tage und Nächte mit furchtbarer Atemnot; oft waren die Beklemmungen so qualvoll, daß die Kranke von Varnhagen und ihrer treuen Dore stehend gehalten werden mußte. — „Ich war vor Gericht und ward freigesprochen," schrieb sie kurz nach ihrer Genesung. „Willkommen auf der alten Erde, die mich wieder aufgefangen hat! Mehr gelitten hat man wohl nicht: dies ist ein Geheimnis zwischen mir und Gott. Kein Arzt, keine Umgebung kann dies raten, sehen oder glauben; ich nun selbst fasse es nicht mehr: nur wiedermachen will ich es nicht mehr. Wohl dem, der

eine höchste Ueberzeugung im bittern Leben gewonnen, errungen, ge=
schenkt bekommen hat! Auf diese führten mich Martern zurück. Gott
hat recht, und es ist am besten so; ich bin ja seine Kreatur. Ich
frug mich, was ich aus den Martern lernen soll? Besser sein, mehr
Mitleid haben, nicht zerstreut sein über Leidende und Arme u. s. w.
Nun ring' ich sacht wieder gegen das Leben an ... Alles, was Kunst
und Liebe in dieser Zeit hervorzubringen vermag, habe ich erfahren,
genossen. Von Arzt, Mann, Geschwistern und Domestiken. Das bal=
samte mein Herz und half mich ganz gewiß retten. Von der Achtung,
die ich in der Stadt genoß, wäre fast lächerlich zu sprechen: ich höchst
befremdet; denn wahrlich, ich hielt mich zeitlebens für Rahel, und sonst
nichts ..."

Ihrem Tagebuche aber vertraute sie folgende (hier aus dem Fran=
zösischen übertragene) Worte Saint = Martins an: „Eine der großen
Gefahren für den Menschen ist es, sich im Leiden verlassen zu glauben.
Möchten wir doch niemals vergessen, daß man hier unsere
Läuterung will, und nicht unser Verderben. Unsere Fehler
sogar sollen in uns nur Reue und das Gefühl unserer tiefen Erniedri=
gung bewirken, aber nie Verzweiflung. Das höchste Mitleid nimmt
teil an uns in unsern Schmerzen, die göttliche Barmherzigkeit in unsern
Fehlern und Verirrungen. Der kennt Gott schlecht, der an seiner Macht
zweifelt, uns von neuem geboren werden zu lassen, wenn wir mit wahr=
haft reuigem, bemütigem Herzen zu ihm zurückkehren." Und sie wieder=
holt nachdrücklich das schöne Wort: „N'oublions jamais qu'on veut
ici notre purification, et non pas notre perte" und fügt ein in=
haltschweres „Amen!" hinzu (28. April 1829).

Welch ein schönes Vertrauen zu Gott, welche rührende Zuversicht
in seine Führung enthüllt sich in diesen Seufzern und Bekenntnissen!
— Wir erinnern uns ihrer 1811 gegen Fouqué ausgesprochenen
Ueberzeugung, daß Religion sich nicht von Mensch zu Mensch übertragen
lasse, daß der Glaube nicht lehrbar, sondern ein intimes, ganz persön=
liches Verhältnis zwischen Gott und dem Menschen sei, ein Geschenk
der Offenbarung, das „in tiefstunterworfener Demut" abgewartet
werden müsse. Lieber wollte sie allen Zweifeln und Seelenkämpfen
ausgesetzt sein, als die Religion je als Notbehelf ergreifen. Doch jene
Gnade, die sie dem Geschenk des Daseins vergleicht, war ihr wider=
fahren: Gott hatte sich ihr offenbart, nicht zum wenigsten in den harten
Drangsalen ihres Lebens. Schwer fühlte sie seine Hand auf sich liegen;
aber sie lernte, je älter sie wurde, um so tiefer den Segen des Leibes

empfinden. „Mir wird bei Leiden das Herz offen," sagte sie einmal, „und wie durch eine Schleuse strömt Liebe ein, Liebe aus; und viele, die besten Gedanken werden rege. Wär's nicht Sünde, würde ich sagen: ich weiß dann mehr von Gott, dem ich knieend danke." — Sie lernte mit dem reinen Vertrauen, mit der Ergebung eines Kindes sich dem allmächtigen Willen unterwerfen: das „Einwilligen" in Gottes Ratschluß nennt sie die „größte Gnadenverleihung". Mit wahrer Kindeseinfalt schreibt sie: „Oft entschlag' ich mich aller Sorge und stelle dann alles Gott anheim, als dem besten Freund und Vater, mit dem ich mich ganz unaussprechlich gut stehe. Ja, wir sind auf einem ganz vertrauten Fuß." — Freilich nicht zu jeder Stunde gelang der Seele diese Erhebung zu vollem Vertrauen. „Könnte man sich nur recht zu Gott wenden, so wär' einem gleich geholfen. Mit seiner Hand hebt er einen heraus; ich habe sie schon an mir gefühlt, seine Hand. Aber so recht, wie man kann und soll, sich so ganz mit dem Auge an ihn ansaugen, das gelingt nicht immer, man will und kann nicht immer stark genug." —

Ihre große Vorliebe für Angelus Silesius*) (Johann Scheffler, 1624—1677), der, gerade damals durch Friedrich Schlegel zu neuem Leben geweckt, einer der Lieblingsschriftsteller ihres Alters wurde, könnte die Vermutung nahe legen, Rahel hätte jenem mystischen Pantheismus gehuldigt, der in den Epigrammen des „Cherubinischen Wandersmannes" einen so tiefsinnigen, erhabenen, in seiner äußersten Konsequenz freilich manchmal an Gotteslästerung streifenden Ausdruck findet. Indessen dem ist nicht so. Was sie an diesem Dichter fesselte, ist nur sein glühender Drang, Gott zu ergründen, das innigste Gemeinschaftsleben mit ihm zu suchen. Das spricht sie (Dez. 1820) folgendermaßen aus: „Angelus' tiefste, schönste, kühnste Sprüche sind und bleiben nur unschuldige Fragen und demütiges Verzichten; die ersteren bis zur kühnsten Keckheit eines geistvollen Kindes ... Und ich möchte sagen, was ist am Ende der Mensch anders, als eine Frage! Zum Fragen, zum ehrlich kühnen Fragen und zum demütigen Warten auf Antwort

---

*) Rahels vielgebrauchtes Handexemplar des Angelus machte nach ihrem Tode Varnhagen dem jungen Gottfried Keller, der häufig in seinem Hause verkehrte, zum Geschenk. Kellers Beschäftigung mit dem Buche entsprang jene Episode im „Grünen Heinrich" (im 12. Kapitel des 4. Bandes), wo der Kaplan den „Cherubinischen Wandersmann" zum Vorlesen ins Grafenschloß mitbringt, „in der Absicht, das grundtiefe und kühne Wesen solcher Geister dem neuesten Geiste [des Atheismus] gegenüberzustellen".

ist er hier. Nicht kühn fragen und sich schmeichelhafte Antworten geben, ist der tiefe Grund zu allem Irrtum . . ." Es ist echt protestan= tischer Geist, der hier aus ihr spricht.

Durch alles Denken und Betrachten, durch alles Untersuchen religiöser Probleme wurde ihr lebendiger Glaube an einen persönlichen Gott nie erschüttert. Sie, der die Persönlichkeit das höchste Geschenk des Daseins, „die schärfste Bedingung und der für uns zu erreichende Grund unseres Bewußtseins" bedeutete, konnte sich Gott gar nicht anders, denn als eine Person vorstellen. „Ich hasse jedes Bild," sagte sie einmal hierüber, „jedes willkürlich und kleinlich bestimmte, das wir uns von dem in kein Bild zu Fassenden machen wollen, selbst die allgemeine Vorstellung einer Persönlichkeit des Urseins ist mir beschränkt und willkürlich — aber ich kann nicht anders, ich bin doch immer wieder darauf zurückgewiesen, und ich kann es mir nicht nehmen lassen: das Weltall und die ganze geistige Schöpfung er= scheinen mir doch nur als Glieder, zu denen es ein Haupt geben muß! Ohne persönlichen Gott kommt mir alles wie verstümmelt, wie dessen beraubt vor, das dem übrigen erst Leben, Schönheit und Bedeutung giebt." Bestimmte Vorstellungen ließ sie sich nicht aufdrängen: „Uns vor unserm eigenen Unvermögen beugen, an jeder Grenze von uns Gott finden, ihm unbegriffen vertrauen; wegen der Pfänder, die wir als Recht, Vernunft und Mitgefühl in uns finden, solch Gutes von ihm erwarten, daß wir's uns gar nicht vorstellen können; alle Tage von neuem fleißig untersuchen: das ist Gottesfurcht und Gottesliebe. Aber Bildervorstellungen dahingestellt sein lassen! Wie einer kann; aber nicht, wie einer will!" —

Wie der Glaube an einen persönlichen Gott, so beruhte auch ihre Hoffnung der Unsterblichkeit auf ihrem tiefen Bewußtsein vom Werte der Persönlichkeit. Es war ihr, wie sich aus mehreren merkwürdigen Aeußerungen ergiebt, zur Ueberzeugung geworden, daß der Kern der Persönlichkeit nicht nur den Tod überdauere, sondern auch vor der Geburt in irgend einer Daseinsform existiert haben müsse. Doch auch hier begab sie sich des fruchtlosen Bemühens, in dem irdischen Vorstellungskreise entnommenen Bildern das unergründliche Geheimnis sich auszumalen: nur tröstliche Ahnungen des künftigen Zustandes erschienen ihr erlaubt. „Unsere Unschuld", bemerkt sie 1818 einfach und schön, „besteht darin, daß wir manches noch nicht erfahren und wissen; aber darin besteht auch die Eigenheit unseres hiesigen Zustandes, daß wir vieles hier überhaupt nicht erfahren und wissen können. Vielleicht ist das ganze Erdenleben nur eine Art Unschuld, auf die ein höherer Zustand mit weiterem Aufschlusse des Daseins folgt. Wenn dem so wäre, so könnte nichts tröstlicher und erheiternder sein, als dieser Unschuld mit Bewußtsein sich zu überlassen und sie in diesem Gedanken freudig zu genießen." — Eine Tagebuchnotiz aus dem Jahre 1827 lautet: „Mir scheint endlich das Resultat des ganzen hiesigen Lebens für den Geist nur dies: — ich soll lernen, eine ganz andere Voraussetzung für die Existenz überhaupt machen, als hier nur irgend eine zu ergründen ist. Und da ich sie gar nicht zu machen im stande bin, so kann sie das Herrlichste, Göttlichste sein! Das ist mein Paradies, mein Himmel, meine Hoffnung, meine Zuversicht auf den Geist, der den meinen schaffen konnte und wollte! Lauter irdische Worte indessen, bis wir das allerklärende gefunden haben."

. . In diesen Vorstellungen und Hoffnungen wurde sie bestärkt durch den französischen Mystiker Saint-Martin (1743—1804), dessen Schriften, besonders die „Oeuvres posthumes", ihr im Alter eine unerschöpfliche Quelle des Nachdenkens boten. Wir sahen, wie sie ihn in bedeutsamen Momenten ihres Lebens zum Zeugen und Tröster anrief. Sie nannte ihn ihren „größten révélateur". In ihren Tagebüchern finden sich häufig Auszüge aus seinen Schriften, mit zustimmenden oder widersprechenden Anmerkungen aus ihrer Feder. 1832 schrieb sie: „Von allen Autoren, die ich kenne, hat keiner einen größeren, reicheren, inhaltsvolleren Gedanken ausgesprochen, als Saint-Martin durch die Worte: ‚Unsere künftige Glückseligkeit wird darin bestehen, daß wir jeden Augenblick etwas Neues [neue Offenbarungen] erfahren werden'. Dann auch nur werden wir befreit sein und am Erschaffen teilhaben. Jetzt müssen wir nur wiederholen, in Variationen auf derselben Beschränkung."

Je mehr sich ihr Leben neigte, desto vertrauter ward ihr der Gedanke des Todes, der ihr nur als ein Uebergangsmoment, als die „wichtigste Hälfte hiesigen Lebens" erschien. Wir erinnern uns der schönen Trostworte (vom Febr. 1831) an Gentz, die dieses Thema behandeln. Um dieselbe Zeit schrieb sie in ähnlichem Sinne einer Freundin: „Wenn wir uns in den Schmerz des trennenden Todes versenken wollen, betrachten wir lieber das ewige große Wunder des Lebens, welches beides eins ausmacht, und uns zur tiefsten Unterwürfigkeit leitet und auf die größte Liebe anweist." —

Ganz ablehnend verhielt sich Rahel gegen die altbiblische Mythe vom Sündenfall. Der Gedanke, daß die Menschheit aus einem heiligen, vollkommenen Zustande in einen niederen, sündhaften herabgesunken sei und darin verharren müsse, widerstritt ihrem Bewußtsein und ihren Erfahrungen. Sie sah, wenn sie die Entwickelung der Menschheit überblickte, keinen Niedergang, sondern ein stetes Aufsteigen zu höherer Kultur und Sittlichkeit. Sie konnte es sich nicht vorstellen, ja sie nannte es einen „beleidigenden Irrtum", daß Gott eines Sündenfalles bedurft habe für den Aufbau seines Heilsplanes. „Wohlthat, Fest liege in des höchsten Geistes Spiel" — nämlich in der Schöpfung und Leitung der Welt —, „und nicht elender Sündenfall". Hatte Gott nicht Wissensdurst und Wahrheitstrieb dem Menschen eingepflanzt? Wie hätte er ihn mit ewig fortwirkender Strafe belegen können, weil er im unrechten Augenblick diese Kräfte übte? — Sie opponiert dieser Auffassung mit folgendem Wort: „Der Mensch ist noch vorwitzig über das, was er nicht weiß, rebellisch gegen das, was er nicht kennt. Er soll es aber sein; denn er ist so geschaffen. Aus Gnade und Güte, nicht aus Sündenfall." In einem Gespräche über diesen Gegenstand rief sie einmal mit drastischer Komik aus: „Der Mensch ist ein Geist: der soll nicht vom Baum der Erkenntnis fressen wollen! Wovon soll er denn fressen? Das wäre noch schöner!" — Uebrigens richtete sich ihr Widerspruch nicht gegen die innere Bedeutung, welche der Mythe zu Grunde liegt, sondern gegen die grob-äußerliche Auffassung, gegen die Stempelung der Parabel zu einem Dogma.

Ist der Mensch im stande, den in ihn gelegten Kräften entgegen zu handeln? — Giebt es eine absolute Freiheit des Willens? — Oft hat Rahel dieser Frage nachgedacht, die im Zusammenhange steht mit den höchsten Fragen der Philosophie und Religion, und sie hat sie stets verneinen müssen. Sie betrachtete — und hierin neigt sie sich der Auffassung Spinozas und Schopenhauers zu — den Willen als die primäre und wesentliche Seite des Seelenlebens, als die Grundfunktion der Seele, die von der Vorstellung unabhängig sei. Ausdrücklich stimmt sie (im Jahre 1824) folgendem Worte Spinozas zu: „Ich bin fern, alle Freiheit zu leugnen, und weiß, daß der Mensch sein Teil davon hat. Aber diese Freiheit besteht nicht in einem erträumten Vermögen, wollen zu können: weil das Wollen nur in dem wirklich vorhandenen bestimmten Willen da sein kann. Einem Wesen ein Vermögen, wollen zu können, zuschreiben, ist ebenso als wenn man ihm ein Vermögen, dasein zu können, zuschriebe, kraft dessen es von ihm abhinge, sich das wirkliche Dasein zu verschaffen." — Aehnlich hat sie sich oft ausgesprochen, am schärfsten wohl in folgender Tagebuchnotiz (1825): „Einsicht ist frei, aber nicht der Wille. Das wird verwechselt. Was wir begehren müssen, ist ganz bestimmt in uns, das sind wir gleichsam selbst, davon sind wir gemacht: unser Wollen ist nur wie ein Gelenk, welches hierhin oder dorthin gedreht werden kann; Einsicht kann nur freie Zustimmung werden, Einstimmung zum Zwang [den der Wille ausübt]: und so ist nur in Einsicht Freiheit für uns."

Mithin kann „den Willen freimachen" für sie nur heißen: ihn von allen Hindernissen befreien, damit sich die Natur nach den ihr inne= wohnenden Gesetzen reich und schön entfalte. „Wir sind ja nur ein Gesetz," sagte sie, „begeistigt durch Einsicht und Uebereinstimmung." Und ein andermal ganz prägnant: „Frei sein kann gar nichts anderes heißen, als seiner innersten Natur sklavisch folgen zu dürfen." In dieser Richtung liegt denn auch ihr Sittlichkeitsideal. Es ist kein ab= straktes Tugendideal, wie es die Systeme der Ethik und Religion dem Menschen vorhalten. Für sie kann das Ziel der höchsten Sittlichkeit nur die ungehemmte Bethätigung des eingeborenen Willens, die harmonische Entfaltung aller Kräfte zu freier, wahrer Menschlichkeit sein. —

Wir finden in Rahels Aufzeichnungen das christliche Bekennt= nis nicht buchstäblich ausgesprochen. Man wird annehmen müssen, daß das Dogmatische der christlichen Lehre sie kalt gelassen habe. Doch fühlte sie sich der Person Christi, den sie Freund und Bruder nannte, tiefsinnig verbunden. Besonders teuer waren ihr diese Sprüche des Angelus Silesius:

„Wird Christus tausendmal in Bethlehem geboren
Und nicht in dir: du bleibst doch ewiglich verloren.

Das Kreuz zu Golgatha kann dich nicht von dem Bösen,
Wo es nicht auch in dir wird aufgericht', erlösen.

Ich sag', es hilft dir nicht, daß Christus auferstanden,
Wo du noch liegen bleibst in Sünd' und Todesbanden."

Wie zuwider ihr jenes leere Scheinchristentum, das nur nach dem Jenseits schielt, war, sagt folgendes Wort aus d. J. 1830 (im An= schluß an die Lektüre des „Erbrechts" von Ed. Gans): „Das freut mich, daß es gedruckt wird, was ich immer sage, nämlich stumm: Daß es nicht wahr ist, daß das Reich Christi nicht von dieser Welt sei. Die Forderungen der vorgeblichen Religion sind nicht rein, fromm und wahrheitsvoll; darum verweist man sie lieber von unserer nach einer andern Welt. Aber nur hier, und gleich, soll Religion herrschen."

Darin scheint mir das Charakteristische von Rahels Religiosität zu liegen, daß sie ganz individuell und innerlich, jedem Scheinwesen, allem Wortgepränge und Zeremoniell abgewandt war. Varnhagen weist in einer kleinen Studie*), die er über den Gegenstand schrieb, darauf hin, daß sich in ihrem persönlichen, unvermittelten Verkehr mit Gott etwas vom Geiste alttestamentlichen Patriarchentums offenbare. Zugleich kann man sagen: sie war, ohne kirchlich=gläubig zu sein, vom lebendigen Geiste des Christentums durchbrungen. Es genüge, hier auf ihre werkthätige Nächstenliebe, auf die echt christliche Milde und Selbstverleugnung, mit der sie Unrecht duldete, auf ihre Demut dem Unerforschlichen gegenüber hinzuweisen. — —

*   *   *

Von jenem Krankheitsanfall im Frühling 1829 leiblich genesen, verbrachte Rahel den Sommer desselben Jahres mit ihrem Gatten in Baden — es sollte das letzte Mal sein, daß sie ihren Fuß in das ihr liebe Ländchen setzte — in anregendem Verkehr mit dem Ehepaar Constant und der alten Vertrauten Pauline Wiesel, die sich in= zwischen abermals vermählt hatte. Auf der Rückreise fügte — zu ihrer großen Freude — der Zufall, daß sie in Frankfurt a. M., in einem „prosaischen Wirtshause" den Grafen Custine traf: ein Ereignis, das, wie der junge Mann ihr schrieb, in seinem Leben „Epoche ge= macht" habe, und an das sich allerlei schöne Pläne künftigen Wieder= sehens knüpften, die sich indes niemals erfüllen sollten.

Der Anfang des Jahres 1830 stand wiederum unter dem Zeichen der Krankheit. Zu Rahels gewohnten Nervenleiden gesellte sich eine hartnäckige Erkältung, die sie „sechs dicke Wochen" lang an das Zimmer fesselte. „Eigentlich dauert meine Konvalescenz vom vorigen Jahre noch — gestört aus tausend Winkeln — fort," vertraute sie ihrer Schwester. Doch war der Verlauf dieses Jahres einigermaßen erträg= lich. Nur mehrten sich die Anzeichen des Alters; sie mußte sogar an= fangen, zeitweilig ihre Briefe zu diktieren. Das wurde ihr herzlich sauer: „Das kann gewiß nur Goethe," klagte sie. „Ich habe nie ge= wußt, daß mein Kopf eigentlich das Tintenfaß ist, worin ich meine Feder eintauchen muß, und daß keine fremde Hand dazwischen sein darf." — Auch der Verkehr schränkte sich notgedrungen mehr und mehr ein: „Ich zwinge es weder mit Kräften, Geld noch Domestiken! Sonst

---

*) Ueber Rahels Religiosität. Von einem ihrer älteren Freunde. Leipzig, Gebrüder Reichenbach, 1836.

konnte ich selbst laufen; jetzt nichts mehr." — „Wir leben fast eingemauert in unserer Mauerstraße," heißt es einmal mit schwerem Seufzer. Selbst das Theater mußte vernachlässigt werden: „Treppen kann ich nicht steigen, Menschenluft nicht atmen." In diese Zeit mag die Schilderung passen, die F. Gustav Kühne von ihrer äußeren Erscheinung entworfen hat. „Ich erinnere mich noch sehr wohl des Augenblicks," schreibt er*), „wo ich Rahel — ein erstes und letztes Mal — gesehen. Es war in den letzten Jahren ihrer körperlichen Hin=fälligkeit; aber es mochte ein guter Moment sein, als sie vor mir stand mit dem blassen Gesicht, dem dunkeltiefen Auge, dem schwarzen Ge=wande und der nachlässigen Haltung ihrer nach vorn zusammenge=schlagenen kleinen, schneeweißen Hände. Sie war ins Zimmer wie ein schwebender Geist gefahren, sie stand so plötzlich vor mir, daß ich er=schrak. Lautlos pflegte sie eine neue Erscheinung mit prüfendem Blicke zu mustern, und wie man ein Buch in die Hand nimmt, den Titel betrachtet und nach kurzem Hin= und Herblättern es wieder fortlegt, wenn zu näherer Bekanntschaft die Zeit ungünstig ist, ganz so war die kurze Musterung, die ich erlebte. Schweigend verließ sie das Zimmer, schleichend geschwind, wie sie gekommen. Ein Krampf über dem Auge, der sie plötzlich befiel, hieß sie flüchten. Erst später hörte ich, daß sie ein Buch von mir gelesen, einige Stellen desselben, wie sie pflegte, sich angestrichen und den Wunsch geäußert, mich selbst gleichsam mit den dortigen Aussprüchen zu konfrontieren. So kam, sah und verschwand sie wieder. Der männlich=kühne Lichtblick ihres Auges, das streng Prüfende ihrer Miene ist mir aber nie verschwunden, dieser Eindruck blieb mir lange Zeit, bis mir später aus ihren Briefen an Alexander von der Marwitz, Gentz und Varnhagen auch die milde Lieblichkeit ihrer geheimern Weiblichkeit klar wurde. Aber es lag eine auflösende Kraft in der Beharrlichkeit ihres sinnenden Auges . . ."

Rahels Gesundheitszustand gegen Ende des Jahres findet charak=teristischen Ausdruck in einem Briefe vom 9. Dezember an die Fürstin Pückler=Muskau, die damals in Berlin wohnte. „Soll ich Klagen führen, teure Frau Fürstin, als Dank für alle huldvolle Güte, die Sie mir zukommen lassen, um nur einigermaßen mein Betragen zu recht=fertigen! Zweimal schon war ich vor Ihrer Thüre, gestern und heute, ohne Ihro Durchlaucht nur wissen lassen zu wollen, daß ich unten sei, so völlig unmöglich war es mir, hinaufzusteigen. In einem an Toll=

---

*) Weibliche und männliche Charaktere. Erster Band, S. 87 ff.

heit gleichenden Nervenreiz setzte ich mich in den Wagen, ohne nur ab=
zusehen, wie ich meine Treppe wieder hinaufkommen soll; so verbitterte
dieser Gedanke meine Krankenfahrt. In der Art, wie jetzt, glaube ich
noch nicht gelitten zu haben. Alle Stunde nehme ich ein Glas Cham=
pagner wie Medizin, um nicht ohnmächtig zu sein, beim stillsten Still=
liegen. Zum zweitenmal steht mein Platz zum vielgeliebten Ballett
leer. Keiner Freundin kann ich dienen, helfen, ja gebührend begegnen.
Die Kinder sehe ich nur Viertelstunden lang . . . Gewiß will und
werde ich mich erholen und klimme dann langsam Ihre Treppen hin=
auf. In einem großen, korridorreichen, schloßähnlichen Gebäude", so
schließt der Brief mit der Vision einer Kranken, „müßten Kolonieen
seiner Leute zusammen wohnen. Alles geheizt und erleuchtet; jedes
Appartement mit einem Portier, das Ganze voller Bescheidenheit und
Wohlwollen, präparierter Luft und herrlichster Pflanzen. Bücher, In=
strumente; kluge Freiheit; und höchstens unpaß, nie krank. Dann wäre
die Erde eine Station, wo sich's auf Beförderung warten ließe."

Den Sylvesterabend 1830 verlebte Rahel sehr heiter im Kreise
ihrer Familie. Am folgenden Morgen schrieb sie einer Freundin:
„Meine Gedanken sind ernst, aber hoch, meine Stimmung gut, meine
Einsicht über das Leben unbestochen: so fang ich noch gut genug das
Jahr 31 an." — Sie konnte nicht ahnen, welch eine Summe von Un=
gemach es ihr bringen würde. Bereits im März wurde sie von einer
schweren Influenza befallen, deren Folgen sich bis in den Sommer
hinein bemerkbar machten. „Sie war schrecklich bei mir," berichtete
sie im Juli an Auguste Brede; „Fieber, Erbrechen, Husten, Brust=
krampf. Erinnere ich's mir, so ist es ein Wunder, daß ich lebe. Ge=
wiß soll ich. Noch vor acht Tagen dacht' ich nie wieder gehen zu
können, nämlich auf der Gasse. Jetzt fühl' ich mich wieder dem Sonst
ähnlich. Vorgestern war ich auf der Potsdamer Chaussee ausgestiegen;
Varnhagen schrie mir zu: ‚Nicht so geschwind!' Und ich antwortete in
Eil': ‚Ich bin nicht mehr so alt!' Alles lachte." — Die alte Rahel!
Sobald sie sich frei von körperlichen Schmerzen fühlte, sobald sie nach
schweren Leidenswochen aufatmen durfte, brach ihr Lebensmut von
neuem hervor; da war sie es, die ihre Umgebung erheiterte, Traurige
tröstete, Kranken Gutes und Liebes erwies. Das Bewußtsein dieser
unzerstörbaren Elastizität spricht sich in einem Trostbriefe an Gentz,
der ihr seinen Kummer geklagt hatte, folgendermaßen aus: „Wie krank
bin ich! Wie gestört! Welchen Verdruß habe ich Dezennien lang
verschlucken müssen, welche Leiden! Und Phönix nach Phönix stieg

empor! Nicht, daß es mir so gefällt, nicht, daß ich's annehme: nein! nein! und ewig nein! Aber ehrlich verarbeitet habe ich es. Ich mag wohl in zwanzig Jahren keine persönliche Satisfaktion gehabt haben. Ich schaffe mir menschliche: durch Teilnahme, durch Meditation, Einsicht, Schwung, Fröhlichkeit, Güte, Unschuld . . . ."

Inzwischen rückte, dem Orient entstammend, eine furchtbare Gefahr der Stadt Berlin näher und näher: die Cholera! — Schauerliche Gerüchte eilten gleich dunkeln Schatten ihr voraus und setzten die Gemüter in Angst und Schrecken. Wer flüchten konnte, verließ die Stadt. Rahel war anfangs fest entschlossen gewesen, zu bleiben. Doch als die Seuche sich wie eine verheerende Flut mit jedem Tage näher wälzte, als immer tiefer die Hoffnung sank, Berlin könne möglicherweise von ihr verschont bleiben, erbebte auch ihr mutiges Herz. Die Vorkehrungen, die zur Abwehr der Krankheit getroffen wurden, das Gerücht, daß man strenge Absperrungsmaßregeln plane, erregten die Besorgnis der alternden, kränklichen Frau; und als im Juli Ludwig Robert mit seiner Gattin nach Baden übersiedelte, erwachte auch in ihr der Wunsch, Berlin den Rücken zu kehren. Doch verwarf sie bald wieder diesen Gedanken, zumal da Varnhagen zum Bleiben riet. Die Zuversicht in Gottes wunderbare Fügung lieh ihr Kraft zum Ausharren. Bald gewann sie ihre Unbefangenheit wieder. „Alles fährt, läuft, theatert, diniert, musiziert hier wie immer: ich auch."

Der gewohnte Lebensfaden aber riß ab, sobald die Cholera Ende August Berlin ergriff —: „Die Oder", erzählt Rahel, „ward von ihr übersprungen, und die große Krankheit senkte sich auf unsre Spreestadt . . . Komisch waren die Berliner, wie immer; die ersten sechs Tage wollten sie's nicht glauben und wallfahrteten zu den Kranken nach Charlottenburg, wie nach dem Stralauer Fischzug. Wachen mußten sie von den Spreeschiffen abhalten." Doch die grausame Erbarmungslosigkeit, mit der die Pest zu wüten begann, machte allem Zweifel schnell ein Ende. „Sie war das Schreckbild der Menschheit," schrieb Gutzkow, der sie miterlebte. „Auf einem dürren Kosakenklepper schien sie zu kommen, die sieben Plagen als siebensträhnige Knute in der Hand, diese asiatische Giftmischerin, die in alle Brunnen, alle Ströme, in jede Nahrung den Keim des Todes warf." Der Puls des öffentlichen Lebens stockte; das Interesse der Menschen konzentrierte sich auf den einen Gedanken: die Gefahr von sich und den Seinen abzuwenden. Man lebte nur der Cholera. Rahels Briefe geben eine Vorstellung von dem Aufwande seltsamster Mittel, mit welchen man dem Feinde zu begegnen suchte. Man legte sich die größte Enthaltsamkeit auf, ja man hungerte aus lauter Diät, würzte alle Speisen mit Ingwer; man ging auf der Straße mit Essigtüchern vor Mund und Nase, „präparierte" sich die Luft im Hause mit Bernsteinrauch, wickelte sich von oben bis unten in Flanell ein und legte sich Löschpapier auf Rücken und Fuß= sohlen; ja selbst durch das Scheuern der Wohnräume fürchtete man das Ungeheuer zu locken. Dazu priesen die Zeitungen jeden Tag neu= entdeckte Heilmittel an.

Mitte September begann Rahel sich plötzlich unwohl zu fühlen. Lähmendes Entsetzen ergriff sie: sie glaubte sich infiziert! Fünf Tage litt sie an Fieber, Erbrechen, Nervenschmerzen; dann erholte sie sich wieder. Die Angst hatte sie geäfft, es war nur ein Anstoß ihres alten Leidens gewesen. Bald nach ihrer Genesung schrieb sie an Ludwig nach Baden einen Brief, der, als ein beredtes Zeugnis ihrer Stim= mungen und Gedanken in jener gefahrvollen Zeit, hier seinen Platz finden möge. „Mehr als zwanzigmal Tages denk' ich: wäre doch das Perspektiv schon erfunden, wodurch Louis hierhersehen könnte und unsre guten, ruhigen, heiteren Stunden mit ansähe! Vorgestern sogar lachten wir bis zu Seitenschmerz; Varnhagen, der nicht besonders gerne applau= diert, noch schwerer lacht, schrie ordentlich. Ich lag krank seit fünf Tagen zu Bette — meine Uebel: Nerven, Brechen u. s. w. Welchen Effekt dies jetzt macht, soll niemand erfahren! Doch ward mir abends leiblich; und die Kinder alle drei auf meinem Bette. Varnhagen da= vor. Ich war ein böhmischer Mann, der Tiere zeigt: Elise war ein Schweinchen, welches reden gelernt hatte, Pauline ein Papagei, Bertha ein Hase. Ich exzellierte so in Sprache, Witz und Erfindung, Erzählung, daß wir alle vor Lachen schrieen. Und ich dich anrief! So ist der Mensch. Eingerichtet von Gott. Von den schlechten Augenblicken rede ich nicht; es sind meist gute. Mich unterhält, tröstet und stärkt allein Gutesthun, Sorgen, Besorgen. Täglich gebe ich: Kamisole, Pakete Sachen, Geld, Kaffee allen Menschen, dem Zeitungs= mann, meinen Domestiken, der Scheuerfrau, allen ärmeren Bekannten; den Kindern Nahrung, Binden; meinen Leuten jede Bekleidung ꝛc. Alle Menschen sporne ich an. Gott weiß, ob ich prahlen will; ich bitte ihn um Erleuchtung, wie ich künftig sein soll. Verschweigen will ich aber mein Thun jetzt nicht; ich will sie anspornen: vielleicht hilft's. Leider schämen sich viele nicht und schenken ihren armen Domestiken nicht Erquickung; aber ich bin übertrieben und sie — vernünftig! Dies dereinst mündlich. O könntest du nur alle Tage die Spenersche lesen!

Diese Industrie, dieser schnelle Fleiß; auch wird Gott erlauben, daß der Krankheit besser begegnet werden kann. Die Wohlthaten sind noch nicht allgemein genug; doch schon stark. Juden geben in jeder Liste mit größerm Mute. Eines ist gewiß gut: daß nämlich jetzt von seiten der Stadt, des Gouvernements, der Kommissionen richtig und streng auf Reinlichkeit, Lüftung und auf Bekleidung der armen Klasse gesehen wird; es kommen täglich Leute und sehen nach. Die Wirte sind auch dazu verpflichtet. Bliebe dies auch in gesunden Tagen so! Es ist nicht wahr, daß die Wohlhabenderen dazu nicht Zeit haben; tausend und tausend Frauen und Männer haben nichts anderes zu thun; und nicht nur seit jetzt denk' ich so. Aber sie sterben lieber vor Langeweile und Unart aller Art, der Verschwendung, des Klatsches und der Prahlerei. Ueberhaupt sollten Frauen das Armendirektorium sein; tausend Witwen und brave Frauen giebt's dazu ... Könnte man nicht, teurer Louis, dazu beitragen, daß es so würde; wenn man z. B. in der Allgemeinen Zeitung einen Artikel aus Berlin schriebe? Nicht das mit den Frauen vorerst: nur daß für der Aermeren Reinlichkeit, Be=schäftigung und Kleidung auch in gesunden Tagen fortgesorgt werden würde, und dies der Ertrag, menschlicherweise gesehen, von der schweren Prüfung sein soll! ..." (20. Sept. 1831). An Pückler aber richtete sie folgendes, nur aus dem Zusammenhange ihres Wesens ver=ständliche und darum oft mißdeutete Wort: „... Die grauenmachende, dumpfe, unbekannte Annäherung des großen Uebels — ich nenne sie nicht, die infamierende Krankheit; sich angesteckt zu fühlen: dies ist mir ein neues, lähmendes, ganz verworfen fremdes Bewußtsein. Und was hab' ich alles entdeckt! Daß ich der größte Aristokrat bin, der lebt. Ich kann an keiner Seuche sterben, wie ein Halm unter andern Aehren auf weitem Felde, von Sumpfluft versengt. Ich will allein, an meinen Uebeln sterben; das bin ich; mein Charakter, meine Person, mein Physisches, mein Schicksal." —

Ohne in Rahels Familie Opfer gefordert zu haben, ließ die Cholera von Berlin ab und setzte ihren Schreckensweg nach dem Westen fort. Doch die Aufregungen, Sorgen und Mühen, die sie verursacht, die Trennung von ihrem Lieblingsbruder hatten Rahels Kräfte hart mitgenommen. Körperlich hinfällig, müde, fast lebenssatt: so traf sie der Winter 1831 auf 32 — der Winter, der seit Jahren eine Leidenszeit für sie be=deutete. An den langen Abenden, wo ihre Kränklichkeit sie von jedem Verkehr isolierte, wo ihre geschwächten Augen ihr das Schreiben und zuweilen sogar das Lesen verboten; in den schlaflosen Nächten erhob sich ihr Geist in ernsten Selbstgesprächen zu philosophischer Betrachtung, versenkte sich ihre Seele voll schmerzlicher Inbrunst in die Rätsel des Lebens. Da sah sie ihren Entwickelungsgang abgeschlossen, ihr Schicksal vollendet; da fühlte sie sich schon fast losgelöst vom Erdendasein; gedachte sie der Jugendfreunde, die sie durch Tod und Trennung verloren, so durchschauerte das Gefühl der Vereinsamung ihre Brust. Wunderbar ergreifend ringen in ihren Briefen an Gentz diese Stimmungen nach Ausdruck. In ihrem langen Schreiben vom 23. bis 25. November 1831 heißt es u. a.: „Keinen heftigeren Herzenszustand giebt es in dieser Welt, als den, glücklich sein zu wollen; dies zu erhoffen und noch zu glauben, daß solche Zustände für irgend jemand existieren. Wer ganz feinsinnig, tief und blühend intelligent ist, und ein starkes und zartes Herz hat, findet kein Ganzes in irgend einer Kombination zu einem Zustande gestaltet, der seinen gerechten Forderungen allen genügte; wenigstens mir war dies nicht beschieden; wie denn jeder Mensch, der nur Besinnung hat, ein ganz einziges Schicksal hat, da er ein Moment des Ganzen — Gottes, wenn Sie wollen — ist, der nur einmal existieren kann. — Einsamer ist man nicht, als ich nun in allen Stücken. Ich sehe noch hie und da Menschen, lese, höre. Aber lebe ohne Pairs. Und denke an Vergangenes wie ein Verstorbener. Aber wenn ich mich bedenke, war es zu sechzehn, zwanzig, dreißig, vierzig Jahren nicht anders mit mir. Auch wußte ich es in der Tiefe immer: nur überschrieen meine neuen Wahrnehmungen, Empfindungen, den Himmel, Natur und Welt belagernden Forderungen die in der Tiefe immer zu findende Gewißheit; und Stück vor Stück mußte mir das Ganze genommen werden, ehe ich den Mut, die Kraft, die Möglichkeit faßte, daß ich nichts haben sollte. Nur mich selbst. Auch darauf bin ich nicht stolz; wie weiß ich, daß schon Krankheit uns uns selbst entreißt, zerstört. Es giebt nur einen großen Lehnsherrn, und wir Kreaturen alle sind Vasallen. Nur durch Miteinsicht erahnden wir Freiheit . . . Unser innerstes Wesen ist sogar gezwungen: unser Wunsch nach einem heiligen, freien, unverletzten Zustand. Müssen wir das nicht wünschen? Sind wir dieser Wunsch nicht selbst? . . . Ich rücke und rühre an nichts mehr, seit vielen Jahren; und ab fällt, was nicht hält, wie Blätter von einem gegendbeherrschenden Baum. Der große Todesgedanke — das viele Sterben aller Bekannten, das man im Alter erlebt — ist das ganze vollständige Gegengewicht dieser Phantasmagorie, dieser gezwungenen Anlage von Illusion. Dieses Rätsel löscht mir alle Vorfälle des Lebens, außer Blindheit, Kerker,

Martern, überhaupt Schmerzen, ganz aus. Ich verachte nicht das Leben; das Gefühl von Dasein, die Denk= und Fühlfähigkeit, das große, heilige, amüsante Rätsel: diese Zerstückelung ist zu koloffal, zu augenscheinlich, auch für solche Augen, mit denen wir hier hausen. Ich habe Momente von wahrem Erschauen, wo mir blitzlang alles klar ist; wo ich weiß, was heilig ist. Eins ist gewiß, und das kann man hier mit den Jahren schon ergründen und finden. Es steigert sich das Schlechte und Gute; und da das Schlechte doch nur eine Negation ist, so tritt es zurück. Ganz gut kann nichts werden . . . Das alles humainement vu. Wir können ja ein neues Begreifungsvermögen bekommen! — Schon längst bin ich so durchdrungen, so übersättigt von Geduld und Abscheu, daß ich abends dem Himmel danke für das, was ich nicht weiß, und so mich auf die einzig mögliche Weise der Unschuld freue." —

Schwere Schläge waren ihr für das Jahr 1832 aufgespart. Am 22. März starb Goethe. Bereits neun Jahre früher, als er an einer schweren Entzündung des Herzbeutels erkrankt war, war er in Berlin totgesagt worden. Damals hatte Rahel schwer gelitten, wie Varnhagen an Oelsner berichtete (7. März 1823): „Niemand war schrecklicher niedergebeugt, als meine arme Rahel, die auf andere Weise, als dies gewöhnlich gesagt werden kann, ihr Leben mit jenem Dichter und Weisen zugebracht, ihr Herz und Geist mit dem seinigen verwebt gefunden hatte. Sie konnte nicht weinen, aber ein krampfhaftes Ge= wimmer entwand sich in unbewachten Augenblicken ihrer Brust". — Jetzt, da das gefürchtete Ereignis wirklich eingetreten war, findet sich in ihren Blättern nur eine kurze Bemerkung, ein scheinbar flüchtig hingeworfener Stimmungsausdruck: „Milder als Mairegen sind Kinder= küsse," schreibt sie im Mai oder Juni. „Rosenduft, Nachtigallton, Lerchenwirbel, — Goethe hört's nicht mehr. Ein großer Zeuge fehlt." Und doch, was liegt in dem einfachen „Goethe hört's nicht mehr"! Es ist wie ein Aufschluchzen und Verstummen in wortlosem Schmerz. — Einmal, im April, träumte sie ausführ= lich von Goethe, wie sie lange nicht so schön geträumt: also schrieb sie dem Bruder. — Bald darauf kam aus Wien die Nachricht von Gentz' Tode. Wir erinnern uns des schönen Epitaphs, das sie in einem Briefe an Leopold Ranke dem alten Freunde setzte.

Noch einmal ließen die wärmeren Tage Reisepläne in ihr reisen. Es zog sie nach Baden zu den lieben Verwandten, nach Muskau zu der aufrichtig verehrten Fürstin. Aber sie konnte nicht rüsten, ihre

„verrückten Uebel, die nicht Stunde, nicht Regel halten," machten jeden Plan zunichte. Dennoch ließ sie die Hoffnung nicht fahren: „Bei allem Mißlingen hofft meine ewig närrische Seele doch immer das Unglaublichste." — Von den letzten Tagen des Juni an traten ihre alten Beklemmungen mit beständig sich steigernder Heftigkeit auf, und in der Nacht vom 6. auf den 7. Juli wurde Rahel von einem so furchtbaren Brustkrampf ergriffen, daß man sie fast aufgab. Ein Aderlaß rettete sie. „Ich war in Todesrachen; er käute mich schon, er hat mich zurückgespieen" —: so deutet sie die Schrecknisse an, die sie erduldet. Es war fast ein Wunder, daß sie diesen Anfall überstand. Als sie sich einigermaßen erholt hatte, entschloß sich Varnhagen mit schwerem Herzen, sie von einem Verluste zu unterrichten, der während ihrer Krankheit die Familie betroffen, und den man ihr bisher sorgsam verheimlicht hatte. Am 5. Juli, am Tage vor Rahels Leidensnacht, war Ludwig Robert durch ein Nervenfieber in Baden plötzlich hingerafft worden! — Rahel war erschüttert bis in die Grundfesten ihres Wesens. „Keine Worte sollen gebraucht werden," schrieb sie ihrer Schwester. „Jeder soll mit seinen Gedanken kämpfen, und sich mit denen und durch sie versöhnen. Ich habe ein großes Stück Leben dadurch verloren. Viel dachte ich, viel lebte ich mit ihm in der Welt: hin ist es; mit keinem kann ich dies sprechen, behandeln. Und ein Gegenstand meiner innigsten, zärtlichsten Liebe ist mir entschwunden; nicht mehr weiß ich, wie es ihm geht. Kurz, es ist der Tod, den wir nicht verstehn, nächst dem Leben ... Laß uns leben bleiben: wir wollen suchen, uns zu sehen, unsre Liebe zu pflegen, solange wir noch oben sind, auf der Erde. Vier ganze Wochen verschwieg man mir den Verlust. Ich bin besser in der Seele, als man und ich denken sollte. Ich dachte meinen Tod nahe und habe alles dies schon lange bedacht. Ich halte mich am Wunder der Existenz überhaupt: ist das möglich, wird das Unbegreifliche noch begriffen werden. Man muß besser werden, gut sein, das ist die Aufgabe."

Wenige Wochen später folgte Friederike Robert ihrem Gatten im Tode nach. „Meine teure Rosa," wandte sich Rahel nach diesem neuen Schlage an ihre Schwägerin Rosa Maria Assing in Hamburg, „ich sehne mich oft nach Ihnen; ich hielte es für ein großes Glück, wenn Sie in Berlin lebten. Ich bedarf der edlen, frischen Freunde; die Entblätterung war zu stark. Eine ganze Ernte der besten Freunde, der besten Menschen habe ich in anderthalb Jahren verloren ..."

Die Lebenskraft, mit der Rahel den letzten schweren Anstoß über=
wunden hatte, erschien den Angehörigen als ein günstiges Zeichen.
Allein mit der rauheren Jahreszeit traten die alten Krankheitserschei=
nungen von neuem auf, und eine Verschlimmerung des Uebels, ein
allgemeines Sinken der Körperkräfte war unverkennbar. Seltener fuhr
sie aus; am 20. und 21. Januar 1833 war sie zum letzten Male im
Tiergarten, um Luft und Sonne zu genießen. Das geliebte Theater
mußte sie völlig meiden. Ihre häusliche Geselligkeit beschränkte sich
immer mehr auf einen kleinen Kreis auserwählter, altbekannter Freunde;
selten noch öffnete sich der Salon neuen Personen. „Abends sind doch
jedesmal bei mir einige anzuhörende Menschen zu finden," schreibt sie
noch im Dezember 1832 der Fürstin Pückler. „Vorgestern sogar
Mad. Milder [die berühmte Sängerin] sehr schön! Fein organisierte
Menschen müssen Zerstreuung haben; andre Occupation als sich selbst,
für ihre Nerven." Eines Abends im Februar bereitete ihre Schwägerin
Ernestine Robert ihr herzliche Freude, indem sie ihr unermüdlich
mit seelenvoller Stimme die schönsten Lieder vortrug: „Ihre Musik hat
mich gestern ins Leben zurückgerufen," schrieb ihr Rahel dankend, „und
ich bin voller Sehnsucht danach!" Doch es war der letzte Genuß sol=
cher Art, der ihr vergönnt war; gerade um diese Zeit machten sich ihre
Beschwerden stärker geltend und entzogen sie allem Umgange. „Be=
klemmungen, zu Bette, einsam, empfindlich," lautete ihr Bericht aus
der Krankenstube. „Kurz, die ganz alte Frau ist fertig ... Koreff
fehlt mir, und Gesundheit; sonst nichts. So mürbe hat mich langes
Leiden gemacht. Ich bin ganz zufrieden, wenn ich nur mit der Atmo=
sphäre in Harmonie bin."

Nur zu deutlich fühlte Rahel, daß ihr Zustand sich ständig ver=
schlimmerte; und da sie die Grenzen der Heilkunst genugsam kannte —
war sie doch in früheren Zeiten sogar von berühmten Aerzten falsch
behandelt worden —, gab sie sich keinen Illusionen hin. Sie mochte
kaum noch auf völlige Heilung rechnen; doch hielt sie, wie ihre Um=
gebung, Pausen der Erholung, ja einen längeren Stillstand des Leidens
nicht für ausgeschlossen. Jedenfalls lag es ihr ganz fern, sich melan=
cholischen Gedanken über Tod und Trennung hinzugeben. Im Gegen=
teil, so oft ihr Denken diese Richtung einschlug, zeigten ihre Vorstel=
lungen einen freundlichen Zug. Beispielsweise erzählte sie ihrer Um=
gebung von einem schönen Traum, der ihr von Kindheit an tröstlich
gewesen sei. „In meinem siebenten Jahre", sagte sie, „träumte mir
einmal, ich sähe den lieben Gott ganz nahe, er hatte sich über mir

ausgebreitet, und sein Mantel war der ganze Himmel; auf einer Ecke dieses Mantels durfte ich ruhen und lag in beglücktem Frieden zum Entschlummern da. Seitdem kehrte mir dieser Traum durch mein ganzes Leben immer wieder, und in den schlimmsten Zeiten war mir dieselbe Vorstellung auch im Wachen gegenwärtig und ein himmlischer Trost: ich durfte mich zu den Füßen Gottes auf eine Ecke seines Mantels legen und da jeder Sorge frei werden; er erlaubte es." Oft habe sie, berichtet ihr Mann, in der Folge nach einem schweren Anfall von Leiden mit rührendem Ton gesagt: „Ich lege mich auf Gottes Mantel, er erlaubt es. Wenn ich auch leide, ich bin doch glücklich, Gott ist ja bei mir, ich bin in seiner Hand, und er weiß alles am besten, was mir gut ist, und warum es so sein muß!"

Doch ihre letzten Wochen und Tage waren nicht ausschließlich von solchen Betrachtungen erfüllt. In Stunden, wo sie sich freier fühlte, war sie jedem Interesse aufgeschlossen, für jeden Geistesgenuß empfänglich. Sie las manches: im Angelus Silesius, der ihr immer zur Hand sein mußte, im Meister, in Fichtes Staatslehre; ja, sie griff noch zur Feder, um nach ihrer Weise Bemerkungen über die Lektüre niederzuschreiben. Die französischen Zeitungen studierte sie mit dem alten Interesse. Einige Male durfte Varnhagen ihr aus ihren Lieblingsschriftstellern vorlesen, was sie in gesunden Tagen nicht liebte noch vertragen konnte.

Es war im Februar, als Rahel von befreundeter Seite der dringende Rat erteilt wurde, mit der homöopathischen Heilmethode einen Versuch zu wagen. Die Veranlassung dazu war die vorübergehende Anwesenheit des Leibarztes des Herzogs von Lucca, eines Dr. von Necker, dem als homöopathischem Arzte ein vorzüglicher Ruf voraufging. Rahel ließ sich bewegen, ihn zu empfangen; sein sympathisches Wesen, seine umsichtige Untersuchung, sein schneller Einblick in ihren Zustand flößten ihr ein solches Vertrauen ein, daß sie nach dem ersten Besuch fest entschlossen war, sich seiner Behandlung zu unterziehen. Indessen mußte der Beginn der eigentlichen Kur noch um einige Tage hinausgeschoben werden, damit zunächst die Wirkung der bisher genommenen Arzeneien ganz aufhöre. Die plötzliche Entziehung dieser Medikamente und die veränderte Lebensordnung, die sich ihr vor allem darin fühlbar machte, daß sie den altgewohnten, lieben Genuß- und Reizmitteln entsagen mußte, riefen, wie es in dem Krankheitsbericht heißt, „eine allgemeine Aufregung der Beschwerden" hervor. Die Nächte wurden meist schlaflos und unter großen Beängstigungen verbracht, ja, die Leiden begannen auch schon mehr und mehr in die Tagesstunden hinüberzugreifen. Trotzdem blieb Rahel fest in der begonnenen Kur, und ihr Vertrauen zu dem Arzte wurde nicht erschüttert.

„Am 1. März hatte sie zum zweitenmal homöopathische Arzenei empfangen und den Tag sehr unruhig, unter wechselnden Leiden hingebracht. In der Nacht zum 2. steigerten sich diese zu einem so furchtbaren Brustkrampfe, wie bisher noch keiner gewesen war. Sie glaubte zu sterben, und litt einige Stunden lang ganz unsäglich. Doch unter dem sorgsamen Beistande des herbeigeholten Dr. Stüler [des Berliner homöopathischen Arztes] gewann sie nach und nach etwas Linderung, der Anfall wich, und es blieb ein Zustand übrig, der zwar noch immer Aufregung zeigte, aber endlich doch eine Lage zum Ruhen und sogar einigen Schlaf erlaubte." So berichten die „Denkwürdigkeiten".

Varnhagen teilt einige merkwürdige Worte mit, die Rahel am 2. März, unmittelbar unter dem Eindruck des erlebten Schreckniffes, gesprochen hat. „Welche Geschichte! — Eine aus Aegypten und Palästina Geflüchtete bin ich hier, und finde Hülfe, Liebe und Pflege von euch! Dir, lieber August, war ich zugesandt durch diese Führung Gottes, und du mir! Mit erhabenem Entzücken denk' ich an diesen meinen Ursprung und diesen ganzen Zusammenhang des Geschickes, durch welches die ältesten Erinnerungen des Menschengeschlechts mit der neuesten Lage der Dinge, die weitesten Zeit- und Raumfernen verbunden sind. Was so lange Zeit meines Lebens mir die größte Schmach, das herbste Leid und Unglück war, eine Jüdin geboren zu sein, um keinen Preis möcht' ich das jetzt missen. Wird es mir nicht ebenso mit diesen Krankheitsleiden gehen, werd' ich einst nicht ebenso mich freudig an ihnen erheben, sie um keinen Preis missen wollen? O, welche tröstliche Einsicht, welch bedeutendes Gleichnis! Auf diesem Wege wollen wir fortgehen!" Und darauf sagte sie unter vielen Thränen: „Lieber August, mein Herz ist im Innersten erquickt; ich habe an Jesus gedacht, und über sein Leiden geweint; ich habe gefühlt, zum erstenmal es so gefühlt, daß er mein Bruder ist. Und Maria, was hat die gelitten! Sie sah den geliebten Sohn leiden und erlag nicht, sie stand am Kreuze! Das hätte ich nicht gekonnt, so stark wäre ich nicht gewesen. Verzeihe mir es Gott, ich bekenne es, wie schwach ich bin."

Die folgenden Tage und Nächte brachten viele Unruhe und Schmerzen; doch hielten sich die Kräfte noch bewundernswürdig. Am 5. März trat sogar eine Besserung ein; es zeigte sich auf Rücken und

Schultern ein Ausschlag, der schon in früheren Jahren das Symptom einer glücklichen Wendung gewesen war. Dieser 5. März war der beste und heiterste ihrer letzten Lebenstage. Voller Freude sah sie ihren Bruder Moritz, ihren Liebling Elise, teure Freunde und Freundinnen zu kurzer Begrüßung nahen. Ein knospendes Fliederbäumchen, das man an ihr Bett brachte, betrachtete sie tiefatmend und ehtzückt, und küßte dann wiederholt das zarte Grün — es war ihr Abschiedsgruß an die Natur, die sie so sehr geliebt hatte! — Als Dore einmal im Gespräch die übliche Anrede „gnädige Frau" gebrauchte, rief Rahel, als sei nun die Zeit des Scheines und der Standesunterschiede vorüber, fast behaglich aus: „Ach was! Es hat sich ausgegnädigefraut! Nennt mich Rahel!"

Ein ganz anderes Gesicht zeigte der folgende Tag. Der Ausschlag trat plötzlich zurück, die Beschwerden steigerten sich und scheuchten Ruhe und Schlaf. Doch hielten die Aerzte, welche die Kranke mehrmals des Tages besuchten, eine unmittelbare Gefahr für ausgeschlossen. Moritz Robert weilte mittags kurze Zeit an ihrem Bette; die Schwägerin kam gegen Abend. Mit einem Gruße des Doktors von Necher, der, um die Leidende aufzurichten, neuen Aufschub seiner Abreise melden ließ, kam noch am späten Abend Bettina von Arnim, wurde von Rahel scherzend angeredet, sie komme stets als ein „minister of heaven", dann aber wieder mit Dank entlassen. Beim Eintritt der Nacht ließ Rahel sich umkleiden und fühlte sich danach so erquickt und erleichtert, daß sie, in der bestimmten Erwartung, Ruhe zu finden, ihre Umgebung verabschiedete. Auch Varnhagen legte sich nieder; nur die treue Dore wich nicht vom Krankenlager.

„Es mochte Mitternacht sein," erzählt Varnhagen, „und ich lag noch wach, als Dore mich rief, ich möchte kommen, es sei sehr schlimm. Seit dem Augenblicke, daß ich weggegangen war, hatte Rahel, anstatt die gehoffte Ruhe zu finden, mit stets anwachsenden Beschwerden zu ringen gehabt, die jetzt in völligen Brustkrampf übergegangen waren. Ich fand sie in einem Zustande, der wenig geringer schien, als der vor sechs Tagen. Die für solchen Fall, den man zwar nicht wahrscheinlich, aber doch möglich erachtet hatte, dagelassenen Mittel wurden eifrig angewandt, allein diesmal mit minderem Erfolg. Der schreckliche Kampf dauerte fort, und die teure Leidende, in Dores Armen sich windend, rief mehrmals, der Andrang gegen die Brust sei nicht auszuhalten, es stoße ihr das Herz ab; fürchterlich rang dabei das Atemholen. Nachdem sie geklagt, daß es ihr auch den Kopf angreife,

daß sie darin wie eine Wolke fühle, lehnte sie sich zurück; eine Täu=
schung, daß Linderung eintrete, blitzte nur auf, um für immer zu er=
löschen, die Augen waren gebrochen, der Mund verzogen, die Glieder
gelähmt! In diesem Zustande fanden sie die herbeigerufenen Aerzte;
sie versuchten ihr noch einige Mittel einzuflößen, allein der Nerven=
schlag, der sie getroffen hatte, machte jede Hülfe vergeblich. Nach
anderthalb Stunden bewußtlosen Daliegens, während dessen nur noch
die Brust sich in gewaltsamen Zügen regte, hauchte dies edle Leben
den letzten Atem aus. Der Anblick, den ich knieend an ihrem Bette
fast leblos aufnahm, drückte sich glühend für ewig in mein Herz!

„Wir starrten betäubt die entsetzliche Gewißheit an. Das oft
genug Befürchtete hatte uns dennoch grausam überrascht; nicht in dieser
Woche, nicht an diesem Tage, selbst in der letzten Stunde noch nicht,
hatten wir diese Wendung erwarten dürfen, denn bevor der Nerven=
schlag hinzutrat, war kein Zeichen schlimmer und bedenklicher, als bei
den vor sechs Tagen erlittenen Zufällen, die denn doch, wenn auch nach
hartem Kampfe, wieder nachgelassen hatten. So entschwand uns die
Teure ohne Wort und Blick des Abschieds, aber auch, wir dürfen es
hoffen, ohne Gefühl des letzten Kampfes und ohne Bewußtsein des
Scheidens!" —

Es waren die ersten Morgenstunden des 7. März 1833, die Rahel
der Erde entführten. Varnhagen gab durch folgende Anzeige seinen
Freunden von dem schweren Schicksalschlage Nachricht: „Heute früh
5 Uhr entschlief im 61. Lebensjahre nach langwierigen Leiden, durch
einen Nervenschlag, sanft und in frommer Zuversicht eines bessern Lebens
meine geliebte Frau, Rahel Antonie Friederike, geb. Robert=
Tornow. Sie war während 19 Jahren unserer Ehe das höchste und
reinste Glück meines Lebens. Wer die teure Entschlafene gekannt hat,
wird meinen grenzenlosen Verlust zu würdigen wissen, und mir gerne
seinen stillen Anteil widmen!

Berlin, den 7. März 1833.

K. A. Varnhagen von Ense."

Am 14. März wurden ihre irdischen Ueberreste auf dem alten
Dreifaltigkeitskirchhofe beigesetzt. Der Prediger der Gemeinde, Pro=
fessor der Theologie Marheineke, rief ihr tiefempfundene Worte*)
nach, voll echten Verständnisses für ihr Wesen. „Das Höchste und

---

*) Das Konzept seiner Leichenrede entdeckte ich im Varnhagen=Archiv.

Edelste an ihr", sagte er u. a., „war nicht diese hohe Bildung, dieser
Schmuck des Geistes, der feine Sinn für Kunst und Wissenschaft, die
wirkliche Kenntnis derselben, die Sicherheit, womit sie sich alles darin,
auch das Verschiedenste, in das Allgemeinmenschliche zu übersetzen wußte,
und die Klarheit, zu der sie auf diesem Wege in sich gekommen war
über die höchsten Angelegenheiten des Geistes, welches alles ein jeder
an ihr bewundern konnte, dem sie sich mitteilte — : sondern vielmehr
die zarte Scheu und Zurückhaltung damit in jedem andern, als dem
vertraulichsten Kreise, die so geflissentlich gesuchte Gleichstellung mit
anderen Frauen, von denen viele nicht ahndeten, welch ein Geist in
dieser unscheinbaren Hülle zu Hause sei, diese Demut und Frömmig=
keit, womit sie in allen ihren Erscheinungen das Maß der Weiblichkeit
inne zu halten wußte, diese wahrhafte Größe, welche sich zu verraten
fürchtete, je mehr sie sich sagen konnte, über die Grenzen ihres Ge=
schlechts hinausgegangen zu sein. Und wie rührend, wie erhaben hat
sich noch in den letzten Tagen ihres irdischen Lebens, unter den ge=
steigerten Leiden der nahen Auflösung, ihre Treue und unerschöpfliche
Herzensgüte, der seelenvolle Ton ihrer Stimme, ihre kindliche Gottes=
furcht, ihr Glaube an den ewigen Heiland bewährt! . . ."

Dreißig Jahre lang stand Rahels Sarg in einem Gewölbe des Fried=
hofs; dann wurde er an der Seite des inzwischen verstorbenen Gatten bei=
gesetzt. Dort ruht nun Rahel zur Rechten Varnhagens unter grünendem
Epheuhügel; eine einfache weiße Marmorplatte trägt folgende Inschrift:

Rahel Friederike
Varnhagen von Ense,
geb. Robert,
geb. den ersten Pfingsttag
1771 zu Berlin,
gest. den 7. März 1833
daselbst.

*   *   *

Varnhagen überlebte seine Gattin 25 Jahre: er starb am 10. Ok=
tober 1858. Was man ihm in diesen späteren Jahren zur Last legen,
wie man ihn beurteilen mag: unantastbar steht seine wandellose Geistes=
treue gegen die Verblichene, seine unauslöschliche Dankbarkeit für das
Glück, das sie ihm bereitet. Ihrem Andenken weihte er in jenen
Räumen des Eckhauses in der Mauerstraße, wo sie einst mit ihm ge=
lebt, einen pietätvollen Kultus; durch Herausgabe ihres Nachlasses, vor
allem der Briefsammlung „Rahel. Ein Buch des Andenkens", suchte

er die Fülle und die Schönheit dieses großen Lebens auch den Ferner=
stehenden zu erschließen. Hier finde, statt jeder Betrachtung, das finn=
reiche Wort seine Stelle, das Bettina über das „Buch des An=
benkens" (5. Aug. 1833) ihm geschrieben hat: „Rahel verdient
dies Totenopfer; Sie haben durch dieses Buch bewirkt, was ihres
Lebens angelegte Zwecke waren, nämlich Vertrauen, verwandte Geistes=
liebe, Genuß ihres herrlichen Gemüts. Tausend Blüten solcher
Liebe werden durch dies Buch erschlossen, die sonst nie her=
vorgekeimt wären; ja, und daß ich dies einfache Bild brauche: wie
andre die Grabesstätte mit Blumen bepflanzen, so haben Sie diese
kräftigen, geistigen Pflanzen, am Grabe zwar, aber ohne Umzäunung
gesetzt; sie werden ihren Samen weiter tragen und ohne
End' blühen. Wie soll ich sagen? Die Liebe zu dem liebevollen
Geist, der in diesem Buche waltet, wird sich vermehren und ausbreiten,
wie die einfachsten Wiesenblumen; und denken Sie sich den Geist Ihrer
Frau, der zu diesen Blumen herablächelt."

Aphorismen

aus

Rahels Briefen und Tagebüchern.

❦

Weltweisheit. Religion.

Freiheit haben ist nur das, was wir notwendig gebrauchen, um das sein zu können, was wir eigentlich sein sollten, und zu haben, was wir eigentlich haben sollten. Dies ist daran genau zu wissen, wenn wir uns besinnen, was wir uns ganz im Grunde wünschen, und bedenken, woran und wodurch wir verhindert sind. An diese Betrachtung schließt sich gleich die über den Grund aller Lüge an. Der erste Mangel an Freiheit besteht darin, daß wir nicht sagen dürfen, was wir wünschen und was uns fehlt. Im heimlichen Gebet sagen wir es unserem Gott: oder er weiß es ohnedies; in der Welt aber lügen oder wenigstens verheimlichen wir. Daran schließt sich wieder der Gedanke: daß nur der unser Freund sein kann, dem wir uns ganz zeigen dürfen; und daß, wenn einer belogen wird, er selbst daran schuld ist; verdient einer auch jedes Zutrauen, so muß er auch noch die Gabe haben, es einzuflößen, es hervorzulocken. Lieben können wir nur den, der dies vermag. Er verbürgt, er verdoppelt unsere Existenz. Tiefstes Bedürfnis aller Geselligkeit. Zweck und Grund der Sprache. (1825)

*   *   *

Ich habe mich in der großen allgemeinen Weltnot einem Gott ganz gewidmet, und so oft ich noch gerettet worden bin, so ist es der, der mich gerettet hat, die Wahrheit. (1795)

*   *   *

Darum scheut man sich, manches auszusprechen, weil man es gleichsam in die Welt aus der übersinnlichen hineinhebt und für die Wirkung nicht mehr stehen kann. Das fühlt der Dümmste oft, und der Kluge ist oft nicht klug genug, auf dieses Gefühl zu lauschen. (1800)

*   *   *

Es ist aber auch nicht gut, auch nur das Geringste zu ver=
schweigen, und wenn man alles sagen könnte, wäre alles besser.
Auf diese Vollkommenheit müßte sich jedes Individuum üben, wie die
Menschheit sie erwarten muß. (1800)

*   *   *

Es ist nicht allein sehr schwer, die Wahrheit hier in der Welt
zu finden, sondern man muß sie auch noch verleugnen. (1822)

*   *   *

Ich habe seit einiger Zeit viel über das Lügen nachgedacht. Es
wirkt doch viel nach außen, und von außen nach innen. — Könnten
sehr geistreiche, geistvoll ergründende, wahrhafte Menschen mit einem
starken Charakter das Lügen studieren und dann wie andere erlernte
Dinge mit Fertigkeit ausüben, es müßte zu kolossalen Wirkungen führen:
der Wahrheit würde angst und bang, sie stünde ganz klein, als Seufzer,
als regret, als Angeführter in der Welt da und flüchtete ganz in die
dunkle innere; so reell könnte das Lügen im Großen, Planmäßigen
aufstehn. Große Zeit und fanatische Anhänger könnten nur schwer da=
gegen siegen. Meine Meinung hier ist nur sehr roh vorgetragen; die
Klugen werden sie schon ergänzen. Die Lügner unserer Zeit pfuschen
nur, wie groß sie auch ihr Spiel ausdehnen wollen, sie haben keine
Wahrheit in der Seele, und haben die Lüge nicht studiert. (1815)

*   *   *

Ob eine Wahrheit grob ist oder nicht, darüber kann man ihr
als solcher nichts anhaben; sie entspricht ihrem Wesen, wenn sie wahr
ist; und wo sie hintrifft, das ist der Ort, der sie zur Grobheit oder
Höflichkeit macht. (1809)

*   *   *

Ist wohl je ein schöneres Wort gegen die Lüge ausgesprochen
worden, ein gründlicheres, naiveres, zur Natur stimmenderes Wort für
die Wahrheit als das: „O weh der Lüge! Sie befreit nicht wie
jedes andre wahrgesprochne Wort die Brust!" von Goethes Iphigenia.
Ehre also der deutschen groben Redensart, die dasselbe ausdrückt: „Das
lügst du in deinen Hals hinein!" (1825)

*   *   *

Alles moralische Uebel setze ich in die Lüge.

*   *   *

Wie finden wir uns, frag' ich. Mit einem persönlichen Bewußtsein; erstlich begrenzt in dieser Persönlichkeit selbst, dann in den Bewegungen unsres Geistes, so sehr dieser auch das Weitreichendste in
uns ist. Die Persönlichkeit ist die schärfste Bedingung und der für
uns zu erreichende Grund unsres Bewußtseins. Durch sie wird allein
Sittlichkeit möglich: unser Höchstes jetzt, einzig sicheres, einzig mögliches
Handeln, mögliches Schaffen. Nur in Persönlichkeit können wir Glückseligkeit und Unglückseligkeit finden. Daß uns der größte, also auch
gütigste Geist diese Persönlichkeit nur unter so harten Bedingungen
verleihen mochte oder konnte — hier gleichviel! — ist sein Geheimnis;
die Ergebung in dieses Geheimnis meine Religion, meine Demut,
meine Weisheit, meine Ruhe! Alle anderen Voraussetzungen sind mir
kindisch und willkürlich. Mein Geist kann immer höher steigen, mächtiger, schauender werden; und ist Gott mit allem eins, so ist's wie
mit uns selbst; auch zu uns gehört unser ganzer Leib und die Intelligenzen aller unserer Organe, und es ist doch eine vornehmste da:
der Kopf weiß vom Fuß; der nicht vom Kopf! (1818)

*   *   *

Unser Schicksal ist eigentlich nichts als unser Charakter; unser
Charakter nichts, als das Resultat der Summe und Mischung all
unserer Eigenschaften und Gaben. Dies sind wir, am tiefsten genommen, selbst. Was ist daran zu ändern? oder vielmehr: wir selbst
können gerade daran nichts ändern. (1825)

*   *   *

Es kann nichts helfen, ein großes Schicksal zu haben, wenn man
nicht weiß, daß man eines hat. Es hat ein jeder ein großes Schicksal,
der da weiß, was er für eines hat. (1824)

*   *   *

Wir sind eigentlich, wie wir sein möchten, und nicht so, wie wir
sind. (1825)

*   *   *

Unsre Handlungen sind die Kinder unsres Geistes. Einmal empfangen, gezeugt, wissen wir nicht mehr, was aus ihnen wird; und

wie sie auch werden, müssen wir sie uns gefallen lassen: sie haben ein
so selbständiges Leben, daß sie uns auch umbringen können. Unselig
machen sie oft unser ganzes Leben. Sie haben wieder Kinder, und
werden zu ganzen Geschlechtern. (1825)

*   *   *

Vorgestern war die Rede vom Gewissen bei uns. Frau von
Arnim fing so an: „Neulich sagte einer, das Gewissen sei wie ein Vor=
posten auf einer hohen Zinne, der umherschaue, ob Recht geschähe";
so, glaube ich, erzählte sie. Varnhagen, Hr. Bartholdy, Robert, alle
sagten etwas: ich konnte gar nichts sagen. Denn mir deucht, des Ge=
wissens Thätigkeit wird bis jetzt zu sehr beschränkt, und mit seiner
Tiefe und Einfachheit verwechselt. Das Gewissen sagt uns nicht allein,
ob wir recht oder unrecht thun, sondern auch, ob uns unrecht oder
recht geschieht; ob wir eine Behauptung, ein Ereignis, einen Zustand
der Wahrheit gemäß finden oder nicht. Es ist das letzte, einfache
Wollen in uns, welches wir eingepflanzt in uns vorfinden, von einem
höheren, uns unbekannten Prinzip; es ist eine von den Vernunft=
wurzeln der Intelligenz überhaupt. So schien mir; es ist wie Ver=
nunft, ein letztes Ja oder Nein: man kann ihm vorschwatzen, was
man will; es antwortet auch auf einen Lügenvortrag, aber von
seiner Seite immer ehrlich. (1829)

*   *   *

Denken ist Graben und mit einem Senkblei Messen. Viele Men=
schen haben keine Kräfte zum Graben, auch andere keinen Mut und
Gewohnheit, das Blei in die Tiefe sinken zu lassen. (1803)

*   *   *

Laß uns zuerst von unserem verehrten Lehrer und Freund sprechen,
dem ich Ehre und Leben in die Hand gegeben haben würde, ohne noch
hinzusehen; dem ich das tausendmal in die Augen hineindachte, und nie
sagte, welches ich jetzt grimmig bereue, weil einem Menschen von
andern edeln, denkenden, nichts Höheres werden kann, und wozu ich
Elende nie den Mut hatte! Laß uns von Fichte sprechen! — Deutsch=
land hat sein eines Auge zugethan; wie ein Einäugiger zittere ich
nun erst für das andere! [Sie meinte Goethe.] Ich nenne keinen;
wie die Griechen die Furien umgehen, und wahre Herzensangst es
immer thut! Nun kann ja Unverstand, Lüge, Irrtum auf dem ganzen

Grund und Boden der Erde umherwuchern und wie üppiges, unge=
steuertes Unkraut ihr alle Kräfte nehmen und sich aneignen; keiner
rottet es mehr aus, pflanzt, befördert, macht ihm Platz, säet ihn aus,
den reinen nährenden Weizen, der Geschlecht zu Geschlecht verbessernd
zu geleiten vermag! Fichte kann umfallen und faulen! Das ist nicht
Zauber? Krank wie ich war, fand ich es vorgestern unvermutet in
der hiesigen Zeitung „aus Berliner Blättern". Ich weiß nicht, ich
war beschämter als erschrocken; so gedemütigt! fast beschämt, daß ich
leben geblieben, und dann wieder eine wahre Furcht vor dem Tode
empfindend. Wenn Fichte sterben muß, dann ist niemand sicher; mich
dünkte immer, Leben schützt vor dem Tode: wer lebte mehr als der?
Tot ist er aber nicht, gewiß nicht! (1814)

*　　*　　*

Sprache ist die Mitte und Höhe alles Wunderbaren. Hegel sagt:
„Willst du leben, mußt du dienen; willst du frei sein, mußt du sterben."
Solche Worte lieb' ich, die ein Inbegriff sind: die ganze Gedanken=
familien enthalten, woraus sich, was noch gesagt werden möchte, von
selbst versteht; wozu man alles gedacht und gelebt haben muß, was
noch nachher gesagt werden kann. Und dabei ist mir eingefallen, daß
der, dem die wahre Kraft des Denkens oder Besinnens gegeben wäre,
auf ein Wort zurückkommen müßte, welches alles Wissen enthält und
alles erklären könnte. Dies ist gewiß „das Wort" aus der Bibel, wo=
von so viel gesprochen wird! — Ueberhaupt — kann auch jeder an
sich selbst sehn — wird nur viel gesprochen, wenn man das nicht sagen
kann, was man sagen möchte. (1827)

*　　*　　*

Gerne lasse ich mich beurteilen; schon als Kind wünscht' ich mir
oft den jüngsten Tag nah', damit alles Unrecht und Recht, was meine
Seele drückte, an sein Licht käme! An eines andern Tages Licht kommt
leider nur allzu wenig die eigentliche Bewandtnis und Verwickelung
menschlichen Handelns und die Gesinnung als Triebfeder! Redlich ist's
und sittenbetriebsam, womöglich Tage herbeizurufen, die dem großen ver=
heißenen vorgehen; und stufenweise, nach unserer Kraft und besten Ein=
sicht, jenes allheilende Licht schon jetzt uns näher zu bringen. (1817)

*　　*　　*

Immer Gerechtigkeit für andere, Mut für uns selbst: das sind die zwei Tugenden, worin alle andern bestehn. (1828)

* * *

Solange wir nicht auch das Unrecht, welches uns geschieht und uns die brennenden Thränen auspreßt, für Recht halten, sind wir noch in der dicksten Finsternis, ohne Dämmerung. (1799)

* * *

Ich glaube, ich werde wohl eingewilligt haben, diesen Jammer= weg des Lebens zu gehn und als Mensch menschliche Geschicke zu er= fahren; oder es mag ein Höherer mit tieferer Einsicht, weil er es für mich als gut erkannte, diese Einwilligung für mich gegeben haben; genug, die Einwilligung denke ich mir immer, und dieser Gedanke nur kann mich trösten für allen erlittenen, sonst unvergeltbaren Schmerz. Vielleicht war es nur so möglich, die Persönlichkeit zu gewinnen und den Keim künftiger Erhebungen in gedeihlicheren Existenzen; wenn es auch nur das wäre, was die unselige Menschheit bedeuten soll, daß der bewußtlose, im Ganzen der Gottheit aufgelöset gewesene Lichtpunkt als Menschenseele in das selbständige Dasein eines eigenen Ganzen gött= lich hinüberginge! O gewiß ist es auf diese Weise; höher konnten meine Gedanken nicht klimmen am Rande aller Wissenschaft, und keine Weis= heit wurde mir bekannt, die höher gedrungen sei. (1812)

* * *

Pauvre humanité. Niemandem wird etwas gereicht, der nicht herzhaft den bitteren Kelch vor die feine Zunge nimmt; und her= unter, herunter, alles hinein! Unverhofft wird's aromisch, süß genug; und hell um uns her und ruhig; und das nur, weil wir das Bittere abgetrunken, was wir selbst hinaufgehäuft: Ungesehenes, Unwahres, Falsches sogar. Nach dem herben mutverlangenden Abtrinken ist reiner Grund und Wahrheit da und in uns; und diese ist Himmelselement... Alles, was wir thun können, besteht in einem richtigen Erschauen, nach innen und außen hin, daß wir uns wiederfinden in neuem be= reichernden Erfassen!... So viel Klügere wollen das große Defizit nicht ertragen und mit Goethe nicht „verzweifeln, wenn sie leben wollen". Beugt euch, Menschen, tief, dann könnt ihr euch erheben. Ich prahle hier nicht: ich sträube mich alle Tage unartigst im einzelnen. Was heißt das aber? Ich sträube mich in den Momenten des Lebens, wo aus Zorn oder Einzelwunsch mein Auge erhitzt oder verblendet das Ganze nicht erfaßt; aber — wenn wir ans Ganze denken, das vor unseren Sinn gebracht haben, und dann uns nicht beugen, nicht rein werden, nicht verzweifeln wollen, nicht unterwürfig sind, in der eigenen Brust und in dem Drang nach Vernunft, Recht und Richtigkeit, keine Bürgen finden: dann müssen wir erst noch recht leiden. (1829)

* * *

Was die Menschen so unnatürlich, und eigentlich recht menschlich unglücklich macht, ist, daß man sich nicht entschließen mag, nicht glücklich zu sein; sind wir aber einmal bis dahin gehetzt, so tritt plötzlich das Alter ein. Unser Bestreben ist nicht mehr nach dem Unendlichen, wir teilen das Leben; und nehmen, wie man zu sagen pflegt, den Augenblick mit. Thränen, Glanz und Wut haben ein Ende; wir werden starr, freundlich und haben Falten. Das Alter kommt plötzlich, und nicht nach und nach, wie man denkt; wie jede Erkenntnis. (1801)

* * *

Reue, Schmerz, Gram, Vermissen, alles muß dazu dienen, uns frömmer, stiller und nachdenklicher über alle Dinge des Lebens und der Welt zu machen; bei mir ist es wenigstens der Fall, daß, seitdem ich gar keine Hoffnungen mehr für die Schönheiten des Lebens, und das Teuerste verloren und habe hingeben müssen, ich nicht so stechendes Unglück als sonst fühle, und ruhiger die schönen Gegenstände der Natur ansehe und in mir aufnehmen kann ... Denken Sie fest an Gott, Liebe, den man in großem Unglück findet; ich weiß es! — und daß wir nichts selbst machen und veranstalten können; wie wunderbar unser ganzes Dasein und unser Tod ist; daß die Höchsten auf der Erde allem unterworfen sind, was uns und den Geringsten martert. (1812)

* * *

Düngen Sie mit Verzweiflung — aber sie muß echt sein —, und Sie werden vortreffliche Ernte haben. (1800)

* * *

Ach, wir sind nur ein Tropfen Bewußtsein! Ich will auch ja so gern wieder zurück ins Meer, will gar nichts besonders sein! (1825)

* * *

Nach Beendigung unseres Schicksals haben wir gleiche Gefühle wie vor Anfang desselben. Eine Art von vagem, neugierigem Jugenddasein, ein zum All gehöriges Dasein. Wenn man sich nun einmal hat verlieren müssen, so ist es schön, diese kleine Seligkeit, diese zweite Jugend noch auf der Erde abzuleben, sie auch nur zu kosten. Welch ruhevolles, genußergiebiges Daseinsgefühl ist es, gleichsam nur zur Atmosphäre gehörig, mit ihr und durch sie zu leben; mit einem Geist gekrönt, der dies betrachtet; mit einem Herzen im Busen, welches dies allen Mitgeschöpfen verschaffen möchte! Dann ist nur Gesundheit nötig, die uns nicht trennt von der Atmosphäre! Ich erwarte mir in aller Ewigkeit, wie Saint-Martin, immer neue Offenbarungen. Wie schwer aber gelangt man zu ihnen! Wie lange bleiben sie aus! Welche Schmerzen müssen wir durchmachen! Aber ich danke für den Schimmer von Tag. (1832)

* * *

Ich verstehe nicht, wie man sich mit Bedacht zu irgend einem Seelenzustand, mit Geflissenheit oder Willkür, stimme! Nur zu e i n e m Guten in der Welt muß man sich zwingen, und nur das Eine bleibt, meines Bedünkens, auch erzwungen, noch Gutes: zum Rechtthun nämlich. Alles andere läßt sich bei mir wenigstens gar nicht erzwingen. Am allerwenigsten das Gebet. Dieses Ausströmen der Seele! Wo sie losgelassen sein muß von allen Gedanken und Banden des hiesigen Daseins, welche ihr nur Angst oder Entzücken, Berührung Gottes durch allen Weltdrang durch, abstreifen können! Jeder Gedanke hemmt alles Gebet; ist selbst ein Gebet auf anderen Wegen unserer Seele entströmt: oder halten Sie die übernatürliche Gabe, denken zu können, zu müssen, nicht eben für ein Band zwischen uns und dem Höchsten, was wir zu fassen vermögen? . . . Wenn wir denken, können wir nicht beten, und unterhalten wir uns dann weniger mit dem höchsten, alles verstehenden Geist? Ist Gott fragen oder zu ihm beten, nicht eins? Kann ich mir kindisch den höchsten Geist denken, daß er gelobt, gepriesen, gehallelujat sein will? Verstehen, begreifen muß ich ihn; immer mehr von ihm, durch ihn wissen; empfinden muß ich ihn; mit ihm sein können; so viel als möglich, immer mehr! Wenn meine Thätigkeitskräfte sinken, die Verständnisgaben nicht mehr hinreichen, nichts mehr das Innerste von uns, das Herz, erleuchten, ihm antworten, es beruhigen kann: wenn wir erliegen in Entzücken oder Angst, dann strömt das Gebet! Ein anderes, als das uns aufgegebene Dasein hebt an, wir haben eine augenblickliche Kraft — eben weil die anderen Kräfte schweigen — aufzufahren, ohne hiesige Bedingung ... Ein Gedanke an Gott ist Beten. Heilige, fromme, ernste, rechtliche Vorsätze sind Beten. Gründlich, recht, angestrengt, ohne Eitelkeit tief nachdenken, ergründen, ist Beten. Wenn sonst hier nichts, und nichts Besseres zu thun wäre, als Beten, Lavaters Beten, wie müßt' ich mir den höchsten Geist denken? Ich soll beten, bis er mich erhellt, wieder zu sich oder überhaupt mich ihm näher bringt. Warum läßt er sich so sehr bitten? Oder ist's eine selbstthätige Arbeit, ein Weiterschreiten, das Beten, so ist's das Denken auch, und dem lieben Gott gewiß lieb! (1817)

Menschenkunde. Menschenumgang.

Wir lesen und hören von jeher: „Der Mensch kennt sich nicht selbst, der Dümmste kennt ihn besser, als er sich; will er wissen, wie er ist, so muß er andere über sich hören, die sehen ihn, wie er eigentlich ist." Mir kommt es ganz anders vor. Was wir für einen Eindruck machen, das können wir nur von andern erfahren: und das auch von dem Dümmsten und Närrischsten; aber wie wir sind, weiß kein Mensch besser, als wir selbst, und sei dieses Wissen auch noch so dunkel durch Verwirrung. Wir sehen uns konkav; und die andern sehen uns konvex, wiederhole ich hier. Es heißt auch: in einen Menschen hinein gehn, um ihn zu beurteilen. Aber jeder sitzt in sich selbst. Wir sind zwar alle gleich; aber nur an unsern Grenzen: innen ist eine Unendlichkeit von Schöpfungen, auf das eine Exempel angewandt, erfunden, ersonnen. (1812)

*　　　*　　　*

Ein gebildeter Mensch ist nicht der, den die Natur verschwenderisch behandelt hat; ein gebildeter Mensch ist der, der die Gaben, die er hat, gütig, weise und richtig, und auf die höchste Weise gebraucht; der dies mit Ernst will; der mit festen Augen hinsehen kann, wo es ihm fehlt, und einzusehen vermag, was ihm fehlt. Dies ist in meinem Sinne Pflicht und keine Gabe; und konstituiert für mich allein einen gebildeten Menschen. (1807)

*　　　*　　　*

Man kann es gleich merken, ob einer zu seinen Gedanken zuerst aus einem Buche — Schwarz auf Weiß — oder unmittelbar aus der

Welt, in allen Farben und Formen der Natur, gekommen ist; nie korrigiert sich das. (Vor nichts sollte ein Kind so gehütet werden, als viele Dinge zu lernen, wenn man ihm nicht die Fragen nach diesen Dingen einzugeben weiß). Noch schlimmer ist es aber, wenn einer ein ganzes Gedankengebäude in sich aufgenommen hat, wo viele hohe Fragen beantwortet werden, die er sich nicht selbst würde vorgelegt haben. Trauriges Exempel! welches ich oft vor mir habe. Kommen solche Fragen vor, so werden sie von solchem Schüler nicht erkannt; sie und ihre vielfältigen Beziehungen schneiden bei ihm nicht ein; als äußere Zeichen regen sie nur die langen — hier leeren — Antworten, Deduktionen des Lehrers auf ... Trauriges Spektakel erstickter Köpfe! (1832)

*　　*　　*

Nun hab' ich auch erfunden, was ich am meisten hasse: Pedanterie; sie setzt ganz notwendig Leere voraus und hält sich deshalb fest an Formen. Ist sie von der bessern Art, so thut sie dies im halben Gefühl dieser Leere mit Rechtschaffenheit; ist sie aber von der schlechten, so thut sie es mit Stolz und Prahlerei, nicht ahnend und zugebend, daß etwas anderes existiere. Es kann also nichts Unleidlicheres geben, als diese Stupidität im völligen Marsch begriffen zu sehen: wie Narrheit, anmaßend und langweilig, gar nicht zum Ertragen! Was mich aber empört, ist diese Klasse, die mit Prätension sittlich ist. Dies hebt alles auf, geradezu auf, was nur so genannt werden kann; und nichts anderes — ich kann es zum Himmel schwören — ist meiner Seele so zuwider! (1806)

*　　*　　*

Schon sehr oft hab' ich gar nicht ergründen können, woher dem Menschen seine Eitelkeit stammt. Was ist das, daß er sich nicht allein schöner, besser, klüger, reicher, begabter machen, sondern auch für alles dies ausgeben mag, und nicht allein für andere, sondern auch wohl für sich selbst? Der Grund dieses Bestrebens ist mir noch nicht klar. Es ist vielleicht die Sehnsucht nach einem angemesseneren Zustande für seine Fakultäten: er will sich wenigstens zur Erleichterung vorspiegeln — oder vorspielen —, daß er nicht in dem beklemmenden provisorischen mehr ist, oder zu bleiben braucht. (1824)

*　　*　　*

Es ist ein krankhafter, schwächlicher Geistes- und Charakterzustand, auf Lob, und nicht auf Inhalt des Lobes zu halten. Das thun die Menschen, die auch von dem Lobe geschmeichelt sind, das ihnen von solchen Leuten, die sie verachten, gezollt wird; von Lob über Eigenschaften, die sie überzeugt sind, nicht zu besitzen, oder die sie selbst verachten. (1823)

* * *

Wenn man auf der Straße nach der Vorübergehenden Gesprächen horcht, so wird man sehr selten etwas andres hören, als Klagen oder Prahlereien. Alle Menschen streben überhaupt nach einem würdigeren, angemesseneren Dasein; in Wahrheit: dann klagen sie; oder in Lüge: dann prahlen sie. Vieles Prahlen entsteht auch aus Mangel an Gerechtigkeit: widerführe uns Gerechtigkeit in Anerkennung aller Art, niemand prahlte. So aber füllt jeder Lücken mit Prahlerei aus und schiebt einen wahren Anspruch von einem Ort, wo er nicht gelten soll, auf einen andern. (1825)

* * *

Sehr schwer ist es, über einen Irrtum zu sprechen, beinah gar nicht möglich! Jeder Irrtum setzt viele andere voraus und hat Nachkommenschaft; und allermeist gerät man auch im Verfolg eines einzigen auf immer neue, man müßte denn mit einem gerechten Gegner bis zu einer von den Grundwahrheiten kommen können, die eine ganze Legion solcher Irrtumsschößlinge mit ihrem Erdreich aushöben, und so die schwachen Wurzeln der Dörre übergeben. Mit wie wenigen Menschen dies möglich ist, wissen diese wenigen. Also muß man schweigen, grade wo recht viel zu reden wäre, weil man in Gegenwart der meisten allein ist. Je plumper aber einer ist, je mehr er Abgetragenes, Hergebrachtes, rein Verbrauchtes, nicht mehr Passendes zu Markte bringt, je breiter legt er's aus und je reicher hält er sich. Es gehört noch ein besonderes Genie dazu, das Geniale an den Mann zu bringen; dieses hatte Mirabeau. Solche Leute müssen sich aber zuerst mit ihren Nächsten brouillieren; auch das geschah Mirabeau... Große Litteratoren brouillieren sich immer mit ihren Zeitgenossen. Die Menge ist geneigt, Bilder in sich aufzunehmen als Gedanken, die oft insofern Zerstörendes in sich tragen, als sie so vieles Falschgestellte umstoßen; das ist unbequem, weil es mühsam ist, und wir fürs erste dabei etwas einbüßen. So lassen sie sich lieber die ungereimtesten Geschichten gefallen, als sich den besten Beweis demonstrieren. Also stellt sich die

Menge gleich feindlich gegen neue Beweise, und der Beweiser muß ein Krieger werden, und sehr verschiedene Talente in sich vereinigen, z. B. die tiefste Ruhe des Denkens, und dann wieder die immer rege Laune des Angreifens, die Geduld und Wachsamkeit des Verteidigens, die Standhaftigkeit gegen Ueberdruß, Langeweile, und Ekel vor List, Stupidität, Dünkel und Fliegen-Beharrlichkeit. Wieder Mirabeaus Gabe! (1824)

* * *

Mit Unrecht bin ich stutzig und wundert man sich immer von neuem darüber, daß in Gaben untergeordnete Menschen Begabte hassen und verleumben: dies geschieht aus dem gerechtesten, aber unverständigen Neid. Weil sie gar nicht zu begreifen vermögen, warum denen Auszeichnung, Lob, Beachtung und manches Wünschenswerte begegnet, und nicht ihnen: sie müssen es für offenbare Willkür, Eigensinn, blindes Glück halten, welches die Begünstigten nur immer kühner, seltsamer, ausgelassener, selbstzufriedener macht; da sie unfähig sind, sich einen geistvollen Zustand zu denken, noch Geistbegabten zu den Gegenständen je folgen können, die der Geist sich auswählt, für wichtig erachtet, liebt oder haßt. Dies Gebiet ist den Unbegabten rein verschlossen; und sie meinen zu thun wie die andern, aber ohne Dank. (1823)

* * *

Ich habe gefunden: die Gemeinen verstehen sich untereinander; sie haben ordentlich eine Münze des Verständnisses erfunden, wo kein Heller reiner Gehalt drin ist; aber davon leben ihre Geister, andere Nahrung fordern sie nicht. Und am Ende der Rechnung zahlen sie sich selbst damit aus, und der Umlauf geht wieder los. So verstehen sie vortrefflich Y. und Z. und alle ihre nobeln Sentiments, und billigen sich ganz ernsthaft! Hätten Gewächse der Erde Sprache, so lobten sich die niedrigeren und ärmeren auch; und wer weiß, ob nicht Totenblumen sich mit Gewalt in köstliche Vasen stellten und in prächtigen Zimmern und Lauben stänken! Solchen Wirrwarr möchte ich sehen! (1808)

* * *

Ich habe mich heut recht geschämt, als ich es mit einem Male einsah, daß die meisten Menschen, wie „all die andern Tiere der Erde, wandeln und weiden im dunklen Genuß". Ohne einen Gedanken an höhere Möglichkeit; ohne Ehrfurcht vor Erschaffenem, und ohne wahre

Ergebung in Unverständliches, wahrhaft Unendliches. Ohne Herz für Geschöpfe; ohne Freud' und Leid eigentlich; weder verabscheuend, noch entzückt. Wahrhaft nur den Schritt vor sich wandelnd, und weide= gierig und weideberuhigt; und beglückt, je nachdem Küchenweide und Zimmerweide. Dürftig, oftentativ; kalt, kalt! dünkelvoll. Zum Tot= schämen, wenn man sich ein wenig besser finden muß. (1824)

* * *

[Nach einer ergreifenden Aufführung von Ludwig Roberts Stück „Die Macht der Verhältnisse":] O, es hätte noch ein anderes Atreus= Stück werden sollen, wäre mein Plan ganz befolgt worden. Die Herzen des versammelten Volkes müssen gesprengt werden! Daß die Lüge entflieht und neue mosaische Gesetze auf gereinigter Wahrheit gemauert werden! Neue Gesetztafeln für die verfallene Menschheit! Einzelne Thränen, einzeln Herzblut heilt die nicht. Leider. O unselige Kassandra! Etwas habe ich von dir. (1820)

* * *

Alter ist immer ungerecht gegen Jugend; weil Alter wohl wissen kann, wie Jugend zu Mute ist, aber Jugend nicht, wie dem Alter; und dies verlangt immer, sie soll das scharfe Tröpfchen Wahrheitsessenz schon destilliert besitzen, ohne je den Baum des Lebens, weder in Laub, noch in Blüte oder in Frucht erlebt zu haben. Glauben soll ihm die Jugend: eben das kann sie nicht; seine Falten sind ihr an und für sich keine Beglaubigung.

Das Alter thut sich auch dadurch kund, daß wir nicht mehr glauben, daß wir etwas bewirken oder in der Welt ändern können. Diese Einsicht macht unthätig, und wir sind eigentlich viel länger fähig, als wir unsere Fähigkeiten gebrauchen ... Die Jugend hat auch darin einen Vorzug, daß sie umgekehrt meint, viel bewirken und be= sonders verändern zu können, und es ist so wahr, daß That nur wirkt, daß auch Jugend wirklich nur die Welt modifiziert. In ihr sind die erworbenen Einsichten der vorigen Generationen niedergelegt und an= gebaut; die gebraucht sie frisch und macht neue Umkehrungen darin. Bis vierzig allenfalls wirkt der Mensch selbst: nachher, wenn's Glück gut ist, seine Einsichten, d. h. andere mit seinen Einsichten. (1825)

* * *

Die Jugendjahre sind die tugendsamsten, schönsten, aufflammend=
sten; ich verzeihe gerade der Jugend nichts Schlechtes. Das ist gewiß
ein faules Produkt, wo die höchste Gärung nur Schlamm erzeugt.
Leichtsinnig kann tobende Jugend wohl sein, aber nur gegen sich selbst.
Ja, eine edle glaubt gar nicht, daß man andere beeinträchtigen, ver=
letzen kann. (1812)

* * *

Ich glaube, ein großer Bestandteil des Kinderglückes ist der, daß
sie sich kein Lebensbild, auch nur Eines Tages entwerfen können; und
eine große Hilfe wäre es für Alte, die Jahres=, Monats= und Tages=
bilder fahren zu lassen, und nicht zu glauben, wir könnten Lebensstoff auf=
suchen und ihn uns zum Gebrauche vorlegen. Mir hilft es jetzt gleich
zur Besinnung, wenn ich jeden Tag, jede Stunde denke: diese Bedingun=
gen sind dir als Stoff gegeben; sieh, was du daraus arbeiten kannst, und
frisch, fleißig, thätig, arbeitslustig! Und reißt man dir halbes Werk
aus den Händen: der verliehene Tag, die Stunde will es so. Besitz
giebt es nicht; das Wirken, das Werk, das ist uns zugeteilt. (1823)

* * *

Ich war irre, mit vielen, bis jetzt über Freundschaft, oder viel=
mehr über Freunde. Nicht muß ein Freund dem andern so viel leisten,
als dieser ihm. Solches handelsmäßige Verfahren mag in allen
übrigen Verhältnissen stattfinden! Unsre Freunde sind die Gleich=
gesinnten, die wir, wie uns selbst, müssen ehren können; Freunde sind
Menschen, die von einander überzeugt sind; aber bald muß der eine,
bald der andere alles leisten, ohne Kalkül anzustellen und je etwas dafür
zu erhalten, noch zu erwarten, noch in sich zu fordern. Und so ist es
auch in der Welt; wir haben Freunde, denen wir leisten, und Freunde,
die uns leisten; und dies nach den verschiedenen Na turender Menschen
und ihrer Lage gewähren zu lassen, gerade darin besteht die Freundschaft.
In allen andern Verhältnissen herrscht ja ein offenbarer Handel. Ein
Freund kann nur ein verehrtes Wesen sein, von dem wir, der Natur
der Verehrung nach, nichts verlangen. Was wäre er sonst? (1824)

* * *

Liebe ist die größte Ueberzeugung, sage ich. Unüberwindlich ist
Auge, Ohr und Gefühl überzeugt, unüberwindlich unser Herz von dem
Gegenstande, den wir lieben; unüberwindlich der Eindruck; und ist die

Ueberzeugung zu überwinden, so lieben wir nicht mehr. Daher lieben nur Menschen, hohe, überzeugungsfähige Geschöpfe. Mitteilen, beweisen läßt sie sich nicht. (1812)

* * *

Niemand ist gnädig gegen uns, als Gott und unser Gewissen. Weil kein anderer uns und die Weise, wie etwas in uns vorgeht, kennt. Auch wir lieben nur die, welche wir kennen. Gehässiges bleibt uns immer fremd, und Tadel und Haß sind nur eine gehässige Bemühung und Probe zur Liebe, die dem leidenden sowohl, als dem thätigen Gegenstande derselben wehe thun. Darum können wir nicht zart und behutsam genug damit umgehen; und wir lügen nicht, wenn wir sie verbergen, und diese Versuche so zart anstellen, als der weise Arzt die Werkzeuge seiner Kunst gebraucht. Ueberhaupt thäten wir gut, einander als erst Genesende zu behandeln, da wir ja alle erst die völlige Gesundheit des geistigen Lebens zu erstreben haben, welches wir immer vergessen. (1826)

* * *

Unbedeutende Persönchen, solche mit geringen Gemütsanlagen, bilden sich zu Härte und kleinen Bosheiten aus; bedeutende Menschen zu Milde, Güte, Nachsicht. Nichts macht so nachdenkend, so einsichtig, als stete Bewegung im Gemüt, großer Verkehr darin. (1825)

* * *

Man ist nie mit einem Menschen zusammen, als wenn man allein mit ihm ist. — Ich gehe noch weiter: man ist es nie eigentlicher, als wenn man an ihn in seiner Abwesenheit denkt und sich vorstellt, was man ihm sagen will. (1800)

* * *

Der beste Wille, die höchste Pflicht, die größte Kreaturenliebe wird in Anspruch genommen, wenn ein Armer das Wort sagt: „Um Gottes willen!" Das soll uns immer erschüttern. (1825)

* * *

[Die Grabschrift, die Rahel sich erdachte:]
Gute Menschen, wenn etwas Gutes für die Menschheit geschieht, dann gedenkt freundlich in eurer Freude auch meiner! (1831)

Kunst. Geschichte.

Der Kunst Bestreben ist, alle Bedingungen, unter welchen die Forderungen der menschlich-geistigen Natur befriedigt werden, zu erfüllen; vornehmlich durch Vorstellungen eines besseren Zustandes, als der ist, in welchem wir uns befinden können, — wenn auch nur durch solche Bilder gezeigt, die uns an dem Zustande, den wir ewig erstreben müssen, verhindern. Dies geschehe nun durch Bilder jeder Art, oder durch die Rede jeder Art, durch Vorstellungen, die sich auf leibliches Dasein oder auf das von unsern Gedanken hervorgebrachte beziehen. Kunst ist nichts als das Kinderspiel der Erwachsenen. Sie sind bemüht, sich ein Dasein vorzuspielen, welches sie nicht erreichen können, über welches sie keine Herrschaft haben. Dieser große Trieb, dies unabweisbare Bestreben, dieses Suchen nach einem Surrogat, dies Neubilden ist auch schon in Kindern höchst ehrwürdig, gar nicht scherzhaft, sondern tiefer Ernst. (1829)

    *   *   *

Zu einem Talent gehört Charakter. Gemüts- und Geistesfertigkeiten, in Naturanlagen begründet, machen es nicht. Was hilft die reinste klingendste Stimme, die beweglichste Kehle, das schnellfassendste Ohr, das beste Gedächtnis, die größte Nachahmungsgabe, wenn nicht eine einmalige tiefe persönliche Ansicht der Natur, eine solche Gemütsstimmung mit ihren Varianten, ein helles, geistiges Auffassen hoher und tiefer Zustände der menschlichen Natur, die Seele und der Diktator dieser physisch-materiellen Gaben wird? — Diese eben genannten Gaben, noch so geübt, würden z. B. einen imitativen Sänger bilden, der bald in eines, bald in eines andern Manier vorzutragen suchen wird, bald wie eine Milder die Töne ziehen, bald wie die Catalani wirbeln und schreien wird, den Italienern ihr parlando, furioso, affannoso und ihre Komik nachmachen, und sogar den Franzosen etwas von dem gestörten Tonwesen ihrer Deklamation absehen wird. Ist dies ein Talent zu nennen? ein ausgebildetes? Dies sind ein paar Gaben, die den Fremden oberflächlichen Beifall abschöpfen. Dies ist nicht ein Talent, wie es sein soll, welches an alle Kunst erinnert und heranführt, die höchsten menschlichen Zustände offenbart und betrachten lehrt, uns wieder vor das Gemüt führt, was uns nur je in Naturerscheinung anregend und verständlich werden konnte, uns über elende Bedingungen und noch elendere Prahlsucht und Eitelkeiten hinwegführt, uns erinnert an Dinge, die wir nie sahen und hörten, und von denen wir doch Erinnerungen in uns tragen, mit einem Wort: uns zu dem Unaussprechlichen versetzen ... Ein Komponist, der nur aus Eitelkeit und Imitations= trieb arbeitet, beleidigt noch vollständiger und dauerhafter, wirkt noch verderblicher, da seine abgedruckten Machwerke alle unkundigen Nach= redner und Nachahmenden leicht und schnell als Verderbnisfördern= des immer weiter ab von aller wahrhaft belebenden Kunstausübung und Beurteilung führen. Ein abscheuliches, prahlerisches, dünkelvolles Scheintreiben setzt sich in die Stelle der echten Kunstübung und =Liebe; welches, wie wirkliches Unkraut, den reichen, Genuß spendenden Pflanzen Ort, Kraft und Leben raubt. (1824)

*   *   *

Gute Dichter haben ein Bild in der Seele und sind getrieben, es darzustellen: andere treiben sich, Bilder zu machen. (1821)

*   *

Man mag das Wort Vaterland noch so oft, in die Gewehre der Blätter, Zeitungen, Rezensionen und Bücher geladen, abschießen: kein Land wird dadurch eine nationale Musik oder Malerei erhalten, noch irgend eine der Künste! Kunst erfordert das gesündeste, vollständigste Naturgefühl, ungeschwächte Sinne, einen unschuldigen, von Einflüste= rungen der höheren Verbildung noch ungeschwächten Sinn, ein reges, bewegliches Gemüt; sie ist ein Behelf der höchsten Bedürfnisse des Men= schen; sie ist eigentlich — am allgemeinsten gesehen — die Gabe, die Natur und all unsre Zustände unserem innersten Bedürfnis am an= gemessensten sehen zu lassen und darzustellen, wie wir Menschen sie eigentlich alle wünschen müssen, vermöge unserer Beschaffenheit. Nur die gesamten Bemühungen der ganzen Erde in dieser Rücksicht, und seit allen Zeiten, können die Resultate dieser Aufgabe liefern, sie aber wohl nicht ganz lösen.

National werden alle Kunsterzeugnisse der verschiedenen Völker sein müssen: von ihrem Aufenthalt und Zustand wie von einem Ele= ment bedingt, in welchem sie sich befinden. Dies aber eben kann nicht vorgeschrieben werden, nicht erbeten, nicht durch Beweise hervorgerufen werden. Uferleute werden mit Schifferliedern anfangen, worin sie ihre kleinen oder großen Mühen und Freuden ausdrücken, die Elemente be= schreiben und ihre Wirkungen angeben; worin sie sich die Orte ihrer Sehnsucht, von denen sie sich entfernen, und zu denen sie hin wollen, vorstellen und malen werden, und so progressiv nach Umständen alle menschlichen Lagen und Vorstellungen da anknüpfen können. So auch ein Jagdvolk, ein Hirtenvolk, ein kriegerisches, ein landbauendes, ein Gebirgsvolk: jedes aus seinem Zustand heraus; und ebenso mit allen Künsten. Werden die Verhältnisse komplizierter, gegen andere Völker zu und nach innen, so wird Stolz, Eitelkeit, Mut, Konventionelles sich hinzumischen zu dem, was sie ausdrücken wollen. Religion und ihren Gottesdienst müssen wir auch dahin zählen, weil auch sie unter allen Völkern nicht ohne Zusatz bleibt.

Wenn man also Nationalkünste verlangt, so können sie nur in Nationalzuständen ihre Quelle finden; und weil nicht jede Kunst bei jeder Nation diese Nahrung findet, so hat von jeher eine von der andern geborgt, und sie haben sich einander nachgeahmt. Es kann mit als eine kriegfolgende Neuerungslust angesehen werden, wenn possierlich und gewaltthätig von einer Nation gefordert wird, was eine andere, nur ihrem Zustande angemessen, längst geliefert hat . . .

Die Welt bewegt sich aber immer, erzeugt immer neue Menschen und frische Verhältnisse; nichts ursprünglich Menschliches wird vertilgt werden; und so braucht uns weder um unsere Liebe zur Kunst oder deren Werke bange zu sein. Getrieben nur können sie nicht werden, nicht einmal vom besten Willen; von Eitelkeit und Liebhaberei an Nationalität gar nicht. Freien Lauf lasse man ihnen; gute Zustände aller Art bereite man, und das ein jeder auf seiner Stelle; das ist das herrlichste Beförderungsmittel, und die Wahrheitsliebe pflege man zehn= fach doppelt bedacht in sich! Alle Werke der Kunst zeigen sich gleich als Karikatur ohne sie. Das zeugt, wenn es noch nötig wäre, von ihrem hohen Ursprung und ihrer hohen, herrlichen Verwandtschaft: und so wären wir wieder zu dem Anfang gelangt, wo wir sie als höchstes Be= dürfnis des Menschen ansahen, als das Bild, welches wir von unserem hiesigen Leben uns vorhalten; zum Ersatz, zur Lust, zur Erhebung. (1822)

*   *   *

Poesie ist in der Natur, das will sagen: da, wo unser Geist ein Freies, Bedeutungsvolles wahrzunehmen vermag; also auch in der Natur der Begebenheiten und den Vorfällen des menschlichen Lebens, und folglich in der Schilderung derselben. Diese täglich zu erschauen= den Weltereignisse, in einem beliebigen Raum, wie in Email, zwar klein und fein gemalt, doch faßlichst, farbeglänzend, deutlichst und klar dargestellt, in Weitblick erfaßt, aus langer vielfältiger Beurteilung er=

griffen und erwählt, aus den tiefsten Betrachtungen hervorgegangen und mit ihnen geschmückt, in gebildetster Sprache vorgetragen: das ist ganz gewiß Dichterwerk und Poesie.

*　　*　　*

Solche Werke sollen ein Stück Welt vortragen. Jedes Genie wird ein ander Teil ausheben und es nach seiner Gemütslage darstellen und färben, wie jedes Tages Licht uns die alte Erde neu zeigt, ja jedes Tages Stunde. So sind auch die großen Werke der großen Meister; alles findet man darin, was man in der Welt zu finden vermag; alle großen Betrachtungen: aber ich glaube nicht, daß diese Meister ein Gedankengerüst bekleidet haben.

*　　*　　*

[Als man ihr die Schwierigkeit der Uebertragung eines Gedichtes im Silbenmaße des Originals vorstellte:] Dies Verfahren nehm' ich nun schon von je nicht als Bedingung an, der ich irgend etwas aufopfern ließe — obgleich ich unter ihr schon Meisterstücke gesehen habe. Das ist mir ganz gleichgeltend mit solchem Verfahren, als wollte einer aus irgend einer beliebigen Sprache etwas in unsere übersetzen, und verlangte, ich solle zufrieden sein und die Uebersetzung für richtig halten, wenn etwa so viel R vorkämen, als im Original, oder die Zeilen fürs Auge ebenso lang, kurz oder kräuselig aussähen. Ich will, daß mein Geist gezwungen sei, sich in denselben Richtungen zu bewegen wie im Original, daß mein Gemüt auf eben die Weise affiziert wird wie dort. Die Mittel hierzu nehme der Dichterübersetzer aus dem Vermögen unserer Sprache: keine andere Aehnlichkeit darf ich und kann ich fordern. Aller Rest ist ein Kunstluxus und darf erst eintreten, wenn das Notwendige befriedigt ist.

*　　*　　*

[Nach Erscheinen von Wilhelm Meisters Wanderjahren:]
Je mehr einer durch Gaben, Leben und Denken bereitet ist, je mehr hat er an diesem Werk; es selbst ist ein résumé aller Goetheschen Werke; die selbst nichts andres sind als eben so viel geistige Gesichtspunkte des ganzen irdischen Daseins, die Betrachtung über des Menschen Geist mit inbegriffen. Alle seine Werke, die kleinsten an Maß nicht versäumt, muß man inne haben, wenn man jedes einzelne besser und tiefer und vielfältiger verstehen soll; eins beleuchtet das

andre und läßt es besser durchdringen. Es ist mit ihm wie mit der Welt selbst: sie besteht aus unabzählbaren Schöpfungsweisen; je mehr wir aber daran erkennen, je reicher und vollkommener wird das Konzert und als Neuganzes immer wieder einfach. Ein kunstbegabter Geist ist Nachschöpfer des Urschöpfers. Ein großer Dichter nimmt die Welt selbst mit ihren Begebenheiten als Stoff zu seinen Werken ... Er ist frei in der Wahl; aber er bleibt wahr, weil er nur Wahres aussucht und nicht willkürlich, b. h. grundlos, vorzeigt, was in der Natur falsch, b. h. nur krankhaft erschiene: das thut Goethe nie, ohne es anzuzeigen, nämlich, ohne es selbst als Krankhaftes zu zeigen. Dies verfehlen so viel Neuere. Ich sehe in ihm nur einen gewaltigen Historiker. Es muß geschehen, was er schildert: denn er schildert nur, was geschieht... Alle seine Werke ruft mir dies Buch herbei: die Welt, wie sie langsam und schnell — wie alles organische Wachstum — seit den ältesten Nachrichten von ihr sich entwickelt ... Er führt uns von den Patriarchen an in seinen Werken hindurch bis auf den Punkt, wo wir wirklich stehen ... Bei jedem Schritt im Leben, bei jeder neuen Ecke, wo man in seiner eignen Seele herumkommt, wird einem etwas anderes von Goethe merkwürdig. und klar. (1821)

* * *

Sollte Goethe mit Bedacht im Wilhelm Meister alle diejenigen, denen die Liebe das ganze Leben in sich aufnahm, haben sterben lassen? Sperata, Mariane, Mignon, Aurelie, den Harfenspieler? —

Und sollte er die beiden Texte zu dem Buche in dem Buche kennen? Die des ganzen Werkes Keim sind, aus dem es nur Goethes Geist, wie Sonne, hervortrieb? — Die Bemerkung nämlich, „daß jeder Fluß, jeder Berg genommen sei auf der Erde," und dann das, was Meister Aurelien, vor oder nach seiner Verwundung an der Hand, sagt: „O wie sonderbar ist es, daß dem Menschen nicht allein das Unmögliche, sondern auch so manches Mögliche versagt ist!" Dieses Netz von Witz, in dem uns die Götter hier gefangen halten, in welchem wir erraten, toben, arbeiten, beten müssen, und durchschauen und durchgreifen können. Für möglich halten wir manches; das was nicht ist, ist unmöglich; wenn wir das immer wüßten und dächten, thäten wir nichts; und kein Buch würde wohl geschrieben mit seinen Voraussetzungen, Bildern, Beweisen und Erörterungen.

Darum finde ich auch in Goethes Tasso das tragischeste Ereignis. Ganz seiner innersten Natur zuwider muß er sich am Ende

an den halten, der ihm das Abscheulichste ist; im Kampfe mit der
Seligkeit seines Herzens überwunden, sie fahren lassen; und endlich,
um das Vernünftige zu ergreifen, die Seele nach der unnatürlichsten
Lage hinrenken; und so das Herz in fremden, rauhen Gehegen aus=
strömen lassen, welches geboren war, nach seinen selbst erkorenen Him=
meln zu strömen. Solcher Totschlag bleibt ein ewiger Schmerz, ist
nicht zu bekämpfen, nicht zu ändern und einzig tragisch.   (1814)

*   *   *

Ich habe jetzt Wilhelm Meisters Lehrjahre wieder gelesen. Wie
ist es möglich, einen zweiten Don Quixote zu fassen, zu erfinden und
darzustellen! Küßt euch, Cervantes und Goethe! Beide sahen mit ihren
reinen Augen, verteidigten das Menschengeschlecht, sahen den Ritter
durch seine Thorheiten und Irrsale, konnten ihrer Augen edlen Blick
bis in seine tiefste Seele tauchen und dort seine eigentliche Gestalt
sehen. Wie jenem Don Quixote geht es Meistern: einen Narren nennen
ihn die Leute „ohne Tadel", einen Herumtreiber, der sich mit nichts
Wirklichem beschäftigt, der sich mit Bettlervolk abgiebt, nichts zuwege
bringt, nicht einmal weiß, was er denken soll; der für einen Helden
in einem Roman nicht einmal gut genug ist; von welcher Sorte man
schon tausendmal bessere, bei den Fieldings aller Länder, gehabt hat,
die doch noch ein Resultat geben! Während unser Weiser die edelste,
reinste, ehrlichste Seele in ununterbrochenem Bemühen und Kampfe
geschildert hat mit der Welt, wie sie leibt und lebt; ohne je einen
Moment in ihre unreine Verwirrung zu geraten; immer im Bemühen,
sich zu tadeln und zu bessern; immer in der Unschuld, die andern
besser zu sehen, als sie sind, und meist sie sich vorzuziehen; immer auf=
gelegt, zu lernen und nachzugeben; außer dem evident Uneblen: rühren=
deres, verehrungswürdigeres Benehmen, vortrefflichere Gesinnung kann
man nicht erfinden; und je mehr man ihn sich deutlich macht, je
mehr ehrt und liebt man ihn und Goethen. Don Quixote mußte mit
eben solcher Seele e i n e Eigenschaft, die des Ritters, wählen und
mußte sie in Ausübung bringen wollen. Meister mußte den g a n z e n
Menschen ausbilden wollen; und mir ist's, als ob Goethe dem Cer=
vantes nur die Feder abgenommen hätte, weil die Menschen sich in
der Zeit folgen. Was die beiden Meister sonst noch in den Werken
gelehrt und gezeigt haben, ist ihre Zeit: und das so rein und wahr,
daß sich die künftigen gleich daran anschließen, für den Geschichtsblick,
für wahre Augen überhaupt.   (1822)

*   *   *

Goethe hat durch seinen ganzen Hermann und Dorothea durch — ohne daß einer so gütig ist, daran zu denken — von der ersten Zeile bis zur letzten so genau eine Gegend, einen Tag und sein ganzes Wetter und Schreiten dargestellt, daß er ein Element seines Gedichtes ist und wie ein wahrer Tag, eine wahre Gegend es machen hilft. Das weiß ihm meines Wissens noch keine gedruckte Zeile Dank. Wer da nicht die Gegend sieht, von der Goethe spricht, dem fehlt die Camera obscura, von der Jean Paul spricht, und Goethe hat es so eingerichtet, daß sie wirklich beinahe fehlen kann, und nur der sie nicht sieht, den man etwa zweimal hintereinander an denselben Ort führen und ihm einbilden kann, es seien verschiedene. (1808)

*   *   *

[Ueber den Tanz:]

Die schönste Kunst! Die Kunst, wo wir selbst Kunststoff werden, wo wir uns selbst frei, glücklich, schön, gesund, vollständig vortragen; dies faßt in sich: gewandt, naiv, unschuldig, richtig aus unserer Natur heraus, befreit von Elend, Zwang, Kampf, Beschränkung und Schwäche! Dies sollte nicht die schönste Kunst sein? Gewiß, sie und die andere, welche entstünde, wenn die Sittlichkeit bis zur sichtlichen Darstellung gesteigert werden könnte, verdienten vor allen diesen Namen, weil sie uns selbst idealisch und frei darstellen, alle anderen aber nur Ideen und Zustände unserer besten Momente. So denk' ich's mir, so fühlte ich's von Kindheit an; und am reizendsten von allen Künstlererscheinungen schwebte mir die der vollkommensten idealischen Tänzerin vor! Was ist das bißchen größere Dauer der anderen Musenkünste? Sind sie nicht alle nur ein Auftauchen aus unserm bedingten Zustande? — Und ist nicht die Höhe, die Reinheit, die Vollständigkeit der Gestalt dieses Zauberaufschwunges ein besseres Maß des Wertes der Künste, als die, zwar nützliche, Dauer derselben? (1819)

*   *   *

Wer ist denn vermögend, Geschichte zu schreiben oder zu lesen? Doch nur solche, die sie als Gegenwart verstehen! Nur diese vermögen das Vergangene zu beleben und es sich gleichsam in Gegenwärtiges zu übersetzen. Daher ist das Wort von Friedrich Schlegel: „Der Historiker ist ein rückwärtsgekehrter Prophet," so sehr richtig; darum Goethe ewig und stets von neuem so groß, belebend und lebendig, alle Zeiten, Religionen, Ansichten und Zustände begreifend, darstellend und erklärend. (1819)

*   *   *

Es ist als Thatsache nachzuweisen, daß alle wahrhaft großen, weiterlebenden, auf die Nachwelt gekommenen Historiker und Dichter mitwirkende Männer im Staate, und im Leben mit anderen vielverflochtene Menschen waren. Bloße Bücherleute werden immer nur wieder zum Büchermachen gebraucht werden können, und am Ende ist ihr bestes Glück, einmal die Nahrung lebendiger, lebenverbreitender Menschen zu werden. Ich glaube nicht, daß einer das Dasein der Griechen, Römer, Indier, der Menschen des Alten Testaments versteht — kennt er auch die Zahl der Kapitel, Namen, Jahreszahlen, geographische Lage, Psalmen, Lieder und Sprüche, ohne zu stocken, auswendig —, wenn er sich nicht ihr Leben aus unserm übersetzt und jene Schätze ganz in dem Schatz und Reichtum des unseren zu finden weiß; wie er fremde Sprachen auch nur durch seine jetzige lernt. (1826)

*   *   *

[An Varnhagen, während des Krieges 1813:]

Wir Deutsche müssen uns nur mit dem echtesten Schmuck schmücken; das ist: Gerechtigkeit, Mäßigung, Rechtlichkeit und Gesetzmäßigkeit. Welches letztere ich, Gott sei ewig gelobt! auch allenthalben zu meines Herzens Stärkung wahrnehme. Feuere nah und fern, wie Du nur kannst, zu dieser stärkenden, allein heilbringenden Ordnungsmäßigkeit und Rechtsanerkennung an! Ich bin ein Nichts: und Kraft und Stimme spar' ich dazu keinen Tag, bei keinem Menschen, bei keiner Gelegenheit; wenn ein jeder so thut und wirkt, so werden alle besser; und daß dies geschehe, dazu sei unser langes Elend und unser herbes Streiten uns gut; daß wir nicht nur ein starkes, derbes, sondern auch ein gutes, gottgefälliges Mustervolk werden!

*   *   *

Wie sonderbar ist es, daß die Menschen im einzelnen weiter sind, als ihre Gesamtheiten, die Staaten, die uns regieren sollten und uns wirklich beherrschen! Wenn sich zwei schlagen, so werden sie schon ganz allgemein für roh, unmenschlich, sittenlos und dem Gesetz verfallen gehalten: und derselbe Staat, der Heere aussendet, bringt sie zur Ruhe und Haft. Und diesen Zustand lassen wir uns gefallen, und nur wenigen fällt er auf! Dieser aber scheint mir der wahre Maßstab, an welchem wir, wie wir sind, gemessen werden müssen: dann haben wir, wie die Franzosen sagen, notre vraie mesure. Vor vieler Zeit schrieb ich schon: „Sie haben noch Sklaven und Krieg, und wundern sich noch." Wundern sich über Versuche! (1832)

* * *

Man wundert sich so sehr und beweist so stark, daß dem Adel die alten Vorzüge und Ehrerbietung nicht mehr wollen gestattet werden. Warum bemerkt niemand, daß es den Gelehrten, den Doktoren ebenso geht? Sonst war ein solcher ein vornehmer, verehrter Herr; ihm schrieb man Gelehrsamkeit wie Tausendkünste zu; man war überzeugt, es sei ein anderer Mann, als die, welche den Ehrentitel nicht erhalten hatten, und es war eine Beglaubigung. Jetzt ist es zu bekannt, daß eine Menge Leute gelehrter sind als viele Doktoren. Die Welt schreitet wirklich fort; Kenntnisse, Vermögen aller Art, Bildung wird, ist allgemein. „Breitet sich aus," sagt man so oft, ohne an den buchstäblichen Sinn dieses Ausdrucks zu denken: der Ertrag der Völker breitet sich über die Erde. Das ist der Zeit Körper, möchte ich sagen; anstatt des schon mißlichen Wortes Zeitgeist. Die Folgerungen mag man nun ferner machen. Es glauben ja viele und ich auch, die Geister machen sich Körper. Die Zeit ist ein Geist und schafft sich ihren Körper. (1821)

* * *

Mich dünkt, die politischen Fragen . . . sind abgesprochen, abgewitzt und abgelebt. Die Führer und Verwalter suchen sich zu sichern und zu schanzen, weil die heiligen Haine, hinter denen sie thronten, durchschritten und gekannt sind . . . Es wird nichts helfen; man wird in allen Winkeln des Geistes und des Herzens wahr sein müssen und sich das große, allgemein herrschende Defizit des Nichtwissens eingestehen müssen . . . Man wird aufhören müssen, da für die menschliche Gesellschaft bauen zu wollen, wo kein Grund, als selbstgemachte Fabeln zu finden sind. (1822)

* * *

Es muß eine neue Erfindung gemacht werden! Die alten sind verbraucht. Priester, Regierungen waren sonst ihrer Zeit vor, brachten Gesetze von Bergen, aus Wolken, von nicht bekannten Ländern; diese Gesetze sind durchdemonstriert; jeder Mietwohner des Erdenrundes weiß ihren Grund: nun will keiner sie mehr als einseitiges Gebot halten, sondern sie machen helfen; und eine gesetzliche Weise in diesen Zustand zu bringen, wird allein noch gar nicht helfen. — Es ist noch Phantasie

im Menſchen übrig für idealiſche Zuſtände, und die will Stoff, Nah=
rung ... Darum denk' ich mir einen Geſetzgeber, einen Regenten jetzt
als einen ſolchen, der eine hohe, allgemein gültige Anſicht des Lebens
zu erfinden müßte. Etwa ein neues religiöſes Element, welches die Sitt=
lichkeit ſchärfer zu verſtehen gäbe, allen gebotenen Handlungen eine andere
Richtung, einen neuen Ehrgeiz. Aber aller Menſchen Geiſt, der Zufall,
die Zeit, Gott wird ſo etwas ſchicken, das bin ich gewiß. (1820)

* * *

Bei dem beſſern Teil der franzöſiſchen Nation kann man be=
merken, welch ein Geſetz Freundſchaft bei ihnen iſt, wie geſetzlich ſie
ſie behandeln; wie Aufopferung und Hingebung in mehreren Verhält=
niſſen bei ihnen feſtgeſtellt erſcheinen; wie ausgebildet ſie auch die ernſteren
Lebensformen beſitzen und behandeln. In dem Ausbruch ihrer großen
politiſchen Krankheit war das beſonders zu bemerken. Wir andern aber
ſtehen ihnen in Güte und der Ueberzeugung deſſen, was wir ſollen,
nicht nach; und doch finde ich uns ſo verſchieden von ihnen, auch in
der Ausübung, die man die moraliſche nennt. Faſt möchte ich ſagen,
der Deutſche verſteht ſeine Gedanken, der Franzoſe ſeine
Worte beſſer. Dévouement, sacrifice, les sentiments de la
nature: das ſind Sturmglocken für ein franzöſiſches Ohr, darauf
kommt ſein Herz zu Hülfe. Alle Franzoſen verſtehen alle ihre Worte
— wie oft hatte ich dies in der Revolutionsgeſchichte zu bemerken und
zu bewundern! — Wie könnte man wohl eine deutſche Volksmaſſe
anreden, um ſich verſtändlich zu machen, wie ihr einen Begriff, von
nur ſtädtiſchen Verhältniſſen z. B., geben, wie ihr eine zerſtörende In=
trigue klar machen? Wie geſchwind wußten jene all dies, wenn auch
oft verkehrt; es war ihnen doch eingänglich, bekannt. Sie ſind die
durchlebteſten Europäer, ein Vorvolk, und haben unſer aller Leben
durchſprochen: daher auch ihre Sprache ſolch geübtes Werkzeug. Dies
iſt wahr, wenn auch noch Unendliches anzuknüpfen. (1824)

Namenregister.

Litteratur.

Rahel. Ein Buch des Andenkens für ihre Freunde. Mit Rahels Bildnis. 3 Bände. Berlin, Duncker & Humblot. 1834.

Briefwechsel zwischen Barnhagen und Rahel. [Aus dem Nachlaß Barnhagens von Ense.] 6 Bände. Leipzig, F. A. Brockhaus. 1874/75.

Briefwechsel zwischen Rahel und David Veit. [Aus dem Nachlaß Barnhagens von Ense.] 2 Bände. Leipzig, F. A. Brockhaus. 1861.

Briefe von Stägemann, Metternich, Heine und Bettina von Arnim, nebst Briefen, Anmerkungen und Notizen von Barnhagen von Ense. [Aus dem Nachlaß Varnhagens von Ense.] Leipzig, F. A. Brockhaus. 1865.

Briefe von Chamisso, Gneisenau, Haugwitz, W. von Humboldt, Prinz Louis Ferdinand, Rahel, Rückert, L. Tieck u. a. Nebst Briefen, Anmerkungen und Notizen von Barnhagen von Ense. [Aus dem Nachlaß Barnhagens von Ense.] 2 Bände. Leipzig, F. A. Brockhaus. 1867.

Briefe von Alexander von Humboldt an Barnhagen von Ense aus den Jahren 1827—1858. Nebst Auszügen aus Varnhagens Tagebüchern und Briefen von Varnhagen und andern an Humboldt. 2. Auflage. Leipzig, F. A. Brockhaus. 1860.

Briefwechsel zwischen Barnhagen von Ense und Oelsner, nebst Briefen von Rahel. Herausgegeben von Ludmilla Assing. 3 Bände. Stuttgart, Verlag von A. Kröner. 1865.

Barnhagen von Ense, K. A.: Galerie von Bildnissen aus Rahels Umgang und Briefwechsel. 2 Bände. Leipzig, Gebrüder Reichenbach. 1836.

Barnhagen von Ense: Biographische Porträts. Nebst Briefen von Koreff, Clemens Brentano, Frau von Fouqué, Henri Campan und Scholz. Leipzig, F. A. Brockhaus. 1871.

Barnhagen von Ense, K. A.: Denkwürdigkeiten und vermischte Schriften. 9 Bände. 1.—4. Band: Mannheim, Heinrich Hoff, 1837/38. 5.—9. Band: Leipzig, F. A. Brockhaus, 1840—59.

Assing, Ludmilla: Aus Rahels Herzensleben. Leipzig, F. A. Brockhaus. 1877.

Ueber Rahels Religiosität. Von einem ihrer ältern Freunde. Leipzig, Gebrüder Reichenbach. 1836.

Karl von Holtei: Briefe an Ludwig Tieck. Vierter Band. Breslau, Eduard Trewendt. 1864.

Goedeke, Karl: Grundriß zur Geschichte der deutschen Dichtung. Zweite, ganz neu bearbeitete Auflage, nach dem Tode des Verfassers in Verbindung mit Fachgelehrten fortgeführt von Eduard Goetze. 6. Band. Leipzig, Dresden, Berlin. L. Ehlermann. 1898.

Walzel, Oskar F.: Rahel Antonie Friederike Barnhagen v. Ense. In: Allgemeine deutsche Biographie.

Walzel, Oskar F.: Karl August Barnhagen von Ense. Ebend.

Hillebrand, Karl: Zeiten, Völker und Menschen. Zweiter Band. Berlin, Robert Oppenheim. 1875.

Kühne, F. Gustav: Rahel. In: Weibliche und männliche Charaktere. Erster Teil. Leipzig, Wilhelm Engelmann. 1838.

Th. M. [Theodor Mundt]: Rahel und ihre Zeit. In: Charaktere und Situationen. Erster Teil. Wismar und Leipzig, H. Schmidt und v. Cossels Ratsbuchhandlung. 1837.

Neumann, Wilhelm: Rahel. In: Schriften. Erster Teil. Leipzig, F. A. Brock=
haus. 1835.

Kalischer, Dr. Alf. Chr.: Beethoven und der Barnhagen=Rahelsche Kreis. In:
Der Bär. Verlag von Gebrüder Paetel in Berlin. Jahrgang 1887.
Nrn. 1—4.

Gosche, Richard: Moses Mendelssohn und die ersten litterarischen Salons in
Berlin. In: Vossische Zeitung, Jahrg. 1886, Sonntags=Beilage zu Nr. 27.

Fürst, J.: Henriette Herz. Ihr Leben und ihre Erinnerungen. Berlin, Wilhelm
Hertz (Besfersche Buchhandlung). 1850.

Gans, Eduard: Rückblicke auf Personen und Zustände. Berlin, Veit & Comp.
1836.

Ranke, Leopold von: Zur eigenen Lebensgeschichte. Herausgegeben von Alfred
Dove. Leipzig, Duncker & Humblot. 1890.

Strodtmann, Adolf: H. Heines Leben und Werke. 2 Bände. Dritte Auflage.
Hamburg, Hoffmann & Campe. 1884.

Robert=tornow, Walter: Goethe in Heines Werken. Berlin, 1883. Haude= &
Spenersche Buchhandlung.

Schmidt=Weißenfels, Eduard: Rahel und ihre Zeit. Leipzig, F. A. Brock=
haus. 1857.

Steig, Reinhold: Achim von Arnim und Clemens Brentano. Stuttgart, J. G.
Cotta. 1894.

Geiger, Ludwig: Berlin 1688—1840. Geschichte des geistigen Lebens der preußi=
schen Hauptstadt. 2 Bände. Berlin, Gebrüder Paetel. 1892—95.

Geiger, Ludwig: Geschichte der Juden in Berlin. 2 Teile. Berlin, J. Gutten=
tag. 1871.

Treitschke, Heinrich von: Deutsche Geschichte im neunzehnten Jahrhundert.
Leipzig, S. Hirzel.

Sybel, Heinrich von: Die Begründung des Deutschen Reiches durch Wilhelm I.
Erster Band. 4. revidierte Auflage. München und Leipzig, R. Olden=
bourg. 1892.

Gottschall, Rudolf von: Die deutsche Nationallitteratur des neunzehnten Jahr=
hunderts. Litterarhistorisch und kritisch dargestellt. Fünfte vermehrte und
verbesserte Auflage. 1. und 2. Band. Breslau, Eduard Trewendt. 1881.

Schmidt, Julian: Geschichte der deutschen Litteratur von Leibniz bis auf unsere
Zeit. 3. und 4. Band. Berlin, Wilhelm Hertz (Besfersche Buchhandlung).
1886—90.

Stern, Adolf: Geschichte der neuern Litteratur. 5. Band. Leipzig, Biblio=
graphisches Institut. 1883.

Honegger, Dr. J. J.: Litteratur und Kultur des neunzehnten Jahrhunderts.
In ihrer Entwicklung dargestellt. Leipzig, J. J. Weber. 1865.

Brandes, Georg: Das junge Deutschland. (Sechster Band der Hauptströmungen
der Litteratur des 19. Jahrhunderts.) Leipzig, H. Barsdorf. 1896.

Proelß, Johannes: Das junge Deutschland. Ein Buch deutscher Geistesgeschichte.
Stuttgart, J. G. Cotta Nachf. 1892.

Votum über das „Junge Deutschland". Stuttgart, Verlag von S. G. Lie=
sching. 1836.

Weitere Titel im

EUROPÄISCHEN LITERATURVERLAG

www.elv-verlag.de

Rahel Varnhagen

Ein Lebensbild aus ihren Briefen

Rahel Varnhagen zählte zu den bedeutendsten weiblichen Persönlichleiten der deutschen Romantik. Sie führte einen der exklusivsten literarischen Salons, in dem die großen Schriftsteller, Künstler, Philosophen und Politiker ihrer Zeit zusammentrafen. Obwohl sie es als Frau und Jüdin im 19. Jahrhundert doppelt schwer hatte, Texte zu veröffentlichen, wurde sie nie müde, ihre Gedanken zu Papier zu bringen und hinterließ einen reichen literarischen Nachlass. Mehrere Tausend Briefe Rahels sind uns heute bekannt. Eine Auswahl davon präsentiert der vorliegende Band, u.a. sind Briefe an Karl von Finckenstein, David Veit, Gustav von Brinckmann, Wilhelmine von Boye und an Rahels Ehemann Karl August Varnhagen enthalten.

Nachdruck der Originalausgabe von 1923.

1. Aufl. 2011, 240 Seiten, Deutsch, Paperback, 25,90 €

ISBN/EAN: 9783862672790

Julius Fürst
Henriette Herz

Henriette Herz (1764-1847) war eine der prägenden Figuren der Berliner
Frühromantik. Berühmte Schriftsteller, Künstler und Politiker gingen in
ihrem Salon ein und aus, darunter die Gebrüder Humboldt, Jean Paul, Prinz
Louis Ferdinand und Rahel Varnhagen. Julius Fürst fasst die Lebensgeschichte dieser außergewöhnlichen Frau zusammen: ihre Kindheit in einer
jüdischen Arztfamilie, die Verlobung und Ehe mit dem älteren Arzt und
großen Kant-Bewunderer Markus Herz und schließlich ihr gesellschaftliches
Wirken als führende Berliner Salondame. Den Großteil des vorliegenden
Bandes aber machen die eigenen Aufzeichnungen Henriette Herz' aus. Sie
erinnert sich an die vielen Gäste ihres Hauses und an ihre gemeinsamen Gespräche und Erlebnisse.

Nachdruck der Originalausgabe von 1858.

1. Aufl. 2012, 356 Seiten, Deutsch, Paperback, 29,90 €

ISBN/EAN: 9783862672769